語文叢書 [1]-1

國漢混用論

韓國語文教育研究會 編

도서출판 월인

『語文叢書』 간행에 부쳐

鄭 琦 鎬
(社團法人 韓國語文會 理事長)

19세기 末 우리는 西歐를 맞았다. 개인의 자유에 바탕한 민주사회, 과학의 뒷받침으로 이룬 산업사회가 거기에 있었다. 처음 열린 문으로 이른바 文明이 밀려들고, 그 文明따라 우리의 '向'이 西歐로 돌았다. '西歐와 같이 되는 것'이 우리의 指標가 되었고 西歐와 같이 되는 것을 開化·近代化라고 했다. 일찍 西歐를 체험한 몇몇 지식인, 우리에 앞서 西歐化의 길을 걷는 이웃 日本의 발전을 보면서 그들을 따르려 한 몇몇 위정자들이 開化·西歐化의 앞에 나섰다. 그들은 西歐와 다른 우리 것을 否定하며, 西歐와 같은 우리 것을 내세우며, 西歐를 그대로 옮겨 우리 사회를 西歐와 같은 사회로 바꾸려 했다. 그런 改革이 西歐 '周邊'으로의 편입이라는 생각과는 다른 방향이었지만 그러나 그들을 先覺(者)·先驅(者)·志士라 한 데에 그 때의 일반 趨勢가 잘 드러난다.

인간 사회는 語文으로 營爲된다. 자유 민주도 민권도 산업사회도 語文과 더불어 있는 것이다. 語文에 의지하지 않는 文明은 없다. 19세기 末 우리가 접한 놀라운 文明의 西歐 사회는 西歐 語文의 사회다. 우리 後進 사회와 더불어 있는 語文은 어떤가? 西歐와 다른 것을 否定하는 '先驅'들에게 처음부터 表音文字 alphabet만으로 적혀 내려오고 또 그것만으로 적고 있는 西歐 語文과, 처음부터 表意文字 漢字만으로 적혀 내려오고 450년 전 소리글자 '正音'이 만들어졌는데도 漢字를 주로 쓰고 있는 우리 語文

의 文字가 대비되었다. 쉬움과 어려움의 皮相이 드러나는 것이었다. 26 대 5만여 字數, 단순 대 복잡한 字形. 우리 文盲은 漢字 때문이라 했고 漢字를 後進사회 停滯의 元兇이며 西歐化의 걸림돌로 규정했다. 우리에게는 西歐와 같은 表音文字 正音이 있는데도 그 漢字를 써왔다니 — '先驅'들은 漢字를 廢棄하고 正音만 쓰는 것이 西歐 文明사회化의 길이라고 했다. 文字를 그 '語' 속에서 생각하지 않고 그저 그 겉모양만 西歐에 비겨 생각한 것이다.

더구나 開化와 더불어 밀려 온 外勢 침략의 角逐 속에서 끝내 이 나라 망하고 日帝 식민지로 전락하여 正音은 民族의 至寶, 克日의 表徵이 되었다. 史上 처음으로 語學會가 창립되고 正音의 정리 연구가 이루어졌다. 세계에 자랑할 우리 表音文字 正音은 世宗 創制의 이름부터 漢字語라 폐기되고 '한글'이 되었다. 日帝의 탄압 속에서 語學會의 '語'보다 앞서 이루어진 이 때의 한글 表記法 정리, 한글 연구는 일찍 없었던 빛나는 成果로 평가된다. 開化 先驅들을 이은 몇몇 後繼들의 한글전용 주장은 그만큼 당당했고 民族 更生의 길을 생각하는 亡國民들의 視線을 모았다. 한글전용을 주장하는 先驅들밖에 한글을 전용하는 사람도, 실제로 漢字가 폐기될 수 있을 것으로 생각하는 일반도 없었던 이 때 이들 開化 後繼들의 한글전용론에 대한 다른 論議는 없었다.

1945년 8월 西歐의 힘으로 우리는 日帝에서 解放되었다. 全民族의 흥분 감격 속에 새로 탄생될 독립국 어문 정책을 담당할 사람들은 한글전용론자밖에 없었다. 이들은 漢字를 폐기하고 한글전용을 法令化했다. 美 軍政 아래서다. (日本은 美 軍政의 漢子폐지 권고를 연구 조사 끝에 거부했다.) 오랜 半植民地 植民地에서 解放된 흥분 감격에 매몰되어 이 한글전용(法制化)이 무엇을 의미하는 것인지 그것에 대하여 깊이 생각하는 사람도 아는 사람도 별로 없었다.

비록 開化 이래 한글전용론이 있어왔다 하더라도 유사 이래 써 온 漢字, 現實로 그렇게 쓰고 있는 漢字를 폐기하고 500년 전에 창제된 소리글자만을 쓸 것이라면 그에 앞서 당연히 漢字가 어떤 글자며 어떻게 해서 그것을 쓰게 되었으며 그 漢字를 써 온 歷史가 어떠하며 그 結果로 우리'말'이 어떻게 되었는가? 그것의 소리만을 적을 수 있는 것인가? 그렇게 적었을 때의 결과는 어떠할 것인가에 대해 그만한 조사 연구 검토가 다시 있어야 하고 一般의 생각도 널리 묻고 그런 뒤에 국가 시책으로 결정했어야 할 것임에 틀림없었다. 그러나 그런 過程은 없었다.

漢字는 文字가 없었던 우리가 大陸에서 받아들인 문자다. 發生 초의 表意를 그대로 지닌 세계 유일의 文字, 이 지구상에서 가장 많은 人口가 사용하는 文字다. 그 漢字는 우리가 상호간의 통신을 하고 아래로 시달하고 위로 보고해온 사회구조 속의 문자다. 책을 읽고 지식을 넓혀서 우리 사상 理念이 형성되고 禮法을 갖추어 그것에 따라 사람다운 行動을 했다. 인명, 지명, 사회제도명을 만들어 적고 그 속에서 살았다. 그 산 역사를 적어 보존했다. 사회 발전에 대응하는 새로운 말을 만들어 왔다. 그것으로 韓國語에는 固有語層 위에 두꺼운 漢字語層이 形成되었다. 視覺을 통하는 이 圖形의 表意漢字들을 聽覺 기호로 적어서 그 의미가 통할 수 있는가? 한글만으로 이 韓國語는 그 기능을 잃어가고 傳統文化는 끊기고 有史 以來의 혼돈 속에서 다만 쉬운 것만 쫓는 어처구니없는 韓國人이 되어 가고 있다. 뜻과는 상관없이 글자 소리만을 낸다고 文盲에서 벗어나는 것은 아니다. 글자 소리만 내는 새로운 文盲民族이 되어가는 것이다.

이런 사태에 직면하여 뜻 있는 분들이 모여 1969년 韓國語文教育研究會를 창립하고 우리 語文 지키기, 바르게 계승하기에 나섰다. 그것은 곧 韓國의 傳統 文化의 바른 계승이요, 韓國人다운 韓國人이 되게 하는 길이요, 그것으로 새 時代에 대처하여 바르게 살아갈 수 있는 韓國人이 되게 하는 길이다. 以來 37年 語文教育研究會는 學校漢字教育復活, 한글전용으로 일그러진 韓國語文의 是正에 힘을 다해왔다. 우리가 발표한 聲明, 要路에 보낸 建議 이루 헤아리기 어렵다. 지난 10月까지 學術發表會·講演會 163회, 500여 페이지의 季刊學術誌 『語文研究』는 131號가 간행되었고, 每月 會報『語文생활』을 발행하고 있다. 이제 우리가 쌓은 이 結果들을 정리『語文叢書』를 편집 公刊하여 우리 뜻을 天下 公民과 함께 하고자 한다.

「語文叢書」는 그 동안의 우리 業績을 整理하여 우리 語文의 나아갈 길을 提示하고자 하는 것이 우리의 目的이다. 語文研究會·語文會를 創立 主導해 온 初期 先學들의 論說들까지 모두 이에 包含된다. 그러나 語文의 걸어 온 길 나아갈 길을 정리하는데 있어 그것은 비단 우리 會의 業績에만 限定되지 않을 것이다. 우리는 韓國 語文의 제 모습을 바르게 밝혀내기 위하여 近代 以後의 韓國 公刊物 속의 모든 論說들을 수집 정리하는 作業을 게을리하지 않을 것이다.

뿐만 아니라 우리의 企劃에는 韓國 語文의 歷史·現況에 대한 斯界 碩學들의 論稿의 請託 刊行이 들어 있다. 우리 語文의 바른 表記가 다만 文字의 比較論的 形體로 限定될 수 있는 것은 아니다. 그것은 말을 적는 것이다. 말을 적는 文字는 말과 함께 말 속에서 생각되어야 할 것이다. 韓國語學의 權威를 위하여 우리는 새로운 挑戰을 계속해 나아갈 것이다.

「語文叢書」 刊行에 즈음하여 우리 責務의 무겁고 큼을 새삼스럽게 느낀다. 우리 事業이 영원하기를 기약하면서 眞理는 萬人과 함께 追求하는 것임을 명심하는 바이다.

차 례

國語醇化運動의 方向

姜 吉 云

1923년 咸南 定平 출생. 충남대, 수원대 교수 역임. 이 글은 國語醇化運動이 알찬 성과를 거두기 위해서는 한글전용이니 國漢混用이니 하는 문제와 같은 表記上의 쟁점을 초월하여, 오로지 '고운말 쓰기'와 '외국어 안쓰기'(外來語가 아님에 유의할 것) 운동에 총력을 집중하여야 할 것임을 주장하고 있다. 아울러 국어를 순수한 단일어라고 생각하는 무식의 소치에서 외래어 배격운동이 나온 것이라 주장하고 있다. 特記할 만한 것은 현 한국어가 원시시대 아이누어와 길약어가 쓰인 바탕 위에 퉁구스계 어, 몽고계 어, 터키계 어가 차례로 들어와 통일신라어인 터키계 어를 주축으로 하여 성립된 것이라고 주장하고 있는 점이다.

요즈음 國語의 醇化순화라는 말을 자주 듣게 될 뿐만 아니라 신문·잡지나 플래카드에서 자주 보게 된다. 이런 運動운동 자체는 매우 바람직한 일이다. 특히 우리 國民처럼 허구한 날 外國勢力외국세력 앞에서 事大를 하지 않을 수 없었던 경우에 있어서는 主體性을 되찾는 한 方便방편으로서 더욱 이 運動은 바람직한 일이 아닐 수 없다.

解放해방과 더불어 日本이 물러나자 美國말이 마구 들어와 日本말의 殘滓잔재까지 곁들여 國語는 극도로 어지러워졌다. 그런데 그 當時당시로서는 不得已부득이한 일이었다손 치더라도, 이미 解放된 지 30년이 지난 오늘에 와서까지 아름다운 國語를 제쳐 놓고 日本語나 美國語를 마구 섞어 쓰는 데는 눈살을 찌푸리지 않을 수 없다. 이런 행위는 너무 知覺지각없는 짓일 뿐만 아니라, 民族的 矜持긍지가 통 없는 사람처럼 보인다.

그런 의미에서 너무 時期가 늦은 느낌이 있으나, 지금 이런 運動이 활발하여지고 政府에서도 이것을 돕기 위하여 文教部長官을 委員長으로 한 國語醇化運動推進會국어순화운동추진회를 구성하였고 더욱이 大統領께서도 談話文담화문을 발표한 바 있어서, 이 運動의 불길은 좀처럼 꺼지지 않을 것으로 믿어져 참으로 마음 든든한 바 있었다.

그러나 몇 해 지난 요즈음 가만히 보니 國語醇化運動의 方向이 이상하게 돌아가는 것 같다. 다시 말하면 이 運動을 일부 人士들이 한글 專用化의 機會기회로 생각하고 漢字混用을 廢止폐지시키려는 方向으로 이끌어 가려고 함으로써 모처럼의 政府次元의 汎國民的인 이 運動이 한글 專用論者와 國漢混用論者와의 衝突충돌을 불러일으키고 있음은 유감이 아닐 수 없다. 그렇게 되면 國語醇化運動의 中樞勢力중추세력인 이들 간의 분열은 이 運動을 沮害저해하고 鈍化둔화시키는 결과를 가져오기 마련이기 때문이다.

따라서 이 運動이 착실하고 알찬 成果를 거두려면, 먼저 이에 관심을 가진 분들이 한글專用이니 國漢混用이니 하는 問題와 같은 表記上의 爭點쟁점을 초월하여, 오로지 '고운말 쓰기'와 '外國語 안 쓰기'(外來語가 아님에 留意유의할 것) 運動에 總力총력을 집중하여야 할 것이다. 分明히 말해 두거니와 한글專用 國漢混用의 是非가 다시 일어나게 됨으로써 요원의 불길처럼 일어나고 있던 國語醇化運動도 시들해가고 있는 것이다.

본시 이 運動은 몇몇 사람의 노력으로 그 目的을 달성할 수 있는 성질의 것이 아니다. 家庭을 위시하여 學校·職場(공장·사무실)·遊興接客業所유흥접객업소·市場 등 社會 全般의 협력을 얻고, 여기에 政府가 밀어 주어 그 運動의 方向·方法을 제시해 줌으로써, 온 國民이 渾然一體혼연일체가 되어야만 그 實效실효를 얻을 수 있을 것으로 생각된다. 그러므로 汎國民的인 協力협력이 이루어졌을 때 비로소 이 運動은 所期의 成果를 거둘 수 있다는 것을 銘心명심할 것이며, 이러한 態勢태세의 一角이라도 무너져서는 안 될 것이다. 모름지기 한글 專用論者나 國漢混用論者는 다 함께 自重하여 이 運

動에 차질이 없게 하여야 할 것이다.

다음에 政府에 부탁하고 싶은 말은 言語나 文字政策이 施行錯誤시행착오를 許容허용할 수 없다는 것을 銘心하여 주어야 하겠다. 다리가 잘못 놓여졌다거나 집이 잘못 지어졌다면 그것은 일부 사람들에게 국한된 時的 問題이지만, 言語政策이나 文字政策은 汎國民的인 問題이고 시정하기 어려운 問題이기 때문에 그 실패는 國民精神과 國家의 將來장래에 크나 큰 支障지장을 주게 마련이다.

그 一例로 우리가 과거 한글 專用을 標榜표방하여 中·高等學校에선 漢字敎育을 하지 않았고 社會에선 그대로 漢字를 쓰다 보니, 결국 中·高卒業生들은 社會에 나와서 新聞 한 장 못 보는 文盲者문맹자 아닌 文盲者 노릇을 해야 하였고, 大學에서는 學問硏究보다 漢字 깨치기에 바빠 알찬 學問을 닦지 못하였던 쓰라린 經驗경험을 가지고 있다. 이것은 政府가 信念을 가지고 政策을 遂行수행하지 못하였기 때문에 社會에 큰 害毒해독을 끼친 좋은 보기인 것이다. 이때 政府가 한글을 專用해야 한다는 確固不動확고부동한 信念을 가지고 있었던들 中·高等學校에서와 마찬가지로 新聞 雜誌·大學敎材 및 一般社會에 이르기까지 한글專用을 敢行감행시켰을 것이고, 그리하였더라면 文盲者 아닌 文盲者를 내지도 않았을 것이고, 지금과 같이 末端말단 行政要員행정요원 등이 漢字를 몰라 事務能率사무능률을 올리지 못하여 苦心고심하는 일도 없었을 것이다. 그러나 한글專用의 장래에 대하여 보장할 수 없었기 때문에 강력히 大學과 社會 전반에 걸친 한글專用을 강요하지 못했던 것이라면, 차라리 中·高校에서까지도 한글專用을 강행하지 말았어야 옳았을 것이다. 새삼스레 우리는 여기서 言語·文字政策에 있어선 절대로 施行錯誤를 용납할 수 없다는 것을 깨닫게 된다.

따라서 政府는 이번의 國語醇化運動에 있어서는 과거의 言語政策의 실패를 거울삼아 신중에 신중을 기하여 그 方向과 구체적인 方法을 國民 앞에 信念을 가지고 제시해 주어야 할 것이다. 이것이 아직까지 제시되어 있지 않기 때문에 지나친 外來語의 排擊運動배격운동까지 전개되고, 급기야는

固有語고유어 이외의 外來語는 모두 배격하자는 따위의 극단적인 주장까지 나타나고 있는 실정이어서, 뜻하지 않게 國漢混用論者를 刺戟자극하여 한글專用論者와의 사이에 서로 是非가 오락가락 하게 만들고 있는 터이다. 물론 故朴大統領께서 도가 지나친 外國語의 排擊運動을 보다 못해서, 世界共通인 運動競技用語운동경기용어 같은 것은 써도 좋지 않겠느냐는 말씀을 하게까지 하였으니, 外國語排擊運動이 도가 지나치다는 생각은 나만이 가지는 생각도 아닌 것이 분명하다. 여하간 이러한 是非가 빚어지게 된 것은 外國語使用의 排擊運動에 확고한 規準규준이 서 있지 않기 때문이다. 그러한 規準을 한 個人이나 任意團體임의단체가 세웠다 하더라도 거기에 贊同찬동하지 않는 상당한 사람들이 반드시 있을 것이므로, 그러한 規準은 政府次元에서 깊은 硏究 끝에(물론 政府主導 아래의 國語醇化運動推進會도 좋고, 各種 文化團體와 各大學의 建議건의를 받아, 文敎當局이 충분히 檢討검토하여 定해도 좋을 것임) 결정하여 모든 國民 앞에 提示하여 주어야 할 것이며, 또 이미 그러하였던들 '클로스바'를 '가로막대기'라고 하고 '恐妻家공처가'를 '아내무섬쟁이'라고 하는 따위의 어처구니없는 상스러운 新造語신조어도 나오지 않았을 것이고, 外國人도 상대하는 상점에 가서 外國語表記가 들어 있는 看板간판을 떼어버리라고 騷動소동을 부리지도 않았을 것이며, 漢字語도 外國語이니 뜯어 고쳐야 한다고까지 서둘다가 國漢混用論者들에게 타박 맞는 일도 없었을 것이고, 한글專用 대 國漢混用의 是非도 다시 일어나지 아니하였을 것이다.

따라서 政府는 하루바삐 國語醇化運動의 方向과 구체적인 方法을 國民 앞에 提示제시해 주도록 해야 할 것이다. 그러한 方案이 서 있지 못한 現段階현단계로서는 그저 抽象的추상적으로 '고운말 쓰자' '되도록 外國語를 쓰지 말자' 등의 표어를 내거는 데 그쳐야 할 것이다. 그리하였다가 政府에서 이 運動의 方向과 具體的구체적 方法이 提示되면 거기에 따라 一絲不亂일사불란하게 實踐실천에 옮겨 가도록 해야 할 것이다. 요컨대 現段階에서는 政府가 國語醇化運動 指針지침을 서둘러 만들어 내는 것이 急先務급선무이다.

이미 위에서 말한 바와 같이 政府次元에서 國語醇化運動의 方向이 提示되어야 할 것이지만, 筆者는 國語學을 專攻전공해 왔고 30년이 넘는 歲月세월에 걸쳐 教育界에 몸담아 왔던 경험에 비추어 國語醇化運動에 나서는 분들과 政府의 國語醇化運動推進會에 참여하고 있는 분들에게 參考참고될 말을 다음에 몇 마디 하여 볼까한다.

첫째로, 國語醇化라는 말의 뜻을 잘 吟味음미해 보라고 建議건의하고 싶다. 왜냐하면 요즈음 國語醇化라고 하면 外國語·外來語의 排擊이 그 전부인 것처럼 되어 있기 때문이다. 醇化라고 하면 不純한 것을 없애고 理想的인 것으로 만듦을 뜻한다. 그런 뜻에서 본다면 現時點에서 어떻게 하는 것이 國語醇化運動에 가장 바람직한가는 自明해질 것이다. 다시 구체적으로 말하자면 오늘날 사람들이 모인 곳이면, 그것이 가정이건, 학교이건, 사무실·공장·시장·부둣가건 어디서나 우리는 상스러운 욕설을 듣게 마련이다. '애야'나 '○○군'하면 될 것을 우선 욕설부터 퍼붓고 본다. '이놈아', '이 새끼야' '이 자식아' 심하면 '개자식아' 등으로 始作시작된다. 相對方상대방을 부르는 데서부터 말은 이렇게 욕설투성이의 거친 세상에서 國民總和국민총화니 人和니 하는 말이 무색해지지 않을 수 없다. 이런 환경에서 다정하고 서로 돕는 부드러운 人間關係가 성립될 까닭이 없는 것이다. 人權유린이 이 이상 더할 수 없고, 이 이상 사람이 사람대접을 못 받는 세상이 어디 있겠는가. 筆者의 생각으로는 이렇게 욕설이 범람하는 나라도 없으려니와, 이러한 환경 때문에 青少年청소년들의 事故와 犯罪범죄가 날로 많아지는 것이 아닌가 한다.

욕설을 듣고 성미가 거칠어지지 않는다면 그 사람은 본시 聖人으로 태어난 사람일 것이다. 또 욕설로 시작된 指示事項을 성심껏 實踐실천에 옮길 사람도 없을 것인즉, 일의 능률이 오를 까닭이 없다. 지금 우리 社會는 욕설 때문에 큰 社會問題가 생기고 점점 멍들어가고 있는 것이다. 青少年들이 큰 시빗거리가 아닌 데도 여차하면 칼이나 몽둥이나 돌을 들고, 찌르고 때리고 쳐부수는 그들의 心思는 어디서 緣由연유하는 것일까 하고 곰곰이 생각해 보게 된다. 그들은 목숨을 扶支부지하고 잘 살기 위해서 싸우는 것도 아니고, 진정 名譽명예나 나라를 위해서 목숨을 걸고 싸우는 것도 아니다. 그저 그들은 이제까지 욕설 속에서 成長해 오는 과정에서, 억압되고 疎外소외되어서 쌓이고 쌓였던 鬱憤울분이 하찮은 욕설이 契機계기가 되어 瞬間的순간적으로 自制자제할 힘을 잃고 爆發폭발한 것에 불과하다. 남이 보기에는 그런 行動은 故意的고의적·惡意的악의적인 것으로 보이겠지만, 기실 욕설이라는 災殃재앙의 씨가 그들을 他律的타율적으로 그렇게 만든 것이다.

우리 주변에서 허구한 날 하루도 몇 차례씩 듣고 있는 '國民總和'·'人和'·'親切친절'·'이웃을 사랑하자' 등의 口號구호는 너무 자주 들어 실감도 나지 않거니와, 그런 抽象的 口號는 그렇게 呼訴力호소력이 있는 것도 아니다. 차라리 이런 口號 대신 '욕설을 추방하자' '고운말 쓰자'는 구호가 한결 國民總和에 이바지하고, 人和를 도모하며 '다정한 이웃'·'돕는 이웃'이 되게 할 것이다. 이와 같이 國語醇化運動에서 맨 먼저 해야 할 일은 外國語를 남용 못하게 하는 일에 앞서, 우리 社會에서 욕설을 추방하는 일인 것이다. 나는 '社會淨化는 욕설추방부터'라는 口號를 내세워야 할 것으로 확신한다. 相互不信상호불신도 이로써 해결될 것이며 명랑한 社會가 이룩될 것으로 믿어 의심하지 않는다. 생각해 보라! 한 家庭에서 어머니·아버지가 서로 존댓말을 쓰고, 자식들에게도 고운말로 타이르는 가정에서 社會問題를 일으킨 靑少年이 나왔다는 소리를 들어 본 적이 있는가. 社會淨化는 '고운말 쓰기'·'욕설하지 않기' 運動에서부터 시작해야 하며, 國語醇化運動도 이것으로부터 시작되어야 한다. 外國語混用이 國民精神에 미치는 惡影響악영향에 비하면, 욕설로 인한 악영향은 그 몇 십 배 몇 백 배 더 큰 것임을 銘心명심하고 國語醇化運動을 시작해야 할 것이다. 이런 태도가 이 運動의 밑바탕이 되어야 한다.

國語醇化運動을 마치 外來語·外國語 안쓰기 運動의 同義語로 착각하고 있는 데는 통탄하지 않을 수 없다. 이러한 先入見선입견 대신 國語醇化運動을 辱說追放運動욕설추방운동이나 고운말 쓰기 運動의 同義語로 보아 둘

정도가 되어야, 國語의 醇化는 물론 社會淨化·國民總和·明朗社會명랑사회가 이룩될 것이다. 國語醇化運動은 우리 집·우리 職場에서 '고운말 쓰기' '욕설 추방하기'부터 시작하자.

둘째로, 國語醇化運動은 外來語나 外國語를 뿌리 뽑는 運動이 아니다. 外來語·外國語는 뿌리 뽑을 수도 없으려니와 뽑혀지지도 아니한다. 外國語는 끊임없이 흘러 들어와 國語 속에 外來語로 定着하게 된다. 英·獨·佛語는 물론 日本語·中國語·퉁구스語·蒙古語몽고어·터키語 등 어느 말이고 간에 外來語가 안 들어간 것이 없다. 흔히 外國語 안 쓰기의 標本으로 프랑스人을 들지만 이것도 우스꽝스러운 이야기다. 프랑스語는 라틴語를 主軸주축으로 하지만 골語·그리스語·게르만語가 섞여 된 混合語혼합어인 것이다. 바꾸어 말하면 프랑스語 自體가 外來語 투성이의 言語인 것이다. 그들이 그것을 自覺 못하고 있을 뿐이며, 過去에 文化의 第1先進國임을 自處자처하다가 제1차·2차 세계대전 후 國家의 威信위신이 떨어져 도리어 美國이나 英國·獨逸독일 등 각국의 文物이 흘러 들어오기 시작하자 外國語의 범람으로 더욱 威信이 땅에 떨어진 까닭에 이와 같이 극도로 萎縮위축된 精神的 姿勢자세를 조금이라도 회복하기 위한 노력의 一端으로, 近來에 들어온 外國語는 되도록 쓰지 않기로 작정한 虛勢허세이지, 결코 그들의 言語生活 속에 外來語나 外國語가 적다거나 없다는 것을 의미하지는 않는다. 그리고 근래에도 外國語를 마구 받아들이지 않는달 뿐이지, 비교적 적기는 하나 여전히 받아 들여 쓰고 있는 것이다.

아무리 통제하여도 外國語·外來語를 전혀 받아들이지 않을 수는 없다. 오늘날처럼 交通·通信의 수단이 발달하여, 온 지구가 옛날 交通·通信이 발달하지 못했을 때의 한 나라 안보다 더 시간상으론 가까워지고, 文物의 交流가 옛날의 한 겨레 안에서의 交流보다 더 빈번하게 이루어지므로, 새로운 文物의 명칭은 빌어쓰지 않을 수 없다. 흘러들어온 그 새 文物의 명칭을 自國語式으로 고쳐 쓸 시간상 여유도 없고, 또 고쳐 쓰게 되면 같은 文物에 대하여 본래의 이름과 새로 自國語式으로서 만든 이름의 두 가지를 사용하게 되어, 言語의 二重生活이 되어 부질없이 言語의 混亂혼란과 精力消耗정력소모만 가져오기 때문에, 共産國家와 같은 閉鎖社會폐쇄사회라면 모를까 開放社會개방사회에서는 外國語 使用을 統制통제할 망정, 그것을 완전히 막지는 않고 있을 뿐만 아니라 막을 수도 없었던 것이다.

특히 우리나라처럼 先進國에서 온갖 새로운 文物을 받아들여야 할 처지에선 더욱 外國語를 안 받아들일 수 없다. 더욱이 學術학술이나 스포츠 경기처럼 國際交流국제교류가 잦은 경우에는 世界共通用語를 사용하는 것이 記憶負擔기억부담이 적고 편리하다. 꼭 필요한 外國語라면 그것을 그대로 받아들여 國內에서도 쓰는 것이, 國際交流 때문에 생기는 言語의 二重生活을 피하는 妙策묘책 아닌 妙策이 되는 것이다. 그러는 사이에 그 外國語는 우리말의 音韻體系에 同化되어 固有語 못지않은 外來語가 되며(마치 漢字語처럼), 그때에 가면 固有語와 마찬가지로 우리는 그 말에 아무런 저항도 느끼지 아니하게 된다.

그러므로 外來語까지를 배격한다는 것은 自國語가 純粹순수한 單一語라고 막연히 생각하는 無識의 所致소치인 것이다. 筆者가 國語의 系統계통을 연구해 온 바에 의하면 原始時代에는 半島南部반도남부에 아이누語가 쓰이고 北部에는 길약語가 쓰이었다. 그 후에 퉁구스系語・蒙古系語・터키系語가 차례로 들어와 統一新羅語통일신라어인 터키系語를 主軸으로 한 것이 현 韓國語인 것으로 확신한다.

그런데 統一新羅語 속에도 현 터키語 속에 보이는 아랍 및 페르시아 借用語차용어(80% 넘는다고 함)가 그대로 허다하게 보인다. 그래도 우리는 國語가 混成語혼성어인 것을 모르고, 漢字語나 近世 이후에 들어온 外來語를 제외한 말을 모두 固有語로 생각하고 있을 뿐이다(아마 진짜 固有語는 10% 內外일 것임). 이 얼마나 어리석은 생각인가! 言語란 思考와 意思傳達의사전달의 媒體매체일 뿐이다. 우리의 音韻體系에 同化된 外國語, 즉 外來語는 아무런 저항을 느끼지 않는 國語인 것이다. 다만 우리의 音韻體系에 맞지 않는 生疎생소한 外國語는 聽者청자에게 異化感이화감을 준다. 더욱이 우리가 固有語라고 생각하는 語彙어휘들이 있는 데도 불구하고 그와 同義의 外國語를 섞어 쓴다는 것은 異化感을 더욱 助長조장할 뿐만 아니라, 그 外國語마저 理解하자니 言語의 二重生活이 강요된다. 이처럼 남에게 불쾌감을 주고 쓸데없는 外國語마저 외워야 하는 데도 불구하고 生疎한 外國語를 섞어 써야 할 것인가! 우리는 이런 점에서 國語醇化運動이 필요한 것이지, 固有語나 다름없는 外來語까지 배격하는 것이 진정한 國語醇化運動은 아니다.

요컨대, 國語醇化運動은, 첫째로 먼저 政府가 그 方向과 구체적인 方法을 國民 앞에 제시해 주어야 하며, 둘째로 욕설을 배격하는 '고운말 쓰기' 運動이어야 하고, 셋째로 國語의 日常語와 同義의 生疎한 外國語(外來語가 아님)를 섞어 쓰지 않기 運動이 主가 되어야 한다는 것을 다시 喚起환기시켜 둔다.

〈忠南大 教授·國語學/ 어문연구 29호/ 特輯-國語醇化運動의 虛와 實〉

漢字混用의 自由

姜 偉 錫

> 1937년 경남 馬山 출생. 시인·언론인. 당시 中央日報 論說顧問이었던 필자는 한글 전용을 극단적인 劃一化 專制 이데올로기로 보고 있는 데서 言論人으로서의 독특한 視角을 보여주고 있다. 이런 맥락에서 世宗大王이 한글을 창제한 목적을 根本的으로 文化的 自由主義와 그 軸을 같이 한 것으로 해석하고 있다는 점도 흥미롭다. 문화 시대의 우리 말과 우리 글은 그 뜻을 실어 펼 무궁무진한 伸縮性과 創造性이 요구되므로, 오히려 한자야말로 쉬운 글이라고 주장하고 있는 점도 주목할 만하다.

正義와 進化論진화론은 가끔 반대 방향에 선다. 정의는 사람의 것이고 진화는 아무래도 神의 것이다(創造論창조론과 進化論을 妥協타협하는 길은 神이 진화를 창조했다고 말하는 것일 수도 있다). 그러나 한글專用에 관련되면 나는 正義도 進化도 알지 못한다. 한글專用이 옳은 것인지 漢字混用이 옳은 것인지, 이 둘 가운데 그 自體가 갖는 客觀的객관적 正義는 어디에 있는지 나는 판단하지 못한다. 進化를 놓고 말하더라도 세월이 많이 지난 다음 아주 한글專用으로 歸着귀착할 것인지, 漢字混用으로 定着할 것인지, 이 두 가지가 주기적으로 바뀌어 가며 나타날 것인지 그 進化의 방향을 예측하지 못한다.

그 대신 이 문제와 관련되어 내게는 원하는 것이 하나 있다. 글을 쓰는 사람에게는 自由가 보장되어야 한다는 것이다. 한글專用은 글 쓰는 사람의 자유를 인쇄단계에서 沒收몰수한다. 漢字로 쓴 것을 모두 한글로 고쳐버림을 당한다. 나는 이 글에서 한글專用을 그것이 極端的극단적인 劃一化획일화 專制전제 이데올로기라는 점에서 보고자 한다. 지금 한글專用 이데올로기는 可恐가공할 정치권력으로 化해 있다. 이 권력은 영원한 독재를 누리려고 갖은 抑壓억압과 陰謀음모를 행사하고 있다.

文化가 권력의 道具로 쓰이는 일은 많다. 아니, 권력은 어떤 때라도 人民을 服從복종시킬 이데올로기를 필요로 한다. 이런 이데올로기는 반드시 문화를 도구로 삼는다. 문화란 共同體와 그 공동체의 構成員인 個人을 담아 놓는 象徵體系상징체계다. 자유니 억압이니 하는 것도 한 文化 안에서 拘束구속되는 개념이다. 한 문화에서는 억압이라고 불리는 것이 다른 文化 안으로 가면 自由라고 불리기도 한다. 문화 가운데도 宗教가 권력의 이데올로기로서 가장 잘 봉사해 왔음은 역사와 현실에서 널리 感知할 수 있다.

神政一致 시대의 종교는 專制政治 그 자체였다. 종교가 없었다면 원시 공동사회는 아마도 專制政治를 도입할 수 없었을 것이다. 古代 이집트와 아즈텍 문화의 거대한 피라밋은 종교를 媒介매개로 하지 않았다면 이런 象徵物상징물을 쌓는데 셀 수 없는 勞力과 人命의 희생을 요구할 길을 찾지 못했을 것이다. 動物學에서 人類學에 접근한 데스먼드 모리스는 <털 없는 원숭이>라는 著書저서에서 인간이 사회를 만들고 거기에 정치권력을 도입한 것은 오직 사냥을 위해서였다고 주장하고 있다.

아무 일도 안 해도 배불리 따먹을 수 있던 '낙원'의 숲에서 열리던 食糧식량이 털 없는 원숭이(인류) 人口의 증가로 어느 땐가부터 모자라게 되었다. 그들은 할 수 없이 다른 동물을 사냥해서 잡아먹어야 하는 '사냥하는 원숭이'로 자신들을 변화시켜야 했다. 여기서 한 가지 문제는 사냥꾼으로 나선 털 없는 원숭이들이 대부분의 사냥감보다도 힘이 약했다는 사실이다. 이 制約제약을 넘어서기 위해 그들은 힘을 합하는 방법을 택했다. 그러기 위해서 사냥하는 共同社會를 만들었다는 것이다. 이 공동 사회를 다스리는 것은 畏敬외경과 慈悲자비, 또는 戒律계율과 慰勞위로의 양날을 가진 宗教라는 상징이었다.

狩獵時代수렵시대를 거쳐, 농업시대로 진전되면서 政治와 宗敎는 분리되었다. 그러나 그 分離분리의 모양새는 서로 매우 달랐다. 많은 나라에서는 정치와 종교가 對立的 공존 내지 협조 관계를 지금도 유지하고 있다. 西유럽이 그 典型이다. 소련은 共產主義 이데올로기를 예배하는 일종의 神政一致 국가였다. 중국을 비롯한 東아시아 국가들에서는 儒敎라는 교묘하게 世俗化한 종교를 정치가 끌어안고 놓지 않음으로써 神政一致를 수천 년 동안 유지했다. 북한, 중국, 베트남에서는 공산주의가 儒敎에 代入됨으로써 變數만 달라졌을 뿐 동일한 政治方程式정치방정식을 그대로 지켜 오고 있다. 이 점에서 유교와 공산주의는 한 강력한 남성과 사는 사이좋은 두 시앗 같다고나 할 것이다.

儒敎政治는 정치가 유교적이라는 데서가 아니라 變形된 神政一致 정치라는 데서 그 가장 큰 특성을 찾아야 할 것이다. 거기서 나오는 壓制압제는 유교 이데올로기에서 나오는 것이 아니다. 붕어빵에 붕어가 없는 것보다 東아시아 유교 정치에 유교는 더욱 없다. 많은 사람들이 유교(특히 孔子의 原始儒敎)는 정치의 도구가 아닐 때는 매우 잔잔한 휴머니즘이라는 점을 확신하고 있다. 만일 東아시아식 神政一致(또는 儒政一致) 체제의 유교 자리에 佛敎나 基督敎 이데올로기가 들어서더라도 專制的 성격은 그대로 維持할 것이다. 그 때는 東아시아식 儒敎政治라는 規定(categorization) 대신에 東아시아식 佛敎政治 또는 東아시아식 基督敎政治라는 規定이 들어서게 될 뿐일 것이다.

흥미로운 것은 東아시아 정치가 文化(宗敎) 이데올로기를 붙잡고 있음으로써 專制를 保存보존하는 것처럼 經濟와 文化는 정치와는 分離하여 나와서도 자체 領域영역 안에서 權力을 指向지향함으로써 政治化되어 있다는 점이다. 다니엘 벨의 말 그대로 “사회는 單一體가 아니다”. 한 사회 안에는 정치, 경제, 문화 이렇게 대체로 서로 독립된 세 가지 領域이 있다. 정치는 正義를, 經濟는 效用효용을, 문화는 人間存在의 의미를 탐색하는 自己實現

을 각각 원칙 軸으로 삼는다. 헤겔은 사회의 이 세 영역, 즉 정치, 경제, 문화를 一貫하는 가이스트(geist)가 있다고 주장했다. 다니엘 벨은 이런 일관성, 또는 사회 전체를 하나의 織物組織직물조직으로 볼 수 있었던 것은 19세기로 끝나고 20세기부터는 이 세 영역이 分離되었다고 주장한다. 東아시아에서도 이런 분리는 이루어졌다. 다만 세 영역 모두 권력을 해당 영역의 原則 軸으로 삼고 있다는 점이 특이하다.

한글專用은 문화가 專制 권력화한 典型이다. 財閥재벌 또한 經營이라기보다는 權力體制다. 효율성과 권력이 兩者擇一의 문제가 될 경우에는 경영상의 권력을 强化하거나 권력을 놓치지 않기 위하여 효율성을 포기하는 것이 재벌경영체제가 갖는 '反' 經濟性이다. 그러므로 재벌에 관한 批評비평은 이른 바 '문어발'에서 오는 비효율이나 '독점' 弊害폐해에 焦點초점을 두어서는 넌센스다. 經營의 권력지향과 官僚化관료화가 만드는 非效率을 표적 삼아야 할 것이다.

宗敎의 경우에도 내부적 世俗權力化는 흔히 볼 수 있다. 그 밖의 각종 문화 단체에서도 그 단체의 結成目的인 문화 자체는 뒷전에 내쳐 앉히고 권력 놀이만 하는 경우는 우리 사회의 예사다. 念佛염불보다는 잿밥이라는 속담 그대로다.

사실 産業時代를 거쳐 情報時代로 들어오면서 '털 없는 원숭이'들은 더 이상 강력한 神政的 리더십에 의하여 조직되지 않으면 人口를 부양할 수 없던 상황으로부터는 멀리 떨어졌다. 경제를 위해서는 정치와 정치형 권력은 오히려 커다란 妨害物방해물이 되어 버린 것이 현대 산업-정보화 시대의 현실이다. 문화는 정치의 基盤기반은 될지언정 政治權力이 가지고 노는 공은 결코 아니다. 문화는 철저히 자유로움을 토대로 삼아 그 위에서 새로운 創造를 이루어 냄으로써 인간을 실현하고 인간의 有限을 위로하는 使命으로 돌아가 있다. 이러한 본래의 원칙에 드디어 進入한 문화가 東아시아, 특히 우리나라에서는 자기 영역 안에 새로이 專制權力을 偶像우상으로 모셔 들였다는 것은 문화의 원칙 軸을 파괴하는 일 밖에 아무것도 아니다.

한글專用은 그것이 文化的 自由와 進化를 빼앗는다는 점에서, 그리고 度를 지나쳤다는 점에서 世宗의 한글 創製 당시 崔萬理 등의 頑剛완강했던 反對와 비슷하다. 나는 한글을 사랑하고 가장 자랑스러운 寶物보물로 여긴다. 만일 한글이 없었더라면 어떻게 되었을까에 가끔 생각이 미치면 다만 아찔해진다. 한글을 發展시키고 그 用度를 지금처럼 아름답고 넓게 개척한 先覺者들에게도 지극히 감사하는 마음을 가지고 있다. 이런 先賢들의 노력이 '한글專用'이라는 문화적 專制에 이른 것은 그들의 책임이라고 단언할 수도 없다. 특히 세종대왕은 崔萬理 등의 頑固를 늠름하게 默殺묵살했음에도 불구하고 그 때는 물론 지금 계신다고 해도 한글 專用主義에 빠지시지는 않았을 것이라고 나는 확신한다. 왜냐하면 世宗大王이 한글을 창제한 목적은 根本的으로 文化的 自由主義와 그 軸을 같이 한 것이었다고 나는 믿고 있기 때문이다.

文筆業者로서 나는 漢字에서 合成語와 新造語의 便利를 제일로 꼽는다. 교육의 대상이 모든 사람에게로 넓어지고 교육 기간이 대학 학부 졸업만 쳐도 16년으로 늘어나면서 지식의 공간은 날로 새로움을 더해 가고 있다. 이것을 投射투사하기 위해 영어를 비롯한 先進國의 言語는 辭典에는 없는 合成語外 新造語를 기존 단어의 語幹어간을 서로 붙이거나 의미를 屈折함으로써 날마다 쏟아 낸다. 이것을 우리말도 감당해야 한다. 이를 위해서는 漢字를 동원하는 것이 가장 편리하다. 그런데 이것을 한글專用에 따라 表記하면 辭典에는 없으므로 그 뜻을 알 수가 없다.

예를 들어 세미나 같은데 가면 '발제자'니 '함의'니 하는 낱말이 한글로 기록된 것을 자주 본다. 그 정확한 뜻을 알기 위해 辭典을 보아도 그런 單語는 없다. 漢字로 된 단어는 사전에 있는 것은 한글로 表記해도 그 뜻을 알아낼 수가 있다. 그러나 合成語, 新造語, 誘導語유도어(派生語파생어;derivatives)는 사전에 미처 올리지 못한 것이면 의미의 혼란에 빠지게 하거나 못 쓰는 수밖에 없게 된다. 이런 점을 알면서도 한글專用을 固守하는 것은 文化的 專制의 弊害 가운데서도 극단적인 例다.

문화에는 민족주의를 正義로 내세울 수 없다. 한글은 科學的이고 배우기 쉽다는 점을 文化 進化의 결론인 것처럼 우겨서도 안 된다. 이 문화 시대의 우리말 우리글에는 '그 뜻을 실어 펼 무궁무진한 伸縮性신축성과 創造性이 요구된다. 이런 伸縮性 및 創造性을 前提전제로 했을 때는 漢字야말로 쉬운 글이 된다. 한 사회가 글자를 아는 사람을 排出할 經濟的 能力이 극히 제한되어 있던 영세 小作 農業時代를 벗어나서 교육 대상과 기간이 모든 사람의 平生으로 확대된 지금 漢字의 배우기 힘듦은 다른 분야의 배우기 힘듦에 비해서 전혀 문제도 되지 않는다.

〈中央日報 論說顧問/ 어문연구 97호〉

한글전용 세대 自然科學徒가 드리는 苦言

高 銀 珠

1971년 蔚山 출생. 이 글은 물리학을 전공하는 자연과학도의 視角에서 漢字表記, 한글表記 및 순우리말 표기의 과학용어 간의 이해도를 비교해 본 결과 '漢字표기 과학 용어'가 학생들의 이해도를 가장 增進증진시킨다는 실험 결과를 밝히고 있다는 점에서 주목할 만하다. 또한 이 글은 漢字使用論者들의 漢字 濫用남용이 한자에 대한 기피를 가져오고 결과적으로 한글전용론을 강화시켰음을 지적하고, 무분별한 漢字 노출이 아닌 '효과적인 한자표기'가 필요함을 주장하고 있다.

우선, 축하 말씀부터 드려야겠군요. 무엇보다 오늘이 있기까지 國漢混用 운동에 평생을 獻身헌신하셨던 故 南廣祐 박사님께서 하늘에서나마 가장 기뻐하실 줄 믿습니다. 직접 뵌 적은 없었지만 먼 발치서 뵈었던 그 분의 호탕한 웃음이 온 천지에 진동하는 느낌을 받았습니다.

제가 강연 요청을 받았을 때엔 한글專用論者들의 주장이 법적으로나 제도적으로 50년간 우세를 점하던 시점이었습니다만, 講演原稿강연원고 준비를 마칠 무렵 너무나 좋은 소식이 들려와 원고를 다시 써야겠다는 생각을 가지게 되었습니다. 欽然흠연히 기쁨의 잔을 들기 전에 한 말씀 드려야겠다는 一念으로 이 原稿를 다시 작성했습니다.

먼저, 제가 발표한 論文을 간단히 소개하겠습니다.

제 論文은 현재 고등학교에서 학습교재로 사용하는 『공통과학』에 있는 表記가 학생들의 학습에 심각한 장애가 되고 있음을 인식하고 논문을 준비했습니다.

교과서의 科學用語를 漢字表記, 한글表記 및 순우리말 과학 용어의 이해도를 비교해 보았습니다. 그 결과 '漢字표기 과학 용어'가 학생들의 이해도를 가장 增進증진시킨다는 결과를 얻을 수 있었습니다. 심지어 배우지 않은 과학 용어에서도 학생들은 한자로 표기한 과학 용어는 쉽게 이해하는 것을 볼 수 있었습니다.

특히 '한글表記 科學用語'에서는 同音異義語의 구분을 하지 못하거나, 개략적인 의미파악 정도만 할 뿐 과학에서 요구하는 正確性정확성, 明確性, 精密性정밀성을 주지 못하고 있음을 알 수 있었습니다. 한글 표기는 단지 하나의 記號體系일 뿐 그 글자 속에 담긴 뜻을 전달하기에는 부족함이 있음도 알 수 있었습니다.

이상이 제가 발표한 논문의 概略的개략적인 내용입니다.

저는 6개월 전까지 고등학생들을 가르쳤고 지금은 韓國英才研究所에서 英才로 뽑힌 아이들을 교육하는 分野의 研究員으로 재직 중입니다. 영재들은 대략 3~14세 정도로 제가 가르친 고등학생들과 약 10년의 터울이 있습니다. 요즘은 어린아이들에게 어떻게 漢字를 가르쳐야 하느냐를 두고 가끔씩 고심을 해보고 있습니다. 이들은 制度的인 惠澤혜택을 입을 것이고 그로 인해 10년 뒤 고등학생이 되면 지금과 같은 『읽기 장애』 때문에 과학 교과서를 해석하지 못하는 일은 없을 것이란 생각이 들었습니다. 이것이 韓國語文會를 비롯한 많은 분들의 勞苦노고에 힘입은 결과일 것입니다.

저는 이 자리에서 1948년 당시 한글專用法案이 발표될 당시로 잠시 되돌아가 보고자 합니다. 저는 잠시 소개된 바와 같이 語文學을 전공한 人文

科學徒가 아니라 物理學을 전공한 自然科學徒입니다. 語文政策의 결정 과정을 眺望조망하는 방법 중에서 저는 자연과학도답게 구조적, 역학적으로 접근해 보았습니다.

지금부터 약 50년 전, 語文政策의 결정 과정에 참여하신 많은 분들이 한글專用을 찬성하고, 일리있다고 판단했기 때문에 이 법안을 통과시켰을 것입니다. 당시엔 분명히 국민의 다수가 깊은 생각 없이 찬성했을 것이고, 이런 여론을 바탕으로 한글專用法案이 탄생되었을 것입니다.

이 결정으로 인해 대한민국은 약 50년 동안 문화의 절름발이로 20세기를 보낸 셈이었습니다. 왜 그렇게 되었을까요. 저는 이런 의문을 갖지 않을 수 없었습니다. 물론 답은 이미 나와 있습니다. 몇몇 한글학자들이 政治人과 결탁하여 政策決定을 내리게 된 背景 등이겠지요. 그러나 이것만으로는 대중의 반발이 없었다는 점을 설명하지 못하는 답변입니다.

저는 이 의문에 대해 당시 이 같은 愚昧우매한 결정이 내려진 배경에는 漢字使用論者들의 책임도 없지 않을 것이란 생각을 하게 되었습니다.

왜냐하면, 한자 사용이 그만큼 편리하고 사람을 覺醒각성시키기 좋은 문자라는 점을 국민 다수가 알고 있었다면 아무리 景武臺경무대나 國會의 결정이라 할지라도 大衆文化 깊숙이 침투할 수는 없었을 것이기 때문입니다.

지난 해 저는 論文을 준비하면서, 漢字敎育을 별도로 받은 적이 없었음에도, 교육 현장에서 용어의 이해가 학습 효과에 지대한 영향을 미치고 있음을 알게 되었고, 그 용어들 대부분이 漢字語라는 점을 깨닫고 논문을 쓰게 되었습니다.

자연과학도에게, 더구나 1990년대 자연과학을 하는 대학원생에게 漢字는 영어나 러시아어보다 더 難解난해한 장애물일 수 있었습니다. 제대로 배워 본 적이 없었기 때문이지요.

제 論文의 목표는 漢字를 교육시켜 과학을 가르칠 때 학습 효과가 더 커질 것이란 假說가설을 證明하는 것이었습니다. 그리고 이 증명은 대단히 有

效하여 논문이 발표된 후 『月刊朝鮮』과 韓國語文教育研究會에서 각별한 관심을 가져 주셨고, 지난해 말에는 경기도 공무원 研修院에까지 招聘초빙 되어 강연을 하기도 했습니다.

그런데 이 論文을 쓰면서 제 나름대로 느낀 점들이 있었습니다. 논문의 주제와는 별 관계가 없어 기억 한편으로 미뤄 놓은 것들입니다. 그것이 무엇이냐 하면, 바로, 漢字使用論者들이 가지고 있을 법한 問題點들이었습니다.

오늘 같이 경사스러운 날에 한글전용론자들의 편을 드느냐고 하실지 모르겠습니다만, 결코 그런 것은 아닙니다. 漢字 사용의 시대적 변화에 대해 말씀드리고 싶어서입니다. 건방지다고 생각하지 마시고, 한번 들어주시면 고맙겠습니다.

처음 漢字와 관계된 논문을 준비하면서 漢字文盲에 가까웠던 제가 韓國語文教育研究會에서 발행하는 『語文研究』, 『語文會報』를 비롯하여 한자 사용론자들의 발행물을 대할 때면 참으로 거부감이 많았던 것이 사실입니다. 이 거부감은 현재 약 1千字의 漢字를 익힌 지금도 사라지지 않고 있습니다.

저는 왜 그럴까 궁금했습니다. 漢字를 어느 정도 알고 있음에도 漢字와 한글이 併用된 글을 보면 답답해지는 제 거부감의 實體실체는 한자에 대한 無知에서 비롯된 것이 아니기 때문입니다. 한글專用이 저와 학생들을 답답하게 만든 만큼 한자 남용도 똑같은 답답함을 저에게 가져다 주었던 것입니다.

漢字가 사용되어야 하는 가장 큰 이유는 개인이나 특정 집단의 유식함과 귀족성을 강조하기 위해서가 아닐 것입니다. 지난 30년 동안 韓國語文教育研究會가 노력해 온 漢字併記 운동의 정신은 국민 모두의 知的 能力向上

을 통한 國力의 增進을 위해서일 것이며, 동시에 世宗大王께서 제정하신 한글을 더욱 소중하고 아름답게 사용할 수 있도록 하기 위한 것일 것입니다.

저는 실제로 순 우리말을 고집하는 『샘이 깊은 물』이란 잡지사에 근무했던 친구로부터 들은 所重한 이야기가 하나 있습니다. 이 친구는 누구 못지않은 한글專用論者였습니다. 그런데 이 잡지사에서 일 년 가까이 일하던 중 어느 날 제게 이런 말을 했습니다.

"확실히 한글은 漢字와 함께 사용될 때 眞價가 드러나는 것 같아."

저는 제 친구의 말을 세계 최고의 表音文字인 한글과 세계 최고의 表意文字인 漢字와의 共存이 필요하다는 식으로 해석했습니다.

지난 30년간 한글학회와 韓國語文敎育硏究會의 갈등은 二分法的인 대립처럼 비쳐 왔던 것이 사실입니다. 한글專用으로 한자 全廢전폐라는 결과를 몰고 왔기 때문이겠지요. 저는 이런 한글專用의 劃一性획일성에 懷疑的회의적이었습니다.

그런데 어느 날 이 획일성에 대한 일말의 憐憫연민과 이해가 생겨났던 것입니다. 그 계기는 한자使用論者들의 글에서 비롯되었습니다.

예를 몇 가지 들어보겠습니다.

어떤 분이 한 시사 잡지에 발표하신 글인데 漢字를 사용해야 한다는 주장을 편 글이었습니다. 그런데 2千字를 안다고 해도 字典을 보지 않으면 정확히 해석할 수 없을 정도의 難解한 漢字를 괄호도 없이 노출시키셨습니다. 글 쓴 분은 그 분야의 전문가라 내용을 잘 아시겠지만, 일반 독자 입장으로 易地思之해 보면 이 글을 읽지 말라는 것과 다름없었습니다. 이런 글들이 많을수록 漢字 사용에 대한 거부감은 대중적으로 확산될 것입니다.

北韓이 文化語를 만들고 漢字를 추방했던 배경도 정치적 선동을 고려했던 측면이 강하다고 합니다. 우리의 경우 이런 선동적 측면이 대중성을 무시한 한자 사용론자들에 의해 제공된 것은 아닌지 하는 생각이 들 정도였습니다.

또 다른 例입니다. 國會圖書館국회도서관에 가서 1960년대 국회 速記錄을 본 적이 있습니다. 저는 무척 놀랐습니다. 『甚至於심지어』, 『自然이』 식으로 漢字로 표기될 수 있는 것은 副詞건, 形容詞건 모든 文字를 漢字로 표기해 놓은 것입니다. 한글은 외래어를 표기할 때와 形容詞 語尾 등에 겨우 명맥을 유지할 뿐이었습니다. 저와 같이 어린 사람들 입장에서는 당연히 國粹主義的국수주의적인 발상에 유혹될 수밖에 없다는 생각이 들었습니다.

이런 예들이 저로 하여금 한글 전용론자들의 획일성에 연민을 품게 만든 것입니다. 그렇다고 제 생각이 전적으로 옳다고 믿고 싶지 않습니다. 이 자리에서 저의 부끄러운 體驗을 고백하는 이유는 어렵게 되찾은 『한자 병기(倂記)의 제도화』를 어떻게 뿌리내릴 수 있을까를 고심하실 여러분께 도움이 되고자 드리는 말씀입니다.

저는 지금 科學用語 辭典을 집필 중에 있습니다. 이제 거의 마무리가 되어 갑니다. 이 사전 속에 나오는 漢字語로 된 과학용어는 최선을 다해 網羅망라했습니다. 그 과정에서 漢字를 어떻게 表記해야 좋은지를 두고 많은 고민도 했습니다. 이 고민은 漢字를 아는 사람이건 모르는 사람이건 모두에게 잘 읽히도록 만들어야겠다는 선에서 정리가 되었습니다. 그것은 곧 효과적인 漢字表記로 요약될 수 있을 것입니다.

무분별한 漢字 노출이 아닌 『효과적인 한자 표기』를 위해 韓國語文會를 비롯한 많은 분들의 역할이 要請요청되는 시점이라 생각합니다. 이제 韓國語文會를 비롯한 한자 사용론자들에게 내려진 시대적 임무는 『효과적인 한자 표기』가 아닐까 생각합니다. 더 이상 한글학회나 한글전용론자들과의 소모적인 대립은 없어야 할 줄 믿습니다.

효과적인 漢字表記가 정착되면 그것이 문화로 살아날 것입니다.

예를 들면 첫 장에 처음 나오는 漢字語의 경우 한글로 표기해도 무방할 때는 '한글로 표기하는 것이 에티켓이다'라는 식의 예법을 만들어 가는 것도 참 좋을 것 같습니다. 또는 첫 장, 맨 처음 나오는 漢字語를 漢字로 노출한 뒤 그 장에서 반복될 때에는 한글로 표기하는 것을 禮로 삼는 식이면 어떨까 합니다. 이런 표기의 예법이 韓國語文會를 비롯한 많은 단체에서 연구 발표되면 우리나라의 인쇄 문화를 포함한 각종 活字文化가 살아 숨쉬며 다가오는 21세기의 情報化정보화 시대에 세계 최고의 表音文字와 表意文字를 가진 위대한 나라를 저 같은 후세에게 물려주시는 셈이 됩니다.

이제 公文書를 비롯해서 점차 教科書에도 漢字를 찾아 볼 수 있게 될 것입니다. 지난 50년간 한글專用으로 막혀버린 한자의 표기가 다시 살아날 수 있을 것입니다. 그럴수록 可讀性을 沮害저해하지 않는 범위의 『한자 표기』를 위해 韓國語文會를 비롯한 여러 선생님들께서 연구를 거듭해 주셨으면 하는 바람입니다.

〈韓國英才研究所 研究員 · 前 東一女高 교사/ 어문연구 101호〉

漢字語를 外來語로 보는 矛盾을 論함

金 慶 漢

1917년 慶北 醴泉 출생. 이 글은 韓國人이 쓰는 漢字는 남의 글자인 中國漢字가 아니라, 正音創制 이전에 自國文字化하여 쓰인 우리 文字로 보아야 한다고 주장하고 있다. 나아가 이 글은 한자어를 고유어와 구분해서 외래어로 처리하는 것은 여러 면에서 모순되므로, 한자어를 외래어의 범주에 넣어서 처리해서는 안 된다는 견해를 펼치고 있다.

1. 國語生活上 漢字語의 位置

우리 言語文字生活에서 漢字語와의 對決대결은 실로 長久한 歷史를 지니고 있는 것이다. 古記에 나오는 三皇內文삼황내문이니, 神誌秘詞文신지비사문이니 하는 것들은[1] 確證을 잡을 수 없는바 이는 論外로 하고라도, 鄕札향찰·吏讀文이두문 등의 創案창안은 틀림없이 漢字를 拒否거부하는 對決의 始初시초라 할 수 있겠다.

「龍飛御天歌용비어천가」를 淵源연원으로 해서 계속되어 온 文學創作活動, 佛經·四書를 비롯한 갖가지 漢籍한적과 聖書와의 飜譯事業번역사업, 韻書·

1) 金允經 著 「朝鮮文字及語學史」에 다음과 같은 記錄이 傳해 있다고 하였다.
① 黃帝東到青邱過鳳山見紫府先生受三皇內文.
② 又按神誌秘詞序云蘇文大英弘序竝註.
③ 癸未(宣祖 16年) 2月掘覓石碑之埋于法首橋者出而示之則折爲三段碑文非隸字如梵書樣或謂此是檀君時神誌所書云歲久遺失.
④ 王文書文而如篆如符文卽受兢之文.

字解類나 각종 文典의 편찬을 거쳐서 '맞춤법 통일안'을 제정하기까지의 不斷부단한 硏究活動, 世宗·世祖·成宗年間의 국문 보급과 甲午文字改革갑오문자개혁 等의 言語政策이나 日帝治下의 한글 運動 같은 것들은 모두가 訓民正音 창제를 계기로 하여 일어난 漢字排擊運動한자배격운동의 具體的 活動임은 再論할 여지가 없을 듯하다. 그런데, 어찌하여 우리 文字生活에서 아직도 漢字는 그대로 쓰여지고 있는 것일까? 더욱이 民族史의 새 發展의 段階단계를 지은 解放을 맞이하여 한글 전용을 위해 적극적인 運動을 펴온 것은 再言할 여지가 없는 사실인데, 지금도 여전히 漢字가 使用되고 있다는 것은 우리 文化의 밑바탕에 자리 잡고 있는 漢字의 底力저력을 無視할 수 없는 本源的인 理由가 있기 때문이 아닐까 한다.

이에서 우리 文字生活을 歷史的으로 거슬러 올라가 한번 더듬어 보면, 언제부터 우리가 漢字를 쓰기 시작했는지 그 始源시원을 밝힐 수는 없지만, 적어도 二千年前 韓氏朝鮮時代에 이미 漢字를 使用하고 있었다는 것은 분명한 事實[2)]인 것이다. 이것이 漢의 郡縣時代군현시대에 들어와서는 그 使用度가 높아졌던 것인데, 三國時代로 접어들면서부터는 漢字使用의 爛熟期난숙기를 이루었다고도 하겠다.

高句麗는 小獸林王소수림왕 2년(서기 372)에 太學을 세워서 中國의 經學·文學은 물론 武藝무예도 가르쳤고, 後期에는 扁堂편당(私學)을 設立설립하여 一般子弟들에게까지 文武一致敎育을 베풀었다는 것은 다음과 같은 글에서도 짐작이 가는 바이다.

> '其書有五經及史記 漢書 范曄後漢書 三國志 孫盛晋春秋 玉篇 字統 字林 又有文選尤愛重之' (「舊唐書」 高句麗傳)

이보다는 실제로 文字生活에 自由自在하게 漢字를 使用하면서 傳統文

---

2) '昔箕子之後朝鮮侯 見周衰燕自尊爲王 欲東略地 朝鮮侯亦自稱爲王 欲與兵逆擊燕….' (魏略).

化의 기틀을 마련하기 始作했다는 사실에 우리는 더 注意를 기울여야 하지 않을까 한다.

첫째로, 長壽王장수왕(412~491) 때에 세운 廣開土王碑광개토왕비와 留記 百卷을 刪修산수하여 新集 五卷을 만들었다는 李文眞의 「高句麗史」 編纂편찬을 들 수 있겠다. 前者에서는 高句麗의 建國說話나 大王의 遺德유덕을 구체적으로 表記한 가운데 中國古典의 文句를 無理 없이 利用했음이 보이고, 後者의 新集 五卷은 留記 百卷을 刪修했다고 하였으니, 언제임은 밝힐 수 없으나, 벌써 그 以前에 이런 尨大방대한 著述저술이 이룩되었다는 것은 그만큼 漢字使用이 生活化하였음을 말해 주는 것이라 아니 할 수 없는 것이라 하겠다.

다음으로 百濟의 近肖古王근초고왕(재위 346~373) 때, 阿直岐아직기와 王仁 등이 日本에 漢學을 傳했다는 일, 蓋鹵王개로왕 18년(472)에 北魏북위에 보낸 長文의 國書는 非凡한 名文이었다든지, 聖王 19년(541), 梁양에 使者를 보내어 涅槃열반 등의 經義와 毛詩博士를 請求청구했다는 일 같은 것도 前述한 事實과 同一한 것이며, 그 다음으로 新羅 眞興王진흥왕 때(545) 居柒夫거칠부(荒宗황종)를 命해 널리 文士를 求하고 國史를 編纂편찬하게 한 일이나 北漢山에 巡狩碑순수비를 세운 일 같은 것도 當時의 文字生活을 더듬어 보는 데서, 度外視할 수 없는 일인 것이다.[3)]

여기에서 한 가지 풀지 않을 수 없는 疑問은 2千年前에 이미 우리 文化에 莫大막대한 影響영향을 미칠 정도로 中國과의 文化交流가 잦았고, 中國 漢字를 빌어 表記의 手段수단으로 利用했으며, 이것은 後代로 내려오면서 한결같은 樣相으로 作用했음이 분명한 사실인데, 우리 生活은 어찌하여 中國化하지 않았고, 文化的으로 民族의 傳統을 固守고수해 왔느냐 하는 問題인 것이다.

筆者는, 이는 우리 民族이 일찍부터 지니고 있는 自主的인 文化意識의

3) 「韓國史」(震檀學會) <四. 漢文의 使用과 國史編纂> 참조.

所致소치라고 論斷하고 싶다. 모든 意識作用의 表現手段이 言語文字라 볼 때, 三國鼎立삼국정립 이후 여러 번 自制의 文字使用을 試圖시도해 오다가 李朝에 들어와 完全無缺완전무결한 自制의 文字를 創制하고 말았다는 이 事實로써 능히 證明되는 것이 아닐까 한다. 5世紀 전에 이미 民族의 自主性은 말할 것도 없고, 獨創性독창성・科學性 내지는 民主性을 正音創制를 통해 그처럼 발휘해 보였다는 것은 民族의 高度한 文化性을 보여 주는 것이기도 한 바 있다. 그러면, 이 漢字問題를 우리는 어떻게 規定규정지어야 할 것인가?

첫째로, 文字 없는 우리들이 漢字라는 形態의 글자를 빌어 表記의 手段수단으로 삼았으되, 語音이 다른 自國語를, 中國式 漢字를 그대로 利用해 쓸 수가 없었음은 물론, 强한 自主意識이 또 이를 容認하지 않은 위에, 남달리 뛰어난 頭腦두뇌는 이를 自己文字化하는 데 쉽게 成功할 수 있었던 것이라 보아야 하겠고,

둘째로, 이것이 큰 無理 없이 意思를 表記할 수 있는 정도로 自己文字化하고 보니(言語의 大衆性이 問題가 되고 있는 오늘과는 좀 달리 보는 角度에서) 生活에 깊숙이 자리 잡고 있으면서 文化傳統을 形成해 나가는 所任을 맡게 되고,

셋째로, 이 漢字使用度가 높아 감에 따라 意味上 서로 통할 수 있는 先進中國文化를 더 많이 받아들이면서, 急速度급속도로 思想의 發達을 가져왔던 것이며, 이것이 自主意識과 結付결부되면서 아무래도 自國語를 表記하기에는 불완전한 漢字의 缺陷결함을 느끼게 되어 自制文字의 使用을 渴求갈구한 결과의 所産이 正音의 創制라고 볼 수 있지 않을까 한다.

하여서, 오늘 韓國人이 쓰는 漢字는 남의 글자인 中國漢字가 아니라, 正音創制 이전에 自國文字化하여 쓰인 우리 文字라고 結論 내려서 無妨무방할 듯하다. 만일에, 이것이 自國語의 生理에 맞는 自國文字化해서 쓰이지 않고, 中國式 漢字를 그대로 쓴 것이라면(當初 不可能한 일이지만) 우리 文化의 固有性은 벌써 상실되어 버렸거나 漢字의 使用은 곧 終止符종지

부를 찍고 말았을 것이나, 너무도 자연스러운 自己文字로 化했기 때문에, 正音創制 당시는 물론 오늘날까지도 여전히 使用하고 있는 것이라 하겠다.

이를 또 다른 面에서 한 번 생각해 보면, 漢字는 表意文字요, 한글은 表音文字로서 兩者는 相反되는 性格을 지니고 있어, 서로 調和될 수 없는 文字라 인정되는데, 우리 文字生活의 實際실제는 兩者가 妙하게 調和를 이루면서 놀라운 發展을 해 온 것이 사실이니, 이는 한글의 創制가 漢文의 哲學思想철학사상을 背景으로 해서 이룩된 것이니만큼 兩者는 서로 通할 수 있는 어떤 特性을 지니고 있기 때문이 아닌가 한다. 이를 다음과 같이 생각해 볼 수 없을지 모르겠다.

> 漢字는 世界에서 가장 高度로 發達한 表意文字로서 그 意味의 深度심도와 多角性이라든지, 그 韻致의 짙은 濃度농도는 그처럼 複雜복잡한 表記의 難度를 능히 넘어설 수 있어서 文字의 表記性이 重視되는 길로 發展한 오늘에도 여전히 東洋人의 文字生活을 支配지배하고 있는 것이며, 이에 비겨서 哲學的(東洋哲學) 眞理와 科學的인 妙를 얻어 生命化한 한글은 世界의 다른 文字가 따를 수 없는 表記性을 지니고 있는 것으로서 그 合理性과 組織性조직성 내지 簡便性간편성은 漢字의 難度를 능히 受容할 수 있는 底力이 있는데다가, 오랜 동안 使用해 오면서 文字生活의 傳統을 이룬 漢字語의 意味性을 떠나서는 言語生活이 成立될 수 없는 理由가 있어 이 兩者는 必然的으로 調和를 지어 쓰여진 것으로 보아야겠다(筆者의 假定).

結論지어서 西歐文字文化圈의 여러 나라가 그들 공통의 문자, 곧 알파벳을 제각기 自國文字로 使用하고 있듯이 우리도 東洋 共通의 文字인 漢字를 빌어서 中國漢字 그대로가 아닌 自國文字化하여 쓴 우리의 文字란 것은 위에서 論한 바 再論할 必要가 없는 바이나, 이를 錯覺착각하여 漢字를 굳이 中國文字, 곧 남의 文字로만 보는 데서는 여러 가지 矛盾모순된 理論이 派生파생하여 文字生活의 複雜性을 가져온다는 사실을 바로 認識해야 할 듯하다.

現時點에서 漢字의 存廢問題존폐문제를 論한 것이 아니라, 漢字는 正音創制 이전에 自國文字로 使用되어서 오늘까지 쓰여지고 있는 우리 文字임을 확실히 밝혀 論함이 本論考의 主旨인 것이다. 言語의 現實이나 將來로 보아서 漢字를 어떻게 處理해야 한다는 問題는 여기에서는 論外의 事實임을 밝혀 둔다.

2. 漢字語를 外來語로 봄은 矛盾이다

上論에서 이미 理解가 되었으리라 믿지만, 自國文字化하여 語文生活의 傳統을 形成해 온 漢字語를 外來語로 보는 것은 큰 잘못이라 아니 할 수 없을 듯하다. 漢字를 使用하기 始作한 뒤 正音創制 이전만 해도 千五百餘年의 民族史를 이 漢字語가 엮어 내려왔음은 물론(그 동안 鄕札·吏讀로 우리말을 表記한 적도 있었지만, 곧 漢文에 토를 다는 口訣구결 정도에서 끝나고) 正音創制 이후에도 漢字語의 音을 한글로 表記해 쓰는 面으로 發展해 가지고, 역시 漢字語가 국어의 중심 역할을 맡아 온 것이 事實인데, 이를 外國文字로 보고 이것으로 表記한 漢字語를 外來語로 봄은 우리의 文化傳統을 無視해 버리는 일이라 아니할 수 없다. 重言이 되겠으나 실로 長久한 세월을 두고 우리말에 馴致순치되어 中國語音이 아니라 우리 語音化하여 자연스럽게 쓰여지고 있는 그 歷史性으로 보나, 같은 漢字를 빌려 쓰되 中國語로 쓰는 漢字와 國語로 쓰는 漢字가 同一하지 않은 것으로 구분되어 쓰이는 言語現實로 보아서나 어느 모로 보든지 오늘 우리가 쓰는 漢字를 그 表記形態만 가지고 中國語와 同一視하여 絶對절대로 外來語로 볼 수는 없는 것이 아닐까 한다. 이를 理解하는 데 필요한 資料자료를 약간 紹介소개해 놓고 좀더 論해 보기로 하겠다.

[例 1] 同一한 概念인데, 表記가 다른 것

동물원 － 中 : 萬牲園(ㄨㄢㄕㄥㄩㄢ)
　　　　國 : 動物園
거지 － 中 : 化子(ㄏㄨㄚˋㄗ˙)
　　　　國 : 乞人
지각 － 中 : 遲到(ㄔˊㄉㄠˋ)
　　　　國 : 遲刻
국산물 － 中 : 國貨(ㄍㄨㄛˊㄨㄛˊ)
　　　　國 : 國産品
발전 － 中 : 演變(ㄧㄢˇㄅㄧㄢˊ)
　　　　國 : 發展

[例 2] 同一한 表記인데, 槪念이 서로 다른 것

茶房 － 中 : 旅館從業員(ㄔㄚˊㄈㄤˊ)
　　　國 : 차를 파는 집, 다방
秀才 － 中 : 縣의 生員及第者(ㄒㄧㄡˋㄘㄞ)
　　　國 : 재주가 뛰어난 사람, 수재
客氣 － 中 : 사양하다, 체면차리다(ㄎㄜˋㄑㄧˋ)
　　　國 : 객적게 부리는 혈기, 객기
律師 － 中 : 변호사(ㄌㄩˋㄕ)
　　　國 : 계율을 잘 지킨 고승, 율사
飯店 － 中 : 호텔, 음식점(ㄈㄢˋㄉㄧㄢˋ)
　　　國 : 음식점, 밥집

[例 3] 思考의 差異에서 表記가 서로 다른 것

초고 － 中 : 高超(ㄍㄠㄍㄠ)
　　　國 : 超高
응답 － 中 : 答應(ㄉㄚㄧㄥˊ)
　　　國 : 應答
강연 － 中 : 演講(ㄧㄢˇㄐㄧㄤˇ)
　　　國 : 講演
평화 － 中 : 和平(ㄏㄜˊㄆㄧㄥ)
　　　國 : 平和

[例 4] 같은 表記인데, 音이 서로 다른 것

袁世凱 － 國 : 원세개
　　　　中 : 위안스카이
陸象山 － 國 : 육상산
　　　　中 : 루쌍샨
旅順 － 國 : 여순
遼東 － 國 : 요동
　　　中 : 랴오뚱
徐州 － 國 : 서주
中 : 쉬조우

中 : 뤼순

* 본 항은 기실 양국어의 전반에 관한 것임.

上記 例文이 보여 주는 대로 中國人이 쓰는 漢字語와 우리가 쓰는 漢字語가 엄연히 다름을 認識하게 해 주는 바 있는데, 兩者가 同一한 表意文字임으로 해서, 뜻이 다소 通하는 바 있다고 하여, 우리 漢字語를 中國의 그것과 같은 것으로 보아, 外來語 云云함은 큰 矛盾인 것이다.

이를 더 實感하기 위해서 日本漢字와 우리 漢字가 서로 같지 않음을 비교해 볼 必要가 있을 듯하다. 가령, 우리들이 '아들'을 '子息자식', '따님'을 '令孃영양', '제사'를 '祭祀제사', '병'을 '病'으로 이렇게 表記하고 있는데, 日人들은 이를 '息子', '御孃樣어양양', '御祭어제', '病氣'들로 이렇게 달리 表記하고, 또 日人들이 '자기 마누라'를 '家內', '일본글자'를 '假名'으로 이렇게 表記하고 있는데, 우리는 '家內', '假名'으로 表記해 놓으면 '집안', '본명을 숨기고 쓰는 거짓 이름'으로 되어 버린다. 前者는 同一한 概念인데, 漢字의 表記와 音이 다른 例이고, 後者는 同一한 漢字語인데, 그 概念과 音이 또한 달라지는 例인데, 韓·日 兩國語에서 보여 주는 이 差異가 中國漢字와 우리漢字와의 그것과 같은 성질의 것임은 再論할 여지가 없는 일이다.

따라서, 同一한 漢字文化圈으로서 세 나라가 다 함께 表記의 手段으로서 漢字를 빌려 쓰고 있지만, 각기 漢字를 自國文字化하여 쓰고 있음을 否定할 수 없는바 우리 漢字語를 中國語의 그것과 同一視하여 外來語로 볼 수 없음은 당연한 일이라 하겠다.

3. 漢字語를 外來語로 보는 데서 오는 여러 가지 矛盾

'學校', '氣風', '窓門', '淑女숙녀' 等屬과 같은 用例는 正音創制 이전으로 거슬러 올라가도 同一하게 쓰였음이 분명하다. '廣開土王碑', '留記', '彗星', '居柒夫', '沙門' 같은 것은 千餘年前에 쓰인 用例이다. 現在 國語生活에서 漢字語를 따지어 보면, 全語彙 중 55% 以上이 漢字語로 되어 있음이 事實[4]이다. 뿐만 아니라, 學問的으로 理論을 세우는 學術用語나 體系를 세우는 組織조직의 이름에 쓰이는 用語는 漢字語 아닌 것이 하나도 없고, 심지어 學校 授業時間表까지도 教科名은 英語·獨語·科學 등의 漢字語뿐인 것이다.

이와 같이 오랜 歷史를 통해 내려오면서 文化의 傳統을 形成하였고, 또 現在의 國語生活에서 그것이 아니고는 成立될 수 없을 정도로 많은 수를 차지하고 있는 漢字語를 그 語源을 따지어서 語意를 분명히 하는 데 目的을 두는 것이 아니라, 우리말인 固有語와 구분해서 남의 말, 곧 外國語에서 온 外來語로 취급하여 固有語와 別個의 것으로 意識하는 理論은 國語生活上 무의미한 정도가 아니라, 매우 큰 矛盾混亂모순혼란을 招來초래하는 것이라 아니 할 수 없다고 본다. 外國語의 例를 참고로 하나 들어 우리의 이 矛盾과 비교를 해 보기로 하자.

[例] institution. <Fr. institution. <L. in-stituo. in-statuo.
house <OE. hūs <Gr. haus.
student. <Fr. étudiant. <L. student-. studens(present participle)
School <Gr. Schüle <L. Scola.

이것은 英語에서의 用例를 참고로 提示해 본 것[5]인데, 言語理論上으로

4) 「국어새사전」(동아출판사)에 의하여 千단어 정도 범위(505~511면)의 한자어 사용 빈도수를 조사해 본 결과, 순 국어로 된 어휘가 375, 한자어로 된 것이 552, 외래어가 78로서, 한자 어휘가 전체의 55%, 순 국어로 된 어휘의 1.5배가 됨을 발견했음.

나 實際使用에 있어서 이 例文이 보여 주고 있는 그대로 用語의 뜻을 바로 理解하기 위해서 그 語源을 캐어 보는 데 意味를 두고 있을 뿐 우리들처럼 言語理論上 또는 실제로 使用하는 生活語에서 固有語이냐, 혹은 남의 말에서 온 外來語이냐 하는 系統계통을 가르는 데 重點을 두고 있지는 않다고 인정된다. 심지어 生活語의 바른 訓練을 쌓는 것으로 目的을 삼는 中高校의 國語敎育에서까지 漢字語를 固有語와 구분해서 外來語로 다루어 論하고 있음은 십분 再考되어야 할 문제라 본다. 區區구구한 理論은 이 정도로 해 두고, 다음에서 結論을 내리어 보기로 하자. 우리들이 漢字語를 固有語와 구분해서 外來語로 보는 데서 結果는

첫째로, 傳統文化를 否定하는 結果를 가져와서 文化의 正常한 發展을 막는다. 왜냐하면, 過去의 文化가 대부분이 漢文으로 記錄되어 있는데, 이 기록된 用語를 外來語로 본다면, 그 記錄된 內容을 固有의 것으로 보지 못하는 結果를 가져와서 이렇게 되면, 오늘의 韓國文化는 필연적으로 뿌리 없는 나무와 같은 것이 되어 버리는 동시에, 現在의 國語는 中心支柱중심지주를 잃어버리는 것이 되어 결국은 그 文化의 正常한 發展을 期待기대할 수 없기 때문이다.

둘째로, 主體的인 言語意識의 痲痺마비를 가져와서 여러 面으로 言語生活의 矛盾混亂을 가져온다. 그 쓰여지는 數로 보아서나 言語機能을 발휘하는 意味面으로 보아서나 國語의 中心體가 되는 漢字語를 外來語로 생각하여, 固有語에서 이를 제외하고 보면, 저절로 言語意識의 痲痺를 가져오고, 나아가서 言語生活의 混亂이 일어나 結果的으로 主體意識의 喪失상실을 招來하고 만다.

셋째로, 漢字語를 外來語로 보고 지나치게 神經을 쓰면서 이의 處理를 서두르다가 言語生活의 큰 混亂을 가져오고 있는 것이다. 이는 上論한 바 言語意識이 痲痺된 結果의 所産으로 볼 수 있는 '한글 전용 문제'에 따른

---

5) 資料, 예수회 修士 John Goulde(한국명 金龍碩)氏 提供.

몇 가지 問題가 그 實例라 하겠다. 表記의 複雜性복잡성을 止揚지양하여서 쉽고 간편한 表記를 追求추구하는 것이 現代 言語生活의 理想이란 데서 '한글전용'을 提唱제창한 그 자체는 肯定이 가지만, 漢字가 우리 文字의 形成發展上 그 風土가 되었고, 成長하는 國語의 뼈와 살 속에 營養영양으로 배어들어 오늘에는 둘이 아닌 하나의 茂盛무성한 나무로 잎 피어 있는 것이 現在의 國語임을 理解하고 보니, 구체적인 計劃계획과 方案이 없이 一朝一夕에 漢字를 全廢전폐해 버리는 方法은 不可能하다고 생각된다. 더구나, '동물', '식물', '명사' 식으로 한자음을 그대로 한글로 옮겨 표기하면 쉽고 자연스러운 처리가 되는 것을, 공연히 '옮살이', '붙살이', '이름씨' 식으로 한자음을 풀어서 새 말로 만들어 쓰려고 試圖시도한 것은 國語生活에 큰 混亂을 가져옴은 물론, '한글 전용'의 理想實現을 위해서 오히려 큰 支障지장을 가져오고 있는 것이라 하겠다. '國際的', '南大門', '眞理'와 같은 것을 '나라 사이의 사귐다움', '남쪽 큰 문', '참 이치' 식으로 고쳐 써 놓고 보면, 語意上 不自然스럽기 그지없고, 또 55% 以上의 漢字語를 이런 식으로 다 고쳐 쓰기란 절대로 不可能한 일이며, 이런 不可能한 일을 할 때는 百에 一도 利得을 가져올 수 없다고 생각된다. 文字生活을 한글 전용 방향으로 이끌어 가는 데 있어서도 漢字語는 그 음을 그대로 한글로 옮겨 써야 자연스러운 표기가 된다고 하겠다.

넷째로, 55% 以上이나 되는 漢字語를 外來語로 생각하면서 그 處理에 지나칠 정도로 神經을 쓴다고 하면, 당연히 解放後 물밀듯 쏟아져 들어와서 함부로 濫用남용되고 있는 西歐外來語에 대한 심각한 檢討批判검토비판이 있고, 이의 是正을 위한 方法이 論議되어야 할 일인데 이것이 전혀 度外視도외시되는 가운데서 國語의 根本을 그르치고 있는 것이 言語現實임은 固有語에서 제외할 수 없는 漢字語를 外來語로 보는 言語意識의 痲痺에서 오는 反作用이라 아니 할 수 없을 듯하다.

結論지어서 어느 面으로 보아서도 固有語에서 除外제외하고서는 國語生活이 成立되지 못하는 漢字語를 外來語의 範疇범주에 넣어서 論하는 學的

인 理論은 물론, 國民教育上에서나 一般言語生活에서 論議되는 일이 없어져야 言語의 特殊性특수성에 立脚입각한 國語生活이 正常的으로 意識되고, 이에 따라서 갖가지 矛盾混亂을 빚고 있는 國語의 現實을 바로잡을 수 있는 기틀이 잡혀지는 것이라 감히 主張하고 싶은 바이다.

* 拙著 「當面한 國語問題論考」(1972年 한얼문고) 참조.

〈本會會員 · 東星高敎師/ 어문연구 9호〉

法律文字의 한글專用을 論駁함

金 觀 鎬

1906년 서울 출생. 이 글은 한글전용의 잘못된 실책 가운데 法院의 한글專用이 최대 실책임을 지적하고 있는데, 그 가장 큰 이유는 한글전용으로 인하여 사법(司法－私法), 무고(誣告－無故), 실효(實效－失效), 합의(合意－合議), 채권(債權－債券), 감사(監査－監事－感謝), 결의(決議－決意), 결심(決心－結審), 보상(報償－補償), 보수(補修－報酬), 법정(法廷－法政－法定), 공사(公私－公事－公社－公司－公使－工事), 이중과세(二重課稅－二重過歲) 등과 같이 이루 열거할 수 없을 정도의 同音異義語를 양산하였음을 제시하고 있다.

우리나라 및 東洋人의 悠久유구한 歷史文化와 學問敎育은 漢字가 基本이다. 漢字의 各國發音은 不同하나 字意는 永久不變영구불변이므로 實物寫眞실물사진과 같다. 世宗大王은 吏讀文이두문으로 通解하여 온 子音의 우리말을 正確케 하기 爲하여 諺文廳언문청을 創設하고 正音 二十八字를 制定頒布제정반포하여 漢字의 音韻을 確定하고 鑄字廳주자청을 創設하여 世界史上 初有의 金屬活字를 創造하여 國民의 基本敎學인 儒敎書籍과 道義精神인 佛敎經典을 諺解出版하여 漢字의 難解를 易解케 하고 國語의 發音을 統合하였는데 그 偉大한 聖業을 世祖大王과 正宗大王이 繼承계승하여 多量各種의 漢籍을 活字出版하여 奎章閣규장각에 山積산적하여 있으니 海印寺에 保存보존된 高麗大藏經木版고려대장경목판과 아울러 우리나라 文化로 世界에 큰 자랑이다.

漢字는 表意文字인데 世宗大王의 表音文字 創作은 虎頭生角과 같으니 漢字諺文併用으로써 學問과 國語의 最上의 能力과 無限의 發展을 이루었으니 우리 民族의 永遠한 幸福이다. 世宗大王은 經學으로 體를 삼고 歷史로써 用을 삼아 史上最大의 漢文教育을 徹底철저히 奬勵장려하신 聖君이시다. 한글이란 用語는 一인지 大인지 韓인지 未詳하나 近代人 周時經·崔南善의 個人意思로 變稱변칭한 私造語요 世宗大王은 正音으로 發布하시고 諺文이라 呼稱한 것이 5百餘年 來歷이다.

글字는 어느 나라産이든지 他國民族이 任意使用하여도 何等 是非나 譏笑기소없으니 住所면 足하고 本籍이 必要없으므로 西洋의 羅馬字를 東洋人이, 東洋의 漢字를 西洋人이 各自 學用하니 世界共通하는 것이 文字이다. 한 例를 들어 英國은 常用漢字 四千三百字 意解에 成功하여 中國·香港·日本에 商品去來와 送受信송수신을 迅速신속하게 活用한다는 外信報道가 있었으니 實로 世界文字인 漢字는 우리 글 된 지 3千年이라 民族文化의 基本된 것이 天文의 日月星과 같다. 그런데 前古未聞 史上初有의 變故가 생겼으니 金日成, 崔×× 2人의 所謂 한글專用이란 亂動난동이다. 漢字는 外國文이라고 排斥배척하고 한글은 近日 發明한 것처럼 煽動선동하는 이 偏見固執편견고집에 對하여 그 不當性을 많은 學者가 30餘年 論爭하고 있으나 그 宣傳선전에 學者도 盲從맹종하고 當局도 同調하여 한글專用精神은 英文專用精神으로 漸進점진하여 學識의 劣等열등과 國語의 不醇불순을 養成하고 있다. 語文교육에 있어 漢字除去는 根本없이 枝葉지엽을 生한다는 論理와 같다.

近日 青少年들의 枚擧매거할 수 없는 非人道行動과 課外工夫亂動은 蔽一言폐일언하고 우리 學問의 基本인 漢文教育을 疎外소외한 것이 큰 原因이다. 이것을 把握파악하지 않고 青少年問題를 千人萬言 討論토론한다면 知性人의 思量사량이 아니다. 왜 自身의 過去를 忘却망각하고 自身은 漢文學識으로 著名出世하면서 後人의 無識을 强要하며 自身이 無識하다고 後人도 無識을 强要함은 무슨 心思인지 알 수 없다. 한글은 卽席에서 배울 수

있어 時間을 要치 않는데 國民學校에서 6年間을 虛送허송하니 學力이 없어서 所謂소위 課外工夫과외공부라는 大亂대란이 生하게 된 것이다. 教育者는 먼저 自身을 回顧회고하고 過去를 反省반성하여 漢字教育을 幼稚園유치원부터 徹底철저히 해야 될 것이다.

한글專用이란 學問叛亂 中에 最大失策이 있으니 法院의 한글專用이다. 專用主義者는 決코 法律家가 아닌데 그 拙劣意識졸렬의식을 法院이 追從한 것과 當局의 1千 8百 字 選定에 「六法全書」를 參酌참작하지 않아 法律專門用語의 必要漢字를 全然脫落전연탈락한 事實이다. 法律은 六法全體의 字字句句가 漢字의 意, 漢字의 音인데 漢字本體를 掩蔽엄폐하고 音만을 盜用도용한 것은 그야말로 偶像우상과 같다. 假面漢字化한 登記, 判決書類판결서류는 한글專用主義者도 解得하지 못할 文言이 너무 많아 엉망진창이다. 法院의 한글專用은 經緯경위를 沒却몰각한 妄發이다. 法律의 經은 漢字요 緯는 한글이니 經이 없는 緯는 存立할 수 없음에도 不拘불구하고 過去 趙×× 個人偏見의 施行錯誤다. 한글專用을 實驗한 結果 到底도저히 不可能하여 文教部는 1千 8百 字를 選定하여 다시 教育하고 「서울신문」이 漢字化했었는데 法院은 無關心하고 是正을 遲延지연함은 甚히 遺憾유감이요 큰 疑問이다. 그런데 趙×× 自身은 日本法學을 卒業하고 朝鮮總督府判事조선총독부판사가 되어 大勳章대훈장을 받게 된 榮光과 最高位의 幸運행운은 漢字의 功인데 反求自己를 忘却망각하고 무슨 意思로 그런 無定見을 主張했는지 思量의 拙劣졸렬을 알 수 없다. 當時 金炳魯 翁은 法院의 한글專用을 無謀하다고 趙××을 惡評한 바 있다. 法律文字는 日本六法의 用語를 太平援用한 것인 바 우리말로는 말이 너무 不足하여 到底히 變改변개할 수 없으므로 結局 音을 取하면 알기도 어렵고 읽기도 더디다. 言必稱 打字機를 力說하나 日本의 漢字混用타이프는 우리 한글機보다 도리어 時間이 速속하다고 한다. 文字活用은 謄寫등사에 있는 것이 아니고 讀解遲速독해지속에 있다. 公文 1面을 보는데 混用은 1分이면 足하고 純한글은 5分이 걸린다.

漢字 아닌 法律 없고 漢字無識法官 없다. 만일 秦始皇진시황 以上의 獨

裁强暴독재강폭으로 全國이 漢字를 禁斷금단할지라도 法律을 廢止하지 않는 限 法學者는 漢字를 배워야 될 것이니 法律의 生命은 漢字이다. 法學博士論文을 쓰자면 漢字 4千字를 알아야 된다는 日本法曹人일본법조인의 正論이 있다. 現下 法律用語 우리말改語라는 몇 個語는 日本漢字語를 우리 漢字語로 變音할 뿐이요 純 우리말은 안 되니 六法의 한글化 不可能은 너무나 赤裸裸적나라하게 如實히 證明증명하고 남음이 있다.

一例를 들어 手續수속을 節次절차로, 控訴공소를 抗訴항소로, 差押차압을 押留압류로, 支拂지불을 支給지급으로, 裏書이서를 背書배서로, 看守간수를 矯導官교도관으로, 監房감방을 收容室수용실로, 立會書記를 參與主事참여주사로, 呈示정시를 提示제시로, 轉住전주를 移住이주로 等等의 改語는 九牛一毛에 不過하고 도리어 煩雜번잡할 뿐 手續·差押·支拂·看守·監房·立會書記는 原來 日本語인 判事·時計·萬年筆·奉仕봉사·引上·立場·案內 等等과 같이 우리말 된지 70年이고 轉住와 移住는 同一語이며 한글의 支給命令送達지급명령송달은 至急命令으로 認識하는 사람이 許多하니 用語의 混亂 하나를 더할 뿐이요 所謂 法律語 한글改語는 아무 價値 없다. 日本用語를 避피한다면 絶對改稱절대개칭할 日本語인 '建物'은 우리말인 家屋으로 改稱하지 않았는지, 或은 建物을 우리말로 알았다면 錯覺착각이다. 現在 土地는 土地臺帳토지대장과 土地登記簿토지등기부이나 家屋을 家屋臺帳가옥대장과 建物登記簿건물등기부로 名稱을 달리하고 있으니 큰 矛盾이다. 現下 登記簿記載不合理의 一例를 들면 '세멘부록크조와즙평가건본가일동'이라고 쓰여 있는 것을 學者가 解釋하는데 세멘부록크, 평가, 일동은 알겠으나 조와 즙, 건본가는 알 수 없다고 할 뿐 아니라 평가는 評價의 뜻으로 誤認오인한 實話가 있다. 法人과 商業登記簿에 事業種目表示와 住所記載는 무슨 말인지, 個中에는 字音誤記도 있어 記入한 本職이 解釋不能한 것이 許多하니 登記簿記載를 速히 漢字로 還元하여야 法律의 正確과 公信力維持공신력유지에 安全할 것이다.

漢字 아닌 法律用語는 眞意를 喪失한 音뿐이기 때문에 無限한 同音異

語를 解得하기 絶對不可能하다. 몇 個를 例擧하면

司法사법－私法, 裁判재판－再版, 支院지원－支援, 訴狀소장－所長, 少將소장－消長, 開廷개정－改正, 商號－相互, 誣告무고－無故, 實效－失效, 一同－一棟, 書記－西紀, 主事－注射, 合意－合議, 遺言유언－流言, 地籍지적－指摘, 債權채권－債券, 有期－遺棄유기, 無期－武器, 監査감사－監事－感謝, 決議－決意, 決心－結審, 報償－補償, 補修보수－報酬, 主義－注意, 公判－共販, 原告－原稿, 催告－最高, 印紙－認知, 經費경비－警備, 國稅국세－國勢, 考試－告示, 法廷－法政－法定, 規定－規程, 首都－水道－修道, 公私－公事－公社－公司－公使－工事, 二重課稅이중과세－二重過歲 等等과 같이 枚擧매거할 겨를 없다.

그런데 今般 新憲法制定에 있어 한글로 쓰자는 사람의 偏見은 自己無識을 자랑하는 妄動이다. 만일 漢字를 몰라서 그런 主張을 한다면 漢字音을 盜用한 法律用語는 더욱 어려울 것이다. 憲法・民法・商法・刑法・民事訴訟法・刑事訴訟法의 六法 名稱부터 漢字意 아닌 한글音으로는 참뜻을 알 수 없고 다른 말로 改語도 絶對不可能하니 漢字는 法律의 源泉이다. 法律精神의 本來眞面目을 保守보수하기 爲하여 法院當局의 奮起분기를 거듭 바란다.

〈本會理事/ 어문연구 25・26호〉

한글專用에 대한 見解

金 斗 憲

1903~1981년. 全南 長興 출생. 전북대학교 총장, 학술원 종신회원(윤리학) 역임. 훈민정음의 창제 이후 漢字와 한글이 함께 사용됨으로써 漢文이 더욱 발전하였고, 漢字 그 자신이 우리 國用字, 곧 國文化되었으므로, 한글전용파와 국한공용파의 대립에서 후자의 입장이 타당하다는 견해를 밝히고 있는 글이다. 다만 '이미'를 '旣히'라 하는 것과 같이 우리말로 표시할 것을 일부러 한자로 표시하는 것에 대한 아쉬운 점을 토로하고 있다.

우리나라에서 漢文을 活用하게 된 지는 이미 數千年이 된 것은 새삼 말할 것도 없는 일이다. 그 以後로 東亞諸國동아제국에서 널리 使用하게 되었고, 日本은 그 代表的인 실정이라 하겠다. 특히 日本에서는 우리나라 三韓時代에 우리나라를 통해서 배우게 되었다.

그런 중에도 우리나라에서는 漢文을 읽기 위한 우리나라 漢字使用法으로 吏讀이두를 使用하게 되었다. 말하자면 우리나라 固有한 語助辭어조사로서 漢字를 活用하였던 것이다. 그만큼 漢字는 所重소중한 글자이었다.

그러다가 朝鮮時代에 들어서 名君이던 世宗朝에 이르러 世宗 25(1443)年에 訓民正音이 이루어졌다. 이는 진실로 우리나라 歷史上의 劃期的획기적인 일이었다. 이제 그 起源에 관하여 여기에 말할 것은 없거니와, 어쨌든 우리나라 文化의 一大發展이었다.

그런 중에도 學者들은 그대로 漢文을 使用하는 대신, 漢文을 잘 알지 못한 婦女들은 순전히 한글로써만 글을 쓰고 읽는 실정이었다. 그 점으로 보아서 우리나라 한글이 重要한 것은 새삼 말할 것도 없는 일이다. 그러나 이는 우리나라 文化發展上으로 그 一端일단에 不過한 것이었고, 그보다 漢文을 活用하되 그 語助辭로서 더 큰 意義를 가진 것이 多幸이었다.

여기에서 漢字는 더욱 有意하게 된 셈이다. 다시 말해서 漢字와 한글의 同用으로써 漢文이 더욱 發展하였고, 漢字 그 자신이 우리 國用字로 되었다. 말로써만은 漢文이라 하지만 그것은 이미 우리나라 傳來의 國語로 되고 말았으니, 漢文化에 그친 것은 아니겠다.

이 점에 관하여 西洋의 實情을 歷史的으로 살펴보건대, 古代 그리이스와 로마의 語文이 그대로 傳하여 西歐諸國서구제국의 國語로 된 것이었다. 이와 마찬가지로 漢文이 貴重귀중하여 우리나라나 日本이나 그 밖의 몇 나라에서 漢文을 使用하되 自己 나라의 나름대로 發音上 달라진 것이었다. 이 점은 西洋의 실정과 다름이 없을 것이니, 漢字는 이제 우리나라의 語文으로 된 것이다. 그리고 그 活用度가 文化發展에 寄與기여한 바 至大하였다.

그런데, 1970年代 初期에 이르러 一部의 人士들이 한글專用을 주장하게 되고, 이에 따라 行政面에 미쳐 나가서 初中等教科書마저 한글專用式으로 되기도 했었다. 이러한 한글專用을 마치 愛國者의 주장인 것처럼 자랑삼기도 했었다. 그러나 이는 語文學上으로 큰 損失손실이었다.

그 당시의 實情으로 말하면 거기에 贊反兩論찬반양론으로 되었고, 大多數의 國民은 어쩔 줄을 몰라서 어리둥절하였다. 그러나 語文學界는 專用派전용파와 共用派공용파의 兩派로 갈라져 오늘에 이르렀다.

筆者는 語文學의 專門家가 아니므로 그 是非를 論하기 어려우나, 共用派를 有意하게 생각하였다. 이미 言及한 바와 같이 漢字는 이미 國文化하였으며, 現實에 비추어 한글專用이란 오히려 文化의 發展에 支障을 일으킬 것으로 생각될 뿐이다.

中央廳舍중앙청사의 앞문에 '光化門'이 '광화문'으로 되어 있고, 파고다公

園 正門에 '삼일문'이라고 되어 있는 것이 어찌나 거북스러운지 모르겠다. 商街상가의 看板간판도 官命에 의하여 한글로 一貫하게 되었는데, 東亞의 國際上으로 보아서는 外來人에게 큰 不便을 주고 있는가 싶다.

어쨌든 간에 한글專用이란 不便이 많은데, 그러던 참에 共用派가 늘어나기 시작했다. 國定教科書도 共用으로 달라졌거니와, 한글만으로의 글은 읽기에 매우 힘이 들기 마련이다. 한동안 한글專用의 趨勢추세에 따라 「서울新聞」이 한글專用으로 하다가 讀者가 줄어들게 되는 바람에 漢字를 많이 쓰게 되었다.

이는 바야흐로 共用의 大勢를 잘 말한 것으로 보아야 할 것이다.

그런데 여기에 한 가지 아쉬운 점은 순전히 한국말로 表示할 경우에 일부러 漢字로 表示한 경우라 하겠다. 이를테면 '이미 지나간'이라 할 경우에 일부러 '旣히 지나간'이라 한다든가, 또 '함께'라 할 때에 '共히'라 한 것도 좀 어색해 보인다. '생각한다'를 '生覺한다'로 한 것도 마찬가지인가 한다. 元來의 한국말을 일부러 漢字로 表示한 것은 하나의 造作조작에 지나지 않으니 더 말할 것도 없는 일인가 한다. 그것은 共用의 實證실증은 아니기에 말이다.

그런데 요즈음 公文을 打字타자로 하는 바람에 純全순전히 한글로만 하게 되니 이를 읽어내기가 어려워 時間을 浪費낭비하게 된다. 打字로 한 것은 쉬운 일이겠지만, 그 글을 받아 읽는 사람에게는 큰 困難곤란을 준 셈이다. 여기에서 우리나라에 있어서도 日本에 있어서와 같이 漢字를 共用하는 打字機타자기를 마련했으면 좋겠다는 생각이 간절하다.

그런데 漢字란 本來 數萬字나 되는 것이라 이를 모조리 다 活用하기는 어려운 일이니, 大體로 우리나라 實情에 비추어 2千字 以內로 될까 한다.

그런 중에도 東洋思想을 發揮발휘하는 데에다 漢文의 古典을 習得해야 하겠는데, 이는 또한 어려운 일이다. 그래서 近年 以來로 이 古典을 國譯국역하는 데에 힘을 쓰게 된 것은 多幸한 일인가 한다. 그러나 그 國譯이 어느 정도로 잘 되어졌는지는 疑問의문스러운 점이 더러 있어 보인다.

특히 佛經불경으로 말하면 漢字로만 되어 있는데, 거기에는 印度나 西藏(티베트)에서 傳해온 중에 漢字의 音譯음역과 意譯의역이 混用되어 있어 難點이 많다.

어느 國語譯本국어역본을 勿論하고 그 原本의 漢字는 될 수 있는 대로 括弧괄호에 넣는 것이 바람직하다. 순전히 우리나라 말로 할 경우도 있지만 漢語를 無理하게 한글로 할 경우에는 그 本義에서 벗어날 수 있기 때문이다.

漢字란 그다지 쉬운 글자가 아니다. 2千字를 能通능통하게 안다는 것은 어려운 일인가 한다. 그러기에 漢字를 學習하는 데에는 少年시절부터 시작해서 青壯年에는 能히 알만 하도록 되어야 할 것이다. 근자에는 初中等의 教育上으로 英語를 重視한 것도 必要하겠지만, 역시 漢字도 熱誠열성으로 다루어야 할 것이다.

畫伯화백으로서 漢文을 重視한 吳之湖氏오지호씨가 「알파벳트文明의 終焉종언」이라는 著作을 내서 東洋思想의 重要性을 力說한 것은 바람직한 일인가 한다. 西洋文明을 無視할 바는 아니지만, 東洋의 精神文化정신문화를 宣揚선양하는 데에는 그 意義가 크다 하겠다. 도대체 漢字의 活用을 無視한 것은 마치 東洋傳來의 特有한 道義思想을 不問에 붙인다는 것이니, 안 될 일인가 한다. 東西洋을 勿論하고 眞正한 價值觀가치관에서 그 取捨취사를 判別해야 할 것이다.

우리 大韓의 國是로 될 만큼 祖國의 近代化는 바람직한 일이거니와, 거기에는 西洋化라는 뜻이 매우 重視되어 있어서 잘못하면 東洋固有의 思想이나 우리 大韓의 傳統을 無視하고 말 憂慮우려가 적지 않다. 近來에는 西洋人 自身이 西洋文明의 沒落몰락을 主張하고 東洋思想을 重視한 경우도 있으니, 그럼직한 일인가 한다. 여기에 있어서 우리 大韓은 어디까지나 東西洋을 勿論하고 그 取捨選擇취사선택에 마음을 가다듬어야 할 것이다.

이러한 점, 저러한 점을 살펴보는 중에 漢文을 度外視할 바가 아니라는 점을 切實하게 느낀다.

우리 大韓에 있어서는 매양 分派가 많은 셈인데, 語文學에 관하여도 요즈음 한글專用派와 漢韓共用派의 對立이 依然의연하니 딱하기만 하다. 경우에 따라서는 그 어느 便이 좋을까 망설이게 되는 수가 있으니, 이는 참으로 딱한 노릇인가 한다. 南北統一이 간절한 이 時點에서 이 兩派의 統一도 念願하는 바이다. 지나간 日帝治下에 한글語學會員들이 큰 苦難을 겪고 심지어는 刑罰형벌을 받아 投獄투옥까지 당한 일을 생각하면 진실로 感慨無量감개무량한 바가 있다. 그런데 오늘날 우리나라 語文學에 관하여 分派로 되고 보니 恨歎한탄할 뿐이다.

바라건대 對立을 超克초극하는 데에는 漢字를 어디까지나 無視하지 말고 漢字는 이미 國有化되었다는 점을 깨달아야 할 것이다. 그것이 바야흐로 價値觀의 定立인가 한다.

요즈음 電話名簿전화명부에 姓名을 한글로 해 놓은 곳이 많은데, 漢字로서는 다른데 한글로만 表示되어 있으니, 그 本人을 찾아보기에 困難이 莫甚막심하다. 사람의 姓名은 어디까지나 漢字로 表示되어야 할 것인데, 印刷인쇄의 便利上으로인지 그저 한글로만 하게 되어 있으니, 이는 漢字 그대로 表示되어 두는 것이 當然한 일인가 한다.

어쨌든간에 漢字를 단순히 漢文化 즉 外國文化라고만 볼 것이 아니라, 이미 國文化되어 있다는 것을 다시 한 번 생각하기를 念願하는 바이다. 대관절 國土統一이니 勤勉근면·自助자조·協同 등등의 말을 어찌하여 한글로만 된다 하겠는가를 한글專用學派에게 再考하기를 바라마지 않는다.

〈學術院會員·文博/ 어문연구 25·26호〉

한글전용론과 國漢混用論의 비교

金 文 昌

1943년 江原 春川 출생. 한국어 의미학회 회장 역임. 현 인하대 교수. 語文政策은 절대 유일한 진리보다는 상대주의에 의거하여 좀더 나은 방법을 찾아 부단히 노력하는 자세가 필요함을 전제로 하고 있는 이 글은 한글전용론의 논거 11가지와 國漢混用論의 논거 9가지를 제시하고 이를 조목조목 검토하고 있다. 그리하여 필자는 두 주장의 상호보완적, 절충적 태도가 필요함을 지적하고 漢字制限論, 곧 우리 한글을 최선을 다해 受用하면서 필요할 때 漢字를 섞어 쓸 것을 주장하고 있다.

Ⅰ 序

國語에서는 정리되어야 할 문제가 아직 많다. 특히 文字表記에 있어서 漢字使用 여부는 해방 이후 語文政策어문정책의 최대 쟁점으로 한 세대가 지나도록 여전히 해결되지 못한 채 그 찬반여부로 혼미를 거듭하고 있다.

표면상, 文字生活에서 漢字를 사용할 것인가 아닌가 하는 兩者擇一式양자택일식 문제여서 기실 간단히 해결될 수도 있어 보인다. 우선 그 해결방법으로 學者 또는 言衆들에 의한 다수결 원칙이 적용될 수 있다. 그러나 語文政策은 一般 生活과 學問 등 삶의 모든 면에 관련된 것이기에 다수결만으로는 해결되기 어려운 여러 가지 문제점을 안고 있다.

전용이냐 아니면 混用이냐 하는 이 문제가 오늘날까지 어느 한편의 승리로 끝날 수 없었음은 아마도 이 두 주장이 각각 그 나름대로 강한 장점과 논리를 지녔기 때문이 아니었던가 생각할 수 있다. 이러한 경우에 우리는 진리의 다양성을 인정해야 할 것이다. 地上에서는 일반적으로 絶對眞理절대진리는 존재하기 어려우며, 어떤 價値에 대한 絶對評價절대평가는 불가능하여 결국 다양한 진리와 狀況的상황적 價値만이 보다 合理的이요 인간적이라는 점을 인정할 필요가 있다.

이러한 점에서 우리는 몇 가지 해결방법을 제시할 수 있다.

> 첫째, 두 주장 중 擇一한다.
> 둘째, 두 주장을 다 인정한다.
> 셋째, 두 주장의 장점만을 취하여 절충한다.

자연현상은 일반적으로 명료하고 하나의 답을 요구하게 되나, 人文科學은 대체로 主觀介入주관개입의 여지가 많아 불완전하며 항시 改善의 요소를 내포하고 있다. 이러한 견지에서 語文政策 또한 절대 유일한 진리보다는 相對主義상대주의에 의거하여 좀더 나은 방법을 찾아 부단히 노력하는 자세가 필요하다. 상대편의 주장에 귀 기울이고 좋은 의견에는 순수하게 동의하며 서로의 短點을 고쳐 가는 데서 우리의 삶은 좀더 나아지리라 기대한다. 따라서 우리는 이제까지 소리 높이 자기주장만을 외치던 그 勁直경직된 姿勢자세에서 벗어나 그 두 主張者들의 見解를 경청하고자 한다. 여러 意見을 종합 검토하여 衆知를 모으도록 한다. 그러기 위하여, 通時的·共時的 記錄物기록물 점검, 各論著의 주장 검토, 각 分野別 文字表記 상황을 조사하여 分析분석·綜合하고자 한다.

국어의 통일은 近代國家成立의 第一條件으로 先進諸國선진제국은 근대국가 성립 초기에 모두들 국어의 보존·통일을 위하여 크게 노력하였다. 특히 言語政策은 일반 대중을 위한 것이라는 점을 깊이 인식하여 국어의 순화·規範化규범화·同質性 추구 등을 전제해야 할 것이다. 또한 文字의 效率性효율성·妥當性타당성·受諾可能性수락가능성 등 다각적인 면에서 검토되어야 한다.

Ⅱ 한글전용론 검토

한글專用論이란, 한마디로 말하면 文字生活에서 오직 한글만 사용해야 한다는 것이다. 물론 여기에도 强穩강온의 두 주장으로 나눠볼 수 있다. 漢字 사용 금지는 물론 漢字語도 최대한 固有語로 바꾼다는 强硬派강경파와 漢字는 한글로 바꾼다는 정도의 穩健派온건파가 그것이다. 이제 이들의 주장을 종합하면 대체로 다음과 같이 정리될 수 있다.

각 項別항별로 주장을 제시하고 그 肯定的긍정적인 면과 否定的부정적인 측면을 간략히 평가 비판하기로 한다.

1. 敎育的 效果를 높이기 위해 한글전용을 해야 한다.－

과연 전용교육이 훌륭한 것이라면, 지난 수십 년간 어째서 7~8회에 걸쳐 전용론과 혼용론이 뒤바뀌면서 語文政策에서 확고히 그 기반을 잡지 못했는가 설명하기 어렵다.

2. 漢字構造가 복잡하고, 字數가 過多하여 學習하기 어렵다.－

字數過多(5萬餘字) 등은 커다란 단점이다. 그러나 略字 및 1,800字 정도의 사용제한으로 그 단점을 어느 정도 극복할 수 있다.

3. 漢字는 判讀이 느리고, 피로감을 준다.－

文字는 시각에 호소하는 것이므로, 表意文字인 漢字는 오히려 판독이 빠른 경우가 많다. 획수가 간단한 모르스 부호나 速記法속기법 등이 오히려 判讀판독이 느린 것으로 지적되기도 한다.

漢字는 한편 눈에 피로감을 주고 시력을 약화한다는 실험 보고가 있어 이점 인정된다.

4. 한글표기는 文學性을 높인다.－

예로부터 文學作品 속에 漢字 및 漢字語가 적고 土着語토착어의 비율이 높을수록 그 작품이 우수하다는 것은 널리 알려진 사실이다. 고려속요(가시리 등), 옛시조(황진이 作品 등), 고대소설(홍길동전 · 흥부전 등), 근대시(소월 · 만해 · 육사 · 윤동주 등), 현대문학 등등 한글표기일수록 문학적 향기가 높음은 인정된다.

5. 한글전용은 기계화의 효과를 높인다.－

이점 크게 인정되나, 최근 國 · 漢 · 英混用 컴퓨터, 漢字컴퓨터(9,600字 처리), 漢字타자기 등이 나와서 한글기계화의 장점은 상대적으로 약화되고 있다.

6. 文字發達의 원리에 순응하기 위하여 한글전용을 해야 한다.－

신성문자, 설형문자 등 회화문자나 상형문자가 표의문자 및 음절문자로 다시 표음문자로 발전한 사실이 인정된다.

7. 한글은 科學的이다.－

문자구조의 간결성, 논리성, 조직성, 광범한 표음성, 자유자재한 응용력 등 한글의 장점은 세계의 많은 학자들이 인정하는 바이다.

8. 겨레문화의 창조적 발전을 위하여 한글전용을 해야 한다.－

프랑스 · 독일 · 터키 등 더러 성공한 例가 보이나, 우리의 경우 오직 한글만으로 그 거대한 문화체계가 더욱 발전될 수 있음이 종합 검토된 일이 없으며 우리문화의 특성에 비추어 기대하기도 어려운 것으로 보인다.

9. 겨레의 독립 자존의 정신을 기르기 위하여 전용해야 한다.－

이 獨立自尊의 主體性이야말로 가장 큰 설득력을 지닌다. 한글은 우리의 것이니 오직 한글만을 써야 한다는 이 주장은 일종의 決定論的 當爲論당위론으로서 의문의 여지가 없는 듯하나, 이것이 지나치면 쇼비니즘에 빠지게 되고 국제무대에서 낙후되는 수도 있음을 인식해야 한다.

우리의 文學作品 등은 우리의 글로 써야 한다는 金萬重의 주장, 乙未勅令을미칙령(1895年. 法律命令은 다 國文으로 本을 삼고 漢譯을 부하며, 혹 國 · 漢文을 混用홈), 開化期의 전용신문들(독립신문 · 그리스도신문 · 미일

신문·뎨국신문 등), 한글전용법률 제6호, 만주·미국 기타 해외동포들의 한글애용 등등.

10. 한글 사용의 역사적 전통에 따라 전용해야 한다.－

世宗代의 과거시험 과목 및 傳旨전지, 五臺山오대산 上院寺상원사 重創勸善文중창권선문, 楊士彦양사언 등의 歌辭, 宋時烈 등 많은 人士의 簡札간찰, 古時調고시조, 古代小說, 活貧黨활빈당 發令狀(20세기 초), 李益采이익채의 러시아 紀行簡札, 한글성경, 기타 王·王妃·공주 등등의 글. 상식적 추측보다는 훨씬 많은 양의 한글 典籍전적들이 여러 분야에 걸쳐 남아 있음을 우리는 확인할 수 있다. 그러나 한편 15세기 당시의 주요 문헌들은 國漢混用 내지는 漢文이었으며, 그 후 근대에 이르기까지 대다수의 전적들이 混用文 또는 漢文이었음은 재론의 여지가 없다.

11. 시대정신의 요청으로 한글전용을 해야 한다.－

시·소설 등의 한글전용화, 일간신문 내용은 85%가 한글, 전국 대학신문 중 85%가 한글전용 내지는 거의 한글전용이며, 출판사 이름(두레·열음·풀빛·돌베개·새벽·바른손·마당·샘터·생명의 말씀사 등), 사람이름(금난새·박새암·임예솔·강한고요·허산여울 등), 商號名(꽃동네꽃집·양장점꽃실·엄마손백화점·아름나라커텐사 등) 기타 여러 가지로 한글화 경향이 크게 드러나고 있음이 사실이다.

Ⅲ 國漢混用論 검토

이 주장은 文字生活에서 한글과 漢字를 섞어 쓰자는 것이다. 이는 다시, 漢字語(예: 학교)는 반드시 漢字(예: 學校)로 쓰자는 强硬派강경파와, 同音語 충돌의 문제가 없거나, 이미 널리 보편화한 단어는 한글로 써도 무방하다는 (예: 학교·인간) 穩健派온건파로 나뉠 수 있다. 이들의 주장을 정리하면 다음과 같다.

1. 교육 · 학문을 위하여 國漢混用이 필요하다.－

전통문화의 핵심을 이룬다고 보이는 漢字를 이해함으로써 교육 및 학문상 적지 않게 도움이 됨은 여러 실험 결과에서 실증되고 있다. 한편 전용론에서는 이와 반대로 逆效果를 가져올 뿐이라는 연구결과를 제시하고 있어 再考를 요한다. 그러나 수많은 학술단체, 일반 시민, 각급 학교 교사 및 학생 자신들도 대다수 漢字習得을 원하고 있다.

2. 文意 이해를 빠르게 한다.－

漢字는 쓰기 어렵고 시간이 많이 걸리나 뜻을 파악하는 데는 신속성이 있음이 인정된다.

3. 어휘의 풍부화를 위하여 혼용해야 한다.－

국어 어휘 가운데 70% 정도가 漢字語임이 밝혀진 바 있다. 또한 一般教養紙일반교양지에서 사용되는 8,000 여 單語 중 반 이상이 漢字語임이 조사된 일도 있다. 이렇게 국어 어휘의 태반을 차지하는 漢字語를 크게 제한하거나 제거하는 경우 국어에는 커다란 혼란이 올 것이다. 현실적으로나 장래를 위해서도 적절한 漢字語나 불가피한 경우의 漢字사용은 허용됨이 順理인 듯하다.

4. 同音語의 識別을 위해 혼용해야 한다.－

'重質油'와 '中質油', '士氣'와 '史記' 등 同音異義語의 식별에 크게 기여함은 인정된다. 그러나 어휘 바꾸기(社旗-회사기), 난해어 사용 억제(肆氣사기辭氣사기), 文脈 등에서 다소 同音語의 곤란을 보완할 수도 있다.

5. 視覺性의 장점.－

情報傳達量정보전달량의 면에서 이 장점은 인정된다. '山, 火', '鄭, 丁'의 形像性형상성 또는 畫像性화상성(再現充實度)은 한글의 그것보다 우세하다.

6. 造語力 · 縮約力의 장점.－

漢字는 表意文字표의문자이므로 몇 개의 文字로도 많은 어휘를 생산해낼 수 있다. 즉 漢字는 국어에서 新語創造신어창조의 독자적 供給源공급원이라는 현실은 결코 무시될 수 없다. '아버지 · 어머니'를 '부모'로, '入學試驗'을

'入試'로 줄일 수 있는 縮約力축약력은 큰 장점이다. 그러나 언어의 본질면에서 볼 때 이러한 造語力이나 縮約力은 어느 언어에나 있는 기능으로서 다만 그 開發與否에 따라 그 특성을 제대로 발휘하느냐가 좌우되는 것이 아닌가 한다.

7. 外來語인 漢字를 한글로 씀은 잘못이다.－

外來語는 음운・형태・의미 면에서 自國語로 同和된 상태대로 표기함이 원칙이므로 이러한 論調논조는 시정되어야 한다.

8. 동양의 라티움인 漢字를 폐지하면 漢字文化圈에서 낙오하게 된다.－

現實的으로 인정되는 주장이다. 그러나 中國・日本도 漢字의 數를 제한하고, 새로운 表音文字를 만들며 한편 먼 장래에 한자를 폐지하려는 연구도 행하고 있음을 볼 때, 우리도 깊이 연구 검토할 문제다.

9. 傳統文化의 繼承을 위하여 혼용해야 한다.－

이 문제는 중대한 의의를 지닌다. 그러나 모든 국민이 다 古典을 이해할 필요는 없으며 또한 그런 능력을 기를 수도 없다는 데서 異論의 여지가 있다. 西歐에서 라틴어나 희랍어는 소수의 專門家들만이 공부하듯이 우리의 고전도 그렇게 전문가를 양성하여 傳授전수시켜야 한다는 주장도 적지 않다.

Ⅳ 종합 검토

1. 實驗教育 結果

교육현장에서는 최근까지 여러 차례 실험교육이 행해진 바 있다. 그러나 混用教育이 10~20%의 학력저하를 초래했다는 결과가 있는가 하면 그만큼 향상되었다는 正反對의 결과 또한 비슷한 비율로 나타나고 있어 전면적인 再研究가 있어야 할 것이다.

2. 輿論調査 結果

연도 / 대상 / 방법	1969	1979	1982	1983	1983	1983
	학 자	지식인	일반인	대학A	대학B	일반인
전용론	34%	4%	16%	42%	27%	13%
혼용론	0	96	59	26	66	86
점진론	66	0	21	32	7	1

이 표에서 알 수 있는 바와 같이 아직 혼용론이 우세하다.

3. 綜合的인 比較 評價

지금까지 논의된 兩大主張의 優劣을 구태여 가려 본다면 아래와 같이 2分法에 의하여 數値化수치화할 수 있다. 그러나 價値判斷가치판단의 문제를 兩斷論法인 正誤式으로 판정한다는 것은 지극히 어렵고 위험한 일이기도 하다. 가능하다면 多分法이 보다 나은 分類法이기도 하겠으나 여기서는 方法論 중 하나의 例를 보인다는 입장에서 가장 단순한 이 방법을 택한 것에 불과하다. 따라서 論者에 따라 여러 가지로 그 방법 및 평가가 달라질 수 있을 것이다.

	교육상	학문상	이해상	어휘풍부화	동음어식별	판돈상	시각상	조어·축약	문학상	기계상	문자구조상	문자발달상	과학성	민족문화	주체성	역사성	시대요청	종합점수
전 용	1	1	1	1	1	1	1	1	2	2	2	2	2	1	2	1	2	24
혼 용	2	2	2	2	2	2	2	2	1	1	1	1	1	2	1	2	1	27

V 결 론

1. 최근까지 보고된 많은 연구들은 대체로, 미리 假說을 세우고 여기에 結果를 因爲的으로 유도한 듯한 인상이 짙었다. 이러한 我田引水格아전인수격인 연구 태도는 이제 지양되어야 하겠으며, 앞으로는 객관적인 입장에서 순수하고 科學的인 方法으로 새로운 연구가 행해져야 할 것이다.

2. 數値로 드러난 여론은 혼용론이 강하나, 신문·잡지·교양서적 등 여러 방면에서(심지어는 일부 專攻書籍까지도) 그 실천 모습이라 할 文字生活은 대부분 한글화하고 있음은 대중문화의 전용화라는 時代相을 반영하는 것으로 풀이된다.

3. 世宗의 新文字 創制는 지식의 大衆化·文化의 庶民化서민화로서 일반 대중의 實用性에 그 目的이 있었던 것으로 보인다. 따라서 新文字 製作이 한글전용을 목적으로 했다는 주장은 설득력을 얻기 어렵지 않은가 한다.

4. 한글은 우리 것이니 文字生活은 오로지 한글로만 해야 한다는 決定論的 思考方式만이 正論일 수는 없다. 또한 서구식 기계화가 편리하니 專用해야겠다는 能率一邊到的능률일변도적 思考 또한 新事大主義나 또 다른 쇼비니즘이라는 평을 받기 쉽다. 이 革新的 理想論이 지나치면 潔癖主義的결벽주의적 純正論순정론에 빠져 모든 외래요소를 배제하게 되고 따라서 문화의 영양실조 내지는 공백상태를 초래할 우려가 있는 것이다. 外來文化 樣式이 무조건 事大主義로 취급되면 人類史에 사대주의 아닌 것이 어디 있겠는가.

한편, 오랜 傳統이기에 물려받아야 한다는 式의 混用論도 因襲的인습적 思考로서 환영할 바가 못 된다. 이 또한 지나치면 一値的일치적 思考로 絶對主義절대주의 내지는 獨善主義의 迷妄미망에 빠지기 쉽다.

5. 한글전용과 漢字教育은 별개의 문제로 보아야 한다. 우리가 영어를 배웠으나 한글과 혼용하여 사용하지 않음을 간파한다면 위의 논리가 이해될 것이다. 그런데 專用論者들은 흔히, 漢字를 교육하면 큰일이 나는 듯이 강력히 반대하고 있음은 일종의 편견으로서 냉철한 반성을 요한다. 人間의

삶에 實用的으로나 倫理的 측면에서나 도움을 주는 것이라면 모든 知性的・感性的 教育이 보다 많이 주어지는 것은 民主社會에서 바람직한 일이라 판단된다.

우리가 접한 지 수십 년 밖에 아니 되는 西歐語는 생소한 語族인 데도 불구하고 그토록이나 치열하게 공부하면서, 수천 년간 우리 민족문화의 뼈와 살이 된 漢字 및 漢文은 蛇蝎視사갈시하여 하루아침에 헌신짝 버리듯 한다는 것은 倫理的 民族으로서 깊이 省察해 볼 문제라 하겠다.

우리가 아무리 영어나 불어를 많이 배웠어도 文字生活에서 서양글자를 혼용하는 일이 별로 없듯이 漢字도 그렇게 배우고 사용하면 될 것이다.

우리에게 진실로 시급한 문제는 漢字버리기가 아니고, 危險水位위험수위에 육박하고 있는 서구어의 무분별한 남용이 아닌가 한다.

보다 '합리적인 전용'을 위해서라도 대다수 국민이 원하는 대로 言語習得能力언어습득능력이 절정을 이루는 국민학교 시절부터 漢字教育은 더욱 강화되어야 하겠다.

6. 교양・매스컴・공문서・실용문 등 대중문화나 일상생활에서 쓰이는 文字는 가능한 한 한글로 하고, 學問이나 特殊專門分野특수전문분야에서의 語文生活은 漢字가 필요에 따라 자유로이 쓰일 수 있어야 하겠다. 전문가들로부터 漢字 및 漢字語를 빼앗는 것은 그들로부터 좋은 도구를 없애는 것과 무엇이 다를 것인가.

西歐語는 法的 規制를 받지 않으면서 漢字만 유독 제재를 받아야 한다는 것은 크게 모순된 일이다. 이제 우리는 우리 한글을 최대한 愛用하되 事實世界의 다양성에 비추어 複數文字가 융통성 있게 사용되는 조화와 절제를 美德으로 받아들여야 할 것이다.

7. 이상 주장은 기실 새로운 견해일 수 없다. 兩大主張의 장・단점이 오죽 비슷하면 오랜 세월이 지나도록 이토록 결론이 나지 못했는가를 깊이 인식하면 결국 歸結點귀결점은 이미 위에서 보아온 것처럼 中庸의 길밖에 없는 듯이 보인다. 무엇을 버릴까 하는 否定論에서 벗어나 무엇을 취할까 하는

肯定判斷긍정판단으로 현실을 받아들일 필요가 있다.

한글전용이 우리민족의 궁극적 理想이라 한다면 國漢混用은 우리의 엄연한 현실이다. 전용론과 혼용론은 마치 야누스의 얼굴 같아서 과연 어느 쪽이 더 우월한지 판단하기 어렵다. 다만 한 가지 분명한 것은, 近視的 現實主義者도 바람직하지 못하지만 幻想的환상적 理想論者 또한 현실적 세계에선 용납되기 어렵다는 점이다. 우리의 세상에는 아직 理想이 제대로 實現된 일이 없다.

결국 우리는 理想을 향해 현실을 충실히 사는 길만이 지혜로운 삶이 아닌가 생각된다. 최선을 다해 우리 한글을 愛用하면서 필요할 때 漢字를 섞어 쓰는 길, 구태여 이름을 붙인다면 折衷論절충론이라 할 이 緩衝的완충적 방법만이 현대의 우리가 취해야 할 길이 아닌가 한다. 이는 漢字制限論한자제한론으로서 中庸之道요 민주사회의 正道이며 文化轉變문화전변 過程에서 발생하기 쉬운 마찰과 파괴를 막는 하나의 안전장치의 역할을 하는 것이라 하겠다. 전용론도 混用論도 다함께 애국애족에서 출발한 것이기에 이제는 더 이상 '事大主義'니 '國粹主義'니 하며 등을 돌릴 것이 아니라 相互補完상호보완의 입장에서 화해되어야 할 것이다.

새 구두를 살 때까지 헌 구두를 버려서는 아니 된다.

8. 이 文字表記 문제는 오랜 세월에 걸쳐 많은 학자에 의하여 격론이 거듭된 어려운 課題였으니 만큼 國家的 차원의 專門機關에서 충분한 制定의 뒷받침 아래 많은 학자에 의하여 장기간 연구되어야 하겠다. 외국의 경우, 하나의 語文政策을 수립하고 실천하기 위하여 수백 년간 엄청난 노력을 들였다는 점을 깊이 헤아려 참작할 필요가 있다.

參 考 文 獻

國語硏究會 : 「國語淨化敎本」, 韓美文化社, 1958.

金慶漢 : 「當面한 國語問題論考」, 한얼문고, 1972.

金敏洙 : 「國語政策論」, 東亞出版社, 1973.

김승곤 · 김윤학 : 「말과 글의 이해」, 영학출판사, 1983.

金完鎭 : '世宗代의 語文政策에 대한 硏究', 「省谷論叢」 3, 1972.

南廣祐 : '한글전용법안(1948), 漢文使用에 關한 建議書(1948), 可決을 오늘의 時點에서 되새겨 본다', 「語文硏究」 7-4, 1979.

______: 「國語國字論集」, 一潮閣, 1982.

南宮建 : 「한글 낱말의 發生頻度 分布와 Entropy에 관한 硏究」, 서울大, 1979.

朴定緖 : 「國語의 將來와 漢字의 認識」, 壯文社, 1968.

박준황 : '한 · 일 두 나라 책의 한글화 가나화 비교 조사', 「새국어교육」 22 · 23 합병호, 1975.

서울여대 : 「우리말과 글 바로 쓰기」, 서울여대 출판부, 1973.

손홍수 : 「한글 바로 쓰기 교본」, 선명문화사, 1971.

申昌淳 : '漢字廢止 方法論說', 「국문학」 1, 고려대학교, 1956.

______: '民族文化建設과 漢字語 몰아내기', 「文耕」 12, 中央大學校, 1961.

______: '國語漢字語 한글表記論批判', 「語文硏究」 11-3, 一潮閣, 1983.

吳之湖 : 「國語에 대한 重大한 誤解」, 韓國語文敎育硏究會, 1971.

柳正基 : '한글專用을 反對한다', 「思想界」 17-5, 1969.

______: '語文敎育是正論', 「思想界」 17-8, 1969.

柳宗鎬 : '한글만으로의 길', 「創作과 批評」 4-1 · 2, 1969.

이경복 : 「국어계획론」, 글벗집, 1976.

李基文 : 「國語表記法의 歷史的 硏究」, 韓國文化硏究所, 1963.

______: '漢文이란 이름의 萬里長城', 「世代」 2-2, 1964.

______: 「開化期의 國文硏究」, 一潮閣, 1970.

이은정 : '한글전용 운동의 성격', 「문학비평」 1-4, 1969.

이응호 : 「미군정기의 한글운동사」, 성청사, 1974.

정재도 : 「국어의 갈길」, 안전출판사, 1965.

최현배 : 「한글의 바른 길」, 朝鮮語學會, 1945.

______: 「우리말 존중의 근본 뜻」, 정음사, 1953.

______: 「한글의 투쟁」, 정음사, 1954.

______: 「글자의 혁명」, 정음사, 1956.

______: 「한글만 쓰기의 주장」, 정음사, 1970.

허 웅 : 「한글과 민족문화」, 세종대왕기념사업회, 1974.

〈仁荷大 敎授/ 어문연구 39·40호〉

우리의 民族統合과 民族語의 連帶性

金 敏 洙

1926년 江原 洪川 출생. 현 東崇學術財團 이사장, 고려대 명예교수. 영어를 母語化, 公用語化하자는 주장이 대두되어 세력을 얻는 것에 대해 민족어의 암울한 미래를 우려하며, 그 주장의 부당함을 歷史的 사례를 제시하며 논증하고 있다. 지구제국 중심부에 들어가기 위해서는 영어를 모어 화자만큼 잘 해야 하므로 영어 공용어화가 필요하다는 주장은 경제논리로는 그럴 듯해 보이지만, 이는 강한 主人을 따르면 최소한의 생활은 보장되고, 주인을 흉내 내다가 보면 主體性은 없더라도 다소 자기대로 발전이 있다는 논리에 불과하다는 것을 필자는 강조하고 있다. 결론적으로 필자는 한글과 漢字를 균형 있게 사용하고 발전시키는 것을 전제로 하여 영어를 주체적으로 수용하는 것이야말로 우리 文化를 세계적 차원으로 넓히는 것이며, 南北과 海外 8천만 同胞의 統合이야말로 통일 국가의 文化民族으로 생성하기 위한 歷史的 宿望을 달성케 하는 連帶가 될 것이라고 주장하고 있다.

우리 民族統合의 原動力

우리 民族은 불행하게도 開化期에 일제 침략으로 갈가리 흩어지고 冷戰期냉전기에 볼모가 되어 國土마저 남북으로 분단되었다. 2차 대전 후 광복과 함께 단일한 獨立國家를 열망했지만, 이주 분산과 南北分斷으로 인한 민족의 단절 상태는 오히려 반세기가 넘도록 그 同質性의 異質化를 심화되게 하고 있다. 이것은 他意에 의하여 同胞 사이의 疏通소통과 和解화해를 이룩할 공통 요소가 함몰되고 있는 터이라 얼마나 안타까운지 모른다. 單一民

族으로 묶어 온 띠가 다시 묶이지 않게 될지도 모르겠기 때문이다.

한 덩어리로 튼튼히 묶을 수 있는 띠의 종류는 言語, 宗教, 風俗, 理念 등이나, 우리를 하나로 묶는 띠는 言語로 대표되는 傳統文化인 것이다. 우리는 조상으로부터 이어받은 文化遺産문화유산을 우리 生存에 맞게 발전시켜 오늘에 이르렀기 때문에, 심화되고 있는 언어와 문화의 異質化現象을 극복하고 민족적 同質性을 회복하여 時代의 요구에 맞게 발전시켜야 한다. 이것이 당면한 民族統合민족통합을 앞당기는 방안이다. 그러면, 민족 통합이 가능한 요인은 어디에 있으며, 그 要因을 충족시킬 방안은 무엇인가?

英語의 母語化와 公用語化

우리 民族은 강대한 세력 틈바구니에서 슬기롭게 대처하면서 수천 년을 생존해 왔다. 기적적인 오늘의 이 生存은 끈질긴 존속을 신봉하기에 충분한 것이라고 확신했다. 그러나, 작금의 世態는 그렇지도 않다. 世界化의 촉진책으로 1997년 3월에 初等學校 3학년부터 英語 義務教育의무교육을 단행하더니, 해를 넘기자 英語의 母語化, 公用語化에 따른 國語發棄論국어발기론이 재빠르게 튀어나왔다. 특히 인터넷 조선일보 특집 페이지에는 7월 16일 하루 접속자의 영어 공용어화 찬성률이 무릇 45.5%로 나타났기 때문이다.[1)]

이 비율은 인터넷 조선일보 홈페이지 독자 약 60%가 20~30대 직장인이기 때문이라고 보았다. 그렇다면, 20~30대만의 찬성률은 과반수를 넘겠고, 10~20대는 60~70%를 상회할지도 모른다. 英語의 필수 과목이 당초 公用

---

1) 1998년의 이 찬성률은 경악을 금치 못하나, 8·15 이후 되찾은 우리 政府의 教育政策 시행 반세기에 빚어진 결과라고 하겠다. 이것은 즉 教育이 百年大計라고 하면서 정권마다 教育改革을 서슴지 않다가 결국 나 이외 국가나 민족, 모교나 친구, 친척이나 부모 형제까지 조금도 생각지 않는 이른바 갈가위 不倫兒를 양산했다는 明證이다. 도처에 만연한 부패, 不實工事 등이 다 이 결과가 아닌가? 차라리 文教部, 教育部가 없었더라면, 교육의 跛行파행은 저질러지지 않았을 것이라는 농담을 객담으로만 여기기도 어렵다.

語化를 목적한 것이었고, 늦어도 그들이 40대가 되는 2030년대에 英語가 공통어화할 것은 명백하다. 지금부터 정신 차리지 않는다면 公用語(official language)[2)]가 되어 버릴 것이다. 지금도 英語의 母語化가 거론되는데, 방치한다면 國語가 母語로 연명하기만 기대하기는 어려울 것이다.

自然言語는 각기 특정한 種族의 傳統文化이기 때문에 그 민족과 불가분의 관계를 갖고 있다. 그래서 민족은 文化傳統을 공유함으로써 역사적으로 형성된 同屬동속 의식을 가진 인류의 집단이라고 한다. 민족에게 種族保存종족보존의 강한 본능이 있고,[3)] 言語가 단순한 意思疏通의사소통의 도구만은 아닌데, 자신의 역사적 經驗경험과 문화적 유산이 담긴 民族語를 딴판 外國語로 어떻게 대치하겠는가? 영어의 공용어화가 오늘의 상황에서 放送, 간행물, 교과서, 문헌 등을 단순히 國語에서 英語로 번역한 상태라고 하겠는가?

이러한 脫民族主義탈민족주의와 영어 공용어화의 주장은 지금 미국이 주도하는 地球帝國 中心部에 들어가기 위해서 영어를 母語話者만큼 잘해야 하기 때문에 필요하다는 것이다. 地球帝國은 냉전 체제 붕괴 후 經濟網경제망 확산, 電子文明 발달 등으로 세계가 하나의 生活圈이 되는 현상이다. 政治, 經濟는 물론 학문, 문화, 기술, 언어 등 부문이 미국 영향 속에 美國式으로 재조정되는 점에서 美國化[4)]라고 하겠다. 그러면, 在美僑胞재미교포같이

2) 국가가 사용을 공식으로 인정하고 있는 言語. 중국의 漢語, 美國의 英語, 캐나다의 英語와 佛語, 印度의 힌두語와 梵語범어, 英語 등. 혹은 국제회의에서 사용하기로 인정된 언어. 國際公用語. 英, 佛, 露, 中, 西, 아라비아語는 國際聯合 公用語. 이에 대하여 共用語(common language)는 언어를 달리하는 집단 사이에 공통되는 제3의 言語를 가리킨다. 國際語·中世 유럽의 라틴語, 近代 이전 東洋의 漢文, 현대 국제 사회의 英語 등.

3) 種族(ethnic group)은 人種, 言語, 文化 등의 계통이 공통되는 인간의 분류 단위. 같은 종류에 속하는 생물은 다 선천적으로 동족을 보존해 대를 이으려는 본능을 갖고 있다. 따라서, 이러한 種族保存의 본능을 스스로 포기하는 생물은 존재하지 않는다는 것이다. 이와 같은 本能의 차원에서, 民族을 구성하고 있는 사람들이 가진 自民族에의 歸屬意識, 혹은 民族이 자신의 존속, 독립 및 확충을 추구하는 집단적 의식을 지칭하는 民族意識도 해명될 성질이다.

4) 美國에 가서 누구나 도처에 항상 나부끼는 국기를 보고 놀란다. 多民族國家여서 인

영어로 된 교과서로 배우며 星條旗성조기에 충성 맹세하기를 자청하자는 꼴이 아닌가?

地球帝國의 經濟論理와 國際語

未來學의 맥루어니즘(McLuhanism)에서 일찍이 제기된 地球村, 이 세기말 지구 제국의 시대에 民族主義는 더 이상 우리 사회를 이끌 理念이 될 수 없다는 것이 이 주장의 발판이다. 이제 민족주의도 이해득실을 냉정히 계산해서 추구해야 하는데, 國際語로 자리 잡은 영어를 母國語로 배우지 않은 사람이 입는 손해가 너무 크고 장차 더욱 가중된다는 앙탈이다. 즉, 英語는 이미 많은 사람에게 生存에 결정적인 기술이 되었기 때문에, 經濟論理는 사람들이 영어를 母國語로 삼도록 만든다는 것이다.[5)]

그런데, 역사에서는 經濟論理와 극단적 合理主義가 나라를 망친 事例가 바로 大韓帝國의 멸망이라고 한다. 당시 親日派치고 스스로 매국노라고 한 적이 없고, 오히려 經濟와 技術을 발전시키려면 先進强大國과 합병하는 것이 가장 지름길이라고 하여 지금 擧論거론과 너무나 흡사했다.[6)] 强者에게 굴종하고 섬긴다면 노예가 되나, 경제 논리로 노예처럼 안정된 生存도 없다. 강한 主人을 따르면 최소한의 생활은 보장되고, 주인을 흉내 내다가

위적으로 統一國家의 의식을 고취하여 국가적 단결을 다지기 위한 것이다. 言語도 공인의 절차 없이 二重言語(bilingual)의 과정을 거쳐 단일한 英語의 公用語化를 이룩했다. 즉, 하나의 국기 星條旗를 게양하고 하나의 언어 英語를 사용하는 單一國家의 형체를 갖춘 나라가 되었다. 말하자면, 광석을 국가주의라는 용광로에 넣어 총체적 文化型의 균질적 金屬으로 용화하는 것과 흡사하다. 人種도 총체적이어서 갈색 머리에 거무스름한 제3의 형태를 전망한다.

5) 이러한 논리에 치우치는 것은 性品敎育이 결여된 탓일 것이다. 成績爲主성적위주의 교육이 과도한 생존 경쟁, 살아남기 위한 利己主義 心性을 고조시켜, 學校敎育이 入試爲主로 변질되어 버렸기 때문이라는 것이 공론이다.

6) 이런 약삭빠른 處世는 世紀末的 혹은 世紀初的 風潮의 확산이라는 측면에서 상통점이 엿보인다. 그래도, 백 년 전에는 1904년 1차 韓日協約 조인에 李漢應 大使 자결, 1905년 保護條約에 閔泳煥, 趙秉世 자결, 1907년 七條約에 朴星煥 侍衛大隊長 자결 등 滅死 투쟁의 자존심이 확호했었다.

보면 主體性은 없더라도 다소 자기대로 발전이 있다는 논리였다.

尤史 金奎植 박사(1881~1950)는 美 로녹(Roanoke)대학을 졸업하던 1903년 5월에 발표한 글에서 러·日戰爭과 日本의 승리를 예측하면서 타락되고 방향이 없고 부정직한 政府를 신랄히 비판한 후, 지금이라도 불행한 韓國이 깨어난다면 닥쳐오는 外國의 속박에서 벗어날 것이라고 개탄했다. 만일 러시아가 이기면 韓民族은 그 물욕을 채워 주기 위하여 죽도록 일을 해야 하고, 日本이 이기면 재산과 권리를 다 박탈당해도 최소한 먹고 입고 배우되 日帝臣民이 되라고 강요당할 것이라고 했다.[7)]

당시 宮中의 부패와 무능을 간파하고 國際情勢국제정세를 예리하게 분석한 尤史우사의 이처럼 딱한 개탄은 日帝의 괴뢰 大韓帝國이 깨닫지 못한 운명을 예측하고 지은 한탄이었다. 이제 經濟活動을 통해서 형성된 地球帝國은 중심부와 주변부로 나뉘어 중심부의 强大國이 주도해도, 강대국만이 아니라 弱小國이 상대적으로 더 큰 利得을 보는데, 그 경쟁에서 타에 뒤떨어진다는 탐욕이다. 여기서 블록經濟 歐聯구련(EU)의 존재를 도외시하고,[8)] 英語를 母語化하면 모든 일이 잘 풀린다고 보는 것도 너무나 편벽되다.

민족적 同質性은 統合의 連帶

오늘날 우리에게 國際語가 필요한 것은 말할 것도 없다. 그래서, 初等學校 외국어 교육은 해야 하는데, 英語 외에 中國語나 獨語 같은 선택이 어

---

7) 尤史는 로녹大學 서클에 가입하여 웅변과 文筆의 수련을 쌓았는데, 이 글은 로녹大學 校誌(Roanoke Collegian) 1903년 5월호 "러시아와 한국문제"의 요점이다. 이에 앞서 1902년 2월호 "The Dawn in the East"(동방의 서광)에서는 장래에 서광이 비칠 것이라고 외쳤고, 1903년 6월 졸업식 紀念演說 "극동에서의 러시아"에서는 역시 러시아의 야욕을 꺾어야 한다고 역설했다. 李庭植, 「金奎植의 生涯」(1974. 5), p.22~29.

8) 歐洲聯合(Euroupean Union)은 1992년 2월 마스트리히트(Masstricht)條約에 의하여 歐洲共同體(EC) 12개국이 블록 경제를 넘어서 정치적 통합을 목표로 결성했다. 地球帝國보다 먼저 亞太經濟共同體(APEC) 같은 블록 경제권 강대국의 從屬 아닌 協力이 生存의 관건이다. 거기에 英語의 母語化가 왜 전제된다는 것인가?

떤 형식으로든지 주어져야 한다. 그렇지만, 그것은 오직 國際社會에서 활동하기 위한 도구요 기술로서 주체적으로 도입되어야 한다. 主體性은 개인에게도 개성과 自我實現을 위해서 필요하고, 한 국가나 民族이 存立하기 위하여 불가결한 조건이다. 따라서, 世界化는 民族主義에 기반을 둔 것이며, 닫친 민족주의 이른바 國粹主義국수주의가 배격될 것은 당연하다.[9)]

그런데, 우리는 美國이 주도하는 地球帝國 중심부에 들어가려고 서둘러 열린 민족주의, 강대국도 유독 애써 지키는 母國語를 활활 벗어 버리고 알몸이 되어 영어를 母語로 갈아입었다고 하자. 그러면, 强大國의 민족주의, 覇權主義패권주의에 대항할 수 있는 弱小國의 對應戰略은 무엇인가? 실제로 地球帝國의 중심부에 어떻게 들어가서 白人의 有色人種에 대한 전통적 차별을 극복하겠으며, 백년 식민지였던 印度나 필리핀이 영어를 公用語로 존속시켜서 과연 상대적으로 얻는 더 큰 利得이란 무엇인가?

民族語의 말살은 日帝의 同化主義나 中南美의 혼혈주의로 보아 성공한다.[10)] 그래서, 영어가 母語化하면, 박물관 언어가 된 국어를 누가 배우겠는가? 文化遺産을 漢籍한적 번역하듯 英譯한다면, 서투른 소량으로 무엇을 하겠는가?[11)] 장차 모습을 英語가 母語인 바우만 성덕(24)군으로 보면, 가령 忠武公충무공은 몰라도 넬슨 장군을 아는 世界帝國의 한국인이 한국인인가? 결국 장기적 政策, 經濟, 言論 등의 先導가 결여되고,[12)] 言論마저 이기적

9) 民族主義와 國粹主義는 구별되어야 한다. 국수주의는 자기 민족의 것만이 우수하다고 내세우고, 다른 민족의 것을 멸시하여 민족간 불화를 일으키는 배타적 민족주의 사상이기 때문이다. 가령, 言語政策에서 지나친 國語醇化나 한글專用 같은 것이 국수주의의 전형적 發想이다.

10) 日帝의 同化政策은 패전으로 실패했으나, 西洋人의 人種淸掃에 의한 混血政策은 수백 년 전에 감행되어 놀랍게도 이미 성공한 만행이다. 그 手法은 현대에도 이어져, 1991년 유고슬라비아 聯邦共和國연방공화국이 와해되면서 일어난 내전에서 세르비아軍이 民族淸掃의 수단으로 감금한 크로아티아族 등 여성에 대한 보스나 强姦수용소의 추행이 그것이다. 참으로 경악을 금치 못할 짐승의 추행이다.

11) 문헌은 英譯으로 무난히 전승된다고 할지도 모른다. 한글專用을 강행했을 적에도 漢籍은 번역으로 해결하겠다고 했지만, 오늘날 얼마큼 해결해 놓았는가? 拙譯에 誤譯은 어떻게 하고, 그나마도 산적해 있는 原典은 언제 번역을 끝내겠는가? 눈가림이요 변명일 밖에 없다.

政言癒着정언유착으로 주저앉은 오늘의 상황이 백 년 전과 같이 처량할 뿐이다.

요컨대, 우리 조상이 漢字를 능동적으로 도입했듯 英語를 주체적으로 도입하기로 하면, 그 결과로 생성되는 새로운 文化는 역시 우리의 것일밖에 없다.[13] 즉, 한글과 漢字와의 지속적이고 균형 잡힌 국어의 사용과 발전을 전제한 英語의 주체적 수용은 우리 文化를 세계적 次元으로 넓혀 전 세계에 알리는 소임도 해낼 것이다. 南北과 海外 8천만 同胞의 統合,[14] 이것은 인류의 平和와 福利에 공헌할 통일 국가의 文化民族으로 생성하기 위한 歷史的 宿望숙망을 달성케 하는 連帶연대가 될 것으로 확신한다.(1998.7.24)

參考文獻

李庭植(1974.5.). 「金奎植의 生涯」(新丘文庫 13) 서울 : 新丘文化社.

---

12) 특히 절망적인 것은 先導해야 할 言論이 정치와 유착하여 本分을 망각하고 부패하여 마비된 엘리트 기자에다가 集團利己에 사로잡혀 있는 점이다. 속히 언론의 거품을 걷어 버리고 사회의 목탁이 되어야 하거니와, 이런 충고도 言論 자체가 배제하면 널리 호소할 방법조차 없는 것이 더 난처하다. 또한, 개개인에게 보급된 오늘의 TV는 전과 달리 오락이나 연예의 공연장이 아닌 社會的 公器로서 뿌리부터 시대에 맞게 개조해야 한다. 가령, 傳統文化와 상치되는 예는 '셀프카메라' 같은 프로에서 젊고 예쁜 여성이 애완견과 입 맞추며 즐거워하는 장면, 연예인 허준호와 이하얀 부부 사이의 '오누'와 혼동될 남편에 대한 '오빠' 호칭 같은 것이다. 전 국민이 엿보고 배워도 좋은가?

13) 英語의 公用語化는 인위적으로 가능하겠지만, 결국 傳統의 말살과 함께 混血을 자청한다는 것이다. 더구나 英語의 母語化라는 것은 극진한 追從心추종심에서 발로한 공상이며, 人種淸掃인종청소 같은 강요가 아니라면 실현할 가능성은 거의 없다.

14) 우리 民族의 통합은 日帝로 인한 移住分散, 南北分斷 이전의 상태로 회복하여 離散家族의 재회, 分散親友의 상봉과 같은 개인적 한을 풀고, 나아가서 單一民族의 統合國家로서 인류의 복리 추구에 하지 못했던 寄與를 기어코 함으로써 찾는 보람에 궁극적 목적이 있다고 생각된다. 응집한 민족적 力量이 침략에 악용되지 않는 길이 무엇인가를 시범하고 싶은 것이 뜻있는 우리 모두의 소망이라고 믿기 때문이다.

김민수 외(1998.2). 「초등학교 英語교육과 민족어의 장래」(안암신서 8) 서울 : 高麗大 學校 出版部.

이광일 외(1998.7). "영어 공용어론 논란." 「주간 한국」 1728(1998.7.9), 10~15.

한영우(1998.7). "「지구제국」은 강대국 희망사항이다." 「朝鮮日報」 1998. 7. 10. 17면.

〈東崇學術財團 理事長 · 高麗大 명예교수/ 어문연구 99호〉

法律家가 본 한글專用

金 榮 馥

법률가로서의 필자는 교과서, 공용 문서, 간판 등에서 한글전용을 한 결과 생겨난 폐단에 대해 지적하고, 로마字가 로마字文化圈의 共用文字이듯, 漢字는 東洋文化圈에서 共用되는 국제성을 가진 문자이므로, 그리고 독서능률상 한자가 뛰어나므로, 國漢混用이 이상적이라고 주장하고 있다. 아울러 자기 나라 것은 무엇이든 무조건 좋다는 국수주의가 되어서는 곤란하며, 한글에도 필기체의 字數를 고안·보충하자는 제안을 하고 있다.

매년 10월 9일의 한글날이 오면 한글은 가장 科學的이요, 배우기 쉽고 읽기 쉬운 글이라고 하여, 한글의 優秀性우수성을 자랑하고, 한글專用을 力說하게 된다. 本人 역시 한글의 優秀性에 同感하는 바다. 그러나 한글專用 4, 5년 만에 우리의 文字生活은 漢字를 混用할 때보다 얼마나 便利하게 되었으며 國利民福에 寄與한 바 얼마나 컸는가를 따져 볼 때 法律을 하는 사람으로서 비교적 단단한 머리를 가지고 있는 本人으로서는 懷疑회의를 느끼지 않을 수 없으며 한글을 再評하여 보아야 되겠다는 생각을 禁치 못하겠다.

한글과 漢字·英字와의 比較

한글에 대한 優秀性을 정확히 알려면 相對方 것과 比較·對照·統合·

分析하여 보고 또 經驗경험을 통하여 알 수 있는 것이다.

우리 한글과 英字와 漢字를 비교해 보건대 漢字는 뜻을 나타내는 表意文字인 同時에 音을 나타내는 表音機能을 아울러 가지고 있다 하겠고 英字 또한 表音文字이지만, 많은 낱字가 結合되어 한 낱말을 이루고 그 낱字라는 것이 屈曲굴곡이 있어 첫째 同音異義語가 우리 漢字語처럼 많지를 않고 둘째 視覺性이 있어 말하자면 表意的인 一面이 있으니 例컨대 Cent는 百의 뜻이 있는데 美貨 1弗의 1/100은 One Cent이고 1m의 1/100은 Centimeter, 百年(1世紀)은 Century, 1/100은 Percent이다.

漢字와 英語에 뜻(視覺性 포함)이 있는 것을 50점이라고 假定하고 音이 있는 것을 50점 計 1百點이라고 한다면 한글에는 뜻이 없고 音뿐이니 50點밖에 안 된다.

뿐이 아니라 漢字에는 印刷體인쇄체인 楷書體해서체, 筆記體필기체인 行書·草書·篆書전서 등이 있고 英子에도 大文字, 小文字에 각각 印刷體와 筆記體 등이 있는데 한글은 1箇體뿐이다.

이러한 한글을 가지고 百點인 文字의 效能효능을 내려고 하니 무리와 不條理부조리가 생긴다. 文字는 知識을 운반하는 動脈동맥인데 知識을 완전히 운반치 못하니 우리나라 文化는 退步直前에 있는 것이다.

한글專用 결과는 어떠한가

1) 教科書에서 漢字를 몰아낸 結果는,

① 국어 교육에 있어 특히 高校의 경우, 例컨대 「思美人曲」·「弔針文조침문」·「關東別曲」·古時調 등 古文이나 「己未獨立宣言文기미독립선언문」 같은 擬古文章의고문장조차 순한글로 되어 있는바 現行教科書를 두고 舊教科書 혹은 原典을 가지고 교육을 하는 奇現象이 벌어졌다.

② 國史나 東洋史 교육에서 固有名詞나 術語의 指導에 莫大한 混線혼선을 자아냈다.

③ 各 教科書에 무수히 쏟아져 나오는 漢字語를 한글로만 표기해 놓았기 때문에 解讀이 힘들고 內容의 說明에 앞서 낱말의 설명을 먼저 해야 하는 번잡을 겪었다. 따라서 進度는 늦어지고 教育效果는 低下할 수밖에 없었다.

④ 朝鮮日報 74. 5. 24 記事를 보면 中學生의 11.9%가 한글을 잘 모른다고 하니 이게 웬 말인가.

⑤ 쉬운 글을 쓰자고 하니 자연 쉬운 말을 쓰게 되는데 가장 쉬운 말은 辱說욕설이다. 中·高等 학생이 辱說을 지껄이니 이를 막기 위해 국어 醇化순화 운동이 일어난다는 것은 웬일인가.

⑥ 漢字를 모르니 讀書를 하지 않아 書店이나 出版社가 하나 둘 문을 닫게 되었으니 우리나라 文化와 國力은 어디로 가는 것인가.

2) 公用文書에서 漢字를 몰아낸 결과는,

① 釜山稅關부산세관에서 輸入品수입품 産地를 잘 몰라서 數10萬원 國庫收入국고수입을 못 본 것은 누구의 責任책임인가.

② 한 洞面동면에 사는, 罪를 犯하지 않은 同名異人에게 罰金벌금을 科한 일이 생겼는데 이것이 어찌된 일인가.

③ 公用文書 作成者인 公務員공무원이 戶籍호적에 있는 漢字로 된 성명을 쓰지 않고 한글로 쓰는데 姓名이란 것은 그 사람의 人格을 表示하고 또 同一人을 구별키 위한 중대한 것이라, 한글姓名을 쓰려면 裁判所재판소에 姓名變更성명변경 재판을 받아서 姓名을 고쳐 써야 되는 것이다. 그런데 이를 하지 않고 한글을 써서 公務員이 戶籍法을 무시 위반하고 있는데 그 公務員이 國民에게 遵法思想준법사상을 고취한다는 것은 웬 말인가.

3) 商店상점의 看板간판에서 漢字를 몰아낸 結果는 漢字看板을 한글로 써서 무슨 뜻인지를 모르니 外來語를 많이 쓰게 된 것인데 이제 와서 한글 表示의 外來語 看板을 쓰지 말자는 것은 웬 말이며 漢字를 아는 外國觀光客이 무슨 商店인지 몰라 商品이 안 팔려서 外貨獲得외화획득을 못한 책임은 그 누구에게 있는 것인가.

以上 모두 한글 專用論者에게 그 責任의 一部가 있다고 아니할 수 없다.

漢字의 國際性과 國漢混用의 獨自性

歐美구미의 각 先進國에서 쓰는 文字는 모두 로마字다. 로마字가 英國에 들어가면 英語로, 佛國에 들어가면 佛語로, 獨逸독일에 가면 獨語를 나타내는 글자가 되는 것이다.

漢字도 日本에 가면 日本音과 日本意로 日本文字가 되어 버리고 우리나라에 들어오면 우리 音과 우리 뜻이 되어 우리 文字가 되어 버리는 것이며 國産漢字인 '畓답', '乭돌'도 생긴 것이고 숱한 國産漢字語가 생긴 것이다.

로마字가 로마字文化圈의 共用文字이듯, 이 漢字는 中國·韓國·日本 등 東洋文化圈에서 共用되는 말하자면 國際性국제성을 가진 文字다. 8億의 中共, 1億의 日本, 5千萬의 韓國, 東南亞를 비롯한 地域의 6千萬 華僑화교가 쓰는 것이다.

최근 日本의 政治的 영향력 增大증대와 관련해서 한글專用 반대가 기세를 올리는 것으로 말하는 一部 人士가 있는 듯 하나 이것은 국민의 素朴소박한 愛國心이나 최근의 對日感情에 편승하려는 故意的 發音이 아니면 劣等意識열등의식의 發露라고 규정할 수밖에 없을 듯하다.

우리가 日本보다 앞서 漢字를 輸入수입해서 百濟의 王仁이 日本으로 漢字를 가져간 것이 사실이 아닌가. 우리는 漢字로 해서 文化民族임을 자랑할 수 있게 된 것이 아닌가. 우리의 文化가 漢字文化요, 우리말의 太半이 漢字語며 그리고도 脊椎척추와도 같은 存在여서 오늘날 우리의 教科書나 學術技術書籍, 古典은 물론 신문·잡지 등 漢字知識 없이는 그 讀解가 어려운 實情이매 國語教育의 一環으로 漢字教育을 해야겠다는 것이다. 그렇게 함으로써 교육의 效率효율을 꾀하고 讀書人口를 올려 文明으로 향하자는 것이다.

우리 獨自的인 漢字音, 漢字語 그리고 漢字文化가 있음으로 해서 獨自的인 필요성에서 漢字教育을 하자는 것이요, 讀書能率上 國漢混用을 하자는 것이다. 漢字專用의 中國글이나 한글專用의 우리글이 모두 읽기 어려운데 國漢混用이야말로 가장 理想的이라 하겠다. 中國은 漢字混用의 나라로 漢字數가 많고 文盲이 많은 實情에서 고민이 크다 하겠으나 우리는 高校까지에 1千8百字로 足하다.

한글專用과 漢字混用의 進路

世界의 歷史를 볼 때 자기 나라 것은 무엇이든 무조건 좋다는 國粹主義者가 그 民族의 指導者가 되어 戰爭을 일으켜 그 民族과 國家를 敗亡패망케 한 例는 歷史가 證明하는 바다. 한글을 무조건 좋다고 하지 말자. 우리는 한글專用을 論하는 이들과 싸울 생각은 추호도 없다.

1) 한글에도 筆記體의 字數를 考案補充고안보충하자.

2) 漢字混用論者에게는 漢字의 學習을 종래대로의 注入式·暗記式을 止揚하고 科學的으로 쉽게 習得할 수 있는 방법을 講究강구하자는 것이다.

一例를 들면

'劇(심할 극)은 虍(범 호) + 豕(돼지 시) + 刂((선)칼 도). 범과 멧돼지가 싸워서 한 놈이 죽으면, 사람이 칼로써 남아 있는 놈을 죽인다. 그 싸움은 劇烈극렬한 것이다. 劇藥극약이란 말이 되고 또 그 싸움은 구경거리가 되니 演劇연극·劇場의 뜻이 된다.

「便(편할 편 똥오줌 변)」은 亻(사람 인) + 更(고칠 경).

사람이 不便한 곳이 있으면 便利하게 고쳐 ① 편하게 하고, 마려울 때 大小便을 보면 편하여지므로 ② 똥오줌의 뜻이 된다.

이와 같이 研究하여 國民 앞에 제시해 놓고 國民이 한글을 專用하든 漢字를 混用하든 國民의 自由意思에 맡기자는 것이다. 여기에 한 가지 주의

할 것은 世宗大王은 한글을 만들어서 偉大위대하고 한글專用을 先導主唱선도주창하는 이는 愛國者인 듯이 錯覺착각 말자는 것이다. 世宗大王은 漢文專用에서 國漢混用의 길을 터 준 분이매, 한글專用主導者는 愛國者는커녕 오히려 中·高校를 졸업하고도 신문 하나 제대로 못 읽고 아버지 書齋서재에 꽂힌 책 하나 못 읽는 半文盲量産반문맹양산의 책임이 그들에게 있음을 認識인식해야 된다.

한글은 漢字와 混用하여 빛내자

新聞의 구실은 事實을 正確迅速정확신속히 報道하고 輿論여론을 일으켜 그 先驅的선구적인 指導者의 구실을 하는 것이다. 일찍이 「獨立新聞」이 한글전용을 試圖시도한 일이 있으나 이것은 당시 漢字專用의 風潮풍조에서 벗어나 보려는 時代的 意義의 一面을 찾을 수 있으나 결국 오랜 民族의 代辯紙대변지 「朝鮮」·「東亞」의 兩大紙는 國漢混用으로 50餘年을 一貫일관했고 최근에 S新聞이 3, 4년 한글專用 방향으로 힘쓰다가 다시 國漢混用으로 돌아온 것은 名分論의 不便에서 實利論의 便利로 復歸한 것으로 그야말로 事必歸正의 한 본보기다. 聖經의 한글 전용이나 小說의 한글 전용은 그것이 漢字를 모르는 大衆을 상대로 했었던 과거를 理解해야 되며 敎育이나 學問이나 高級文化에 있어서는 國漢混用이어야 한다.

世宗大王도 한글專用을 위해 한글을 만든 것이 아니요, 漢字만을 專用하던 時代에 있어서 漢字를 배울 時間이 없는 사람, 머리가 어리석어서 漢字를 배울 수 없는 사람들에 대해서 文字生活을 便利하게 하고 또 漢字混用을 못 하도록 한 뜻일 것이다. 그리하여 世宗 때에 나온 「龍飛御天歌용비어천가」·「月印千江之曲월인천강지곡」·「釋譜詳節석보상절」이 모두 國漢混用이었던 것이다.

이 거룩한 世宗大王의 뜻을 제대로 받들지 못하고 한글專用으로 國利民福에 逆效果를 나타나게 하여 한글에 대하여 怨望을 사게 한 것은 한글에 대하여 또 우리 文化發展에 대한 反逆行爲라 아니할 수 없다. 우리는 한글과 漢字를 混用하여 한글을 더욱 빛나게 하여 大王의 叡智예지와 總明총명한 그 德을 追仰추앙하여야겠다. 우리 祖上은 5, 6歲 때부터 千字를 解得하여 燦爛찬란한 文化를 이룩하였으니 이에 비추어 記憶力이 旺盛왕성한 國民校兒童들에게 漢字를 가르쳐 한글과 漢字를 混用하여 더욱 한글을 빛내어 우리 文化, 우리 國力의 培養배양에 힘이 되어야 하겠다.

우리나라 最高知性의 殿堂전당 學術院이 絶對多數決절대다수결로 국민학교부터 漢字教育하기를 政府정부에 권하고 권위 있는 51個 學術團體가 국민학교부터 漢字教育하기를 建議해 왔으며 言論界에서 적극 이를 支持지지하는 까닭이 이런 데 있는 것이다.

〈辯護士·本會常任理事/ 어문연구 5·6호/ 528周年 한글날 紀念講演要旨〉

文化의 危機

-한글專用教育政策은 즉각 是正되어야 한다

金 膺 顯

> 1927년 서울 출생. 서예가. 저명한 서예가인 필자는 글 쓸 당시의 시대 상황을 文化의 危機 상황이라고 진단하고, 그 원인을 漢字를 외래문자로 간주하고 송두리째 망각의 지경에 파묻으려는 한글전용 교육정책에 있다고 주장하고 있다.

지금 우리 韓民族은 文化의 危機위기에 直面하고 있다. 얼핏 생각하여, 우리 歷史上 文化의 黃金期인 듯하나, 따지고 보면 그렇지 않다는 사실을 뼈저리게 느끼지 않을 수 없다.

우리 民族이 文字生活을 營爲영위한 것은 數千年이다. 그 동안 數萬種의 書籍서적이 著述저술·發刊되었으며, 또 鑄字주자 發明이 世界에서 最初라고 함이 바로 위의 事實을 立證하고 있다. 우리말 辭典에 2, 30萬이나 되는 語彙어휘가 收錄수록되어 있다. 그러나 日常語彙數는 차차 줄어들어 그 1/3도 채 안 되고 그나마 概念개념을 모르면서 말들을 하는 형편이다. 바로, 이 事實이 우리 文化의 危機를 立證입증하는 것이 된다.

世宗大王의 訓民正音制定으로, 우리 民族의 文字生活에 새로운 紀元이 이룩되었음은 말할 나위 없이 반가운 일이다. 正音은 우리말의 構成要素구성요소를 제대로 表現하기에 알맞은 表音文字이기 때문이다. 그동안 써온 吏讀文字이두문자의 不便을 덜어주었고, 또 漢字를 모르는 大衆도 自己意思를 나타낼 수 있다는 光明이 주어진 것이다.

그런데, 漢字는 外來文字이고, 漢字를 씀은 奴隸根性노예근성을 버리지 못하는 事大主義의 殘滓잔재나 되는 듯이 생각하고 한글專用만을 主張하는 이들로 말미암아 漢字를 송두리째 忘却망각의 지경에 파묻으려는 가장 危險위험한 意識의 現實化는, 바로 우리 文化의 危機를 만든 原因이다.

만일, 漢字가 外來文字라고 한다면, 우리 歷史上 그 傳來 史實이 記錄되어 있어야 할 것이다. 아무리 찾아보아도 그런 記錄은 發見되지 않는다. 그리고, 우리는 오늘날에도 日常生活에서 國·漢字를 섞어 쓰고 있으며, 또 이러한 文字生活은 永遠히 持續될 것이다. 그 까닭은, 漢字가 外來文字가 아닐 뿐 아니라, 數千年間 漢字를 根幹으로 한 文字生活을 하여 왔고, 또 正音制定으로 國·漢字混用의 便利를 우리 民族 全體가 누리게 되었다는 事實은 變할 바 없기 때문이다. 그뿐만 아니라, 우리 民族의 文化遺産인 過去의 著錄저록이 모두 漢字로 되어 있다는 事實만으로도 漢字의 解讀없이는 過去를 忘却 속에 埋沒매몰해 버리고 말겠다는 것밖에 아무것도 아니다. 어제 없는 오늘은 없고, 오늘 없는 내일도 생각할 수 없다. 한 民族도 하루아침에 形成되는 것이 아니다.

悠久유구한 歷史니, 燦爛찬란한 文化니 하여, 입이 모자라서 이루 表現 못한다는 듯이 떠들어대면서, 어제뿐만 아니고, 오늘도 쓰고 있는 漢字를, 學校에서 빼려는 敎育政策은, 어처구니없는 固執이라고 웃어넘길 수만은 없는, 따지지 않고서는 못 배길 일이다. 現在보다 더 좋고 나은 生活을 모든 國民이 누릴 수 있게 함이 爲政者의 重任이다. 國語敎育을 받은 國民의 거의가 日常用語의 1/3밖에 쓸 수 없다면, 그 敎育은 無識을 指向하는, 바보를 만드는 敎育이 되고 말 것이다. 第二世를 바보로 만드는 盲點맹점이 是正되지 않는 限, 敎育은 無意味하다. 이러한 敎育을 위한 敎育稅교육세는 무엇 때문에 물어야 하는가. 文化政策을 말할 때는, 으레 民族文化의 繼承계승·發展을 첫손가락 꼽고 있으나, 現用文字의 理解없는 第二世 敎育을 하면서, 그들이 무엇을 基礎삼아서 文化를 形成하라는 것인지 도무지 모를 일이다. 따지고 보면, 二世들은 學校敎育을 通하여서는 無識꾼밖에 될 길이 없으니, 自進하여 有識꾼이 되려면, 獨學 이외에 다른 方途방도가 없다.

우리는 이 文化의 危機를 除去제거하지 아니하면 안 된다는 悲壯비장한 覺悟각오가 있어야 하겠다. 子女教育뿐만 아니라, 數千年來의 民族文化를 지키기 위해서는, 過去 異民族의 羈絆기반에서 풀려나려던 것보다 더 큰 覺悟로, 人類本能의 生命을 위한 鬪爭투쟁이 있어야 하겠다. 그렇지 않고서는, 이 文化危機는 좀처럼 모면하기 어려운 일이 되겠다.

〈書藝家 · 本會理事/ 어문연구 34호〉

國漢文混用에 대한 科學的 考察

金 貞 欽

1927~2005년. 平北 龍川 출생. 고려대학교 명예교수, 한국물리학회 회장 역임. 한국 1세대 物理學者이자 科學의 대중화에 앞장서온 科學者의 입장에서 語文政策에 관한 과학적 고찰을 하고 있다는 점에서 주목할 만한 글이다. 필자는 전체 시스템의 最適化를 위해서는 부분 시스템의 최적화를 조금쯤은 희생시킬 수 있다는 점을 前提로 하고, 한글전용과 國漢文混用의 장단점을 과학적 시각에서 대비하고 있다. 그 결과 필자는 入力의 측면에서는 한글전용이 효용적일 수 있으나, 出力의 측면에서는 國漢文混用이 효용적임을 밝혀내고, 글이란 少數가 행하는 입력보다는 多數에게 읽히는 출력의 측면이 더욱 중요하므로, 부분적으로 봐서 한글전용이 유리할지 모르지만, 전체 시스템의 최적화에 있어서는 국한문혼용이 바람직하다는 견해를 밝히고 있다.

最近 수개월간에 걸쳐 國漢文混用국한문혼용이냐 한글專用이냐의 문제를 놓고 國語國文學界에서는 크게 論難을 거듭하고 있다. 그러나 國語와 그 表記問題표기문제는 그 해결을 국어국문학자에게만 맡기기에는 너무도 중요한 일이 아닐 수 없다. 왜냐하면 一國의 國語란 국민 전체의 것이며 아득한 옛 조상으로부터 까마득한 미래의 子孫에 이르기까지 모든 국민이 간직하는 재산이기 때문이다. 더구나 세계가 바야흐로 情報化時代정보화시대를 향하여 치달리고 있는 이때, 국어와 그 표기는 국민의 누구나가 하루도 빠짐없이 사용하는 중요한 무기요 도구인 만큼 하루빨리 汎國家的범국가적인 노력으로 확고한 정책 수립과 문제 해결이 시급하게 요망되고 있다.

이런 뜻에서 筆者는 菲才비재를 무릅쓰고 국민의 한 사람으로서, 그리고 科學者의 한 사람으로서 筆者가 평소 느껴왔던 생각의 一端을 피력하고 國語 문제의 올바른 해결을 위한 여러 방도를 제안하고 독자 여러분의 뜻있고 아낌없는 비판을 받고자 한다.

1. 全體에 대한 部分의 調和

최근 들어 테크놀러지 아세스먼트(technology assessment)란 말이 유행어처럼 사용되고 있다. 테크놀러지 아세스먼트란 「科學技術로 하여금 社會시스템 안에서 건전하게 발달하게 하기 위해 事前評價사전평가 또는 査定사정을 하는 것」이며 번역을 한다면 科學技術의 사전 평가 및 査定이라고 할 수도 있겠다.

본래 아세스먼트란 말은 세금이나 경리를 사정하는 뜻으로 사용되어 온 말이다. 선진국의 과학 기술이 生産效率提高至上主義생산효율제고지상주의, 즉 생산품을 값싸게 대량으로 만들어낼 수만 있다면 다소의 공해나 사회 문제는 큰 문제가 되지 않는다는 태도 밑에 독주적으로 발달한 결과 그 부산물로서 生態系破壞생태계파괴 · 환경오염 · 반체제 집단의 발생 등 뜻하지 않은 사회 스트레스나 국내 불안정 등이 크게 클로우즈업 된 것이다. 그 결과 과학 기술의 진보를 사회적 토탈시스템의 한 부분 시스템으로 看做간주하고 전체 시스템의 최적화를 위한 각 부분의 시스템의 조절을 꾀하는 超기술적 어프로우치 · 시스템工學的 어프로우치가 필요하게 된 것이다.

이 어프로우치는 비단 科學技術의 영역에서만 성립하는 것이 아니라 國家的 次元에서의 經濟問題, 文化問題, 外交問題, 言語政策 등 거의 모든 分野에서 절실히 요구되는 것으로서 全體전체의 最適化최적화를 위해서는 필요하다면 部分시스템의 일부를 희생시킬 필요조차 생기게 된 것이다. 즉 部分을 전체의 최적화를 위해 再調整재조정시키고 균형있게 조화시킬 때 비로소 한 나라의 經濟政策, 社會政策, 言語政策 등은 그 올바른 目標를 달성할 수 있게 되는 것이다.

2. 入力과 出力

무슨 일을 계획하고 진행하든 간에 全體시스템에 대한 注意깊은 調和에 신경을 써야만 한다.

全體의 最適化를 위해 部分을 조절하고 必要하다면 部分시스템의 일부를 犧牲희생시킬 필요조차 있다는 것은 시스템工學이나 오페레이션즈 리서어치 등에서는 이미 하나의 常識이 되어 있다. 이 문제는 지금 國語 國文學界에서 論議되고 있는 漢字敎育問題에서도 마찬가지이다. 한글은 機械化기계화가 쉽고 漢字는 機械化가 불가능하니 앞으로의 世界에서는 한글專用을 하여야 한다든가, 아니 韓國은 東洋의 여러 나라와 함께 漢字文明圈을 形成하니 漢字는 결코 없앨 수는 없다느니 등등의 論調는 모두가 部分의 한 樣相만을 강조하는 다분히 强牽附會的강견부회적인 주장이 아닌가 생각된다.

또 한글은 우리 배달民族의 얼이니 한글만을 써야 한다는 다분히 감정적인 주장도 따지고 보면 너무도 部分에 치우쳐 있는 것이 아닌가 생각된다. 이 모든 主張은 그 部分시스템만 따지는 한 모두 다 수긍이 가는 理論이다. 그러나 과연 한 나라의 文化를 대표하는 言語의 전체적인 효능을 생각할 때 언어로서의 전체시스템의 最適化를 위해 정말로 說得力 있는 주장이라 생각될 수 있을까?

도대체 文字란 무엇인가. 그것은 知識傳達지식전달의 수단이요 意思疏通의사소통의 가장 중요한 方途의 하나이다. 知識傳達이나 커뮤니케이션에는 다른 모든 시스템, 모든 기관에서와 마찬가지로, 入力과 더불어 出力이 있다. 文字를 쓰거나 活字化활자화해서 雜誌나 新聞 또는 책이나 報告書보고서 따위의 형식으로 표시하는 것은 入力*input*이고, 인쇄된 문자를 읽는 것은 出力*output*이다. 또 言語를 입으로 표현하거나 라디오 또는 TV로 放送하는 것은 곧 入力이며 그것을 듣거나 보는 것은 出力이다. 入力과 出力을 합쳐야 비로소 知識傳達이나 意思疏通이라는 문자 본래의 目的인 全體시스템이 形成되는 것이다.

活字나 音聲에 의해서 커뮤니케이션이 빠르고 정확하게 이루어지기 위해서는 入力도 중요하지만 그것에 못지않게 出力도 중요한 것이다. 다시 말해 入力과 出力의 總和총화에 의해서 비로소 한 나라의 言語가 갖는 목적이 달성된다. 아무리 入力이 빨라도 出力이 느리면 커뮤니케이션의 傳達速度전달속도는 느리고 그 逆도 마찬가지이다. 한글의 機械化기계화를 내세워 한글전용을 주장하는 사람이 있다면 그 사람의 잘못은 入力만 생각했지 전체를 구성하는 또 하나의 부분인 出力을 잊은 것이 아닌가 생각된다. 확실히 한글을 쓰면 타이프라이터로 직접 찍어낼 수도 있고 또 모노타이프나 라이노타이프로 재빠른 植字식자가 가능은 하다.

그러나 읽어내는 속도는 漢字가 섞인 국한문에 비해 3~4배는 느리다. 게다가 入力은 소수의 사람들이 종사하는데 비해 出力은(보통은) 많은 수의 독자가 있다는 것에 주의한다면 機械化 한가지로 言語시스템의 最適化를 운운한다는 것은 先急선급한 생각은 아닐는지?

3. 入力過程에서 한글은 果然 有利한가?

入力에는 音聲으로 나타내는 方法, 肉筆로 필기하는 방법도 있겠지만 역시 가장 중요한 것은 印刷媒體인쇄매체가 아닌가 생각된다. 그렇다면 그 인쇄과정에서 한글은 과연 얼마나 國漢文 混用에 비해서 유리할 것인가?

한글은 ㅇ이나 ㅅ 등 몇 字를 빼놓고는 縱劃종획과 橫劃횡획의 길고 짧은 막대로 되어 있어 英語의 알파벳과는 달리 活字와 活字 사이의 識別이 그리 쉽지는 않다. 예컨대 릍과 릏은 첫눈에 쉽게 판단이 안 된다. 이런 까닭에 순 한글로 된 책을 읽을 때는 누구나 자기도 모르는 사이에 책을 한 5cm 정도는 눈 쪽으로 당겨서 보게 된다. 따라서 印刷所에서 보통 사용되는 1,724字(特殊특수한 한글 활자까지 넣으면 3,000字 가까이 됨)나 되는 한글 活字를 골라내는 努力은 이 1천 7백餘字에다 1천 3백字의 標準漢字표준한자를 섞은 3천字의 活字 속에서 필요한 활자를 골라내는 노력에 비해 그리 유리하다고는 할 수 없을 것 같다.

그러므로 熟練숙련된 文選工문선공에게는 순 한글을 쓰는 것이나 國漢文混用을 하는 거나 큰 차가 있다고는 생각되지 않는다. 오히려 순 한글 쪽이 비슷한 文字가 많아 정신적으로 더 많은 부담을 줄 것이 틀림없다. 예컨대 英語를 한 페이지 植字하는 것과 0에서 9까지의 數字로 된 暗號암호나 數表수표를 한 페이지 인쇄하는 것과 어느 쪽이 더 빠른가는 놀랍게도 英語 쪽이 훨씬 빠르다(그래서 數表가 들어있는 科學論文은 인쇄소에서 기피하거나 組版料조판료를 더 받는 것이 常例상례이다).

마찬가지로 漢字는 배우기는 힘들어도 일단 배워 놓으면 그 식별 능력은 地上의 어느 文字보다도 위력을 발휘하며 그것은 入力을 擔當담당하는 文選工에게도 큰 利益을 준다.

다음 植字가 끝나면 校正을 보아야 하는데 순 한글과 國漢文混用과는 國漢文混用 쪽이 훨씬 校正이 빠르다는 것은 明若觀火명약관화하다. 初校, 2校, 3校 OK 校正까지도 國漢文 쪽이 유리하다.

물론 植字自體는 한글이 빠를 것이다. 그러나 植字는 文選工이나 植字工이 혼자서 하는 것이 아니라 보통은 여러 植字工이 分割해서 同時에 일을 맡을 수 있고 또 그렇게들 하고 있다. 그러나 校正은 初校는 여럿이서 하나 2校 이후는 著者나 編輯者편집자가 혼자서 하는 것이 보통이다.

따라서 OK 校正까지 全過程에서 본다면 한글專用과 國漢文混用사이의 競爭은 優劣우열을 가릴 수 없게 된다. 그보다도 印刷過程에서는 이 이외로 寫眞銅版사진동판, 亞鉛版아연판뜨기, 印刷自體 및 製本이 있고 또 表紙

는 보통 多色印刷인 까닭에 말리는 時間이 인쇄시간보다 더 길어 全體過程 중에서 상당한 時間을 占有점유하게 된다.

實은 이 이외로 冊의 計劃, 著者의 原稿쓰기, 表紙의 裝幀장정, 廣告文案作成광고문안작성과 廣告原稿의 組版조판 등등 印刷自體보다도 그 附隨作業부수작업이 더 時間이 걸린다. 끝으로 販賣판매나 配布배포까지 따지면 印刷自體에 걸리는 약간의 時間差는 별 큰 문제가 될 수 없는 법이다.

4. 出力에서는 國漢文混用이 단연 優勢

그보다도 問題는 印刷媒體인쇄매체를 읽어내는 能力이다. 印刷가 기껏해야 數十名에서 數百名의 共同作業인데 비하여 讀者의 數는 數千 數萬 때로는 數十萬이 된다. 日本에서의 이야기이지만 英語와 漢字가 섞인 日本말의 양쪽을 거의 같은 정도로 잘 읽어내는 사람 여럿을 써서 거의 같은 內容의 英文과 日語의 記事內容을 읽게 하였던 바 日語 쪽이 3.5倍나 읽어내는 速度가 빨랐다 한다. 그것은 1천 8백字의 標準漢字를 쓴 日語의 長點이라고 調査者조사자는 報告하고 있다.

한걸음 더 나아가 이 調査者는 外國의 많은 文明批評家문명비평가들의 공통된 意見으로서 戰後 日本의 눈부신 經濟復興경제부흥은 이 3.5배나 빠른 言語傳達 能力에 크게 힘입고 있다는 것이다. 순 한글로만 쓴 글과 國漢文混用(1천 3백字의 漢字)의 글과 英語의 세 가지 중 같은 내용의 글을 썼을 때 어느 쪽이 더 빠른가 하는 調査는 유감스럽게도 施行되어 있지 않다. 그러나 筆者의 추측으로는 國漢文混用, 英語, 한글專用의 順이 아닐까 생각된다.

5. 타이프라이터의 效用

물론 筆者는 한글 타이프라이터나 라이노타이프를 구사할 수 있는 한글專用을 無視하자는 것은 아니다. 확실히 한글전용은 이 점에 관해서는 國漢文에 훨씬 앞선다. 그러나 그것은 部分시스템에서만 그렇고 커뮤니케이션의 전체시스템에서 볼 때는 반드시 유리하지만은 않은 것 같다. 그러니 機械化로 효율을 올릴 수 있는 관공서에서나 회사에서는 한글 타이프라이터를 쓰는 것이 그 官公署나 회사에서의 커뮤니케이션 시스템에서 유리하다면 그렇게 하는 것을 全的으로 지지한다. 그러나 그것을 더 확장해서 「그러니까 우리나라의 言語 시스템을 한글 專用化하자」는 것은 위험한 생각이 아닐 수 없다.

또 一般的으로 言語시스템에서 入力은 出力에 비해 努力이 더 傾注경주되어야 하는데 比해서 出力은 努力이 덜 드는 법이다. 入力이란 결국 大多數의 讀者나 觀衆들에게 自己意思를 傳達하려는 要望에서 나오는 까닭에 남이 쉽게 알아들을 수 있게 入力自體에 努力을 기울여야 한다. 그 까닭에 科學者는 硏究論文에 그래프와 表를 붙이고 寫眞을 添加첨가하고 글을 다듬어 될수록 明快한 文體를 만들려고 努力하고, 詩人은 數十語의 짧은 글 속에 自己의 온 精神과 至誠을 담아보려고 하고, 大企業體대기업체는 짤막한 廣告文 속에 그 會社의 製品의 販賣率판매율을 左右할 캐치프레이즈를 넣으려 하고, 冊의 著者는 온갖 精誠을 다해서 文章을 다듬어낸다. 결국 入力에는 눈에 보이지 않는 피눈물 나는 努力이 傾注된다.

이에 反해서 出力은 努力할 필요가 거의 없어 보인다. 알기 쉽고 빨리 읽을 수 있고 첫눈에 그 한 페이지 안에 들어 있는 內容을 알아차릴 수만 있으면 그 印刷媒體인쇄매체에 써 있는 內容을 쉽게 소화시킬 수 있는 것이다. 즉 出力側에서 본다면 冊이나 印刷物은 그 製造過程제조과정이나 원리를 모르고도 쓸 수 있는 T.V.나 라디오처럼 하나의 暗箱子암상자(블랙박스)의 役割밖에 안 된다.

入力은 이와 같이 그 성격상 노력이 필요하다. 그런 까닭에 日本같은 데서는 예컨대 石原愼太郎석원신태랑이라는 作家는 日本의 가나 타이프라이터로 原稿를 두들겨 쳐 낸다고 한다. 그러면 國文學科出身의 아가씨秘書비서가 2~3名 있다가 그것을 標準漢字가 섞인 글로 論書해 낸다. 그러면 著者는 淨書된 原稿에 약간의 加算을 하여 인쇄소에 보낸다. 결국 수십 만 명의 讀者의 읽는 시간을 덜어주는 것, 즉 出力을 스피드化하는 것이 결국은 言語시스템에서는 가장 중요하다.

6. 機械化의 문제

그 밖에도 漢字는 機械化시킬 수가 없다는 터무니없는 迷信미신이 있다. 現代의 發達된 電子工學의 지식을 쓰면 漢字處理能力은 나날이 발달되어 갈 것이다. 國漢文混用문장의 判讀과 프린트아웃(印刷)은 현저한 발달을 보아 日本이나 臺灣대만에서는 이에 상당한 進陟진척을 보아 英語를 判讀하고 印刷하는 것과 그리 큰 비용차가 없을 정도로 발달되어 있다고 한다.

이와 같이 漢字의 機械化의 문제는 보통 사람들이 믿고 있는 迷信처럼 그렇게 힘든 것도 아니요 또 돈이 많이 드는 것도 아니다. 現代의 발달된 電子工學은 날이 갈수록 急速한 발달을 이룩하여 不可能을 가능으로 만들고 있다. 세계 어느 나라의 文字보다도 빠른 識別能力과 判讀能力과 커뮤니케이션 전달 능력을 갖는 漢字(國漢文混用)를 단순히 入力(印刷)이 느리다는 단 한가지의 이유로 배척한다는 것은 文化民族으로서 할 일이 아니며, 결국 나무를 보고 숲을 모르는 處事가 아닌가 생각된다.

全體시스템의 最適化를 위해서는 部分시스템의 最適化는 조금쯤은 희생시켜도 무방하다는 것이 필자의 結論이며 科學者로서의 態度이다. 한나라의 가장 중요한 言語시스템을 위해 汎國家的인 機關에 의해 本 論文 안에서 다룬 여러 統計나 調査 등을 科學的으로 調査하고, 무엇이 우리나라

言語의 全體시스템을 最適化시키는가를 진지하게 연구해 나가기를 제안하는 바이다.

〈「高大新聞」 1976. 11. 6.〉
〈高麗大 理工大 敎授·理博/ 어문연구 21호〉

漢字混用

-한글만으론 '半文盲만' 量産

南 廣 祐

1920~1997년. 京畿 廣州 출생. 인하대 명예교수, 國語學會 理事長, 國語國文學會 代表理事, 韓國語文敎育硏究會 會長, (社)韓國語文會 理事長, 韓國漢字能力檢定會 會長 역임. 평생 국어학 연구와 어문운동에 매진해 온 필자는 世宗의 한글創制를 한글전용을 위한 것이기나 한 것처럼 과대 선전하여 국민을 오도함으로써 半文盲을 양산해 온 현실에 대해 질타를 가하고, 이는 世宗의 학문 숭상의 정신이나 한글創制의 趣意취의에도 어긋나는 일임을 지적하고 있다. 무엇보다도 필자는 한글과 漢字가 각각 가지고 있는 장점은 살리고 단점을 보완하는 國漢混用체제가 가장 理想的인 것이라 주장하고 있다.

第5共和國 발족에 즈음하여 世宗大王을 文化福祉國家문화복지국가 건설의 精神的 指標지표로 삼은 점을 크게 환영한다.

世宗의 여러 업적 가운데에서도 특히 訓民正音을 창제해서 漢字를 빌어 우리말을 적던 어려움을 덜어주고 漢字를 모르는 이들도 제 意思를 펼 수 있게 했던 것은 고마운 일이다. 世宗은 학문을 숭상했던 聖君으로 集賢殿집현전을 두어 각종 學術의 연구, 書籍서적의 편찬과 著述저술 등을 하게 했던 분이다. 그리고 이 世宗 때에 한글을 이용해서 만들어진 책이 「龍飛御天歌용비어천가」·「月印千江之曲월인천강지곡」·「釋譜詳節석보상절」인데 이들이 모두 國漢混用體다. 그런데도 世宗의 한글創制창제를 한글전용을 위한 것이기나 한 것처럼 과대 선전하여 국민을 誤導오도하고 제나라 신문도 제대로 못 읽는 半文盲반문맹을 양산해 왔다. 이것은 世宗의 學問崇尙학문숭상의 정신이나 한글創制의 趣意취의에도 어긋나는 일이다.

우리는 '漢字敎育이 국어교육의 지름길'이요, '국어를 媒體로 하는 모든 교육의 효과를 증진하는 要諦요체'임을 확신하여 漢字敎育의 强化를 부르짖어 온 것이다.

현재 국민학교에서 한 字의 漢字도 가르치지 않고, 中·高校에서는 국어·漢文시간에 漢字지도를 하고 있으나 다른 교과서는 한글 一色이요, 한글指向의 정책으로 실효를 거두지 못하고 있다.

결과적으로 社會에서는 漢字가 엄연히 쓰이는데 학교교육이 半文盲을 量産해서 국민학교나 中·高졸업생으로서는 漢字를 필요로 하는 業種에 就役취역도 못하고 漢字 섞인 책이나 신문도 못 읽는다.

이런 현실로 군대에서는 將兵들에게 漢字교육을 하는가 하면 漢字를 필요로 하는 公務員공무원(4·5급)에 대한 漢字敎育强化 지시를 해야 하는 非理를 빚어왔다. 공화당 정권이 經濟成長을 이룩하여 中進國으로 발돋움을 하게 한 功이 있으나, 한때 한글전용으로 국민을 誤導오도한 것은 가장 큰 잘못의 하나였다.

우리는 ① 常用漢字 1천 8백자를 국민학교부터 단계적으로 가르치되 중학졸업(앞으로 義務敎育)만으로 常用漢字를 완전히 읽을 수 있도록 하고 그 뜻을 알게 한다.

② 高校까지에는 常用漢字의 쓰기까지를 완성하도록 하되 획수 많은 漢字의 쓰기는 略字를 허용한다. 이상을 國·中·高 漢字敎育의 목표로 생각한다.

이 목표달성을 위한 效率的인 방법은 모든 교과서를 단계적으로, 배운 범위 안에서 國漢混用으로 해야 한다는 것이다.

우리가 國漢混用정책이나 國漢混用敎育정책을 부르짖는 까닭은 다음과 같다.

① 로마字文化圈에서 로마字가 共用文字이듯이 漢字文化圈 안에서는

漢字가 共用文字이며, 우리나라에서는 2천년 이상을 사용하여 왔다. 한글과 漢字가 각각 長短點이 있는바, 그 장점은 살리고 단점을 補完하는 國漢混用체제가 가장 理想的인 것이다.

② 우리말의 70%가 漢字語요, 漢字말에는 同音異議語(國家・國歌, 私債・社債, 不正・不貞・不定・不淨), 同綴異音語동철이음어(성인=成人・聖人, 정씨=鄭氏・丁氏, 시가=詩歌・市街・時價・市價), 同音異綴語동음이철어(文理・物理, 國利・窮理), 한글一哥('사'字同姓, 사기・사실・사감・사고・사장・사적・사표・사제…), 한글兄弟('사'字 항렬, 의사・은사・관사・변사・독사・대사・치사・공사・상사…) 등이 많은 현실에 비추어 그 漢字말을 한글表記로만 하는 것은 得보다 失이 많다.

③ 물론 순우리말의 開發도 필요하지만 앞으로도 漢字의 造語力조어력은 우리말의 주요한 造語源이기 때문이다. 漢字의 장점인 視覺性・造語力(중학교용 基礎漢字 9백자로 된 말이 7만 단어가 넘는다)・縮約力축약력(대학에 들어가는 시험=大入試)을 이용한 漢字말은 簡潔正確간결정확하다.

④ 早期教育이나 平生教育의 세계적인 추세에 발맞추기 위해서도 記憶力기억력이 왕성한 국민학교부터 漢字教育을 시작하여 中學校까지면 常用漢字의 읽기만이라도 완성해서 신문・잡지・教養서적이라도 읽을 수 있게 해야 하기 때문이다. 실제로 뜻있는 국민학교의 선생들이 漢字교육을 했는데, 思考力・推理力・理解力이 伸長신장되고 국어성적이 크게 向上됐다는 연구결과 보고도 있고, 또한 학부형들의 좋은 反響반향을 얻고 있는 것이다.

⑤ 우리의 國漢混用, 日本의 漢字-가나混用, 中共의 漢字-로마字혼용으로 韓・日・中의 漢字문화권의 同質性이 유지될 전망이요, 漢字의 短點인 기계화의 어려움도 해결되어가고 있기 때문이다. 이미 孔打공타나 電子複寫機전자복사기가 보급되어가고 있으며, 漢字의 컴퓨터처리가 가능해졌고, 편지나 메모・報告書・公文書・논문 등을 自動편집・印刷할 수 있으며, 非專門家도 쉽게 할 수 있는 Word Processor도 開發되었다(「科技研소식」 80년 9월).

⑥ 漢字말의 지도는 漢字로 해야 그 理解가 빠르고 정확하며 그 기억이 오래 간다. '國語'를 '나라국·말씀어', 즉 '나라의 말'이라 가르치고 '聖人'을 '성인성·사람인' 즉 '聖스러운 사람', 이때에 '聖'은 '成'과는 달리 길게 소리남을 가르친다. 이렇게 하면 '國歌·國民·國交·國軍·國旗·强國·建國·救國·大國…' '聖歌·聖堂·聖母·聖書·聖職…'의 발음과 뜻, 그리고 맞춤법을 쉽게 익힐 수 있어 능률적이다.

〈仁荷大敎育大學院長/ 어문연구 31·32호〉

한글專用의 功과 過에 대하여

南 豐 鉉

1935년 京畿 安城 출생. 단국대 명예교수. 국어학회 회장 역임. 한글전용의 功過를 다루고 있는 이 글은 우선 한글전용이 1) 문맹 퇴치, 2) 언문일치의 문장 보급, 3) 국민의 독서량 증가, 4) 민족 자긍심의 고양 등과 같은 功이 있었으나, 한편으로는 1) 언어생활에 있어 傳統과의 단절과 2) 문화적 편협성을 초래하였으며, 특히 3) 우리말의 조어력을 저하시킴으로써 우리 문화를 外來文化에 예속시키는 결과를 초래한 것과 같은 過가 있음을 지적하고, 한글전용이라는 문화적인 제약을 없앨 것을 주장하고 있다.

우리의 先人들은 2000여 년 동안 漢字를 이용한 文字生活을 하여 왔다. 漢文을 직접 驅使구사하기도 하고 吏讀이두나 鄕札향찰과 같은 借字表記法차자표기법을 발달시켜 우리말을 기록하기도 하였다. 한글이 창제된 이후에는 주로 國漢混用文을 쓰고 한글을 전용한 글들은 諺簡언간이나 古小說, 그 밖에 종교적인 暗誦암송 등 특수한 목적을 가진 글에 한하여 사용하였었다. 그러다가 甲午更張 이후에 한글전용의 기운이 제기되었다가 1950년대에 文字政策에 대한 깊은 省察성찰을 갖지 못한 상황에서 한글전용법이 제정되어 오늘에 이르고 있다. 한글전용의 문자생활이 보급되어 가면서 한편에서는 得이 있었는가 하면 한편에서는 더 큰 失이 따르고 있다. 그 功過를 구체적으로 考究하여 밝히자면 매우 방대한 양이 될 것이므로 여기서 간단히 論斷하기는 어려우나 몇 가지만 들어 한글專用政策의 無謀함을 밝히고자 한다.

한글전용의 공으로는 文盲退治문맹퇴치를 들 수 있을 것이다. 현재 우리 사회에서 사회생활을 할 수 있는 사람으로서 한글을 읽고 쓸 줄 모르는 사람은 없을 것이다. 이는 국민들의 文字生活의 平等化를 위하여 다행한 일이라고 할 수 있다. 이와 더불어 言文一致의 문장이 보편화되었다. 日常生活에서 사용하는 말은 한글전용으로도 충분히 표현되고 이해할 수 있으므로 定規教育을 받지 못한 사람들도 글에 대한 두려움이 없이 文語에 쉽게 접근할 수 있게 되었다. 이에 따라 생활용어를 주로 사용하는 문예작품이 널리 보급되어 국민의 독서량이 증가하였다. 다른 한편으로는 한글의 優秀性우수성을 세계에 널리 알리어 민족적인 矜持긍지를 높인 것을 그 功으로 돌릴 수도 있을 것이다.

한글전용의 過로는 다음과 같은 사실을 지적할 수 있다.

한글전용은 언어생활에 있어 傳統과의 단절을 초래하였다. 언어는 단순한 의사소통의 도구가 아니라 한 민족의 정신력과 문화를 담고 있는 것이다. 우리말에는 우리 민족이 근 2천년 동안 사용해 오던 漢字·漢文에 의해 조성된 문화적인 내용이 담겨져 수많은 漢字語를 가지게 되었다. 이 단어들에는 우리를 韓國人답게, 나아가서는 東洋人답게 살아갈 수 있도록 하는 지혜가 들어 있는 것이다. 이 단어들은 한자를 이해해야만 올바로 사용할 수 있는 것인데 이러한 언어생활을 한글전용이라는 인위적인 억압에 의하여 制約제약하였다. 이로 인하여 이른바 한글세대는 자기의 正體性을 잃고 방황하게 되었다.

한글전용은 문화적인 偏狹性편협성을 초래하였다. 한글전용은 旣存의 漢字語들을 쉬운 말로 풀어서 사용하지 않으면 이해할 수 없는 경우가 많았다. 그 결과 많은 한자어를 사용하는 것을 당연한 것으로 이해하게 되어 이것을 국어의 醇化순화라는 이름으로 美化하였다. 이에 따라 이미 국어에 동화되어 널리 사용되는 한자어도 외래어로 몰아 배척하도록 하는 예가 허다하다. 일례로 '難解한'은 '알기 어려운'으로 풀어서 말할 수 있으므로 사용하지 않는 것이 좋다는 것과 같은 사고방식이다. 그러나 전자는 單語이고 후자는 句이어서 문법성도 다르고 쓰이는 환경도 다른 것이다. 어느 방송에서는 '꽃'이라고 하는 우리말이 있는데 花卉화훼라는 어려운 말을 구태여 사용하느냐고 한다. 일반적인 용어가 '꽃'이고 '花卉'는 使用頻度가 낮은 한자어라 하더라도 이 역시 우리말이어서 적당한 문맥에 효과적으로 쓰이면 우리말의 표현력을 높일 수 있는 것이다. 이러한 한자어 배척이 公共放送을 통하여 나오는 것은 한글 전용의 편협한, 黑白論理的인 思考方式에서 나온 것이다. 어려서부터 이러한 思考方式을 익히게 되면 편협한 사람이 되어 韓國의 世界化에도 적지 않은 장애가 될 것이다.

한글 전용은 우리말의 조어력을 低下시킴으로써 우리 문화를 外來文化에 隷屬예속시키는 결과를 초래하였다. 국어에서 漢字形態素가 높은 생산성을 갖는 것은 우리 선인들의 오랜 문화생활에서 나온 것이다. 한글전용은 이러한 漢字語의 생산성을 저하시켜 새로운 외래문화가 들어오면서 그를 표현할 수 있는 단어를 造語할 수 없게 되어 뜻도 모르는 原語를 사용하거나 日本에서 造語한 것을 그대로 音譯하여 사용하도록 하였다. 우리나라에서 산출된 생산품이나 문화적인 용어들도 그에 알맞은 단어를 찾지 못하여 西歐式 용어나 일본식 용어를 빌리는 경우가 많다. 이와 같이 한글전용은 젊은 세대의 어휘능력을 빈곤하게 함으로써 창의력의 제한을 받게 되어 우리 문화를 외래문화에 예속되게 하는 결과를 초래하였다.

이러한 점에서만 보더라도 한글전용이라는 문화적인 제약을 없앰으로써 우리의 전통문화에 담긴 지혜를 익혀 민족의 正體性을 되찾을 수 있게 하고 새로운 세대로 하여금 폭넓고 이해심 깊은 인간성을 형성할 수 있도록 언어생활의 길을 터 주어야 할 것이다. (記錄者: 許俊九)

〈檀國大 교수, 國語學會長/ 어문연구 88호〉

國語表記 반세기의 試鍊과 그 止揚

柳 穆 相

1928년 慶北 軍威 출생. 중앙대 명예교수. 국어학회 회장 역임. 20세기를 마감하는 시점에서 교과서 어문표기 체제를 중심으로 국어표기의 반세기를, 1) 한글專用 교과서를 합리화시켜 준 美軍政 시대(1945~1948), 2) 괄호 안 한자 併記가 등장한 제1기(1948~1964), 3) 한글과 한자를 본문에 노출시킨 國漢字併用의 제2기(1964~1969학년도), 4) 한자가 잠적한 제3기(1970~1974), 5) 괄호 안 漢字 또는 한글 併記가 등장하는 제4기(1975~) 등과 같이 시대 구분하고, 각 시기에 대한 개략적 기술을 행하고 있다. 결론적으로 漢字와 절연하고는 우리 말도 우리 문화도 피어날 수 없으며 우리의 思惟도 자유로울 수 없다는 것을 강조하고는 몇 가지 점검할 사항을 摘示하는 것으로 글을 맺고 있다.

1. 民族語와 國語

겨레말과 나라말이라 해도 좋다. 이 지구 위에 종류가 다른 개별 언어(individual language)가 얼마만큼 되느냐 하는데 대하여 확실히 밝힐 수 있는 이는 한 사람도 없다. 만일 나라를 배경으로 말의 發祥발상을 말한다면 나라의 수효만큼 말이 존재할 것이다. 또한 家族, 氏族, 部族에서 이어지는 민족에 그 기반을 둔다면 민족의 수효만큼 개별 언어가 존재한다고 보아야 할 것이다. 언어가 의사소통의 수단으로 발생한 것이라는 假說에 따른다면, 말은 그 共同生活에 바탕을 두고 있음이 분명하다. 삶의 터전에 대하여 생각해 보자. 가족이 한 집을 이루고, 한 집안이 이웃하여 한 마을을 이루고, 나아가 여러 族姓인 百姓이 모여 한 터전에 더불어 살게 마련인데 이것이 自然社會의 참모습이다. 우리의 경우 흔히 單一民族國家라 하는데 이것은 바로 자연 사회를 바탕으로 형성된 국가라는 것을 의미한다. 따라서 이 터전 안에서 사용되고 있는 말은 겨레말이자 바로 나라말이 된다.

우리와는 달리 여러 種族이 合衆하여 이룬 나라도 많이 있다. 미국이나 러시아와 같은 나라를 들 수 있는데 이런 나라에서는 公用語는 있어도 국어는 없다. 다수를 차지하는 종족의 말이 공용어로 채택되게 마련이며 그렇지 못할 경우 複數복수의 언어로 공용어를 삼게 마련이다. 우리는 긴 역사를 지닌 文化民族이었으나 불행하게도 20세기 초에 나라를 빼앗겼다. 나라를 잃고 나니 민족도 잃고 따라 言語마저 잃게 되었다. 민족 말살, 언어 말살의 실행 방안으로 1940년에 創氏改名이 강요되고, '國語常用'(일본어의 일상적 사용을 뜻함)이란 美名 아래 우리말 사용이 금지된 것이 그것이다. 민족 抹殺政策말살정책 아래 우리가 겪었던 수치감과 분노는 말로 形容할 수 없는 것이었다. 다행히 光復의 날을 맞았으나 또다시 外勢에 의하여 한 나라가 두 동강이가 되는 分斷의 고통을 안게 되었다. 우리는 분단 아래 살고 있지만 민족은 하나이다. 그 영원한 徵表징표가 바로 言語에 있는 것이다.

이 地球上에는 이미 있은 것, 현재 있는 것을 합하여 3,000 이상의 말[言語]과 약 400 종류의 글자[文字]가 존재하는 것으로 기록되어 있다. 우리말이 十大言語에는 들지 못하지만 7,000만의 言衆을 지니고 있다는 사실에서 결코 弱小言語가 아니란 사실을 알 수 있다. 세계 속에서의 우리 민족의 位相을 여기서 확인할 수 있다. 그러나 群小言語의 운명이 앞으로 어찌 될지는 불확실하다. 국가주의의 統一論理나 强者 支配法則지배법칙에 의한 倂呑병탄으로 언어 판도가 달라질 수도 있기 때문이다. 피로써 맺어진 민족이 말로써 묶여진다는 것이 實證된 역사적 경험이다. 오늘날 血統으로 민족을 가름할 수는 없으며, 오직 말로써 同質性을 보장 받으며 유지되고 있다. 그리고 그것은 영원하다. 우리의 삶의 發源이 하나였다는 確證확증이 바로 共通言語인 '우리말'에 있는 것이다.

2. 우리말과 文字生活

우리말의 역사는 悠久유구하다. 考證고증할 수는 없으나 言語年代學的으로 보아 1만년을 훨씬 넘을 것으로 추정되고 있다. 言語系統上으로 흔히 알타이系語라고 하지만, 한편에서는 친족이 없는 '외딴 言語'로 다루어지기도 한다. 아무튼 이 한반도를 근거지로 하여 남과 뚜렷하게 다른 독자적인 말을 지녀 온 것이 사실이다. 입말[口語]은 긴 세월 속에 이어져 왔으나 이 말을 적을 글자[文字]를 가진 것은 15세기 중엽에 와서이다. 訓民正音 곧 오늘의 '한글'이다. 그 이전의 記錄들은 죄다 漢文이라는 남의 나라 글로 飜譯번역·保存보존되어 있었으니, 우리말의 모습은 찾아볼 수 없게 되었다. 그 동안에 궁색한 表記試圖는 있었지만 '우리말 바로 적기'의 차원에서 볼 때 실로 하찮은 것이었다고 할 수밖에 없다. 우리 반만년 歷史를 통하여 세종 임금을 가장 위대한 분으로 꼽는 것은 바로 한글 創制에 있다. 이보다 더 큰 功德이 없기 때문이다.

15세기 중엽은 西洋 각 나라에서 自國語 회복 운동이 전개되던 때였다. 世宗大王이 그 낌새를 챘을 리가 없다. 그런데도 입말[口頭語] 表記의 중요성을 깨닫고 글자를 만들어 낸 것이다. 우리말, 우리 민족이 쓰는 말을 소중히 여겼기에 그 말을 적을 소중한 글자를 만든 것이다. 그것도 世界 文字上 類例를 찾아볼 수 없을 만큼 精巧정교한 조직을 갖춘 글자를 만들어 낸 것이다. 최초의 國語表記라 할 龍飛御天歌의 표기는 에누리 없이 완벽한 것이었다. 제1장은 國漢字混用이고 제2장은 한글 전용이다. 그 이유는 간단하다. 한자말은 漢字로 적고 우리말은 한글로 적은 것이다. 한자말을 漢字로 적은 것은 그 뜻을 깨치기 쉽게 하기 위함이요, 우리 고유어를 한글로 적은 것은 소리에 따라 적은 것이다. 이보다 간편한 길이 어디 있는가. 表記

의 바른 길이 바로 여기에 있는 것이다. 이 이치에 따라 우리말을 표기하면 되는 것이다. 그런데 당시의 漢文壁은 너무나도 두꺼웠다. 창제 이후 근 4, 5세기 동안 우리의 거의 모든 記錄들이 漢文一色이었고 한글은 그늘진 곳에서 일부 통용되고 實用되었을 따름이다. 사회 지배층인 士類의 漢文眞書觀에 밀려, 우리말을 보전할 수 있는 글자는 死藏사장되었던 것이다. 그러던 동안 서양에서는 모든 기록들이 제 나라말로 옮겨졌다. 참으로 애석한 歷史가 아닐 수 없다.

2-1. 國文時代

甲午更張에서 庚戌경술 韓日合倂까지의 시대이다. 1895년 1월에 勅令칙령 제86호 제9조로 국한문 혼용이 공식적으로 채택되었다. 이어 '독닙신문'이 나왔는데(1896.4.7) 국문인 한글만으로 쓴 신문이었다. 漢文에서 벗어나 國文으로 옮아가는 表記의 전환을 맞게 된 것이다. '독닙신문'은 쉬운말 쓰기를 의도적으로 꾀하였으며, 소수에 의한 文字獨占時代에서 大衆時代로 가는 길을 열었다. 그 시대에 한글 전용의 신문이 가능했던 것은 풍부한 漢文(漢字)能力이 뒷받침되어 있었기 때문이다.

1905년 12월 1일자 '뎨국신문'의 기사에는 '현순백결, 유리걸식, 부귀쌍전, 평생안락, 잠영세족'과 같은 漢文成句가 漢字의 도움 없이 한글로 노출되어 나왔다. 이러한 생소한 말감[言語材]이 등장할 수 있었다는 사실에 주목하여야 한다. 곧 漢文에 젖은 知識層에게는 그렇게 表記되어 나와도 아무런 부담이 되지 않았다는 사실이다. 뒤집어 말하면 한글 表記의 그늘에 漢文에 대한 잠재된 言語能力이 있었기 때문에 상대적으로 國文專用이 쉽게 이루어질 수 있었다는 것이다.

2-2. 한글 禁壓時代

1910년에서 1945년 광복 때까지의 상황이다. 기본적으로는 國漢字混用이 지켜졌다. 1939년 제1학기부터 각급 학교에서 朝鮮語科目이 폐지되고 '國語常用'이라 하여 일본어로써 일상생활의 말로 삼도록 강요되었다. 1940년 창씨개명 제도 실시, 東亞日報, 朝鮮日報 폐간, 1942년 朝鮮語學會 사건 등으로 韓民族·韓國語 말살 정책이 이어졌다. 우리 민족이 말과 글은 박탈당하고, 願意원의에서가 아닌 강제에 의하여 마지못해 二重語使用者(bilinguist)가 된 고통스러운 시대를 겪게 되었다.

3. 國語表記 半世紀의 개관

광복은 모든 것을 풀어 주었다. 해방의 함성이 그것을 代辯대변하였다고 할까. 한편 理性과 균형 감각을 잃은 熱情이 판을 쳤다. 잃었던 姓도 찾고, 사용 금지된 말도 찾고, 글도 찾게 되었다. 모든 것이 감격적이지 않을 수 없었다. 激動격동의 소용돌이는 정치적 이데올로기로 해서 더욱 가중되었다. 文化感覺에 있어서도 예외일 수는 없었다. 국어 표기의 실태는 그 당시의 출판물을 훑어보면 알 수 있다. 한마디로 말하여 國漢字 混用을 基調로 한 表記가 주류를 이루었다고 할 것이다. 이러한 흐름은 새로운 것이 아니고 종래에 써 오던 대로 답습한 것일 뿐이다.

20세기를 마감하는 오늘의 시점에서 바라볼 때 混用의 비율 변동은 있었지만, 그 基調에는 변함이 없다 하겠다. 다만 교과서에 한하여 例外性을 찾아볼 수 있는데 初·中等學校의 교과용 教科書가 유별나게 統制에 묶여 있다는 사실이다. 통제되어야 할 것은 방임되고 自由로워야 할 대상은 統制되는 奇現象이다. 교과서의 表記問題는 더 이상 방치될 수 없는 중대한 사안이다. 이에 눈을 돌려야 할 절박한 시점에 이르렀다. 교과서를 텍스트북(text book)이라 하지 않는가. 그 텍스트가 어디에 있는가. 실제 사회의 표기 그 자체가 우리의 산 텍스트인데도 이를 외면하였으니, 산 언어교육이 이루어질 수 없는 것이 自明하다. 따라서 여기서 論議될 대상은 자연히 教科書의 表記일 수밖에 없는 것이다. 국어 이해와 能率性에 관계되는 문제이기 때문이다.

3-1. 美軍政 아래의 教科書(1945~1948)

1945년 당시 美軍政廳미군정청 시대의 국어 교과서 編纂權편찬권은 한글학회(당시 조선어학회)에 맡겨져 있었다. 그리고 그 출발이 한글 전용이었다. 당시 軍政文教部 아래에 있던 朝鮮教育審議會 國語審議會가 初·中等教育에서 漢字 안 쓰기를 의결하여 한글 전용 교과서를 합리화해 주었다. 신문, 잡지 등 바깥 세상의 表記實態를 고려하지 아니하고, 우선 통제하기 쉬운 '교과서만이라도' 先導的으로 해 보자는 밀어붙이기의 결과였다.(참조 金起林 著, 文章論新講, 1950. pp.287~288) 이리하여 한글 전용의 교과서가 등장되었다. 중등학교에서는 필요에 따라 '漢字 덧씌워 적기'[復記]와 '漢字 괄호 안 적기'가 이루어졌다.

3-2. 제1기 國定國語教科書(괄호 안 漢字併記)의 등장(1948~1964)

건국 후에도 美軍政의 한글專用 교과서 體制를 그대로 유지시켜 왔는데, 그것을 뒷받침해 준 것이 바로 '한글專用에 관한 법률'(1948.10.9)이다. 建國의 기쁨 속에 制憲國會의 開院式이 있은 것이 1948년 5월 31일인데 불과 4개월 뒤에 이 법률이 制定되었던 것이다. 법률 제6호로 공포된 이 法은 일종의 規制性을 띤 것으로서 당시 국민의 거의 半에 가까운 사람들이 文盲(한글을 깨치지 못한 사람)이었던 社會狀況에서 취해진 명분 있는 社會語文政策으로 제안된 것이다.

그런데 적용되어야 할 公用文書나 準公用文書라 할 수 있는 신문이나 잡지에는 적용되지 아니하고 얼토당토 않게 교과서에만 적용된 것이다. 문화를 繼承·發展시키는 몫을 하는 교육용 도서를 公用文書로 다룰 수는 없는 것이다. 제안자도 '敎科書 不包含'을 밝힌 바 있다. 敎育用 圖書가 규제의 대상이 될 수 없었기 때문이다. 제안자가 敎育者 출신이고 뒤에서 立法을 부추긴 人士가 한글학자여서 입법 추진의 저의가 敎科書의 한글專用에 있었다손 치더라도 法의 適用이나 執行집행을 그렇게 偏頗的편파적으로 할 수는 없다고 보는 것이다. 당시의 국회의원마저 '漢字倂用'의 뜻을 제대로 모르고 있었으니 더 말할 나위가 없다. 이에 대한 後遺症후유증이 곧 나타났다. 1년이 지난 즈음에 '한자 사용에 관한 建議案'이 국회에서 채택되었다. 한마디로 한글만으로 쓴 교과서는 교육의 효력이 없다는 것이었다. 그리하여 建議案에 의하여 등장한 것이 괄호 안에 漢字를 필요에 따라 내어보이는 體制의 교과서인데 이것은 엄격한 의미에서 결코 漢字倂用이 아니다.

3-2-1. '漢字倂用'에 대한 해석

'다만 얼마 동안 필요한 때에는 한자를 병용할 수 있다'는 但書단서에 대하여 사람에 따라 다르게 받아들이는 것이 현실이다. 이 但書는 일반적인 상식으로 보아 '한글과 한자를 함께 섞어 써 오던 종래의 방법대로 쓸 수 있다'고 보는 것이 온당한 해석일 것이다. 대표적인 예로 '모든 國民은 法律에 依하지 아니하고는 言論, 出版, 集會, 結社의 自由를 制限 받지 아니한다.'와 같은 表記의 글을 두고 하는 말이다. 따라서 漢字倂用=한글·漢字混用으로 보는 것이 適法한 해택이라 할 것이다. 그런데 교과서에서는

단발령(斷髮令)을 내렸다.
가곡원류(歌曲源流)라는 시조집이다.
이 목은 잘릴지언정 이 머리는 깎을 수 없다.(此頭可斷此髮不可斷)

와 같은 表記로 이어졌다. 이러한 표기의 글을 混用으로 擴大解釋하는 見解가 있었다. 그러나 분명 혼용이 아니다. 混用이나 倂用의 개념은 본문 중심으로 보아야 하는 것이지, 注記를 포함시켜서는 안 되는 것이다. 本文은 내리 읽는 조직의 글이지만, 괄호 안에 묶은 注記는 表音이든 表意든 註解든 거칠 필요가 없는 조직 밖의 덧붙이기로 倂記 또는 復記한 것이라 해야 할 것이다. 이것이 병용이 아니란 것을 제3기 교과서 개편에서 생생하게 확인할 수 있다.

3-3. 제2기 國定國語教科書(국한자 병용)의 등장(1965~1969학년도)

國漢字 倂用(國漢字 混用)의 교과서가 등장하였다. 한글과 漢字를 本文에 노출시킨 것이다. 漢字를 모르고서는 그 글을 읽을 수 없도록 改編한 것이다. 비록 초등학교 600자, 중학교 400자, 고등학교 300자였지만 교육의 效를 극대화할 수 있는 기틀이 마련되었다. 漢字는 어느 정도의 習得方法(字典 利用法 등)을 가르치면 자학자습할 수 있기 때문이다. 또한 社會의 書寫서사 現實과도 맞아 떨어져 사회 속의 교육으로 교육의 本領본령을 되찾았다고 할 수 있다.

3-4. 제3기 國定國語教科書(한자 잠적)의 등장(1970~1974학년도)

이른바 呪文式주문식 教科書이다. 獨立宣言書의 원문을 훼상하여 무슨 뜻인지도 알 수 없게 변조한 '현재를 주무하기에 급한 오인은 숙석의 징변을 가치 못하노라'式의 표기이다. 말에는 본래 글자가 없다. 우리말은 1만 년 가까운 긴 역사를 지니고 있는 것으로 추정되지만 우리말을 적는 글자의 역사는 불과 600년이 못 된다. 입말은 소리를 매개로 하기 때문에 어떤 글자로 쓰든 소리로 나타내게 마련인 것이다. 서양의 여러 나라들의 로마字 통용으로도 알 수 있다. 그런데 좋든 싫든 우리의 사정은 좀 다르다. 귀로 들어서 모를 말 곧 文獻性 語彙가 너무나 많다는 것이다. 우리 국어사전에는 70년 동안에 한 번밖에 쓰이지 않았던 文獻語를 담고 있다. 擺脫파탈, 芟除삼제, 綢繆주무, 羈縻기미 등 이루 열거할 수 없다. 오늘날도 新生兒처럼 날로 생산되고 있다. 귀로 들어서 알아들을 수 없는 말을 소리로만 적어서 뜻을 전달할 수 있는가. 이러한 改惡의 교과서 때문에 신문도 못 읽는 대학생이 量産되었던 것이다. 이런 敎育이 바로 우리 문화 민족을 야만인 되게 하는(六堂의 표현으론 我 文化民族을 土昧人化토매인화하는) 것이라 할 것이다.(이 시기에 北韓에서는 漢字를 깡그리 배제한 국어사전이 나왔는데 10년이 못 가 폐기되었다) 한글 간소화 파동(1953)에 이은 국어 표기 파동(1968)이었다고 할만하다. 이런 국어 표기를 진짜 한글 전용으로 본 모양이다. 교육부의 無所信, 無責任의 표본으로 남을 역사적 사례다.

3-5. 제4기 國定國語敎科書(괄호 안 漢字 또는 한글 倂記)의 등장 (1975～)

이러한 편찬은 제1기 敎科書의 변형으로 받아들일 수 있다.

개인용 컴퓨터를 이용한 통신이 PC 통신이다.
프로그램을 개발하는 작업을 프로그래밍(programming)이라 하며
프로그래밍 언어의 문장과 그 사용 규칙을 구문(syntax)이라 한다.

와 같은 표기의 예는 한글-로마字 倂用 내지 병기로 볼 수 있다. 이에 대응하여 볼 때 한글-漢字倂用 내지 병기는 안 된다고 할 근거가 없기 때문에

歌曲源流(가곡원류)

吾等(오등)은 玆(자)에 我(아) 朝鮮(조선)의 獨立國(독립국)임과 朝鮮人(조선인)의 自主民(자주민)임을 宣言(선언)하노라.

와 같이 回歸회귀하였으니, 결국 국한자 혼용도 한글專用도 아닌 얼치기 表記로 변한 꼴이다. 역사적인 文獻에 나타난 것에 한하여 노출시키고 그 밖의 것은 괄호에 묶었으니, 單語中心으로 볼 때 아무런 기준이 없다. 같은 '발휘'라는 단어 표기가 출처를 달리함에 따라,

<u>發揮(발휘) : 발휘(發揮)</u>

와 같이 달리 表記되어 있다. 그렇다고 原文을 그대로 옮겨 적은 것도 아니고 보니 原則이 없다고 할 수밖에 없다.

4. 21세기에 대처할 敎育 語文政策의 止揚

한글만으로 적느냐 한글과 漢字를 섞어 적느냐 하는 것은 場의 狀況과 전달 내용에 따라 가변성 있게 운용될 수 있는 성질의 것이다. 이것은 社會 語文政策으로 규제할 수도 있다. 하지만 한 나라의 敎育 語文政策은 교육의 기본 문제로서 場을 초월하여 설계되어야 할 百年大計의 과제이다. 모든 학습 활동이 언어 운용을 거쳐서 이루어지기 때문이다. 이 중대한 현안 문제를 官邊관변에 기대어 해결코자 하는 反知性的인 발상이 있어 온 것도 사실이다. 당초의 출발이 잘못되어 토의의 광장도 마련되지 못하였다. 對立의 陣을 치고 半世紀를 끌어 왔다. 이제는 귀에 못이 박혔고 말하거나 듣기조차 싫증이 나는 낡은 이야깃거리가 되었다. 여기서 또다시 專用과 混用의 문제를 놓고 그 득실을 論할 필요를 느끼지 않는다. 이미 주고받은 건의서, 성명서, 청원서만도 산더미처럼 엄청나다. 文化의 振興진흥이 '過去淸算'이라면 몰라도 文化後退라면 前進策을 세워야 할 것이다.

이제 토론의 幕은 내려졌고 다만 整理정리와 評價만을 기다리고 있다. 韓國語文敎育白書를 낼 차례다. 21세기를 목전에 두고 省察할 適期이기 때

문이다. 이제 새 世紀를 맞이함에 있어 냉철을 되찾아야 한다. 과거의 억울했던 감정이나 被害意識, 감상적 애국주의에서 벗어나 문화 기능을 고려하여야 한다. 또한 현실의 記寫問題와 漢字敎育을 분리하여 다른 次元에서 評價해야 한다는 것이다. 한자를 가르쳐 아무데서나 남용토록 하자는 것이 아니다. 社會的 言語成層을 염려하는 것은 군걱정이다. 漢字와 절연하고는 우리말도 우리 문화도 피어날 수 없으며 우리의 思惟사유[생각]도 자유로울 수 없기 때문이다. 마지막으로 몇 가지 점검할 사항을 적시하며 끝맺음할까 한다.

㉠ 世界化時代에 한글만 쓰기의 주장이 능률적인 대응인가.
㉡ 漢字文化圈에서 벗어나 英語文化圈으로 들어가는 것이 우리 문화의 나아갈 길인가.
㉢ 한자를 우리나라에서 하루 빨리 몰아내어야 한다는 주장이 문화적 발상인가.
㉣ 초등학교 영어 교육(필수)과 漢字早期敎育 어느 쪽이 우리 言語能力을 높인다고 보는가.
㉤ 漢字敎育의 실시가 사회에서의 한글 전용을 보다 쉽게 할 것으로 보지 않는가.
㉥ 서양에서 口頭語론 死語가 된 라틴말 학습을 시키는 이유[근거]가 어디에 있다고 보는가.
㉦ 귀로는 들어보지 못한 漢字語가 날로 양산되고 있는 현실을 인정하는가.
㉧ 實社會에 대비하는 敎育이 산교육이 아닌가.
㉨ 발음이 같은 '심리:십리, 격노:경로, 문리:물리'와 같은 말을 달리 적는 근거를 무엇으로 설명해야 하는가.
㉩ 語彙能力 測定에서 이어달리기式 漢字말 시험이 높이 評價 받는 까닭이 무엇이라고 보는가.(可能-能動-動亂-亂民-民法-法人-人情-情致-

致賀-)

㉪ 漢字가 우리말 體系 안에서 가장 生產的인 語素로서 상용되고 있는 現實을 인정하는가.

㉫ 漢字文化圈에 이웃하고 있는 것이 과거나 현재로 보아 불행하다고 생각하는가.

㉬ 漢字·漢文이 한글 창제에 장애가 되었다고 보는가.

㉭ 한글 창제 이전이나 이후의 우리 漢籍 文獻들을 반문화적인 것으로 보는가.

㉮ 한자어 교육에서 字訓을 배우는 것이 비생산적이라고 생각하는가.('우주:宇宙, 자연:自然'의 意味域이 같다고 보는가.)

㉯ 韓國音으로 발음되는 漢字語를 국어 어휘로 보는가.

㉰ 漢字, 漢文의 受容을 문화적 사대주의로 몰아칠 수 있는가.

㉱ 괄호 속에 묶은 漢字를 통하여 한자 교육이 제대로 이루어진다고 보는가.

㉲ '漢字를 버리면 韓國 문화도 잃을 것'(佛 오랑주 교수)이란 말에 진실이 있다고 보는가.

㉳ 學術院의 '계단적 한자교육 실시' 意見(1971)은 無定見한 答申이었다고 보는가.

㉴ 語文敎育政策이 국가 원수나 주무장관의 恣意로 결정되어도 좋다고 보는가.

㉵ 燕山君의 한글 禁壓(금압)이나 중국의 문화혁명이 성공적이었다고 보는가.

㉶ 초등 교육에서 ①한글專用 ②한글과 漢字倂用 ③괄호 안 漢字倂記式 한글專用의 세 교과서를 발행하여 학교장의 임의 선택에 맡겨 實驗敎育을 해 볼 필요는 없는가.

㉷ 公用文書(official document)와 敎科書(text book)는 엄연히 차별되어야 한다. '텍스트'의 뜻이 무엇인지도 모르는 상태에서 교과서가 편찬되

고 있지 않는가.(우리의 텍스트는 바로 우리가 지니고 있는 그대로의 文化記錄이다. 이를 외면하고 무슨 교육을 한단 말인가.)

〈中央大 名譽敎授/ 어문연구 100호〉

한글專用의 結果는 어찌 되었나?

柳 正 基

1910~1997년. 慶北 安東 출생. 필자는 이 글이 한자를 배운 학생을 한글만 배운 학생과 같이 國語實力을 정밀하게 比較한 崔濬文 教師의 實驗論文에 대해 한글派가 壓力을 가했다는 말을 듣고 憤激해서 쓴 글임을 서두에 밝히고 있다. 우선 그는 한글專用 및 漢字廢止의 교육방침은 民主主義의 自己否定이며, 정치적 권력이 문화적 진리를 말살하는 것이라 보고 있다. 다음으로 교육이란 것이 문맹을 없애는 것인데 도리어 교육이 문맹을 만든 점을 개탄하고, 中國이나 日本에서는 대중이 다 漢字를 배워서 讀書人이 되는데 韓國의 대중은 한자를 배우지 못한 無識者가 되도록 하는 것에 대해 분개하고 있다. 나아가 한글專用의 교육은 학생의 독서능력을 없게 만들 뿐만 아니라 사고능력도 없게 만들었으며 기억의 부담을 막대하게 한다고 지적하고 있다. 또한 한자어를 순우리말로 고치는 것에 대해, 그리고 한글파가 새로이 만드는 字體에 대해서도 비판하고 있다. 끝으로 한글전용파들이 한자를 버리고자 하는 것은 일견 주체적인 듯하지만, 실은 세력 없는 동아시아 문화권에서 탈퇴하여 권위 있는 西歐文化圈으로 입양하려는 것이라며 한글전용파들에 대해 맹비난을 가하고 있다.

1. 序 言

무릇 人間이 萬物의 靈長영장이 되는 所以는 무엇인가 하면, 그것은 누구나 다 理性과 良心을 가졌기 때문이라고 할 것이다. 그러면 이성이란 무엇인가 하면, 그것은 事物의 어떠한 原因에서는 반드시 어떠한 結果가 나온다는 것을 豫知예지하는 能力인 것이고, 양심이란 무엇인가 하면 그것은 私

慾的사욕적인 惡行을 부끄럽게 알고 公益的공익적인 善事를 위해서 行動하는 능력인 것이다.

그러니 만약에 基礎기초를 破壞파괴한다면 그 위에선 家產이 崩壞붕괴될 것을 實驗해보지 않아도 미리 아는 것은 理性의 능력이고, 自利를 위해서 害他하는 過誤를 남들이 攻責공책하지 않아도 스스로 부끄럽게 아는 것은 양심의 능력인 것이다.

그런데 우리 國語에서 基礎가 되어 있는 漢字를 廢止폐지하면 우리 民族의 文化가 破壞될 줄도 모르고 도리어 民族文化를 發展시키기 위해서 漢字를 폐지한다고 하는 것은 理性이 없기 때문이 아니고 무엇이겠는가. 그래서 理性 없는 所爲를 敢行해서 사실로 민족문화가 파괴된 結果가 證明이 되었는데도 도리어 그것을 否定하고 조금도 그의 責任을 自省해서 부끄러워할 줄도 모르는 것은 양심이 없기 때문이 아니고 무엇이겠는가. 양심과 이성의 眞理는 무시해버리고 오직 國家의 權力만을 빌어서 漢字廢止 한글專用의 教育을 시행해온 지 벌써 30年이 되니, 그의 結果는 實證이 된 것이다.

漢字로 된 우리 國語, 국어로 된 우리 文化에서 學生들에게 한자를 안 가르치는 原因에서는 반드시 학생들이 국어를 모르고, 나아가서는 文化가 破壞되는 結果가 나올 것은 理性으로 생각해보면 經驗해보지 않아도 알 수 있는 것이나, 한글派는 그것을 모르니 그들을 깨우치게 하기 위해서 語文教育研究會에서는 大學生의 國語實力을 考試고시하고, 또 吳之湖先生은 國民學校兒童의 國語實力을 實驗하여 그 결과가 각 신문과 本紙 創刊號에 발표되었으니 이로만 보아도 누구나 다 漢字教育의 必要性과 한글專用의 不當性을 認識인식할 수가 있을 것이나, 한글派는 그것을 否認하는 것이다.

그런데도 本紙 創刊號에서 나는 「學生들은 音만 적은 漢字語를 어떻게 消化하고 있 는가」라는 表題로 쓴 崔濬文教師의 實驗論文을 보고 참으로 同感하였다. 지금의 教育者는 오직 物質的인 收入수입만을 위해서 所定의

課目과 時間이나 기계적으로 勤務근무하면 되는 이러한 敎育風土에서 유독 참다운 교육만을 위해서 創意的으로 課目時間 외에, 더구나 板書판서까지도 嚴禁엄금되어 있는 漢字를 冒險的모험적으로 敎授하여 그 한자를 배운 학생을 한글만 배운 학생과 같이 國語實力을 정밀하게 比較하였으니, 그의 誠實한 敎育熱과 强烈한 正義感은 참으로 이 땅 敎育者의 龜鑑귀감이 되는 것이다. 그런데 한글派는 도리어 그의 良心과 理性에 대해서 壓力압력을 加했다고 하니, 이 아니 天人共怒할 일인가.

나는 이미 漢字廢止, 한글專用에 대한 反對論文을 30餘篇이나 썼으니, 그것을 전부 다 統合한다면 單行本으로도 500~600面은 될 것이므로, 다시 더 쓸 필요는 없기 때문에 本紙의 創刊號에도 寄稿기고하지 않았던 것이나, 近日에 한글派가 崔敎師에 대해서 壓力을 가했다는 말을 듣고 더욱 憤激분격해서 또 이 小稿를 쓰게 된 것이다.

2. 民主主義의 否定化

文敎部에서 밀고 나가는 한글專用·漢字廢止의 敎育方針은 民主主義의 自己否定이라 볼 수 있다. 幾個人의 한글派를 위해서 全國民이 모두 要請요청하는 것을 拒否거부하는 문교부의 處事는 무엇을 標準으로 한 것인가. 우리의 理性과 良心으로서는 도저히 그 理由를 알 수가 없는 것이다. 문교부에서 조금이라도 國家의 百年大計를 위해서 참다운 敎育을 發展시키려는 愛國하는 精神이 있다면, 왜 漢字倂用敎育과 한글專用敎育을 比較硏究비교연구하는 眞理의 교육을 禁止하는 것일까.

나는 年前 한글專用反對事件 때 民意를 몸소 體驗하였다. 한글派 幾個人 외의 全國民은 모두 다 나의 義擧의거를 讚揚찬양하고 擁護옹호하였으니, 한글專用, 漢字廢止는 국민의 總意가 반대함이 實證된 것이다. 누구를 위한 한글 전용이며, 누구를 위한 한자 폐지냐? 물론 그로써 德보는 者는 한글派일 것이나, 전 국민은 害만 보고 있는 것이다. 過重한 負擔부담으로 10年 동안 教育시킨 子女가 新聞 한 장을 제대로 보지 못하게 되었으니 이보다 더 큰 해가 어디 있는가. 그래서 전 국민이 文盲문맹이 되니 民族文化는 자연 滅亡멸망이 되는 것이다. 그래도 아직껏 亡國的인 그의 過誤를 自省 못하고 있으니 한심한 일이다.

무릇 文化는 眞理고 政治는 權力이라, 정치적 권력이 문화적 진리를 活用해야지, 문화적 진리를 정치적 권력이 抹殺말살해서는 안 되는 것이다. 그러므로 옛적 專制君主의 時代에도 군주가 문화를 侵犯침범하는 정치는 敢行감행하지 못하였던 것이다. 왜냐하면 그들은 그만한 理性과 良心은 있었기 때문이다. 그러므로 이성도 양심도 없이 焚書坑儒분서갱유를 감행한 秦始皇은 千世에 惡名을 끼쳤던 것이다.

栗谷先生율곡선생은

> "公論이란 國家의 元氣니, 公論이 朝廷에 있으면 其國이 治하고, 공론이 閭巷에 있으면 其國이 亂하고, 만약 上下에 다 공론이 없으면 其國이 亡하는 것이다. 왜냐하면 在上者가 능히 공론을 主唱하지 못하고서 공론이 在下한 것을 싫어하여 그의 입을 막고 그의 罪를 다스리면 그 국가가 망하지 않음이 없는 것이다."

고 하였으니, 國家의 生命은 公論에 있는 것이다.

3. 國民教育의 無效化

무릇 國民教育이란 것은 물론 국민으로서 生活하는 데 必要한 知識을 교육한다는 名稱인데, 그에서 가장 필요한 것은 言語文字에 대한 基本知識인 것이다. 왜냐하면 그것이 장래에 모든 지식을 攝取섭취하는 主要한 手

段이기 때문이다. 그러나 解放 이후에 이 땅의 교육은 가장 필요한 언어 문자의 지식이 되는 漢字는 교육하지 않았으니, 언어 문자를 모르는 學生들이 무슨 지식을 섭취할 수가 있을 것인가. 물론 每日 쓰는 가장 低級한 말이야 한글만으로도 自足하지마는, 조금 高次的인 漢字語는 들어도 意味를 모르고, 漢文字는 바로 理解하지 못하니 어찌 새로운 지식을 섭취할 道理가 있겠는가.

그러니 國民學校를 卒業해서 上級學校에 가지 못하면 그의 教科書에서 배운 知識은 數三年만 지나도 다 잊어버릴 것이니, 그때는 6年 동안 공부한 것이 완전히 無效化무효화되고 文盲만 된 것이다. 그래서 「文盲教育」이란 말이 나왔으니 世上에 이런 矛盾도 다시 있을까. 교육이란 것은 문맹을 없애는 것인데, 교육이 도리어 문맹을 만들었으니, 이것도 後進國이기 때문일까. 후진국으로 自處하고서 不合理한 짓을 恣行자행하는 것은 더욱 無知한 것이 아닌가. 이것은 반드시 個人의 私利를 위해서 無理를 敢行하고는 그의 責任을 國家의 후진성에다 돌리니 이것이 더욱 過誤를 짓는 것이다.

지금 國民學校에서는 소위 낱말을 萬餘個를 가르친다고 한다. 그것은 대개가 漢字語일 것인데 그것을 한글로만 가르치니 兒童들은 그의 意味를 거의 다 모르는 것이다. 누구나 다 國語辭典을 보면 모든 單語가 거의 다 두 가지 이상에서 數三十까지의 同音異義가 있으니, 제아무리 聰明총명한 天才라도 그것을 다 區別해서 暗記암기할 도리는 없는 것이다. 그러니 國語의 知識은 貧乏빈핍할 뿐만 아니라 曖昧애매한 것이다. 漢字는 三千만 배우면 그로 된 국어는 10萬이나 그 以上이라도 다 이해될 것인데, 그런 捷徑첩경은 막아버리고 한글로써 萬語를 배우니 아무 所用이 없게 되는 것이다.

조금도 活用할 수 없는 그의 知識은 반드시 잊어버리게 마련이라 試驗만 위해서 精力을 다하여 萬語나 記憶기억했던 것도 시험만 지나고 활용하지 않으면 잊어버리니 精力만 浪費낭비한 것이다. 그러나 한글派는 이러한 眞理는 모르고서 지금 萬語를 가르쳐서는 不足하니 장차는 2萬語를 가르쳐야 한다고 하는 것이다. 그래서 英國兒童들은 39,000單語를 배우고, 獨逸兒童독일아동은 48,000單語를 배운다는 先進國의 例를 들었으니, 그의 無知에는 실로 啞然하지 않을 수가 없는 것이다. 그러나 그의 無知가 이 나라의 敎育을 獨專독전하고 있으니, 이 民族은 왜 이 지경이 되었는가. 長嘆太息장탄태식을 不禁불금할 것이다.

4. 讀書階級의 貴族化

年前에 漢字를 한 字도 없이 다 빼버린 개판 敎科書로서 敎育을 하여 高等學校까지는 文盲을 만드는 現實이지마는, 大學의 교과서에서까지 漢字를 다 빼는 개판 교과서를 만들 수는 없으니 學生들은 大學에 가면 제아무리 低能兒라도 4年 동안에 必要한 漢字 數千字는 알게 되니, 그들만이 讀書할 수 있는 貴族이 되는 것이다. 國民學校 卒業生은 물론이고 中·高等學校까지 12年 동안 교육을 받은 학생이 독서하지 못하는 문맹이 되었으니, 그들은 돈이 없어서 대학에를 가지 못하기 때문이다. 그러니 돈 있는 자는 讀書階級독서계급이 되고 돈 없는 자는 無識階級무식계급이 되는 것이다.

그래도 한글派는 文化의 大衆化를 위해서 漢字廢止, 한글專用을 한다는 것이다. 大衆을 文盲으로 만들어서 文化를 向上시키겠다고 하는 그들에게 과연 理性이나 良心이 있는 것일까. 그러므로 나는 말하였다. "그들의 所言은 소피스트 *Sophist*고 그의 所爲는 메피스토펠레스 *Mephistopheles*라"고 그들은 漢文學者를 貴族처럼 추어 올려서 漢文書籍을 純한글로 飜譯번역시키고 그들로 하여금 漢字廢止論者로 만들어서 대중을 문맹으로 끌고 가는 데 協力협력시키는 것이다. 그래도 漢文學者는 한글學者의 「魅매」力에 넘어가서 한자 폐지가 自己矛盾인 줄도 모르니 아직은 鬼가 아니(未)지마는 장차는 害毒을 받을 것이다.

舊來의 漢文學者에는 반드시 兩班根性양반근성이 있으니 그들은 貴族이라 大衆은 人間으로 보지도 않는 것이다. 그런데 한글派가 그의 근성을 哺捉포착해서 귀족으로 추어주니 漢字廢止論者가 되는 것이다. 그러므로 그의 한자 폐지론은 오직 大衆에 限한 것이다. "그 어려운 漢字를 대중에게 가르쳐서는 안 된다"는 것이 그들의 主唱이니, 그것은 "常놈은 글 배워서 안 된다"는 兩班 노름의 現代版이다. 中國이나 日本에서는 대중이 다 漢字를 배워서 讀書人이 되는데, 왜 韓國의 대중만은 한자를 배우지 못한 無識者가 되라는 것인가. 나는 더욱 그의 階級性에 憤慨분개하는 것이다.

5. 思考能力의 低級化

한글專用의 敎育은 學生의 讀書能力을 없게 만들 뿐만 아니라, 思考能力도 없게 만드는 것이다. 그러므로 지금의 한글世代는 확실히 사고 능력이 低下된 것이다. 혹자는 사고 능력의 저하된 原因을 OX問題로 試驗工夫를 한 데 있다고도 하나, 그것은 副次的부차적인 원인이라면 漢字廢止, 한글 전용의 교육이 主動的인 원인인 것이다. 왜냐하면 무릇, 思考라는 것은 어떤 槪念과 개념을 結合해서 새로운 眞理를 發見하는 作用이니, 그의 개념을 표시하는 文字는 簡單간단한 表意文字가 아니면 안 되기 때문이다. 더구나 漢字語를 한글로만 배운 학생들은 그의 개념조차 理解하지 못하니 어찌 思考力이 發達될 수가 있을까.

한글派가 西洋의 科學文明이 發達된 것은 로마字가 배우기 쉬운 表音文字이기 때문이라고 하는 荒唐無稽황당무계한 말로써 한글專用을 하자는 것이지마는, 眞理를 探究탐구해 들어가면 科學의 발달에는 數學·化學이 基本이 되어 있고, 또 수학·화학의 발달에는 아라비아數字와 記號文字 등 표의문자가 기본이 되어 있는 것이다. 만약에 숫자와 기호가 없어 言語의 發音만 記錄하는 표음문자를 쓴다면 결코 수학과 화학은 성립도 될 수 없을 것이다. 가령 1002와 21의 숫자를 表音化해서 「천둘」, 「스물하나」라고 써서는 加減乘除가감승제에 아무것도 안 될 것이고, 또 O나 H의 기호를 「산소」 「수소」로 써서는 化學方程式이 될 수 없는 것은 사실이 아닌가.

그러니 現代의 科學文明에 대해서 表音文字인 로마字는 아무런 能力도 없는 것이다. 그러나 로마字를 쓰는 西歐에서 과학 문명이 發達되었으니, 그의 꺼풀만 보고서 과학 문명의 발달은 표음 문자의 功績인 줄 알고 있으니 그의 無知함이 이러한 것이다. 그런 무지가 지금의 教育의 實權을 掌握장악하고 있으니 西洋人의 흉내만 내면 과학이 발달되는 줄로 한글 世代는 誤認하고 있는 것이다. 그러니 文盲的으로 남의 흉내만 내는 그만큼 思考力이 低下된 것이다. 사고할 능력이 없으니 자기의 主觀이 없는 것이고, 자기의 주관이 없으니 남을 模倣모방만 하는 것이다. 과학을 모방하면 과학은 발달되지마는 言語와 文字만 모방해서는 과학이 발달될 리가 없는 것이다.

무릇, 思考能力이 없는 者는 오직 現實에만 사는 것이라 高尙한 理想은 있을 수가 없는 것이다. 그러므로 한글 世代의 價値觀가치관은 오직 物質과 權勢권세에만 있는 것이다. 1969年 1月 2日字 『週刊朝鮮』에는 「한글 世代의 價値觀」이란 題下에서 鄭範謨정범모·高永復 兩教授가 對談하였는데, 그에서도 「精神的 支柱者」가 없고 「共同責任의 回避習性회피습성이 生産性 妨害방해」 「拜金主義에 奉仕봉사와 進取性이 사라진 것」 등을 말하였으니, 한글세대의 意識構造는 실로 한심한 것이다. 그래서 物質的으로 富裕당유한 生活을 할수록 精神的으로 墮落타락된 人生이 되었으니, 孟子의 소위 「飽食暖衣포식난의하고 逸居而無教일거이무교한 禽獸금수가 되어가는」 것이다.

6. 記憶負擔의 加重化

漢字는 國語의 根本이라, 그 근본만 알면 그 枝葉은 따라 알게 되니, 人·道·生·心·物 등 5字의 知識은 80의 熟語숙어를 알게 하니 16倍의

差라 總3千의 漢字만 알면 모든 국어는 다 理解가 되는 것이다. 그런데 지금의 한자 못 배운 學生들은 국어 배우는 데 16倍의 負擔이 加重되어 있으니 밤잠도 못 자고 국어만 記憶해도 결코 당할 수가 없는 것이다. 더구나 날마다 新造語가 쏟아져 나오니 한자어는 실로 洪水처럼 불어가고 있는 것이다. 그것을 어찌 다 기억할 수가 있을까. 그것을 비록 기억한다고 해도 한글로만 배운 것은 讀書에 實用이 될 수가 없으니, 그것은 거의 다 同音異義이기 때문이다. 그러니 동음이의를 기억하는 데는 더욱 精力이 浪費가 되는 것이다.

이에 가령 벼이삭이 「發穗발수」라고 쓸 것을 「出穗출수」라고 써도 漢字로는 同意로 알아지지마는, 한글로 「발수」라고 배운 자가 「출수」라고 쓰면 알지 못하는 것이다. 비록 「발수」는 發穗로, 「출수」는 出穗로 배웠다고 해도 그것은 완전한 知識이 될 수 없으니, 그것은 「발수」가 發售발수도 되고 「출수」가 出售출수도 되기 때문이다. 發售・出售를 아는 자는 發賣・出賣라고 되어도 알지마는, 「발매」・「출매」로만 배운 자는 「발수」・「출수」라고 써서는 알 수가 없을 것이다. 그러니 漢字語를 한글로만 적어서 배우는 것은 쉽게 알 것을 어렵게 모르도록 만든 것이니, 記憶의 負擔부담이 막대하여 精力만 浪費하는 것이다.

더구나 漢字는 繪畵회화처럼 視覺的인 印象인상이 길이 남는 것이다. 한글은 表音하니 視覺的인 인상이 바로 사라지기 때문에 單語를 記憶하는 데 더욱 힘이 드는 것이다. 그러므로 지금의 兒童들은 그 어려운 기억을 하기 위해서 밤잠을 안 자고 공부하지 않으면 안 되는 것이다. 그것은 물론 知識의 量이 過多하기 때문이라고 할 수도 있으나, 그의 지식은 모두가 試驗에만 必要한 것이고 實際의 生活에 有益한 것은 極少극소한 것이다. 그러므로 學校만 卒業해서 社會에 나가면 학교에서 배운 지식이 거의 忘失되는 것이니, 아동들이 밤잠 안 자고 기억하는 것은 오직 試驗만 위한 것이다.

아무리 天才라도 한글로 쓴 漢字語를 復文할 實力이 없는 자는 그의 眞義를 알 能力이 없는 것이다. 그러므로 兒童들은 盲人이 코끼리의 形象을 말하는 것처럼 立體的인 意味를 가진 한자어의 周圍주위를 더듬고 있는 것이다. 이에 吳之湖先生의 考試한 一例를 든다면, 아동들은 「獨立」이란 말을 「해방이 됨」 「풀림」 「나라를 되찾는 것」 「일본 사람한테서 나옴」 「자기 나라를 해방시키는 운동」 「나라가 합해짐」 「하나로 뭉치려 하는 것」 「나라만이 뭉침」 「나라 찾기에 힘듦」 「만세」 등등으로 解答하였으니, 이것은 獨立이란 말의 近傍근방에서 徘徊배회하다가 떨어져나간 것이라, 그의 眞義는 전혀 모르고 盲目的으로 記憶만 한 것이다.

7. 한글 譯書의 無用化

國民學校에서 매일 數時間씩 6年 동안 國語를 가르친 實績이 그러하니, 지금의 學生들은 공연히 시간만 浪費한 것이다. 그런데 그런 국어 모르는 學生이 社會에 나가면 無識한 國民이 되니 이들 無識大衆을 만들어 놓고서 그 무식 대중을 위해서 漢籍한적을 純한글로 飜譯번역하는 것을 하나의 事業으로 하는 것이나, 그의 飜譯書는 아무 所用이 없는 것이다. 왜냐하면 국어를 모르는 大衆은 그것을 理解할 수가 없기 때문이다. 漢字語를 한자로만 쓴 것은 發音은 하지 않아도 意味는 이해하지마는 한글로만 쓴 한자어는 발음은 해도 의미는 모르는 것이다. 의미는 몰라도 발음만 하면 그것을 讀書한다고 할 수가 있을까.

그러나 한글派에 同調하는 知覺없는 俗流들은 「漢字語를 한글로만 적어서는 모르니, 모두 우리말로 고쳐서 한글專用을 하자」고 하는 것이다. 그래서 數千年來에 全東洋的으로 通用해오는 漢字語는 우리말로 고친다고 三角形을 「세모꼴」, 食道를 「밥줄」式으로 만들었지만, 나날이 새로 나오는 新造語는 하나도 漢字 아닌 것이 없어도 그것은 「우리말 도로 찾기」를 하지 못하니 그런 矛盾이 다시 어디 있을까. 古來語는 漢字라고 排除배제하는데, 신조어는 한자로만 사용하였으니 「우리말 도로 찾기」는 하나라면 「남의 말 새로 만듦」은 百이나 되니 千年 가도 「우리말」은 될 수 없을 것이다.

한글派가 「우리말 도로 찾은 것」이 과연 몇 개나 될까. 그의 數量은 九牛一毛도 되지 않는 것이다. 高等概念을 표시하는 「學術用語」에는 그의 소위 「우리말」이 하나도 없을 뿐만 아니라, 低級한 日常用語에서도 「우리말」은 極少한 것이다. 東西南北의 方位와 百千萬億의 數詞도 「우리말 도로 찾기」는 못할 것이다. 그래서 사실 「우리말 도로 찾기」는 불가능하니 漢字語를 한글로만 적어서 모르도록 教育하는 것이다. 그러면 한자어를 排除배제하고 「우리말 도로 찾자」는 것이 결국은 그의 音만을 濫用남용해서 우리말이 될 수가 있을까. 理性과 良心을 가진 자로서는 도저히 그의 理由를 알 수가 없는 것이다.

漢字는 有史 이래로 우리의 國語인 것인데, 이것을 남의 것이라고 排斥배척하는 그런 例는 人類歷史上에 다시 볼 수가 없는 것이다. 그것이 中國에서 발생되었다고 해서 한자는 남의 것이라고 排斥한다면, 大陸에서 발생되어서 내려온 祖上들도 外國人이라고 배척해야 할 것이 아닌가.

8. 한글 廢止의 計劃化

한글派가 漢字를 廢止하기 위해서는 한글을 世界最高의 文字라고 讚揚찬양하지마는 그들은 한글을 解體해서 로마字를 模造한 字體로 만들었으니, 그것은 결국 한글 廢止가 되는 것이다. 한글을 專用하는 그들이 한글을 폐지하는 計劃계획을 하고 있으니, 그의 所爲는 전부 다 矛盾된 것이다. 그들의 目的은 西洋化함에 있는 것이나, 그들의 口號는 主體性을 내세우는 것이다. 漢字를 폐지하는 데는 주체성을 구호로 하나, 로마字를 모조해서는 西洋化하려는 것이다. 한글파가 만든 그의 字體는 한글도 아니고 로마字도 아니니 한글의 獨特性독특성도 없고 로마字의 普遍性보편성도 없는 것이나 그들은 漢字廢止를 強行하는 手法으로서 한글 폐지도 強行할 것이다.

그들이 만든 새 字體는 그들이 만든 綴字法철자법처럼 低能한 것이다. 8字면 足用하는 받침을 28字로 大量 늘려서 表音文字인 한글을 表音文字로 만들고, 표의문자인 漢字는 廢止하는 데서 그의 矛盾을 여지없이 暴露폭로하였다. 우리 國語의 根本이 되어 있는 한자를 폐지하니 국어 배우는 데 몇 백 배나 어려워지고, 表意하려고 表音도 안 되게 正音을 改綴개철하여 文字 배우는 데 몇 천배나 더 어려워진 것이다. 지금의 大學까지 16年을 매일같이 國語科目을 공부했다는 學生이 그들의 綴字法대로 能通한 자는 거의 없는 형편이니, 한글이 어려움은 可知가 아닌가. 그래서 漢字廢止로 국어도 어렵게 만들었으니 그의 低能은 隱蔽은폐할 수가 없는 것이다.

그런데 그가 만든 字體는 ㄱ을 ᄀ, ㄴ은 ㄴ, ㄷ은 ⊂로 썼으니, 로마字를 흉내 내서 正音을 버린 것이다. 로마字로 써놓고 그것을 한글이라고 해서 될까. 옛적에 趙高조고는 鹿록을 가리켜 馬라고 하는데 奸臣간신들은 그에 追從하였던 것이나, 지금의 한글派는 로마字를 가리켜 한글이라고 하는 데에 추종할 간신도 있을까. 차라리 로마字를 그대로 쓰고 한글을 廢止한다면 世界的으로 공통하는 便宜편의나 있지마는 그에다가 正音을 붙여서 쓰는 것이 韓國人에게 有益이 없을 뿐만 아니라, 도리어 有害할 것이다. 왜냐하면 두 가지가 서로 混同이 되어서 錯覺착각을 일으키기 때문이다.

비록 그렇게 有害한 文字라도 한글派가 그것으로써 教育시키기로 결정해서 教科書만 개판을 한다면 그대로 教育을 받을 것은 必然한 사실인 것이다. 지금에 三千萬 國民이 害毒을 받고 모두들 反對하는 한글專用도 幾個人의 한글파가 교과서를 마음대로 改版한데 모두가 따라가고만 있으니, 무슨 理論이 所用이 있을까.

9. 結　語

이미 解放 이후 30年에 한글專用을 強行해온 成果는 무엇인가 하면, 그것은 오직 新世代에게 漢字文盲을 만들어서 民族文化가 없어지게 된 이외에 다른 所得은 결코 없는 것이다. 學生들이 漢字를 못 배운 대신으로 더 배운 知識은 과연 무엇인가. 물론 여러 가지 지식은 배웠을 것이나, 그의 지식은 試驗만 지내면 烏有로 돌아가는 虛妄한 것이라, 그것이 실제의 生活에 有益은 없는 것이다. 실제 생활에 無益한 지식을 배우기 위해서 民族文化의 基本인 한자를 없애버렸으니, 아무런 所得은 없고 커다란 損失손실만 본 것이다. 만약에 知能이 있는 자라면 어찌 이런 짓을 할 것이랴. 「무릇 罪惡은 無知의 所産이라」는 소크라테스의 말은 永遠한 진리인 것이다.

越南월남에서는 漢字를 廢止하고 로마字를 사용하는 데서 그의 民族文化는 滅亡이 되고 프랑스化하였으며, 北韓에서는 한자를 폐지하고서 한글을 專用하는 데서 우리 民族文化는 멸망이 되고 蘇聯化소련화되었으니, 南韓에서도 한자를 폐지하고 한글을 전용하는 것은 우리 민족 문화를 멸망시키고 西歐化하려는 것이다. 그러므로 漢字語는 「우리말 도로 찾기」로 飜譯해 쓰자는 그들이 西歐語는 얼마든지 그대로 輸入수입해서 지금 國語辭典에는 括弧괄호 안에 漢字語 들지 않은 것은 거의 다 西歐語로 充當된 것이다. 그러니 괄호 없는 純土俗語는 서구어의 수만도 못한 것이다. 그러니 나날이 불어가는 서구어에 한글派가 만든 우리말은 學生들의 國語工夫에 큰 負擔을 加重해가고만 있는 것이다.

우리 土俗語만으로써는 결코 西歐語를 飜譯해 쓸 能力이 없으니 漢字로서 번역해서 사용하면 學生들의 語學負擔은 크게 輕減이 될 것인데, 한글派는 기어이 한자를 廢止하려는 意圖로서 漢字語는 번역하고 서구어는 原音대로 쓰니 우리의 국어도 重大한 混亂으로 危機에 直面하고 있는 것이다. 이와 같이 한글파의 作用이 一波萬波로 우리 社會에 寄與기여한 害毒해독은 참으로 甚大심대한 것이다. 우리 국어의 攪亂교란, 民族文化의 滅亡, 國民敎育의 衰亡, 東아시아世界에 孤立 등 일일이 枚擧매거하기가 어려운 것이니, 참으로 痛嘆통탄할 일이다. 무엇 때문에 이러한 짓을 하고 있는가.

한글派의 精神은 오직 貪權追勢탐권추세에 있는 것이라, 勢力없는 동아시아 문화권에서 脫退탈퇴하여 權威있는 西歐文化圈으로 入養하려는 것이다. 그러므로 지금의 동아시아 문화권을 形成하고 있는 漢字를 한글의 不共戴天불공대천할 怨讐원수처럼 만들어서 기어이 抹殺말살하고는, 소위 「한글文化圈」을 만들어 가지고 로마字를 模造한 文字로서 서구 문화권으로 附屬부속하려는 것이다. 그래서 한글은 漢字를 말살하도록 만드니, 그는 文字的으로 他殺하는 것이고, 그래서 西歐文化로서는 동아시아文化를 말살하도록 하니, 그것은 文化的으로 自殺하는 것이다. 그러나 지금은 地上의 勢力中心이 서구에서 東아시아로 移動되고 있으니 동아시아 문화권이 優勢만 하게 되면 그때는 罷養파양을 할 것이다.

今日은 平和共存의 時代가 되었다. 勢不可而入하던 民主陣營과 共産陣營도 서로 平和共存을 希求희구하는 이 時代에 있어서, 한글派는 왜 漢字와 한글을 평화 공존하지 못하도록 만드는가. 더구나 우리의 國語의 構造는 漢字를 體로 해서 한글은 用으로 해서 불가분의 관계에 있던 것을, 하필 그의 體는 破壞파괴하고서 用만 固執고집하여 국어의 生命을 말살하려 드니, 그의 理由는 다른 것이 아니라 오직 權勢만 貪하기 때문인 것이다. 그러면 권세는 왜 그렇게도 탐하는가. 권세에 貪着탐착해서 眞理에 脫線탈선되는 일을 하는 것은 가장 危險한 것이다. 그러므로 이에 한글파에서 理性과 良心으로 돌아오기를 促求촉구하는 바이다.

〈前忠南大敎授 · 本會 理事/ 어문연구 2호〉

한글主義者의 悔改를 促求한다

-2世國民에게 글 배울 權利를 주라

柳 正 基

1910~1997년. 慶北 安東 출생. 필자는 表音文字를 다른 표음문자로 改革할 수는 있지만, 表意文字를 다른 표음문자로 개혁하는 것은 불가능하다고 지적하면서 한글專用과 漢字廢止의 문자개혁은 실패할 수밖에 없다고 주장하고, 한글派가 "우리 국어는 한자 때문에 발전되지 못했다"고 한 것은 良心이 없는 말이고 "한자를 폐지해야만 우리 문화가 발달된다"고 한 것은 理性이 없는 말이라고 하면서 한글전용론자들을 질책하고 있다. 그리고 한글專用敎育을 强行해온 이래 敎育은 亡하고 文化는 衰한 것이 곧 한글派의 죄상인바, 한글전용론자들은 前非를 회개하여 한글과 漢字를 平和共存하게 하라는 강력한 메시지를 보내고 있다.

지금에 우리民族은 半萬年歷史上에 未曾有한 重大危機에 際會제회하였다. 外勢에 의해 38度線으로 國土가 兩斷된지 於焉間 38년이나 되는 동안에 南北은 不共戴天불공대천의 仇敵구적처럼 對峙하여 있고 內勢의 所爲로는 38년來로 한글을 專用해서 語文上에 38度線을 그어 學生들은 目不識丁하는 文盲문맹이 되어 讀書도 못하는 것이다. 그러니 만약에 南北이 一觸卽發일촉즉발을 한다면 그때는 우리民族의 自爆자폭이 될 뿐만 아니라 人類世界가 全滅전멸하게 될 3次大戰이 될 것이니 이것은 可恐可怖가공가포한 일이고, 또한 한글派의 所願대로 漢字가 完全히 다 廢止폐지된다면 그때는 東亞文化圈에서 自退하여 他民族의 侮蔑모멸을 받는 無知野蠻무지야만한 民族이 될 것이니 이것은 寒心痛哭한심통곡할 일인 것이다.

지금은 歐美資本主義國家에서는 社會主義政策을 採用하고 中共社會主義國家에서도 資本主義政策을 取用해서 서로가 接近하여갈 뿐만 아니라, 모두가 平和共存을 希求희구하고 있는 것이다. 그런데 한글派는 왜 한글과 漢字는 平和共存하지 못하게 38線을 그었는가. 古來로는 漢文專用을 했으니 그의 復讐복수로서 지금에는 한글專用을 하는 것인가. 우리는 漢語民族이 아니니 漢文專用이 不可함은 물론이지마는 우리는 漢字國語를 쓰니 한글專用이 不當함도 知覺있는 者는 다 알 것이다. 漢字의 뜻으로 만든 우리國語를 어찌 한글로 表音해서 안다는 말이냐. 그래도 한글派는 土耳其에 케말 파샤가 文字革命에 成功한 實例를 들어 우리도 文字革命을 하겠다고 하니 그 얼마나 無知한 所見인가.

무릇 表音文字는 다른 表音文字로 改革할 수가 있는 것이나 表意文字를 다른 表音文字로 改革해서는 안 되는 것이다. 그러므로 土耳其에서 本來 쓰던 表音文字인 아라비아字를 역시 表音文字인 알파벳字로 改革한 케말 파샤는 成功했지마는 表意文字인 算用數字나 化學記號를 表音文字인 한글로 改革한다면 數學도 化學도 될 수가 없는 것처럼 漢字語를 한글만으로 改革해서는 안 되는 것이다. 그런데 케말 파샤는 自國字를 버리고 羅馬字라마자를 썼는데 한글派는 한글만 우리글이라고 해서 專用하고 漢字는 남의 글이니 廢止하자는 것과는 反對가 아닌가. 그러니 한글派가 케말 파샤의 文字革命을 實例로 든 것은 도리어 그 自身에 矛盾된 것이다.

나는 解放直後부터 한글派가 "우리國語는 漢字 때문에 發展되지 못했으니 漢字를 廢止해야만 우리文化가 發達된다"고 해서 文教部에 依託의탁해서 漢字廢止를 强行하는 데 憤慨분개하였다. 그래서 그의 非理性과 有害性을 論證한 글을 38년來에 無慮 四十萬字나 썼으니 또 무슨 더 할 말이 있을까마는 한글專用이 悔改회개되지 않는 限에는 나는 결코 그에 대한 攻擊공격을 그만 두지 않을 것이다. 한글專用教育을 强行해온지 38년 만에 40代가 모두 漢字를 모르니 그들에게 읽히기 위해서 新聞·雜誌·書籍 등이 한글專用化되어간다. 그러나 이것이 결코 文字革命이 成功된 것이 아니라,

이것은 오직 教育이 망해지고 文化가 衰해진 것만 實證하는 것이니 이것이 도리어 한글派의 罪相을 證言하는 것이다.

한글派가 "우리國語는 漢字 때문에 發展되지 못했다"고 한 것은 良心이 없는 말이고 "漢字를 廢止해야만 우리文化가 發達된다"고 한 것은 理性이 없는 말이다. 무릇 양심이란 것은 지금의 成果까지 過去에 原因을 認定하는 심정이고 理性이란 것은 現在의 原因에서 將來의 결과를 豫知예지하는 性能인데 한글派는 지금까지 우리民族은 漢字의 德澤으로 文化用語를 가지게 된 사실을 否定하니 그는 良心이 없기 때문이고 또한 今後에도 우리民族은 漢字의 能力이 아니고는 文化用語를 造成할 수 없는 것도 모르니 그는 理性이 없기 때문이다. 그러니 良心도 理性도 없는 한글派가 무슨 學問을 했다는 말이냐. 그들이 研究해서 만든 한글綴字철자는 實로 不合理한 것이다.

우리의 國語에서 在來의 土俗語는 數千個 미만이니 그것만으로는 日常生活도 할 수가 없는 것이다. 東西南北이란 方名도 없고 百千萬億이란 數詞도 없는데 그것을 어떻게 發展시킨다는 말이냐. 더구나 高等概念을 表示하는 文化用語는 全部 다 漢字이니 漢字를 廢止한다는 것은 바로 우리國語를 廢止하는 것이 아닌가. 양심이 있는 者라면 우리國語가 漢字에 依存하고 있는 事實을 否定하지는 못할 것이다. 그런데 더구나 文化가 發展하는데 따라서 필요한 新語는 漢字가 아니고는 하나도 만들 能力이 없는 것이다. 그래서 新語는 漢字專用으로 만드는 데도 한글派는 在來의 漢字語는 飜譯번역해서 學生들에게 가르치는 愚事만 하니 이것은 理性이 없음을 自證한 것이다.

한글派는 漢字를 專用해서 만드는 新語에 反對하는 말은 하나도 創造하지 못하면서 數千年來로 東洋世界에서 通用해오던 漢字語만 飜譯해서 學生들에게 가르치니 그것이 무슨 장난인가. 學生들은 强制로 그것을 배워도 學校만 나오면 所用이 없는 것이다. 그의 飜譯한 말은 너무나 幼稚하고 拙劣졸렬해서 一般社會에는 通用이 될 수도 없는 것이니 學生들은 그것을 공연히 배우느라고 語學의 負擔만 加重되었을 뿐이다. 그런데 讀書에 필요한 漢字語는 뜻도 모르게 안 가르치니 國民學校에서 大學卒業까지 16年 동안 數千時間이나 國語를 배운 學生들이 國語를 모르는 것이다. 그래서 讀書能力이 없으니 教育熱은 世界最高인 韓國人이 讀書率은 世界最下가 된 것이다.

이왕에 모든 教科書는 한글專用으로 만들어서 教育을 해오니 이것을 배운 學生들은 漢字混用文章은 읽지 못하게 되었다. 그러므로 그들을 읽히기 위해서 모든 出版物이 한글專用으로 나오나 그것은 간단한 漢字語를 複雜하게 풀어쓰고 풀어쓸 수 없는 漢字語는 括弧괄호 속에 漢字를 쓰니 그 分量이 數三倍나 增加되는 것이다. 그래서 印刷紙面인쇄지면이 數倍나 느니 그의 讀書時間도 數倍나 더 들어 讀者를 低能化시키는 것이다. 그런데도 漢字는 한字한字의 構造가 直接으로 意味를 表示해서 讀解하기가 迅速신속한데 反해서 한글은 여러字音을 합해서 間接으로 意味를 把握파악하니 이해하기가 어려우므로 한글專用한 文章은 漢字混用한 文章보다 讀書時間이 數倍나 더 걸리는 것이다.

그러니 한글專用한 書籍은 紙面分量이 數倍나 많은데 또한 讀書時間도 數倍나 더 드니 漢字混用한 書籍에 비해서 그 損失손실이 4倍나 되는 것이다. 그뿐만 아니라, 漢字를 混用한 文章은 보고난 뒤에 그 視覺的인 印象이 記憶기억에 남지마는 한글만 專用한 文章은 보고만나면 그 視覺的인 記憶은 全然 되지 않는 것이다. 그러므로 한글專用은 人間을 低能化시키는 것이니, 한글書籍은 旣成世代뿐만 아니라 한글世代도 讀書할 意慾이 나지 않는 것이다. 그래서 이 國民들은 讀書를 하지 않으니 書籍이 안 팔리고 書籍이 안 팔리니 書籍商이 廢業을 하고 出版社가 破産을 하는 것이다. 한글專用의 教育은 이 國民을 이처럼 공부 안하는 墮落者타락자로 만들었던 것이다.

지난 7月末 日本教科書의 歪曲問題왜곡문제가 發生한 後에 '克日'이란 新語가 出現하였으니 우리는 日本을 이겨야만 한다. 그러면 우리는 무슨 힘으로써 日本을 이길 것인가. 지금 日本에서 經濟協力을 받으려는 이 處地에서 經濟力으로 日本을 이길 수가 없음은 물론이고, 또한 共産勢力에 對峙하고 있는 이 時點에서 軍事力으로 日本을 이기려 할 수도 없는 것이다. 그러니 우리가 日本을 이기는 길은 人間的·知力的인 面에서 求해야만 할 것인데 지금 韓國人은 가장 공부하지 않는 國民이 되었으니 가장 공부 많이 하는 日本人을 어찌 이길 수가 있을까. 실제로 공부를 해서 日本을 이기는 '克日'은 하지 못하고 말로만 日本을 치는 '剋日'만 하는 것은 더욱 그의 侮蔑모멸만 받게 될 것이다.

나는 日前에 東京에 갔다가 偶然히 駐韓日本大使를 지낸 金山政英氏(現國際關係共同硏究所長)를 만나 談話하던 中에 그는 "朴大統領에게 한글專用으로 看板간판을 알아보지 못해서 困難한데 왜 그렇게 하는가고 물으니 그는 아무 答辭도 하지 않고 웃고만 넘겼다"는 말을 하였다. 그러면 朴大統領이 한글專用政策을 强行한 것은 아무런 理由도 없이 우스개로만 했던 것이 아닌가. 그는 오직 "世宗大王이 한글을 創製한지 五百年이 지나도 아직 專用하지 못했으니" 自己가 처음해서 第2의 世宗大王이 되겠다는 個人的인 野望으로 한 것이지 民族的인 福利를 위해서 한 것은 아니었다. 그러니 한글專用을 强行하는 그들 한글派는 오직 私的인 野慾을 위함이고 결코 公的인 福利를 위함은 아닌 것이다.

그들이 조금이라도 國利民福을 위하는 精神이 있다면 왜 國民의 要求는 拒否거부하고 한글專用만을 固執할 理가 있을까. 모든 教科書에서 漢字語는 모두 漢字로만 가르친다면 國民學校 6年 동안에 2, 3千字의 漢字는 능히 알아서 讀書도 하고 事務사무도 보고 國民生活에 필요한 語文知識에 不足함은 없을 것이니 이것은 日帝時代에 經驗한 것일 뿐만 아니라 現在에 日本과 中國의 國民教育에서도 實證이 되는 것이다. 그런데 왜 우리의 2世國民만이 唯獨히 低能兒라서 漢字 2, 3千字를 어려워 못 배운단 말이냐. 2, 3千字의 漢字만 알면 二, 三十萬의 單語도 능히 알게 되니 漢字를 통하면 國語배우기는 가장 쉽지마는 한글로만 배우니 國語배우기가 가장 어렵게 된 것이다.

그런데 한글派는 "어려운 漢字 배우는 時間을 節約해서 科學을 배우게 하기 위해서 한글專用을 한다"는 것이다. 그러면 참으로 科學을 배우는 中高等學生에게는 왜 漢文課程을 두어 가르치고 아직 科學도 못 배우는 國民學校生에게만 漢字를 못 가르치게 하는가. 모든 教科書가 다 한글專用인데 漢文課程으로 배운 漢字는 國語에서 活用할 줄을 모르니 그것은 時間만 浪費낭비하고 實力은 되지 않는 것이다. 그런데 왜 漢文課程으로 浪費하는 時間은 節約해서 科學을 배우게 하지 않는가. 그런데 國民學校生에게만 科學을 배우라고 漢字는 안 가르치니 그래서 과연 韓國에 國校生이 日本과 中國의 國校生보다 科學實力이 더 나은가. 한글派의 所言과 所爲는 모두가 이렇게 서로 矛盾된 것이다.

그러니 그의 所言은 Sophist고 그의 所爲는 Mephisto라, 害國罔民하는 한글專用의 禍害는 一波萬波로 社會各面에 派生되었다. 그런데 도리어 한글專用을 愛國精神에다 結付결부시켜서 "우리는 우리글만 써야 된다"고 하는 것이니, 이 아니 可憎한 奸計간계인가. 元來에 人生의 眞理에는 國境이 없는 것이다. 글字를 쓰는 데 무슨 내 것 네 것의 差別이 있을까. 아무 것이나 有益한 것은 쓰고 有害한 것은 버리는 것이다. 더구나 漢字는 有史以來 百代祖先부터 使用해온 글인데 그것을 어찌 남의 글이라고 해서 廢止하며 한글은 不過 5百 40年前에 創製한 것인데 그것만이 어찌 우리글이라고 해서 專用한다는 것이냐. 그것은 全然 事理에 당치도 않은 것이다.

그들은 愛國을 假裝해서 害國을 하고 있음에 나는 더욱 憤激분격해서 지난 己未年 三一節에는 그들을 害國者로 規定한 重大宣言書를 發表하고 그의 無知와 罪惡을 聲討성토하였다. 그리고 語文教育是正促進會어문교육시정촉진회(會長은 申淳彦신순언 本會副會長)를 結成하여 『語文教育是正促求書』 萬餘部를 印出해서 國內에 撒布살포하였다. 그 後에 벌써 3年이 지난 오늘까지 그들은 아무런 反應이 없으니 그것은 勿論 "너 아무리 抗議항의를 해도 實權은 우리에게 있다"는 態度로서 默殺묵살한 것이다. 그들은 아무런

理論도 없이 오직 權力만으로 한글專用을 强行하는 판이니 萬若에 나의 理論에 抗拒항거하다가는 도리어 그의 權力을 喪失상실할 憂慮우려가 있으므로 그들은 默殺하는 것이 最上策인 것이다. 그러나 반드시 最後의 審判심판을 免치는 못할 것이다.

그리고 또 나는 今年 봄에 그들의 元祖인『周時經全集』을 보고 그의 幼稚유치하고도 淺薄천박한 學問에 대해서 一大攻擊일대공격을 加한「한흰샘의 한글主義 批判」이란 一文을 써서 나의 論文集『國利民福을 爲한 重要提言』에 收錄해서 千餘部를 印刷인쇄하여 國內의 指導層지도층에 頒布반포하였는데 그 後도 벌써 一年이나 되었으나 한글派는 이것도 亦是 默殺하였다. 그들은 아래로는 國文科의 敎師들에 뿌리를 박고 위로는 文敎部의 權力者에 結託결탁을 하였으니 그로써 自足한 것이다. 나 같은 寒微한미한 者는 아무리 抗議를 해도 그들은 微動도 하지 않는 것이라, 그러나 眞理없는 權力만은 뿌리 없는 나무와 같은 것으로, 被害를 當한 國民大衆은 결코 永遠히 속고만 있지는 않을 것이니 반드시 審判을 받을 날이 올 것이다.

지금은 全世界가 一室이 되어 國家間에는 競爭이 熾烈치열한데 이 나라의 敎育은 文盲者만 量産하고 있을 것인가. 우리가 이기겠다는 日本人은 國民學校만 나와도 讀書도 하고 事務도 보는 文字生活을 하는데 韓國人은 國民學校만 나와서는 讀書도 못하고 事務도 못 보니 軍隊군대갈 資格도 주지 않았다. 그뿐만 아니라 中學·高等·大學을 卒業해도 日本人에는 比較도 안 될 만큼 劣敗者열패자로 敎育을 하니 그의 罪責죄책은 오직 한글派에 있는 것이다. 그래도 한글派는 그의 權力을 永遠히 保全할 줄로만 아는가. 時間이 지나가면 權力은 반드시 眞理의 審判을 받는 것이다. 한글派여! 權力만 믿지 말고 眞理를 알아보아, 지금이라도 前非를 悔改회개하여 한글과 漢字를 平和共存하게 하라.

〈本會 副會長/ 어문연구 36·37호〉

國際化時代의 世界語文

柳 正 基

1910~1997년. 慶北 安東 출생. 이 글은 세계적으로 공통된 문자를 써야만 하는 국제화시대의 시대적 요청에 따라서 가장 적합한 문자를 고르자면 (에스페란토어는 부적절하며) 語意로써 通하는 文字로는 漢字가 最上이고 語音으로 通하는 文字로는 한글이 最上이라고 주장하고 있다. 이 주장을 논증하기 위해 필자는 한자와 한글을 각각 歐文과 대비하여 면밀하게 살펴보고 있다. 필자의 주장에 의하면, 漢字文化圈에서는 表音에만 한글을 選用하고 歐文使用圈에서는 名詞에만 漢字를 使用해도 지구촌의 인류에는 言語文字의 장벽이 뚫릴 것이라는 것이다.

Ⅰ 緖 論

近代西洋에서는 여러 民族이 雜居하는데 交通機關교통기관이 發達해 가니 旅行여행·通商이 頻繁빈번하고 文化·學術을 交流하는데 言語上의 障壁장벽이 問題로 化하였다. 그래서 西歐의 智者들은 國際語-世界語의 必要性을 痛感해서 數多한 學者들이 그의 問題를 硏究했던 것이다. 어찌해야만 各 民族들이 言語의 障壁장벽을 除去제거하고 意思를 疏通소통할 수 있는 言語를 俱現구현할 수 있을까. 그의 方道는 大槪대개 세 가지로 分類되니 ① 이미 死語가 된 古典語를 活用시키는 것, ② 現實에 가장 有力한 國語를 通用시키는 것, ③ 各 國語의 中立語를 創造하는 것 等이었던 것이다.

그러나 ① 希臘語희랍어·羅典語나전어·梵語범어 등 死語를 復活부활한다고 해도 現代文化의 發展에 所要되는 語彙어휘가 缺如할 뿐만 아니라 그 文法도 現代人에게 充分히 알릴 수 없는 것이니 1919年에는 Arian族의 祖語를 復活시키자는 案도 나왔던 것이나 結局결국은 不可能한 것으로 判定되고 말았다. 그리고 ② 가장 有力한 國語는 英語니, 그것은 語彙가 豊富하고, 文獻문헌이 방대하며, 文法도 簡易간이하고 國力도 富强한 것이다. 그러나 現實에 外交上의 公用으로는 佛語·獨語도 쓰고 있는데 英語만 國際語로 選用한다면 그들의 民族的 感情이 決코 容納용납하지 않을 것이다. 그러니 結局 ③ 世界語는 人造語로 할 수밖에는 없게 되었다.

그래서 數多한 人造語가 試圖시도되었으나 그것들은 大部分이 하나의 計劃계획에 不過한 것이었다. 그것을 2種으로 大分하면 先天式과 後天式이다. 그 中에서 代表的인 것만 말한다면 先天式에는 數字에 意味를 賦與부여해서 言語로 使用하는 것이니, 그것은 '言語代數'라고도 하나 使用하기가 어려워서 失敗되고 말았다. 그리고 後天式은 現在한 各 國語의 共通性을 求해서 中立的으로 造成한 것이니 그것은 지금 世界的으로 廣布광포가 된 Esperanto인 것이다. 그의 名稱은 羅典語에 esperare(希望한다)란 動詞의 語根에다 nto(者)를 語尾로 붙여서 '希望者'란 뜻으로 만들었으니, 이는 그의 創製者 Zamenhof의 거룩한 精神이 內在한 것이다.

Ludwik Zamenhof는 1887年에『第一의 書』*Unuan Libro*를 發表할 때 "이에 對한 個人的인 權利는 抛棄포기하고 萬人의 共有로 해서 萬人의 自由에 成功을 希望한다"고 宣言하고, 또한 1907年 第3回大會 때는 "諸民族제민족의 內的 生活에 干涉간섭하려는 것이 아니라, 諸民族間에 橋梁교량을 놓으려는 것이다"고 하였으니, 그가 Esperanto를 創製한 것은 人類平和를 實現하려는 希望에서 出發한 것이다. 그는 波蘭파란의 小都市에서 生長한 猶太人유태인인데 그 市에는 波蘭·露國·獨逸·猶太 등 諸國民이 雜居해서 宗敎·習慣·言語 등의 差異로 因해서 사소한 일에도 서로 爭鬪쟁투하는 것을 자주 보고 言語만이라도 統一하려는 希望에서 發心하여 Esperanto를 創製한 것이다.

Zamenhof가 Esperanto를 創製한 지는 꼭 百年이 되었다. 그間에 世界的으로 普及됨에 따라서 Esperanto人은 世界 어느 곳에 가나 同志로서 相互扶助상호부조를 하는 美風이 造成되었으니 Zamenhof의 偉大한 精神은 그에서 實現된 것이다. 그러나 아무리 쉽게 만들었다고 해도 必要한 事物의 名詞만이라도 記憶하는 것은 決코 쉬운 일이 아니라, 各 民族의 固有한 國語가 있는 以上에는 그의 人造語가 大衆化될 수는 없는 것이다. 그러니 그의 人造語는 補助語보조어의 役割밖에는 할 수가 없는 것이다. 그래도 歐羅巴구라파의 各 國語는 大部分이 羅典語에 依據의거해서 만들어진 Esperanto는 배우기가 쉽지마는 羅典語에는 關係없는 東洋人에게는 배우기가 어려운 것이다.

至今은 科學·技術의 交通·通信이 極度로 發達해서 地球는 하나의 村落처럼 縮小되었고 人類는 하나의 家族처럼 接近되었으니 世界에 共通한 國際語의 必要性은 더욱 切實하게 되었다. 그러면 이 時代的인 要請에 副應하는 世界語는 果然 어떠한 것이 適當한가 하면 그것은 반드시 聽覺的청각적인 言語를 表記하는 寫音文字사음문자보다는 視覺的인 意味를 象徵상징하는 表語文字가 簡便할 것임은 明若觀火명약관화한 事實이 아닌가. One, Two, persentage 등 聽覺的인 言語로 쓰기보다는 1.2% 등 視覺的인 文字로 쓰는 것이 얼마나 簡便한가. 對話할 때는 물론 聽覺的인 言語만 必要하지마는 通信할 때는 오직 視覺的인 文字가 簡便간편한 것이니, 이것은 言語의 障壁장벽을 超越초월한 것이기 때문이다.

그러니 무릇 視覺을 가진 人間에게 意思를 傳達하는 데는 漢字의 以上은 다시 없는 것이다. 數學上·化學上에 數字와 記號기호는 人類에게 共通한 書寫上서사상의 言語니 이것이 現代에 科學 技術의 文明을 發展시킨 原動力인 것이다. 이와 같은 理致로 漢字는 古代에 東亞文化·哲學을 造成한 主動力이었던 것이다. 漢字의 語音은 東西 各國, 아니 中國內에서도 地方마다 各殊각수해서 聽覺的으로는 通할 수가 없지마는 漢字의 語意로써 視覺上으로는 다 通하는 것이다. 歐羅巴에는 數十個國이 羅馬字로는

大同하여도 各 語意들은 不通하지마는 廣大한 亞細亞世界에는 語音上으로는 不通하여도 漢文字로써 共通하니 亞細亞와 歐羅巴는 東西의 關係로써 正反對된 것이다.

무릇 自然界에 物體나 人間界의 事爲는 모두 다 陰陽의 相對性原理에 依해서 形成되었기 때문에 文字에서도 表意字와 表音字가 있으니, 이것이 東西洋으로 配合이 되어서 東洋에는 表意字인 漢文字가 主로 되었으나 世俗的으로는 表音字도 쓰고, 西洋에는 表音字가 主로 되었으나 學問的으로는 表意字를 쓰는 것이다. 그러니 이 두 가지 文字는 반드시 兼容겸용을 해야만 하지, 하나만 專用해서는 世俗的·學問的으로 不便한 것이다. 그런데 至今은 世界的으로 共通한 文字를 써야만 하는 時代的 要請에 따라서 가장 適好한 文字를 選定한다면 語意로써 通하는 文字로는 漢字가 最上이고, 語音으로 通하는 文字로는 한글이 最上이라고 할 수 있는 것이다.

Ⅱ 表意字로는 漢字

20世紀에 世界最高의 語文學者 瑞典人서전인 Bernhard Karlgren은 말하되 "中國처럼 廣大한 國土에서 能히 하나의 國家를 形成해 온 것은 오직 漢字라는 文具가 있기 때문이다", "漢字가 上下 數千年來로 暢達無碍창달무애하게 中國文化를 造成해 온 것은 오직 그 文字의 特性이 便然한 것이다"고 하고, 또한 "漢字는 人類世界에서 가장 高度로 進化된 語文이니, 그것은 書寫上의 世界語다. 將來에 果然 世界에 共通한 語文이 可能하다면 그것은 오직 漢字研究에다 基礎기초를 해야만 할 것이다"고 하였다. 그리고 또 "Esperanto는 羅典語에 根據근거한 것이니, 歐羅巴의 世界語는 되지마는 全人類의 世界語는 될 수 없다"는 旨를 말하였으니, 그는 實로 事理에 通達했던 것이다.

무릇 歐羅巴의 各國語는 羅馬字로 表記하는 것이니, 그의 言語와 文字

는 別個인 것이다. 羅馬字는 各國이 小異하나 30字도 未滿이니, 文字로는 가장 簡單하지마는 各國語는 平均해도 數萬語를 超過하니 言語로는 가장 複雜한 것이다. 더구나 그 나라 文化의 水準은 그 나라 國語의 數量과 正比例가 되니 單語數가 많아야만 文明國인 것이다. 그런데 Esperanto는 비록 簡素化했다고 해도 事物의 名詞야 어찌 省略생략할 수가 있을까. 그러나 漢字는 그와 反對라, 文字의 數量은 비록 過多해도 熟語로 活用함에는 簡單한 것이다. 『康熙字典강희자전』에는 4萬餘나 되지마는 實用하는 字는 그의 10分의 1이면 自足한 것이니, 4千字 정도만 알아도 그것이 結合된 單語는 모두 理解가 되는 것이다.

元來에 表音字인 羅馬字는 發音도 各 民族에 따라서 變異되었을 뿐만 아니라, 母音은 6字뿐이라서 發音이 混同됐었기 때문에 單語의 發音은 따로 記憶하지 않으면 안 되니 그의 表音的 機能도 喪失상실하고 있는 것이다. 그러나 表意字인 漢字는 發音에는 相關없이 意思를 傳達하는 것이다. 지금 사람들은 西歐文字만 標準표준으로 해서 文字는 오직 語音을 表記하는 符號부호로만 約束된 것이라고 하지마는 漢字는 決코 偶然히 約束된 記號가 아니라, 바로 事物을 表示하는 眞理의 記號인 것이다. ABC는 偶然히 約束된 發音의 記號지마는 1, 2, 3은 數量을 表示한 眞理의 記號인 것이다. 그러므로 眞理를 探究하는 學問의 發達은 오직 이 眞理의 記號에 依存하고 있는 것이다.

漢字에는 『六書』의 原則이 있으니 ① 象形, ② 象事, ③ 會意, ④ 諧聲해성, ⑤ 轉註전주, ⑥ 假借가차 등이다. 무릇 象形字는 具象的구상적인 物象을 그린 圖形이 略化된 것이니 山川 등이 그의 例이고, 象事字는 抽象的추상적인 事象을 그린 點과 線으로 成立된 것이니 上下 등이 그의 例다. 이 두 가지를 모든 漢文의 基本으로 해서 그것을 結合하여 意味를 造成한 것이 會意字니 林氷 등이 그의 例인데 그의 字音은 別個인 것이고, 特히 字音에 置重치중한 것은 諧聲字니 橋觀교관 등이 그의 例인데 그에는 字意도 內在한 것이다. 以上에 네 가지로 모든 漢字는 造成되었는데 그의 使用上에서 한 原始的 意味가 多義를 轉生한 것은 轉注字라 하니 樂惡 등이 그의 例고 또한 어떤 字音을 借用해서 두 字의 意味를 賦與부여한 것은 假借字라고 하니 盍 諸 등이 그의 例다.

이러한 漢字의 構造原理를 解說한 것이 『說文解字』이니 說文解字로써 그의 眞理를 學習한다면 漢字배우기는 實로 平易한 것이다. 첫째, 字源이 되는 象形字와 象事字의 두 가지가 5百字 정도니 그것을 習熟한 뒤에 會意字는 千餘字고 諧聲字는 그 外 全部니, 이 두 가지는 推理해서 記憶하면 쉬운 것이다. 大概 漢字의 90%가 되는 諧聲字는 반드시 表音字가 들어 있으니 그 외 音을 記憶하는 問題는 없는 것이다. 그러나 或은 그의 音이 엉뚱하게 變해진 字가 許多하니 敎育的으로 그의 原音을 回復시킨다면 그들 字音의 記憶上에 有益이 될 것이다. 그러니 漢字는 그의 構造上에 音과 義가 表在하니 그의 音義가 文字上에는 關係가 없는 歐語배우기보다는 크게 쉬운 것이다.

이에 漢字와 歐文과의 相對的 屬性속성을 圖表로 總括한다면 다음과 같은 것이다.

漢字	橫廣	立體	一字	獨立	表意	情神	合字	視覺	音變	永遠	略少	東洋
	縱書	左行	單音	簡單	內因	作爲	新語	義深	義固	無窮	讀速	黃人
(對待)	(字形)	(行列)	(單語)	(文法)	(本質)	(發源)	(造語)	(意味)	(變化)	(壽命)	(譯文)	(産地)
歐文	橫書	下行	多音	複雜	外果	振動	古語	義淺	失義	有限	讀遲	白人
	縱長	平面	一綴	屈折	表音	物質	頭字	聽覺	變音	時空	過多	西洋

① 字形으로는 橫廣－縱長, 縱書－橫書, ② 行列로 보면 立體－平面, 左行－下行, ③ 單語로 보면 一字－一綴, 單音－多音, ④ 文法으로는 獨立語－屈折語, 簡單－複雜, ⑤ 本質로 보면 表意－表音, 內在－外果, ⑥ 發源으로는 精神作爲－物質振動, ⑦ 造語上으로 보면 合字－頭字, 新語－古語, ⑧ 意味上으로는 視覺－聽覺, 義深－義淺, ⑨ 變化上으로는 音變

해도 義固－變音하면 失義, ⑩ 壽命上으로는 永遠無窮－時空有限, 譯文上으로는 略少해서 讀速－過多하니 讀遲독지, 産地로 보면 東洋에 黃人種－西洋에 白人種 등으로서 正對待의 關係에 있는 것이다. 모든 方面에서 모두가 東洋과 西洋은 正反對의 關係에 있는데 言語文字는 그의 代表的인 것이다.

歐文은 聽覺的인 文字이니 時間的·空間的으로 語音이 變化되면 그의 意味를 喪失하는 것이니, 마땅히 時代를 따라서 改綴개철을 해야만 하지마는 萬若에 改綴을 하기로 한다면 旣存기존한 文籍문적은 解讀할 수 없게 되니 그래서 古典이 無用化된다면 文化는 衰退할 것이다. 그러므로 不得已해서 國語辭典에다가 單語마다 發音符號를 달아서 敎育하는 것이다. 그래서 發音은 別道로 記憶하지 않으면 讀書할 수가 없기 때문에 지금 世界에서 最高의 文明國인 美國에 讀書 못하는 文盲者가 20%나 된다고 한다. 그래도 美國人은 事理를 알기 때문에 文盲者를 없앤다고 文字改革을 하지는 않는 것이다.

그러나 漢字는 그의 字形에 意味가 있는 視覺的인 文字이기 때문에 語音은 아무리 變해도 語意는 通하는 것이다. 그런데 一般的으로 需用되는 그의 字數는 多不過四千이니, 그것은 記憶力이 旺盛왕성한 少年期에 배워만 두면 一生을 通해서 無盡藏무진장한 國語의 知識이 되는 것이다. 더구나 몇 千年 前에 先聖의 經典도 解讀할 수 있고 몇 萬里 外에 學者의 著書도 通曉통효할 수가 있을 뿐만 아니라, 社會發展에 따라서 새로 所要되는 用語를 얼마든지 創造할 수가 있는 것이니 그의 活用度는 實로 無窮無盡한 것이다. 歐語四千單語를 배워서 果然 이러한 知識의 寶庫보고가 될 수 있을까.

漢字와 歐文을 比較하면 質量의 分이 懸殊현수한 것이다. 漢字는 質的으로 意味가 심수하고 歐文은 量的으로 字畫이 數多한 것이다. 그러므로 漢文古典을 歐文으로 飜譯번역하면 그의 紙面을 3, 4倍나 占領하는 것이니, 그러면 繁雜번잡한 歐文을 쓰기보다는 簡少한 漢字를 쓰는 것이 有利

하지 않을까. 漢字에도 猫묘, 鼠서 같은 字는 英語에 cat, rat 보다는 複雜하지마는 이런 것은 極少하고 大部分은 山과 mountain, 川과 river 같이 量的 差異가 懸殊한 것이다. 漢字는 畫數가 많아도 視覺上에는 支障이 없고 書寫上에만 多煩다번하나 印刷術인쇄술이 發達된 至今에는 쓰는 것이 問題가 아닌 것이다. 人類가 共用할 世界語로서는 決코 漢字의 以上이 없는 것이다. (拙書졸서 『說文字典』 參照참조)

Ⅲ 表音字로는 한글

지금 人類世界에는 數多한 表音字가 있지마는 그 中에서는 羅馬字가 가장 越等월등하게 世界的으로 普及보급되었으니, 그것은 그 文字가 美觀上으로 優雅우아하기 때문이기도 하지마는 그 民族이 勢力上세력상으로 强大하기 때문인 것이다. 그의 字數는 多不過 30字니 簡單하기는 하지마는 그의 母音은 6字뿐이니 變化上에 不足할 뿐 아니라, 또한 子音에도 不足音이 있는 反面에 同音字도 二重三重이나 있으니, 그의 發音만 알아서는 綴字할 수가 없는 것이다. 그러니 外國語를 寫音하는 데는 甚히 不足한 것이다. 그러나 우리 正音―한글은 母音이 35字나 되고 子音은 17字가 있으니, 무릇 語音은 모두 다 表記할 수가 있는 것이다.

이에서 正音과 歐文의 屬性속성을 圖表로써 總括총괄한다면 다음과 같은 것이다.

正音	音綴	一字	各音	字音	土語	終聲	陰陽	筆體	實用	推理	子母	河圖
	單字	表音	獨立	不變	寫音	附下	合成	單調	三千	通曉	體系	洛書
(待對)	(綴字)	(特徵)	(性格)	(變化)	(造語)	(字畫)	(字音)	(字體)	(字數)	(學習)	(字源)	(由來)
歐文	多音	表意	屈折	不通	結合	一貫	讀音	混用	三十	記憶	無緣	希臘
	語綴	一綴	頭尾	語變	順字	上下	子母	四體	原字	各字	字相	埃及

正音과 歐文과는 聽覺的인 表音字로만 共通한 것이나, 正音은 東方의 所産이고, 歐文은 西方의 所産이기 때문에 形態上·行列上에서는 亦是 前에 圖示한 『漢字對歐文』과 같은 것이다. 그런데 正音과 歐文의 對待를 ① 綴字上철자상으로 보면 單音綴한 單字－單語綴한 多音, ② 特徵上으로는 綴字로 寫音－綴語로 表意, ③ 性格上으로는 各自가 獨立－頭尾가 屈折, ④ 變化上으로는 字音은 不變－變音은 不通, ⑤ 造語上으로는 土語만 寫音－頭字만 結合, ⑥ 字畫上으로는 終聲의 附下－上下가 一貫, ⑦ 發音上으로는 陰陽音의 合成－子母音이 獨音, ⑧ 字體上으로는 筆體가 單調－四體를 混用, ⑨ 字數로 보면 實用字는 三千－原本字는 三十, ⑩ 字學으로는 推理추리로 通曉통효－各字를 記憶, ⑪ 字原으로는 子音의 體系－字相의 無緣, ⑫ 由來로 보면 河圖와 洛書에다 依據의거－埃及애급과 希臘희랍에서 轉變한 것이다.

正音의 由來에 對해서는 雜說이 區區하지마는 그것들은 하나도 理論上에 合當한 것이 없는 것이다. 그러나 『訓民正音』의 製字解에는 "·ㅡㅣ의 3字는 8聲의 首인데 ·는 또한 ㅡㅣ의 冠이다. ㅗ는 처음 天에서 生하니 天一生水의 位에 있고, ㅏ는 다음이니 天三生木의 位에 있으며, ㅜ는 처음 地에서 生하니 地二生火의 位에 있고, ㅓ는 다음이니 地四生金의 位에 있으며, ㅛ는 天에서 再生하니 天七成火의 數로 되고, ㅑ는 다음이니 天九成金의 數로 되었으며, ㅠ는 地에서 再生하니 地六成水의 數로 되고, ㅕ는 다음이니 地八成木의 數로 되었다"고 하고, 또 "·는 天五生土의 位에 있고, ㅡ은 地十成土의 數로 되었다"고 하였으니 이것이 母音 11字가 造成된 河圖上의 位置인 것이다.

이에 河圖의 數位에 正音의 音位가 配屬배속이 되는 理由로 말하면 中心에 5는 ·가 되고 外包한 10은 ㅁ가 되니 南을 上으로 해서 ·와 下에 ㅡ은 北方一位에 ㅗ가 되고, ·와 左에 ㅣ은 東方三位에 ㅏ가 되며 ·와 上에 ㅡ은 南方二位에 ㅜ가 되고, ·와 右에 ㅣ은 西方四位에 ㅓ가 되니 이것은 1次의 配合이고 2次의 配合은 ·를 四方의 ㅗㅏㅜㅓ에 加添하면

ㅠㅕㅛㅑ로 되니 이것은 1, 2, 3, 4에 各其 다 五數를 合하면 6, 7, 8, 9로 奇偶가 各其 다 反對로 되기 때문에 ·를 添加첨가하는 方向도 各其 다 反對로 한 것이다. 그러니 母音이 河圖에서 나왔음은 이렇게 『訓民正音』에 明示되어 있는 것이다.

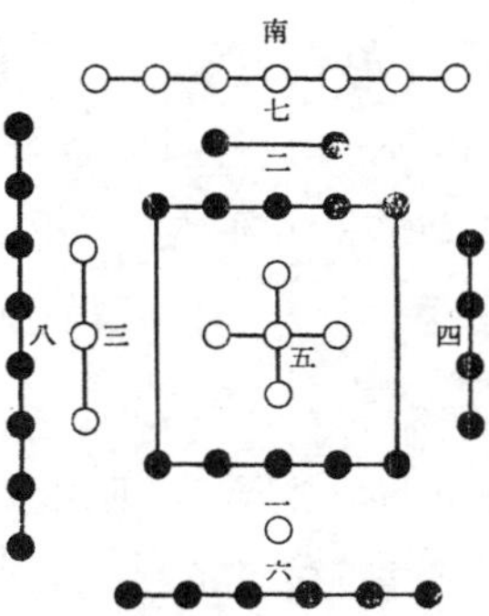

圖 1. 河圖

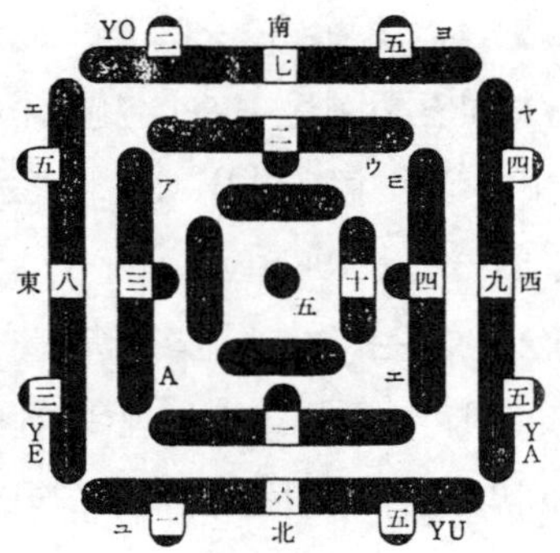

圖 2. 母音圖

그리고 子音으로 말하면 ㄱ은 牙音, ㄴ은 舌音, ㅅ은 齒音치음, ㅁ은 脣音순음, ㅇ는 喉音후음으로서 5字가 되니, 牙音은 東方木, 舌音은 南方火, ㅅ音은 西方金, ㅁ音은 北方水, ㅇ音은 中央土로 配屬배속하면 五音의 空間的 位置가 決定된 것이다. 그래서 또 因聲加畫하여 ㄱ에서 ㅋ, ㄴ에서 ㄷ, ㅅ에서 ㅈ, ㅁ에서 ㅂ, ㅇ에서 ㆆ이 되며, 또 ㄷ에서 ㅌ, ㅈ에서 ㅊ, ㅂ에서 ㅍ, ㆆ에서 ㅎ으로 衍成연성하고, ㄹ로 乙方에 配屬하니 5方에 3音식으로 總15音이 되었는데 또 ㆁ(이응)은 中央ㅇ에서 東方ㄱ으로 나가는 中間音에 該當해당하고, ㅿ은 中央ㅇ에서 西方ㅅ으로 나가는 中間音에 該當하니, 子音은 總17字가 된 것이다. 그러나 至今에 ㆆ은 發音이 안 되고, ㆁ는 終聲으로만 쓰는데 위에 촉이 없어졌고 初聲으로는 쓰지 않으나 初聲으로 쓰면 日本假名에 ガギグヂゴ의 發音이 될 것이고, 또 ㅿ는 全然히 廢止되었으나 初聲으로 쓰면 日本音에 ザジズゼゾ의 發音이 될 것이다.

그러면 이러한 子音의 體系를 圖面으로 表示한다면 어찌될까. 이미 母

音이 河圖에서 나왔음은 明白하니 子音은 洛書로서 圖表化함이 必然한 理致인 것이다. 왜냐하면 正音에 母音과 子音과의 關係는 河圖와 洛書와의 關係와 一致한 것이기 때문이다. 河圖와 洛書는 相對的 關係에 있으니 河圖가 南을 上으로 한데 反해서 洛書는 北을 上으로 봐야만 할 것이니 그래야만 東方木音이 右便으로 와서 ㄱ字가 되는 것이다. 河圖의 中央에는 15數가 있으니 洛書는 15數로 魔方陣이 된 것이다. 그의 15數를 線으로 連結하면 外에는 4線이 包圍포위하고 內에는 4線이 交錯교착하는데 ㅇ는 그 中에 없는 假字이기 때문에 ㅇ는 無音이다. 이에 洛書와 子音을 圖示하면 圖 3, 圖 4와 같다.

河圖와 洛書는 宇宙人生의 眞理를 總攝총섭한 것이니 그것은 分離될 수 없는 것이다. 그러니 그의 眞理에 依據한 正音의 母音과 子音은 반드시 結合해야만 發音이 되는 것이다. 그러므로 子音圖의 中心에 있는 ㅇ와 母音圖의 中心에 있는 ·를 合한 ᄋᆞ가 人間이 初生하면 우는 소리니, 이것은 오아우어로 分化되지 않은 原音으로서 發聲의 始源이다. ㅇ音이 東方으로가 陽化하면 「아」가 되고 西方으로가 陰化하면 「어」가 되어 입을 다무는 데는 「아」에다가 强終聲ㅂ이 붙여져 「압」이 되고 「어」에다 弱終聲ㅁ이 붙여져 「엄」이 되어 입을 벌리면 위에 終聲이 아래 初聲으로 投影되어 「압바」 「엄마」로 되니

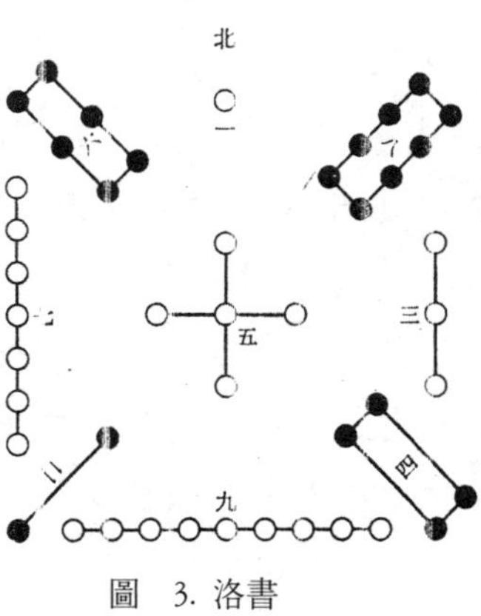

圖 3. 洛書

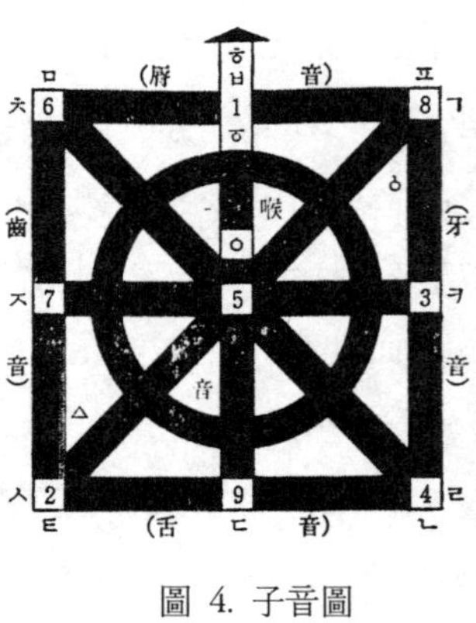

圖 4. 子音圖

이것이 父母를 稱號칭호하는 言語의 始發이다.

그러는 正音과 歐文은 本質的으로 相反된 것이다. 正音은 母音과 子音이 一絲不亂일사분란한 體系로 되었으나 歐文은 子母音이 混同되어 아무런 體系도 없고 字形과 發音이 아무런 關係도 없이 모두 偶然히 모여된 것이고 모두 偶然히 音을 낸 것이다. 그러므로 母音과 子音은 서로 結合하지 않고 獨自로도 發音이 되는 것이다. 그러니 歐文에서 Vowel(母音)과 Consonant(子音)라는 概念이 正音에 中聲과 初聲과는 全然 다른 것이다. 그러므로 마땅히 中聲은 陽音이나 父音, 初聲은 陰音이나 母音으로 變稱변칭해야만 할 것이다. (拙著『國字問題論集』中에「한글字源의 體系」參照)

Ⅳ 結 論

옛적에 子思는『中庸』에서 "지금 天下에 車는 軌궤를 같이하고, 書는 文을 같이하며, 行은 倫을 같이 한다"고 하였는데, 지금에 國際化時代에야말로 天下는 車軌거궤를 같이 하여 世界는 一統이 되었으니, 이제는 書文을 같이 하여 語文을 統一하고 將次는 行倫을 같이 하여 倫理도 統一한다면 그때야말로 地上의 天國이 實現될 것이다. 至今까지 車軌를 같이 하는 交通의 發達은 西歐에 機械文明의 偉力으로 實現되었으나, 지금부터 書文을 같이 하는 語文의 統一은 東亞의 漢字와 한글의 能力으로만 可能한 것이고, 또한 將來에 行倫을 같이 하는 平和한 世界는 東洋의 道德文化로서만 實現될 것이다. 近代에 物質文明을 創造하는 데는 東洋人이 無能했지마는 將次로 精神文化를 建設하는 두 가지 使命은 우리 民族에게 있는 것이다.

西歐人은 古典語가 各國語로 分化되어서 言語의 障壁이 쌓여졌음을 除去하고 世界平和를 圖成하려고 古典語를 復活하려 하여도 안 되니 國

際語-世界語를 創造해서 人類愛를 發揮하였다. 그런데 反해서 東亞人은 有史 以來로 共用해서 이미 國際語가 되어 있는 漢字도 廢止하고 隣國인국과의 障壁을 쌓으려고 無限히 애써 왔다. 그 中에 特히 韓國人은 우리 國語의 意味를 造成한 漢字를 "남의 글이다"고 해서 廢止하고 國語의 音聲만 表記하는 한글만 "우리글이다"고 專用해서 「한글文化圈」을 만들겠다는 版局이다. 理性을 가진 人間이라면 生覺해 보라. 文化의 알맹이는 빼버리고 껍데기만으로 무슨 文化圈을 만든다는 말이냐. 西歐人은 進化했는데 東亞人은 退化했으니 知愚善惡의 分은 懸殊한 것이다.

한글派가 "漢字는 남의 글이다"고 廢止하니 그에 反對해서 "漢字는 우리 東夷族동이족이 만든 것이다"는 人士도 있으니 한글派의 文化的 民族主義가 또 反對者의 文化的 民族主義를 産出한 것이다. 그래서 非理가 또 非理를 生하고 不義가 또 不義를 生하여 이 民族은 混濁한 와중에 들었다. "漢字는 남의 글이다"고 해서 民族文化를 自殺시키는 罪惡은 말할 나위도 없고, "漢字는 우리가 만들었다"고 함도 民族文化에는 無益한 虛說에 不過한 것이다. 文化는 오직 良心과 知性의 所産이다. 文化에는 國境국경이 없는 것이다. 그러니 良心도 知性도 없이 民族的인 虛榮心허영심으로서 我田引水의 說만 主唱하는 것은 文化의 眞理를 喪失한 것이다.

要컨대 民族主義란 것은 오직 外族의 勢力에 對한 自衛策자위책으로만 必要한 것이나, 文化란 것은 오직 眞理를 發見해서 人生에 有益하도록 努力한 成果를 意味한 것이다. 그러니 文化는 人類全體를 爲한 것이고, 民族은 自己所屬에 限한 것이니, 民族主義로는 文化가 發展될 수 없는 것이고, 文化主義로는 民族에 限定할 수 없으니, 이 두 가지는 反質的이라 '文化的 民族主義'란 말은 成立될 수 없는 것이다. 그러므로 한글派의 文化的 民族主義는 民族文化를 破壞파괴하고 있는 것이고 그 反對便의 文化的 民族主義도 民族文化에 有益은 없는 것이다.

그런데 나는 本論에서 "表意字로는 漢字"를 公用하고 "表音字로는 한글"을 通用해서 世界의 語文을 統一하자는 主唱을 하였으니 外國人은 이것을 文化的 民族主義로 誤解할는지도 모를 것이다. 그러나 나는 文化的 民族主義를 否定하는 者이니 나는 決코 우리 民族의 矜持긍지를 爲한 虛榮心에서가 아니라, 오직 남의 民族의 便益을 爲해서 眞心으로 말하는 것이다. 남의 民族에 便益만 준다면 그것은 우리 民族의 矜持가 되지마는 남의 民族에 無益하다면 어찌 우리 民族에 矜持가 될 수 있을까. 文化의 生命은 오직 人生社會의 公共福利에 寄與함에만 있는 것이므로 나는 本論에서 오직 漢字와 한글이 모든 民族에 福利가 되는 眞理만을 論述한 것이다.

至今까지 西洋人이 漢字를 배우는 데는 中國이나 日本의 發音으로 했던 것이나, 그들의 發音은 漢字의 原音이 아니다. 一字에 一音인 漢字의 原音을 保存하고 있는 나라는 오직 우리뿐인 것이다. 그러나 그들의 變音이 原音보다 語感에 더욱 좋다면 何必 原音만 限定될 수는 없겠지마는 그의 變音은 語感에 不美한 것이다. 그러므로 日本音으로 四字熟語를 發音해서는 理解할 수도 없는 것이다. 漢字音이 日本에서 2音節로 된 것은 假名에 音數가 不足하기 때문이고, 中國에도 漢字音이 變化된 것은 表音字가 없기 때문이니 우리의 原音이 不變한 것은 正音이 固定시켰기 때문이다.

우리 正音이 優秀함은 지금 世界人이 共認하는 것이다. 그러면 外國語를 表音하는 데는 正音을 活用한다면 얼마나 便利할까. 지금 中國에서는 注音字母가 美觀上에 나쁘기 때문에 白話文에서 表音字로 쓰는 것도 如前히 漢字만 쓰는 것이고, 또한 中國語를 羅馬字로 寫音해서는 決코 合當할 수가 없는데, 더구나 縱書하는 漢字에 橫書하는 羅馬字를 混用해서는 不便이 莫甚막심할 것이다. 그러니 中國에서는 表音하는 字만 한글로 쓰고, 日本에서도 假名 쓰는 것만 한글로 쓰면 便利하지 않을까. 假名은 單音을 2, 3字의 合音으로 쓰고 合音은 4, 5種이나 다르게도 쓰나 한글은 一字로서 簡單하고 正確하게 表音이 되니, 實로 便益한 眞名인 것이다.

要컨대 外國語가 어려운 것은 그의 單語가 過多하고 文法이 複雜하기 때문인데 漢字는 3, 4千字만 알면 自由로 結合한 그의 熟語를 理解할 수 가 있고 新語를 創造할 수도 있는데 그것을 배우는 方法은 說文的으로 推理해서 記憶한다면 더욱더 쉬운 것이다. 그리고 또 한글은 母音圖와 子音圖에서 11字와 17字의 空間的 位置를 보면 그의 視覺的 印象으로 字形과 字音이 바로 記憶이 되니 그야말로 '하루아침 글'이 될 것이다. 그러니 漢字文化圈에서는 表音에만 한글을 選用하고, 歐文使用圈에서는 名詞에만 漢字를 使用해도 地球村의 人類에는 言語文字의 障壁장벽이 뚫릴 것이다. 이것은 各國의 文化的 民族主義와 盲目的 因襲主義인습주의가 妨害방해하지만 않으면 可能한 것이다.

〈本會 常任顧問/ 어문연구 61호〉

紀念式과 記念式을 혼동해서야

文 泳 壽

> 1927~2005년. 全南 출생. 이 글은 韓國語文敎育硏究會 光州·全南支會報『語文硏究』제7호에 실린 글을 재록한 것으로서, 일상 생활에서 널리 쓰이고 있는 한자어 가운데 잘못 쓰이고 있는 것들을 예시하고 있는데, 특히 記念式은 紀念式의 잘못이라고 지적하고 있다. 「표준국어대사전」을 보면, '기념'에 대한 한자로 '記念/紀念'을 둘다 제시하고 있지만, '기념식, 기념물, 기념탑, 기념호'에 대해서는 '記念式, 記念物, 記念塔, 記念號' 등과 같이 모두 '記念'으로만 제시하고 있다.

우리가 많이 쓰고 있는 漢字語 가운데 잘못 알고 쓰고 있는 漢字가 많다.

紀念式기념식과 記念式도 그 한가지다.

일 년 중에는 각종 기념일이 많다. 국가적으로 정한 기념일뿐만 아니라. 開港개항 기념일이나 ○○市(郡)民의 날 <축제> 등 지방적으로 정한 기념일도 있고 개교 기념일이나 창설 기념일 등 기관이나 단체의 기념일도 있으며, 결혼 기념일 등 개인적인 기념일도 있다.

그런데 이 기념일이나 기념식, 기념품, 기념비 등의 「기」는 「紀」자를 써야 맞는데 「記」자로 잘못 쓰고 있는 것을 흔히 볼 수 있다.

이를 漢字大典과 국어사전을 들추어 밝혀 본다.

記 念 : 오래도록 기억하여 잊지 않음.

紀 念 : 오래도록 事蹟사적을 전하여 잊지 않음.

紀念日 : ① 기념할만한 일이 있었던 그날 ② 국가 사회에서 중대한 일이 발생하였거나 중요한 인물이 生卒한 것을 기념하는 날.

紀念式 : 어떠한 일을 기념하기 위하여 베푸는 식.

그러나 記念日, 記念式은 국어사전에 나와 있지 않으며, 紀念品, 紀念物, 紀念草, 紀念號, 紀念碑, 紀念行事, 紀念文集 등도 記 자를 쓴 것은 없다(전에 나온 漢字大典에 있는 말도 있음).

記 자는 ① 적을 기 ② 글 기 ③ 기억할 기로, 記錄, 記事, 記號, 日記, 手記 등으로 쓰이고,

紀 자는 ① 벼리 기(維, 綱) ② 열 두해 기(十二年爲~紀) ③ 해 기(歲) ④ 터 기(基) ⑤ 기록할 기(記) 등으로 읽으며, 事蹟사적(事件의 자취, 사실의 行跡)에 관계되는 말에 쓰인다.

李升九 編著 「우리말 우리글 바로쓰기 백과 正書法資料」의 <한자 교양>, 잘못 쓰기 쉬운 한자어에서도 記念式은 잘못이고 紀念式으로 써야 한다고 明示하고 있다.

아울러 同音 또는 類似音유사음이지만 뜻이 다른 말이 많으나, 지면 관계로 몇 가지만 들어본다.

흔히 쓰는 인사 이동은 異動이 맞고 移動은 틀리다. 異動은 직책이나 部署부서가 달리 바뀔 때 쓰고 移動은 물체가 옮기어 움직이는 것이다. (民族大移動)

外國에 머무르면서 공부하는 것은 留學유학이고 他鄕에 가서 공부하는 것은 遊學유학이며, 專貰전세는 일정한 기간 그 사람에게만 빌려주어 다른 사람의 사용을 허가하지 않는 것이고(貸切대절 專貰전세버스) 傳貰전세는 부동산을 일정한 기간 빌려주는 것(傳貰 집)이다.

특히 틀리기 쉬운 것이 名義다. 예금이나 登記할 때, 누구 이름으로 하

느냐 할 때 쓰는 명분, 명칭, 칭호의 명의는 名儀가 아니고 名義가 맞다는 것을 유의해야 할 것이다.

〈本會 光州·全南支會報『語文硏究』 제7호에서〉
〈光州 農城國民學校長/ 어문연구 76호〉

國字問題

閔 丙 俊

1957년 서울 출생. 현 인하대 강사. 1970학년도부터 국민학교 교과서에서 漢字가 자취를 감추었음을 우선 지적하고, 해방 이후 초·중·고교 교과서가 漢字 表記를 어떻게 다루는가에 따라 ① 漢字 併用期(1945~1964. 8), ② 漢字一部 混用期(1964. 9~1970. 2), ③ 漢字 除去期(1970. 3~1975. 2), ④ 漢字 部分併用期(1975. 3~現在) 등의 4時期로 나누어 살펴보고 있다. 다음으로 신문사의 한자 표기를 살피고 있는데, 일시에 漢字를 除去할 수 없는 言論界는 最上策으로 漢字를 制限적으로 사용하려는 努力을 하고 있음을 지적하고 있다. 그리고 한자 및 한자어의 성격을 다루고 있는데, 한자의 특성으로 表音文字的 기능도 가지고 있다고 지적한 점이 흥미롭다. 다음으로 한글전용의 문제점을 네 항목으로, 국한혼용의 개선책을 여섯 항목으로 나누어 제시하고 있으며, 일본에서는 한자 문제를 어떻게 처리하고 있는지를 소개함으로써 글을 맺고 있다.

Ⅰ. 序 言

國字政策은 國民들의 文字生活, 나아가서 民族文化 發展에 커다란 영향을 미친다. 그런데 解放 후의 國字問題 내지 國字教育政策은 이른바 한글專用 與否問題로 混亂이 계속되어 38년이 지난 오늘날에도 定着을 보지 못하고 있다.

政府에서는 政府가 수립된 1948년의 한글날 '한글專用法'을 法律 第6號로 公布공포했다. 그리고 1953년 7월 7일 文教部令 第31號로 非常設機

關비상설기관인 國語審議委員會국어심의위원회를 設置하고 國語國字에 관한 문제를 審議해 왔다.

國語 語彙어휘의 약 70%를 차지하고 있는[1] 漢字語에 대한 敎科書의 漢字處理는 倂用·混用으로 施行錯誤시행착오를 거듭하더니 급기야 1970년에는 한글專用書로 개편하였다. 그 후 1975년도부터는 中·高 敎科書에 漢字를 일부 倂用敎科하게 되었다. 그러나 國民學校에서 漢字를 전혀 가르치지 않는 現實에서 國語敎育의 非能率性비능률성이 여러 學者들에 의해 指摘지적되었다.

따라서 漢字를 이롭게 쓰는 것에 힘써야 하는 한편 漢字의 弊害폐해를 줄이고 漢字의 利用을 늘리는 데 努力을 기울여야 할 것이다. 또한 우리말 가운데 漢字語 敎育에 있어서 語源을 알게 함으로써 그 말의 記憶기억을 쉽게 하고 理解를 깊게 하며 正確한 使用法을 익히도록 하는 것이 필요하다고 여겨진다.

이에 대한 對策을 마련하기 위해서는 外國의 文字政策施行 實態를 分析분석, 參考참고하는 것도 좋은 방법의 하나라 하겠다.

Ⅱ. 解放 이후 初·中高校 敎科書의 漢字表記

(1) 國民學校 敎科書의 경우, 解放 직후 약간의 漢字가 露出노출되었다가 없어진 다음 1964學年度까지 한글專用의 敎科書 表記였다. 그러나 1965年度부터 국민학교 4학년에 200字, 5학년에 250字, 6학년에 150字 등 600字를 露出하여 混用하였으며 그 밖의 漢字가 필요한 경우에는 괄호 안에 넣어 倂用하였다. 그러나 5년 후인 1970學年度부터 現在까지 국민학교 敎科書에서 漢字는 자취를 감추고 漢字敎育 또한 全無한 狀態가 되었다.

1) 李應百 : '국어辭典 語彙의 類別 構成比로 본 漢字語의 重要度와 敎育問題', 「語文硏究」 25·26 合倂號, 1980, pp.136~141.

(2) 中・高 教科書에의 漢字表記는 다음 4期로 나뉘어 나타났다.[2)]

① 漢字併用期(1945～1964. 8)
② 漢字一部混用期(1964. 9～1970. 2)
③ 漢字除去期(1970. 3～1975. 2)
④ 漢字部分併用期(1975. 3～現在)

1) 漢字併用期(1945～1964. 8)

이 時期에는 全科目에 걸쳐 內容 理解上 필요하다고 느낄 때에는 아무 제한 없이 漢字를 괄호 안에 넣어 表記한 時期로 약 20년 동안 계속되었다. 예를 들면 '학교(學校)'와 같이 한글과 漢字를 併用하였다. 그러나 一般 出版物에서는 아무 制限제한이 없었고 다만 大學을 제외한 各級學校 教科用 圖書에 한해서 가해진 漢字併記 형태는 1948. 10. 9 법률 제6호로 公布된 '한글전용에 관한 법률'에 根據근거한 것이었다.

2) 漢字一部混用期(1964. 9～1970. 2)

이 時期에는 20年間의 漢字 疎外소외 내지 한글專用 추진에 따른 副作用부작용에 대한 社會的 要求로 1957년 選定한 臨時許容漢字임시허용한자 1,300字를 初・中・高 『국어』에 混用하여 적극적으로 教育한 시기이다. 國定 『국어』에 한해 混用하고 다른 科目은 종래와 같이 併用했다. 이 때 中學校에서는 400字, 고등학교에서는 300字로 국어교과서에 字數配當을 했다. 또한 1,300字 범위를 넘는 漢字라도 꼭 필요한 때에는 併用期와 같이 괄호 안에 넣어 처리했다.

---

2) 李應百 : '漢字併用期의 中・高教科書에 나타난 漢字實態', 『語文研究』 18・19合併號, pp.45～48.

3) 漢字除去期(1970. 3～1975. 2)

이 時期에는 모든 教科用 圖書에서 漢字를 완전히 除去해 버린 時期이다. 1968년 12월 24일 국무총리 訓令 제68호에 의거, 1970學年度에서부터 1974學年度까지 만 5년 동안 大學과정과 高等學校 古典一部 및 漢文[3]을 제외한 모든 教科用 圖書에서 漢字가 모조리 除去되었다. 그러나 한편으로 1972년 8월 16일 漢文教育用 基礎漢字기초한자의 制定이 있었다.

4) 漢字 部分併用期(1975. 3～現在)

1975學年度 新學期부터 中·高校의 國定『국어』에 한하여 필요한 漢字를 사용하였는데, 이것은 앞서 制定한 漢文教育用 基礎漢字의 범위에 拘碍구애받지 않았다. 1976學年度부터는 國史를 비롯하여 反共道德 등 國民精神에 관계되는 科目에도 併用의 폭을 넓혔으나 餘他科目은 如前히 순 한글 表記를 면치 못하고 있다.

Ⅲ. 新聞社에서의 漢字制限問題

解放 이후 오늘날까지 학교교육에서는 한글專用 爲主가 되고 言語는 國漢混用을 一貫일관함으로써 학교와 社會의 乖離괴리현상이 날로 심화하였다. 한글專用의 가장 큰 理由가 漢字의 數가 많기 때문이라지만 현실적으로 一時에 漢字를 除去할 수 없는 言論界는 最上策으로 漢字制限 사용의 努力이 있었다.

---

3) 人文系 高校의 漢文教育은 强化(6학점→8학점) 되었으나, 1963년 2월 15일 문교부령 제 120호로 설정된 中學校의 '한자 및 한문지도' 과정은 1969년 9월 4일 문교부령 제251호로 削除되었다.

朝鮮日報 常用漢字一覽(1950년) 2,250字
京鄉新聞 常用漢字表(1952년) 1,526字
中央日報 常用漢字表(1967년) 2,670字
東亞日報 常用漢字表(1967년) 常用漢字 1,840字
別表漢字 160字

등 自體的으로 設定한 일이 있다.

1967년 11월 25일 韓國新聞協會 主管으로 新聞 제작용 漢字制限案 審議(委員 : 金庠基, 李崇寧, 李家源, 南廣祐, 劉鳳榮)가 시작되어 同年 12월 16일까지 8차의 會合 끝에 2,000字를 選定하였다.

1982년 9월 20일 現在 각 新聞社에서의 漢字使用實態는 다음과 같다.[4)]

① **京鄉新聞** 1952년 10월 9일 獨自的으로 制定한 '常用漢字 1,526字'에 拘碍받지 않고 地名과 人名 등에 無制限으로 漢字를 쓴다. 常備상비한 漢字活字種數는 6,000字 정도이다.

② **東亞日報** 1967년 自體的으로 定한 2,000字 內에서 쓴다는 方針인데 現實的으로 2,500字 정도 쓰고 있다. 그러나 人名이나 地名 및 古典引用文 등의 경우에는 制限없이 쓰고 있으며 常備한 漢字活字種數는 8,000字 정도이다.

③ **서울신문** 1972년 制定된 漢文教育用 基礎漢字 1,800字를 基準으로 삼고 固有名詞 등의 경우를 제외하면 될 수 있는 대로 한글 表記를 한다고 한다.

④ **朝鮮日報** 新聞協會가 1967년 選定한 2,000字를 쓰기로 되어 있지만 現實的으로는 그 이상 쓰고 있다. 또한 地名·人名 등에 쓰이는 漢字나 調査資料조사자료, 原文引用 등의 경우는 制限을 받지 않고 있다.

⑤ **中央日報** 漢字를 쓰는데 아무런 制限을 받지 않고 있으며, 原稿원고에 露出된 漢字는 그대로 漢字로 쓰고 있다고 한다.

---

4) 각 新聞社 工務局에 問議한 筆者의 設問調查.

이상 調査조사한 바와 같이 대부분의 新聞社에서 쓰는 漢字는 實際的실제적으로 二千字를 넘고 있다. 그런데 각 新聞社에서 自律的으로 漢字를 制限하려고 努力하는 것도 아니기 때문에 앞으로는 現實的으로 漢字의 사용이 無秩序무질서하게 될 것 같은 전망이다.

더군다나 略字問題는 全的으로 각 新聞社 自律에 맡기고 있는 實情이다.

한글 世代가 成長함에 따라 新聞에서의 漢字使用은 점차 줄고 있으나 記事의 한글화로 생기는 解讀不可能의 問題를 해결하는 方案이 講究강구되지 않는 限 漢字使用度의 減縮감축은 한계에 부딪친 느낌이다. 특히 記事의 縮約축약이 되는 標題에 있어 더욱 그러하다.

Ⅳ. 漢字 및 漢字語의 性格

(1) 漢字의 歷史性

周知하는 바와 같이 漢字의 誕生탄생은 상당히 오래 되었다. 紀元前 12世紀의 甲骨文字에서부터 시작하여 周代의 青銅器文字청동기문자와 石刻文字(이것을 한마디로 金石文이라 한다) 등에 나타난 古體文字 時代를 지나 漢代의 隷書예서가 되었다. 漢의 隷書가 된 字形이 오늘의 漢字에 거의 가까운 것이 되어 왔다.

漢字라고 하는 것은 中國의 긴 歷史의 過程에 있어서 不特定 多數人에 의해 여러 가지 硏究가 계속된 綜合文化로서 特定人物이 個人的으로 硏究하고 體系를 세운 것은 아니다. 그러므로 거기에서는 空間的 多次元的인 硏究가 多樣하게 盛行되었고 그 硏究는 單一한 論理로서 結論지을 수 없다. 따라서 現時點에서의 平面的인 合理的 意識만으로는 解明할 수 없고, 複雜복잡하고 多元的인 要素가 漢字 속에 숨겨져 있다.

(2) 漢字의 特性

① 表音文字的 機能도 가지고 있다.

後漢의 「說問」에서의 象形, 指事, 會意에서부터 出發한 것이 字形의 基礎가 된 것이 確實확실하지만 事實은 그 밖에 形成文字라는 音標를 지니는 文字가 많이 있다.[5] 漢字에서 表意的인 것뿐만 아니라 表音의 硏究도 예로부터 存在하고 있다고 말할 수 있다. 이 形聲文字라는 것은 年代가 내려감에 따라 더욱 더 그 數가 增大증대하고 있지만, 오늘날 現存하는 漢字의 약 80%는 形聲文字로 되어 있다. 따라서 漢字는 表意文字인 同時에 表音文字의 機能도 充分히 지니고 있는 것이다.[6]

② 共時的 機能을 가진다.

지금의 漢字는 넓은 中國社會에 걸쳐서 表記上의 '外國語'를 만들지 않고 오늘에 이르고 있다. 中國은 漢以後 거의 現在의 領域영역을 保有하고 있지만 그 地域은 매우 넓어서 現在의 그것은 소련권을 제외한 全유럽 地域의 倍 이상의 面積이다. 또 中國으로 말하자면 漢民族의 나라라고 생각되고 있지만 사실은 예로부터 多種族에 따른 複合社會로서 이러한 面에서의 유럽의 경우와 狀況이 그다지 다르지 않다. 유럽에 16, 7개의 外國語가 있지만 실은 中國에서도 거의 같은 정도의 數의 '外國語'라고 할 수 밖에 없는 異種發音現象(中國에서는 이것을 '方音'이라 한다)이 存在한다. 現實的으로 이것은 一種의 外國語라 볼 수 있다. 그렇지만 發音과 表現方法이 다르다 할지라도 그것을 漢字로 表記할 때 表記의 文字는 一律的이기 때문에 視覺的으로는 그것이 '外國語'가 아닌 것으로 분명히 나타난다. 中國社會에 있어서 예로부터 지금까지 言語 현상으로는 外國語가 여러 가

---

5) '枝'字에서 볼 수 있듯이 2字가 어우러서 새 漢字를 만드는데, 그 中의 1字는 뜻에 관계되고 다른 1字는 音에 관계되도록 만든 것이 形聲字이다. 따라서 처음 대하는 漢字라도 그 漢字를 이루고 있는 글자를 알면, 그 字의 뜻과 音을 대체로 짐작할 수 있다.

6) 鈴木修次 : 「漢字의 特質」, 『漢字』 文化廳, pp.32~46.

지 存在하지만 表記上으로 中國을 統一해 온 것이라 할 수 있다. 다시 말하자면 오랜 歷史의 中國을 統一體로 保存보존할 수 있었던 것은 漢字가 存在하고 있었기 때문인 것으로 생각된다.

③ 通時的 機能을 가지고 있다.

언제나 同一地域의 同一言語에 있어서도 時代가 변한다면 말도 변해왔다. 音聲에 密着한 文字文化의 경우에는 이러한 변화가 직접 表記上에 나타났다. 이 現象에 있어서 '무어 하우스'는 다음과 같은 具體的인 예를 들었다.[7)]

古代 그리스에 있어서 본다면, '호머'時代부터 아리스토텔레스까지 5, 6百년밖에 經過하지 않았으나 그리스語는 이 期間內에 현저하게 변화했다. 아리스토텔레스 時代의 그리스語를 잘 아는 硏究家도 한번 호머時代의 그리스語에 대해 보면 用語라는 點에서도 音과 文法形式에서도 당장 당황하게 된다고 한다.

漢字表記의 構文에 있어서는 一見 時代의 변화를 同伴하는 『外國語』를 만들지 않고 오늘에 이르고 있다. 그것은 예를 들어, 『論語』(B. C 5세기)를 읽을 수 있는 사람은 『史記』(B. C 1세기)도 읽을 수 있고, 唐詩당시(7~10세기)도 읽을 수 있는 事實만으로도 명백해진다. 이렇게 긴 時間의 경과에 있어서 生活 言語가 변하지 않을 수는 없다. 事實 言語는 점차 변하는 것으로 漢字에 따라 表記된 古文體는 一見 不變한 채 오늘날까지 남아서 사람들에게 읽혀지고 있다. 이 現象은 人間의 合理的 思考를 넘어서 偉大위대하며, 時間을 超越초월한 記錄에 있어서는 漢字 表記가 想像外로 效果를 發揮발휘한다고 말할 수 있다.

④ 漢字 表記는 識別에 容易하다.

예컨대 漢字一個의 識別可能時間은 東京大工學部 敎授로 있는 渡邊茂의 測定측정에 의하면 1천분의 1抄초라는 것이다. 測定 機械가 1천분의 1

---

7) A. C. Moorhouse : *Writing And The Alpabet*, 네즈마사시譯, p.109.

抄까지 作動하지 않는 것이기 때문에 실제적으로는 더욱 짧은 時間內에 識別이 된다고 볼 수 있다.8) 이렇듯 漢字識別이 빠른 것은 漢字는 한 字 한 字가 '圖形도형'이기 때문이다.

⑤ 漢字表記는 縮約力이 있어 效率的이다.

그것은 漢字의 한 字 한 字가 概念을 表示하고 있기 때문에 적은 文字數로 最大의 情報量을 포함할 수 있다. 인쇄된 空間도 적게 차지하기 때문에 新聞·雜誌·廣告의 表題와 TV의 字幕자막 등에는 可能한 限 漢字를 사용할 必要性이 생긴다. 또 情報處理정보처리 手段으로서 情報工學의 可能性을 考慮고려하더라도 入力할 때 적지 않은 '키'의 數를 줄일 수 있다. 예를 들면 beautiful을 치려면 적어도 9번의 '키'를 눌러야 하지만 漢字를 사용한다면 '美' 한 字만을 누르면 된다. 이런 관점에서 보면 情報處理의 文字表現으로는 漢字가 매우 우수하다고 말할 수 있다. 그런데 問題는 漢字의 數가 많기 때문에 選擇선택에 時間이 걸린다는 것이다. 이 문제는 現在 우리나라를 비롯하여 日本과 中國에서도 硏究되고 있다.

1982년 11월 2일字 中央日報의 報道에 의하면 韓國科學技術院에서 常用漢字를 컴퓨터에서도 자유롭게 사용할 수 있는 하나의 方法이 개발되었다고 한다. 「한글·漢字 自動변환을 위한 데이터 구조」란 論文을 통해 밝혀진 바에 의하면, 한글·漢字가 컴퓨터를 통해 入力과 出力이 可能한 프로그램으로 개발되었다고 하는데 그 方法을 보면 먼저 漢字語의 컴퓨터 처리를 위한 事前準備사전준비로 新聞·雜誌·報告書·敎科書 등에서 쓰이는 70여만 單語를 調査해 그 중에서 1차로 4萬여개 單語를 頻度順빈도순과 가나다順으로 整理정리, 컴퓨터에 入力시켰다. 이 漢字語들을 記憶장치에 넣어서 손쉽게 찾아내도록 했다. 이렇게 되면 單語의 漢字가 하나인 경우는 바로 그 漢字로 변환되고 同音異義語가 있으면 頻度順으로 모두 터미널 화면에 나타나 使用者가 '키보드'를 쳐서 맞는 漢字를 찾아 쓸 수가 있

8) 鈴木修次 : 前揭書, p.42.

다는 것이다.

漢字表記의 機械化기계화는 우리나라뿐 아니라 日本과 中國에서도 活潑활발히 進行되고 있다. 뿐만 아니라 現代 急激급격히 發達하는 電子産業과 더불어 複寫器복사기의 發達은 印刷 革命을 일으키게 되었으며, 打字機타자기에서 비롯된 文字生活의 機械化는 複寫器에 의해 더욱 便利해지는 樣相을 띠고 있다.

(3) 漢字語의 性格

漢字自體에는 元來 一字 一語의 特性이 强하게 作用하였던 것인데, 漢字가 單字로써 單語의 구실을 할 경우에 同音現象은 不可避불가피한 것이었으며 이것이 곧 複字(二音節 이상) 單語를 生成시키게 된 가장 重要한 理由가 되었다.[9] 中國에서 輸入수입된 漢字語는 韓國人의 精神을 支配지배하고 文化를 繼承계승시킨 溫床온상이기도 하다. 우리나라의 漢字語를 起源的으로 分類하면 크게 네 가지로 나눌 수 있다. ① 中國古典에 緣由연유하는 것(身體, 父母, 後世, 疑心의심 등) ② 中國 口語에 緣由하는 것(報道, 合當, 從前 등) ③ 日本에서 만든 것(相談, 約束약속 등) ④ 韓國에서 만든 것(感氣, 苦生, 道令 등)이 그것이다.

千有餘年에 걸쳐 우리말에서 重要한 役割역할을 담당한 漢字語는 中國 글자인 漢字에서 비롯된 것이기는 하나, 韓國語를 지탱하는 기둥인 셈이다. 韓國語를 表記하는 데 固有文字인 한글과 함께 漢字를 使用한다는 것이 主體性에 損失손실되는 일은 아니다. 自國에서 만든 文字만으로 文字表記하는 나라가 많은 것 같지 않으며, 또한 固有文字를 사용해야만 獨立國家로 文化發展을 꾀할 수 있는 것은 아닌 것이다.

漢字를 떠난 漢字語는 그 生命을 잃기 쉬운데, 가장 큰 理由는 多音節

---

9) 沈在箕 : '漢字語의 傳來와 그 起源的 系譜', 「金亨奎頌壽紀念論叢」, 1971, p.362.

語인 固有語에 비하여 2音節語가 대부분인 漢字語를 表記하는 데 400餘種의 漢字音으로 表記할 때 생기는 同音異義語 등의 問題를 解決하지 못하는 데 있다.

2字로 된 漢字語를 基礎로 하여 3, 4字 漢字語가 成立이 되는데 이 2字 漢字語는 構成方式에 의해 세 가지로 나눠 볼 수 있다. 첫째가 竝列的병렬적인 것으로 河川, 通行, 善良, 陰陽, 黑白, 父母, 高低, 可否, 校正 등이고 두 번째가 統辭的통사적인 關係의 두 要素가 熟語숙어로 굳어진 것으로 美人, 廣告, 地下, 作家, 登山, 人造 등이며, 세 번째가 派生的파생적인 方式에 의하여 된 것으로 이것은 接辭접사가 붙는 경우를 말하는데 不正, 利子 등이 그것이다. 固有語에 비해 漢字의 接辭접사는 그 數가 적으나 生産性이 매우 높다. 그런데 위에서 본 漢字 造語方式이 아닌 漢字語가 있는데 矛盾모순, 古稀고희 같은 典故가 있는 熟語나 日本에서 만든 熟語로 出張, 注文 등이 그것이다.

漢字語는 대부분이 漢文法에 따라서 漢字에 基礎를 두어 이루어진 中國語이니 國語에 들여와 쓰이면 外來語로 다뤄져야 할 것이다. 그런데 우리는 外來語를 사용할 때는 구태여 그 語源이나 語構成을 따지지 않고 原語의 뜻대로 借用하여 쓴다. 그러나 漢字語의 경우는 좀 事情이 달라서, 中國人이 漢字語의 뜻을 짐작하는 것과 마찬가지로 構成 漢字의 뜻과 그 構成方式으로써 漢字語의 뜻을 미루어 알 수 있다. 그것은 1, 2千字의 漢字를 效率的인 敎育을 통해 익히고 나면 수십만의 단어에 대한 理解가 可能하다는 것을 意味한다.

앞에서 漢字語의 構成方式에 따른 種類종류를 살펴보았는데 漢字語는 매우 손쉬운 方法으로 이루어진다. 그것은 漢字가 매우 豊富풍부한 造語力을 가지고 있다는 말이다. 漢字의 豊富한 造語力과 그에 비하면 貧弱빈약한 固有語의 造語力과의 비교에서 漢字語가 國語에 그렇게 많이 侵入침입할 수 있었던 까닭의 一端일단을 엿볼 수 있다.

漢字 한 字는 곧 한 개의 語根이 될 수 있기 때문에 2字(2音節) 정도에

지나지 않은 짧은 모양으로서 複雜한 뜻을 지닌 말을 만들 수 있다. 또한 複合語 形成에 있어서의 語尾變形에 신경 쓸 것 없이 글자 2개 정도를 갖다 붙이면 쉽게 結合되어 한 개의 單語가 이루어진다. 이것에 비해 多音節語인 國語는 그 語根이 대개 2音節 이상이어서 複合語가 되면 말이 길어진다는 弱點이 있다. 또한 結合에 있어 대개 形態의 變形이 따르므로 漢字語에서처럼 손쉬운 複合語 形式이란 바랄 수 없다.[10)]

漢字語의 造語法上 가장 큰 特性은 複合語의 構成要素로서의 語根[11)]의 數가 매우 많다는 것과 이 語根이 따로 분리되어 借用된 것이 아니고 固定된 단어의 一部로 借用되었기 때문에 매우 生産的이다.

이 語根의 높은 生産性은 國語를, '語彙的 言語' *langue lexicologique* 와 對立되는 槪念의 '文法的 言語' *langue grammatigue* 로 만드는 原動力이 되고 있다. 예를 들어 祖母·叔母·伯母·姨母·姑母·丈母의 有緣性 *motivation* 은 결코 典型的 '文法的인 言語'로 알려진 獨逸語독일어에 뒤지지 않는다.[12)]

漢字 語根이 다른 形態素의 前後 어디에도 연결될 수 있음은 그 生産性을 더욱 높이고 있다. 그 예로 祖國·國花·花草·草木·木工·工場·場內 등과 또 感觸감촉·觸感, 間或·或間, 感情·情感처럼 그 位置를 自由로이 뒤바꿀 수 있기도 하다는 現象 등을 들 수 있다.

漢字語와 固有語의 關係에서 두 가지 類型이 있다. 첫째가 固有語가 없이 漢字語만 있는 경우인데 韓國語의 語彙不足을 補充보충하고 있으며 이런 것은 특히 學問이나 藝術·技術·其他 專門的인 分野에 많다. 두 번째는 固有語가 있고 그것과 비슷한 뜻의 漢字語가 竝存하는 경우인데 이것은 類義語를 豊富하게 하여 특히 文學과 같은 分野에서 表現의 多樣性

---

10) 申昌淳 : '漢字語 小考', 「국어국문학」 42·43 합병호, 1969, pp.258.

11) 李翊燮은 漢字語에 쓰인 漢字를 個別의 語根이라 보고, 屈折接辭와 결합될 수 없고 또, 自立形式 free form이 아닌 것으로서 語幹과 區別하여 定義하고 있다.

12) 李翊燮 : '漢字語 造語法의 類型', p.480.

을 가지게 하는데 그 役割이 크다.13)

요즈음 漢字 使用의 한 傾向경향으로 短縮단축 漢字語(短絡語)가 많이 쓰이는 것이 눈에 띈다. 勞組노조(勞動組合), 追更案추경안(追加更正案), 民正黨(民主正義黨) 등이 그것인데 이 말들은 音聲問題와는 別途별도로 視覺的으로 보아 效率的이다. 文明社會에 있어서 스피드는 重要하기 때문에 말의 表記도 可能한 限 壓縮압축한 符號부호로 表示하는 것이 流行할 수밖에 없다. 歐美(歐洲와 美洲)에서도 UNESCO(유네스코)나 UN(국제연합), CIA(美國中央情報局) 등으로 머리글자만으로 나타내고 있다. 그런데 이러한 머리글자에 따른 略符號도 그 數가 增加증가하면 새로운 混亂을 야기 시킨다. 현실적으로 略符號의 辭典도 필요하고 日本과 中國에서는 이것이 만들어지고 있다.14)

日本에서는 일찍부터 短絡語가 研究되었는데 解消(解除取消해제취소), 過勞(疲勞過度피로과도), 願書(志願書), 休日(休息日), 急務(緊急任務긴급임무), 公益(公共利益), 嚴守엄수(嚴格遵守엄격준수)와 같은 말들로서 中國에서는 통하지 않지만 우리나라에서는 그대로 받아들여 쓰고 있는 것이 많다. 이런 말들은 알기 쉽고도 각기 2字씩이므로 편리하다. 이런 研究가 可能한 것도 漢字의 長點의 하나로서 漢字語의 多樣한 造語 可能性도 示唆시사해 주고 있다.

V. 한글專用의 問題點

(1) 우리나라 말은 表音文字로 表示될 수 있는 固有語와 또 表意文字로 表現할 수 있는 漢字語로 組成되어 있다. 즉 固有語와 漢字語가 合해져서 韓國語가 된 것이다. 또한 그것은 漢字語도 엄연히 韓國語라는 것을

13) 李庸周 : '韓國語 語彙體系의 特徵', 「국어교육」 15호, 1969, p.60.

14) 鈴木修次 : '漢字의 特質', p.41.

의미한다. 이 漢字語가 全體韓國語에서 차지하는 비중은 매우 크다.

그런데 表音文字인 한글에 비하여 漢字는 單音節語가 갖는 意味와 音을 한 字에 壓縮해 놓은 것이기 때문에 同音異義語가 많이 있게 되었다.

筆者가 『國語辭典』[15]에서 調査한 바에 의하면 現代 中國語에서 쓰이는 漢字音은 1,292개에 이른다. 그것은 基本音 411音이 四聲으로 구별된 音까지를 포함한 것이다. 또한 日本의 『大漢和辭典』[16]에서 漢字音은 401개가 나타나 있으나 訓으로 읽는 것까지 합하면 8千餘개에 이른다.

그런데 韓國의 漢字音은 어떤가? 韓國語의 漢字音은 中國의 原音 즉 唐代 長安音이 基礎가 되어 形成되었으나 漢字가 韓國語에 受容되는 過程에서 그 發音이 固有語의 音韻음운에 점차 同化되어 갔다.[17] 즉 [f]와 같은 脣齒音, [g]와 같은 舌根音설근음, [r]과 같은 捲舌音권설음, [ao]와 같은 複母音, [erh]과 같은 特殊母音 등이 없어지고, 四聲도 거의 消失소실됨으로써 中國의 漢字音보다 훨씬 單純化되었다. 그 결과 同音異義字가 中國의 그것보다도 훨씬 더 많게 되었다.

1982년 서울 東亞出版社 發行 『漢韓大辭典』[18]에는 520개의 漢字音이 나와 있지만, 1956년 12월 文敎部에서 發行한 '韓國語 語彙使用의 頻度調査'에 나타난 3,313字에 따른 漢字音은 4百개 정도에 불과하다.

따라서 日本이나 中國의 경우보다 同音異義語가 훨씬 많은 처지에 있는 우리나라에서는 漢字語의 한글表記가 더욱 문제가 되는 것이다.

英文字에서 音素 phoneme 와 文字 letter 의 對應 정도는 매우 낮다. 즉 母音의 경우만 보아도 1개 文字가 여러 가지 音으로 發音된다. 그래서 發音記號로 發音을 따로 表記해야 外國人이 제대로 읽을 수 있다. 그러나 英語에서는 'meat'와 'neat' 같은 最小對立語 minimal pair 들이 同綴동철로

15) 臺北, 東方出版社 發行, 11,000餘字 收錄, 1979.
16) 諸橋轍次著, 48,902字 收錄, 1980.
17) 南廣祐 : 「朝鮮(李朝)漢字音 硏究」, p.8.
18) 二萬六千餘字 收錄.

되는 일이 매우 드물어 일단 單語의 發音을 제대로 記憶한 후에는 잘못 읽을 염려가 적은 면이 있다.

이것은 漢字音을 배우는 경우와 비슷하다. 그러나 한글맞춤법에는 音素와 文字의 對應 정도가 비교적 높아서 글을 대강 읽기는 아주 쉬운 편이나 '母音의 長短'이나 '사이 된소리'에 의하여 이루어진 수많은 最小對立語들이 대부분 同綴로 되어 있어 正確한 發音으로 제대로 읽기는 매우 어렵다. 그런데 英語, 獨逸語, 불어 또는 日本語에서는 여러 가지 方法으로 長短音을 分別 表記하고 있어 同形異義語는 매우 드물다고 한다. 또한 英語에서 보면, 액센트 등의 役割로 同音異義語가 별로 없으며 同音일 경우일 때에도 異綴인 경우가 대부분이기 때문에 文字生活에 별다른 混亂이 없는 것이다. 예를 들면 'sole'과 'soul', 'tail'과 'tale' 등의 同音異義語가 異綴 表記되는 경우(Homonym 중 Homophone)를 말한다. 따라서 한글專用을 할 경우 同綴異義語가 英語와 비교하여 매우 많이 생겨나는 것은 큰 문제가 되는 것이다. 예컨대 英語에서는 /nait/라고 發音되는 말을 'nait'나 'nite'로 쓰지 않고 'knight(騎士)'나 'night(夜)'로 쓰는 것을 볼 수 있다.

더욱이 우리말에서는 母音의 長短이 달라 異音語인 것을 同形으로 적는 것이 한글학회 '중사전'에 만도 7,185개나 있는 것으로 알려져 있다.[19)]

<表 1> 異義語의 種類

同音異義語 (Homonym)
- 同音異綴異義語(Homophone)
  (flower와 flour, sole과 soul, tail과 tale
- 同音同綴異義語
  (pole<柱>와 pole<極>, 단원<團員>과 단원<單元>)

同綴異義語 (Homograph)
- 同音同綴異義語
- 異音同綴異義語(Heteronym)
  (present[preznt]와 present[prizent],
  성적<成績>[성적]과 성적<性的>[성 : 쩍])

19) 金桂坤 : 「국어정서법에 대하여(첫째)」, 『한글』 제126호, 1960, pp.108~122.

(2) 正書法에 問題가 있다.

지난 1933년 朝鮮語學會에서 制定한 「한글 맞춤법 통일안」이 現用되고 있는데 表音文字인 한글의 맞춤법을 지나치게 表意化하였기 때문에 視覺的으로 빨리 그 뜻을 알아보는 利點이 있기는 하나 맞춤법을 익히고 옳게 書寫서사하는 데 부담과 혼란이 크다. 특히 28개의 받침이 문제가 되는데 現行 맞춤법이 制定된 후인 1940년에 發見된 訓民正音 解例本 終聲解에는 분명히 "ㄱㅇㄷㄴㅂㅁㅅㄹ八字可足用"이라 나와 있고 그 중 ㄷ→ㅅ이 되어 7終聲(ㄺㄻㄼ 겹받침과 함께 10받침)이 오랫동안 쓰여졌다.[20]

그런데 최현배는 8받침으로 넉넉히 쓸 수 있다는 것을 '解例'를 지은 사람들의 偏倚的편의적 의견에 불과한 것이기 때문에 世宗大王의 의견이라고는 절대로 볼 수 없는 것이며 현대의 科學精神에 따라 마땅히 모든 닿소리는 필요한 대로 다 받침으로 사용하여야 할 것이라고 주장했다.[21] 또한 그는 "한글만 쓰기는 민주주의 時代의 절대적 요구"라 하지만 現實的으로 볼 때 現行 맞춤법과, 띄어쓰기의 어려움은 누구나 認定하고 있는 것이다. 특히 받침 規定의 지나친 表意性은 한글 固有의 表音性을 크게 違背위배하고 있으며 1950년대의 '한글 파동'도 한글 맞춤법의 難解性난해성에서 비롯된 것이라 여겨진다.

우리 한글은 소리 낼 수 있는 音節字만도 19(初聲글자) × 21 (中聲글자) × 7 (받침소리) = 2,793字가 된다. 물론 이 중에는 실제로는 쓰이지 않는 글자도 있다. 그러나 그 反面에 받침은 7개뿐이 아니라 現用되는 받침이 28개로 되어 있어서 實用 音節字는 아무래도 2千字를 훨씬 上廻상회하는 것으로 보인다. 또 거기에다 現行 맞춤법이 지나친 表音化로 받침이 많아지고 形態素를 밝히는 등 어렵게 되어 있다. "꺆, 뚫, 핥, 읎"이나 "걸음걸이, 할아버지, 넋두리, 꺾꽂이, 벼훑이"와 같은 表記가 그것이다.[22]

---

20) 南廣祐 : 「國語國字論集」, pp.129～133.

21) 최현배 : 「한글만 쓰기의 주장」, 정음사, 1970, pp.117～118.

現行 한글맞춤법에서 '사이 된소리'를 表記할 때 가령 '바닷가(海邊)'처럼 윗말에 받침이 없는 경우에는 제대로 되지만 '강가(江邊)'처럼 윗말에 받침이 있는 경우엔 아무런 방도가 없다. 그리하여 '강가'는 江邊인지 姜哥인지 康哥인지 그 自體만 가지고는 구별할 수 없게 되었다.

비슷한 예로 '공과'면 功過/工科, '상보'면 詳報/床褓, '방비'면 防備/房篦, '공적'이면 功績/公的 어느 것인지 모르게 된다. 이러한 것은 역시 發音上의 混亂과 독서상의 불편을 가져올 수 있다.

여기에 長短音 問題가 加重되면 混亂과 불편은 더욱 심해진다. 가령 '성적'의 경우 成績[성적]/聲的[성 : 쩍]/聖蹟[성 : 적]/性的[성 : 쩍]의 네 가지 다른 發音을 구별하지 못하고 表記하는 것이므로 文脈문맥없이는 어느 것인지 모르게 된다. 이런 예는 看板간판이나 新聞記事의 題目 혹은, 무슨 作品의 題目 등 漢字의 縮約力축약력이 發揮발휘된 곳에서 한글專用으로 쓰였을 때 많은 불편을 준다.[23)]

韓國語에서 70%의 語彙를 차지하는 漢字語는 대부분이 불과 4百개 정도의 音節로 構成된 二音節語로 이루어져 있다. 그 중에서도 使用頻度가 높은 漢字語가 多數 쓰이는 實情이기 때문에 同音異義語의 한글 表記는 더욱 문제가 된다.

(3) 單語 形態의 固定性이 不足하다.

한글은 元來부터 音素文字이지만 音素가 結合하여 音節文字를 이룬다. 한 개의 單語 중 各個 文字는 각각 獨立되어 있어서 文字相互間에 有機的 連繫연계가 없기 때문에 한 개의 單語로서의 固定形態로서 認識되지 않는다. 더구나 助詞조사가 붙어 있기 때문에 더욱 그러하다. 兪萬根에 의하면 英語에 knight[nait]와 night[nait] 같은 同音異義語 *Homophone*가 꽤 있는데

---

22) 南廣祐 : 「國語國字論集」, 一潮閣, 1982, p.3.
23) 兪萬根 : 「표준 한국어 발음독본」, 서울閒沙書巢, 1977, pp.13～39.

그 表記에 있어서는 대개 서로 다른 固定形態를 지닌다고 한다. 따라서 英文字는 表音文字이지만 發音記號가 아닌 單語 固有의 形態를 지녀서 視覺的으로 구별이 容易하게 하는 機能이 있다는 것이다(例 : {−ght−}). 그렇기 때문에 유난히 同音異義語와 異音同綴語가 많은 우리나라의 漢字語 表記에 不足한 形態固定을 補完하는 대책, 특히 長短音을 分別·表記하는 對策대책이 없는 한 한글專用은 不可能하다는 것이다.

그러므로 漢字語를 4百개 정도의 한글로 表記하기 보다는 漢字로 表記하는 것이 意味把握의미파악이 잘 되는 利點이 있는 것이다. 따라서 漢字語를 없앨 수 없는 現實을 直視하여 漢字를 우리 文化生活에 적절히 善用하여 한글과 함께 잘 調和될 수 있도록 충분히 연구되어야 할 것이다. 漢字語를 表記하는데 漢字를 전혀 쓰지 않는 한글專用은 言語生活의 幅폭을 축소시킬 뿐 아니라 한글表記의 발전에 있어서도 저해가 된다.

(4) 漢字學習指導가 國語教育에 보다 效果的이다.

1972년 國民學校의 漢字實驗教育이 文教部에 의해 公式發表된 이후 1973년 3월 玉水國校 在職 崔濬文 教師의 個人實驗教育 結果가 學界에 발표된 것이 國民學校 實驗教育의 첫걸음이다.

1976년부터 1979년까지 4차년도에 걸친 實驗教育報告書가 光州鷄林國校의 張喜九 教師에 의해 발표되었다.[24] 그 題目은 "漢字學習指導가 教科學力向上에 미치는 內在的 影響영향"이었다.

이 報告書에 의하면 漢字를 指導함으로써 造語力이 크게 向上되었다고 한다. 즉 漢字指導로 인한 比較班(學級平均 5점)보다 약 50점이 높은 平均 56점을 보여주고 있다는 것이다. 또한 教科學力 向上面에서는 漢字를 指導함으로써 算數·自然科의 高等語彙를 스스로 解得할 수 있어 教科

24)『語文研究』 통권 24호, 1979, pp.586~597.

에 홍미를 갖게 되어 國語科와 마찬가지로 學力이 크게 向上되었다는 것이다.

Ⅴ. 國漢混用의 改善策

(1) 漢字 및 漢字語 使用의 歷史를 研究한다.

우선 漢字 및 漢字語가 韓民族의 文字와 말로 定着하는 過程과 우리말에 나타난 漢字語의 性格을 檢討검토한다. 그러기 위해서는 먼저 傳해 내려오는 漢書 중 漢字 學習書 등의 文獻문헌과 文學作品 즉, 우리 文字生活이 表現된 것들을 중심으로 漢字 및 漢字語의 사용을 研究한다. 여기에서는 漢字의 導入 過程과 字體, 音・訓의 變遷변천을 分析해야 할 것이다.

(2) 現代에 쓰이는 漢字使用의 實態를 調査・分析한다.

먼저 現代 社會生活에서 쓰이는 漢字의 頻度數와 音・訓・字形 등의 사용例와 用法을 통계적으로 調査한다. 이것은 그 範圍범위가 넓기 때문에 國家的 次元의 常設된 研究機關에서 행해져야 할 것이다. 또한 이 研究는 文字政策에 局限되는 것이 아니고, 全般的인 言語政策에 根幹근간이 되는 것이기도 하다.

(3) 漢字教育을 效率的으로 推進한다.

國民學校・中學校 段階에서 基礎的인 漢字力을 길러서 漢字・漢字語와 친해지고 自主的으로 應用・發展시킬 수 있는 힘을 지니게 하는 것이 필요하다. 그것은 곧 一般的으로 現代의 國語 文章 즉 法令과 公用文書,

新聞과 雜誌 등의 文章을 理解할 수 있게 되고 나아가서는 自身의 專門分野에 관한 文章을 이해할 수 있는 素養소양을 쌓도록 하는 것이다. 日本의 예를 들어보면, 1941년부터 1971년까지 調査된 20種의 資料에서 나타난 漢字 頻度數에 의하면, 2,000順位까지가 99%를 차지하고 있다.[25] 이것은 우리나라도 역시 비슷한 實情이라고 생각되는데 國民學校와 中學校 課程 9년 동안 2千字 정도는 큰 負擔부담없이 敎育시킬 수 있다고 본다.

(4) 漢字의 特性을 살린다.

漢字가 지닌 特性으로는 첫째, 各個文字가 모두 다른 形象을 지녔다는 것이다. 따라서 繪畵的회화적이기 때문에 記憶이 뚜렷하다. 둘째, 造語力이 豊富하다. 個個의 文字가 갖는 意味를 2개 정도 結合하면 高等概念의 單語도 손쉽게 만들어 낼 수 있는 것이다. 셋째, 通時性을 지닌다는 것이다. 漢字가 象形文字에서 비롯된 表意文字이기 때문에 漢字語의 形態變化가 거의 없다는 사실이다. 네 번째로 共時的으로 東洋文化圈에서는 漢字를 통하여 文化의 交流가 더욱 활발하게 이루어지고 있다. 즉 文化의 共感帶를 形成하고 있는 東洋諸國에서 孤立되지 않는 利點을 漢字 사용에서 찾을 수 있다. 따라서 各國의 漢字 略字制定・字形問題의 共同硏究나 古典書籍의 交流 등의 문제도 검토되어야 할 것이다.

個別 漢字의 音과 訓을 通時的・共時的으로 蒐集수집하여 整理정리한 후 體系定立을 이루어야 한다. 즉 漢字의 音・訓・字形 辭典을 편찬하여 올바른 漢字使用이나 造語 등에 활용해야 한다. 그것은 文字敎育에 있어 效率的인 방법이기도 하다. 그러기 위해서는 권위 있는 硏究所에서 專門的으로 漢字問題를 다루어야 할 것이다.

---

25) 日本文化廳 :「ことば」シリーズ 16漢字, 1982, p.73.

(5) 常用 漢字를 制定할 必要가 있다.

이것은 一般國民의 文字生活에 制限을 하자는 것이 아니고 效率的인 文字敎育을 하기 위한 指針을 세우고 一般社會의 文字使用에도 參考할 수 있게 한다는 데 그 目的이 있다. 따라서 이 常用漢字에서 각 漢字의 音과 訓 그리고 字形을 분명히 提示할 필요가 있다. 또한 常用漢字는 頻度가 높은 2千字 정도로 하면 그 이상의 漢字도 2千字에서 定한 字形과 劃順 등의 規則을 기준으로 適用할 수 있지 않을까 한다.

略字를 制定한다는 것은 漢字學習者의 負擔을 增加시킨다. 現代의 文字生活에서, 쓰는 것보다 읽는 量이 훨씬 많다는 事實에 비추어 根源이 모호한 略字는 混亂을 초래할 우려가 있다. 漢字가 계속해서 生成되는 것은 사실이지만 같은 漢字를 두 개 이상으로 만드는 것은 여간 불편한 것이 아니다. 다만 既存기존의 本字에 略字·俗字·同字·通字·古字 및 別體字(예 : 八體書) 등을 整理하여 一般社會人들의 사용에 도움이 되도록 하는 것은 필요하다고 보나 公文書나 敎科書에서는 正字를 쓰도록 하는 것이 바람직 할 것이다.

(6) 漢字 使用의 濫發을 避해야 한다.

이를테면 우리말로 써서 좋은 자리에 굳이 漢字말을 써야 할 理由는 없다. 가랑비·실비 등으로 써도 좋은 것을 '細雨세우'로 한다거나 '꽃가지'를 '花枝화지'로 써야 할 까닭도 없다. '盛炎之節성염지절'이나 '掃萬枉臨소만왕림'이니 하는 漢字 투를 버려도 좋을 때가 되었다. '吾等오등', '玆자에'와 같은 말을 버렸듯이 우리는 되도록 우리말을 愛用하는 習性을 가지는 것은 좋다. 다만 너무 漢字말을 忌避기피하는 나머지 억지로 바꿔 쓰기를 하고자 하여 無理를 해서는 안 된다.[26]

이 문제에 대한 解決策의 하나로 南廣祐는 "2千字 정도를 上限線상한선으로 하는 國民常用漢字 制定은 解放 후 30여년의 긴 세월 동안 學校에서는 한글專用의 敎育으로, 社會에서는 國漢字 混用의 語文生活로 學校와 社會의 乖離괴리를 是正할 수 있는 方策이다"라는 見解를 提示하고 있다.

Ⅶ. 日本의 漢字問題

日本의 國語·國字問題 특히 그 表記 상태를 살펴보면, 明治 이후 여러 가지 論議와 檢討가 되풀이 되는 것을 볼 수 있다. 戰後, 敎育과 社會의 각 方面에 걸쳐 諸改革이 있었다. 漢字에 있어서는 當用漢字表(1946년 11월 16일 公布, 1,850字), 當用漢字別表,[27] 當用漢字字體表(1949년 4월 公布), 人名用漢字別表(1951년 公布, 92字) 등 一連의 施策이 國語審議會의 答申을 基礎로 內閣告示·內閣訓令에 의해 實施되었다.

이런 施策들의 目的은 日常 사용하는 漢字의 範圍를 定하는 것과 함께 音·訓과 字體를 整理하고 簡易化하는 등 一般國民의 文化水準의 向上, 社會生活의 能率增進능률증진을 꾀하며 敎育에 있어 文字學習의 부담을 줄이는 데 있었다.[28]

또한 이런 漢字 規定들은 法令, 公用文書와 敎育에서 實施되는 同時에 新聞·雜誌·放送 그 밖의 다른 一般社會에서 쓰여져서, 相應의 效果를 거두었다고 할 수 있다.

그러나 反面에 이들의 施策이 實施되는 동안 여러 가지 檢討를 要하는 問題가 생겨났다. 즉 當用漢字表·當用漢字音訓表에 실린 漢字와 音訓

26) 南廣祐 : 「國語國字論集」, 一潮閣, 1982, p.4.
27) 1947년 2월 16일 公布, 1,850字 中 881字를 가려 '敎育漢字'라 이르고 小學校 敎科書에 使用할 漢字範圍를 規定하였다.
28) 日本 國語審議會 : 常用 漢字表(答申), 1981, pp. 1～2.

을 써서 나타낼 수 없는 말은 다른 말로 바꾸든지 그렇지 않으면 '가나'로 쓰든지 하는 制限的 方針은 國語表現을 束縛속박해서 表記를 不自然스럽게 한다는 비판이 있었다. 또 當用漢字字體表에 따른 소위 新字體를 쓰는데 있어서도 異見과 批判이 있었다. 더욱이 當用漢字表에는 그 후 거의 사용되지 않게 된 漢字도 있고 자주 사용되는 漢字나 音·訓으로서 當用漢字表·當用漢字音訓表에 있지 않은 것 등 一般社會에서 漢字使用을 하는데 적당하지 않은 점도 지적되었다.

그 때문에 1966년 6월 文部大臣은 國語審議會에게 '國語 施策을 改善하는 具體案에 대하여'란 題目의 諮問자문을 求하기에 이르렀다. 國語審議會는 이 諮問에 應하여 1972년 6월 當用漢字 改定 音訓表 등을 答申하여 1973년 6월 內閣告示·內閣訓令에 따라 實施하게 되었다.

또한 國語審議會는 1972년 이후 漢字의 字種·字體 등의 問題를 審議하게 되었는데 現在의 法令·公用文書·新聞·雜誌 등에 사용되고 있는 漢字의 實態에 대하여 國立國語硏究所 등의 調査資料를 근거로 綿密면밀한 검토를 하는 한편, 明治(1868년) 이후의 各種漢字表에 나타난 漢字의 字種에 대해 考察했다.

또한 國語審議會는 當用漢字表 등의 制定經緯와 과거 30년에 걸친 실시 經驗 및 그것들에 대한 意見과 批判 등을 綜合的으로 검토했다. 그 결과 當用漢字表 등의 內容에 급격한 변화를 주어 混亂이 오지 않도록 留意하면서 此後에도 一般社會生活에 있어서 相互전달과 이해가 圓滑원활하기 위하여 當用漢字表에 代身하여 加一層 적절한 漢字表를 새로 만들 필요가 있어 常用漢字表를 새로 만들었다.[29)]

이 常用漢字表는 國語審議會의 審議(1981년 3월 23일 答申)를 거쳐 1981년 10월부터 實施되었다.

그런데 이 常用漢字表는 現代 一般社會生活에서 사용하는 것으로 科

29) 上揭書, p.3.

學·藝術·技術 등 각종 專門分野나 個個人의 漢字使用에 까지 관여하는 것이 아니고, 從來의 文獻 등에 사용하고 있는 漢字를 否定하려는 것도 아니며, 또 人名·地名 등 固有名詞에 사용되는 漢字를 對象으로 하는 것도 아니라고 國語審議會는 答申답신에서 밝히고 있다.

現代 日本에서 널리 쓰이는 表記法은 漢字와 '가나'의 混用文章이다. 이것은 日本에 있어서 社會的 文化的으로 유효적절한 것으로 보이는데 그 이유 중에 하나는 '가나'의 不完全性 때문이다. 또한 傳統的인 漢字使用을 現代化·체질화했다고도 볼 수 있다. 매우 오랫동안 漢字文明을 지녀왔다는 점에서 韓國과 日本의 歷史的 共通點이 있다. 日本에서는 法令·公用文書·新聞·雜誌 등 一般社會生活에서 共通性이 높고 效率的인 漢字使用을 하여, 알기 쉽고 통하기 쉬운 文章을 表記하기 위해 常用漢字를 制定하는 데 많은 努力을 아끼지 않았다.

Ⅷ. 結 言

우리나라는 地政學的인 면에서 隣近인근 諸民族에 둘러 싸여 있다. 歷史的으로 우리 韓民族은 中國文化의 影響을 많이 받았다. 일찍이 固有文字를 가지지 못한 우리에게 漢字는 필요했다. 新羅時代의 文字生活은 漢字를 가지고 表記한 鄕札향찰이 있었으며 吏讀式이두식 表記法도 생겨났다.

高麗時代에 와서는 漢文爲主時代가 本格的으로 되었다. 이에 말과 글이 一致되지 않음에서 불편을 느끼게 되었다. 그것은 固有語와 漢語와의 構造的 差異에서 비롯되는 것이었다.

朝鮮朝 世宗代에 이르러 訓民正音이 創制되었으니, 여기에 表音文字로서의 한글이 이루어졌다. 그러나 創制 이후에도 여전히 漢文爲主의 時代가 계속되었으며 近世에 이르러서야 비로소 語文一致가 定着되었다. 그런데 解放 이후 一部人士의 主導下에 文字生活의 革命이라 할 수 있는 한

글專用 政策이 施行되었다. 筆者는 解放 이후 오늘날까지 文字政策이 제대로 定着되지 못한 理由를 現時點에서 分析해 보았다.

우리나라의 '한글'은 獨創的이고, 發音할 때 口蓋구개의 象徵化로부터 硏究된 것이기 때문에 漢字와 直接的關聯이 없지만, 그 圖形的 構成은 漢字로부터 힌트를 얻은 것이라고 할 수 있으며,30) 또한 毛筆로써 縱書종서하는 것도 可能하기 때문에 한글은 漢字文化圈의 應用文字라 할 수 있다.

漢字는 文明의 發達로 보아서 언젠가는 表音文字로 變할 수밖에 없다는 조급하고 直線的 合理論이 漢字文化圈 世界에 있어서도 여러 가지 形態로 있어 왔다. 그것은 解放 이후 우리나라의 文字政策에서 뿐만 아니라 漢字의 本家인 中國에 있어서도 瞿秋白구추백, 魯迅노신에 의해 그 說이 强하게 나타나고, 毛澤東도 그 理論에 기울었다. 그리고 日本에서도 一部論者가 그런 생각을 갖게 되었다. 이렇게 해서 漢字를 적게 쓰는 것이 近代的 合理社會의 方向이라는 風潮도 생겨났다.

그러나 이 論理가 유럽 社會에서는 一見 合理的인 것일지라도 漢字硏究를 必然으로 하는 漢字文化圈의 世界에서도 해당되는 것은 아니다. 그래서 이 論理는 單純히 直接的인 觀念論이라고 할 수밖에 없다. 왜냐하면 인도·유럽語를 祖語로 하는 歐美諸國과 漢字를 사용하여 온 文化圈의 社會와는 말의 性格조차도 本質的으로 틀리기 때문이다.

元來가 多音節 言語로서 語尾變化에 따라 單數·複數의 구별을 나타내거나 動詞의 格變化에 따라 人稱과 時制의 問題를 처리하는 言語構造를 갖는 歐美語의 경우에 있어서는, 되도록 音聲에 密着밀착한 音標符號的 文字를 사용하는 방법이 合理的인 것은 당연한 것이다.

그러나 單音節 言語에서 發展되고 말의 性에 따른 變化도 語尾變化도 갖지 않는 中國語圈에 있어서는, 機械的으로 音聲에 密着하는 것보다도 單音節一語에 一字씩의 文字를 쓰는 방법이 字數도 적어서 經濟的·效

---

30) 世宗實錄, 25년 12월條에 '是月上親製諺文二十八字 其字倣古篆'이 나와 있고, 訓民正音 中 鄭麟趾의 序文에 '訓民正音 象形而字倣古篆'이 나타나 있다.

率的이며, 그것은 그것대로 合理的이다.

우리말은 膠着語교착어라고 해서 語根과 接辭접사와의 結合連接결합연접에 따라 말이 展開되는데, 語根에 해당하는 것은 單音節 言語의 概念文字인 漢字를 그대로 활용하고 助詞에 해당하는 것과 活用部分의 表記에 表音文字인 한글로 쓰면 識別이 容易하고 한편으로 合理的이라고 할 수 있다. 現實的으로 韓國語의 表記에 있어 漢字를 활용하여 表意하는 맛도 충분히 살리는 同時에 音聲에 密着한 '한글' 表記도 倂行해서 쓰는 것이 매우 有用한 것이라고 생각된다.

一般的으로 文字生活은 歷史를 뒷받침하는 社會慣習사회관습이기 때문에 法令 등에 의해 拘束구속할 수는 있지만 당장 改善할 수 있는 것은 아니다. 그렇지만 現在의 우리말은 歷史的 事情이 매우 복잡하고, 한편으로 국어敎育이 不徹底불철저하기 때문에 國字에 관한 知識과 관심이 普及되지 않고 있는데 그것은 國民의 社會生活과 文化의 發達에 의해 妨害방해받고 있는 點도 그 理由 중의 하나다. 따라서 文字 사용의 現狀에 비추어 將來를 예측하고, 그 改善에 積極的인 努力을 試圖하는 것은 대단히 필요한 일이다.

그러기 위해서는 文字生活의 實情을 調査하고 問題의 所在를 糾明규명하고 政策의 基準을 세워서 그 實現方法을 硏究할 필요가 있다.

漢字는 造語力이 豊富하고 말의 意味를 명확히 해서 文中에서 말의 段落을 보기 쉽게 하는 등의 長點이 있는 反面 이것을 過度하게 사용하는 경우에는 相互傳達과 理解를 곤란하게 하는 수도 있다. 이러한 점에 留意해서 國語의 表記에 있어 더 한층 的確하고 分明하면서도 아름답고 豊富한 것이 되도록 여러 方面으로 努力해야 할 것이다.

즉, 權威있는 硏究機關을 設置하여 漢字使用에 따르는 諸 問題, 즉 音·訓, 字形 및 字數 등을 科學的 統計·分析 등으로 調査硏究하게 하여 그 결과를 施策에 적극 反映하는 것이 바람직하다고 본다.

바꾸어 말하면, 一般社會生活에서 요구하는 漢字使用에 冷徹하게 對處

하여 非合理的인 漢字使用은 抑制하고, 漢字使用이 필요한 경우에는 충분한 硏究로 이루어진 政策에 의해 適切히 漢字를 이용하는 것이 賢明하다고 본다.

參考文獻(年代順)

최현배 : '한글의 바른길', 정음사, 1945.
정태진 : '漢字안쓰기問題', 雅文閣, 1946.
趙潤濟 : '國語敎育의 當面한 問題', 文化堂, 1947.
최현배 : '글자의 혁명', 군정청 문교부, 1947.
최현배 : '한글의 투쟁', 정음사, 1954.
朴定緖 : '國語의 將來와 漢字의 再認識', 壯文社, 1968.
이강로 : '국어교육의 바른길', 배영사, 1969.
柳正基 : '漢字問題의 科學的檢討', 大韓公報社, 1969.
이응호 : '언어정책의 역사적 연구', 한글전용국민실천회, 1969.
최현배 : '한글만 쓰기의 주장', 정음사, 1970.
조용란 : '말·글·얼', 한얼문고, 1973.
金敏洙 : '國語政策論', 高麗大學校, 1973.
安哲馬 : '國漢混用問題에 대하여', 韓國語文敎育硏究會, 1978.
吳之湖 : '알파베트文明의 終焉', 三硏社, 1979.
허　웅 : '국어정책론', 문성사, 1980.
정재도 : '국어의 갈길', 문경사, 1981.
南廣祐 : '國語國字論集', 一潮閣, 1982.

<外　書>

A. C. Moorhouse : Writing And The Alphabet, 네즈마사시譯, 岩波新書, 1958.
國語審議會 : 常用漢字表(答申), 大藏省, 1981.
大原信一 : 漢字의 변천, 東方書店, 1982.

藤堂明保 : 漢字概說 日本語 8, 岩波書店, 1977.
藤堂明保 : 漢字文化의 世界, 角川書店, 1982.
武部良明 : 國語國字問題의 由來, 日本語 3, 岩波書店, 1977.
文部省 : 國語審議會答申·建議集, 1966.
文化廳 : 言語에 관한 問答集 1~8, 1975~1982.
白川靜 : 漢字, 岩波書店 747, 1970.
鹽田紀和 : 日本의 言語政策硏究, 구로시오 出版, 1973.
原田種成 : 漢字의 常識, 三省堂, 1982.
林大 : 漢字의 問題, 日本語 3, 岩波書店, 1977.
林大, 林四郎, 森岡健二 : 文字와 表記, 明治書院, 1980.
林史典 : 日本에서의 漢字, 日本語 8, 岩波書店, 1977.
倉石武四郎 : 漢字의 運命, 岩波書店 93, 1958.
千野榮一 : 世界의 言語問題와 國語國字問題, 일본어 3, 岩波新書, 1977.
河野六郎 : 文字의 本質, 일본어 8, 岩波書店, 1977.

〈本會會員 · 仁荷大 博士課程/ 어문연구 38호〉

21세기 語文政策과 漢字問題에 대하여

閔 賢 植

1954년 서울 출생. 숙명여대 교수, 국제한국어교육학회장 역임, 현 서울대학교 교수. 로마자가 歐美 各國에서 쓰이면서 해당 국가의 문자로 공인되듯 조상들이 쓰던 한자를 우리의 古文字로 인식해야 한다는 전제에서 출발한 이 글은 1) 漢字敎育은 文字敎育이므로 국어교육학의 소관 사항이며, 2) 漢字語 認知 方法에는 分解的(分析的, 表意的) 認知 方式과 集合的(表音的, 聽音的) 認知 方式이 있으며, 3) 국어교육 영역 안에서 한자교육을 정규화하여 교육목적과 목표를 분명히 하고 敎材와 敎授法을 체계화하여야 하며, 4) 漢字敎育과 漢文敎育을 구별할 때 국어 교과에서는 그 역할을 한자교육, 國漢混用體 讀解敎育으로 제한하고 한문 교과에서는 한자교육은 물론 한문 문장 위주의 純漢文敎育으로 제한하는 역할 분담이 필요하며, 5) 國漢竝用體 교육은 한자 학습은 물론 국한혼용체 독해에 거의 도움이 안 되므로, 중·고교 국어 교과서에 국한혼용체를 30% 정도 배정하여 훈련케 해야 하며, 6) 각급 학교의 국어과 학습 평가 時에, 그리고 각종 고시에서 漢字 解得能力을 평가해야 하며, 7) 早期 漢字敎育과 國漢混用體 敎育을 도입해야 하며, 8) 한글문화를 재창조하기 위해서라도 한자, 한문교육은 필요하며, 9) 韓·中·日로 상징되는 東洋을 제패하기 위해서 한자교육이 필요하며, 종합적으로 10) 서구 제패를 위한 투자로는 조기 영어교육을 하고, 傳統文化 전승과 동양 한·중·일 제패를 위한 투자로는 조기 한자교육을 어문정책으로 추진하여야 한다고 주장하고 있다.

Ⅰ. 머 리 말

최근에는 英語 公用語 문제가 어느 소설가에 의해 주장되고 모 신문을 통해 論爭논쟁이 일기도 했다. 그 결과 젊은층들이 주 사용자인 인터넷에서의 찬반 토론에 의하면 영어 공용어 찬성이 45%쯤 된다고 할 정도로 세대간의 言語意識도 매우 개방적으로 되어 가고 있다. 그러나 공용어라는 것은 원래 식민지 국가였거나 多言語國家일 경우 국가 대내적으로 의사소통의 효율성을 위해 공용어를 정하는 것이지 우리나라와 같은 단일 언어국가에서 다른 種族의 言語인 영어 같은 것을 공용어로 새롭게 정할 필요는 없는 것이다. 하루아침에 영어를 공용어로 추가해 단일 언어국가를 이중 언어국가로 만들겠다는 발상이야말로, 民族正體性민족정체성을 훼손시키는 발상이라는 사실을 몰각하는 한국 지성계의 방향 없는 세계화 의식을 개탄하지 않을 수 없다. 아마도 국제어인 영어에 대한 교육을 강화하자는 衷情충정이 공용어 논쟁으로 飛火된 것이 아닌가 한다. 여기서 분명하게 인식해 둘 것은 이미 초등학교 3학년부터 早期 英語教育이 이루어지고 있어 英語는 半公用語教育 단계에 와 있다고 해야 할 것이다.

그러나 이런 沒覺性이 이미 국민 교육에서는 오래 전부터 漢字教育의 축소로 나타나고 있건만 이에 대해서는 지식인들이나 국어국문학 전공자들이나 모두 無感覺해져 가는 것이 오늘의 현실이다. 특히 놀라운 사실은 漢文科가 분리 설치되고부터는 국어국문학 전공자들 중에도 漢字教育에 대한 공감이 없고 겨우 한문학 전공자들이나 그 필요성을 외치는 형국이니 그 전공자들이 주장하는 것은 전공 이기주의로 비쳐져 외로운 목소리만 내고 있을 뿐이다. 오히려 일반 국민들이 漢字教育의 必要性을 외치고 私教育에 의존하는 현실이다.

2. 漢字政策의 역사

우리나라의 漢字 語文政策은 광복 후에 '한글전용에 관한 법률'(1948. 10. 9)이 '대한민국의 공용문서는 한글로 쓴다. 다만 얼마 동안 필요한 때에는 한자를 병용할 수 있다.'라고 하면서 한글전용을 원칙으로 하고 당분간

漢字混用을 인정하는 것으로 기본 정책을 삼아 왔다.[1)]

특히 1970년부터 한글전용을 강화하면서 초등학교의 한자교육이 사라졌으며 중·고교에서는 국어 교과서에 한자를 괄호에 넣는 國漢竝用體국한병용체로 지금껏 이어오고 있고 漢文敎育은 중학교부터 시행하고 있다. 그러나 6차 교육과정부터는 한문 과목도 환경, 컴퓨터와 같은 선택 과목 범주에 묶여 있어 서서히 소멸세이며 한문 교사 처리 문제로 편의상 한문을 선택해 주도록 권장하고 있을 뿐이다. 그런데 작년 연말에 공포된 제7차 교육과정에서는 한문 과목을 고2때에서야 가르치도록 명문화하여 더욱 위축되게 되었다.

3. 漢字敎育의 實態

그러면 먼저 현재의 한자교육 실태는 어떠한지 살펴보도록 한다.

(1) 初等學校 漢字敎育

초등학교에서는 한자 및 한문교육이 공식적으로는 없다. 그러나 校長 裁量으로 운영하는 '裁量' 시간이라는 것이 있어 이것을 이용해 교장 재량으로 漢字나 영어, 컴퓨터 교육을 한다. 그러나 학교별 재량이다 보니 학교마다 교재, 교수법 등의 차이가 百人百色이며 그 결과 비정규적, 비체계적, 무목적적 교육이 되고 있다. 어느 학교는 교장의 의욕으로 明心寶鑑명심보감을 가르치고, 어느 학교는 특정 학습지 회사의 漢字學習紙를 하고, 어느 학교는 한 학기 동안 수십 개 漢字語를 공책에 연습하는 것으로 시간을 보내는 등 千態萬象이다. 또한 한자교육을 한다지만 한자의 철저한 새김 암송

---

1) 한자 관련 語文政策 변천사는 金敏洙(1974), 金文昌(1984, 1985) 참고.

학습과 같은 기초 훈련이 이루어지고 있지 않다.

또 어린이 신문의 漢字學習欄을 오려서 공책에 베껴 쓰는 학습도 꽤 하는 편인데 文章과 연관되어 있지 않은 학습이라 단순한 한자 그리기로 끝나며 이 역시 非效率的 浪費學習이 되고 있다. 漢字 베껴 쓰기 교육을 열심히 받은 학생들이 國漢文體 신문 같은 것을 읽지 못하는 현상도 문장 속에서의 한자교육으로 응용되지 못하고 단지 단어 차원의 연습으로 끝나는 데 큰 원인이 있다. 즉 낱자는 익혔는데 문장 속에서 익히는 훈련을 받지 않았기에 아무리 많이 베껴 써도 虛事허사가 되고 있다.

한 마디로 초등학교 한자교육은 교장 재량이라서 하라니까 하는 것이며 한자교육을 제대로 받지 못한 젊은 한글세대 교사들은, 사명감도 교수법 개발 의욕도 자발적으로 가질 리가 없다. 사실상 초등 교사를 양성하는 教育大學 教育課程에서 한문 교과는 필수로 되어 있지도 않으며 선택과목이라 해도 학생들의 기피과목이 되어 제대로 이수되고 있지도 않다. 이는 전국의 師範大學 國語教育科들도 마찬가지다. 결국 국어 교사들조차 한자교육을 어떻게 해야 할 것인가에 대한 교육을 거의 받지 않고 졸업하는 것이 현실이다.

이런 현실인데 교육 당국은 초등학교에서도 '거의' 한자교육을 하고 있다고 强辯강변한다. 그러나 초등학교의 재량 시간에 하는 한자교육은 시간 보내기식이고 非效率的비효율적, 非能率的비능률적, 非體系的 教育이며 무엇보다도 학생들에게 국어교육 안에서 평가도 없고 동기도 없으니 하나마나한 낭비 교육의 표본이 되고 있다.

(2) 中·高等學校의 漢字, 漢文教育

중학교에 와서는 국어 교과서 안에 國漢竝用體가 나타난다. 그리고 연습문제란에 한자 낱자를 몇 개 제시하여 익히는 練習欄연습란이 나오는데 국어 교사들이 다루지 않고 거의 그대로 통과하는 것이 현실이다.

또한 국어 시험 문제에 漢字讀音 문제조차 나오지 않는 것이 현실이니 평가가 없는 한자 학습을 열심히 할 이유가 없다. 따라서 중학교 國漢竝用體 교과서는 한자 학습에 관한 한 있으나마나 하다. 오직 한자교육을 하고 있다는 展示行政用 증거로만 유효할 뿐이다. 더욱이 학생들에게는 括弧괄호 안에 쓴 한자라는 것이 교재 읽을 때 일차로 읽기 대상이 아니고 건너 뛰어 가게 되므로 완전히 死角地帶에 놓인 한자에 불과한 것이다.

국어 교사들 역시 사범대학 국어교육과나 국문과 교직 과정을 거치면서 한자를 국어 교육 범주 안에 들어오는 것이라고 교육받지 않고 대학을 졸업하는 것이 현실이다. 즉 한자 교육이 국어 교사를 양성하는 대학의 國語教育科 교과과정 안에서도 이미 추방된 현실이므로 국어 교과서를 가르칠 때 사명감을 갖고 한자에 신경 쓸 국어 교사가 있을 수 없다. 시중에 나와 있는 國語教育學 概論書개론서들에 한자 교육 문제를 다룬 개론서가 거의 없다는 현실에서 오늘날 국어교육 전공자들이 한자 문제를 어떻게 보고 있는가도 드러난다.

또한 국어교육과 학생들이 한자나 한문교육을 받는 것이 필수도 아니고 교육대학들처럼 선택 과목 차원에서나 소수 학생들이 선택하는 정도이므로 배출되는 교사들의 漢字教授能力조차 의심스러운 것이다. 학부모나 학생들의 교사들에 대한 불신은 이런 한자 교수 능력에서도 드러난다. 가령 서울대학교 사범대학 국어교육과의 교과과정에는 한자나 한문교육 관련 과목이 과거에는 있었으나 현재는 없어진 것에서 단적으로 요즈음 배출되는 국어 교사들의 한자 교수 능력이 의심받게 된다. 또한 서울대학교의 일반 교양과목인 '教養漢文'을 중문과 출신 강사가 가르치는 현실도 오늘의 비극적 사태를 단적으로 보여 준다.

독립된 교과로서의 漢文教育은 중학교에서 비로소 檢定教科書를 가지고 한문 교사에 의해 전면적으로 이루어진다. 한자 익히기부터 시작해서 初步的 漢字語句, 俗談, 四字成語, 漢詩 등에 걸쳐 학습을 하고 있다.

그런데 대학에 들어온 학생들이 國漢混用體 글을 왜 못 읽는가? 우리의 판단으로는 한문 교과 학습이 국어 교과서에서 분리된 채 외국어 과목처럼 학습되고 국어 생활에서 국한혼용체 신문 읽기 같은 것을 생활화하지 않으므로 한자 학습이 한문 시간에만 갇힌 학습이 되고 있기 때문이라고 생각한다.

漢字單語學習으로 그치는 초등학교의 재량 학습이나 語句나 漢文 短文學習으로 치우친 중학교 한문교육은 모두 國漢混用體 교육을 소홀히 함으로써 정작 國漢混用體를 못 읽는 학생을 量産할 수밖에 없다. 따라서 학생들은 국어 교과서에서는 독서를 할 때 한자 부분을 건너뛰게 만드는 국한병용체가 있을 뿐 혼용체 학습을 못하고, 한문 시간에는 한문 단문 학습으로 시간을 보낼 뿐 역시 혼용체 독서를 못한 채 중·고교 6년을 보내니 사회나 대학에 와서 國漢混用體 論文이나 新聞을 못 읽을 수밖에 없다.

또한 우리는 국어과와 한문과가 분리되어 국어과에서 遊離유리된 한문교육이야말로 한자, 한문교육에 오히려 장애가 되고 있고 한문 과목도 약화시키고 국어교육도 절름발이로 만들게 한 원인이 되었다고 생각한다. 국어과와 한문과는 서로 유기적으로 통합적 협조가 필요한데 國語教育科 교과과정이나 國語教育學 개론서들에서 보다시피 國語教科에서는 한자교육이나 한문교육을 내놓은 자식처럼 거의 다루고 있지 않고 있고, 한문과는 독자노선만 추구하다가 선택 과목으로 전락하여 국어과의 적극적 지원도 받지 못한 채 외로운 싸움을 벌이고 있어 상호 발전을 위한 대책이 더없이 절실한 현실이다.

국어와 한문 과목 외에 한자를 중시해야 할 國史 과목의 경우 교과서에는 한자가 괄호 속에조차 나타나지 않고 한글전용체로 된 國史教育을 받고 있으니 한자 학습은 더욱 설 땅이 없다. 특히 한자가 없으므로 교사들은 漢字用語에 대해 한자를 다시 써서 보여 주는 二重苦를 치르니 비효율적 학습이 되고 있다. 따라서 학생들은 국사 과목에서 역사상 등장하는 어려운 한자 용어를 한자 뜻에 따른 分解的 認知를 못하고 한글로 된 한자어 덩어리 전체로 익히는 集合的 認知를 하고 있다.

가령 '經筵制度경연제도'라는 용어가 중학교 국사 책에 나오는데 학생들이 이 단어를 이해하는 방법은 두 가지가 있다. 먼저 '경서 經, 자리 筵'이라는 漢字 낱자의 새김을 통해 分解的(分析的)으로 인지함으로써 '경연'을 이해하는 방법이 있다. 더욱이 이것을 '經筵'이라고 써 놓으면 '競演, 慶宴' 등과 혼동할 필요가 없으므로 表意的 認知라고 부를 수 있다.

또 다른 이해 방법으로는 '經筵'의 漢字 낱자별 새김을 통한 分解的 認知를 하지 않고, 즉 한자 어원과는 아무 연관 학습을 하지 않고 '聽音印象청음인상', 즉 '表音印象'만을 가지고 단어를 이해하는 방법이 있다. 이 경우는 '경연'을 '임금이나 왕자가 학문을 배우고자 신하에게 경서를 강론하게 하는 일, 또는 그런 자리'라는 뜻풀이를 集合的으로 인지하는 것이다. 이는 '경연'이라는 단어의 전체 뜻과 단어 전체의 表音印象만을 집합적으로 기억시키는 단어 인지법이므로 集合的 認知, 또는 表音的 認知라고 할 수 있다. 이 경우 "競演, 經筵, 硬軟, 慶宴' 등의 同音漢字語에 대해서도 분해적 인지를 하지 않고 집합적, 표음적 인지를 바탕으로 문맥 속에서 변별할 수밖에 없다.

그런데 우리가 영어를 배울 때 영어 단어를 語源分析을 통해 분해적 인지 학습을 하는 경우는 적고 聽音印象에 따른 표음적 인지 학습을 하거나 단어 철자에 대한 視覺的 反復 認知訓練만으로도 단어 암기를 잘 하는 것을 보면 集合的 認知만으로도 단어 학습은 충분한 듯이 보인다. 실상 우리의 漢字語 학습은 영어를 처음 배울 때처럼 표음적, 집합적 인지 방식 단계로 접어들고 있어 학생들은 분해적 인지를 하지 않고 집합적 인지로 단어 학습을 한다. 한자 교육이 사라지면 장기적으로는 한자어 이해를 집합적 인지로 하는 현상이 일반화할 것이다. 그 결과 '자습'을 '스스로 하는 학습'이라고 분해적 인지를 하지 않고 '아침 자습'의 준말로 착각해 '아침에 하는 공부'로 엉뚱하게 답하는 아동들도 생기게 되므로 한자어의 의미에 대해 기상천외의 의미로 오해하는 일들이 많아져 한자어 이해에 대혼란이 생길 것이다. 따라서 한자어에 대한 정확한 단어 의미 교육은 한글전용을 하더라도 더욱 중요하게 될 것이다.

그러나 영어는 同音語가 漢字語에 비하면 많지 않기 때문에 聽音印象에 의한 단어 이해만으로도 가능하지만 한자어는 同音語가 많고 문맥 속에서 파악해야 하는 문맥 의존도가 높아 영어 학습처럼 접근할 수만은 없다. 즉 漢字語는 단어 학습의 기본 방식인 표음적 인지법 외에 한자 낱자별 새김 이해를 통한 분해적, 表意的 認知 학습법이 단어 이해에 절대적으로 유용하므로 分解的 認知 학습도 병행하여 요구되는 것이다.

물론 우리는 모든 한자어에 대한 이해가 분해적 인지 학습으로만 되어야 한다는 것을 주장하지는 않는다. 모든 漢字語가 분해적인 뜻의 결합으로만 되지 않는 경우도 많기 때문이다. 예컨대 '弟子'는 분해적 인지법으로는 '아우 弟, 아들 子'이지만 실제 뜻은 '아우의 아들'은 아니기 때문에 분해적 인지법이 무익하게 보일 수 있다. 그러나 상당수의 한자어는 아직은 한자 낱자별 새김의 總和총화에 따른 분해적 이해가 유지되는 편이므로 分解的 認知를 돕는 한자교육은 그 필요성이 있다고 보는 것이다.

가령 아이들이 '부모'라는 말을 未就學미취학 時節부터 배우지만 그것을 '아비 父, 어미 母'라고 분석한 후 습득하지 않고 뭉뚱그려 집합적으로 전체를 이해하듯이 어휘 습득 초기에는 대개 단어 전체인지로 어휘 습득을 한다. 이 점만으로는 한자어의 한자 형태소별 분해적 인지가 불필요한 듯 보인다.

그러나 나중에라도 '부모'가 '아비 부, 어미 모'라는 한자 形態素로 구성되는 것을 알면 '父情, 父性愛, 父權…' 등의 단어와 '母情, 母性愛, 母權, 母國, 母乳…' 등의 어휘를 이해할 때도 체계적, 논리적 이해를 하게 되어 유익하게 된다.

마찬가지로 '鬱陵島울릉도'라는 단어를 처음에는 집합적으로 인지하며 또한 한자로 못 쓸지라도 장차 '울릉도'라는 한자 형태소의 語源을 분석해서 '울창한 구릉(언덕)처럼 보이는 섬'이란 뜻에서 울릉도라고 했다고 이해하면 그 섬에 대한 이해가 한층 더 깊어지는 것이다.

'진실을 호도한다'의 경우도 '호도하다'가 '덮어버리다'의 뜻을 지닌다는 것만 알면 되며 한자로 못 써도 된다고 할 수 있다. 이 단어의 뜻을 아는 사람 중에도 '호도'를 漢字로 못 쓰는 이도 많기 때문이다. 그러나 '糊塗호도'가 '풀 호, 바를 도'로 '糊口之策'의 '호'와 연결되므로 '호도, 호구지책'도 그런 분해적 인지로 더욱 의미를 명확히 알 수 있기 때문에 한자 의미를 알면 그만큼 한자어의 정확한 이해에 유익하다. 또한 '호도'의 '도'가 '도배(塗褙)'의 '도'와 같다고 하는 것을 알면 그만큼 국어 어휘의 系列的 理解力이 높아지는 것이며 그것은 구체적으로 측정할 수 없는 무형의 국어 실력이 된다.

물론 '도배'의 경우 대개 集合的으로 인지하고 있고 한자로 쓰라면 못 쓰는 사람이 많으며 한자어라고 생각할 사람도 드물어 분해적 인지의 필요성이 적은 것도 사실이다. 즉 일상생활에서 '도배'라는 전체 음상만으로 그 뜻을 알고 있어도 일반적 의사소통에는 큰 문제가 없고 한자로 못 써도 거의 문제가 되지 않는 것은 사실이다.

그러나 '도배, 호도, 호구지책'의 단어를 음상에 따라 집합적으로 이해하려면 여러 경우의 發話文章 속에서 터득하는 경험적 반복이 필요하여 시간이 소요되는 편이다. 반면에 形態素別로 분해적으로 배우면 신속히 논리적, 체계적으로 단어의 정확한 뜻을 알게 되어 어휘 학습에 유용하다. 또한 '호'나 '도'의 계열성을 아는 것은 국어 어휘 지식과 고도의 어휘 사용 능력에 도움이 되면 되었지 공연한 지식이 되는 것은 아니다. 따라서 胎生的태생적으로 뜻글자가 합성된 漢字語의 이해에는 한자 낱자별로 새김을 익히는 분해적 어휘 인지가 1차적 어휘 학습법으로 일정하게 기여할 수밖에 없다. 그리고 그것은 言語 習得能力이 뛰어나며 어휘 학습 활동이 왕성한 초등학교 교육에서부터 시작할 필요가 있는 것이다.

결국 중고교의 國史 教科書의 경우 분해적 인지로 수월하게 이해할 수 있는 '경연'과 같은 상당수의 한자어가 한글로만 제시된다면 학생들로 하여금 集合的, 表音的 認知만을 강요하는 것이라 단어 이해에 부담을 주는 학습이 된다. 더욱이 이 학생들은 단순히 표음적, 집합적 인지로 어휘를 습득하는 것이 특징인 유년기 아동들이 아니고 어휘를 체계적, 논리적, 계열적, 분해적으로 왕성하게 습득해야 할 시기의 학생들이고 또 그런 분석적 지능이 한창 발달중인 학생들인데 어휘교육은 유아 대상의 집합적 인지를 강요하고 있는 것이다.

중학교 국사 교과서에는 '경연' 이외에도 '마가, 우가, 저가… 대사자, 사자' 등의 官職名이라든가 '세형동검, 봉수제도, 훈구세력, 균역법, 중상학파, 실사구시, 위정척사, 정신대' 등이 漢字를 괄호에 併記조차 하지 않은 채 한글 표기로만 실려 있다. 따라서 국사 교과서에서도 중요 漢字語에는 국한혼용체를 당장 안 하더라도 적어도 국어 교과서처럼 한자를 괄호에 병기한 國漢竝用體나마 시급히 도입해야 한다.

한자교육의 파행으로 인해 피해를 보는 과목은 國語, 國史뿐만 아니라 전문어가 많은 社會, 科學 등의 다른 교과목에서도 나타난다. 가령 과학 교과도 한자어는 많은데 한자를 괄호에 병용조차 하지 않아 漢字 形態素를 기반으로 한 분해적 인지를 하지 못하고 집합적 인지를 하게 만들고 있으며 분해적 인지로 가르치려고 해도 교사들조차 한자 실력이 없고, 과학 시간에 일일이 한자 용어 교육하기도 한계가 있어 학생들은 우격다짐으로 집합적 인지를 하고 있다.

그러므로 학생들이 '정립허상, 만유인력, 중력, 방전, 감전, 은하, 당뇨병, 반작용' 등의 漢字用語를 분석적으로 인지하고 있지 않아 엉뚱한 개념으로 오해하는 경우가 허다하다. 가령 '당뇨병'을 한자 형태소별로 분해적으로 인지하여 '오줌에 당이 나오는 병'으로 이해하지 않고 '뚱뚱해지면 걸리는 병. 단 것 먹으면 안 되는 병' 등의 周邊的주변적 意味로 엉뚱하게 아는 경우가 많아 기초 개념 교육이 중요한 초중등 교육은 어휘교육에 관한 한 大亂에 빠져 있어 知力이 떨어지고 교육이 부실해지는 원인이 되고 있다.

'반작용'의 경우도 '반만 작용하는 것'으로 오해한다거나 '수소는 상온에서 기체다'라는 표현의 '상온'도 '常溫'이 아닌 '上溫' 즉 '高溫'으로 오해하는 경우가 많으며, '수정'이 '水晶'인지 '受精'인지 구별하지 않은 채 집합적으로 인지하고 '사암'을 '砂巖사암'이 아닌 '死岩'으로 오해한다거나 하는 일들이 벌어지고 있다.[2)] 서양에서는 과학, 의학, 법학, 신학, 철학 교육을 할 때 용어 교육을 중시하며 라틴어 어원부터 가르친다고 하는데 이는 우리에게 科學에서 한자어로 된 전문용어의 교육이 漢字 形態素 교육에 의한 분해적 인지 학습으로 이루어져야 함을 간접적으로 시사해 준다.

이상과 같은 중학교의 한자, 한문교육의 문제점은 고등학교에서도 그대로 나타난다. 國漢竝用體로 된 국어 교과서에서 한자는 중학교 때처럼 死角地帶로 소외되고 대학입학 수학능력 시험이나 본고사에서는 국어과에서 漢字 讀音問題조차 없으니 학생들이 한자 공부를 할 이유가 없고 한자 학습에 대한 평가가 국어과에는 없으니 한자교육이 될 리가 없다.

한문 교과도 국어과와 遊離된 한문 문장 학습만 그것도 문과 학생들이나 하는 정도이니 대한민국의 모든 중고교생은 국한혼용체의 讀解訓練 경험이 없이 졸업할 수밖에 없는 것이다.

전문어가 허다한 사회, 과학 등의 교과에서도 한자조차 병용하지 않아 교사들은 가르칠 때 힘들어하고 학생들은 용어를 集合的으로 理解하도록 강요받아 애를 먹는 것이다.

특히 7차 教育課程에서는 한문교육이 더욱 위축될 것으로 전망된다. 즉 1997. 12. 30에 발표한 7차 교육과정에 따르면 고등학교 한문 과목은 현재 고교 한문 학습보다 1년 늦은 고2(한문), 고3(한문 고전) 때 선택과목으로 가르치게 되어 있고 國民共通 教育課程이라는 초등 1학년-고교 1년까지의 10년 과정에는 한문 교과가 아예 명문화되어 있지도 않아 '재량 활동' 시간에나 기대해야 할 한문교육은 더욱 衰落쇠락할 운명이다.

---

2) 科學教育에서 한자어 문맹의 이러한 심각성은 최근에 高銀珠(1998)에서 상세히 논한 바 있다.

(3) 大學의 漢字, 漢文敎育

초·중·고교의 한자, 한문교육과 달리 公的인 교과과정이 없는 대학의 한자, 한문교육의 실상도 왜곡된 모습을 곳곳에서 볼 수 있다. 그나마 漢字敎育에 관심 있는 대학들은 교양국어 교육시 한자 펜습자 등을 부과하거나 敎養國語 敎材 안에 한자교육 내용을 포함시킨 경우가 있지만 교양국어가 필수에서 선택과목으로 전락한 대부분의 대학에서는 한자교육이 교양국어 敎育課程에서 설자리를 상실하고 말았다.

최근에 일부 대학에서는 한자교육을 필수로 지정한 대학들도 있지만 기존의 古典 漢文講讀 방식의 교양한문 차원으로 운영하려다 학생들의 반발을 산 경우가 있다고도 하며 일부 대학에서는 교양한문 과목을 국문과에서 하지 않고 中文科가 운영하는 등 문제점이 드러나고 있다.

또한 교양한문 과목이라는 것도 구태의연한 敎授法과 敎材로 한문을 싫어하는 신세대 학생들에게 따분한 인상만 주고 있어 인기 下落科目이 되어 있다.

특히 敎養漢文을 중문과에서 운영하는 경우에는 심각한 문제점을 드러낸다. 즉 교양한문을 中語中文學 전공자가 강의할 때 國漢文學을 제대로 배운 경험이 없는 중문과 출신이 한문을 가르침으로써 우리의 유구한 國漢文學의 傳統이 바르게 가르쳐지지 못하며 대중들에게는 한문 과목을 중문과의 과목으로 잘못 인식하게 만드는 왜곡 현상이 나타난다. 그런 한 예가 日刊新聞의 漢字學習欄을 국한문학 전공자가 하지 않고 중문과 출신들이 집필하는 현상을 들 수 있으니 언론조차 이런 인식 수준을 보이고 있는 것이다. 일간지가 국민을 대상으로 한자 교육을 하고 싶다면 그것은 文字敎育인 만큼 국어교육자나 국한문학 전공자 중에서 적임자를 찾는 것이 學問正道上 옳기 때문이다. 만일 국어교육 전공자 중에 한자교육 전공자를 키우고 있지 않다면 우리의 國語敎育學이라는 학문에 문제가 있는 것이다.

(4) 教育大學院 漢文教育 專攻

교양한문 강좌의 운영을 中文科가 하는 대학들에서는 교육대학원의 漢文教育 전공도 중문과가 운영하는 것이 현실이다. 그 경우 교과과정은 韓國 漢文學 과목이 대부분이고 중국 經書科目과 중문학 관련 比較文學 강좌 정도가 추가되는데 그 한국 한문학 강좌를 중문학 교수들이 "獨習하여" 가르치고 있다. 중문학 전공자들이 한국 한문학 전공자가 아니면서도 독습하여 가르치는 현상을 嘉賞가상하다고 해야 할지 中語中文學 전공자들 스스로 학문적 양심으로 헤아려 볼 일이다. 단지 한자를 중국에서 만들었고 학생들보다는 한자를 좀 안다는 것과 자신도 한국인으로서 한자를 기본은 아니까 가르친다는 현실에 전율하지 않을 수 없다.

설령 中語中文學 전공자들이 한자는 그들 분야에서도 기초이므로 가르칠 수 있다고 해도 그들은 결코 방대한 유산으로 남아 있는 國漢文學을 전공한 사람이 아니다. 그들은 중국의 방대한 중국어문학 유산을 전공해서 한국에 소개하는 것이 1차 사명이기 때문이다. 혹시 중문학과 국한문학을 比較文學的으로 연구하는 이가 있어 한자, 한문교육을 하게 되었다면 그것은 비교문학적 특수성에 기인하는 개인적 문제이지 중어중문학 전공자 전체가 그렇게 할 수 있다는 근거는 되지 못한다. 그런데 중어중문학 전공자가 한문학을 가르치려는 이런 왜곡 현상이 이 땅의 상당수 대학에서 벌어지고 있다는 데 문제의 심각성이 있고 국한문학은 물론 중어중문학의 학문적 正體性조차 훼손시키고 있다. 과거에 중문과가 대학들에 생길 때 국문과에서 운영하던 '한문' 강좌를 잠시 빌려 주었는데 오늘에 와서는 돌려주지 않는 사태로 변했다는 것이 해당 대학들의 사정이라고도 하거니와 이제는 학자들도 학문의 양심으로 돌아와야 할 것이다.

우리는 중어중문학 전공자들 중에서 한자 및 漢文教育의 의무와 책임은 국어교육자들이나 국문학, 한문학 전공자들에게 1차적으로 있고 중어중문학 전공자가 관여하는 것은 혼란만 줄 뿐이라 국가 語文政策에도 부정적

영향을 끼친다고 객관적, 학문적 견지에서 말 한 사람이 있다는 이야기를 아직 들어보지 못했다.

4. 漢字, 漢文 敎育觀의 再定立

우리는 한국인의 漢字敎育은 문자교육이므로 국어교육학, 국문학, 한문학 전공자의 기본 소관 영역이라고 본다. 또한 漢文敎育도 넓게는 국어교육과, 국문과, 한문과 전공자의 소양으로 보되 전문적으로는 국한문학 전공자가 주관해야 한다는 것이 기본 인식이다. 이것은 專攻 利己主義의 관점이 아니고 오직 民族精氣와 民族主體性의 관점에서 봐야 할 문제라고 본다.

한자나 한문교육을 중문과 출신이 주관해야 한다는 인식이야말로 漢字가 중국에서 만들어졌다는 단순한 사실로 대중을 현혹하려는 발상이거니와 이는 어떤 문자를 만들지 않았어도 필요에 따라 다른 나라가 사용하고 있으면 그것은 그 나라의 自國語 언어교육 차원에서 이루어져야 한다는 사실을 잊은 결과이다. 알파벳이 이집트, 그리스에서 만들었지만 다른 나라에서 널리 쓰이고 가르치듯이 漢字, 漢文敎育은 국어교육이나 국어국문학, 한문학 영역 안에서 이루어져야 한다는 사실을 오늘날 국어국문학 및 국어교육학 학자들조차 잊어가고 있다.

주지하다시피 우리는 중국 한문문화를 수입하여 우리의 사상과 문화를 한자로 표현하여 古代 이래 開化期까지 허다한 漢文 文籍문적이 언어문화 유산으로 남아 있으므로 이들 한문 유산들은 국어국문학, 국사학, 한국철학, 국어교육 전공자들과 같은 국학 전공자들의 기본 연구 대상이지 中國語文學 전공자들의 기본 연구 대상이 아니다. 중국어문학자들이 우리 한문문화를 연구한다면 比較文學과 같은 비교문화 차원에서는 가능할지 모르지만 한문 유산인 國漢文學을 중문학 전공자들이 중어중문학의 전공 영역으로 간주하고 가르친다면 이것은 國恥국치 중의 國恥가 아닐 수 없으며 이런 사태를 방치한 국어국문학, 한문학, 국어교육 종사자들의 책임이 아닐 수 없다.

한문 과목은 과목 성격이 廣開土大王碑文광개토대왕비문, 三國遺事, 三國史記 등을 비롯하여 開化期 漢詩에 이르기까지, 인물로는 고구려 琉璃王유리왕, 崔致遠, 李奎報이규보에서 朴趾源박지원, 黃玹황현 등에 이르기까지 2천여 년 간 산적한 국한문학으로 구성되는 것이 기본이고 論語, 孟子, 諸子百家제자백가, 唐詩를 가르치는 것이 기본이 아니건만 많은 대학의 교양 한문을 국한문학을 모르는 중문과 출신들이 가르치다 보니 四書三經이나 唐詩 정도를 가르치면서 한 학기를 보내어 중국 고전 한문학 강좌로 변질시키고 있다. 이런 점에서는 教養 國漢文學과 教養 中國漢文學을 구별시켜 경쟁하게 하는 것도 한 방편이 될 수도 있다. 따라서 앞으로 대학의 한문 과목 명칭을 '教養 國漢文學'으로 바꾸어 중문학 전공자가 할 것이 아님을 보일 필요가 있고 이를 일반 학생들에게도 분명히 인식시킬 필요가 있다.

요컨대 한자를 중국 문자로만 국한하려는 의식은 고쳐야 하며 조상들이 한자를 生活文字로 썼다는 점에서 우리의 古文字로 보는 인식 전환이 필요하다. 이는 조상들의 전통 한문 문화유산을 이해하려면 한자와 한문에 대한 이해는 필수적이므로 古文字 차원으로 봄은 당연한 것이다.

5. 傳統 상실과 歷史 단절의 深刻性

오늘날 한글전용을 주장하는 대표 단체인 한글학회는 한글전용과 동시에 한문교육도 인정하므로 국한혼용파의 漢文教育 주장과 상통하는 면이 있는데 극단의 평행선만 보이는 것으로 비치고 그 사이에서 학교의 한자, 한문교육은 상술한 대로 비효율성을 벗어나지 못하고 있다. 또한 입시에서 漢文 解得能力해득능력이 측정되지 않아 신세대들은 한문 학습의 동기도 없으며 초등학교에서 교장 재량으로 한 시간 정도 한자 교육을 한다지만 체계적 지도도, 평가도 없는 식이라 학생들은 비효율적 교육의 희생자가 되어 가고 있다.

이러한 한자, 한문교육 소홀로 인한 가장 큰 폐단은 우리 국민의 傳統文化에 대한 심각한 沒理解몰이해 현상이다. 평소 중등교육에서 漢文文化가 대중적 교양으로 학습되고 공유될 때 장차 대학에서 한국 전통문화의 기반이 되는 고전문학, 한문학, 국사학, 한국철학 등에 대한 전공 희망자 층도 두터워지고 傳統文化의 기반도 두터워질 텐데 그러한 한문교육이 제대로 이루어지지 않고 학창 시절부터 대중적 교양으로 향유되는 훈련을 받아 보지 못한 채 剝製박제가 된 비효율적 한자, 한문교육을 받다 보니 상술한 대학에서의 한문문화 관련 전통 基礎學問들은 枯死狀態고사상태에 빠져 있다. 더욱이 최근의 學部制 바람은 이런 현상을 더욱 가속화할 것이다.

흔히 전통 漢文文化 연구는 한문 전공자를 양성하면 된다고 하지만 국민적 교양으로 한문문화가 이해되고 사랑 받으면서 중등교육에서는 한자, 한문교육의 기초가 탄탄히 이루어지는 분위기 속에서 한문문화 관련 전공이 선택, 연구되는 경우와 이와 달리 부실한 한자, 한문교육 위에서 겨우 대학에 와서야 일부 전공자만이 선택 연구하는 경우를 비교하면 그 학문의 결과가 질적으로 큰 차이가 있을 것이 분명하므로 漢字, 漢文教育이 전자의 방향으로 이루어져야 할 것은 당연하다.

이대로 한자, 한문문화가 대중 사이에서 소멸하고 박물관에나 갇힌다면 우리의 歷史斷絶역사단절이 너무나 크고 서구 문화의 유입은 가속화되어 뿌리 잃은 민족으로 전락될 것이 우려된다. 또한 우리 한문문화 유산을 中國人이나 日本人 또는 중국어문학이나 일본어문학 전공자들에게 연구 의뢰하는 방향으로 나아갈 것도 예상된다.

나아가 우리만이 韓·中·日 漢字文化圈의 역사적 현실에서 스스로 疏外소외되고 중국과 일본과는 역사적 차원에서의 문화적 대화를 차단함으로써 고립될 것도 우려된다. 이미 일본에서는 한국 유학생을 비 한자 문화권

유학생으로 대우한다고 한다.

6. 21세기 文化 戰爭時代의 語文政策

우리는 도로나 관광 案內板에 한자를 쓰자거나 안내판이 한자로 되어 있지 않아 일본인이나 중국인들이 관광하는 데 불편하다는 식의 논리에는 별로 찬동하지 않는다. 우리도 그들 나라에 가면 한글 表記가 없어 불편한 것은 마찬가지이기 때문이다.

단지 우리는 전통 한문문화 가치에 대해 국민 누구나 理解하고 享有할 수 있는 대중적 가치를 찾고 누릴 수 있는 정도의 차원에서 最小限 '읽을 수 있는 정도의 次元에서만이라도' 초보적 한자교육은 조기에 이루어져야 하지 않느냐는 것이다. 더 실용적, 직설적으로 말한다면 오늘의 학문의 바로 직전 시기인 70년대까지 이루어진 국한혼용체로 된 학술 자료를 오늘의 대학생들이 못 읽어 학문 이해와 전승에 문제가 발생하고 있으면 漢字教育과 國漢混用體 독해 교육은 정규 국어 교육에서 일정 시간 어려서부터 제공해 주어야 하지 않느냐는 것이다.

우리의 이러한 주장은 國漢混用論者들의 기존 주장이 국한혼용체로 써야 한다는 것을 강요한 듯한 인상을 준 것과는 다소 다르다. 즉 우리는 국한혼용체로 써야 한다는 것까지 의무화하는 한자교육을 요구하는 것이 아니며(따라서 한글專用 政策의 명분을 유지하려는 현행 국가정책의 틀을 건드리지 않으며) 단지 국한혼용체를 讀解할 수 있는 최소 수준의 能力涵養능력함양을 위한 한자교육과 국한혼용체 讀解教育을 조기에 도입하게 하라는 것일 뿐이다. 國漢混用體를 쓰게 하려는 것에 목적이 있는 것이 아니라 우선 讀解할 수 있는 능력 함양에 초점을 둔 한자교육을 강조하려는 것이다.

더욱이 早期 英語教育은 시키면서 조상들이 썼던 한자를 애써 외면하는 것은 조상에 대한 存在否定으로 귀결되는 행위라고도 볼 수 있다. 早期 英

語教育이 세계화 시대에 미래를 위한 경제적, 물질적 풍요를 위한 부득이한 투자라면 早期 漢字教育은 문화 경쟁 시대에 문화 민족 자존의 미래를 위한 정신적 투자인 것이다. 국가 전략적으로 본다면 조기 영어교육이 西歐文化圈을 제패하려는 교육이라면 한자, 한문교육은 동양 漢字文化圈을 제패하려는 교육이라고 본다. 특히 漢字素養을 어려서부터 길러 주면 日本語와 中國語를 익히기도 쉬워 장차 일본, 중국과 경쟁하여 이들을 제어해야 할 우리로서는 일본과 중국에 대한 이해와 정보 획득 능력을 국민 다수가 자연히 高揚시킬 수 있으므로 뒤늦게 대학에 가서 한자 기초를 익혀 이들 언어를 익히게 하는 것보다 백배 더 유리할 것이라고 본다.

우리는 이러한 西歐制覇서구제패와 東洋制覇라는 도전적 국가 경영 전략 次元에서라도 두 문화권 이해를 위한 양 방향의 言語教育은 장차 우리 민족이 세계적으로 도약하기 위한 두 날개 역할을 하는 어문 정책이라고 믿는다. 오늘날 국가 생존을 위해 歐美 多重言語 국가들은 다중언어교육으로 다중언어의 날개를 어려서부터 달아 주는 추세인데 우리가 영어 일변도로 나아가고 전통 한문문화의 道具文字인 漢字조차 조기 습득을 포기하는 것은 孤立과 滅亡으로 치닫지 않을까 심히 걱정하지 않을 수 없다.

이를 위해서는 초등학교의 교장 재량으로 하는 한자교육을 정식으로 체계화하고 초·중·고 국어 교재에서도 古文體 학습 차원에서 70년대까지 각종 학술서에 써 왔던 國漢混用體를 20~30% 정도 배정하여 한자 문맹자 양산을 예방해야 할 것이다. 아울러 국어교육 평가에도 漢字 解得能力을 일정히 반영하여야함은 물론이다. 이러한 일은 한글전용의 대원칙을 계속 유지하더라도 새삼 한글 전용과 국한혼용의 논쟁을 되풀이할 필요도 없이 전통문화 계승과 전통문화 학습 차원이라는 大義名分에서 이루어져야 하는 일이다.

요컨대 우리는 한자혼용을 새삼 명문화하고 의무화하지 않더라도, 古文교육 차원에서 조상들의 古文字였던 한자를 읽게 할 수 있는 능력은 길러주어야 한다는 차원에서만이라도 조기 한자교육과 國漢混用體 교육을 도입해야 한다고 본다. 마치 우리가 英語教育을 받아도 쓰기, 즉 英作能力은 쉽게 습득하기 어렵지만 英文資料를 대략적으로 읽는 초보적 讀解能力은 먼저 涵養함양되듯이 한자 2000자 정도를 교육하여서 한자를 능란하게 쓰지는 못해도 읽을 수 있는 정도의 능력 함양은 가능하다고 보는 것이다. 따라서, 국한혼용체 독해를 1차 목표로 초등학교 단계에서 정규 한자교육과 국한혼용체 讀解教育을 함으로써 한자문화의 급작스런 단절은 막아야 한다고 본다.

7. 맺 음 말

지금까지의 내용은 거의 새삼스러운 것은 아니다. 대개는 漢字 早期教育論에서 거론되어 온 것이다. 단지 현행 한자교육 실태를 다시금 점검하면서 한글전용론과 국한혼용론을 조화할 수 있는 정책을 도모하고자 몇 가지 주장을 추가해 본 것이다. 이제 이러한 것을 종합적으로 정리해 결론으로 삼는다.

(1) 漢字는 조상들이 쓰던 古文字이다. 로마자가 歐美 各國에서 쓰이면서 해당 국가의 문자로 공인되듯 조상들이 쓰던 한자는 우리의 古文字로 인식해야 한다. 그리고 현 세대까지도 국한혼용체 문화가 남아 있어 현대의 문자로 남아 있다.

또한 漢字教育은 文字教育이므로 국어교육학의 소관 사항이다. 국어교육학 概說書들이 한자교육 문제에 소홀한 것은 반성해야 하며 반드시 국어교육학 개설서에 문자교육 영역을 다루어 한자교육도 포함해야 한다. 나아가 국어교육학이나 국어국문학 영역에서의 한자, 한문 문제 연구는 국어교육학, 국어국문학, 한문학 연구자들의 기본 소관 사항이어야 할 것이다.

(2) 漢字語 認知 方法에는 分解的(分析的, 表意的) 認知 方式과 集合

的(表音的, 聽音的) 認知 方式이 있다. 분해적 인지는 漢字 形態素, 즉 한자 낱자별로 새김을 익히는 어휘 학습법이라 논리적, 체계적이고 신속하지만 집합적 인지는 단어의 聽音印象을 바탕으로 發話文章의 文脈 속에서 반복 경험으로 단어 뜻을 익히는 어휘 학습법이라 다소 시간이 걸리며 단어 뜻을 오해하는 경우가 많을 수 있다.

어휘 학습 초기 단계인 幼年期는 집합적 인지가 일반적이지만 초·중·고 青少年期에는 분해적 인지를 통한 어휘 학습 능력이 발달하고 효율적이므로 분명한 것은 어느 한쪽만을 강요하는 어휘 학습법은 폐단이 있다.

따라서 현행 한글전용체만의 漢字語 教育은 집합적 인지만을 강요하는 것이라 이로 인한 의미 오해의 大亂을 예방하기 위해서도 分解的 認知 학습을 위한 한자교육을 조기에 도입 강화할 필요가 있다. 특히 분해적 인지 학습을 위해서는 한자의 '표준 새김'이 갖추어지고 한자교육에서 표준 새김에 의한 지도법이 강화되어야 한다.

(3) 현재 한자교육을 한다지만 초등학교 교장에 의한 재량 시간의 한자교육은 비효율적, 비체계적이라 낭비 교육이 되고 있으므로 국어교육 영역 안에서 정규화하여서 교육목적과 목표를 분명히 하고 教材와 教授法을 체계화하여야 한다.

이를 위해서는 초등 교사를 양성하는 教育大學의 教科課程에서도 漢字指導法, 漢字教育論, 國漢文學 등의 강좌를 개설하여 필수화해야 한다. 이는 중·고 국어교사를 양성하는 사범대학 국어교육과의 경우도 마찬가지이다.

(4) 漢字教育과 漢文教育을 구별할 때 국어 교과에서는 그 역할을 한자교육, 國漢混用體 讀解教育으로 제한하고 한문 교과에서는 한자교육은 물론 한문 문장 위주의 純漢文教育으로 제한하는 역할 분담이 필요하다. 아울러 이러한 역할 분담에 따른 국어과와 한문과의 교과 협조 체제가 有機的으로 構築구축되어야 한다. 현재와 같은 국어과와 한문과의 괴리 현상은 국어교육이나 한자교육 모두에 아무 도움이 안 된다.

이런 관점에서 현행 국어과 教科課程 선택 과목에 문학, 작문, 문법, 독서, 화법으로 되어 있는 체제에 한문을 편입시키는 것을 大乘的으로는 고려할 필요가 있다. 이는 굳이 대학에 설치된 漢文學科를 폐지하라는 뜻이 아니다. 대학에는 國語科 하위 과목처럼 국문과 외에 이미 文藝創作科가 따로 있듯이 漢文科도 따로 두어도 되는 것이다. 단지 '국어국문학'이란 대전공 안에 소전공 학과로 '한문학, 문예창작학, 화법학(스피치학)…' 등을 두는 체제를 구축하여 한문과도 국어국문학 체제 안에서 발전을 도모할 수 있을 것으로 본다.

(5) 현행 한자, 한문교육의 맹점은 國漢混用體 독해 교육이 빠져 학생들이 대학에 와서 절실히 요구되는 국한혼용체 독해 훈련이 안 되어 있다는 점이다. 중학교 국어과에서 한자를 괄호에 넣은 國漢竝用體 교육은 국한혼용체와 달라 학생들이 한자 부분을 건너뛰어 읽고 있어 한자 학습은 물론 국한혼용체 독해에 거의 도움이 안 된다.

따라서 앞으로 중·고교 국어 교과서에는 고문체 학습 차원에서 고문 학습 하듯이 국한혼용체를 30% 정도 배정하여 훈련케 해야 한다. 그리고 초등학교에서라면 3, 4, 5, 6학년 정도에서 단계별로 조금씩 양을 늘려 국한혼용체 예문을 도입하여 독해시키는 훈련을 하게 해야 한다. 아울러 國史, 社會, 科學 등의 교과에서도 주요 漢字用語에 대해서는 시급히 국한병용체로나마 괄호에 적어 주어 학생들의 어휘 학습에 분해적 인지법을 활용하도록 도와야 한다.

(6) 현재 국어과에서 한자 해득 능력을 각종 考査에서 평가하지도 않고 있으므로 앞으로는 학교의 국어과 학습 평가 시에 漢字 解得能力을 평가해야 한다. 大學修學能力試驗과 대학입시, 각종 국가고시 등에서도 漢字 解得能力을 평가해야 한다. 즉 국민 기본 교육으로 국어교육 안에서 한자 교육이 다루어지고 제공되며 평가되어야 한다.

(7) 한자 혼용을 새삼 明文化하고 義務化하지는 않더라도, 古文體의 교육 차원에서 한자 해득 능력을 기르게 한다는 차원에서만이라도 ① 早期

漢字教育과 ② 國漢混用體 教育을 도입해야 한다. 우리가 英語教育을 받아도 英作能力이나 會話能力은 高等能力이라 갖추기 어렵지만 英文 資料를 읽는 初步的 讀解는 먼저 涵養되듯이 국한혼용체로 쓸 줄은 몰라도 한자 2000자 정도를 교육하여 읽을 수 있는 정도의 능력 함양을 최소 목표로 하여 초등학교에서 한자 교육과 국한 혼용체 독해 교육을 해야 한다.

(8) 傳統文化의 단절을 막고 역사적 漢文 文化遺産을 대중적 國民教養으로 理解, 享有향유하고 한글문화로 재창조하기 위해서라도 한자, 한문교육은 필요하다. 한글전용 교육은 역사 斷絶과 短縮단축을 가져와 文化戰爭 시대에 스스로 武裝解除무장해제를 하는 것이 될 것이다.

특히 한글문화를 장기적으로 꽃 피우려면 우리가 전통을 더욱 잘 알아야 하므로 역설적으로 한문문화를 잘 알아야 한글문화의 창조도 가능한 것이다.

그런데 중학교부터 외국어 학습 차원에서 행해지는 현행 한자, 한문교육은 言語能力이 완성되는 12, 13세 직후부터라 言語習得 이론상으로도 늦으므로 조기 한자교육이 필요하다. 하물며 언어습득 이론을 받아들여 조기 영어교육이 이루어지는 마당에 한자교육도 早期化함은 당연하다.

(9) 역사적으로 한문 문화권에서 獨自的 漢文文化를 발달시켜 온 우리가 한문 문화를 대중적으로 教養化하고 享有하며 한글문화로 再創造하려는 노력을 게을리 하면 韓·中·日 문화권에서 고립되고 그들을 제어하는데 불리하다. 地政學的으로나 國家經營 戰略上으로 우리는 漢字文化圈인 중국과 일본을 제어하는 정보력을 가져야 하므로 韓·中·日로 상징되는 東洋을 제패하기 위해서는 한자교육이 필요하다.

더욱이 한자교육을 해 놓으면 共通漢字語가 많은 한중일 문화권에서 文化的 理解度가 커서 장차 중국어나 일본어를 학습하는 데도 유리하고 설령 그들 언어를 전공하지 않더라도 그들의 言語 資料讀解에 유리하여 그만큼 시간이 생명인 情報化時代에 정보 획득을 신속히 할 수 있다.

(10) 종합적으로 문화적 국가 생존 전략상 서구 제패를 위한 투자로는 조

기 영어교육을 하고 傳統文化 전승과 동양 한·중·일 제패를 위한 투자로는 조기 한자교육을 어문정책으로 추진한다면 脫亞入西탈아입서의 어리석음을 범하지 않고 우리의 正體性을 유지하면서 문화 전쟁 시대인 21세기에 우리 민족이 생존해 나갈 수 있는 것이 아닌가 한다.

參考文獻

高銀珠(1998), 공통과학의 한자 표기 한글 표기, 및 순우리말 과학용어의 이해도 연구, 숙명여대 교육학 석사 논문.

교육부(1997), 국어과 교육과정(제7차 교육과정용).

金文昌(1984), 국어문자표기론, 문학세계사.

______(1985), 한글전용론과 국한혼용론의 비교 연구, 국어교육과 한자문제, 한국정신문화연구원.

金敏洙(1974), 國語政策論, 고려대 출판부 / 탑출판사.

南廣祐(1982), 國語國字論集, 일조각.

______(1997), 漢字學習의 利點, 새국어교육 54, 한국국어교육학회.

吳之湖 외(1985), 한국 아동의 國語力 실태와 漢字學習指導의 필요성, 국어교육과 한자문제, 한국정신문화연구원.

李應百(1985), 학교에서 漢字의 早期敎育이 필요한 까닭, 한글과 한자, 일조각.

陳泰夏(1996), 韓國은 文字의 最理想國이다, 새국어교육 52, 한국국어교육학회.

韓國精神文化硏究院 語文硏究室(1985), 國語敎育과 漢字 問題, 한국정신문화연구원.

〈淑明女大 敎授/ 어문연구 100호〉

한글專用 중심의 語文政策 略史

朴 光 敏

1952년 京畿 廣州 출생. 韓國語文敎育硏究會 硏究委員. 이 글은 해방 후 충분한 논의 없이 시작된 한글전용정책을 비판하고 한자교육의 부활을 주장하고 있다. 필자는, 한자가 조선시대 事大思想에 물든 일부 士大夫들에 의해 貴族化한 이후 일제강점기에는 선현들의 눈물 겨운 투쟁으로 한글 지키기 운동이 전개되었으나 한자를 배척하는 데까지 이어진 것은 '감상적 애국심'의 발로이며, 광복 후 정부조차 수립되지 않은 국가적 혼란기에 國家 大事를 충분한 논의조차 없이 몇 사람의 獨斷으로 한글전용 정책을 실시한 이후 반세기 넘게 "한글專用만이 애국이요, 國漢 混用은 事大主義"라는 교언과 억설로 語文政策과 국어 교육을 오도해 왔다고 비판하고 있다. 그리고 중국과 일본의 경우 한자 퇴조의 분위기가 없지 않았으나 최근에는 분위기가 반전되었음을 지적하고, 한글전용으로 인해 겪는 혼란을 예시하면서 GLOBAL化 시대에 생존과 국가 발전을 위해, 歷史繼承과 민족정신의 正體性을 지켜 가기 위해 漢字敎育이 필요함을 力說하고 있다.

美 軍政下에서 시작된 한글專用 정책이 시행된 지 반세기가 넘었다. 한글專用이 시작될 1945년 당시와는 비교할 수 없을 만큼 세계는 눈부시게 변했고 또 변하고 있다. 지식의 공간은 날로 새로워지고 이 같은 정보를 收用하기 위해 선진국 언어는 辭典에도 없는 수많은 合成語와 新造語들을 쏟아내고 있다. 이 같은 새로운 정보를 우리 국어도 收用할 수 있어야 하는데 漢字의 간결·정확한 어휘적 특성과 새로운 單語를 무리 없이 만들어 내는 造語力은 우리 국어에 필수적이다. 무엇보다 우리 역사와 전통 문화 계승을 위해 漢字敎育은 다시 부활되어야 한다. 이제 한글專用의 문제점과

한자 교육에 대한 국민적 공감대는 충분히 형성되었다고 생각한다. 『한글專用만이 애국이요. 國漢混用은 사대주의』라는 巧言교언과 臆說억설에 더 이상 우리 아이들을 끌려 다니게 할 수는 없다.

한글전용은 단순한 文字로서만의 문제가 아니다. 여기서 강대국의 覇權패권 전략과 약소국의 문화 정책 연관 관계까지 자세히 論及하기는 어렵다. 그러나 중요한 것은 强大國의 세계 전략은 隱密은밀하고 집요하게 弱小國의 문화 정책에 영향력을 행사한다는 점이다. 拙稿졸고에 직접 論及하지 않은 裏面의 문제에 대해서도 以心傳心의 지혜로운 熟讀숙독이 있기를 懇望간망한다.

1. 漢字의 貴族化

漢字가 귀족화된 시절이 있었다.

세종대왕의 訓民正音 創制로 우리 민족은 檀帝단제 이래 漢字와 訓民正音이라는 가장 체계적이고 훌륭한 문자를 갖게 되었다. 그러나 賢出현출한 聖王의 등장에도 불구하고 易姓혁명에 버금가는 골육상쟁의 爭鬪쟁투는 민족의 장래와 직결된 대외적 문제마저 對內的 필요에 따라 이용함으로써 事大思想이 깊이 뿌리내리게 되었다. 自尊意識자존의식이 결여된 채 政爭에 寧日영일이 없던 일부 士大夫들은 수천 년에 걸쳐 우리 역사를 기록하고 문화를 꽃피워 온 漢字마저 『上國의 文字』라고 귀족화시켜버리는 愚를 범하고 말았다.

제 나라 國祖나 임금, 제 조상보다 孔孟을 더 떠받든 이들은 『어린 백성이 쉽게 익혀 편하게 쓸 수 있게 할 뿐』이라는 聖王의 숭고한 創制 정신이 담긴 訓民正音, 『言衆이 일반적으로 사용하는 俗語』라는 뜻을 지닌 『諺文언문』을 『상말』이라고 貶폄해 버림으로써 오늘날까지도 한글전용론자들에게 漢字排斥한자배척의 빌미를 제공하게 되었다.

2. 민족의 受難과 우리 것에 대한 집착

日帝 35년의 역사는 민족 정서에 우리 것을 되찾자는 恨 맺힌 절규를 응어리지게 했다. 어둡고 절망적인 日帝 受辱時代수욕시대에 우리말과 글을 지켜낸 선현들의 투쟁은 눈물겨운 것이었다. 그러나 한글 지키기 운동이 세종시대는 물론이요, 수천 년 民族史를 기록해 온 漢字를 배척하는 데까지 이어진 것은 「감상적 애국심」의 獨斷독단이라 하지 않을 수 없다.

우리나라 한글專用은 周時經 학파를 중심으로 그 뿌리를 이어 왔다고 할 수 있는데 周時經 선생은 1876년에 태어나 1914년 39세의 나이에 夭折요절했다. 대표적인 제자가 崔鉉培최현배 선생과 北韓의 金枓奉이고, 이 두 분에 의해 남·북한의 한글專用 정책이 굳어졌다. 그런데 崔鉉培 선생 저술 중 1937년 간행된 ≪우리말본≫은 國漢竝用으로, 1941년 간행된 ≪한글갈≫은 國漢혼용으로 저술되었다.

1933년 査定사정된 「한글 맞춤법 통일안」은 漢字의 表意技能까지 욕심냄으로써 지금까지도 『국어 表記法이 너무 어렵다』는 衆論을 불러일으키고 있는데 이 案이 확정되기까지 한글派와 正音派간에 많은 論戰이 오고 갔다. 1932년 11월 東亞日報 주최로 동아일보 社屋에서 한글파와 정음파의 공개토론이 있었는데 당시 한글파 토론자는 申明均, 李熙昇, 崔鉉培氏였고 전통적 국어 表記法을 주장한 正音派는 朴勝彬박승빈, 丁奎昶정규창, 白南奎氏였다. 이 밖에도 한글파에는 張志映장지영, 任璟宰임영재, 崔斗善, 權悳奎권덕규 諸氏가 있었고, 正音派는 崔南善, 吳世昌, 李能和 諸氏가 있었다.

金敏洙김민수 선생은 당시 분위기를 다음과 같이 전하고 있다.

『이 토론회에서는 11월 7일 竝書, 8일 새 받침, 9일 語尾活用을 주제로 정음파 박승빈, 정규창, 백남규와 한글派 신명균, 이희승, 최현배와의 논쟁으로 世人의 주목을 끌었다. 이 논쟁은 날이 갈수록 가열하여 불꽃을 튀겼고, 한글派의 반역적 음모, 악랄한 행동 등, 正音派의 荒誕無稽황탄무계, 마비의 병균 등 피차 점잖지 못한 비방이 오고 갔다.』(語文硏究 96호, p.75

1997. 12. 25)

박승빈 선생은 1936년 10월 15일 朝鮮語學硏究會에서 간행한 ≪「한글 맞춤법통일안」에 對한 批判≫에 다음과 같은 기록을 남겼다. 『創造者가 作定하야 歷史的으로 使用하야온 名稱명칭을 無難히 廢棄폐기하고 새 名稱을 지음은 敬虔경건한 態度에 어그러뎌서 不遜불손한 措處조처인 感이 잇다(世宗實錄에 「上이 親御制諺文二十八字…」는 朝鮮 字母 誕生時탄생시엣 最初의 記述이라)… 訓民正音 時代에 「諺文」으로 命名함도 決코 輕蔑的경멸적 意思로 지은 것이 안이다. 그것은 鄭麟趾정인지 作 訓民正音 序文에 쓰인 諺文에 對한 讚頌찬송이 얼마나 거룩한가만을 봐도 곧 首肯수긍될 바이다.』

3. 光復 직후 軍政下 한글專用 정책의 裏面

崔鉉培 선생은 美 軍政 당시 學務局 編修편수과장(1945. 9. 21∼1948. 9. 21)을 지냈고, 정부 수립 후 1951년 1월 20일부터 3년간 문교부 편수국장으로서 정부 수립을 前後한 6년간 우리 語文政策의 책임자였다. 1945년 11월 13일 李克魯이극로(越北)씨를 중심으로 「한자 폐지회」가 결성되어 군정청 학무국內 朝鮮教育審議會에 漢字 폐지가 전격 上程되었고, 충분한 논의조차 거치지 않은 채 12월 8일 「初·中等학교 漢字폐지」를 결의해 公布하고 말았다.

『한자 사용을 폐지하고 초등·중등학교 교과서는 전부 한글로 하되, 다만 필요에 따라 漢字를 도림(괄호) 안에 넣을 수 있음.』

당시 朝鮮教育審議會 심의위원 陶南 趙潤濟조윤제 선생은 ≪國語教育의 當面한 問題≫라는 著書에 다음과 같은 회고담을 남겼다.

『국어에서 漢字를 폐지하느냐 않느냐 하는 문제는 국어교육상 중대한 문제일 뿐 아니라 국어 그 자체에 있어서 크나큰 혁명이다…. 그런데 朝鮮教育審議會가 열리니 청천벽력으로 漢字폐지 문제가 上程되자 그 날로 의결되어 국민학교에서는 漢字가 폐지되고 말았다…. 漢字폐지라는 문제가 민족의 발전, 국가의 운명에 걸리는 큰 國事인데 충분한 의논의 여유도 없이 一朝에 몇 사람의 투표 몇 장으로 可決되어 실행에 옮겨 가는 데 대하여는 悲哀비애와 痛憤통분을 금할 수 없다.』

1950년 4월 25일 民衆書館에서 간행된 金起林 선생의 ≪文章新講≫에는 다음과 같은 내용의 回顧談회고담이 실려 있다.

『1945년…, 軍政文教部 편수국 수뇌부에, 한자 폐지론의 총대장격인 崔鉉培씨가 진을 치고서, 학교 교과서에서부터 한자를 없앨 계획을 세우고 마구 우겨서 실천에 옮기고 있어서, 그 적에 벌써 활발한 논의가 있어야 할 것임에도 불구하고…(下略). 1945년 겨울에 군정문교부에서 부른 국어 심사위원회에 필자도 당시 문단 측 관계자의 한 사람의 자격으로 다른 몇 분과 함께 참석하였다가 주최한 편에서 다짜고짜로 교과서에서만이라도 한자를 폐지하자는 일로(一路)로 휘몰아가는 바람에 이처럼 중대한 문제가 면밀주도한 과학적 예비공작 없이, 더군다나 학교 문밖에서 일어나는 언론, 출판의 무통제한 현상을 그대로 둔 채 학교 교과서에서만 과감한 실험을 해 가려는 것이 기정사실이 되어 있고, 국어심의회의 토론은 결국 사후 승인으로서 요구될 것밖에 아닌 것임을 알았을 때, 그 이상 더 참석하는 것이 무의미한 것을 느끼고 다른 몇 분과 함께 물러나오고 만 일이 있다.(p.287～288)』(柳穆相 語文研究 97호 1998. 3. 30 韓國語文教育研究會)

정부조차 수립되지 않은 국가적 혼란기에 무엇이 그리 급해 國家 大事를 충분한 논의조차 없이 몇 사람의 獨斷으로 하루아침에 壟斷농단했단 말인가. 이것은 오늘날 초등학교 3학년부터의 영어교육 발상, 戰後 일본의 漢字 폐지 기운과 그 脈을 같이한다고 볼 수밖에 없을 것이다. 1983년 東京에서 발행된 大橋久利씨의 『がんがん頭のよくなる ≪漢字教育入門≫』에 따르면 『미군 총사령부는 『일본의 교과서를 모두 로마자로 하라』는 방침을 내놓았고 그 선봉은 볼소령이었다』고 한다.(南廣祐 東北亞시대와 漢字・漢字教育 '96. 11. 20 韓國語文教育研究會)

이후 한글專用은 반세기 넘게 『한글專用만이 애국이요, 國漢 混用은 事大主義』라는 그럴듯한 巧言과 理致에 닿지 않는 臆說억설로 語文政策과 국어 교육을 誤導오도해 왔다.

4. 한글專用法 制定과 漢字사용에 관한 建議案

1948년 9월 30일 權泰羲 의원은 한글전용법 制定을 제안하면서 다음과 같은 제안 설명을 했다.

『여러 가지 문서가 다 한문으로 되어 있는데 중등학교 이상 대학교과서가 그렇게 된 것을 어떻게 하느냐 하면 이 질문은 이 문서가 대한민국의 공용문서라고 했으니까 그 공용문서의 내용은 우리 국가가 일반 국민에게 지시한다든지 선전한다든지 알려 주는 모든 것을 말하는 것이지 어떠한 무슨 그런 문서에까지 미치는 것이 아니올시다.(1948년 9월 30일 國會 速記錄)』

「한글전용에 관한 법률 6호」는 10월 1일 在席재석 139, 可 86, 否 22로 통과되어 10월 9일 公布되었다(당시 문교부 장관 安浩相).

『대한민국 공문서는 한글로 쓴다. 다만 얼마 동안 필요할 때에는 한자를 병용할 수 있다.』

한글 전용론은 『국가가 국민에게 알리는 공용문서에만 사용 한다』던 한글 전용법을 교과서에까지 확대 해석해 후세대를 半文盲으로 만들며 국민을 속여 왔다.

한글 전용법 시행 1년 후인 1949년 11월 5일, 국회는 任永信 의원이 제안한 「漢字사용에 관한 建議案」을 在席 118명 중 可 89표, 否 1표로 可決하여 국민학교 漢字교육의 길을 열어 주었다.

『국민학교 교육에 간단한 漢字를 教授(교수)하도록 하되, 그 구체적 방법을 문교사회위원회에 맡겨서 실행케 할 것』

이 案을 근거로 1950년부터 국민학교 漢字教育이 되살아났으나 6·25

로 인해 흐지부지 되었다. 1950년 피난지 부산에서 李承晩 대통령 지시로 1,000자의 常用漢字가 制定되었고 1951년 9월부터 4학년 이상의 교과서에 漢字를 괄호 안에 竝記해 교육하도록 했는데 1957년 문교부에서 常用漢字 300字를 추가해 常用漢字는 1,300字가 되었다.

5. 獨斷的 권력을 등에 업은 한글專用

1961년 12월 초「국가재건최고회의」朴正熙 의장은 한글학회 주장을 받아들여,『1962년 3월부터 신문·잡지를 포함한 모든 간행물에 한글을 전용시키겠다』는 담화를 발표했다. 國語國文學會(당시 대표이사 南廣祐)는「국어정책에 관한 建議書」에서『한글전용 즉시 시행』에 반대하고 나섰고 신문도 社說 등을 통해 이에 同調해 간행물 한글專用은 일시 유보되었다.

1963년 2월 문교부는 국민학교 교육과정 국어과 목록 4학년 읽기에『일상생활에서 쓰는 한글과 漢字, 숫자, 로마자의 구별을 알도록 한다』고 발표했다.

1964년 7월, 문교부는『국민학교 600字, 중학교 400字, 고등학교 300字 범위 안에서 漢字를 노출시켜 難易度에 따른 단계적인 교육을 실시하기로 결정했다』고 발표했다.

이 案을 바탕으로 1964년 9월부터『국어』교과서가 개편되어 1970년 2월까지 漢字가 露出 혼용된 교과서에 의해 부분적으로나마 漢字敎育이 행해졌다. 이때 초등학교『국어』에는 4학년 200字, 5학년 200字, 6학년 200字 등 600字, 중학교『국어』에는 400字, 고등학교『국어』에는 300字를 混用해 초·중·고등학교에서 모두 1,300字를 가르쳤다.

1967년 朴正熙 대통령은 언론인들을 청와대로 불러 한글專用에 대한 의견을 물었으나 대통령의 意中을 잘 알고 있는 참석자들은 아무도 반대 의견을 말하지 못했다. 당시 세종대왕과 터키의 케말파샤 장군까지 들먹이며 가장 적극적으로 한글專用을 주장했던 한국일보 任洪彬 논설위원(現 文學思想 발행인)은 지금 열렬한 國漢 혼용론자가 되어 있다.

1968년 10월 25일 한글 전용론자들의 주장에 說服설복당한 朴正熙 대통령은 「대통령 지시 한글전용 촉진 7개 사항」을 문교부에 내려 보냈다.

(1) 70년 1월 1일부터 행정·입법·사법의 모든 문서뿐 아니라, 민원서류도 한글을 전용하며, 국내에서 한자가 든 서류를 접수하지 말 것.

(2) 문교부 안에 한글전용연구위원회를 두어 69년 전반기 내에 알기 쉬운 표기 방법과 보급 방법을 연구·발전시킬 것.

(3) 한글 타자기 개발을 서두르고, 말단 기관까지 보급하여 쓰도록 할 것.

(4) 언론·출판계의 한글전용을 적극 권장할 것.

(5) 1948년에 제정된 『한글전용에 관한 법률』을 개정하여, 70년 1월 1일부터 전용하게 하고 그 단서는 뺀다.

(6) 각급 학교 교과서에서 한자를 없앨 것.

(7) 고전의 한글 번역을 서두를 것.

1968년 12월 「한글전용에 관한 총리훈령 68호」와 1969년 9월, 「국민학교 교육과정 개정령 251호. 국민학교 한자교육 폐지하라」는 문교부 훈령에 의해 출판사들은 組版조판까지 끝난 다음 학기 교과서를 부랴부랴 한글전용 교과서로 再組版해야 했다. 당시 문교부 관리들은 『이미 교과서 組版이 끝났는데 어떻게 다시 組版하라는 말이냐』고 항의하는 출판사에 대해 『漢字를 뺀 자리에 영어나 다른 것을 넣는 것은 괜찮지만 漢字만은 안 된다』며 막무가내였다고 한다(1995. 9. 22 한글과 漢字問題 大討論會, 一潮閣 韓萬年 사장 回顧).

대통령의 독단적 한 마디로 국회 의결조차 없이 1970년 3월 1일 新學期부터 모든 교과서의 漢字가 삭제되어 한글專用으로 개편되었다(문교부 장관 權五柄).

6. 한글專用에 傾倒된 채 갈팡질팡한 語文政策

한글전용이 시행된 지 1년 후인 1971년 7월 3일 韓國語文教育研究會(회장 李熙昇), 國語國文學會(代表理事 朴魯春), 國語學會(理事長 李崇寧), 韓國國語教育研究會(會長 李應百) 등 4개 학술단체는 金鍾泌 국무총리께 『語文教育是正促求 建議書』를 전달했다. 이 建議書에 대해 국무총리는 學術院 諮問자문을 구했고 학술원은 『국민학교부터 漢字教育을 실시하는 것에 全的으로 찬성 한다』는 答申을 보내왔다. 이 같은 背景下에 1972년 8월 16일 문교부(장관 閔寬植)는 중·고등학교 漢文 교육용 基礎漢字기초한자 1,800字를 選定해 발표했다.

이 무렵 한글학회 허웅 이사장은 『한자는 우리나라에서는 하루바삐 없어져야 하며, 다른 나라에서도 앞으로 언젠가는 없어질 것이다…. 중공에서는 땅 이름, 사람 이름에서부터 로마자로 표기하기 시작하여 점차적으로 중국말을 다 로마자로 표기하려는 움직임을 보이고 있는데…. (허웅 국어순화는 왜 해야 하며 어떻게 해야 하나?)』라는 주장으로 漢字廢止를 주장했다. 허웅 이사장은 1972년 4월 25일, 「한글 전용 국민 실천회」에서 『중공은 漢字 대신 로마자 사용 계획』이라는 新聞記事들을 모두 복사하여 「한글만 쓰기와 바른 국어생활에 확고한 신념으로 전진하자」는 내용의 공문을 만들어 정부와 국회 등 전국 문화단체에 보냈다.(陳泰夏진태하 語文研究 72호 p.388 1991. 12. 27 韓國語文教育研究會)

문교부(장관 閔寬植)는 1974년 7월 11일 『1975년 新學期부터 중·고등학교 교과서에 漢字竝用 방침을 발표했다. 1975년 6월 26일 문교부(장관 柳基春)는 『교육효과를 높이기 위해 국민학교부터 漢字教育을 실시하는 것이 좋다』는 大韓教育聯合會 건의에 대해 『빠르면 내년부터 실시할 것을 검토 추진 중에 있다』고 발표했다. 그러나 어찌된 영문인지 문교부는 1976년 9월 22일 『국민학교 漢字教育을 하지 않겠다』고 발표함으로써 잘못된 語文政策 匡正광정의 기회를 놓치고 말았다.

이후 韓國語文教育研究會는 1988년 南廣祐 2代(1988.~1997. 12. 6) 회장이 취임하여 國漢混用 운동을 지속적으로 벌여 왔으며, 1991년 6월 22일 社團法人 韓國語文會(初代 理事長 南廣祐, 1991. 6. 22~1997. 12. 4, 2代 理事長 李應百 1997. 12. 4~현재)를 출범하여 漢字 교육운동을 국민운동으로 확산시키는 데 주력해 왔다. 1992년 9월 14일에는 韓國漢字能力檢定會(初代 회장 南廣祐, 1992. 9. 14~1997. 12. 6, 2代 회장 金勳 1998. 2. 18~현재)를 출범시켜 韓國語文教育研究會(회장 鄭琦鎬 1997. 12. 17~현재), 한국국어교육연구회, 한국국어교육학회(회장 陳泰夏), 社團法人 漢字教育振興會(회장 李在田), 國際漢字振興協議會(회장 鄭秉學), 韓國漢字漢文教育學會(회장 柳豐淵) 등 6개 학술단체 참여하에 漢字能力檢定試驗 제도를 정착시켜 1998년 5월 9일 第12回 漢字能力檢定試驗을 시행한 바 있다.

1997년 12월 4일 韓國語文教育研究會 南廣祐 회장은 12월 6일 臨終임종 직전 高 建 총리께, 朝鮮日報 12월 7일자 19面에 실린 공개 書翰서한(語文研究 96호에 揭載게재)을 보내 『漢字教育을 통한 국어교육 正常化』를 歎願탄원했다.

현재 社團法人 韓國語文會·韓國語文教育研究會, 국어국문학회, 한국국어교육연구회, 국어교육학회, 社團法人 漢字教育振興會, 國際漢字振興協議會, 韓國漢字漢文教育學會, 韓國傳統文化研究會 등은 權彝赫, 閔寬植, 黃寅成, 玄勝鍾, 趙 淳 등 사회 著名 인사와 151명의 국회의원 署名서명(1998. 2. 13)을 받아 1998년 2월 13일 『한글專用法 廢棄案폐기안』 請願을 국회에 제출했다.

7. 韓·中·日의 漢字 退潮와 恢復의 顚末

한글 전용론자들은 중국어의 로마자化와 簡體字 정책을 例로 들며 중국도 漢字를 버리는데 우리만 漢字를 쓸 이유가 없다고 주장한다. 그러나 이는 그 동안의 간체자 정책으로 인해 중국 젊은이들이 자기네 古典이나 역사 典籍전적을 읽지 못한다든가, 簡體字와 간체자 사용에서 많은 혼란이 발생하고 있는 점 등 중국의 문자정책에 대한 현황을 알지 못하는 無知의 所致거나 진실을 가리는 속임수에 불과하다.

일본인들이 우리만큼 自尊 의식이 없어서 漢字를 사용하고 소학교에서 중국 古典을 가르치는 것은 아니다. 일본의 「假名[가나]」는 그 실용성이나 과학성에서 우리나라 「訓民正音」에 미칠 바 아니지만 꼭 그래서 자기나라 글을 『假名』이라 하고 漢字를 『眞名』이라 하며 漢字를 섞어 쓰는 것은 아니다. 戰後 미군 총사령부가 볼소령을 내세워 『일본 교과서의 로마자化』를 종용하며 漢字폐지를 示唆시사했을 때 일본 지식인들은 『假名만으로는 일본어를 완전히 적어 내기 어렵다』는 완곡한 핑계로 漢字의 실용성을 살려냈던 것이다.

한글 전용론자들은 『漢字가 망하지 않으면 중국이 망한다』고 한 중국의 憂國詩人 魯迅(루쉰)의 말을 교과서처럼 인용하지만 魯迅 이후 수십 년이 지난 지금 漢字도 없어지지 않았고 중국도 망하지 않았다. 오히려 공산주의가 退潮퇴조하면서 소련은 나라가 허물어지다시피 했지만 중국은 과도기를 슬기롭게 넘기고 있으니 이는 漢字의 思考力에서 축적된 國家的 底力이라 할 것이다. 뿐만 아니라 1983년 1월 23일 중국 중앙정치국원 胡喬木은 「文字改革問題 講話」에서 『과거 漢字의 簡略化에서 準據준거했던 원칙과 방법은 완벽한 것이 아니었다…. 일부 簡字는 漢字의 새로운 부품을 늘리는 결과가 되었다』고 고백하였다. 1986년 1월 중국의 全國言語文字工作會議 폐회식에서는 胡喬木으로부터 『修正 草案에 수록된 111개의 簡字에 대해서는 試用시용을 중지 한다』는 선언도 있었다.

延安연안 시대부터 중국어의 로마자化 운동을 주도해 온 吳玉章은 최근 『1950년 公布된 中國語 表音案은 表音用으로 사용할 뿐이지 이것으로 漢字를 代替대체시킬 수는 없다(南廣祐 東北亞시대와 漢字·漢字教育

p.17)』고 고백한 바 있다.

더구나 1992년 12월 14일 '對我國語言文字工作作出 指示文'에서 江澤民 總書記는, 『海峽兩岸해협양안(중국과 臺灣대만)의 漢字는 종전대로 현상을 유지하고 장래의 토론을 기다린다…. 書法은 藝術創作이므로 繁體字(正字)로 쓰건 簡體字로 쓰건 작자의 風習과 습관에 따라야 할 것이다(南廣祐 東北亞시대와 漢字・漢字教育 p.284)』라고 한 것은 그 동안 간체자가 중심이 되어 온 중국의 문자 정책에 대하 示唆하는 바가 적지 않다고 할 수 있다.

어느 文字에나 장단점은 있다. 初聲21×中聲19×終聲7=2,793개의 音節을 적을 수 있는 訓民正音은 가장 우수한 문자임에 틀림없지만 조상들은 내 것만이 최고라는 편협한 생각에서 벗어나 한글과 漢字의 장점을 살려 쓰는 中庸중용의 슬기를 발휘했다. 질박한 인정과 삶의 냄새가 담긴 순우리말과 한글, 뛰어난 含蓄性함축성과 造語力, 縮約力축약력을 지닌 漢字의 調和는 우리 민족만이 누릴 수 있는 理想的인 문화 혜택이다.

8. 한글專用으로 因한 국어 혼란의 몇 가지 例

『유관순 열사 사우와 단장지통』?

지난 3월 초 어느 분의 전화를 받았다. 『대통령 취임사 중에 「회의체 산업」이라는 用語가 있는데 뜻을 알 수 없다』는 내용이었다. 1998년 2월 26일자에 게재된 대통령 就任辭취임사에는 『문화 산업은 21세기의 기간산업입니다. 관광산업, 회의체 산업, 영상 산업, 문화적 특산품 등 무한한 시장이 기다리고 있는 부의 보고입니다』라고 해 있다. 『회의체 산업』은 『會議體産業』으로서 IOC나 IPU, IPI 등과 같은 국제회의 誘致유치를 말하는데 漢字語에 대한 이해 없이는 뜻을 이해하기 어렵다. 신문들이 대통령 致辭치사마저 한글專用文章으로 바꾸어 놓아 상당수 사람들이 그 뜻을 몰라 궁금해 했던 것 같다.

최근 신문에 자주 오르내리는 『문화적 정체성』이라는 말이 있다. 漢字語에 대한 개념 定立이 되어 있지 않은 대학생들이 『正體』와 『停滯』를 구분하기란 거의 불가능에 가깝다. 일반적으로는 「文化的 正體性」이라 쓰는데 보다 정확한 語義로는 「定體性」이라 함이 원 뜻에 가깝다는 것이 서울대 명예교수(電子工學) 安秀桔 박사의 말씀이다.

지난해 與野 3黨 관계를 설명한 朝鮮日報 기사 중 『정립구도』라는 표현이 있었다. 『솥발처럼 서로 버팅겨서 균형을 이루는 鼎足之勢(정족지세)』를 한글로 표현한 것인데 漢字를 배우지 못한 우리 젊은이들이 이 내용을 정확히 이해할 수 있을까.

충청북도 淸原郡에 있는 유관순 열사 기념관 안내 標識板표지판에는 『유관순 열사 사우』라는 안내 標識가 있다. 漢字를 모르는 이는 이 文句를 『柳寬順 烈士 祠宇(사우)』라고 제대로 이해할 수 없다.

독립기념관에는 『단장지통』이라는 제목의 金佐鎭 장군 詩碑시비가 있다. 한글전용 교육만 강요당해 온 젊은이들이, 祖國의 독립을 위해 風餐露宿(풍찬노숙)하던 애국 志士의 피맺힌 절규, 『斷腸之痛』을 이해하지 못함은 당연하다.

9. 어느 被한글 전용교육 世代 선생님의 절규

정부조차 수립되지 않은 국가적 혼란기, 외국 군대의 軍政下에서 그 토대가 마련되어 6, 70년대 절대 권력의 庇護 아래 국민과 정부 위에 군림한 한글전용 시행도 반세기가 넘었다.

한글專用은 우리에게 무엇을 남겼는가.

자신을 74학번이라 소개한 어느 초등학교 선생님의 절규는 우리 語文政策의 현주소를 너무도 처절하게 표현하고 있다.

『우리는 지난 1970년부터 1973년까지 고등학교 교육을 받고 1974년도에 대학에 들어간 그야말로 순 한글 세대입니다. 그러나 이제 저 자신이 教育一線에서 아이들을 지도해 보니 한글專用이 우리 아이들의 情緖정서를 해치고 있다는 것을 뼈저리게 느끼게 됩니다. 공교롭게도 제가 고등학교에 입학할 당시부터 한글專用 교과서가 나와서 저희 세대는 자신의 의지와는 상관없이 한글 전용교육을 받을 수밖에 없었습니다. 漢字를 알면서 한글을 쓰는 것과 漢字를 모르고 한글을 쓰는 것에는 엄청난 차이가 있습니다. 우리 민족은 이미 수천 년 동안 漢字文化를 꽃피워 왔으며 歷史를 기록해 왔습니다. 그런데 이제 와서 漢字를 송두리째 버리자는 것은 참으로 무책임한 어른들의 발상이라고 생각합니다. 우리에게 한글 전용교육을 강요했던 한글 전용론자들은 어떤 방법으로든 자기들 때문에 漢字를 배우지 못한 우리 세대에 대하여 책임을 져야 합니다. 또 우리 역사와 傳統文化의 단절 문제에 대해서도 그분들은 책임을 져야 할 것입니다. 한글專用은 이미 명분을 잃은 지 오래입니다. 지금 자녀들을 학교에 보내고 있는 학부모들을 한 번 만나보십시오. 오히려 한글세대의 학부모들이 漢字教育에 더 열성적인 것을 느낄 수 있습니다. 이는 무엇을 말합니까? 漢字를 배우지 않고 학창 시절을 보낸 그분들은 실생활에서 뼈저리게 漢字의 필요성을 느꼈을 것이며 우리 사회를 책임지는 어른의 視角으로서 바라본 결과 漢字를 잃어버려서는 안 되겠다는 절박한 마음이 子女에 대한 漢字교육 熱氣로 나타나는 것 아니겠습니까?(拙稿, 月刊朝鮮 1996. 1)』

世界化는 구호만으로는 이루어지지 않는다. 현재 세계 인구는 英語圈 4억9천7백만, 스페인어圈 4억9백만, 프랑스어圈 1억2천7백만, 漢字文化圈 17억 정도라고 한다.(The World Almanac 1998)

韓·中·日은 17억 漢字文化圈에서도 핵심국가다. 그런데 지금 우리는 한글전용의 足鎖족쇄를 채우고 스스로 고립의 길을 自招하고 있다. GLOBAL化 시대에 생존과 국가 발전을 위해, 歷史繼承과 민족정신의 正體性을 지켜 가기 위해 漢字教育을 통한 국어 匡正은 가장 시급한 國政事案이라고 생각한다.

(韓國教育新聞社 發行 《새교육》 524호(1998. 6))
〈韓國語文教育硏究會 硏究委員/ 어문연구 99호〉

初中學校 全教科書에 國漢文混用을

朴 湧 植

1936년 京畿 驪州 출생. 仁川大, 建國大 教授 역임. 建國大 名譽教授. 글을 읽어내는 能力이 純한글文章보다는 國漢文混用文章이, 그리고 英文보다도 漢字를 混用한 日語의 言語傳達能力이 각각 모두 빠르다는 연구 결과를 인용하며, 이러한 長點이 있는 漢字使用을, 배우기가 어렵다는 理由와 한글專用만이 愛國이라는 착각 아래 묵살해 버리고 있는 현실을 비판하고 있다. 특히 한글 전용은 長短音을 完全히 無視하는 결과를 낳았으며, 참다운 古典의 眞面目을 맛보지 못하게 하는 결과를 낳았다고 비판한다. 이런 비판을 바탕으로 필자는 초·중·고교 全教科書에 國漢文混用을 조속히 실시할 것을 촉구하고 있다.

筆者가 W高校에 在職재직하고 있을 때, 文教部에 依해 中高校 教科書에 混用하고 있던 漢字를 全部 삭제한 일이 있었다.

그 當時 筆者는 學生들에게 當局의 處事를 비난하면서, 數年內에 다시 教科書에 漢字가 登場할 것임을 豫言예언하였다. 그리고, 그런 信念 때문에 筆者는 學生들에게 前보다 더 철저하게 漢字教育을 시켰다. 勿論 그 豫言은 적중하여 많은 社會의 輿論여론에 눌려 그 후 國語教科書에 다시 漢字가 登場하였다. 그러나 아직도 國漢文混用이라고는 볼 수 없는, 괄호 안에 漢字를 묶어 넣은 程度에 不過한 形便이다. 그래서 一線 國語教師들은 學生들에게 漢字工夫를 시키기 위하여 漢字 옆에 있는 한글語彙를 까맣게 지워서 工夫시키는 二重의 手苦를 줄 뿐만 아니라, 高校 國語教科書中

六堂의 獨立宣言文과 같은 경우에는 새까맣게 지운 흔적으로 말미암아 차마 글을 읽을 수 없는 지경에까지 이르게 만들어 놓았다. 이런 모순은 世界에 그 유례가 없는 것이다. 뿐만 아니라 아직도 國語教科書를 除外한 餘他教科書는 如前히 한글專用을 하고 있다. 더구나 國史冊에는 그 많은 歷史的 事實과 人名·地名 等을 그대로 한글로 쓰고 있기 때문에, 國史教師들이 이를 다시 칠판에 일일이 漢字로 적어 주어야만 하는 時間浪費를 하고 있는 것이다.

한글 專用만이 愛國하는 길이라는 생각은 크나큰 망발이다. 都大體 自己나라 글자를 사랑하지 않는 者가 어디에 存在한다는 말인가. 우리는 좀 더 合理的인 생각을 가지고 語文政策에 臨해야만 되는 것이다.

金貞欽教授는 <國漢文混用에 對한 科學的 考察고찰>에서, 글을 읽어내는 能力이 純한글文章보다는 國漢文混用文章이 훨씬 視覺的으로 빠르다는 結論을 科學的으로 考察해 놓았다. 그리고 오늘날 外國의 많은 文明批評家들의 共通된 意見으로서 戰後 日本의 눈부신 經濟復興경제부흥은 英文보다도 그 읽어내는 速度가 3.5倍나 빠른, 漢字를 混用한 日語의 言語傳達能力에 크게 힘입고 있다는 것이다.

이러한 長點이 있는 漢字使用을, 배우기가 어렵다는 理由와 한글專用만이 愛國이라는 착각아래 묵살해 버린다는 事實은 넌센스가 아닐 수 없다. 漢字工夫는 國民學校부터 조금씩 가르치면 常用漢字 익히기에는 그리 問題도 되지 않는다. 學校에서 餘他 授業과 同等하게만 時間을 割愛할애해도 中學生이 되면 一般 新聞程度는 問題없이 읽어 내려 갈 수 있을 것이다.

1950年代까지만 하더라도 地方 面書記中 大部分이 國民學校 出身으로서, 그들은 漢字使用을 조금도 不便없이 處理처리해 나갔었다. 그런데, 오늘날의 大學生들은 漢字를 그림 그리듯이 그리거나, 그 筆順을 完全히 無視하고 있는 實情이며, 新聞도 제대로 읽지 못하는 者가 許多한 경우를 볼 수 있다.

쓰기도 그러하지만 發音하는 경우에도 長短音을 完全히 無視하고 있다. 極端的극단적인 例로 가장 發音을 正確히 해야 할 아나운서까지도 잘못 發音하는 경우가 許多하다. 이를테면 鄭과 丁, 永과 榮의 發音 等 長短音을 全然 無視하고 있으니, 실로 아연실색하지 않을 수 없다. 大學生들에게 講義時間中 글을 읽혀 봐도 이러한 長短音에 神經을 쓰지 않고 있는 實情이다. 이런 경우는 純粹순수 한글로만 이루어진 語彙의 發音에 있어서도 마찬가지다. 語文政策을 이대로만 계속해 나간다면 머지않아 語彙의 長短音은 사라져 버리고 말 것이다.

다음으로, 古典分野에 對한 研究를 例로 들을 수 있다. 古典이란, 政治・經濟・宗教・思想・文學・藝術・自然科學等 人間이 生活하는 各方面의 部門이 모두 옛날 貴重한 記錄이라면 古典에 屬한다. 過去 없이는 現在도 있을 수 없고 未來도 없다. 過去를 알려고 努力함은 現在를 알기 위함이다. 그러므로 先人들이 남겨놓은 遺產을 繼承계승하고 研究하여 그들의 思想과 感情을 맛볼 수 있고, 그들의 靈과 魂에 부딪쳐 참다운 自己自身을 再發見할 수 있어야 할 것이다. 그러기 위하여는 國字가 없어 漢字로 이루어진 이 古典을 읽을 수 있어야 할 것이다. 그러자면, 亦是 漢字工夫가 必然的으로 國民學校로부터 이루어져야 할 것이요, 또 그래야만 大學에 가서 古典研究의 土臺토대가 되는 漢文의 基礎土壤기초토양이 形成될 수 있을 것이다. 만약 이러한 語文政策이 樹立되지 않는다면, 참다운 古典의 眞面目을 맛보지 못하고 말 不幸한 世代가 되고 말 것이다.

그러므로, 참다운 語文敎育을 위하여는 前述한 바처럼 적어도 國民學校에서부터 조금씩 常用漢字를 敎育시켜야만 될 것이다. 그리하여 全敎科書에 國漢文을 混用할 것이요, 中高校에서는 漢文時間을 最小限 週當 2時間씩 넣어서 반드시 가르쳐야만 될 것이다.

그렇게만 된다면, 學生들은 極히 自然的으로 漢字工夫에 興味를 느껴서 高學年으로 올라갈수록 더 많은 關心과 研究를 하게 될 것이다. 그리고 지금과 같이 大學生이 되면, 갑자기 많이 쏟아져 나오는 國漢文混用의 大

學敎材의 內容을 읽는데 苦生을 하지 않아도 될 것이요, 新聞社說 하나 제대로 못 읽는 不幸한 學生은 없어질 것이다.

이러한 主張은 올바른 語文敎育을 위한 길인 것이다. 原來가 數千年間 國字 없는 漢字時代였기 때문에 우리의 大部分의 語彙는 漢字語로 이루어져 있는 것이다. 이러한 語彙를 그 音만 따서 한글로 적고, 漢字를 없앤다는 것은 言語道斷인 것이다.

언젠가 官公署관공서 公文題目에 다음과 같은 것이 있었다. 曰 "서포기 알선에 관한 건".

이같은 漢字語를 한글로만 적어 놓았다고 하여, 그 뜻을 얼른 쉽게 파악할 수 있는 者가 果然 우리 周邊주변에 몇 名이나 있을까.

'감상'이라는 單語를 漢字로 쓴다면, '感想, 感傷, 感賞, 鑑賞, 監床, 龕像' 等의 各己 다른 뜻의 漢字語彙가 나온다. 그러니, '감상'이란 두 글자만 한글로 써 놓았다면 그것이 무엇을 뜻하는 말인지 全然 理解할 수 없을 것이요, 文章 속에 들어가야만 겨우 그 뜻이 무엇이라는 것을 짐작하게 되니, 요즈음 같은 스피드時代에 왜 그런 不便을 스스로 만들려고 하는가 말이다.

앞에서도 잠깐 言及한 바 있지만 日本에서는 아무런 抵抗저항없이, 오히려 當然한 것처럼 國漢文混用을 하고 있고, 또 文化發展을 成就성취하고 있지 않은가. 같은 漢字文化圈으로 바로 옆 나라에 살아 있는 證人이 있는데, 왜 우리만이 이러한 問題를 놓고 曰可曰否하고 있는지 참으로 理解가 잘 가지 않는다.

學生은 장차 이 나라의 기둥이 될 二世들이다. 國家百年之大計를 위해서도 그들을 잘못 指導하여 희생시키는 일이 결코 있어서는 안 되는 것이다.

大河처럼 도도히 흐르는 우리의 찬란한 傳統文化를 길이 繼承할 責任책임과 義務가 있는 우리 旣成世代들은 이제 空然한 是是非非와 空理空論을 버리고 우리의 二世들에게 올바른 方向의 語文敎育을 實施하여야겠다.

이 글 序頭에 밝힌 바처럼, 筆者만은 當時의 漢字廢止를 反對하고, 學生들에게 漢文教育을 계속 强行했을 때, 철 모르는 學生들은 筆者에 對해서 많은 유감을 안고 있었으나, 그 후 歲月이 흘러 지금은 社會에 나가 있는 그 弟子들을 만나면 모두가 한결같이 그 當時 筆者의 漢文教育의 强行이 오늘날 社會生活에 있어서 그들에게 커다란 밑거름이 되었음을 認定인정하면서 무척이나 고마워하는 모습을 보게 된다.

'良藥苦於口而利於病'이란 말은 바로 이를 두고 하는 말이 아니겠는가.

이젠 近視眼的인 眼目과 我執아집을 버리고, 먼 앞날의 無窮한 文化發展을 위하여, 文教當局은 初中高校 全教科書에 國漢文混用을 早速히 實施하여 올바른 語文教育에 차질이 없게 되기를 간절히 바라마지 않는 바이다.

〈仁川大 教授/ 어문연구 25·26호〉

한글전용에서

朴 在 森

1933~1997년. 일본 東京 출생. 詩人. 우리말을 갈고닦는 책무를 가진 시인의 語文觀을 볼 수 있는 글이다. 필자는 일상 생활에서 경험한 한글전용에 따른 副作用을 예를 들어가며 지적하고 한글전용은 시대의 추세라 하더라도 한문에서 온 이름은 제대로 알고 쓰는 것이 필요하다는 것을 주장하고 있다.

우리는 지금 과도기에 처해 있는 셈이다.
한문을 완전히 없애지도 못하고, 그것 때문에
희비극을 연출하는 일이 없어야 할 것이다.

전에 TV에서 아름다운 금강산을 비춰주었다. 우리 땅인데 지금은 분단의 고통 때문에 못 가보는 것이 한정없이 쓸쓸한 비애가 되어, 사진으로나마 본다는 것이 그나마 조금은 위안을 주었다고 할까.

알다시피 그 산은 모두 뾰족뾰족한 바위가 景觀경관을 더욱 빛나게 이루고 있었다. 직접 가본 것이 아니기 때문에 뭐라고 말을 할 수는 없으나 지극히 장엄하다는 느낌을 주었다. 바위는 黑雲岩흑운암과 花崗岩화강암으로 형성되어 있고, 곳곳에 奇巖怪石기암괴석이 많으며, 그 봉우리가 일만이천봉이나 되는 세계적인 명산이라고 한다.

가는 곳마다 폭포와 못이 壯觀장관을 보여주고 있으며, 철을 따라 경치를 달리하기 때문에 봄에는 금강산, 여름에는 蓬萊山, 가을에는 楓嶽山, 겨울에는 皆骨山이라는 별칭이 있다고 한다. 그런데 TV에서 방영해줄 때에는 미국에 가 있는 우리나라의 목사가 찍었다고 하는데, 그때 희한한 사태를 보았다.

즉 거기의 안내원이란 여자가 만물상을 소개하는데, 만 가지 반찬이 있는 밥상을 받는 느낌이라 하여 만물상이라 한다는 엉뚱한 해설을 하고 있었다. 그렇다면 한문으로 어떻게 되는가 의문이다. 즉 萬物床이 되지 않는가. 한문을 철폐하다시피 하고 있으니 그런 얼토당토 않은 말을 만들어 내는 것이 된다 여긴다면, 이것은 한글전용에서 오는 망발이 아닐 수가 없다.

그런 좋은 산을 사람들은 노상 오를 것 같은데, 그것이 아니라고 하니 정치체제에 묶여 북의 사람들은 '좋은 경치를 보는 것' 보다는 '부지런히 일을 하는 것'에 우선이 가 있다는 인상이었다. 그날 목사 일행이 갔을 때만 해도 관광객이라고는 자기네들 일행뿐이었다고 하니 참으로 쓸쓸한 느낌이었다.

그런데 또 엊그제는 TV에서 그 금강산을 다시 비춰주었는데, 거기에서는 화면에 萬物像이라고 버젓이 나왔다. 그러니까 내가 알기로는 분명히 '상'이라는 글자가 '相'이었는데, 그곳의 안내원은 '床'으로, 여기의 화면에서는 '像'으로 나오는 것이었다. 이렇게 원래의 글자를 변용하여 멋대로 붙이는 데는 실로 어이가 없었다.

왜 이런 허물을 예사로 저지르게 되었는가. 그것은 한문을 축출한 한글전용에 그 원인이 있었다. 사실 웬만한 이름은 모두 한문에 바탕을 두고 지어졌는데, 한글전용을 하다보니까 그런 잘못을 저지르게 되었다고 본다. 발음 하나가 같다는 것일 뿐 엄연히 '相', '床', '像'은 다 다른 것이니 어찌 보면 한글전용은 너무 한문을 무시하고 있는 것이다.

나는 지금 한글전용을 반대하며 이런 말을 하는 것은 아니다. 요는 한글전용은 하되 한문에서 온 이름은 제대로 알고 쓰자는 것뿐이다. 그것까지 원래의 것을 무시하고 새 이름을 갖다 댄다는 것은 크게 잘못되었다고 본다. 이것은 무식이 될 것이 뻔하다. 왜 분명히 한문에서 온 것인데 그 글자를 바꾸고 있는지 알다가도 모를 일이다. 음만 같다는 것뿐이지 그 뜻은 다른데…

이름 이야기가 나온 김에 또 하나 이상한 것은 한글로 이름을 짓고 그것을 호적에 올린다. 이를테면, 김하나, 이아름, 박슬기 따위, 이런 경우는 성까지 한글로 써야만 한다. 그러나 문제는 이름은 그렇다고 하더라도 분명히 성은 한문에서 온 것이다. 그러니까 이런 경우는 완벽한 한글전용이 될 수 없다는 것을 알아야 한다.

어디까지나 성과 이름은 한문에서 온 것이다. 그런 것을 어떤 사람은 발음이 같다하여 성도 같은 줄 아는 경우가 간혹 있다. 가령 바둑에서 조훈현(曺薰鉉)과 조치훈(趙治勳)은 분명히 성이 다르건만 사촌쯤 되는가 하고 묻는다. 성의 발음이 같기 때문이다. 하나는 長音이고 하나는 短音으로 전혀 다른 것이다. 하등 인척관계가 될 리 없으니 이것은 한글전용에서 오는 허물 이상이 아니다.

그런데 요새는 문인주소록을 보면 글을 쓰는 사람들까지 어느 정도는 한글전용이라는 것에 물들어 성과 이름을 송두리째 한글로 표기하는 경우가 더러 있다. 그래서 이름이 조아무개로 나오면 한문으로 曺씨인지 趙씨인지 망설여지는 것이다. 앞에서 말한 '만물상'의 표기처럼. 이런 점에서 최소한도로 성과 이름만은 한문으로 써야 한다는 생각이다.

한글전용화가 되어서 요즘은 '한글세대'라는 말이 나오고 있다. 사실 한자는 어렵고 점점 한글전용화 되어가는 것은 어쩔 수 없는 추세라고 치자. 그러나 잘못 표기하는 따위의 어리석음은 없어야 할 것이다. 내 성명은 한자로 '朴在森'이다. 어떤 경우에는 '박재림'이라는 우편물이 날아든다. 아마 수풀 '森'자를 수풀 '林'자로 착각해서 읽었던 모양이다. 그것은 글자도 다르고 발음도 다르다. 이것을 보면 한글전용으로 공연히 무식을 드러낸 것과 다를 것이 없다고 하겠다. 모든 원고청탁서에도 한글전용으로 써달라고 하고 어려운 한문자는 부득이한 경우에만 쓰고, 그것을 괄호 속에 표기해달라고 한다. 그러니 한문이란 것은 차츰 쇠퇴해가는 과정에 있다. 그래서 거기에 길들여 지다보니 모처럼 한자를 쓸려고 하면 '왼쪽 획이 무슨 변이더라' 하고 망설이게 되는 경우가 비일비재하다. 대전제가 한글전용으로 가는 것은 이제 막을 수 없다고 치고, 그러나 그 표기는 올바르게 해야 한다고 본다. 그것까지 무시하고 나면 앞에든 만물상의 경우처럼 멋대로 표기하는 예가 없다고 못하리라.

그러니까 우리는 지금 과도기에 처해있는 셈이다. 한문을 완전히 없애지도 못하고, 그것 때문에 희비극을 연출하는 일이 없어야 할 것이다.

(朴在森에세이 「미지수에 대한 탐구」에서)
〈詩人/ 어문연구 69호〉

한글專用 국어교육 및
語文政策의 是正이 時急하다

朴 千 緖

1937년 忠南 禮山 출생. 味元그룹 系列會社 代表理事 역임. 서두에서는 한글전용 어문정책을 나오게 만든 광복후의 특수상황논리를 네 가지에 걸쳐 소개하고, 이제는 한글文盲이 해소되고 漢字表記의 기계화도 해결된 시점이므로, 傳統文化와 言語의 특성에 대한 科學的 인식을 기반으로 한 "次善이 아닌 最善의 語文政策"을 담아야 할 것을 주장하고 있다. 본론에서는 우선 한자가 國字임을 강조하고, 한글專用法과 현 語文敎育 政策의 違憲性을 주장하고, 다음으로 한글전용의 폐단으로 1) 국어교육의 비효율성, 2) 전통문화의 단절, 3) 세계화에 역행, 4) 남북 언어의 이질화, 5) 해외교포의 2個 國語敎育과 한글 專用政策의 폐단, 6) 어린이의 知能 및 人性開發에 있어서의 폐단 등을 지적하고 있다. 결론에서 필자는 한글專用 교육의 부당성 및 漢字교육의 필요성에 대한 인식의 공감대가 완숙된 사실을 예시한 후, 亡國的인 한글專用法의 폐기와 한글 專用政策의 철폐를 주장하고 있다.

1. 狀況論理에 따른 한글專用 어문정책

한글 창제(1443년) 후에도 400여년 漢文이 우리 문자생활을 주도해 오다가 우리말 그대로를 적는 國漢倂用이나 國漢混用으로 발전한 것은 우리나라 語文史上 획기적인 일이다.

현재의 우리말로 발전함에 있어 한글과 함께 漢字와 漢文이 크게 기여했음은 부인할 수 없는 사실이다. 그런데 固有文字가 아니라는 理由로 이런 漢字를 排他視배타시하는 것은 文化發展의 법칙을 몰각하는 짓이 아닐 수 없다.

國漢混用에서 한글專用으로 바꾼 現 政策은 語文의 發展보다도 光復 후의 특정상황에 의해 좌우됐다고 할 수 있다. 이 정책의 배경을 보면, 첫째, 抗日時代항일시대에 우리말과 글을 지키고자 獄苦옥고를 무릅쓴 朝鮮語學會會員이 光復 후의 감격에 鼓舞고무되어 한글 萬能과 固有語萬能으로 기운 면이 있고 둘째, 終戰종전 후의 西勢東漸時期서세동점시대에 중국과 以北은 蘇聯소련, 일본과 한국은 美國의 절대적인 영향하에 있었다는 점이다. 이 때는 中國學者 魯迅노신의 漢字 亡國論과 로마字 萬能論이 대두한 이래, 莫强막강한 西歐外勢 앞에 東洋三國이 極甚극심한 劣等感열등감에 빠져 있던 무렵이기도 하다. 셋째, 文盲率문맹률이 60~70%나 된 우리의 사정도 크게 作用했다. 당시 국민적 관심은 한글文盲의 退治퇴치였고 한글專用이 안성맞춤이라는 共感帶공감대가 쉽게 도출될 수 있었었다. 이 점은 맥아더 軍政의 漢字排斥한자배척 압력을 피해낼 수 있었던 日本과는 다른 우리나라만의 特殊특수상황이라 할 수 있다(일본에서는 カナ運動이 실패함). 넷째 技術感覺기술감각의 부족으로 국민 대부분이 漢字表記의 機械化기계화가 불가능하다고 믿던 때였었다. 이런 상황에서 한글專用의 싹이 여물게 되고 이 정책은 그 특수목적에 寄與기여한 面도 없지 않았었다.

北이 한글專用인 것은 周時經선생 문하생인 金科奉의 영향이라고 알려져 있는데, 근본적으로는 南北이 처했던 時代的 狀況이 같았기 때문이라고 생각한다.

그런데 오늘날은 南北 共히 한글文盲이 解消해소되고 꿈처럼 생각되던 漢字表記의 기계화도 해결되었다. 21세기의 一流文化國家를 지향하는 이 마당에, 우리 「政策」은 光復 후의 特殊狀況論理에서는 탈피돼야 하고, 傳統文化와 言語의 특성에 대한 科學的 認識인식을 基盤으로 한 "次善이 아닌 最善의 語文政策"을 담아야 할 것이다.

2. 漢字는 한글과 함께 우리의 國字다

漢字가 殷時代 東夷族동이족(韓族도 여기에 포함됨)이 개발한 文字라고 주장하는 學者는 漢字의 명칭도 잘못이고 殷字은자, 東夷字동이자, 東方字라고 稱해야 한다고 한다. 굳이 이 주장을 援用원용하지 않더라도 2천년 이상 우리말을 적어 오고 韓民族의 思考形成사고형성에 지대한 영향을 준 점만으로도 漢字가 國字이기에 충분하다 할 것이다. 더욱이 그 漢字의 音이 우리 固有音이고, 우리말의 70%가 漢字語이며, 앞으로도 漢字가 국어의 주요한 造語源이 돼야 하며, 文明言語의 요건인 言語分解能力과 情報密度정보밀도를 漢字語의 漢字에 의존해야 할 立場이다(참고 : 韓國語文教育硏究會刊 한글과 漢字 p.184 安秀桔).

이와 같은 우리 국어의 條件조건을 無視하고 그간 써 온 漢字를 중국문자 정도로 분류하려는 發想은 無謀무모하다고 할 것이다.

3. 한글專用法과 현 語文教育 政策의 違憲性

1948년 10월 9일 법률 제6호로 공포된 「한글 전용에 관한 법률」은 公文書作成에 관해 정한 便法편법으로 이해되었으나 立法당시부터 우리 傳統文化에 반하고 憲法헌법에도 違背위배된다 하여 論難이 많았던 소위 死文法이다. 그러나 이 法이 미처 廢棄폐기되지 않아 語文에 관해 존재하는 唯一한 法이라고 할 수 있다. 이처럼 이 死法 이외 따로 法規定이 없을 경우, 語文政策에 대한 國法의 情神을 밝히는 方法은 크게는 憲法과 法規範법규범 體制에서 찾고 또 可能한 限 有關한 憲法條文헌법조문을 해석하는 등 종합적으로 判斷판단함이 順理일 것이다.

우리 憲法과 法律의 法體制는 쉽게 알 수 있듯이 한글專用이 아니라 한글과 漢字의 混用이고, 1987年 10月 29日字 改正憲法(국민투표통과) 第9

條에는 "國家는 傳統文化의 계승 발전과 民族文化의 暢達창달에 노력하여야 한다"고 규정하고 있는데 이것은 憲法에서 漢字의 國字임과 한글漢字 混用原則을 旣定事實기정사실로 인정했다고 볼 수 있는 根據근거이다.

論理上, 傳統文化의 계승 발전에 노력한다는 憲法條文을 國字가 아닌 文字로 표기하였다고 볼 수 없으며, 또 國漢混用表記의 憲法이 國漢混用과 다른 方向 즉 한글專用을 상정하고 있다고는 理解할 수 없기 때문이다.

따라서 "한글專用法"이 비록 公文書 작성에 관하여 제한적으로 규정한 法이라 할지라도 위에서 본 바와 같은 憲法精神을 명백하게 違背한 下位法이므로 當然히 無效무효인 法이라 할 것이다. 한글專用(漢字의 排斥배척)에 관하여(예 : 看板간판의 문자, 電報文전보문의 작성에 있어 漢字使用을 排斥하는 규정 등) 규정한 기타 令의 無效性도 自明한 것이다. 1970년대에 와서 朴大統領이 無效인 이 法을 확대 해석하여 한글專用 語文政策의 法的 根據로 삼은 것은 중대한 잘못이며 대통령이 憲法遵守義務헌법준수의무를 違反위반한 사건이라고 할 수 있다.

4. 한글專用 國語敎育의 弊端

한글專用의 國語敎育이 갖는 弊端폐단에 대하여는 그 동안 많은 국어단체가 충분히 밝혔다고 생각한다(韓國語文敎育硏究會出刊 "한글과 漢字" "國語에 대한 重大한 誤解" 參照참조).

따라서 본인은 우리나라가 나아갈 몇 가지 主要進路와 관련지어 현 국어교육 정책의 문제점을 간단히 살펴보고자 한다.

(1) 國語敎育의 非效率性 - 그 影響

한글專用의 문자정책은 人爲的으로 국어교육의 학습효과를 抹殺말살하는 정책이었다. 현 국어교육이 안고 있는 非效率의 原因은 우리말의 70%인 漢字語를 그 音에 따라 한글만으로 표기하게 하고, 實文字는 표기도 하지 않고 가르치지도 않은 데 있다.

따라서 현 국어교육의 내용은 漢字로 표기하면 필요하지 않을 "낱말 풀이와 기계적 暗記"에 의존하는 극히 어렵고 支離滅裂지리멸렬한 것이 되었고, 전통적 국어교육처럼 한 字를 배워 열 가지 用語의 뜻을 깨우치고, 필요에 따라 新造語도 척척 만들 수 있었던 교육성과를 기대할 수는 없게 됐다. 더욱이 우리 낱말에 있어서의 수많은 同音異義語問題, 字形의 視覺性缺如시각성결여문제, 한글의 長短音不在問題 등 한글표기의 混亂要素로 인해 讀解力이 떨어지고 讀書熱마저 잃게 되었다.

다른 나라들은 국어교육 과목을 國民敎育의 基礎라는 次元에서 時間配當에도 差等차등을 두는 등 특별하게 다루는 상황 하에서, 우리나라는 국어교육의 목표를 국어교육 자체보다도 한글專用에 둘뿐 아니라 국어시간의 배정도 다른 나라에 비해 주 1시간 이상 적게 하는 등 跛行파행이 짙다.

국어교육의 문제는 곧바로 국어를 媒介매개로 하는 敎科科目 전체에 미치는 것이다.

예를 들면 初・中・高 교과서에 나오는 用語들은 거의가 생소한 漢字語인데(예 : 감자차익, 조적식구조, 박거식계류, 견종법, 방곡령, 무고죄, 점이지대, 선상지, 감조하천, 경동지형, 전등위면, 전기영동, 축중합반응, 방향족, 남조류, 편조류, 광인산화, 전정기관, 전성설, 치사유전, 한성유전, 건성천이, 세차운동, 분서갱유, 점화식, 조소, 소조, 소묘…등) 한글로 漢字語의 音만 표기하여 놓고 이를 한글말이라 하나 그 뜻을 理解할 바 없는 상태다. 이런 낱말 풀이를 暗記하지 못하면 그 敎科目에서 배워야 할 본연의 原理에는 入門조차도 할 수 없게 된다.

우리나라 사람이 良書를 멀리하는 것은 교사나 학생의 잘못이 아니라 잘못된 국어교육 및 國語政策이 반세기에 걸쳐 累積누적되어온 결과일 것이다.

(2) 傳統文化의 斷絶

傳統文化는 민족의 지혜가 담긴 정신적 물질적 價値가치의 寶庫보고이자 민족적 自矜心자긍심의 源泉이라 할 수 있다.

傳統文化가 계승된 社會에서는 豊饒풍요로움과 心理的인 安定感도 발산한다.

그것이 값진 이유는 과거로부터 傳來한다는 점 이외 現在의 意識 속에 살아있으면서 현재와 미래의 創造活動을 받쳐 주는 힘이 되기 때문이다.

우리 傳統文化의 뿌리는 2,000년 이상 국민의 姓名을 적고 민족의 思考를 형성하여온 漢字임에 틀림이 없을 것이다. 이런 漢字를 排斥함으로써 전통문화의 斷絶단절이 생기고 국민은 祖上이 누리던 文化的 自矜心을 잃게 된 것이 사실이다.

文化的 自矜心을 상실한 국민은 外勢文化의 流入 앞에 無防備무방비일 수밖에 없을 것이다.

문화적 관점에서도 漢字와 民族文化는 不可分이요 漢字排斥의 국어교육은 민족의 전통문화를 폐기하는 것과 같다.

(3) 世界化에 逆行

세계화의 主體가 국민이라면 國語敎育의 正常化는 세계화를 위한 선결문제라 생각한다. 優秀한 國語體制로 국어의 국제경쟁력 優位우위를 확보하려는 것이 세계화를 위해 올바른 태도일 것이다.

우리 固有語와 한글만을 專用해서는 우리 국어의 優秀性을 확보할 수 없음을 認識하고 우리 漢字語의 實文字를 한글과 같은 國字로 포용하는 것이 올바른 세계화의 요건이다.

국어 體制의 문제를 떠나서도 漢字는 韓·中·日 등 14억 人口가 共用하는 文字이며 中國이란 이웃 큰 市場을 겨냥해서도 꼭 필요한 文字가 아닌가.

억지 한글專用으로 인한 畸形的기형적인 국어교육의 문제를 소홀히 한 채, 英語 조기교육을 渴急갈급하는 마음 자세로는 올바른 세계화에 접근할 수 없을 것이다.

(4) 南北 言語의 異質化

半世紀의 分斷은 남북 언어의 異質化를 초래했다. "한글專用, 漢字排斥, 固有語愛用, 固有語開發"이 南北의 공통된 어문정책이므로 문제가 없을 듯 싶으나 實際로는 漢字의 不表記가 언어의 이질화를 加速가속시키는 작용을 하였다. 또 北은 평양 근로인민의 大衆語를, 南은 標準語표준어를 각각 지향해 왔으므로 상대방의 말을 이해하기 어렵게 된 것은 당연한 일이다.

文章 속에 나온 言語를 분석해 보면 南은 造語力의 喪失상실로 外來語(심지어 外國語 어휘를 混用)의 사용이 많은 반면 北은 중국과의 관계 때문인지 남쪽보다 20%나 더 많은 漢字語가 사용되고 있는 특색을 발견할 수 있다.

北은 김일성의 교시에 의해 1968년부터 한자 교육을 부활시켰고 한때 안 쓰기로 했던 漢字語 50,000여 중에서 약 半인 25,000 어휘를 사용하기로 다시 復元했다고 한다. 우리말이 잘 소통되고 發展되자면 역시 人爲的인 言語改造(예 : 세모꼴)에는 한계가 있고 漢字教育이 필수적이라는 연구결과를 신속하게 政策에 반영시킨 北의 태도는 우리보다 앞섰다고 할 수 있다.

南北言語의 통일을 위해서도 한자어의 뜻을 漢字字意로 통하게 하는 것이 要諦요체라 생각한다. 따라서 南北이 힘을 모아 一定數의 「韓民族常用漢字」를 제정 교육하고, 文章 중 어떤 것을 漢字表記로 한다는 合意를 도출하는 것이 要望된다고 생각한다.

7천만 民族(南北 및 해외 僑胞교포)의 통일은 民族情緖의 一體化를 필요로 하므로 語文體制의 統一은 늦출 수 없는 중요과제이다.

(5) 海外僑胞의 2個 國語敎育과 한글 專用政策의 弊端

한글專用 國語敎育의 폐단은 中國·日本 등 漢字文化圈에 사는 僑胞에게 더욱 크다고 한다. 알파벳을 알아도 영어 單語의 뜻을 알 수 없듯이 한글을 배워도 用語의 뜻을 알 수 없고 또 현지에서 中國·日本式 漢字를 배워 알아도 韓國式 漢字音은 모르고 또 韓國式 漢字音을 배워도 우리말을 한글로만 표기하므로 漢字語의 이해에 도움이 되지 않는 등 학습의 연결고리가 없으므로 國語 배우기가 어렵다는 것이다. 이런 理由로 귀중한 생활수단인 해외교포의 2個 國語學習이 難堪난감한 문제라고 한다(參考 : 韓國語文敎育硏究會刊 語文硏究 제87호 p.112 姜永德).

(6) 어린이의 知能 및 人性開發에 있어서의 弊端

漢字의 한字 한字는 自然의 攝理섭리나 人倫 道德 등 철학적 요소가 網羅망라된 表意文字이므로 어휘의 實文字 국어교육은 어린이의 知能啓發과 人性敎育의 효과를 거두게 한다. 이는 우리 국어의 어휘가 漢字語이기 때문에 말과 文字와 文化가 三位一體될 때 극대화될 수 있는 敎育效果라 할 수 있다. 예컨대, 正義를 읽을 때와 정의란 한글表記를 읽을 경우 知覺하는 過程과 感受度감수도가 다르다. 정의라는 어휘를 본 학생은 정의라는 音을 가진 同音異義語(正義, 情誼, 定義 등)들을 기억해 내거나 문장의 앞뒤를 더듬어서 어떤 정의인지를 찾아낼 수 있다. 이에 反하여 正義라는 한자어를 본 학생은 字義를 통해 즉각 그 正確한 뜻을 알 수 있다. 둘째 "정"이나 "의"라는 글자를 독립적으로 대하면 특정한 槪念을 연상할 수 없으나 "正"과 "義"字를 독립적으로 볼 때에도 그의 특정 觀念을 知覺할 수 있는 것이다.

어휘의 知覺性能이 우월하면 언어능력이 향상되고 思考力이 擴張확장될 것이며 말과 漢字의 哲學性철학성을 통해 자연히 이루어지는 人性開發도 더없이 귀한 교육효과라 할 것이다.

5. 結 語

全國의 초등학교 교장을 대상으로 실시한 설문조사에서 91.7%의 현직 校長이 漢字조기교육을 반드시 시행해야 한다고 했고(月刊 朝鮮 1994년 11월호 參照), 이에 앞서 全國 7개 專門分野의 대학교수를 대상으로 실시한 설문조사에서는 80.8%의 교수가 초등학교에서 1,000자 정도의 漢字를 가르쳐야 한다고(1993년 11월 한국리서치 調査조사) 應答응답하였다. 이것만 보아도 한글專用 교육의 不當性 및 漢字교육의 필요성에 대한 인식의 共感帶는 完熟완숙되었다고 할 수 있다.

국민교육 및 대학교육의 正常化와 21세기 세계화를 올바로 뒷받침하기 위해, 亡國的인 한글專用法의 廢棄폐기와 한글 專用政策의 撤廢철폐로 국어교육이 제대로 될 수 있도록 文化界와 教育界가 정성을 다해 힘을 발휘해야 할 것이다.

〈社團法人韓國語文會 常任理事/ 어문연구 91호〉

漢字와 한글의 영원한 混用을 위하여

朴 喜 璡

시인으로서의 필자는 마치 같은 로마文字라도 영어화한 문자는 영국의 문자가, 불어화한 문자는 불란서의 문자가 된 것처럼, 같은 漢字라도 韓語化한 한자는 한국의 문자로, 日語化한 한자는 일본의 문자로 보아야 마땅하며, 앞으로 한·중·일 삼국 간의 유대가 더욱 강화될 추세에 있는 판국에 유독 한국만이 한자 폐지를 감행하는 것은 시대에 역행하는 문화적 鎖國主義라고 질타하고 있다. 그리고 地名, 建物名 등의 고유명사와 漢字成句의 예로써 한자 사용의 중요성을 강조하고 세계 최고의 表意文字인 한자와 세계 최고의 表音文字인 한글을 자유롭게 혼용하면 상호보완적 상승작용으로 우리의 글은 天上天下 無比의, 훌륭한 글로 대접을 받을 것이라고 주장하고 있다.

작년 초 대만 台中市에서 아시아 시인회의가 열렸을 때, 그곳 시인 두 사람과 서울 시인 네 사람이 자리를 함께 한 적이 있었다. 「溫情三年온정삼년」이란 이름을 갖고 있는 아주 멋있는 찻집에서였다. 중국식 茶具다구와 차 마시는 방법을 그때 우리는 처음으로 알았다. 이야기가 기탄없이 오고가는 가운데, 나도 무엇인가 한 마디쯤 해야 할 형편에 이르렀다. 백추(白萩)라는 그곳 젊은 시인에게 나는 이런 말을 건넸다. "台中에 와서 이삼일 묵는 동안, 제일 감명 깊었던 일의 하나는, 거리의 즐비한 漢字 간판들을 보는 일이었습니다. 圖案化도안화된 한자는 드물었고, 필적의 생동감을 느낄 수 있어 좋았습니다. 더러는 名筆을 볼 수도 있었어요. 이방에 온 기분이 아니라, 형제지국에 온 느낌이 들더군요."

그러자 그 대만 시인은 나를 거듭 正視하더니, 이런 불만을 토로하는 것이었다. "저는 그동안 서너 번 서울에 가본 적이 있습니다. 그때마다 여간 불편하지 않았어요. 간판의 글씨가 다 한글로만 돼 있으니 말입니다. 한글 전용이 민족주의랄까 국수주의적 추세에 비추어서, 불가피한 것인지는 모르겠습니다. 그러나 한글 옆엔 英文 표시라도 해놓을 일이라고 생각합니다. 적어도 올림픽을 개최할 만한 세계적 도시라면, 국제성을 고려해야 하지 않겠습니까?" 그의 말은 충분히 납득되고도 남음이 있었다. 나는 그래서 이렇게 답변했다. "맞는 말씀예요. 한글 전용이란 졸속한 결정이 얼마나 끔찍한 後患후환을 낳았는지, 아직은 미처 진단이 잘 안 되고 있는 실정입니다만, 일부 식자들은 진작부터 깊은 우려를 표명해 왔습니다. 아마 앞으로 조만간 사태가 시정될 날이 오리라 믿습니다."

한·중·일 삼국은 자고로 漢字文化圈에 속해 왔다. 삼국의 문화는 제각기 강한 독자성을 지니고 있으면서 또한 상호침투적 연관 관계에 있다고 보는데, 그 매체가 漢字인 것이다. 이 삼국의 식자들은 漢字 하나로 모든 게 통했다. 의사 소통에서 문화적 교류에 이르기까지. 그러나 漢字의 읽는 방식은 저마다 다르게 진전되었으며, 같은 漢字라도 韓語化한 한자는 한국의 문자로, 日語化한 한자는 일본의 문자로 보아야 마땅하다. 마치 같은 로마文字라도 영어화한 문자는 영국의 문자가, 불어화한 문자는 불란서의 문자가 된 것이나 같다. 그런데 일찍이 영국인이나 불란서인이 로마文字는 자국의 것이 아니니 되돌려 보내고 새롭게 자국의 고유한 문자를 발명해 쓰자는 운동을 일으키고 있다는 말, 들어본 적이 없다. 아마 그런 생각을 하는 자가 있다면, 머리가 돈 사람으로나 취급받게 될 것이다. 마찬가지로 한국인이 한자는 우리 것이 아니니까 폐지하기로 했다고 하면, 말도 안 되는 바보짓이라고 비웃음 받기 십상일 줄 안다.

한·중·일 삼국은 지금까지 그래왔듯 앞으로도 긴밀한 유대를 지니리라. 아니 그 유대는 더욱 강화될 추세에 있다. 그런 판국에서 유독 한국만이 한자 폐지를 감행한다는 건, 시대에 역행하는 문화적 쇄국주의라 할 것이요, 국제적 고아 신세를 자초하는 꼴밖엔 안 되리라.

서울은 조선왕조 오백년의 수도지만, 건물로서 남아 있는 것이라곤 남대문, 동대문과 몇 개의 고궁을 헤아릴 정도다. 그나마 남았으니, 얼마나 다행인가. 서울역 쪽에서 남대문을 바라보면, 우선 그 육중하고도 잘 균형 잡힌, 장려한 건축미에 반하게 된다. 과연 저만하면 국보 1호로 삼을 만하다는 생각이 든다. 다음으로 내가 빼놓지 않고 살피게 되는 것이, 남대문의 원명인 崇禮門 석 자다. 다른 문의 편액(扁額)은 글씨가 가로로 쓰여 있는 것이 상례인데, 이것만은 세로로 쓰여져 있는 것도 시선을 끌지만, 그보다도 그 필적—양녕대군이 썼다고 함—의 아름다움, 거기에, 순간, 번쩍 정신이 드는 것 같은 氣韻기운을 깨닫는다. 남대문뿐 아니라 동대문을 지날 때도, 또 덕수궁, 창덕궁, 창경궁 등 고궁 앞을 지날 때도 내가 부지중 살피게 되는 것이 정문에 걸려 있는 편액의 필적이다. 大漢門, 敦化門, 弘化門, 興仁之門, 모두 명필이라는 생각을 하게 된다. 한자의 매력을 새삼 확인하게 된다고 해도 좋다. 만약 한글 전용이라고 해서 그러한 편액의 필적까지 한글로 바꾼다면 어떻게 될 것인가? 조상을 욕보이고 자신의 얼굴에 먹칠을 하는 야만의 짓이라고 규탄을 받으리라.

그런데 물론 사정은 다르지만, 그와 유사한 경우가 발생했다. 하나는 파고다 공원의 정문으로 새로 건축한 문의 편액이 '삼일문'으로 쓰여 있음이요, 다른 하나는 '광화문'의 경우이다. 둘 다 공교롭게 고 박정희 대통령의 필적인데, 여기서는 특히 후자의 경우를 언급해 보려 한다.

광화문은 본래 경복궁 정문이다. 그걸 日帝가 심술 사납게도 몽땅 헐어 내고, 그 자리 즉 경복궁 앞에다 여봐란 듯이 조선총독부(朝鮮總督府) 건물을 세웠다. 영원히 이 땅에 일본의 지배권을 뿌리박겠다는 듯이, 그 건물 형태도 일본 日字란 걸 간과하지 말 일이다. 그것이 해방 후엔 중앙청으로 둔갑하였다가, 오늘날엔 다시 박물관으로 탈바꿈한 것이다. 어쨌거나 이 나라 대통령들이 그 건물을 좋아했을 리는 없다. 그래서 박정희 대통령 시절, 그 건물 앞에다 광화문을 복원하고, 편액을 새로 단다는 것이, 아뿔사, 한글로 '광화문' 해버렸다. 나는 그 '광화문' 필적을 볼 때마다 기분이 언짢다. 그렇지 않아도 日帝의 牙城이던, 침략의 복마전(伏魔殿)인 구총독부 건물의 건재로 착잡한 심사인데 설상가상격의 울적을 겪지 않을 수 없다. '광화문'의 필적은 다시 본래의 '光化門'으로 바뀌어야 할 것이다. 생각해 보라. 빛이 화해서 된 문이라니! 세상에 그처럼 멋지고, 황홀하고, 뜻있는 말이 어디에 있겠는가. 하지만 한글로는 유감스럽게도 그러한 뜻이 드러날 수가 없다. 지금 이 나라는 단군 이래 미증유의 국력 신장기를 겪고 있다. 선진국 대열에 들어설 날도 머지않은 이때, '세계의 빛은 이미 한국의 수도인 서울, 光化門에서 뿜고 있었구나!' 하는 걸 우리 내국인뿐 아니라 외국인들까지 실감할 수 있도록, '광화문'의 필적은 다시 '光化門'으로 환원돼야 할 것이다.

白頭山, 妙香山, 金剛山, 雪嶽山, 道峰山, 太白山과 같은 산 이름이나 法住寺, 海印寺, 華嚴寺, 佛國寺, 月精寺, 禪雲寺와 같은 절 이름은 또 얼마나 멋있는가. 明洞, 押鷗亭洞, 安岩洞, 三仙洞, 明倫洞 등의 동 이름도 그러하다. 그러나 그것들이 한글로 표기되면, 뜻은 달아나고 소리만 남게 된다. 너무 단순하게 편편해져서 건져지는 것이 아무것도 없게 된다. 아무래도 좀 답답하다는 느낌이 든다. 익숙해지면 전혀 신경을 안 쓰게 되겠지만, 그러나 이때 사람의 두뇌는 어떻게 되는 걸까? 우리의 意識은 분명히 한 次元 낮아진다고 해도 과언이 아니리라. '방학동'이란 동명에 접했을 때, 나는 갈피를 못잡았다. 여름방학의 放學일 리도 없고……. 궁리 끝에, 짐작은 갔었지만, '放鶴洞'이란 뜻임을 확인하자 미소가 떠올랐다. 학을 놓아주는 동리의 주민들은, 그러면, 어김없이 神仙들이겠구먼.

일전에 어느 전시장에 갔었는데, 그림의 제목이 그냥 정이라고만 표시되어 있었다. 正, 淨, 靜, 情, 이 중의 어느 하나일 터이지만, 왜 이런 답답한 일을 저지를까? 한글 전용으론 同音異義語의 분간이 어려운 게 이만저만 심각한 문제가 아니다. 가령 '신기'할 때, 그것은 다음 어느 것이 맞겠는가? 新奇, 神技, 神器, 神機.

우리가 흔히 쓰는 漢字成句로 아주 기막힌 표현이 많은데, 그걸 그냥 한글로만 표기하면 어떻게 되겠는가? 魂은 빼버리고 껍질만 남기는 꼴이 아닐까? 예컨대 기상천외(奇想天外), 신출귀몰(神出鬼沒), 천의무봉(天衣無縫), 산자수명(山紫水明), 지성감천(至誠感天), 전광석화(電光石火)…… 이런 표현을 한번 음미해 볼 일이다. 漢字는 表意文字인 만큼, 글자 하나하나에 세계가 들어 있다. 사물의 構造와 魂이 들어 있다. '笑'에는 웃는 얼굴이 들어 있고, '水'에는 흐르는 물이 들어 있다. '詩'란 言語의 寺院임을 알 수 있다.

다음엔 괄호 안에 漢字를 넣어 이해를 돕는 일, 거기에 대해서 생각해 보자. 현행하는 모든 사전류, 국어사전이건 백과사전이건 또는 그 밖의 각종 학술사전을 펴볼 때, 괄호 안의 漢字를 모조리 빼버린다면, 어떠한 혼란이 야기되겠는가? 한글만으로도 내용을 능히 파악할 수 있노라고 장담할 사람은 아무도 없으리라. 그렇다면 다음의 가공할 사실들이 분명하게 드러나지 않겠는가? 1) 漢字 없이는 사전의 편찬이 불가능하다. 2) 사전 없이는 학문 연구가 불가능하다. 3) 漢字를 모르는 한글世代는 사전을 펴 봐도 수박 겉 핥기에 그치게 된다. 그들에게는 괄호 안의 漢字가 전혀 도움이 안 되기 때문이다.

한글世代의 실상에 대해서 우리는 깊이 반성하고, 책임을 통감해야 되리라 본다. 그들은 딱하게도 부모의 성함, 본관, 본적, 현주소는 물론 자기의 이름조차 한글로밖엔 표기를 못한다. 족보도 그들에겐 無用之物이다. 즉 우리의 역사적, 전통적 문화와는 단절이다. 대학을 졸업한 지식인이라면서, 신문에 나오는 제한된 한자나마 해독을 못한다. 머리가 이만저만 退化해 있지 않다. 한글만으로는 의미의 파악력이 약화되기 때문이다. 의미를 파악하는 정확도도 흐려지고, 속도도 느려진다. 聯想, 推理, 比較, 分析, 想像力에 있어, 많은 제한을 받게 됨으로써 사고의 기능이 단순화되고 둔화될 밖에 없다. 설사 머리가 기민하게 움직인다 하더라도, 그것은 매우 제한된 범위 내의, 그것도 반복된 훈련에 의한 결과에 불과하다. 그들과 대화를 나누어 보면 사고의 방식이 직선적이며 단순해서, 黑白論理的이란 것을 알게 된다. 한마디로 지나치게 경직되어 있다. 게다가 정서도 메말라 있어, 매사에 격렬성(激烈性)－나는 굳이 급진적(急進的)이라는 말은 안 쓰겠다－을 띠게 마련이다.

근본적으로 중고등학교 때의 교육이 잘못된 탓임에 틀림없다. 특히 한글 전용이 잘못이다. 국민학교 때부터 漢字를 가르치자. 중고등학교를 나올 때까지 二千字에서 三千字는 가르치자. 한글과 漢字는 둘 다 우리나라 文字인 것이다. 한글만이 우리의 것이라 우기는 어리석음, 그 小兒病的이고, 近視眼的인 치졸(稚拙)함을 청산하자.

漢字는 세계 최고의 表意文字, 한글은 세계 최고의 表音文字, 그 두 문자를 자유롭게 혼용하면 상호보완적 상승작용으로 우리의 글은 天上天下無比의, 훌륭한 글로 대접을 받으리라. 길이 세계에 광명을 뿜으리라.

끝으로 한마디, 한글世代에게. 지금이라도 늦은 건 아니니, 漢字를 배우라. 사람은 배울수록, 머리는 쓸수록, 깊어지고 좋아진다. 안 그러면 어떻게 이웃나라 中·日의 젊은이들과 어깨를 맞대면서 知的인 경쟁을 감당할 수 있겠는가?

한글과 漢字의 영원한 혼용으로 길이 이 땅에 세계에 관절하는 文化를 꽃피우자. 우리의 후손에게 後患이 없도록 이제 우리는 민족적 영단을 내려야 한다.

〈詩人/ 어문연구 74·75호〉

文字 鎖國主義는 逆世界化

-'한글만' 迷信에서 벗어나자-

徐 康 和

1930년 大邱 출생. 朝鮮日報 副局長 역임. 한글전용론이 지적하는 국한혼용론의 문제점들이 결코 문제점일 수 없음을 7개항에 걸쳐 조목조목 論破하고 있는 점이 돋보이는 글이다. 뒤이어 '한글만 쓰기'의 명분을 두 항목에 걸쳐 비판하고는, 한글전용의 결과 한자어로 된 용어들에 대한 정보전달이 제대로 이루어지지 않는 문제점을 13개항의 實例를 들어가며 보이고 있다. 이 가운데 현시점에서도 吟味해 볼 만한 지적들이 많다. 끝으로 한글전용은 違憲이며, 국어사전에도 없는 한자어가 새로이 조어되는 상황에서 한자를 없앨 수는 없는 것이라고 역설하고 있다.

지난 60號 p.63에서 延大학생 김某씨의 寄稿기고 <한자에 대한 잘못된 생각>을 읽고, 그 글에도 또한 <잘못 알고 있는 생각>이 많은 것으로 생각된다. 金氏의 주장은 <근자에 漢字를 만든 사람은 우리 祖上이다>라 하는 소리가 높고, <한글만 쓰기 주장이 큰 타격을 입을 것이라고 입방아 찧는다>고 조롱했다. 미상불, 明知大의 陳泰夏진태하교수의 甲骨文考證갑골문고증은 많은 注目을 끌고 있다. 卽즉, 殷은나라 · 商나라 등 上古時代에는 '文'이나 '字'란 글자는 <글자> 뜻이 아니었고, '文'은 '무늬 · 문채'의 뜻이었으며, '字'가 '글자'의 뜻을 갖게 되기는 秦代진대 以後라 했다.

漢字는 中國 所有物이 아니다

陳泰夏교수는 甲骨文에서 '글자'란 뜻으로는 <㓞(契)>이 새겨져 있다고 했다. <契丹(글안·거란)>의 <契(글)>이 上古代의 '文字'의 뜻이었으니, 우리말 <글>의 語源을 示唆시사한다 하겠다. '字'는 그 모양대로 본시 '집에서 아이 낳아 기르는 것'이 원 뜻이고, 秦·漢때에 많은 새 文物 발전에 따라서 形聲·會意글자가 派生파생하게 될 때, '집에서 아이 낳듯' 새 글자가 자꾸 생긴다고 '字'를 끌어다가 '글자' 뜻으로 꾸민 '글자이름' 字로 한 것이다. 그런 漢字發達궤적을 살필 때, 陳교수의 <契=글> 考證說은 매우 實證性실증성이 높다 하겠다. 더구나 古朝鮮의 發祥地발상지와 영토나 高句麗와 渤海발해의 時代·版圖地域 범위를 참고하고 甲骨文出土地와 그리 멀지 않은 北韓에서 木竹簡이 발굴된 사실을 함께 고찰하면 신빙성은 한층 더 짙어진다. 그렇게 볼 때, 北方 中原의 主人, 上古代 우리 조상인 東夷동이족이 漢字形成에 主動했을 可能性은 매우 큰 만큼 긍지로운 說로 受容되고 있을 뿐이다. 하기야 한글전용 主唱측에서 漢字를 <中國글자, 남의 글자>라고 비웃고, 漢字씀을 '慕華모화·事大·한글압제'의 원흉이라고 비방함이 너무 극심했으니, 그 그릇된 편견에 사로잡힌 이들에게는 그 발판의 붕괴를 自認케 했을 법도 하다. 하나, 그분들의 自激之心자격지심에 맡길 일이지, 아무도 '한글만 쓰겠다는 쪽에 타격'이라고 입방아 찧지는 않았다. 그뿐더러 孟子는 舜순임금을 東夷人이라 했고, 舜은 司徒(文敎長官격)에 契(설)氏를 임명했다 하며, 그 契氏가 곧 文字창제한 '蒼頡창힐이라고 古籍을 陳교수는 引用발표했다. 둘째로, 金氏는 <설사 우리 遠祖가 創字에 참여했다 하더라도 漢字가 우리 것이라고 할 수 없다> 또는 <누가 만들었느냐>와 <누구의 것이냐>는 별개문제라고 했다. 아마 <中國글자說>의 허망을 깨닫고 느껴서 슬그머니 꽁무니 빼는 논리인 것 같다. 아무튼 아닌게 아니라, '文字가 누구 것이냐'를 문제삼는 사람은 한글전용론자뿐이다.

'한글만 쓰기'라면서 로마字는 왜 쓰나?

히틀러나 무솔리니도 <우리글자・남의글자>를 論하지는 않았었다. 그도 그럴 것이 글자에 所有權소유권・所有主는 없으니까 누구에게 使用料사용료를 내는 것도 아니고 체면 깎일 일도 아니다. 한 푼의 값어치도 없는 문제이다. 지난 수십년간 '우리글 애국'한 사람들의 생각이 얼마나 속좁은 생각들이더냐? 文明・文化는 全人類의 共有共榮物공유공영물이다. 知的所有權마저도 一定時限이 지나면 人類共有財가 되는 것이다. 自己네 말에 지극한 긍지를 갖고, 英語나 獨語의 外來借用외래차용을 사갈시하는 프랑스人조차도 '내글자・네글자'를 따지는 소리는 없었다. 셋째로, 金氏는 '我是學生'이란 漢文式구조가 우리말과 다르니, 한자는 中國글자라고 斷定단정한다. 漢文은 中國도 古典語文이지, 現代 白話, 즉 口語는 漢文이 아니다. 漢文틀이라도 <農者(는) 天下之(의) 大本也(이다)>는 우리말과 語順이 똑 같은데, 이때는 '韓國의 漢字'라 해도 金氏는 同意하시겠는가? 또 <弱肉强食>은 <약한 자의 살을 강한 자가 먹는다>, <適者生存>도 <적응하는 놈이 살아 남는다>, <貧益貧 富益富>는 <가난한 자 더욱 가난하고, 부한 자 더욱 부해지다>, <兎死狗烹토사구팽>도 <토끼 잡고 나니 사냥개 삶아 먹어>, <泥田鬪狗이전투구>도 <진흙밭에서 싸우는 개> 등등 우리말 語順과 같은 것도 얼마든지 있다. 語順만 보고 <中國글자>라고 못 박는 논리는 語不成說이라 할 수 밖에 없다.

漢字를 아울러 써야할 필요는 漢字語가 많고 漢字音數가 500에 不過하니 同音語가 너무도 많다. 그래서 漢字語句를 漢字表記해야 意味전달이 신속・정확・효율적이라는 것이지 漢文구조를 日常국어에 쓰자는 것이 아니다.

'1, 2, 3'도 우리글자로 인식해서 쓰고 있나?

넷째, 金氏는 <예전의 우리 조상들의 지배층 · 지식층이 漢字를 '중국글자'라고 인식했고, 그렇게 부려 써왔으니 한자는 중국글자>라고 주장한다. 우리 先人들이 '中國것'이라고 인식했었다는 것을 문제 삼는 것은 무가치한 생각이다. 우리가 'ABC'나 '1234'는 서양글자, 더구나 우리 조상들인 안 쓴 글자인 줄 잘 알면서도 모두 쓰지 않는가?

西洋 것은 文明이라 事大가 아니고, 中國 것은 事大이고 自己 넋을 망치는 것인가? 글자에 국적은 없다. 또, <그렇게 부려 썼다>는 뜻은 아마 記錄기록문헌이 難解난해한 漢文투였으니 우리말투가 아니요, 해로운 것이란 논지 같다. 口語와 다르기는 中國도 마찬가지이다. 오늘날 컴퓨터가 美國原産인 줄 모를 사람 없지만 美國 것이라고 우리가 안 써야 할 것인가? 다른 공부할 것도 많은데 컴퓨터 배우기가 쉽지 않으며, 新세대와 舊세대를 단절시키니 멀리하자면, 나라사랑이 되고 우리 文化에 꽃을 피우게 될 것인가? 어렵더라도, 남의 개척 文化라도 受容함이 득이 되면, 노년층마저도 다함께 힘써 배워야 할 것이다.

漢學이 能하다고 곧 支配層되진 못해

다섯째, 金氏는 <漢字는 支配層지배층의 독점물이고, 역사의 주체인 민중을 압제하는 잣대(手段수단?)>라 비난했다.

古人들 중에 漢學에 조예가 깊어도 벼슬길에 못나간 이들도 허다히 있었다. 고려中期의 대학자 李奎報이규보도 40세가 넘도록 임관을 못하고, 피지배 계층에서 얼마나 허덕였던가? 徐花潭서화담이나 曺植조식같은 대학자도 초야에 묻혀, 학문을 연구, 도덕을 示範하며 후진을 길렀지, 지배층으로 나서진 않았다. 大衆百姓은 가난해서 글을 배울 시간 여유가 없어서 못 배운 것이다. 피지배 상민에게는 千字文도 못 배우게 한 국법이나 지배층의 금제는 없었다. 韓石蜂한석봉이나 徐藥峰서약봉도 다 가난한 어머니가 떡장사·약밥장사로써 아들의 학비를 뒷바라지해서 大成시켰다. 또 지배층은 漢字만 쓴 것처럼 말한 文脈이나, 조정에서도 언문으로 포고령·방문을 쓴 경우가 많다. 많은 佛經이나 四書五經·醫藥書의약서·軍士기술 문헌을 諺解언해로 풀이한 책을 많이 발간하여 한문에 약한 백성의 계도에 힘썼던 것이다. 지배층도 漢文 漢字뿐 아니라 時調나 편지 등에 언문(한글)도 소중히 부려썼던 史實을 외면치 말아야겠다. 또한 <한자가 역사의 主體인 민중을 압제> 云云 했는바, 그것은 民主사회의 빛 좋은 當爲論당위론이다. 절대 君主왕조에서 백성이 <역사主體>는 아니고, 더구나 漢字가 그렇게 하다니 말도 안 되는 소리다.

漢字語 70%임은 '漢字 우리 것' 증명

여섯째, <우리말의 70%가 한자어임을 자랑…… '미모'의 '眉毛·尾毛·美毛·微毛'>의 허점을 지적한다. <한자어 70%를 자랑한다>는 事實無根 빈말이다. 있는 그대로 事實을 <現實인식>한 命題인데 '자랑'으로 曲解해선 안 된다.

우리말의 3분의 2가 漢字語로 된 事實의 由來가 바로 漢字가 韓人의 글자라는 최대증거임을 現實대로 바로 봐야겠다. 그런데 여기서 먼저 고려해야 할 것이 있으니, 漢字의 短點인 音節數가 매우 적다는 사실이다. 한국 사람이 發音區分발음구분 가능한 음절은 약 2천 가지인데, 漢字音은 약 500에 不過하다. 그러니 必然的필연적으로 同音異語가 많아질 이치이다. 그래서 中國語에는 四聲 즉 高低長短으로 約 2천音節로 擴大확대하고 있다. 金氏가 引用한 4종의 <미모>도 <미모>의 가장 代表的이고, 쓰임 빈도도 최고인 <美貌>를 빠뜨린 중대한 실수가 보인다. 이것이 바로 漢字表記의 重要性의 증거임을 깨닫기 바란다.

일곱째, 金氏의 <한자는 지식 보편화·계층간 정보소통을 가로막는

것<이라 한 주장에 대해 반박한다. '한글만 쓰기'의 多害少益다해소익 - 한글 전용이야말로 정확한 지식의 보편화를 막아 지식수준의 계층斷絶化단절화한 원천임을 立證 제시하겠으니 우리 모두 감정을 비우고 냉철히 검토해보기로 하자.

5萬字의 漢字 · 單 24字의 한글

'한글만 쓰기'의 名分을 다시 再考해 보자. 왜냐면, 여기에는 지난 100년간 우리 생각틀을 몽혼시킨 큰 迷信미신이 깔려 있기에 말이다. 첫째의 名分은 <漢字는 어렵다 · 한글은 쉽다>라는 命題이다. 이 命題의 '참 · 거짓'이 옳게 定立 확증되지 못했다. 우리 국민 一般의 知的民度가 낮기 때문에 그 是非의 正體를 올바로 꿰뚫어 보지를 못했다. 한글전용론자(以後 '한글파'로 略稱약칭)가 금과옥조로 내세우는 것이 <5萬字한자 학습難 · 鬱蠶울잠처럼 획이 번잡하여 기억難>을 든다. 그에 對比시켜 <한글은 24字 쉬운 글자>를 단순 數字 비교하여 大衆의 素朴한 思考力을 혼매시켜왔다. 여기에 첫째 거짓은 現代日常국어가 써야하는 漢字數는 약 2천~3천자이다. 4萬餘字는 中國서도 이미 死字가 돼 버렸다. 3천자 기억도 한글24자에 비하면 어렵다 하겠지만, 이 비교법의 思考方式에 엄청난 마술적 속임수가 숨어 있음을 사회인들은 자각치 못했다. 한글24자만 외우면 우리말은 다 졸업한 줄 생각하기 쉽고, 한자는 획이 많으니까 그 比例로 학습난 · 기억난이라고 믿게 하였다.

초등학교는 말할 나위 없고, 고교졸업생도 한글맞춤법 통일안을 모르는 학생이 거의 전부인 엄연한 현실 맹점은 어떻게 설명할 것인가? <옳바로>를 <올바로>로 쓰는 잘못, <같읍니다 · 같읍니다>와 <있습니다 · 있읍니다>문제가 40年間 혼란케 하다가, 89年에 바로잡혔으나, 아직도 그 이론 설명은 과오이다. 상금도 <답을 쓰라 · 답을 써라>가 混在하는 판국, <한글이 쉽다>는 빈말이다. 漢字가 획이 많고 얽히고설키어 구조가 복잡해서 어려운 것처럼 보이지만, 진실은 그렇게 어려운 것이 아니라. 가령 '樹'字를 놓고 보자. '木'에도 '十' 밑에 '豆'를 더하고 右便에 '寸'을 덧붙인 글자이다. 言語學에서 말하는 '分節'性 즉 구성조직 成分을 분해해보면 여러 '동강'으로 마디마디 분해할 수 있다.

그 동강들을 組合조합하는 순서만 條理的조리적으로 익히면 그리 어렵잖게 學習·記憶이 되는 것이다. 우리 학습경험則을 성찰해보면, 의미 없는 암호문은 매우 암송하기 어렵지만, 多少 의미 要素를 가진 隱語은어 문장은 앞뒤의 聯想연상경로와 관련성에 因해서 條理적 기억 方法에 의지하기 때문에 쉬이 암기가 되는 것이다. 영어 '토플'에 2萬여 단어를 암기해야 하는 노력에 견주면 3千字 한자 학습은 결코 至難事지난사는 아니다. 워드프로세서나 컴퓨터 조작기술이 배우기 어렵지만 마스터한 뒤로는 엄청난 편익을 얻는다. 그와 같이 한자 2천자만 내 것이 되면 그로부터 어휘력은 天壤之差천양지차로 上向하는 것이다.

'기계화 위해 한글전용' 時代는 지났다

둘째 名分은? <文書 기계화·印刷인쇄과정의 곤란성>이었다. 아닌게 아니라, 한글타자기의 기계화에 比하여 漢字타자기의 곤란성은 否定치 못했고 이 有利名分으로 因해서 오늘날의 '한글전용'으로 급성장했다.

그런데 과학의 진보는 컴퓨터 出現과 漢字의 入出力이 電算化되어서 타자나 인쇄과정의 漢字장벽은 사라졌다. 이미 '文字기계화'가 한글전용의 전매특허시대는 지났다. 이제는 한글전용의 폐해·漢字倂用한자병용효용을 바로 볼 지각이 깨어나야겠다.

情報傳達 가로 막는 한글전용

① 조선일보(93.6.3) 독자란에는 기자의 한글전용의 무식을 지탄한 바 있

다. <5월 31일자 2면 '손명순 여사 영부인 생활 100일'>이란 기사제목의 오류는 '대통령부인'의 복칭 명사化이다. 진짜 '영부인=令夫人'은 他人의 內子(妻)를 높여 부른 말인데, 그 기자나 편집자는 '大統領夫人'을 '領夫人'이라 하나보다고 어림짐작 유추한('領'의 同音유추) 모양이다. '令夫人'을 漢字表記로 자주 보았더라면 이런 意味失踪의미실종의 탈선은 없었을 것을……

② 名士級 有識層人士가 곧잘 <××전문가에게 자문을 求하여(또는 자문 받아서……) 처리 云云>이라는 誤用을 흔히 연출한다. 물론 국어사전 한번 찾지 안한 탓도 크지마는 '諮問자문'의 글자가 <물을 자 · 물을 문>이란 漢字의 뜻을 참조하는 注意가 있었더라면 유치한 正反對 오용은 없었으리라. 日本人들은 市井 대중도 <자문을 받아>따위 오용은 하지 않는다. 漢字外面한 業報이다.

③ 한국경제 광고(94.12.27과 95.1.4)에는 순한글 광고가 2회 거듭났는데 제목이 <이제는 청등수 방류에 대비하는 상항류 SAND여과의 시대>였다. 도대체 '청등수'가 무엇인가? 몇 십분 동안 궁리 끝에 아마도 <청징수(淸澄水)>의 착오인가 추측된다. 또 그 本文에 <수처리 질문에 응답…>이다. <水처리> 또는 <물의 처리>라면 알겠는데, <水>字가 그리 어려워서 <수처리>로 썼나? 그것이 더 뜻이 分明한 것일까?

④ 94.12.20 저녁 8시 KBS 1TV '歷史의 라이벌'에서 '恨中錄한중록'이라는 漢字 筆記의 冊表紙책표지가 영상으로 보였고 本文의 宮體글씨도 보였다. 筆者는 어느 學會에서 연구발표할 때 <恨中錄>이라고 적었더니 元老학자께서 '閑中錄한중록'이 옳다는 忠告를 들은바 있던 터라 깜짝 놀랐다.

惠慶宮洪氏혜경궁홍씨(正祖母后정조모후)가 파란만장한 생애의 老境에 前後 4次에 걸쳐 썼던 것이 '한중록'이다. 嘉藍가람 李秉岐는 時調大家이자, 한글 국문학 · 서지학의 개척학자인 바 그는 '閑中錄'으로 표기했다.

一說에는 鄭寅普정인보씨가 '閑中錄'說을 펴서 學界에서는 有力하다 하나 여러 문헌이 <恨 · 閑>이 竝用區區하여 한결같지 않다. 洪씨가 환갑 때 처음 집필할 적에는 객관적으로 사실을 서술했다니까. '閑中'에 쓴 수필로도 수긍이 되기도 한다. 그러나 末年에는 '泣血錄읍혈록'이란 別題도 보이는 맥락으로 보면 '恨中'쪽이 상황心情반영의 眞面表記로도 생각된다. 저자는 한글 '한중록'으로만 적었으니 後世들은 이렇게 궁금한 것이다. 20일 저녁 KBS TV의 <閑中錄>의 出典은 또 무엇인가? 우리 모두가 이 의미 추궁에 관심을 기울여야 하겠다. 漢字表記가 못내 아쉬운 문제이다.

⑤ 12월 27일자 각 신문에는 共善聯에서 낸 <국민에게 드리는 호소문>이란 全 8단 광고문은 순전 한글인데 前文 16行째에 <집단이기주의와 사당파쟁…>이란 어구가 있다. <사당>이 무엇일까? 광고主는 독자야 알든 모르든 나는 '쉬운 한글로' 써주었으니 내 할 도리는 다했다고 '한글애국'에 자위하겠지만, 졸견으로는 이런 무책임한 태도는 語文公害라 본다.

우리말 망치고 있는 한글만 쓰기

⑥ 모 국어연구기관에서는 '누님의 남편'은 '매형'으로, '兄弟의 妻들끼리'도 '동서'라고 표준삼는다는 해석 示範이다. '姉妹자매'는 <맏누이자 · 아랫누이매>字이다. 姻兄인형이라도 兄 뻘인 '맏누이남편'은 <姉兄자형>이라 호칭하는 例도 있는 듯하나, 그것은 어디까지 意味의식 착오의 誤例이지 典範전범일 순 없다. 局地的국지적인 參照體系참조체계에 偏見편견된 <妹兄매형>을 우긴 것은 再考할 것이겠다. 姉 · 妹의 男便끼리는 <같은 집 사위>뜻에서 이르는 '同婿동서'이지만, 兄 · 弟의 아낙네끼리를 <동서=同婿>라면 망발이다. 우리 옛말은 '동셰'요, 現在도 江原 · 黃海 · 京畿지방에서 <동셰>는 現實語이다. 丁茶山時代만 해도 <축리(妯理) · 제사(娣姒)>라고 雅言學非에 記錄되어 있다. <동셰>를 音이 비슷하다고 <동서>로 와전시킨 것은 古語參照나 漢字 <同婿>의 字意참조가 없는 때문에 犯한 오류이며 漢字外面의 惡果이다.

⑦ 왕년에 '구두닦이'를 대접해 부른다고 <미화원=美靴員>이라고 명

칭 개정했다. 그뒤 얼마 안 되어서 '淸掃員'의 호칭 이미지가 나쁘다고 처우개선의 要望과 함께 호칭 格上문제가 대두되었다. <환경미화원>이었다. <청소원>이란 명칭이 어디가 나쁘고 추하다고 고쳐야 했던가? <환경미화(美化)원>이란 5음절 긴 이름이 결코 격상된 호칭도 아니고 조금 앞서 <구두닦이-美靴員>이 똑같은 <미화원>의 同音이란 것을 깡그리 잊었던 것 같다. <미화원>이 漢字로는 글자가 다르다는 것도 멀잖아 다 잊고 두루뭉수리 쓰게 될 것이다.

'대리'라는 職級의 無識

⑧ 우체국의 선전유인물에 <○○ 우체국 대리 감갑돌>하는 표기가 보인다. <우체국 대리>라니 語不成說이다. 은행이나 기업체에서 平社員 위의 직급이 <課長代理>인데 어느 새에 줄여서 <代理>란 것이 하나의 직급명칭처럼 되어버렸다. <대리>란 正格직원에 接尾辭접미사격으로 따라 붙는 일종의 依存의존명사이지, 독립직위명이 아닌 것이다. 이제는 기관명칭 밑에 <×××대리>로 적히고 있으니 不遠意味不在의 어휘가 되고 말 듯, 우리말을 病들게 한다.

⑨ 漢方醫師들이 <漢醫>가 아닌 <韓醫>로 改名, 法令까지 改正했다. 그러나 同音이라서 이것을 한글표기하면 法令까지 고친 보람은 없어진다. 漢字表記가 必修인 것이다.

⑩ 10年前에 看護員간호원들이 호칭을 개정하였다. 그들은 '醫師·藥師'에 準據點준거점을 두고 自己네도 국가면허 의료요원 자격이니 '看護師'로 改正해 달라고 法改正운동을 맹렬히 전개했다. 그러나 전문大出身이 아닌 '간호보조원'은 '看護補助士간호보조사'로 되어서 格差를 두고 있다. <師·士>는 다 <사>音이다. 한글 표기로는 분간할 수가 없다. 위 모든 것을 순수 우리말로 못 고쳐서 고민이다.

사기기만의 教科書

⑪ 隋수·唐 時代와 우리 高麗때의 租稅조세제도는 '土地稅·부역·土産現物稅'의 3種인바 이것을 고교의 역사 교과서는 <조·용·조>라고만 가르친다. 학생에게 진실로 區分있는 개념을 가르칠 良心이 있는 교과서인가? 앞의 <조>와 뒤의 <조>를 어떻게 분간하라는 것인가? 학생들 머리에는 <조·용> 두 가지 개념밖에 남지 않는다. 교육부 편수관은 '한글전용'을 忠實히 했겠지만 교과서가 '기만사기'물이 되게 한 죄과는 민족 반역이다.

⑫ 西紀初葉서기초엽 中國 北쪽에는 거의 同時代에 '晉·陳·秦' 3나라들이 하나의 古지도上에 보인다. 이 3國名을 한글로 '진'이라고 표기해서 그 眞實이 전달되겠는가? 역사 교과서는 당나라 수나라 양(梁)나라도 모두 <당·수·양>으로만 가르치고 있다. 학생이 소리 내어 읽기는 쉽고 학습은 쉽겠지만, 쉽게 익힌 것은 돌아서면 까먹어버린다. 地學·生物學·生理學·物理·化學에서도 그 用語는 意味를 담은 漢字語인데 모두 소리로 音寫음사만 해놓은 교과서를 배운다. 수업시간은 一瀉千里일사천리로 내려가겠지만 머릿속에 남는 지식 실력은 없다. 이에 관한 實證은 이루다 열거할 수 없어 다음 기회로 미룬다. 우리 학생들이 중학·고교로 오를수록 과학 실력이 떨어지는 원인이 用語槪念용어개념파악이 허약하기 때문이다.

祖上의 슬기에 먹칠한 한글파

⑬ 우리겨레의 전통가치 중에서 世界에 자랑할 것은 족보의 發達保全발달보전과 姓氏의 神聖관념이다. <거짓이면 내 姓을 갈겠다>는 속담이 그 증거다. 家父長制를 욕하지만 女性이 出嫁해도 自己姓만은 平生保全한다. 日本이나 西洋의 女性들이 요즘 와서 女權운동으로 '결혼 前의 姓 확보'를 투쟁하는 實相을 봐라. 진짜 男女平等은 우리 傳統文化에 있다. 그토

록 所重한 '우리 姓氏'이거늘, '한글전용'은 이를 짓밟은 不法非道를 犯했다.<鄭・丁><柳・劉・兪・庾><趙・曺><愼・申・辛><蔣・張><田・全><陳・晉> 등을 <정・유・조・신・장・전・진>으로 합쳐버렸다. 우리 姓氏의 李・金・朴・崔・鄭 등은 너무 大姓이라 姓氏家門區分性이 희박하니 姓氏機能이 弱하다. 그에 比하면 위의 姓氏들은 親族區分性친족구분성이 짙고, 더구나 長短音別이 있어서 同音에도 區別이 있는데 鄭氏를 丁氏와 혼동하게 만든 죄는 道義的으로도 傳統가치에 반역이고, 現行實定法인 戶籍法호적법에도 違法위법하는 행위이다.

한글전용법은 違憲違法

한글파는 한글전용법을 金科로 내세우겠지만, 한글전용법 自體가 본시 違法이다. 왜냐? 現行戶籍法에 저촉・모순되기에 본시 成立될 수 없었던 것이다. 한국 姓氏는 漢字로 규정한 戶籍法이다. 다만 93年 年末 大法院規則대법원규칙에서 한글 이름字를 許容허용했을 뿐이다. 住民證주민증도 인감증명도 호적부의 姓과 本貫은 漢字表記라야 한다. 이것에도 中國글자니 폐지하라할 것인가. <한글전용>의 鼻祖비조 周時經이 主唱한 것은 독립신문時節. 2千萬 동포 中에 漢字를 아는 사람 卽 小學校・書堂에라도 가는 사람이 全國에서 50萬명도 안될 때 그 가난한 시절에는 독립신문 사회면 기사라도 읽게 해야할 때, <우선 한글로 아니 國字를 한글로 하자>는 소리는 眞理요, 先見之明이었다.

지금은 周時經의 短見이 타당치 않아

그러나 <××갈・××씨>하고 祖上이 안 쓴 人造語를 억지로 꾸며 가지고 외친 것은 言語學的識見이 얕은 20~30세 청년 학도의 血氣短見에 不過했다. 그 40年後인 光復當時도 南韓人口 1900萬 中 小學 以上 학생

총수가 231萬이었다. 이 民度에서는 <漢字 어렵고·한글 쉽다>란 命題가 그런대로 一理가 있었다. 이제는 4千萬 中 中學 以上 學力者는 3千5百萬은 되지 않을까? 이 學歷水準에서 漢字 2千字는 어려운 것이 아니다. 바야흐로 世界化時代이다. 지금은 어린이 早期교육으로 英語공부 컴퓨터 교육시키는 世態이다. 日本은 幼稚園유치원에서 漢字외우기 卽 두뇌체조로써 想의 腦細胞뇌세포시냅스를 틔워주고 있다. 日人의 科學性·창의성이 우연의 産物이 아닌 것이다. 日人들의 漢字폐지운동은 150年前에 이미 試練시련을 치르고 그 진짜·가짜의 판가름이 100年 前에 결말났던 것이다.

漢字는 없애지 못한다.

紙面관계로 폐一言하고 '泥田鬪狗이전투구'란 말은 漢籍에도 국어사전에도 없는 우리 祖上의 造語이다. 이 어려운(?) 漢字語가 신문이 한글로만 치닫는 속에서도 종종 되살아난다. 저 有名한 身土不二·伏之不動·兎死狗烹·無事安逸 등이 왜 자꾸 人口에 회자되는지 深思심사해 볼 일이다. 소리글자보다는 文字本質은 意味글자인 증거이다.

〈國史編纂委 出刊要員/ 어문연구 87호〉

우리 文化와 漢字語

成 煥 甲

1946년 慶南 晋陽 출생. 현 韓國漢字能力檢定會 회장, 중앙대학교 교수. 國語史上 한자어가 지니는 가치를 語學的으로 접근하고 있는 글이라는 점에서 주목할 만하다. 필자는 우선 고유어가 漢字語로 대체되는 과정에 대하여 1) 형태상의 문제로는 ㄱ) 言語經濟, ㄴ) 安定性의 추구, ㄷ) 同音衝突의 회피, 2) 의미상의 문제로는 ㄱ) 意味의 分化, ㄴ) 의미의 擴大, 3) 활용상의 문제로는 ㄱ) 造語力의 生産性 활용, ㄴ) 漢字語素에의 감염, 그리고 4) 사회·심리적 문제로는 ㄱ) 文化의 우열, ㄴ) 완곡표현, ㄷ) 心理的 동기, ㄹ) 固有名詞의 漢字語化 등과 같은 항목으로 나누어 살펴보고 있다.

이러한 固有語의 漢字語化 過程에서 漢字語가 지니는 價値를 살펴보는 자리에서 필자는 國語史에서 공로와 과오가 同時에 지적되어야 하지만, 우리 文化의 形成과 發展에 漢字 및 漢字語가 끼친 功이 너무도 크므로 이를 감정적으로 부인하려 해서는 결코 안 되며, 한자어가 지니는 적극적 가치를 더욱 고양하는 한편, 國語에 대한 저해요소를 억제하는 방향의 노력이 강구되어야 할 것이라고 주장하고 있다.

1. 緖－國語史에 대한 視覺

宇宙 眞理에 理와 氣의 調和가 있고 陰과 陽, 理論과 實際실제의 對立이 常存하는 것임을 알고 있다. 그러나 이러한 對立과 調和는 眞理 自體의 兩立이 아니라, 眞實은 一樣인데 觀察者관찰자의 主眼이 어디에 있는가에 따라서 理·氣와 陰·陽이 分化 對立되는 것으로 보인다.

그런데 歷史的으로 事實을 把握파악하는 姿勢자세에 兩者擇一의 排他的

배타적인 態度가 있어서 많은 誤謬오류를 犯하여 왔음을 알게 된다. 理와 氣가 一元이냐 二元이냐 하는 묵은 論議는 우리의 關心 밖의 일이지만, 言語變化의 歷史에 있어서도 綜合과 分岐분기, 單一化와 多樣化, 同化와 異化, 語形의 簡略化간략화와 長形化, 意味의 擴大확대와 分化 등 對照的인 變化의 樣相을 함께 찾아볼 수 있다. 여기에서 그 一面의 强調 考究고구를 위하여 다른 面을 糊塗호도하는 姿勢는 事實의 理解에 도움이 되지 못할 것이 분명하다.

筆者가 研究態度에 있어 이러한 兩面的 觀察의 必要性을 느껴 온 것은 오래 전부터이지만, 특히 最近에 固有語가 消滅소멸하고 그에 代替대체되어 漢字語가 定着하게 되는 過程과 原因을 追跡추적하는 一連의 몇 論文[1]을 執筆집필하는 중에, 國語史上 漢字語가 지니는 功과 過의 兩側面을 또다시 確認확인한 바 있다. 그리고 學界에는 여전히 그 한 側面만을 誇張과장 强調하는 두 갈래의 見解가 對立하고 있음을 알고 있다.

이러한 狀況에서 本攷본고는 우리 文化에서 漢字語가 지니는 價值를 밝혀보고자 한다. 이 問題를 解明하기 위하여 利用될 수 있는 方法과 資料는 매우 廣範광범하고 多樣하지만, 여기서는 편의상 固有語가 漢字語로 代替대체되는 過程에 한하여 論議를 展開하고, 다른 문제들—예컨대 고유어와 한자어의 構造的 差異, 순우리말과 한자말의 相互 補完보완, 意味領域의 分化, 기타 借用語와의 調和 등의 문제—은 必要에 따라 약간씩 言及하는 것으로 滿足하려 한다.

2. 固有어의 漢字語化 過程

現代國語에 混入되어 있는 借用語의 種類종류와 起源은 매우 多樣하지

---

1) 拙稿(1980a, 1980b, 1982a, 1982b, 1983) 참조.

만, 그 構成比로 보면 中國 起源의 漢字語가 絶對多數를 차지하고 있음은 周知하는 바이다. 어떤 統計報告[2]에 의하면 「국어대사전」(민중서관 1961년版)의 標題語표제어는 '固有語 25.9%, 西歐外來語 7.08%인데, 비하여 漢字語가 67.02%를 차지한다'고 한다. 國語의 語彙體系에서 이처럼 漢字語가 많아진 까닭으로는 ① 文化的 優劣우열,[3] ② 漢字語 自體가 지닌 形態的 條件,[4] ③ 國語 語彙의 配意的배의적 特質[5] 등이 지적되고 있지만, 事實上 이는 韓國文化의 傳統과 歷史에서 由來한 必然的 結果일 뿐, 決定的인 어느 하나의 理由를 찾을 수는 없을 것이다.

이와 같이 많아진 漢字語 중에는 歷史的으로 固有語 實用의 先驗이 있던 말이 後期로 오면서 固有語는 勢力이 萎縮위축·消滅소멸되고, 同義의 漢字語가 勢力을 넓혀 代替된 語例가 많이 있어서, 우리의 관심을 誘發유발한다. 筆者가 整理정리한 資料에는 이처럼 固有語가 漢字語와 同義衝突동의충돌을 일으켜 消滅의 길을 걷게 된 語例가 450餘 語彙에 達하는데, 本攷에서는 이 語例들 中 代表的인 몇 例들을 몇 가지 原因으로 類別 整理함으로써 固有語의 漢字語化 過程을 追跡추적하기로 한다.

(1) 形態上의 問題

單語의 形態上 固有語가 消滅할 수밖에 없는 構造的 缺陷결함을 지녔거나, 固有語보다 漢字語가 外形上의 長點이 있어서 固有語의 활용이 줄어들고, 結果的으로 漢字語의 勢力이 커 간 경우를 가리키는 것으로, 實際 語例에서 보면 몇 가지의 交替-漢字語化-過程을 抽出추출할 수 있다.

---

2) 李應百, '國語辭典 語彙의 類別 構成比로 본 漢字語의 重要度와 敎育問題, 「語文研究」 25·26 合倂號, 1980.
3) 上位水準에 있는 漢文化가 傳來하면서 漢字語도 流入되었다는 見解.
4) 固有語에 多音節語가 많은데 비하여 漢字語에는 1~2음절어가 많다는 점.
5) 국어의 語形成에 있어서 配意性을 살린 경우가 많은데, 漢字語가 이러한 特性을 充足시키기에 적합하다는 생각.

1) 言語經濟

歷史的으로 보면 모든 言語가 新生·成長·死滅의 過程을 계속하는 것인데, 이러한 言語의 變化方向은 극히 對照的대조적인, 論理上으로는 二律背反的이라 할 수도 있는 두 樣相을 보이고 있다. 그 하나로 音韻·語彙·文章 등 모든 面에서 言衆의 勞力 經濟를 希求희구하여 점차 外形이 짧아지는 경향의 變化를 지적할 수 있다면, 다른 하나는 簡略化간략화의 結果 同音語間의 衝突충돌을 惹起야기하거나 語形의 安定性이 모자라게 될 때에 反對로 語形을 擴大확대·强化함으로써 同音衝突동음충돌을 解消하고 表現의 明瞭化명료화 및 生動感을 賦與부여하는 방향의 變化라 할 것이다. 곧 이와 같은 綜合종합-語形 縮小축소[6]-과 分岐분기-語形 擴大[7]-의 두 갈래가 言語變遷史언어변천사의 거의 全部라 하여도 過言이 아닌 것이다.

여기 우리의 '言語經濟'란 用語가 指稱지칭하는 바는 語形變化의 첫째 모습이라 하겠는데, 固有語에 代替되어 登場한 漢字語의 音節數가 原來의 固有語보다 外形的으로 줄어들어 發話나 記寫에 있어 經濟的경제적이라 할 수 있는 變化를 가리키는 것이다. 이처럼 固有語形이 漢字語로 바뀜으로써 形態가 簡略해지는 것은 語形成 *word-formation*에 있어서 單音節語인 中國語와 多音節語인 國語의 本質的인 差異[8]로 인한 당연한 현상이라 할 수밖에 없는 것이어서, 그 예는 매우 많다. 또한 이 예들은 音節數의 簡略化가 漢字語 代替의 原因인지 結果인지 밝히기 어려운 경우가 大部分이다. 즉 意圖的으로 경제성 있는 單語를 쓰고자 하여 外形이 간단한 漢字語를 자주 使用하게 되어 固有語가 退化한 경우도 있겠으나, 다른 까닭으로 借用 漢字語로 바뀐 결과 우리말과 한자말의 構造的인 차이로 인하여 音節數가 줄어든 語例도 많을 것이다. 그러나 그 先後, 因果를 확연히 구분하는 것은 거의 不可能한 일이다.

---

6) Bloomfield, *Language*, 1933, p.370; Jespersen, *Language*, 1922, p.261 등 참조.
7) Jespersen, 上揭書, pp.328～331; 金亨奎, 「國語史硏究」 1962, pp.85～89 등 참조.
8) 註 4) 참조.

言語生活에서의 經濟性 追求추구로 인한 漢字語化라고 判斷판단되는 매우 많은 語例中에서 대표적인 몇 예만 摘示적시하기로 한다.

녀름지슬아비 → 農夫
누에주거ᄆᆞᄅᆞ니 → 白殭蠶백강잠
더러본아래 → 陰部음부
더러본이슬 → 月經
ᄆᆞ숨져버보다 → 容恕하다
ᄇᆞᄅᆞᆷ마즌병 → 中風
브즐우즐ᄒᆞ다 → 懇切간절하다
아니한ᄉᆞᅀᅵ(ᄣᅵ, 덛) → 暫時잠시
아븨누의·아븨동싱누의 → 姑母고모
아븨동싱누의남진 → 姑母夫
아ᅀᆞ아자비 → 叔父숙모
아ᄋᆞ누의남진 → 妹夫매부
아ᄋᆞ아자븨겨집 → 叔母
어믜겨집동싱 → 姨母이모
어믜겨집동싱의남진 → 姨母夫
어믜오라븨겨집 → 外叔母
어믜오라비 → 外三寸
어우렁ᄌᆞᅀᆞ → 雙仁쌍인
졉어싱각ᄒᆞ다 → 容恕용서하다

2) 安定性의 追求

固有語의 形態가 活用性에 있는 單語답지 못하고 2~3單語가 連結연결된 語句로 되어 있거나 또는 單純히 漢字語에 대한 配意的 直譯語직역어로 登場한 것일 뿐이어서 그 形態에 安定性이 없으며, 따라서 生命力·實用性이 弱化하여 死滅의 길을 걷고 漢字語로 代替됨으로써 安定性을 얻은 例가 相當數 있다. 이러한 過程으로 消滅소멸한 固有語는 대체로 그 實用

頻度빈도도 많지 않고 實用 文獻문헌도 한두 種에 局限됨이 常例이다.

이 외에도 前項 言語생활에서의 經濟性경제성 希求희구와는 正反對現象으로 보이는 漢字語化의 實例가 있는데, 이러한 語形擴大어형확대의 경향 역시 安定性의 要求로 인한 變化라 생각된다.

요컨대 單語의 生命이 오래 維持유지되기 위하여는 構造上의 安定性 與否가 重要한 要因이 되고 있으며, 이와 같은 語彙變化의 歷史는 앞으로의 新造語에 있어서 示唆시사하는 바가 크다 할 것이다.

가난ᄒᆞᆫᄒᆡ → 凶年흉년
가ᅀᆞ며니 → 富者
ᄀᆞᄆᆞᆫᄒᆞᆫᄇᆞᄅᆞᆷ → 微風미풍
ᄀᆞᆫ → 分數
구지주굼 → 橫死
글월ᄆᆞ로니 → 卷
글ᄒᆞᆫᄆᆞᄎᆞᆷ → 篇
금 → 理致
길 → 利子
ᄂᆡ → 煙氣연기
넘ᄂᆞᆫᄆᆞᅀᆞᆷ → 性慾
머즌일 → 災禍재화
몸알리 → 知己 · 知友
쉬나ᄆᆞᆫᄒᆡ → 五十餘年
얼읜기름 → 脂肪지방(굳기름)
오ᄂᆞᆫ뉘 → 來世
이젯뉘 → 現世
자ᄇᆞᆫ일 → 世間事
잔갑 → 宿泊料숙박료
출 → 根源
탈 → 緣由연유

3) 同音衝突의 回避

둘 이상의 單語가 同音으로 實現되면 同音衝突동음충돌을 일으키게 되고 그 結果 어느 한 쪽이 다른 쪽에 밀려 消滅하거나 또는 語形變化 등의 방법으로 同音性을 피하려 함으로써 이루어진 國語史的 變貌변모도 상당한 數를 차지한다.9) 대부분의 同音異義語는 물론 理論的일 뿐이고 實際로는 發話의 環境환경 *situation*이나 文脈 *context* 또는 品詞의 類別, 토익 添用첨용이나 語尾의 活用 등에 의하여 衝突이 解消되는 것이기는 하지만,10) 그러나 同音異義語의 存在는 역시 言衆에게 부담스러울 수밖에 없는 일이다. 더구나 本攷의 관심이 되고 있는 바와 같이, 固有語와 漢字語가 同意關係에 놓여 意味上의 衝突을 일으키고 있는 상황인데 그 固有語가 同音語와의 形態衝突까지 겪게 된다면 그 生命의 維持유지에 더욱 不利할 것임은 自明한 일이다.11) 이 경우 漢字語를 選擇선택함으로써 同音衝突을 解消하게 되며, 結果的으로 固有語는 漢字語에 밀려 消滅한 예를 多數 찾을 수 있다. 그러한 語例를 몇만 摘示한다.

고맙다 → 尊貴존귀하다 [고맙다(謝)]
ᄀᆞ롬 → 강 [가람(伽藍)]
금 → 理致이치 [금(線)]
길 → 利子 [길(道)]
ᄂᆡ → 煙氣 [내(川・臭)]
녀름 → 農事 ['녀름>여름'의 變遷 후 '여름(夏)'과의 충돌]
놀다 → 演奏연주하다 [놀다(遊)]
ᄃᆞ리 → 階層계층 [다리(橋)]
닮다 → 傳染전염하다 [닮다(似)]
닷다 → 消滅하다 [닷다(修)]

9) 李勝明, '後期中世國語의 語彙論的 考察', 「朝鮮前期의 言語와 文學」, 형설출판사, 1980, 3・2・2 참조.
10) Ullmann, Semantics, 1962, p.206.
11) 金宗澤, '意味衝突 현상에 대하여', 「국어국문학」 51號, 1971.

묻다 → 訪問방문하다 [묻다(問)·묻다(埋)]
ᄇᆞᄅᆞᆷ → 壁벽 [ᄇᆞᄅᆞᆷ(風)]
보람 → 表示 [보람(效)]
오래 → 門 [오래(久)]

(2) 意味上의 문제

社會·文化의 發展에 따르는 槪念의 細分, 意味內容의 縮小축소나 擴大확대 등을 受容한 語彙變化로서, 實際 漢字語 代替의 語例를 보면 극히 對照的대조적인 두 갈래의 過程과정이 나타난다.

1) 意味의 分化

각종 起源의 借用語가 旣存의 語彙體系 속에 流入 定着되면 旣存語와 同義關係를 形成하는 일이 많아지고 言衆이 그 選擇 驅使구사에 困惑곤혹을 겪게 됨으로써 마침내 兩 同義語間에 意味衝突 *meaning clash*을 일으켜 意味秩序의미질서의 變化를 초래하며, 그러한 충돌의 結果가 두 가지의 모습으로 나타남에 대하여는 이미 알려진 바[12] 있다. 그 하나의 모습이 固有語의 退化퇴화 消滅소멸-그에 대한 借用語의 代替 定着-現象이라면, 다른 하나는 固有語와 借用語間의 意味分化에 의한 兩語 共存現象이라 할 것이다. 따라서 嚴密엄밀한 뜻으로는 그 두 번째 모습, 意味分化의 語例는 漢字語 代替의 樣相으로 설명함에 異見의 素地가 있는 것이다(原固有語의 意味와 交替교체된 漢字語의 意味範疇의미범주가 다르며, 固有語形이 完全 消滅되지 않고 현재도 實用되는 경우가 많다는 점 등에서). 그러나 語形態에 대한 관심을 排除배제하고 語意만을 論據논거로 하는 本攷의 態度에 따를 때, 이러한 語例는 多義語의 어느 한 意味가 漢字語로 代替된 것이라 볼 수 있어, 本攷의 한 過程으로 취급하고자 한다.

---

12) 金宗澤, 上揭論文 1971, 참조.

이 意味分化에 의한 漢字語 代替에는 固有語가 지닌 概念 自體가 워낙 模糊모호하여 이를 보다 분명히 드러내고자 하는 欲求로 인한 것으로 보이는 것,[13] 多義語인 固有語가 각 意味 사이에 存在하던 有緣性유연성을 喪失함으로써 同音異義語로 化하고 다시 同音衝突의 解消方便해소방편으로 어느 한 쪽이 漢字語化한 것,[14] 그리고 文物의 發展으로 原語의 의미가 확대되거나 多義現象을 빚게 되어 代替漢字語를 登場시킨 경우[15] 등이 모두 포함된다. 또한 여기에는 原固有語의 多義 중 어느 하나의 의미에 限定되면서 漢字語化한 것[16]과, 多義의 固有語가 數個의 漢字語로 分化된 것[17] 등의 類型이 있다.

固有語와 漢字語의 意味分化—漢字語의 定着정착으로 인한 固有語 意味領域의 萎縮위축—語例라고 생각되는 몇 語形만 적시해 본다.

가ᄉᆞ말다 → 거느리다 : 裁量재량하다
ᄀᆞᆺᄇᆞ다 → 가쁘다 : 疲勞피로하다
거느리다 → 건지다 : 救濟구제하다
구실 → 구실 : 稅金세금
ᄂᆞ리다 → 내리다 : 降服항복시키다
놀다 → 놀다(遊) : 演奏연주하다
ᄃᆞ리 → 다리(橋) : 層階층계
덞다 → 더러워지다 : 傳染전염하다
덛더디 → 떳떳이 : 本是
되다 → 되다(固) : 危篤위독하다
두렵다 → 둥글다 : 穩全온전하다
뒤 → 뒤(後) : 北

13) 구실>稅金 : 구실(任), 마ᅀᆞᆯ>官廳 : 마을(村) 등.
14) 놀다>놀다(遊) : 演奏하다.
15) 것밧다>벗다 : 脫皮하다.
16) 구실>稅金
17) ᄀᆞᅀᆞᆷ알다>裁量하다. 處理하다. 管掌하다. 主管하다……

마ᄉᆞᆯ → 마을(村) : 官廳
ᄆᆞᄅᆞ → 마루 : 要旨요지
ᄆᆡᆫ밥 → 맨밥 : 空食공식
보람 → 보람(效) : 表示
서늘ᄒᆞ다 → 서늘하다 : 寒心하다
아ᄆᆞᆯ다 → 아물다 : 完全하다
즈츼다 → 지치다(疲) : 泄瀉설사하다

2) 意味의 擴大

固有語가 지닌 意味內容이 지나치게 限定的·具體的구체적이거나 直說的인 配語法을 취하고 있어서, 複雜하고 抽象的추상적인 對象事實 *reference*[18]에의 適用이 어려워져 固有語의 쓰임이 줄어들고 보다 包括的포괄적인 意味의 漢字語가 代身하게 됨으로써 固有語가 消滅한 경우를 指稱지칭하는 것이다. 이를 指示物이나 思想·感情은 끊임없이 變化 發展하는데 語形變化 또는 語彙增大어휘증대가 이에 副應부응하지 못하여 惹起야기되는 것이라 본다면 單純한 新語生成에 의한 形態變化로 把握파악되어야 할 것이요, 意味內容의 變化만을 대상으로 생각할 때에는 意味 自體의 擴大變化확대변화로 理解되어, 前項 意味分化와 對照的인 過程이라 할 것이다.

예컨대 "것밧다>겉벗다, 길잡다, ᄆᆞᄅᆞ>마루, 몸닷기>몸닦기, 몸알리, 민글월>밑들, 민얼굴>밑얼굴, ᄇᆞᄅᆞᆷ빗>바람빛……" 등의 意味를 擴大·抽象化추상화하여 "脫皮탈피하다 案內하다 要點 修身(修養) 知己 原文 本質 風景……" 등의 뜻으로 적용함이 不可能한 것은 아니지만, '겉·벗다·길(道)·마루(脊척·宗)·몸(身)·밑(底)·얼굴(顔)·바람(風)……' 등의 의미가 너무 具體的이고 限定的이어서, 보다 抽象的·理論的인 漢字語가 勢力을 얻게 된 것으로 생각되는 것이다.

18) '대상사실'이란 언어활동에 있어서 Ogden & Richards(1923)의 'Thought or Reference', Stern(1931)의 'Meaning', Bloomfield(1933)의 'S(speaker's situation)', Ullmann(1962)의 'Sense' 등을 포괄하는 의미로 쓴 것이다.

(3) 活用上의 문제

漢字 및 漢文化의 大量流入으로 이에 親熟친숙해지고, 實際 單語의 驅使구사에 있어서 固有語의 缺陷결함을 克服극복해 주는 편리함을 느끼게 되어 漢字語의 活用이 늘어나고, 相對的으로 固有語 勢力이 더욱 萎縮위축된 경우를 가리킨다.

1) 造語力의 生産性 活用

어떤 말에서나 使用頻度가 큰 單語일수록 그 意味幅의미폭이 넓어지고 情緖的정서적 意味 *emotional meaning*도 짙어져 生命力이 强化하는 것임은 常識이다.

그런데, 表意文字인 漢字가 한글에 비하여 造語力·縮約力이 强하고 視覺的인 效果도 크다는 事實에 대하여는 많은 實證的 報告가 있거니와,[19] 漢字가 지닌 重要한 長點－한글과 비교할 때－의 하나인 生産的인 造語力으로 인하여 固有語 活用의 度數가 줄어들고 同義의 漢字語가 등장한 경우가 相當한 예를 보이고 있다. 예컨대 固有語 '밥'과 漢字語 '食'을 對比해 살펴보면, '食'이 單音節로 獨立하는 일은 없으나 新語를 生成－食客 食困症식곤증 食口 食券식권 食器 食單 食堂 食代 食道 食道樂 食糧 食料品 食母 食費 食事 食言 食慾 食用 食肉 食飮 食餌식이 食人 食前 食中毒식중독 食滯 食卓식탁 穀食곡식 副食부식 洋食양식 糧食 飮食 定食 菜食채식 會食 등－하는 造語力에 있어서는 '밥'보다 훨씬 優勢우세함이 事實이다. 따라서 이러한 많은 語彙로 인하여 '食'의 活用頻度가 잦아짐으로써 言衆과 親熟해지며 그것이 지닌 의미의 입성도 두터워져 現實的인 生命力이 '밥'보다 强하여진다는 것이다.

이러한 有緣性유연성으로 인한 漢字語의 增加는 表現의 多樣化를 企圖기

---

19) 南廣祐, 「現代國語國字의 諸問題」, 1973, 改訂版 pp.14～15, 182～190 참조.

도한 語彙의 豊饒풍요와 造語源의 確保확보라는 관점에서는 肯定的인 價値를 지니는 것이지만 相對的으로 固有語의 活用과 成長을 沮害저해할 可能性도 큰 것이라 하겠다.

그러한 生産的인 造語力으로 漢字語化한 語例를 몇 單語만 찾아본다.

가난ᄒᆞᆫ희 → 凶年
가ᅀᆞ며니 → 富者
ᄀᆞᅀᆞ몰다 → 處理하다
게엄ᄆᆞᄋᆞᆷ → 猜忌心시기심
구의 → 官廳
구지주굼 → 橫死횡사
그윗글왈 → 公文書
나랏쳔 → 國庫·公金
낙 → 稅金세금
믈불휘 → 水源
믿겨집 → 本妻
믿글월 → 原文
믿집 → 本家
ᄇᆞᄅᆞᆷ병 → 風病
밥뎜 → 食堂
밧나라 → 外國
새집 → 草家

2) 漢字語素에의 感染

國語 語彙 중 派生語파생어와 複合語복합어에는 固有語素끼리의 結合으로 이루어진 것도 물론 있으나 '漢字語+固有語'의 結合形도 無視하지 못할 數에 이르고 있는데, 이때 漢字語素의 영향으로 그 固有語素까지 漢字語로 代置된 경우를 가리킨다. 이들의 漢字語化 과정은 일반적으로 '固有語+固有語>漢字語+固有語>漢字語+漢字語'의 順序[20]로 進行되는 것으

로 보이거니와, 이에 의한 漢字語化 語例를 몇만 들어본다.

글초(草)>原稿
낫후(後)>午後
두레사당(砂糖사당)>乳糖유당
ᄆᆡᆨ(脈)받다>診察진찰하다
ᄇᆞᄅᆞᆷ병(病)>風病
밥뎜(店)>食堂
빗대(帶)>腹帶복대
본(本)곧>本鄕
본ᄯᅡ>本土·本國
본돈>本錢본전
본집>本家
산(算)두다>計算하다
샹녯(常例)사ᄅᆞᆷ>常民·平民
셩(性)ᄆᆞᄅᆞ다>性急하다
셩ᄲᆞᄅᆞ다>性急하다
소(素)밥>素飯소반
솘진(津)>松津
쇠병(病)>重病·重患
외(外)아자비>外叔
잡(雜)ᄆᆞᅀᆞᆷ>雜念잡념

(4) 社會·心理的 문제

固有語 退化와 漢字語 代替의 原因을 言語學的인 것에서 찾을 수 없고, 社會의 發展이나 婉曲表現완곡표현 등 心理的 欲求에서 指摘지적할 수밖

20) ᄆᆡᆺᄯᅡ(飜朴, 1517 以前)>본ᄯᅡ(朴解, 1677)>본향(小解, 1744), ᄆᆡᆫ집(月釋)>본집(朴解) 등의 例.

에 없는 경우로서, 여기서도 다시 몇 가지로 類型化할 수 있다.

1) 文化의 優劣

異質的인 兩文化의 接觸時접촉시에는 一般的으로 上位文化가 下位文化 쪽으로 傳播전파되고, 借用語의 流入 역시 一律的인 것은 아니지만 文化水準이 높은 民族의 言語에서 낮은 民族의 言語를 향하여 進行되는 경우가 많음은 常識이다.[21] 漢文化와 韓國文化의 교섭에서도 우리 文化의 大陸으로의 傳播전파보다는 우리 쪽에서의 漢文化의 吸收흡수 普及보급이 활발하였음은 온갖 分野에서 確認확인되고 있다. 本項에서의 관심인 先進文化와의 접촉으로 이루어진 것으로 推定추정되는 漢字語 借用과 固有語 死滅에 있어서의 대표적인 樣相은 數量語와 族戚稱號족척칭호의 대폭적인 漢字語化에서 찾아볼 수 있다.

① 數量語의 漢字語化

數量語의 경우 高單位까지의 表現이 要求되지 않던 言語生活에서 高級文化의 傳來·發展과 함께 明確명확한 細分과 高單位의 표현이 필요해짐으로써 固有語의 新造語보다는 當時狀況에서 쉽게 빌려 쓸 수 있던 漢字語의 增加증가를 招來초래하게 된 것으로 생각된다. 다만 數量을 나타내던 固有語의 絶對數 自體가 많지 않았으므로 漢字語에 의한 代替의 例도 흔하지 않아서 "두어열>二三十, 셜마은>三四十, 엳아홉>八九, 온>百, 즈믄>千" 등 10餘例가 보일 뿐이다. 그러나 現代語에서도 자주 쓰이는 小單位의 數量語를 除하고는 거의 漢字語가 活用되고 있는 言語現實이 우리의 論據가 될 것이다.

② 族戚稱號의 漢字語化

族戚呼稱 역시 數量語의 경우와 비슷한 樣相을 보이고 있으니, 한 住居單位에서 생활하며 직접 面對할 수 있던 "아버지·어머니·할아버지·할

---

21) Bloomfield, 1933;461 참조.

머니, 아들·딸·언니·누나·아우……" 등 극히 制限된 範圍에만 固有語가 活用될 뿐, 그 이상의 計寸계촌과 稱號에는 漢字語가 쓰이고 있다. 이 역시 儒教的 家族制度의 確立과 數概念의 認識 등에 副應부응하는 計寸의 欲求를 漢字語로 充足시키게 된 것이라 볼 수 있다.

計寸 呼稱의 固有語가 漢字語 勢力에 밀려난 예로는 "가싀엄>丈母, 넛할미>王姑母, 아븨누의>姑母, 아븨동싱누의>姑母, 아ᅀᆞ아자비>叔母, 아ᄋᆞ아자븨겨집>叔母, 어믜오라비>外三寸, 어믜오라븨겨집>外叔母, 어비아ᄃᆞᆯ>父子, 한어버이>祖父母, 한할마님>曾祖母……" 등 20餘 語例를 각종 文獻에서 찾아볼 수 있다. 이들의 경우 消滅 固有語 自體에 構造上 安定性이 不足하고[22] 대체로 外形의 音節數도 너무 많아[23] 退化를 自招한 것으로 생각되는 한편, 造語의 出發도 漢字語와 儒教文化를 接하면서 直譯을 試圖시도한 것이 많아 처음부터 活用性이 不足하였던 것이 아닌가 싶기도 하다.

여기에서 特異특이한 事實 하나는 固有語가 死滅하고 漢字語가 定着하면서 오히려 語彙의 減少감소·概念의 未分化 현상을 보인다는 점이다. 곧 일반적으로 後期로 올수록 概念은 細分되고 必然的으로 語彙數도 늘어나고 있는데, 計寸 呼稱의 경우에만 '아븨누의'와 '아븨동싱누의'가 漢字語 '姑母'로 統合통합되고 '어믜오라비'와 '어믜동싱'이 '外三寸·外叔'으로 統合됨으로써 逆現象을 보이고 있는 것이다. '姑母·外叔·姨母' 정도면 足하고 그 이상의 細分이 無意味하다고 생각되었던 것일까? 現代 젊은이의 言語에서 자주 接하게 되는 바, '아빠'가 '父·夫'의 兩義에 混用되고, '三寸'이 '三寸·外三寸·媤三寸시삼촌·媤外三寸'은 물론 자기 子女의 '三寸·外三寸'에까지 適用되는 現實과 함께, 바람직하지 못한 變化로 생각된다.

22) 本稿 2. (1) 2)項 참조.
23) 本稿 2. (1) 1)項 참조.

2) 婉曲表現

特殊특수한 實用緣故실용연고를 지녔거나 卑俗비속한 意味를 지닌 말이어서 意識的으로 그 使用을 忌避기피하고 生硬생경한 漢字語로 바꾸어 쓰게 된 경우를 指稱하는 것인데, 마치 現代語에서 '동무'란 우리말이 北韓社會에서 特殊한 뜻으로 轉用됨에 따라 기피되고 그 대신 漢字語 '親舊'가 더 널리 쓰이게 된 例를 찾을 수 있다.

이러한 原因에 의한 代替語例로는 "더러본아래>陰部, 더러본이슬>月經, 몰보기>用便, 불거웃>陰毛, 어르다>交合하다……" 등 10餘語를 찾아볼 수 있는데, 지금도 '불거웃 · 궁둥이 · 젖가슴' 등을 꺼리어 "陰毛 · 恥部치부 · 局部 · 臀部둔부 · 乳房유방" 등 漢字語로 代身하려 하며, 최근에 와서는 "히프 *hip* · 바스트 *bust*" 등 더욱 生新한 西歐 外國語를 찾아 쓰고 있다.

3) 心理的 動機

固有語 消滅과 漢字語 代替의 큰 原因으로 指摘되어야 할 또 하나의 것은 心理的 要因이라 할 것이다. 이는 先進文物에 대한 憧憬동경과 生硬한 外國語에 대한 無條件的 選好意識선호의식, 그리고 漢文使用의 能熟化능숙화에 따른 衒學的현학적 表現의 欲求 등, 소위 事大思想으로 인한 것이라 酷評혹평되기도 하고, 때로는 威勢動機위세동기 *the prestige motive*로 인한 外國語의 借用[24]이라고 설명되기도 하는 原因이다.

現代에 와서 이러한 情神姿勢는 漢字語보다 더 生硬한 西歐語에 대한 選好로 그 對象이 바뀌어, "빌딩 *building* : 建物 : 집, 바캉스 *vacance* : 休暇휴가 : 말미, 호텔 *hotel* : 旅館여관" 등이 그 用語 自體에서 스스로 格差를 드러내는 달갑지 않은 모습으로 나타나고 있다. 이것이야말로 借用語가 주는 가장 毒素的독소적인 영향이라 할 것이며, 국어를 混濁하게 하고 우리말의 意味를 相對的으로 卑下시키며 그 發展을 沮害저해하는 主犯이 되는 것이

---

24) Hockett, C.F, *A Course in Modern Linguistics*, 1958, p.404.

다. 그러나 先進文化의 流入은 마치 물의 흐름과도 같이 自然스러운 現象이어서 感情的인 唾罵타매로만 沮止저지되는 것이 아니다. 學術的인 硏究와 語彙의 開發, 政策的인 配慮배려와 治療치료, 그리고 더욱 重要한 것은 文筆家에 의한 固有語의 愛用 醇化순화 등의 努力만이 效果를 얻는 길이다.

漢字語로 代替된 많은 語彙資料 중 대다수가 이러한 情神姿勢와 관련이 있겠지만 대표적인 몇 語만 적시해 본다.

ᄀᆞ롬 → 江	ᄀᆞ롬ᄒᆞ다 → 代身하다
갊다 → 殮襲염습하다	겻칼 → 粧刀장도
고곰 → 瘧疾학질	구의 → 官廳
길 → 利子	쓰리 → 腫氣종기
머흘다 → 險험하다	바드랍다 → 危殆위태롭다
버텅 → 層階	빗다 → 茂盛무성하다
ᄉᆞᄆᆞᆺ보다 → 透視투시하다	수리 → 端午단오
아름 → 私有	어르다 → 婚姻혼인하다
옷곳ᄒᆞ다 → 香氣롭다	유무 → 消息소식
즈름 → 居間거간	탈 → 緣由연유

이 예들 거의 전부가 造語力이 强한 漢字의 有緣性에 基因한[25] 必然的인 代替라 할 수밖에 없겠지만, 造語力 活用과 威勢動機와의 先後關係를 명확히 峻別준별함이 극히 어려운 형편인 이상 이러한 과정에 의한 借用語 代替를 줄이는 데 國語醇化의 主眼을 두어야 할 것이다. 곧 傳統的인 造語法을 無視한 新語를 濫造남조함으로써 言衆에게 外面 당하는 방법을 止揚지양하고, 歷史的으로 實用의 先驗이 있는 固有語의 活用方案을 摸索모색함이 바람직한 姿勢자세일 것이다. 이때 특히 音節構成의 經濟性, 同音衝突 및 同義衝突 可能性의 排除배제, 그리고 有緣性에 基礎를 둔 固有語式 言語材의 確保확보 등에 留念함이 마땅할 것이다.

---

25) 本稿 2. (3). 1)項 참조.

4) 固有名詞의 漢字語化

統一新羅 이후 地名·官職名의 改稱에서부터 많은 固有名詞가 政策的·人爲的인 努力에 의하여 漢字語化한 歷史를 우리는 알고 있다.[26)]

이러한 固有名詞 중에서도 人名과 官職名은 완전히 新造語로 命名된 漢字語이므로 쉽게 同化되고 生活化하였겠지만, 地名의 경우는 다른 樣相을 보였을 것으로 推測추측된다. 즉 口語로는 傳統的인 固有語式 地名이 계속 사용되고, 文獻이나 書類上의 記寫를 위하여는 오랫동안 固有文字를 가지지 못한 時代狀況으로 인하여 類似유사한 音의 漢字語 또는 意味上 連結연결되는 漢字語를 借用 命名하는 방법이 採擇채택되었을 것임에 疑問의문의 餘地가 없는 것이다. 그리고 이처럼 하나의 對象 *referent*에 대하여 國語와 文語가 相馳상치되는 二重言語 현상은 固有文字의 創制 후에도 다른 어느 分野보다 固有名詞, 특히 地名의 경우에 그 歷史가 길었음을 알고 있다. 그 흔적은 現代까지도 남아 이어져서 여러 地域의 村落名 등에서 固有語式 口語와 漢字語式 文語가 竝用되는 예를 찾아볼 수 있다.

그러나 後期로 올수록 文獻語의 勢力이 커져 우리말 地名이 사라져 가고 그 音이나 訓과 관련 있는 漢字語로의 代替가 늘어났을 것임이 분명하다. 다만 그러한 代替過程대체과정을 證明할 만한 資料자료가 많지 않은 것은 文獻上의 記錄이 거의 전부 漢字로 되어 있기 때문이다. 이 部門의 깊은 硏究를 위하여는 特殊地域특수지역의 地名 變化를 時代的으로 究明구명하는 努力이 필요할 것이다.

3. 漢字語의 價値

지금까지 漢字語가 固有語와 同意關係를 形成함으로써 衝突을 일으켜

---

26) 拙稿 : '固有語의 漢字語 代替에 관한 硏究' 1983.6, p.75.

固有語를 逐出축출하고 그 자리에 漢字語가 代替되어 쓰이는 背景과 過程을 追跡추적하여, 몇 가지 要因으로 類型化하며 살펴왔다. 이들 각 要因은 몇 類型이 複合的으로 作用하고 있는 경우가 많아서 어느 쪽이 主因인지 파악할 수 없는 語例도 많다.

이제 上述한 固有語의 漢字語化 過程에서 漢字語가 지니는 價値를 더듬어 보기로 한다.

(1) 漢字語의 功過

이미 指摘 整理정리된 바와 같이 3國以來의 人名・地名・官職名 등 行政力에 의한 意圖的인 改造에서부터 우리말의 漢字語化 현상은 人力과 自然力의 共同作用—換言환언하면 言語的 要因과 非言語的 要因의 結合・相乘作用상승작용—으로 끊임없이 進行되어 왔으며, 앞으로도 그 進行은 繼續계속될 것으로 豫測예측된다. 이러한 漢字語의 增大증대와 그로 인한 固有語의 退化・消滅現象은 國語史的 側面에서 功勞공로와 過失을 함께 지적하지 않을 수 없다.

먼저 漢字語로 바뀜으로써 多音節語인 우리말의 音節數를 簡略化하여 經濟的인 言語生活을 可能하게 한 것은 表音 爲主인 우리말의 本質的 缺陷결함을 克服극복하게 해 준 功勞공로라 할 것이다. 또한 固有語의 外形에 安定性이 모자라 消滅의 運命을 自招할 수밖에 없던 것을 補强보강하여 生命力을 다시 賦與부여한 경우, 그리고 社會・文化의 發展에 따라 語彙의 增大가 要求되고 그로 인해 自然히 늘어나는 同音異義語間의 衝突로 생겨나는 言語生活의 負擔부담을 줄일 수 있게 해 준 일도 漢字語의 功勞라 認定된다. 그 외에도 未分化된 固有語의 多義的이고 模糊모호한 意味分野를 劃然획연히 하게 된 것은 文化發展에 副應하는 言語의 發展으로 理解되어야 할 變化이며, 漢字語의 生産的인 造語力을 活用한 폭넓은 造語源을 確保하여 語彙를 豊饒풍요롭게 開發・發展시켜 온 點 역시 純粹순수한 言語

史的 側面에서 우리 文化의 發展에 寄與기여한 것으로 생각된다.

그러나 漢字語의 增大가 이처럼 肯定的인 價値만 지닌 것은 물론 아니다. 歷史的으로 中國文化가 韓國文化의 水準보다 優位에 있는 것으로 尊崇존숭되고, 그러한 先進文化에 대한 憧憬과 衒學的인 表現을 意圖하는 사회·心理的 動機에서 顯現현현된 것으로 推斷추단되는 漢字語化의 경우는 言語學 一般論에서 報告된 소위 威勢動機[27]에 의한 漢字語의 借用으로서, 現代에 와서 國語 混濁의 主犯으로 자주 지적되고 있는 西歐 外國語에 대한 無批判的 選好意識과 그 脈이 통하는 것이다. 또한 이처럼 固有語가 完全 死滅에까지 이르지는 않은 것일지라도 漢字語와 意味衝突의 결과 固有語의 意味가 卑下되어 漢字語와 共存하는 숱한 類義語의 경우도 결코 바람직한 歷史의 産物은 아니다. 그리고 위에서 이미 지적된 바, 漢字語의 造語力을 활용한 有緣性의 確保확보라는 肯定的 要素조차 一面에서는 國語發展의 沮害要因이 될 수 있으니, 그 造語力과 有緣性 역시 漢字語의 選好와 잦은 활용에 基因한 것으로 판단되며 따라서 固有語式 新造語의 機會를 剝奪하는 결과를 招來하였다는 책임을 免할 수 없는 것이다.

곧, 漢字語는 國語史에서 功勞와 過誤가 同時에 지적되는 것이다.

(2) 韓國文化와 漢字語

이제 本攷가 意圖한 바, 우리 文化와 漢字語의 關係를 살피기 위하여는 먼저 韓國文化의 범위를 限定하는 일이 必須的필수적이다. 상당한 異見이 豫想예상되기도 하고, 약간은 模糊모호한 듯도 하지만, 韓半島 안에서 韓國人에 의하여 이루어지는 모든 文化活動과 文化現象을 韓文化라 規定하여도 無妨할 듯하다.

27) Hockett, C.F, *A Course in Modern Linguistics*, New York, 1958, p.404, 참조.

한때 國文學史에서 韓國 漢文學이 國文學이냐, 아니냐의 問題가 論議된 적이 있지만, 위의 假說的인 文化 規定을 受容한다면 우리 先祖에 의한 漢文學은 물론 우리 文化의 領域에 屬하는 것이다. 文化의 諸部門 중 가장 基礎的 要因이라 할 言語에 대하여도 비슷한 規定을 假想할 수 있다. 곧, 韓國語에는 中國語·梵語범어·蒙古語몽고어·女眞語·滿洲語만주어·日本語 및 西歐 각 國語들이 流入 借用되어 있는데,[28] 이들이 語源的으로 固有語 要素가 아니라고 하여 國語의 領域 밖으로 逐出추출할 수 없는 것이다.

이러한 文化의 意義를 前提할 때에, 우리 文化의 發展을 3國 이후 2천년에 限定하더라도 漢字·漢文 및 漢字語가 그에 寄與한 바가 너무도 커서, 이를 否認함은 韓文化의 存在 自體를 否認함과 같은 일이다. 前項에서 일부 논급된 바 있듯이, 때로는 漢字나 漢字語가 固有文字나 固有語의 生成과 發展에 沮害要因이 된 경우도 있었을 듯하나, 15세기 이전까지의 우리 文化는 全的으로 漢字·漢文에 의하여 成長해 온 것이다. 그리고 우리 民族의 文化的 水準·思考의 發展, 生活의 變化까지도 이에 힘입은 바 컸음을 누구도 否認하지 못한다.[29] 곧 固有文字가 없던 時代에 漢字를 통한 記寫조차 不可能했더라면–이 경우 固有文字의 必要性을 더 크게 느껴 文字 創制가 訓民正音보다 앞당겨졌을 可能性은 있었을지 모른다.–15세기초까지 우리 先祖의 經驗과 記憶의 蓄積축적[30]이 殆無태무했을 것이며, 文化 藝術的 遺産도 期待기대할 수 없었을 것이다. 물론 우리의 生活水準도 初期段階를 벗어나기 어려웠을 것으로 짐작된다.

이러한 論理는 漢字語의 경우에도 그대로 適用될 것이다. 漢字에 基礎

---

28) 拙稿 1983.6, p.3 참조.

29) 言語가 지닌 機能으로 ① 意思傳達 ② 記憶의 蓄積 ③ 思考의 具體化 ④ 美的 機能 ⑤ 其他 등을 흔히 지적하는데, 우리의 歷史에 있어서 특히 ②項과 ③項의 機能을 漢字·漢文이 遂行해 왔다.

30) 이것이 文字가 지닌 가장 重要한 機能이며, 이것에 의하여 人類文化가 發展할 수 있었음은 이미 常識이다.

를 두지 않은 漢字語는 想像할 수도 없고,[31] 漢字語가 제대로 활용되지 못했다면— 이 경우 역시 固有語가 좀더 늘어났을 可能性은 있지만 그 또한 한계가 있었을 것이다.— 現代國語 語彙 構成의 30%에도 미치지 못하는[32] 固有語만으로 言語生活을 營爲영위해야 할 것이니, 그 不便과 文化水準의 未開性은 再論의 餘地가 없을 것이다.

요컨대 우리 文化의 形成과 發展에 漢字 및 漢字語가 끼친 功은 너무나 커서 아무리 感情的으로 否認하려 하여도 韓國文化를 空白으로 만들지 않고는 不可能한 일이다.

4. 結 語

漢字語는 根源的으로는 中國으로부터 傳來한 借用語이다. 周知하다시피 借用語의 混入이 全無한 言語는 있을 리 없고, 人類文化의 急速급속한 進展으로 言語間의 接觸접촉과 借用現象은 더욱 深化될 것임이 분명하다. 이러한 상황에서 우리는 先進文化의 受容을 期待한 借用語의 肯定的 價值만을 지나치게 强調하는 態度도 警戒경계해야 할 것이요, 한편 借用語를 無條件 排斥배척하고 固有語式 新語를 濫造 代置하려는 國粹主義的국수주의적 姿勢 또한 버려야 할 것이다. 여러 起源의 借用語 중 漢字語의 경우는 지금까지 논급한 바, 固有語와 漢字語의 對立 및 調和에서 생기는 諸般問題를 詳考상고하여, 漢字語가 지니는 積極的적극적 價值를 더욱 高揚고양 活用하고, 國語에 대한 沮害要素저해요소를 억제하는 방향의 努力이 講究되어야 할 것이다. 그러한 過程에서 우리는 論理展開에 필요한 面만을 誇張과장

---

31) 漢字말은 漢文字의 表意的 機能을 活用하여 造語되는 것인데, 視覺的인 文字의 根據 없이 로마字나 固有語처럼 活用될 수 있다는 생각은 妄發일 뿐이다. 南廣祐 :「改訂 現代 國語國字의 諸問題(1973), 國語國字論集(1982) 참조.

32) 註 2) 참조.

하려 하지 말고 現象의 陰陽을 同一線上에서 觀察하는 姿勢를 갖추어야 할 것이다.

〈理事 · 中央大 敎授 · 國語學 · 文博/ 어문연구 41호〉

한글專用의 問題點

申 淳 彦

1907~1995년. 忠南 溫陽 출생. 辯護士. 韓國語文敎育硏究會 創立理事 및 副會長 역임. 한글전용의 문제점을 세 가지로 지적, 비판하고 있다. 먼저 한글전용론자들이 한문은 배격하면서 영어나 독어를 배우는 것에는 이의가 없는 것은 모순이고, 둘째는 한문을 외래어라고 치부하기엔 우리 선조들이 오랫동안 사용하여 왔고 意義表現에 편리하다는 것이며, 셋째는 자유민주국가인 우리나라에서 한문교육을 원하는 국민이 있다면 한글전용만을 강요할 수 없다는 것이다.

첫째, 「한글專用」이라는 뜻은 한글 한가지만을 使用하고 배우고 한글 以外의 글자는 가르치지도 말고 배우지 말자는 뜻이라고 本人은 알고 있는데, 一部 한글學者들은 「한글專用」을 漢文의 學習과 使用을 禁止금지하고 排擊배격하는 뜻으로 使用하고, 英語·獨逸語독일어 學習에는 異議가 없는 듯하다. 이것은 한글專用論의 矛盾모순이 아닐 수 없다.

둘째, 한글專用論의 背景과 理由를 살펴보면 한글은 純粹순수한 우리글이고, 漢字·漢文은 外國글이니까 排擊하자는 듯하다. 一般的으로 漢字와 漢文이 中國글이라고 알고 있지마는, 一部學者들은 우리 民族의 先祖가 漢字를 創造하였다고 主張하고, 英國의 런던 博物館에는 그 考證資料고증자료가 있다고 한다. 나는 幼稚유치하고 淳朴순박한 생각으로 이 學說을 支持지지하면서 혼자서 긍지와 기쁨을 만끽하고 있다.

假使, 우리 民族이 創造한 漢字가 아니라고 하더라도 二千年來로 우리 民族이 使用해 온 文字이다. 우리文字와 다를 바가 없다고 생각되고, 또 우리 한글은 表音文字로서 漢字와 漢字語句를 音讀하여 우리말로 使用하여 왔고, 現在도 使用하고 있기 때문에, 나는 漢字와 漢字語句를 外國語로 생각하지 않고 있다. 論者 或은 나를 가리켜 이 點을 指摘지적하고 事大主義者라고 誹謗비방 攻擊공격하더라도 나는 甘受할 用意가 있다. 또 한글專用論者의 背景의 하나는 한글은 배우기 쉽고 알기 쉬운데 漢字는 배우기 어렵고 알기 어렵다고 認識하는데 있는 듯하다. 그러나 나뿐만 아니라, 많은 사람들이 常用漢字 二三千字 程度는 배우기 수비고 意義表現에 便利하다고 생각하고 있으니, 한글專用論者의 意思만을 尊重하고 國漢文混用論者의 意思는 이를 無視하면서 한글 專用을 强要할 수 없는 것이다.

셋째, 自由民主國家는 어느 나라를 莫論막론하고 國民에게 學問의 自由가 있다. 우리나라 憲法에도 우리는 學問의 自由를 가지고 있다. 그러므로, 一部 國民이 漢字의 學習을 願할 때, 政府當局은 漢字敎育을 시켜야 하고, 한글專用을 强要할 수 없는 것이다. 多幸히 文敎當局이 漢字 一千八百字를 上限으로 하여 中學校 學生들부터 漢字敎育을 實施하고 있으므로 慶賀경하하는 바이나, 進一步하여 國民學校의 五學年 및 六學年生부터 漢字敎育을 實行하여 주기를 熱望열망하는 바이다. 隣國인국 日本에서는 小學校 때부터 漢字를 가르쳐서 좋은 成果를 거두고 있다고 하니, 우리 政府도 再考해 볼 만하다고 思料하는 바이다.

〈本會副會長/ 어문연구 24호/ 卷頭論說〉

全教科書는 漢字가 並記되어야 한다

申 月 均

이 글은 우리나라의 한자 사용 역사를 지적하면서 한자는 이미 우리 문자화한 것이므로, 한자 폐지를 내세우는 이유가 전혀 타당하지 않다고 주장하고 있다. 곧 이천 년 전부터 한자를 주체적으로 수용하여 자주의식을 가지고 自己文字化해 온 현실에서 한자를 배워야 하는 것이 필연적인데도 국어나 倫理를 제외한 전 과목의 교과서에 한글로만 표기됨으로써 이해가 어렵게 된 문제점을 지적하고, 특히 전문용어가 많은 실업계 교과서의 경우를 사례로 들면서 全교과서에서 漢字를 併記할 필요성을 역설하고 있다.

Ⅰ. 漢字敎育의 必然性

이제는 漢字의 存廢問題존폐문제를 論할 時期는 지난 것 같다. 그런데 아직도 一部에서는 몇 가지 理由를 들어 漢字廢止를 부르짖는 사람들이 있다.

그들은 우선 漢字가 배우기 어렵고 쓰기에 不便하다는 點을 들어 그들의 主張을 내세운다. 그러나 실제로 解放以後 30年이 넘도록 한글專用政策을 實施해 온 結果는 어떠했던가. 中學校를 卒業하고도 제 이름字를 똑바로 쓰지 못하고 高等學校를 卒業하고도 新聞을 제대로 읽지 못하며, 大學을 卒業하고도 新聞이나 雜誌, 專攻學術書籍전공학술서적을 읽는 데에 많은 어려움을 겪는 半文盲的반문맹적 畸形文化人을 길러 내어 莫重한 人的 損失

손실을 가져온 結果밖에 되지 않았다. 그러니 아무리 어렵고 不便하다 하여도 실제의 우리 生活에 必要한 것이면 그것을 애써 깨쳐야 할 것이다.

그들은 또 漢字 教育이 國民自尊心을 損傷손상하는 事大思想에 基因한 것이라고 한다. 그러나 그렇게 따진다면 지금 英語에 熱中하는 것은 自尊心이나 事大思想에는 關係관계가 없다는 말인가. 中·高等學校, 또 大學의 教育이 國語보다는 오히려 英語에 온 힘을 다 기울이고 있는 것이 現實이다. 그런데도 그것에는 별 抵抗저항들을 느끼지 않는 모양이다. 文化가 앞선 나라의 言語를 배우고 사용하는 것은 당연한 일이다. 그뿐만 아니라, 漢字는 우리 글자 以前부터 使用한 글자요, 우리의 말 大部分이 漢字에서 생겨났으며 우리의 古典이 모두 漢文으로 되어 있다는 것을 알아야 한다. 즉 우리의 文化가 결국 漢字文化圈內에서 發達되어 왔고 歷史 역시 그러한 性質을 띠고 흘러온 것이다. 지금 젊은 世代에는 傳統的 文化의 傳授가 斷絶단절되어 있다. 우리가 新文化를 創造하려면 우리의 古典이나 中國의 古典을 無視할 수 없는 것이 사실이다. 그렇다면 학생들에게 古典 가르치기 위하여 漢字는 더욱더 必然的인 것이 될 것이다. 漢字는 우리를 傳統的 文化에 連結시키는 동시에 新文化創造의 方便도 되는 것이다.

이런 面에서 보면 漢字는 外來語라 할 수가 없다. 요즈음은 모두 漢字를 外來語라 하여 漢字를 使用하는 것은 마치 國語醇化국어순화에 어긋나는 듯이 생각하고 國語를 사랑하지 않는 行動인 것처럼 이야기를 한다. 그러나 漢字는 外來語가 아니다. 우리 文字生活을 歷史的으로 거슬러 올라가 한번 더듬어 보면 언제부터 우리가 漢字를 쓰기 시작했는지 그 始源시원을 밝힐 수는 없지만, 적어도 2千年前에 벌써 漢字를 使用하고 있었다는 것이 분명하다고 한다. 이것이 漢의 郡縣時代군현시대에 들어와서 그 使用度가 높아졌고 三國時代로 접어들면서부터는 漢字使用의 爛熟期난숙기를 이루었다는 것이다. 그런데 이렇게 2千年前에 이미 우리 文化에 莫大한 影響영향을 미칠 정도로 中國과의 文化交流가 잦았고 中國漢字를 빌어 表記의 手段으로 利用했으며, 그렇게 한결같이 後代로 내려오면서도 우리 生活은 결코

中國化하지 않았던 것이다. 오히려 文字 없는 우리들이 漢字라는 形態의 글자를 빌어 表記의 手段으로 삼았으되, 語音이 다른 自國語를 中國式 漢字를 그대로 利用해 쓸 수가 없었음은 물론 强한 自主意識이 또 이를 容認하지 않았고, 그것을 獨創性을 살려 自己文字化해 버렸던 것이다.

이렇게 自己文字化하고 보니 漢字는 生活에 깊숙이 자리 잡고 있으면서 文化傳統을 形成해 나가는 所任을 맡게 되었고 이 漢字使用度가 높아감에 따라 意味上 서로 통할 수 있는 先進中國文化를 더 많이 받아들이면서 急速度급속도로 思想의 發達을 가져왔던 것이며, 이것이 自主意識과 結付결부되면서 아무래도 自國語를 表記하기에는 不完全한 漢字의 缺陷결함을 느끼게 되어 自制文字의 使用을 渴求갈구한 結果의 所産이 正音의 創制라고 볼 수 있는 것이다.

그러므로, 오늘 우리가 쓰는 漢字는 남의 글자인 中國漢字가 아니라, 正音創制 이전에 自國文字化하여 쓰인 우리 文字라고 結論내려서 無妨무방할 것이다.

또 다른 면에서 보더라도, 漢字는 表意文字요, 한글은 表音文字로서 兩者는 相反되는 性格을 지니고 있어 서로 調和될 수 없는 文字라 인정되는데, 우리 文字生活의 實際는 兩者가 妙하게 調和를 이루면서 놀라운 發展을 해온 것이 事實이니 이는 한글의 創制가 漢文의 哲學思想을 背景으로 해서 이룩된 것이니만큼 兩者는 서로 通할 수 있는 어떤 特性을 지녔다고 생각할 수가 있겠다.

결국 漢字를 使用하기 시작한 뒤 正音創制 以前만 해도 1,500여년의 民族史를 이 漢字語가 엮어 왔음은 물론 正音創制 以後에도 漢字語의 音을 한글로 表記해 쓰는 面으로 發展해 가지고, 역시 漢字語가 國語의 中心역할을 맡아 온 것이 事實인데, 이를 外國文字로 보고 이것으로 表記한 漢字語를 外來語로 봄은 우리의 文化傳統을 無視해 버리는 일이라 아니 할 수 없다.

실로 長久한 歲月을 두고 우리말이 馴致순치되어 中國語音이 아니라 우리語音化하여 자연스럽게 쓰여 지고 있는 그 歷史性으로 보나, 같은 漢字를 빌어 쓰되 中國語로 쓰는 漢字와 國語로 쓰는 漢字가 同一하지 않은 것으로 구분되어 쓰이는 言語現實로 보아서나 어느 모로 보든지 오늘 우리가 쓰는 漢字를 그 表記形態만 가지고 中國語와 同一視하여 外來語로 볼 수는 없을 것이다.

이런 여러 가지 理由에서 漢字 廢止를 내세우는 理由는 전혀 타당하지 않으며 오히려 漢字는 적극적으로 敎育되어져야 할 것이다.

Ⅱ. 全敎科書에 漢字並記를

1974年 7月, 文敎部는 '中·高等敎科書 漢字並記方針'을 發表했다. 그리고 正常復歸한 語文政策이라 하여 많은 新聞들의 呼應호응을 얻었다. 그리하여 中·高等學校 敎科書에 中·高等學校用 基礎漢字기초한자 1,800字 內에서 漢字가 괄호 안에나마 登場하게 되었다.

그런데 現在 實業系 高等學校의 경우를 보면 실제로 漢字가 並記된 것은 國語와 倫理 敎科書 등 극히 一部에만 제한되어 있다. 따라서 그 外의 敎科書들은 순 한글로만 되어 있어 가르치는 데 많은 不便을 겪고 있다. 人文系科目들은 어디나 마찬가지이니 그냥 접어두더라도, 機械기계·電氣 등 專攻科目이 問題다. 이들 科目들에는 여러 專門的인 用語들이 많이 나오는데 그 用語들이 모두 순전히 한글로만 表記되어 있어 그렇지 않아도 生疎생소한 用語인지라 學生들은 도저히 그 뜻을 짐작하지를 못하고 說明을 듣고 난 後에도 그 語意를 漢字뜻과 함께 익히지 않았기 때문에 뜻과 뜻을 連結시켜 理解하기 보다는 盲目的인 暗記가 되어 버리고 마는 것이다. 만약 그 單語들이 괄호 안에라도 漢字를 並記하고 있다면, 그리고 學校敎育에서 漢字가 좀더 徹底철저히 敎育되었다면, 처음 대하는 學生들에게라도 그렇게 큰 어려움을 주지는 않았을 것이며 좀더 組織的조직적이고 論

理的인 教育이 될 수 있었을 것이다.

우선 實業系 高等學校 1學年 專攻教科書 <機械材料>를 例로 들어보자.

금속의 性質을 說明하는데,

<연성과 전성이 커서 가공이 용이하고 변형하기 쉽다>라고 說明된 部分이 있다. 연성은 '軟性', 즉 '무르고 연한 성질'을 뜻함이요, 전성은 아마 '展性'을 뜻한다고 보는데 사실 傳性인지, 轉性인지 실제 漢字가 아니고서는 그 뜻을 알 수가 없다. 따라서 漢字語는 반드시 漢字로 表記해야 한다는 結論이 나온다. 그렇지 않고서는 이미 그 말을 알고 있는 사람만이 알 수 있다.

그런 例는 얼마든지 있다.

<내열용 내화물>이라는 用語가 登場한다. 그 뜻이 알쏭달쏭해 이미 그 部分의 授業進度수업진도를 끝낸 學生들에게 물어 보니 '비금속 재료에 쓰이는 것'이라고만 答할 뿐이다. 알고 보니 '열과 불을 잘 견뎌내는 물질'을 뜻한다는 것이다. 이런 경우, 괄호 안에라도 <耐熱用 耐火物>이라고 漢字를 적어 주고 그 글자의 뜻에 依據의거하여 用語를 說明한다면 教師의 說明도 根據근거 있는 것이 되고 學生들도 조리 있게 그 뜻을 理解하고, 쉽게 잊지 않을 것이다.

<기계재료의 물리적 성질에는 비중·용융점·비열·선팽창계수·열전도율·전기전도율 및 자성이 있고, 기계적 성질에는 인장강도·연신율·경도·충격·피로 등이 있다. 화학적 성질에는 내열성·내식성이 있고 제작상 성질에는 주조성·단조성·용접성·절삭성 등이 있다.>

이런 경우는 漢字를 좀 아는 사람이라 하여도 그 뜻의 짐작이 어렵다. 자성·인장강도·연신율·내식성 등은 매우 生疎생소한 單語이기 때문이다. 만약 이런 單語에 磁性, 引張强度, 延伸率, 耐蝕性 등으로 漢字를 並記해 주면 漢字의 뜻으로 語意를 짐작하고 그 字가 들어 있는 다른 單語의 뜻도 미루어 把握파악할 수 있을 것이다. 例를 들어 '耐'字 하나만 알아 두

면, 耐熱性·耐蝕性내식성·耐火性·耐酸性내산성·耐알칼리성 등의 단어를 모두 類推유추해 알 수 있는 것이다. 그렇지 않고서는 직접 배우기 전에야 어떻게 그 뜻을 알 수 있겠는가. 그리고 단어가 새롭게 登場할 때마다 그 뜻을 가르치고 무조건 외우게 할 수밖에 없을 것이다. 더구나 이 가운데는 우리가 쉽게 생각할 수 있는 同音異義語가 들어 있다. 착각하기 쉬운 것으로 硬度경도와 經度가 있는데 學生들에게는 오히려 硬度보다는 經度가 더 쉽게 머릿속에 떠오를 것이다. 그러나 실제로는 硬度의 意味를 지닌 單語이다. 조사 結果로도 硬度보다는 經度라 알고 있는 學生이 120名 중 97名이나 되고 있었다.

<철강과 같은 강한 자성체가 자화되면 철분이 부착한다. 이것을 이용하여 강자성체를 균일하게 자화하면 결함 있는 부분은 자속선이 흐트러지는데, 강자성체 위에 자분을 혼합한 액체를 뿌리면 자속선이 흐트러지므로 결함의 위치와 크기를 찾아낼 수 있다. 재료를 자화하려면 영구자석 또는 전자석 이외에 코일 및 전극을 사용한다. 자분 탐상법에는 습식법과 건식법이 있다.>

위의 글도 읽고서, 그 뜻을 얼른 파악하기가 어렵다. 자성체·자화·자속선·자분·습식법·건식법 등, 이러한 語彙어휘들이 실은 모두 漢字의 뒷받침이 있어야만 알 수 있는 單語들이다. '자성체'는 '磁性體', 즉 쇠붙이 같은 것을 끌어당기거나 磁石에 끌리는 性質이 있는 物體를 말하며, '자화'는 '磁化'를, '습식법'은 '濕式法', '건식법'은 '乾式法'을 말한다. 그런데, 자속선·자분 등은 辭典사전(이희승편, 국어대사전, 민중서관)에도 나와 있지 않아 그 뜻을 알아내기가 매우 어렵다. 이런 경우는 더더구나 漢字를 並記해야 할 것이다. '자속선'은 '磁石成分이 흐르는 길'을 뜻한다고 하여 '磁束線'이라 쓸 수 있겠으나 '자분'은 '磁分(자석성분)'인지 '磁粉(자석가루)'인지 알 수가 없다. 오히려 '磁分'으로 알기가 쉬운데 의외로 '磁粉'의 뜻이라고 한다. 여기서 '磁'字는 中高校用 기초漢字에도 들어 있지 않은 漢字이니 그 뜻의 把握은 더욱더 어렵다 하겠다.

이런 例는 이외에도 許多하다.

高1用 機械材料 教科書를 살펴서 그 중에 漢字로 적어야만 그 뜻을 알 수 있는 單語는 무려 2,000여 字나 抽出된다. 몇 개만 例로 적어 보면,

'비철・연삭・절삭・전로법・평로법・연신율・주조성・단조성・강도・결정격자・동소・자기・가역적・경화・하중・탄성・항복점・열가소성・압입체・인성' 등 무수한데 이것은 '非鐵・硏削・切削・電爐法・平爐法・延伸率・鑄造性・鍛造性・强度・結晶格子・同素・磁氣・可逆的・硬化・荷重・彈性・降伏點・熱可塑性・壓入體・靭性'의 뜻으로 漢字 없이는 앞뒤의 文脈을 이어 봐도 그 뜻을 把握할 수가 없다. 그리고 '硏削연삭' 같은 單語는 辭典에도 나와 있지 않아 매우 곤란하다. 그런데 이 漢字들 중에는 中・高校用 基礎漢字에서 除外된 것이 많다. 위의 單語들 중에서만도 '鑄주・鍛단・磁자・降・塑소・靭인' 등 무려 6개나 되는 것이다. 이런 식으로 살펴보면 文教部 制定 中・高校用 基礎漢字 1,800字를 가지고도 실제 學生들이 授業하는 데는 많은 支障지장이 있는 것이다. 그 중에 '鑄・磁・降'字 등은 수시로 쓰이고 있는 글자이다. 이런 面에서 볼 때 國語난倫理뿐 아닌, 전 教科書에 모두 漢字를 並記해야 할 것이다. 또한 基礎漢字의 數도 再考하여 많이 쓰이는 글자는 基礎漢字에 더 넣도록 해야 할 것이다.

Ⅲ. 結　論

教育은 單純히 斷片的인 知識의 暗記機械암기기계를 만들어내기 위한 것이 아니다. 教育은 스스로 알 수 있게끔 모든 學問의 根源을 알려 주며 그것을 바탕으로 思考하고 推理추리하며 應用하여 새 것을 알 뿐만 아니라 보다 나은 것을 創造할 수 있는 創造力까지 길러 주어야 한다. 사람들의 思考의 범주는 語彙의 범주와 같다. 그들이 생각하는 것의 表現方式이 言語

이기 때문이다. 그러므로 言語가 풍부하고 論理的이면 사람들이 思考도 풍부하고 論理的이게 된다. 이러한 性格을 지닌 文字가 바로 漢字다. 漢字는 表意文字다. 象形이든 會意的 方法이든 文字라는 記號기호는 '뜻'을 目的한 뜻의 約束符號약속부호이다. 따라서 이 뜻글자를 익힌 者는 '말'이라는 中間者를 媒介매개치 않더라도, 즉 말을 모르더라도 뜻을 가진 사람에게는 통할 수 있는 것이다. 그 數가 많아서 익히기가 어렵다고 하나 오히려 한자 없이 한글로만 씌여진 단어를 무작정 외우기보다는 漢字의 뜻을 익혀 두면 그 漢字들끼리 모여진 單語는 처음 대하는 것일지라도 어렵지 않게 뜻을 짐작할 수가 있는 것이다. 또한 漢字의 造語力을 이용하여 많은 語彙를 스스로 만들어낼 수가 있는 것이다. 이런 점에서 볼 때 漢字는 오히려 造語를 通한 思考力·應用力, 語彙解得을 通한 推理力을 길러 주어 單純한 知識뿐만 아니라 우리의 精神世界에도 많은 도움을 준다고 할 수 있겠다. 배우는 데 있어서 당장의 安易性만 찾다가는 제 스스로 말 하나 못 만들고, 있는 語彙의 理解에 있어서도 주어진 것만 받아먹는 식의 斷片的인 知識밖에 얻을 수가 없을 것이다. 이러한 教育은 '국민교육헌장'에서 내세운 創造的 理念에도 크게 어긋난다 하겠다.

요즈음 젊은이들의 思考方式이 安逸안일한 것만 追求추구하고 깊이가 없는 것도 漢字를 배우지 못한 까닭이 아닌가 한다. 당장에 편한 것만 찾다 보니 어렵고 복잡한 것은 피하게 되고 자연히 無事安逸的무사안일적인 나약함, 그리고 얕은 知識만을 所有하는 盲目的인 暗記機械만 배출해 내어 文學뿐 아닌 모든 學問의 發展을 沮害저해하는 要因이 되고 있는 것이다.

漢字는 國語教育의 基礎가 된다. 그리고 國語는 모든 學問과 生活의 基礎가 된다. 지금 漢字教育을 復活부활시켰다고는 하나 대부분이 漢字를 國語科目으로 국한시키려고 한다. 그러나 위에서 살펴본 바와 같이 漢字는 國語뿐 아니라 모든 科目에 絶對的으로 必要한 것이다. 그러므로, 앞으로 全教科書에 漢字가 並記되어야 하며, 모든 教科를 원활히 공부할 수 있도록 基礎漢字의 수가 더 늘어나야 할 것이다. 그렇게 함으로써 우리의 言語

生活뿐만 아니라 모든 日常生活의 思考力, 그리고 모든 學問分野에 큰 寄與기여를 할 것으로 믿는다.

〈仁荷工高 敎師/ 어문연구 23호〉

國語漢字語 한글表記論 批判

-‘한글맞춤법 통일안 第四章 漢字語’와 關聯하여

申 昌 淳

1932년 慶北 安東 출생. 인하대학교 교수 역임. 현 한국정신문화연구원 명예교수. ‘漢字語 한글表記論’의 맹점들을 비판하고 한자어는 한자를 바탕으로 이루어진 단어이므로 그 특질을 살려 한자로 적어야 한다는 ‘漢字語 漢字表記論’을 주장한다. 특히 ‘한글맞춤법 통일안 第四章 漢字語’의 경우 한자어의 독음 달기를 위한 규정에 지나지 않는 것인데 일반인들이 ‘한자어는 한글로 적기로 한다’는 규정으로 오해할 수 있으므로 제4장의 규칙은 삭제해야 한다고 주장하고 있다.

(1) ‘한글맞춤법통일안 第4章 漢字語’의 19個項의 規則들을 따져 보면 그 存在意義가 模糊모호하다는 것을 發見하게 된다. 우선 第4章(第33項~第51項)의 各項目들을 간추려서 보이기로 한다.

第33項 : 지난날 漢字典에서 <ㆍ>로 적던 것을 <ㅏ>로 적음(思想 ; ᄉᆞ샹→사상)

第34項 : <ㆎ>로 적던 것을 <애>로 적음(每日 ; ᄆᆡ일→매일)

第35項 : ‘ㅅ, ㅈ, ㅊ’을 첫소리로 삼은 ‘ㅑ, ㅕ, ㅛ, ㅠ’는 <ㅏ, ㅓ, ㅗ, ㅜ>로 적음(社會 ; 샤회→사회, 鄭重 ; 졍즁→정중, 妻子 ; 쳐자→처자, 秋收 ; 츄슈→추수)

第36項 : ‘셰졔쳬’는 <세, 제, 체>로 적음(世界 ; 셰계→세계, 制度 ; 졔도→제도, 滯留 ; 쳬류→체류)

第37項 : 琴瑟<금실>, 叱責<질책>, 編輯<편집>, 法則<법칙>, 襯衣<친

의>처럼 적음

第38項 : '므, 브, 프, 字音은 <무, 부, 푸>로 적음(沈默 ; 침믁→침묵, 朋友 ; 븡우→붕우, 品貴 ; 픔귀→품귀)

第39項 : '의, 희'의 字音은 本音 대로 적음(主義<주의>, 希望<희망>)

第40項 : <긔, 븨, 싀, 츼>의 字音은 <기, 비, 시, 치>로 적음(汽車 ; 긔자→기차, 柴炭 ; 싀탄→시탄)

第41項 : '쉬, 취'는 <쉬, 취>로 적음(醉客 ; 취긱→취객)

第42項 : '냐, 녀, 뇨, 뉴, 니, 녜' 등이 單語 첫소리로 오면 <야, 여, 요, 유, 이, 예>로 적음(女子 ; 녀자→여자, 泥土 ; 니토→이토)

第43項 : '랴, 려, 료, 류, 리, 례'가 單語 첫소리로 오면 <야, 여, 요, 유, 이, 예>로 적음(良心 ; 량심→양심, 料理 ; 료리→요리, 禮儀 ; 례의→예의)

第44項 : '라, 로, 루, 르, 래, 뢰'가 單語 첫소리로 오면 <나, 노, 누, 느, 내, 뇌>로 적음(樂園 ; 락원→낙원, 樓閣 ; 누각→누각, 雷聲 ; 뢰성→뇌성)

第45項 : '뎌, 됴, 듀, 디, 뎨'는 <저, 조, 주, 지, 제>로 적음(田畓 ; 뎐답→전답, 地球 ; 디구→지구)

第46項 : '텨, 툐, 톄'는 <처, 초, 체>로 적음(天地 ; 텬디→천지, 體裁 ; 톄재→체재)

第47項 : 個人<개인>, 腦髓<뇌수>, 橙色<등색>, 含淚<함루>, 父母<부모>, 急迫<급박>, 印刷<인쇄>, 鍮器<유기>, 左右<좌우>, 取材<취재>, 封套<봉투>, 覇權<패권>, 圖畵<도화>처럼 적음

第48項 : 媤宅<시댁>, 沙糖<사탕>, 洞燭<통촉>, 木瓜<무과>, 牧丹花<모란화>, 狀態<상태>, 十月<시월>, 甲辰<갑진>, 六月<유월>, 菩提<보리>, 四月八日<파일>처럼 적음

第49項 : 許諾<허락>, 大怒<대로>, 會寧<회령>, 議論<의논>, 屢屢<누누>처럼 적음

第50項 : 記念<기념>, 技能<기능>처럼 적음

第51項 : 觀念<관념>(관렴), 困難<곤난>(곤란), 安寧<안녕>(안령), 本能<본능>(본릉), 萬年<만년>(만련)처럼 적음

※< >안의 것이 原則이나 ( )안 것도 許諾허락함.

이들 規則은, 한마디로 要約요약하여, 漢字・漢字語에 한글로 讀音독음을 달 때에 있어 現實漢字音을 한글의 소리 값을 따라 적으라는 것이다. 그런데 오늘날에는 이것은 이미 당연한 일이니 새삼스레 規定할 것도 없다. 사람들은 漢字・漢字語는 當然당연히 現實漢字音대로 읽을 것이고 한글은 當然히 字母의 소리값대로 使用할 것이니 짐짓 맞춤법에서 이것을 規定할 意義는 없는 것이다.

더욱이 漢字・漢字語에 讀音을 단다는 일은 漢字典에서나 問題될 수 있는 일이다. 漢字典에서는 各漢字의 字音이 무엇이며 各漢字語를 어떻게 읽을 것인가를 보일 必要가 있다. 통일안에서도 第4章 첫머리에서 "漢字音은 現在의 標準發音표준발음을 좇아서 表記표기함으로써 原則을 삼는다. 따라서 在來의 **字典에 規定된** 字音은 아래와 같이 적는다"라 하고, 第4節 俗音(第47項)에서 "**在來의** 字典에 아무 俗音規定이 없으되 俗音 한가지로 읽는 字音은 그 發音을 따라 俗音대로 적는다"라 하여 字典에서의 讀音달기임을 밝히고 있다. 第4章의 規則들은 그러니 表記法에 관한 것이 아니며 애초부터 통일안에 실릴 意義가 없는 것이다. 그 存在意義를 혹시 漢字典凡例한자전범례에서나 찾을 수 있을지 모르나 그조차도 오늘에는 거의 군소리밖에 될 수 없는 것이다.

(2) 그런데, 통일안의 '第4章 漢字語'의 存在는 뜻하지 않은 誤解오해를 말미암게 하고 있다는 데에서 그것은 오히려 문젯거리의 根元을 이루고 있다. 통일안에 漢字・漢字語의 讀音을 다는 데에 관한 規則들이 버젓이 들어와 있으니 사람들은 그것이 漢字典凡例에서나 있을 것이 잘못 들여 놓아진 것이라 생각지 못하고 나름대로 그 存在意義를 推測추측하기에 이르는 것이다. 곧 사람들은 통일안 第4章을 漢字語는 한글로 적을 것을 規定한 것으로 알며 그때에 있어서의 길잡이로서 이 條項조항들이 들어와 있는 것으로 理解하게 된다.

통일안 第4章의 規則項들을 조심스럽게 檢討검토한다면 물론 이런 錯誤

착오는 없겠지만 一般人에게 그것을 期待기대할 수는 없는 일이다. 거듭 말하건대 漢字典의 讀音달기를 위한 規定에 지나지 않을 이 規則들은 漢字語는 한글로 적기로 한다는 重大한 決定으로서 바꿔치기 됨에 이르는 것이다. 이렇게 되면 통일안에 '漢字語' 條項조항이 들어 있는 것을 통일안 編纂者편찬자들의 編輯上편집상의 실수쯤으로 웃어넘길 수만도 없게 된다. 一般의 뜻하지 않은 誤解를 없애기 위해서도 본래가 所用 없는 規定들인 통일안 第4章의 規則들은 削除삭제할 것을 主張하지 않을 수 없다. 漢字語의 表記問題는 國語正書法에서의 重大한 問題인데 編輯上의 실수 때문에 그러한 중대한 문제가 이미 決定된 것처럼 誤認오인되고 있다면 한 나라의 表記法規範集표기법규범집으로서의 통일안의 名譽명예를 위해서도 그대로 덮어둘 일이 아니지만 問題의 重大性에 비추어 實質的으로도 이런 誤解의 根源은 마땅히 削除제거하지 않으면 안 될 것이다.

(3) 통일안은 漢字典에서나 問題될 漢字·漢字語의 讀音달기에 대해서는 規定하였으면서 정작 통일안으로서 規定하여야 할 國語漢字語의 表記問題는 또 다루고 있지 않다. 한글맞춤법통일안은 單純한 '맞춤법(綴字法철자법)'의 規範集규범집으로 볼 것이 아니라 國語正書法規範集으로 볼 것이다. 그것은, 띄어쓰기, 文章符號문장부호, 外來語, 標準語표준어 등의 問題는 좁은 뜻의 '맞춤법(綴字法)'이 아닌데도 통일안에서 이들을 다루고 있다는 데에서도 짐작할 수 있다. 여기에도 통일안 編纂者들의 認識錯誤인식착오가 있는 것이지만, 이 점에 대해서는 따로 論議한 바 있으므로[1] 여기에 다시 論議하지 않거니와, 한글맞춤법통일안은 옳게는 國語正書法規範集으로서 理解돼야 하는 것이다. 그런데 國語正書法으로서의 통일안은 當然히 漢字語表記問題를 規定하지 않으면 안 된다. 그것은 國語에 쓰이고 있는 漢字語는 外國語 곧 中國語나 漢文의 語彙어휘가 아니라 國語語彙이기 때문이다. 國

---

1) 拙稿, '한글맞춤법통일안의 檢討' (未發表)

語辭典국어사전에 漢字語가 收錄수록되어 있다는 것—그것도 全收錄語彙의 半以上을 차지하고 있다는 것—이 이것을 端的단적으로 證明증명하고 있다.

漢字語는 國語語彙의 一部일 뿐 아니라 그 重要한 資産자산이니 만약 국어에서 漢字語를 排除배제한다면 국어는 言語로서의 機能조차 온전히 이룰 수 없게 될 것이다. 그런데 國語正書法에서 특별히 漢字語表記問題를 따로 規定하지 않으면 안 되는 것은 漢字語는 國語의 語彙이긴 하지만 그 말미암은 바가 特異특이하기 때문이다. 漢字語는 漢字를 바탕으로 하여 이루어진 單語이다. 그러기 때문에 그것은 當然히 漢字로써 적혀야 할 것이다. 그런데 우리나라에서는 漢字語도 한글로 적자는 主張이 있고 또 그 主張에 따라 漢字語의 한글 表記가 널리 實施실시되고 있다. 따라서 漢字語를 한글로 적을 것인가 漢字로 적을 것인가를 檢討검토하여 國語正書法으로서 決定결정을 내리지 않으면 안 되는 것이다.

漢字語表記問題를 둘러싸고 진작부터 漢字語한글表記論과 漢字語漢字表記論이 맞서오고 있지만 아직 어느 쪽을 國語正書法으로 擇할 것인지 決定을 보지 못하고 있다. 그러나 이 問題를 언제까지나 이런 애매한 狀態에 둘 것은 아니며 正當한 쪽을 擇하여 어서 國語正書法으로서 規定해야 할 것이다. 그러기 위해서도 이 문제는 여러 角度로 愼重신중하게 研究연구·檢討되어야 할 것이다. 本稿본고는 表記法의 경우에 視點을 限定하여 이 問題를 論議해 보고자 하는 것이다.

(4) 漢字語表記問題를 論議하기에 앞서 對象인 漢字語의 理解를 위해 若干약간의 紙面지면을 돌리기로 한다. 우리는 漢字語라면 보통 中國語로부터의 借用漁차용어쯤으로 생각하기 쉽다. 그러나 漢字語는 中國語로부터의 借用語가 아니라 漢文으로부터의 借用語인 것이다. 漢文은 비록 中國語를 바탕으로 하여 成立된 것이지만, 그것은 이미 周代주대에 틀이 잡힌 一種의 글말로서 오늘의 中國語와는 사뭇 徑庭경정이 있다. 그것은 애초부터 漢字를 土臺토대로 하여 成立되었다. 그 때문에 우리는 오늘날도 이 漢字를

통해서 먼 옛날의 글도 읽을 수 있고 또 그 때문에 漢文은 一種의 애스패란토의 구실도 할 수 있는 것이다. 한편 우리가 漢字語를 들여온 經緯경위도 中國人과의 直接的의 接觸접촉에 의해서 그 生活語를 들여온 것이 아니라 漢字를 통해서 글말인 漢文의 用語를 들여온 것이다. 뿐만 아니라 오늘날 國語漢字語의 殆半태반은 近代以後 歐美구미의 文物을 들여오는 過程에서 새로운 概念을 위해 造語力조어력이 豊富풍부한 漢字를 빌어 造語한 것들이다. 近代化에 있어서 日本이 우리보다 한 걸음 앞섰기 때문에 이들 漢字語는 대개 日本人에 의해서 만들어진 것이다. 이상의 經緯를 考慮고려하면 國語漢字語는 '漢字를 바탕으로 하여 이뤄진 國語語彙'라고 定義함이 妥當타당할 것이다.

漢字語가 이와 같이 漢字를 바탕으로 하여 이뤄진 單語라면 漢字語를 理解하기 위해서는 나아가서 漢字의 特徵특징을 살펴보지 않을 수 없다.

대체 漢字는 特異한 글자로서 우리는 漢字의 特質을 말하여 흔히 形, 音, 義를 갖춘 글자라고 한다. 漢文의 바탕이 된 古典中國語의 言語類型언어유형은 孤立的, 單音節的이어서 이 言語에서는 한 音節이 하나의 單語를 代表한다. 곧 모든 單語는 한 音節로 이뤄져 있는 것이다. 이러한 類型的 特質의 言語를 表記할 글자를 생각한다면 우선 音節文字를 생각할 수 있다. 그런데 音節文字體系의 글자는 多音節的이면서 音韻組織음운조직이 簡單간단한 日本語 같은 경우에는 適合적합하겠지만 古典中國語에는 適合하지 않다. 古典中國語는 音韻組織이 複雜하여 音節數가 상당한 多數에 이르니 音節文字로는 各音節을 서로 분간키 위해 글자數가 너무 많아져서 實用에 닿지 않게 된다.[2] 덧붙여서 이른바 四聲까지 분간해야 한다면 單純한 音節文字로는 不合理하여서 도저히 글자로서의 所用에 닿지 않게 될 것이다. 그 위에 이 言語의 各音節은 單純한 소리가 아니라 또한 有意味的 單位이니 各音節을 나타내는 글자에 獨自의 모양을 주어 그 單語를 同

2) 古典中國語를 이루는 音節數가 얼마인지 알 수 없지만, 參考로 現代韓國語에 쓰이는 音節數는 約 2천 8백個 가량 된다. 南廣祐 :『한글과 국어』

定케 함이 要請요청된다. 이리하여 하나의 音節이 하나의 單語를 가리키는 中典中國語-漢文 같은 言語를 위해서는 漢字와 같은 表語文字가 가장 바람직한 文字體系로서 採擇채택된 것이다. 表音으로는 表語를 兼할 수 없으나 表語는 表音도 아울러 解決할 수 있는 것이다. 漢字의 메카니즘을 보기를 가지고 말해 보자. 이를테면 /인/이란 音形(便宜上편의상 우리의 漢字音으로써 說明한다)은 '사람'이란 뜻의 말을 가리키는데 이것을 '人'이란 글자를 대어 적는 것이다. 그 漢字 모양을 보고 우리는 그것이 가리키는 單語를 알게 되며 따라서 그 音形도 알게 된다. 이와 같이 漢字는 하나의 글자가 한 單語를 代表하는 表語文字이며 따라서 各 글자가 獨自의 모양을 가지기 마련이니 漢字는 쓰(書)여져서야 비로소 그 機能기능을 온전히 이룰 수 있는 글자이다.

(5) 漢字 한 글자는 곧 한 單語이므로 漢字가 서로 結合하여 한 單語를 이룬다면 그것은 말하자면 複合語이다. 古典中國語의 統辭的통사적 基本單位는 單音節的 孤立的인 言語形式 곧 漢字로 代表되는 單語라고 하겠지만 이 形式만으로써 必要한 모든 語彙를 감당할 수는 없다. 그래서 이 基本單位 곧 漢字를 結合결합해서 複合的복합적 形式을 이루어 쓰게 되었는데 이런 것을 熟語숙어라 한다. 熟語로서의 漢字語 가운데서도 二字로 된 熟語가 그 대중이 되니, 數에 있어서 이 類型이 가장 多數를 차지하며 또 二次的인 複合語生成은 二字漢字熟語가 바탕이 되어 이뤄지기 때문이다. 그래서 漢字語의 特徵을 二字漢字語를 통하여 잠깐 알아보기로 한다.

二字의 漢字熟語는 두 漢字 곧 두 單語의 複合語가 된다. 漢字熟語의 構成要素를 '詞原質'이란 術語로 부르기로 한다면[3] 二字漢字語에서의 두 詞原質사원질의 構成方式에는 여러 가지 類型이 있는데, 그 가운데서 서너 가지를 들어 보이겠다 ; (가) 名詞的詞原質 위에 이를 形容 限定하는 詞原

---

3) 詞原質(logoid), 現代支那語科學 : 딘첼 카아著, 魚返善雄譯, 1937, 東京.

質을 더하여 熟語를 이루는 것이 있다 : 中旬중순, 全面, 今年, 公約, 高級, 여기서 이를테면 中旬의 旬은 열흘 동안이란 뜻의 말이니 中旬은 한달의 가운데 열흘을 가리키는 말이 된다. (나) 名詞的 詞原質 뒤에 動詞的 詞原質을 더하여 熟語를 이룬다 : 下車, 休業, 入門, 出兵, 讀書, 任意, 이를테면 여기 下車에서 下는 내린다는 뜻의 單語이며 車는 수레를 가리키니 下車는 차를 내린다는 뜻의 말이 된다. (다) 뜻이 相反되는 두 詞原質을 結合해서 이루어진 熟語도 있다 : 出入, 高低, 利害, 前後, 上下, 輕重, 이를테면 여기 出入의 出은 나간다는 뜻, 入은 들어온다는 뜻이니 出入은 나고 든다는 뜻의 말이 된다. 이와 같이 漢字熟語란 곧 漢字가 가리키는 낱말이 結合되어 이루어진 複合語이므로 그 單語의 意味를 把握파악하려면 그 構成漢字의 意味를 把握함이 필요하다.

漢字熟語를 이룬 漢字는 오로지 그것이 參與참여한 熟語를 위해서만 쓰이는 것이 아니라 여느 다른 熟語의 成分으로도 活用된다. 이를테면 中旬의 旬은 初旬, 上旬, 下旬, 旬日 등의 熟語의 詞原質이 돼 있다. 全面의 面은 內面, 外面, 局面, 表面 등 여러 熟語에도 나타난다. 休業의 休는, 休職휴직, 休務휴무, 休暇휴가, 休息, 休日, 休廷휴정, 休診휴진 등 수 많은 熟語를 이루는데 參加한다. 그 結果 같은 漢字를 包含포함하고 있는 漢字語들은 서로 有緣性유연성을 가지며 漢字語彙에 一定한 體系性을 附與부여한다. 우리가 二·三千字의 漢字를 익히기만 하면 수많은 漢字語를 理解할 수 있게 되는 것은 이 때문이다.

(6) 이상 漢字語 및 漢字의 特質을 간단히 살펴봤지만 그에 의하면 漢字語는 漢字로 表記하는 것이 理致의 當然한 바임을 알 것이다. 理論上 漢字語는 漢字를 통해서만 把握될 수 있는 바, 漢字語는 漢字를 바탕으로 하여 成立된 單語이고 한편 漢字는 글자이면서 곧 單語인데 漢字 아니고는 그런 글자가 없기 때문이다. 그러면 漢字語한글表記論者는 어떤 理論的根據에서 漢字語를 한글로 적을 수 있다고 하는 것인가? 國語漢字語도

國語語彙라면 그것은 입말로서도 쓰일 것이다. 입말에서 依據의거하는 바는 單語의 音形이니 그렇다면 그 音形을 表記함으로써 漢字語를 가리킨다는 것도 可能한 일이 아니겠는가. 이것이 漢字語한글表記論 또는 한글專用論의 理論的 根據근거가 되는 것인데, 이 論理는 바꿔 말한다면 漢字語에서 漢字란 要素요소를 빼 버리고 音形과 그 뜻을 直結시킴으로써 漢字語를 英語나 獨語, 佛語 등에서 들여온 外來語와 마찬가지 것으로 보려는 것이다. 이를테면 中旬은 '中'과 '旬'의 結合이 아니라 /중순/이란 音形 全體로서 하나의 單語가 되며 下車는 /하차/로서 하나의 單語가 된다. 漢字語의 한글表記는 그래서 複合構成으로서의 漢字熟語를 더 分析분석되지 않는 單一語로 바꿔 놓는 것이 된다. 構造體로서의 漢字熟語를 分析不能의 單一語로 바꿔 놓는다는 過程에서 적지 않은 不合理가 자아내어질 것은 充分히 짐작되는 일인데 다음에 이에 대해서 살펴보자.

漢字語한글表記로 漢字語가 더 分析될 수 없는 單一語가 되면서 漢字語는 概念把握개념파악이 힘든 難解한 語彙로 變한다. 이미 본 듯이 漢字熟語는 漢字를 통해서 그 構成要素로 分析될 수 있고 우리는 그 各構成漢字의 뜻을 앎으로써 그 漢字語의 뜻을 把握할 수 있다. 複合語의 把握은 그 構成要素의 把握 그리고 그 綜合으로서의 그 複合語의 把握이란 過程을 거쳐서 이뤄지는 것이니, 이를테면 '옷안', '겁나다' 등의 複合語를 우리는 '옷'과 '안', '겁'과 '나다'로 分析하여 各成分을 把握하고 그들 要素들을 綜合함으로써 各單語의 뜻을 파악하는 것이다. 한글맞춤법에서 이들을 <오단>, <검나다>처럼 안 적고 構成要素로 밝혀 적도록 함은 그래야만 이들 複合語의 뜻이 把握되기 때문이다. 그런데 漢字語의 한글表記는 이러한 分析을 不可能케 하며 결국은 漢字語를 概念把握이 힘든 語彙로 하는 것이다. 漢字語語彙가 지닌 體系性 곧 少數의 要素에 의한 單純한 結合型으로서의 語彙體系를 語彙들의 雜然잡연한 集合으로 바꿔 놓는다는 것은 마치 單音文字의 能率을 버리고 부피만 커지는 音節文字體系를 擇하는 것과 같은 어리석은 일이라 할 것이다.

漢字熟語가 그 構成要素인 漢字로 分析분석될 수 없게 되면 同一漢字를 構成要素로 가진 漢字語들 사이에서 보게 될 有緣性도 期待기대할 수 없게 된다. 이를테면 '初旬, 上旬, 中旬, 下旬'은 '旬'이란 같은 漢字를 가진 한 系列의 單語들로서 有緣性을 가진다. 그러나 <초순, 상순, 중순, 하순>처럼 적힌 이들 單語는 더 分析될 수 없는 單一語이니 거기에는 形態上의 motivation을 찾을 수 없는 것이다. 그런데 漢字語가 가지는 이러한 有緣性은 數萬의 國語漢字語의 把握을 2,3千字의 漢字의 獲得획득으로써 解決해 준다는 대단한 功德을 주는 것이다. 數萬의 國語漢字語彙들을 이루고 있는 語構成要素는 結局 2,3千字의 漢字에 歸着귀착되기 때문이다. 獨逸語독일어의 語彙는 英語, 佛語 등의 그것에 비겨 有緣性이 豊富한 것으로 長點을 삼고 있거니와 獨逸語의 경우 그 有緣性은 語彙의 少部分에 그치는 것이다. 그러나 漢字語의 경우의 有緣性은 全面的이고 體系的인 것으로서 獨逸語의 그것에 비길 바가 아니다. 漢字語의 한글 表記는 漢字에 의해서 保障보장되고 있는 漢字語의 이 같은 長點을 송두리째 없애 버리는 것이다.

(7) 漢字語의 한글 表記 곧 한글專用은 文字 그대로 國語表記에서 漢字는 一切 몰아내자는 것이다. 이것은 形音義를 갖춘 表語文字로서의 漢字를 表音의 機能 밖에 못 가진 한글로 바꿔 놓자는 것인데, 거기에서 여러 가지 無理가 빚어질 것은 充分히 짐작되는 일이다. 다음에 이에 대해서 살펴보자.

漢字에는 그 性質上 同音字가 많지만[4] 그들을 분간케 하는 것은 그 字形이다. 漢字語를 한글로 적음으로써 이 분별의 手段수단은 잃어지니 漢字語는 同音異義語로 가득 차게 되어 漢字語를 더욱 難解한 것으로 한다. 이를테면 기관(器管)과 기관(機關), 고시(考試)와 고시(告示), 연습(練習)과

4) 이를테면 漢韓大字典, 李相殷監修, 民衆書館, 1966의 字音索引에서 '거'音을 가진 漢字가 63字, '구'音을 가진 漢字가 164字나 된다.

연습(演習), 사무(事務)와 사무(私務), 군신(君臣)과 군신(群臣), 방화(防火)와 방화(放火) 등은 모양으로 봐서는 같은 單語일 수밖에 없고 文脈에 의해서나 겨우 분간될 수 있게 되는 것이다. 뜻풀이를 봐야만 분간될 몇 개, 몇 십개씩 이어진 同音異義語로 가득 찬 國語辭典을 가진 言語, 이 같은 言語가 좋은 國語가 될 수는 없는 것이다.

漢字는 이른바 分節的音聲面밖에 音調的인 事實 곧 高低長短을 지니고 있는데 漢字를 저버림으로써 이들 音調음조의 分別手段도 더불어 잃게 된다. 그 結果 音調的 特徵에 의해서 분간되던 單語들이 다시 같은 單語로 收斂수렴되니 同音異義語는 더욱 늘어나게 된다. 이를테면 사장(社長)과 사장(査丈), 장인(丈人)과 장인(匠人), 사회(社會)와 사회(司會), 선도(先導)와 선도(善導), 사설(辭說)과 사설(社說), 사실(史實)과 사실(事實), 유씨(柳氏)와 유씨(兪氏, 劉氏). 한편 漢字語들은 高低長短을 無視하고 發音됨에 이를 것인데 漢字廢止論者로서는 漢字를 몰아내려는 판에 그 音調따위야 무슨 아랑곳이냐 하겠지만 그 잘못됨은 漢字가 들어 있는 옛 文獻문헌, 記錄을 읽을 경우나 漢文의 教育에까지 미쳐 갈 것이다.

各漢字는 스스로의 圖形的 記號기호를 가지고 있어 그 글자모양에서 意味가 直線的직선적으로 聯想연상되므로 漢字로 表記된 漢字語는 쉽고 빠르게 概念把握이 이루어진다. 이 長點은 國漢混用文에서 漢字語의 視覺性을 높여 줌으로써 讀書의 能率을 올린다는 效果를 가져오게 되는 것인데, 讀書의 重要性이 다시 없이 높고 또 表記物의 迅速신속한 把握이 緊긴히 要求되는 오늘날 社會에 있어서는 이것은 작지 않은 意義를 가지는 것이다. 漢字語의 한글 表記가 讀書의 速度속도, 讀書에 대한 興味흥미를 떨어뜨리고 글 읽는데 대한 疲勞피로와 倦怠권태를 더하게 한다면 그 허물은 결코 작은 것이 아니다.

(8) 漢字語의 한글表記는 이윽고 一般人으로 하여금 漢字와 因緣을 끊게 하는 것이니, 상당한 歲月이 지나고 나면 一般國民은 漢字의 知識을

잃게 될 것인데, 여기에서 말미암을 損失 또한 작지 않을 것은 充分히 짐작되는 바이다. 이에 대해서 살펴보자.

漢字語는 漢字를 바탕으로 이룩된 語彙이니 漢字를 못 가지면 당연히 漢字語를 만들어 내는 手段도 못 가지게 된다. 우리는 앞으로 새로운 外來文化를 大量으로 받아들여야 하고 그것을 바탕으로 새로운 文化를 開發·發展시켜 나아가야 한다. 새로운 文化가 들어오면 그에 따라 새로운 概念도 吸收흡수해야 하는데 이 새로운 概念에 대한 造語를 固有國語의 造語力에 期待할 수는 없는 形便이다. 日本의 경우를 보아 짐작되듯이 아무래도 造語力이 優秀한 漢字에 依支하여 漢字語의 造語로써 그 要求를 解決해 갈 수밖에 없을 것인데, 이미 漢字를 버린 以上 그 手段을 利用할 機會는 우리에게 주어져 있지 않다. 漢字廢止한자폐지는 우리의 文化發展도 斷念단념하지 않을 수 없게 하는 重大한 歸結에 이르는 것이다.

이른바 漢字文化圈이란, 이름 그대로, 漢字를 바탕으로 하여 이룩된 文化圈을 이른다. 그러므로 이 文化圈의 文化는 漢字를 지녀야만 누릴 수 있다. 漢字를 지닌다는 것은 가로로는 中國, 日本과의 文化交流手段을 지닌다는 것이며, 세로로는 漢字에 의한 지난날의 無盡藏무진장한 文獻, 文化와 接觸접촉할 手段을 지닌다는 것을 뜻하는 것이다. 勿論 우리가 國語表記에 必要로 하는 漢字는 國語漢字語를 적기 위한 2·3千字의 漢字에 지나지 않으니 그 知識 그대로로써 漢字文化圈의 文化를 받아들일 수 있다는 것은 아니다. 그러나 漢字를 간직하고 있는 限 적어도 漢字文化圈은 우리의 손닿는 데에 있는 것이니 간직한 漢字·漢文의 知識을 더 늘리고 더 깊이하면 그 文化를 쉽게 攝取섭취할 수 있는 것이다. 그러나 일단 漢字와 因緣을 끊고 漢字를 잃어버리고 나면 그 때에 있어서는 漢字文化圈에 接近할 수 있는 條件은 이를테면 歐美人과 別般 다를 것도 없는 것이다. 漢字語한글表記는 漢字文化圈을 우리 손 안에서 떠나 버리게 한다는 結果에 이르는 것이다.

漢字를 모르게 된 一般國民은 漢字文化圈의 文化攝取云云 할 것 없이

당장에 우리의 文化傳統으로부터도 絶緣되지 않을 수 없다. 옛날의 漢文文獻은 그만 두고라도 國漢混用의 글로 된 文獻조차 漢字文盲者들에게는 들어갈 수 없는 世界가 되는 것이다. 한때 己未獨立宣言文기미독립선언문, 陶山九曲歌도산구곡가 등에 이르도록 純한글表記로 고쳐 놓은 中高等學校 國語教科書가 나온 일이 있었지만 一般人은 오늘날의 國漢混用文조차 그 안의 漢字를 이같이 한글로 고쳐주지 않으면 읽어낼 수 없게 되는 것이다. 그들에게 許容되는 文獻이란 漢字가 안 섞인 小說類나 近來 漢字를 모르는 知識人들을 위해서 出刊되고 있는 한글로만 된 책들, 그리고 中高等學校 教科書 程度가 고작이 될 것이다. 그러더라도 學問分野에 따라서는 아무래도 國漢混用文 또는 漢文 등의 지난날의 文獻記錄들을 읽지 않을 수 없을 것이니 그 같은 分野를 공부하고 研究하는 사람들은 高等教育의 課程에 이르러서야 새삼 漢字를 익히고 漢文을 공부하지 않을 수 없게 될 것이다. 漢字語한글表記는 이와 같이 우리 社會에 한글 밖에 모르는 반편이 知識層과 漢字를 알고 우리 文化傳統과 接觸할 수 있는 少數의 온전한 知識層과의 두 知識人層을 말미암게 할 것이다.

(9) 漢字語를 한글로 表記한다는 것은 漢字語를 固有國語語彙와 한 가지 것으로서 다루겠다는 것을 뜻한다. 漢字廢止는 單純히 漢字를 몰아내어 끝나는 것이 아니라 漢字語를 國語固有語로 끌어들인다는 결과를 가져오는 것이다. 漢字語가 漢字로 적히고 있는 限 漢字語는 겉모양이 이미 固有國語語彙와 다르니 固有國語語彙가 될 수 없으며 따라서 固有한 국어로서 행세할 수가 없다. 그러나 漢字란 옷을 벗겨버리면 漢字語는 固有語의 행세를 하려 드는 것이다. 그런데 漢字語는 漢文 또는 古典中國語의 文法構造에 따라 造成된 單語이니 그것은 워낙 固有語와는 다른 文法 위에 서 있다. 漢字語가 漢字語대로 머물러 있는 限 漢字語의 異質的인 文法도 漢字語內에서의 問題에 그치며 國語文法에 直接的인 影響영향을 끼치지는 않는다. 그러나 漢字語가 隔離격리됐던 울안에서 풀려 나와 固有國

語語彙와 한데 섞이게 되면 두 文法體系 사이의 隔差격차는 矛盾으로 나타나는 것이다. 이에 대해서 살펴보자.

漢字語한글表記로 인하여 漢字語에서 갑자기 韓國語로 돼버린 한글漢字語는 우선 그 品詞歸屬품사귀속부터 順調순조롭지 못하다. 아다시피 中國語는 孤立語이고 국어는 膠着語교착어이다. 그래서 이를테면 "出兵을 決定"이란 文의 '決定'은 漢文法에서는 動詞이지만 국어에서는 語尾어미를 안 가졌으니 名詞라고 할 수밖에 없다. 이 경우의 '決定'을 '決定하다'에서 接尾辭접미사 '하다'가 줄어진 것이라 說明할 수도 있겠으나 "결정은(도, 만…) 했으나" 같은 例文을 내어 놓고 보면 '결정하다'란 單語 한 가운데에 助辭조사가 끼어들었으니 '하다'가 接尾辭인지도 의심스럽다. 하기야 固有國語語彙에도 이와 비슷한 類의 것이 있다. 이를테면 '자랑한다. 자랑은(도, 만…) 한다. 사랑한다. 사랑은(도, 만…) 한다.' 그러나 적어도 이들은 '하다'를 떼버린 알몸으로서 敍述語서술어의 자리에 서지는 않는다("?나는 그를 사랑", "?그는 항상 자기 일만 자랑").

"열시발 급행열차", "서울행 고속버스"의 '발', '행' 등의 品詞도 따져보면 아리숭하다. 이들을 助辭조사로 볼까? 그러나 國語의 助辭의 테두리 안에 이들을 들여놓을 자리는 찾기 어렵다. 不完全名詞이겠는가? 不完全名詞는 그 위에 規定語를 가지는 것을 特徵으로 하는데 이들은 그 앞에 規定語를 가지고 있지 않다. 끝으로 남은 可能性은 接尾辭로 보는 것이겠는데 '열시발' '서울행'을 派生語라 한다면 그것은 망발밖에 안 된다. 結局 '~에(서) 떠나는'이란 意味의 '발(發)'이나 '~로 가는'이란 뜻의 '행(行)'은 國語構造 안에 제 자리를 못 찾는 것이다.

'무슨 무슨的'이란 表現은 日常語에도 많이 쓰이는데 알고 보면 이런 類 單語의 品詞 매기기도 막연한 것이다. 이를테면 '형식적(形式的)'에서 그 안의 '형식'은 品詞가 名詞임에 틀림없다(형식을 갖춘다, 형식이 까다롭다). 거기에 '-적'이란 接尾辭가 붙어서 이뤄진 '형식적'이란 單語의 品詞도 일단은 名詞로 봐야 할 것이다(너무 형식적이다). 그런데 이 名詞는 퍽 特異

하여서 거기 添加될 수 있는 格助辭로는 '으로' 밖에 없다(형식적으로, 그러나 *형식적에, *형식적을, *형식적이). '형식적'은 名詞를 規定하는 자리에도 올 수 있는데 이 때 被規定語가 될 수 있는 것은 漢字語에서 由來한 單語에 制限된다(형식적 사고방식, 형식적 문제). 固有國語語彙를 規定하려면 指定詞(이다)를 거느려야 한다(형식적인 일, 형식적인 말, *형식적 일, *형식적 말). '형식적'이 가지는 이러한 行動은 一般國語名詞에서는 볼 수 없는 것이다. 이와 같이 漢字語한글表記는 品詞를 매기기도 어려운 異質分子들을 大量으로 국어 안에 끌어들여 國語의 體系를 어지럽히는 結果를 낳는 것이다.

(10) 漢字語한글表記에 의하여 漢字語가 固有國語語彙 圈內로 들어오면서 漢字語가 지닌 異質的인 文法이 矛盾을 드러내는 경우를 三字漢字語의 構成分析에서도 볼 수 있다. 다음에 이를 살펴보자.

우선 三字漢字語의 構成類型을 보기로 하자.

(가) 二字의 詞原質이 다음의 一字詞原質을 限定한 것
哲學者, 卒業生, 經濟學, 裁判官재판관, 思想家, 紹介狀소개장, 硏究所, 出版物, 郵便局우편국, 總務課총무과, 通知書, 愛國心
(나) 一字詞原質이 다음의 二字詞原質을 限定한 것
大好評, 新天地, 本軌道본궤도, 急停車급정거, 全國民, 逆效果, 別世界, 半時間, 名講義, 眞面目
(다) 二字詞原質 아래 小品詞[5]를 붙인 것.
具體的, 人間性, 作戰上, 天才然, 英國製, 美國式, 代表格, 産業化

이들 三字漢字語는 보다시피 세 詞原質로 分析되는 것이 아니라 二字詞原質과 一字詞原質의 두 要素로 分析된다. 이를테면 哲學者는 哲學과

---

5) 中國文語文法 : 楊伯峻著, 波多野太郎, 香坂順一, 宮田一郎譯, 1956, 江南書院, 東京, p.210.

者로 分析되며 大好評은 大와 好評으로 分析된다. 그런데 漢字語한글表記論者의 主張에 의하면 여기 二字詞原質은 分析하지 않고 그 全體로서 하나의 國語語彙로 받아들일 수 있으며 따라서 <철학>, <호평>처럼 한글로 적어도 탈이 없다는 것이다. 그런데 三字漢字語에서 그런 要素를 빼고 남는 一字詞原質－ 보기의 '者'나 '大' －에 이르면 얘기는 달라진다. 이들은 漢字를 떠나서는 뜻 없는 소리일 뿐 有意味的單位가 될 수 없는데, 單純한 소리인 '대'나 '자'가 '호평'이라든가 '철학'같은 單語에 結合될 수는 없기 때문이다. 한 가지 생각할 수 있는 解決方法은 '철학자'의 '자'를 接尾辭로 보는 것이며 '대호평'의 '대'는 接頭辭로 보는 것이겠다. 그런데 이들 '자'나 '대'를 接辭로 보기 어려우니 문제가 된다. 철학자의 '자', 대호평의 '대'는 形式上으로는 接辭로 分析할 수밖에 없는데 意味나 機能上으로 보면 이들은 매양 漢字語에서의 合成語의 構成要素로서의 性質을 그대로 지니는 것이다. 이를테면 '졸업-생'은 '卒業하는 學生'으로 뜻풀이 되며 '총무-과'는 '總務의 일을 보는 機構', '생리-학'은 '生理에 관해 研究하는 學問', '연구-소'는 '研究를 하는 場所'와 같은 뜻을 가지는데, 이에 의하면 '생, 과, 학, 소' 따위는 二音節로 된 單語의 修飾수식을 받는 中心語(head) 같은 資格을 갖고 있지 接辭는 아니다. 三字漢字語의 一字詞原質을 接辭로 볼 수 없다는 것은 一字詞原質 쪽으로부터 證明해 볼 수도 있다. 이를테면 '경제학'이란 單語를 보기로 든다면 '경제'는 하나의 自立形式 곧 單語로 成立하니 '경제'는 이 單語의 語根이 되며 따라서 '학'은 接尾辭로 分析될 것이다. 마찬가지로 '정치학, 생물학, 심리학, 논리학, 언어학' 등은 各各 '정치, 생물, 심리, 논리, 언어' 등에 '-학'이란 接尾辭가 結合되어 이뤄진 派生語라고 할 것이다. 그런데 여기에 같은 範疇범주에 들어갈 一連의 單語들 '철학, 화학, 수학, 지학, 공학, 의학' 등을 가져와서 대어보면 이들은 接尾辭 '-학'이 一定한 語根에 結合되어 이뤄진 派生語라고 할 수가 없다. '철, 화, 수, 지, 공, 의' 등은 單語일 수 없고 單純한 소리에 지나지 않기 때문이다. 혹시 '경제학, 정치학, 생물학…' 등은 複合語이지만

'철학, 화학, 수학…' 등은 單一語라고 說明하려 든다면 이들 語彙들을 한 範疇에 묶을 수 있다는 우리의 認識能力을 否定하는 것 밖에 안 된다. 요컨대 한글로 적힌 三字漢字語의 構成은 國文法으로는 說明할 수가 없는 것이다.

三字漢字語의 構成類型 가운데 (다)의 漢字語의 一字詞原質 '的, 性, 上, 然…' 등은 漢文法에서도 가장 '接辭的인 것'이니 國文法 안에서도 接尾辭로 다뤄질 것 같다. 그러나 이들 역시 國語에서는 接尾辭로 安住하지 못하는 것이다. 이를테면 '형식적, 경제적, 과학적, 상식적' 등을 보자. 여기에서 '형식, 경제, 과학, 상식' 등은 따로 單語로 成立되는 것이니 語根으로 보겠고 '적'을 接尾辭로 봐야 되겠다. 그러나 단적(端的), 전적(全的), 심적(心的) 등에 이르면 '단, 전, 심' 등은 單語가 아니며 따라서 語根일 수도 없다. 그러니 '적'은 接尾辭가 될 수 없는 것이다. 또 영구적(永久的), 합리적(合理的), 구체적(具體的), 고답적(高踏的) 등의 '영구, 합리, 구체, 고답' 등은 영구성(永久性), 영구화(永久化), 합리성(合理性), 합리화(合理化) 등에도 나타나니 語根으로 넉넉할 듯 하지만 '영구, 합리, 구체, 고답'으로서 따로 自立할 수 없으니 역시 單語로 보기 어렵고 따라서 語根 되기에 不足하다. 이들이 語根이 못 된다면 '적'도 接尾辭일 수 없는 이치이다.

漢字語의 한글表記는 이와 같이 漢字로 적고 있으면 아무런 問題도 없을 漢字語를 억지로 固有國語의 圈內로 끌어들임으로써 漢字語가 지닌 漢文法으로 하여금 國語文法體系를 混亂과 墮落타락으로 몰아넣도록 하는 것이다.

(11) 漢字語한글表記論의 不合理와 그에서 말미암는 弊害폐해는 以上 보아온 바와 같이 큰 것이다. 그것은 槪念을 把握하기 어려운 難解語彙로 國語를 채우며, 國語文法體系를 混亂에 빠뜨리며, 國語敎育을 갈피를 못 잡게 하며, 學生들의 國語學力을 低下시키며, 國民의 讀書能力과 意慾의욕을 떨어뜨리며, 民族文化의 繼承계승·發展을 沮害저해하여 앞으로의 우리

의 文化發展을 가로막으며, 우리나라를 漢字文化圈에서 孤立시키는 것이다. 2,3千字의 漢字를 學習하는 수고를 덜기 위해서 이 같은 弊害를 덮어씌우겠다면 漢字語한글表記論은 이미 온전한 良識에서 벗어난 主張이라 할 수밖에 없겠다. 그런데, 漢字語한글表記論은 이 같은 價値判斷가치판단을 다 그만 두고라도 그 論理 自體가 根本的으로 矛盾되어 있어서 애초부터 成立될 수가 없는 主張인 것이다. 이에 대해서 살펴보자.

漢字語한글表記論 곧 한글專用論에서는 漢字를 그같이 唾棄타기하고 廢止하기를 主張하지만 論理上 그것은 漢字에 매어 달려서만 成立될 수 있는 것이다. 이미 본 바와 같이 漢字語한글表記論에서는 漢字語를 漢字란 要素를 빼 버리고 그 音形으로서 받아들이려는 것이니, 이를테면 獨立門은 /동님문/, 協力은 /혐녁/, 人間은 /잉간/, 鐵道는 /철또/처럼 發音 나는 모양 귀에 들리는 모양으로서 받아들이는 것이다. 이렇게 받아들여지는 漢字語는 따라서 漢字語가 아니라 外來語에 다름없다. 그러니 거기에는 이미 漢字語를 그 構成漢字로 밝혀서 적을 아무런 根據도 없다. 이를테면 獨立門은 <동님문>, 協力은 <혐녁>, 人間은 <잉간>, 鐵道는 <철또>처럼 소리 나는 대로 적을 수밖에 도리가 없는 것이다. 만약 이들을 <독립문>, <협력>, <인간>, <철도>처럼 적는다면 그것은 獨立門, 協力, 人間, 鐵道 등 漢字語의 各構成漢字를 그 字音대로 옮겨 적은 것이지 결코 漢字를 廢止한 것은 아니다. 오늘의 漢字語한글表記論 또는 한글專用論은 이같이 漢字를 前提하고 漢字語를 漢字로 적는 대신 그 讀音을 적은 것에 不過한데 세상 사람들은 이 속임수를 알아차리지 못하고 漢字語한글表記 또는 한글專用을 곧 漢字廢止인 줄 알고 있는 것이다. 여기에 이르니 한글맞춤법통일안의 '第4章 漢字語'의 存在의 숨은 속셈이 明白히 드러난다. 그것은 이 같은 漢字語의 讀音적기를 마치 漢字廢止인 것처럼 보이게 하기 위한 눈속임의 노릇을 하고 있었던 것이다.

오늘의 漢字語한글表記란 다름 아닌 漢字의 字音적기이며 따라서 이 表記는 漢字를 알고 있을 것을 前提로 하고 있다. 그런데 漢字語한글表記

를 施行하게 되면 國民들은 漢字를 모르게 되며 따라서 이 같은 漢字語의 字音적기를 할 수 없게 된다. 漢字語한글表記論은 이러한 어쩔 수 없는 論理的 矛盾 위에 서 있는 것으로서 그것은 애초부터 成立될 수 없는 主張인 것이다. 그러면 이러한 論理的 矛盾에도 不拘불구하고 오늘날 漢字語한글表記 또는 한글專用이 그런대로 이뤄지고 있는 것은 어째서인가? 그것은 사람들이 아직도 어느 만큼 漢字의 智識을 갖고 있기 때문이다. 말하자면 한글專用을 하려면 表記者가 漢字를 알고 있어야만 되는 것인데 오늘날에는 아직 漢字를 알고 있는 사람이 적지 않이 있기 때문에 그런대로 漢字語한글表記가 成立되고 있는 것이다. 오늘날 글을 적는 사람은 공연히 漢字를 字音으로 옮겨 적어야 하며 읽는 사람은 또 한글로 表記된 漢字語를 文脈을 根據로 하여 다시 漢字로 되돌린다는 쓸 데 없는 수고를 해야 하는 것이다. 이 같은 操作조작을 못한다면 그때에는 獨立門, 協力, 人間, 鐵道 등은 <동님문>, <혐녁>, <잉간>, <철또>처럼 적을 수밖에 없을 것인바, 그것이 漢字語한글表記論의 未來相인 것이다.

漢字語表記問題는 커다란 問題이기 때문에 國語正書法으로서의 決定을 위해서는 愼重진중한 硏究, 檢討를 거쳐야 할 것이지만 表記法의 視點에서 말한다면 漢字語한글表記는 결코 받아들일 것이 못 되는 잘못된 理論임에 틀림없다.

〈仁荷大 교수·理事/ 어문연구 38호〉

말은 마음의 소리

申 哲 雨

1918년 忠北 淸州 출생. 항간에서 계급사회와 倭政의 잔재로 비속하고 거친 말을 많이 사용하고 있으므로 언어순화를 위해 더욱 노력해야 한다고 주장하고 있다. 有德한 사람은 바른말을 하고 실천하고, 말은 감정의 전달이므로 고운 말을 써야 하며, 또 말에는 言讖언참이라고 해서 惡毒한 말 끝에는 반드시 화가 따르므로, 문화민족의 긍지와 언참의 업보를 받지 않기 위해서라도 언어순화를 위해 노력하여야 한다고 주장한다.

「論語」 憲問篇헌문편을 보면, 孔子님이 말씀하시기를 "有德者必有言 有言者不必有德"이라고 했다. 즉, 德 있는 사람의 말은 올바르고 오래도록 傳할 수 있는 것이지만, 말을 올바르게 하는 사람이라고 해서 그가 德이 있는 것은 아니라는 뜻이다.

그러면, 도대체 德이란 무엇을 意味하는 것일까. '德'字는 '큰 德'이라고 해서, 人間正道를 行해서 體得한다. 올바른 精神을 確立한다. 또 '품행 德'이라고 해서 品行이 高尙하다. 또, '은혜 德'이라고 해서 남다르게 厚하게 한다. 또 '가르침 德'이라고 해서 남을 感化시킨다 等等, 이렇듯 여러 意味로 풀이가 된다.

옛날에는 君子라고 불렀지만, 오늘날에는 完全한 人格을 갖추고 寬厚한 處世를 하는 사람들을 흔히 有德한 사람이라고 한다. 그래서, 德望이 높다, 德性스럽다, 德行이 있다 라는 말을 쓰는가 하면, 그런 사람들의 眞實한

말 한마디를 德談이라고 表現하기도 한다. 그러나, 아무리 옳은 말을 한다 하더라도 사람 自體에 實踐性이 없다면 그 사람을 德이 있는 사람이라고는 할 수 없을 것이다.

옛말에 이르기를, 말은 '넋이다', 또는 그 사람의 '마음의 거울이다' '人格의 表現이다' '마음의 소리다'라고 했다. 그러므로 말이라는 것이 얼마나 吉凶禍福길흉화복과 人間價値인간가치에 重大한 影響영향을 주는지 모른다. 그뿐 아니라, 國民들의 말씨가 順하냐 거치르냐에 따라, 國民의 心性과 氣風을 저울질할 수도 있는 것이다. 그래서, 우리나라에서는 말씨 自體를 醇化하기 위한 國語醇化運動까지 展開되고 있다. 俗談에 "말이 고우냐, 비단이 고우냐"는 말도 있다. 언제나 말은 感情의 傳達이기 때문에 사람의 마음을 感動시킬 고운말 쓰기를 힘써야 한다는 것이다. 또 "혓바닥이 긴 사람은 손이 짧다"는 格言도 있다. 말에 行動이 따르지 못한다는 말이다. 우리가 말을 돈에 比한다면, 誇張과장된 말은 인플레이션과 같고, 約束약속을 履行이행치 못하는 말은 不渡手票부도수표와 같고, 거짓말을 僞造紙幣위조지폐와 같다고 해도 좋을 것이다.

또 말에는 言讖언참이라고 해서 惡毒악독한 말 즉 모지락스런 말끝에는 반드시 禍가 따라 붙는다고 한다. 옛날 李太祖가 아들 太宗이 미워 咸興함흥에 버티고 앉아 還宮환궁을 拒絶거절하고 있을 때, 開國功臣인 한 사람이 自請해서 咸興으로 가서는 太祖大王에게 還宮을 懇請간청한 일이 있다. 太祖大王이 怒氣노기를 띠고

"너도 그놈의 심부름이냐."

하며 죽이려 했다. 이 때 功臣은

"絶對 그렇지 않소이다. 만일, 그렇다면 臣 子孫은 모두 눈이 멀 것입니다."

라고 했다. 이래서, 生命만을 保存보존하고 돌아왔으나, 그 言讖으로 因해서 인지, 이상하게도 아들 兄弟는 저절로 눈이 멀고 孫子들은 배 안에서부터 눈먼 애로 태어났다는 實話도 있는 것이다. 요즘, 巷(항)間에서는 卑俗하고도 모지락스런 거친 말들을 많이 쓴다. 이것은 옛날 階級社會계급사회와 倭政왜정을 거치는 동안, 그 壓迫압박과 受侮수모에 抵抗저항하던 意識이 習性化해서 그 殘滓現象잔재현상이라고 볼 수도 있을 것이다. 그러나, 躍進약진하는 獨立國家의 슬기로운 國民으로, 더구나 總和총화·團結단결을 높이 외치는 오늘에 있어서는 文化民族의 矜持긍지로는 勿論이고, 言讖의 業報업보를 禍로 받아들이지 않기 위해서도 言語의 醇化에는 男女老少를 莫論막론하고 努力을 아끼지 말아야 할 것이다.

〈本會 會員/ 어문연구 23호〉

새 政府는 過去의 語文政策을 再檢討해야 한다

申 泰 煥

1912~1993년. 仁川 출생. 해방 이후 우리나라 언어정책이 한글專用과 混用을 번복하며 현재까지도 딱히 정착된 상태가 아님을 비판하고, 漢字文化를 염두에 두고 언어정책을 재검토할 것을 주장하고 있다. 특히 오늘날 젊은 세대들이 외래문화를 무비판적으로 수용하는 것을 지적하며 古典文化 위에 西歐文化를 수용해야만 世界文化 속에서 한국적 개성이 빛날 것이므로 오랜 세월 사용해 온 漢字文化를 경시해서는 안 됨을 강조하고 있다.

解放以後해방이후 우리나라 語文政策의 變遷過程변천과정을 보면 '48年 10月 한글專用法이 公布되었고 '51年 9月에 常用漢字 1,000字를 制定公布하였고 '57年 11月에는 使用頻度사용빈도가 높은 漢字 300字를 追加추가해서 1,300字를 臨時使用漢字임시사용한자로 公布하였다. 이런 趣旨취지와는 反對로 判決文·公文書·刊行物 등의 한글專用을 施行토록 하는 등 右往左往하다가 '68年 5月에는 한글專用五個年計劃전용오개년계획이라는 것이 發表되었으며, 初·中·高校 教科書에서 漢字를 削除하는 制度가 國務總理訓令국무총리훈령으로 措置조치되었고, 그래서 滿五年間 漢字教育이 中斷에 直面하게 되었다. 그러다가 '73年 3月 輿論에 못 이기어 中高校教育 기초漢字 各各 900字 卽 1,800字를 確定, 漢文教科書에 限하여 그 使用을 다시 시작하게 되었다.

다시 '83年 7月 國會에서 漢字教育問題가 거론되자 政府에서는 國語

敎育硏究所를 만들어 보다 體系的인 硏究를 하게 하였다. 끝으로 '91年 12月 敎育部長官에게 漢字敎育正常化를 爲한 關係團體長관계단체장들의 建議書건의서가 提出된 바가 있다. 上述한 바와 같이 解放 後의 言語政策을 돌이켜보면 文字 그대로 昏迷혼미를 거듭해 왔고 現在도 定着된 것이 없다고 해도 過言은 아닐 것이다. 이런 結果, 오랜 역사의 韓國文化가 묻혀 있는 漢字에 對해 젊은 世代들에게 文盲·知的 空白狀態공백상태를 가져다주었다. 사실 한글世代라고 부르는, 오늘의 韓國社會를 짊어지고 있는 젊은 世代들은 文字敎育 때문에 文化的으로 심한 動搖동요를 經驗하고 있고 이것이 오늘의 우리 社會의 크나큰 不安要因불안요인이 되어 있다고 할 수 있다. 자세한 理論이야 어쨌든 現實生活에서 볼 때 책·新聞·雜誌·간판에 이르기까지 한글·漢字가 無分別하게 混用혼용되고 있는 것을 볼 때 後世들을 위해 우리는 부끄러움조차 느낀다.

그런데 歐美의 이른바 外來文化가 밀어닥치는 요즈음 이들 젊은 世代들이 無批判的무비판적으로 받아들일 뿐 아니라 傳統文化를 回避회피하려는 傾向경향조차 있어 固有의 文化와 風俗이 제자리를 잡지 못하는 奇現象기현상이 일어나고 있다. 우리는 이 땅의 古典文化 속에 數千年을 살아왔는데 그 醇化순화된 韓國的 個性을 버리고 外來 것에 耽溺탐닉하여 主客이 바뀐 世態를 산다고 하는 것은 매우 위험한 것이다. 古典文化가 없는 廢墟폐허 위에서는 西歐社會에서 成熟성숙한 高度의 文化도 자리 잡을 수 없고 文化的 空洞化만 深化된다. 우리의 古典的인 흐름 가운데 共感되는 西歐文化의 合流만이 生命의 創造性을 찾게 하고 世界文化의 廣場에서 韓國的 個性이 빛을 낼 것이다. 그래서 다시 말하거니와 長久한 세월을 두고 醇化된 漢字文化를 다시 檢討해야 한다. 우리가 오늘날 使用하고 있는 漢字 내지 漢字文化와 한글文化를 再檢討해서 각각 제자리를 잡게 하고 마구잡이로 우리의 貴重한 漢字에 묻힌 古典文化를 버리려고 해서는 안 된다.

〈前 서울大 總長·民族文化推進會理事長/ 어문연구 77·78호〉

科學과 言語

-漢字의 傳達情報量을 中心으로

安 秀 桔

•

1930년 서울 출생. 현 서울대학교 명예교수. 정보전달량을 중심으로 한글과 한자를 실험적으로 대비하고 있는 이 글에서 工學者의 시각을 볼 수 있다. 1956년 문교부에서 Aipe의 법칙을 연구한 결과 평균단어수가 현격히 감소했는데 이는 한자배격풍조 때문이라고 진단하고 있다. 한자의 경우, 二音節 漢字單語의 조어로써 평균 단어장을 단축시켜 한국어의 정보밀도 향상에 기여하고 Resolution 높은 語彙의 주종을 이루고 있는 반면에, resolution이 약한 한글은 특수한 내용과 학술·공업규격·법률 등의 표현에 있어서 불리하고 학술과 문화의 발달을 陰性的으로 妨害한다는 보는 견해는 주목할 만하다. 필자는 이런 상황에서 漢字併用은 최소노력의 원칙에도 부합하고 언어학적으로도 유리하다고 보고 있다.

1. 序　論

인간은 생각을 하기 때문에 동물과 다르다고 한다. 그러나 이 생각 즉 思考活動사고활동은 언어를 통하여 이루어진다는 것은 이미 알려진 사실이다. 想定상정컨대 太古에 한국말은 日常生活의 간단한 용어로서 채워져 있었고 分解能 *Resolution*이 약해서 상당한 發音의 범위가 거의 같은 뜻을 나타내었기 때문에 까다롭게 正確정확한 發音을 하지 않아도 意思疏通의사소통에 支障지장이 없었다. 지금도 넓은 發音範圍발음범위를 허용하여 연속적인 程度의 差를 表現하는 경우 등을(특히 色彩색채나 擬聲法의성법에서) 볼 수 있다. 그리고 地方에 따라서 같은 單語가 상당히 다르게 發音되고 있으면서도 理解가 되고 있다. 그 밖에 심리상태나 其他 이유로서 상당한 發音範圍가 許容되고 있다. 全體 발음 可能 범위를 비교적 크게 나눠서(따라서 종류가 적게 大分하여서) 날카로운 分解能 *Resolution*을 要求하지 않았고 初期에는 어휘가 일상생활에 關聯된 것에 限定되고 그 크기 역시 한정되어서 單音節로서도 足하였다. 사회생활이나 構造가 복잡하게 되고 文化가 발달을 거듭함에 따라 더 높은 Resolution이 發音에서나 語彙에서나 Syntactic 立場에서나 要求되게 되었다.

따라서 이웃 나라이며 우리에게 여러 가지 영향을 주고 制度들도 앞서 발달하였던 中國에서 어휘 등을 빌어오게 되고 漢字를 採擇채택하여 그 表現을 細分세분하여 Resolution을 높였던 것이다.

漢字는 하나하나의 文字에 뜻이 있고 文字마다 單音節의 音이 붙어 있기 때문에 四聲없이는 區別할 수가 없어서 四聲을 並用하여 짧은 音으로서도 많은 區分을 한다. 이는 最小努力최소노력의 原則에 잘 合致합치된다. 言語學的으로 보아 유리하다.

筆記필기에 있어서는 筆記方法이 高價고가이고 材料(대나무 · 羊皮 · 파피루스 · 또는 종이 등)가 貴하고 筆記道具의 細筆化가 안 이뤄져 가늘게 쓸 수가 없어서 限定된 面積면적에 많은 글자를 쓸 수 없다는 理由도 있지만, 역시 最小努力의 原理에 따라 한 音節 한 字라도 줄이는 方向으로 恒久的항구적인 (言語의) 進化作用이 걸리기 때문에 (자연히) 군소리와 군글자가 줄어지게 되고 그 以上 줄어서는 다른 것과 混同혼동하게 되는 그러한 限界에 가서 安定되게 된다.

通信手段통신수단의 發達발달에 따라 人工衛星인공위성 등을 통하여 옛날에 상상도 못하였던 먼 距離거리에도 意思傳達의사전달이 可能하게 되었고 따라서 高價한 通信手段을 함부로 使用하는 傾向경향마저 있지만 그러나 施設自體시설자체가 高價하기 때문에 이러한 施設의 效率효율을 높이는 問題가 深刻심각하게 擡頭대두된다. 이 能率化의 문제는 기계나 施設의 高性能化만이 아니고 話者의 話法自體가 문제가 되고 그 중 큰 比重을 차지하고 있다.

2. 言語의 情報量

정보량이란 단어는 우리에게 搜查수사나 諜報關係첩보관계로만 알려져 있지만 最近 발달한 情報理論 분야에서는 전혀 새로이 定義하여 科學分野의 새로운 單語로 많이 活用하고 있는데 다음에 科學用語로서의 情報量을 說明한다.

먼저 똑같은 內容을 說明하는데 더 오랫동안 說明하고 더 많은 말을 해야 했다면 그 경우의 話法은 情報密度정보밀도가 낮고, 簡潔간결하게 끝났다면 그 때 話法은 情報密度가 크다고 말할 수 있다. 따라서 같은 시간이라면 簡潔하게 말할 줄 아는 高密度者가 더 많은 정보를 가져다주는 것으로 본다. 日常生活에서 흔히 일어나는, 다시 말해서 모두가 다 알고 있는 일이라면 情報가 크다고 말할 수 없다.

따라서 情報理論에서는 文字이건 事件이건 흔하지 않은 것이 정보가 큰 것으로 보고 따라서 發生確率발생확률이 적은 것이 정보가 큰 것으로 定義한다. 즉 한 單語(一般的으로는 記號)의 發生確率을 Pi라고 할 때 그 單語가 가져다 준 情報量 I를 다음 式으로 定義한다.

$$I = |\log Pi| \text{ -- } (1)$$

稀貴희귀한 일의 發生을 아는 것이 정보가 크고 흔하지 않은 單語나 글자가 發生하였을 때 정보가 큰 것으로 看做간주하는 客觀的객관적 量을 附與부여한 것이다.

3. 言語 變遷에 隨伴되는 힘

言語에는 恒久的으로 縮約力축약력이 걸려 있어서 可能하면 짧게 되려고 하는 傾向이 있음은 이미 알려져 있는 事實이다. 最小努力의 原理라고 불리는 이 短縮化단축화 傾向은 그다지 큰 힘으로 느껴지지 않지만, 긴 歲月을 두고 한쪽 方向으로만 걸리기 때문에 결국은 無視 못할 變革변혁을 가져오는데 例를 들어 '相異한'이란 單語와 '다른'이란 單語의 경우 或者는 後者를 많이 쓰는 理由가 後者가 더 친근성이 있기 때문이라고 하지만 後者가 日常生活에 愛用되는 理由는 前者보다 音節數가 적기 때문으로 後者가 갖는 Other 와 Different 두 가지 뜻 중 어느 편인가가 별로 問題가 안 될 경우에는 後者를 쓰지만 Different의 뜻을 밝히려면 前者를 안 쓸 수가 없다. 이러한 細分化過程에서, 즉 言語의 分解能 *Resolution* 增加過程증가과정에서 自己나라 말이 細分化 안 되어 있을 때는 새롭게 單語를 만들고 이를 定着시키기 前에 우선(되어 있는 다른 나라에서) 빌어쓰게 되고 이것을 問題視하지 않는 경우가 問題視하는 경우보다 훨씬 많다. '낫다'의 경우도 Better와 Heal의 경우가 Homonym을 形成하고 있지만 짧기 때문에 계속 愛用되고 있는 것이다.

이러한 短縮化傾向단축화경향은 자연 日常生活用語를 單音節로 몰아가는 경향이 있고 따라서 예로부터 傳해오는 日常生活用語는 거의가 다 單音節임을 관찰할 수 있어서 例를 들자면 눈·코·귀·혀·이·입·손·발·몸 등 人體에 관한 것부터 집·담·흙·뫼·냇·논·밭 등 몸 가까운 사물 등 그리고 소·말·개·닭 등 家畜가축 등등이며 이 밖에 물·밥·칼·집 등 많은 경우를 볼 수 있다. 처음에 길었던 單語가 있었을 경우에도 자주 쓰게 되면 짧게 하는 힘이 作用함을 觀察관찰할 수 있다.

反對로 이러한 短縮化傾向으로 인해 Homonym이 많아지는데 그로 인해서 必要한 區分이 되지 않았을 때 우리는 자연히 그들 區分을 위해서 努力하게 되는데 우선은 抑揚억양이나 長短으로서 區別하려고 하게 되고 또는 音節음절을 追加추가하게 되는데 이것은 우선은 解決을 주는 것 같지만 單語長이 길어져서 結局 情報密度의 見地와 最小努力의 見地로 보아 無理하다.

近來 Homonym의 解決해결을 文脈문맥에서 읽어내는 것으로 解決하려는 傾向이 있는데 이는 文章을 通해서 內容을 表現하려는 것이 도리어 文章內容에 의해서 Homonym의 여러 뜻 중 어느 것인가를 推定추정하는, 즉 文脈을 읽어서 그 文章의 構成原素구성원소인 單語의 뜻을 推理하는 일이 많아졌다. 이 방법은 文章中에 平均的으로 浪費部分낭비부분 *Redundancy*이 많을 것을 前提로 하고 있다. 이는 科學이나 法律법률·工業規格공업규격과 같이 常識에 맡길 수 없고 內容이 어렵고 따라서 文脈이 항상 自明하지 않고 (편하고 익숙하여 있을 수 없는 新分野일 경우와 같이) 함부로 推理할 수 없을 때, 다시 말해 하나하나의 單語의 뜻이 높은 Resolution으로서 單一하게 나타나는 것이 필요할 때 Fail 하게 된다. 이러한 경우에는 內容을 거의 몰라도 文章構造가 주는 拘束力구속력이 正確정확하여 當然당연히 單語間의 立場입장을 밝혀 줄 수 있어야 하지 그 近處에만 데려다 놓으면 짐작으로 그것밖에 없지 않냐는 常識에 의한 占有점유로서는 새로운 것을 傳할 수가 없다는 이야기이다. 適當적당한 解釋해석을 통하여 言語의 힘의 不足(때로는 노력할 여지가 있는데도)을 補完보완하고 있는 例로서 '쓰레기 장사'(쓰레기 수거인 또는 塵芥收去人진개수거인) 또는 '요금소'(料金受納所 대신) 등이 있다.

4. ZIPF의 法則

單語들의(發生確率이 많은 順序 다시 말해) 序列을 X軸에, 그리고 發生確率을 Y軸에 그려서 Curve 를 만들면 單調減少曲線단조감소곡선이 되는데 이때 조심할 것은 이 각각의 對數値대수치를 잡아서 記錄하여야 한다는 點이다. 이렇게 하면 같은 間隔간격으로 눈금을 매겨도 順位는 1, 10, 100, 1000, 10000… 등으로 等比增加로 記錄되게 된다. 이렇게 하였을 때 생기는 Curve 는 어느 나라 言語이건 直線이 된다는 것이 ZIPF의 法則이며, 이 直線에 따라 單語의 發生確率을 合하여 가면 머지않아 그 和가 1이 되는, 다시 말하여 그 밖의(以後의) 序列서열의 單語는 事實上 쓰지 않는다는 限界가 오는데 英語의 경우는 8,700單語 程度라는 것이 Shannon氏의 主張이고 Yavus씨가 近來에 와서 전자계산기를 使用하여 調査한 結果는 12,300單語 程度라는 主張이다. 이 曲線에서 低邊저변이 넓어질수록 Curve의 勾配구배가 덜하게 되고 따라서 公平하게 쓰이는 傾向을 보이게 되어서 후에 說明하는 每單語 平均情報量평균정보량 *Entropy*이 크다. 다시 말해서 골고루 일어날수록 平均情報量이 커져서 그 言語의 機能이 向上한다.

5. 韓國말의 境遇

1956년에 문교부에서 시행한 '낱말잦기 조사'에서는 지금의 경우보다 많은 單語를 아직 사용하고 있어서 常用單語數가 30,000單語 程度임을 밝혔고, 1970～1980년까지의 경우 新聞과 小說을 주로 하였을 때 우리나라 말은 事實上 7,000단어를 넘지 않는다는 것을 볼 수 있었다. 이는 Mass Communication의 主體가 活字媒體활자매체로부터 TV로 옮겨간 것에 그 주된 원인이 있겠지만 그 밖에 남이 쓰지 않는 단어는 나도 쓰지 않는 傾向과 사전을 찾아서라도 正確하게 表現하겠다는 風潮풍조가 사라지고(한편 上記 30,000단어의 主宗을 이룬 二音節 漢字單語가 漢字排斥風潮한자배척풍조에 따라 사라져가고) 있는데 가장 큰 要因이 있다. 이는 또한 專門的인 單語를 守護수호하는(때로는 늙은 사람으로 천대받는 일도 있겠지만) 그리고 後輩후배에게 傳授전수하는 使命사명을 우리에게 일깨워주기도 하는 것이다. 상대방이 어려운 單語를 알지 못할 것 같으니까 풀이로서 말해준다는 일이 흔한 단어를 더 흔하게 그리고 드문 단어를 더 드물게 만들어 ZIPF 곡선의 勾配를 더욱 급하게 다시 말하여 單語의 使用頻度에 더 크게 差가 나게 함으로써 Entropy를 減少감소시키는 傾向을 부채질하게 된다. 이는 韓國語의 機能衰退기능쇠퇴 및 非效率化비효율화를 가져오게 하고 그 느낌의 表現이나 單語가 한국말에 없다 하여 다른 나라 특히 英語 등을 사용하여 部分的인 國語抛棄국어포기를 가져온다.

6. Entropy

드물게 發生하는 單語는(가져오는 정보량은 비록 크나) 發生自體가 드물기 때문에 單語로서의 寄與度기여도는 적다. 따라서 平均情報量(Entropy) H를 計算계산하는 데는 發生確率을 勘案감안하여 줌으로써 平均値 즉 Entropy는 다음 式으로 表示된다.

$$H = \sum Pi \mid \log Pi \mid \text{-------------------------------(2)}$$

그러나 글을 쓸 때에는 가장 正確한 그리고 드물게 발생하는 單語를 써 줌으로써 情報量은 커지게 마련이다. 이 때는 確率을 곱하지 않고 各 單語의 情報量을 다음 式과 같이 合하여 주기만 하면 情報總量이 나온다.

$$I = \sum \mid \log Pi \mid \text{---- ----------------------------(3)}$$

(2)식에서 확률이 유난히 적을 때나 확률이 유난히 클 때 (2)式의 두 가지 부분 Pi와 ∣log Pi∣이 서로 반대로 변하여 결론적으로 發生確率이 서로 엇비슷할 때 Entropy가 높고 분포가 기울어질수록 Entropy는 감소함을 알 수 있다. 일부의 單語만 유난히 많이 쓴다는 것은 平均情報를 감소시켜,

좀 어렵고 專門的인 이야기를 할 때 不便하고, 說明書나 電話전화가 길어지게 마련이며 심지어는 만나지 않고는 이야기가 되지 않는, 言語의 抛棄現象이 觀察관찰된다. 法典이나 工業規格도 完全할 수가 없다.

7. 必要한 語彙의 크기

平均的인 語彙의 크기는 이와 같이 限定되어 있지만 이는 大多數의 一般民衆이 分布의 中心値를 이루고 있는 데에서 비롯된 것으로 各各의 專門分野에서 專門的인 일을 다루기 위해서는 이보다도 훨씬 큰 語彙가 필요하며 事實上 前述전술 統計통계에서도 그러한 階層계층의 글이나 單語가 들어가 있다. 事實上 그러한 階層을 위해서는 월등히 큰 語彙가 必要하게 된다. 따라서 一般的인 統計에 立脚입각한 蓋然性개연성만으로 特殊특수한 用語를 除去제거할 수는 없고 비록 數字는 적지만 전문가가 活躍활약할 道具로서의 言語를 가다듬어 주고(전문가들도 旣存術語를 제대로 찾아 쓰지 못하고 專門語를 풀어 쓰는 等하여) 전술한 바 ZIPF의 곡선을 더욱 急峻급준하게 하는 일이 止揚지양되어야 한다. 常用單語數가 減少하면 어려운 분야의 설명에 있어서 더욱더 不利하게 된다. 術語를 흔한 單語로 풀어 쓰면 單語는 더욱 많이 쓰이게 하고 드문 單語는 더욱더 드물게 만들어 Entropy 의 見地에서 더욱 不利하게 된다. 辭典을 찾아서라도 제 單語를 찾아 쓰는 것이 옳다. 새로운 學問 분야에서 새로운 概念개념을 위해서 適切적절한 單語를 또는 適切한 名詞를 만들어 주는 것만 해도 그 新分野征服신분야정복의 半은 成功했다고 말할 수 있다. 이는 專門家 相互間의 意思疏通에서는 물론 혼자 思考하는 데 있어서도 該當되는 單語가 있어야 便利하게 思考活動을 할 수 있기 때문이다.

外科醫師외과의사에게 銳利예리한 메스가 必要하듯 專門家들에게는 分解能이 큰 言語가 필요하다. 結論的으로 國語問題를 다루는 데 있어서 一般大

衆을 爲主로 하는 統計나 日常生活의 問題를 주로 다루는 大衆을 위한 Communication의 道具로서 充分할 것만을 바라면 되는 것이 아니고 高度의 學術 또는 더욱 正確한 판가름을 해줄 수 있는 分解能 높은 法典 등에 充分히 쓸 수 있는 銳利한 道具로서의 國語를 가다듬어 줘야 한다는 것이다.

上記 統計調査에서 浮刻부각된 또 하나의 現象은, 平均單語의 길이가 常用單語數가 減少하였는데도 오히려 길어졌다는 事實이다. 원래 常用單語數가 減少하면 三音節單語보다는 二音節單語의 比重이, 그리고 二音節單語보다는 單音節單語의 比重이 커져서 平均單語長이 짧아질 것을 期待하였는데 結果는 오히려 單語의 平均 길이가 길어지고 있다. 이는 Homonym이 많은 중에서 그것을 音節을 追加해서 願하는 Resolution을 얻기 위한 努力으로 例를 들자면 '속으로' 가지고는 充分치가 않아서 '마음 속으로', '반찬' 대신 '밥반찬'과 같이 더 길게 해서 使用하는 경우가 統計的으로 많아진 것이다. 그 結果 單位長 情報密度가 低下하기 때문에 不利한 立場에 있다. 그리고 이러한 能力減退능력감퇴는 質的인 것이어서(文章의 길이 등) 글의 量만 增加시켜서 解決해결되는 것이 아니다.

8. 符號化와 復號, 人間工學的 考察

어떠한 發音이나 뜻을 글자라는 符號로 나타냈을 때, 第一 重要視되는 것은 符號化부호화하는 데 要한 努力과 그것을 다시 回復회복시켜 出發點에서 寄託기탁한 發音이나 뜻을 되찾는 復號過程복호과정에 있어서 必要로 하는 努力이 어떠한 것이냐 하는 문제이다. 打字機타자기 등을 사용하였을 때에는 符號化過程에서 큰 努力이 들지 않고 따라서 速度도 빠르기 때문에 思考의 脈絡맥락을 흩트리지 않고 符號化하기 때문에 가장 理想的이다. 그리고 復號過程에 있어서도 筆書보다는 判讀판독하기가 쉬운 깨끗한 字體이기 때문에 綜合的종합적인 通信能率통신능률이 높다.

符號化過程에 있어서 가장 效果的인 것은 速記術속기술이다. 이는 열띤 討論까지도 記錄할 수 있는 속도(符號化速度)를 가졌기 때문에 會議錄作成 등에 오랫동안 功績공적이 큰 方式이다. 그러나 復號過程에 있어서 餘他方式여타방식에 비해서 가장 시간이 많이 걸리기 때문에 日常生活에 活用될 수는 없었다. 그리고 費用비용의 見地로 보아서도 高價한 符號化方式이다.

視覺符號시각부호로 變換변환된 것을 復號하는 데에 있어서는 소리 내어 읽어서 音聲을 再現하거나 音聲等價影像음성등가영상을 腦裏뇌리에 傳達하여 그가 代表하는 概念을 찾아내게 하는 것은 (다시 말하여) 소리글은, 符號自體가 뜻을 나타내는 (다시 말하여 한 單語나 심지어는 한 單語의 一部分만도 이미 뜻을 나타내는) 뜻글보다 不利하다. 이는 소리글의 경우가 Homonym이 많다는 데에서 起因기인한 것만이 아니고 音節數가 극히 짧을 때 뜻글은 이미 部分的으로 뜻의 範圍를 좁히는 데 寄與하고 있다는 사실도 復號化를 容易하게 하여 준다. 綜合的으로 말하여 復號化는 認知인지 *Perception* 過程까지 綜合하여 能率이 높고 容易하여야 한다는 점이 認識되어야 한다.

그러한 경우에 符號들(글자들)은 一般的인 믿음과는 달리 劃數가 상당히 큰 편이 유리하다. 漢字의 劃들은 서로서로가 하나의 뜻(Homonym 의 경우는 둘 또는 그 以上)을 나타내기 위해서 規約규약된 것이기 때문에 서로서로가 相關性 *Correlation*을 갖고 있어서 瞬間的순간적인 判定을 하는 데 寄與하고 있고 이러한 原素의 數는 人間의 通信線路로서의 能力의 限界가 二次元圖形의 경우(平面上에 配置된 Dot 의 位置를 記憶기억하는 수에서 밝혀진 바) 9×9個의 點(Hake and Garner, 1951) 또는 22個의 點(Klemmer and Frick, 1953)이나 이 경우는 Dot 등이 (어떠한 뜻을 나타내기 위한 아무런 相關關係가 없는) 제멋대로의 位置를 차지할 경우이고 이들 Dot들이 相關關係를 갖고 있을 경우는 많은 Dot 수로서도 判讀이 越等월등히 容易하다. 人間의 情報收集線路정보수집선로의 機能限界를 넘지 않는 條件下조건하에서는 並列的병렬적인 判斷參與要素판단참여요소가 클수록 迅速신속한 判斷을 하게 된다. 그러나 이들 要素들이 뜻을 나타내기 위한 前述한 바 規約에서 離脫이탈하면 그리하여 判斷參與要素들이 糾合규합해서 주는 感을 주지 못하면 判定에 시간이 걸리고 判讀이 不安感을 隨伴수반하게 된다. 이는 Homonym 등으로 인하여 判斷을 뒤로 밀고 文脈에서 推理추리하고자 할 때와 함께 讀書의 速度를 激減격감하게 하고 Mental한 努力이 急激히 增加하게 된다. 以上을 綜合하여 符號化 즉 筆記에 있어서는 노력을 減少하기 위하여 打字를 하고 漢字는 略字를 使用하여 植字工식자공이 이를 正字로 還元환원하는 在來的 方法이 뜻이 있음을 認定할 수 있다.

9. 符號와 그의 判定의 立場으로서의 한글

소리글이라는 立場만이 아니고 符號로서의 한글은 배우기 쉽다는 長點 以外에 短點도 있다. 모든 通信路에 있어서 雜音잡음과 攪亂교란이 있듯이 文字들도 汚染오염되거나 破損파손되었을 때 判讀에 支障지장을 받는데 그의 程度는 符號에 따라 다시 말해 言語에 따라 다르다. 한마디로 말해 字素가 적을수록 攪亂은 쉽게 받는데 速記術로 記錄한 것이 判讀하기가 어렵다면 서로서로의 差異가 微小미소하다는 데에서 오는 것이기 때문에 작은 要因 가지고도 判讀이 攪亂되기 쉽다. '은'자와 '온'자와 같이, 짧은 점의 有無 하나만 가지고 부호가 다름을 判定하기란 쉬운 일이 아니고 事實上 現實的 한글自體가 'ㅗ'자의 Dot가 그 위에 初聲이 있을 때 가리워서 많은 경우에 있어서 文脈으로 判定하고 있을 때가 隱然中은연중에 많다. 劃數가 많을 경우에는 한두 개의 點 때문에 攪亂을 받는 일이 적다. 이러한 攪亂容易度를 工學에서는 感度라고 부르고 感度를 줄이기 위해서 의당 努力하게 되는데 한글의 경우 明朝體명조체 등 옛날로부터의 字體에만 依存의존할 것이 아니라 人間工學的인 考慮가 勘案감안된 새로운 Lettering에 努力을 기울여야 한다.

한글의 또 하나의 弱點은 自然感이 없는 過度한 規約性규약성이다. 例를 들어 說明하자면 'ㅗ'자는 그대로는 '오'이지만 방향을 90도 바꿔 '어'와 같이 回轉회전시키면 '어'를 나타내기로 規約하고 있다. 이는 '오'나 '으'가 角度라는 攪亂要因으로 인해서 '어'나 '이'로 바뀌는 感度가 높다는 것으로서 한글의 경우가 이 點에 대해서 허약하다는 뜻이다. 그리고 이러한 것은 兒童教育에 있어서도 한글 학습이 결코 쉽기만 한 것은 아닐 것을 나타낸다. 비둘기구(鳩)와 새조(鳥)와 아홉구(九)를 학습하는 데에 있어서 처음 漢字(鳩)가 字形이 複雜복잡함에도 가장 빨리 외운다는 研究結果가 있었는데 이는 字形의 簡單함이 주는 便宜편의가 새(鳥)라고 하는 一般化된 概念 또는 抽象化된 새라는 概念, 따라서 하나하나의 경우로부터는 離脫이탈한 새라고 하는 概念의 抽出努力추출노력에 비해 거의 무시될 수 있다는 것을 나타내고 따라서 아무리 어려운 글자일지라도 內容의 어려움에 비길 바가 아니라는 것, 따라서 어려운 內容의 正確한 傳達을 위해서는 必要하다면 더 어렵게 하여서라도 表現力의 增强을 꾀하여야 할 것을 나타낸다. 이 경우에도 역시 使用者가 어떠한 規模규모의 內的 活動을 해야 할 사람인가에 따라서 경우가 달라지기 때문에 한글만 가지고 그리고 가장 普遍的인 生活經驗생활경험이나 內容을 取扱취급할 경우와 그렇지 않고 흔하지 않는 內容이나 未開拓分野미개척분야를 研究하여 처음으로 그 結果를 報告하는 경우와는 差異가 있기 때문에 大衆의 感覺으로 專門家의 道具를 制限하여서는 아니 될 것이다.

10. 結 論

社會가 발달할수록 分解能 *Resolution*이 높은 언어가 요구된다. 토박이 한국어의 경우 일상생활에 관련된 것은 결국은 單音節單語로 단축되었다.

社會制度가 발달함에 따라서 새로운 단어가 필요하게 되었는데 이웃 나라에서 이미 그 경우에 해당되는 단어가 있었기 때문에 빌어썼다. 이들이 漢字單語로서 30,000개에 이르는(한자배격시대 이전의) 문화・학술단어의 과반이 二音節漢字單語로서 평균단어장을 단축시켜 한국어의 정보밀도향상에 기여하고 Resolution 높은 語彙의 주종을 이루고 있었다. 한글단어들은 單音節이 많고 허용하는 발음 범위가 넓어 Resolution이 날카롭지 못해서 한 音을 들었을 때 일단은 가장 흔한 뜻으로 생각하고 그 경우가 아닐 때는 부가적인 설명을 하거나 하여서 흔한 경우와 혼동되는 것을 막아야 한다. 때문에 말이 길어지고 불리한 입장에 서게 된다. 다시 말하여 일반적인 내용을 나타낼 때가 용이하고 特殊한 경우가 약세에 몰리게 된다. 이와 같이 흔한 내용 표현에 先驗的인 넓은 점유권을 주게 된 약한 Resolution은, 특수한 내용이나 학술・공업규격・법률 등의 표현에 있어서 불리하고, 학술과 문화의 발달을 陰性的음성적으로 妨害방해한다.

1956년 문교부에서 실시한 '우리말에 쓰인 글자의 빈도 조사'를 토대로 ZIPF의 法則을 연구한 결과 그 무렵 平均語彙는 30,000단어로서 영어보다 컸다. 1970년대에 신문・잡지 또는 소설에서 통계를 한 결과 平均語彙는 7,000단어로 축소되었음이 드러났다. 이는 漢字배격 풍조 등이 주된 원인이다.

人間工學的 입장에서 그리고 認知 *Perception*의 容易를 위해서 記號化(쓰는) 과정은 쉬워야 하고 復號(읽는) 과정은 字形이 어느 정도는 복잡해야 하고 (발음보다는) 즉각 뜻을 전달하여야 한다. 綜合的으로 文字를 통한 언어는 종합적으로 記號化와 復號過程에서 쉽게 되어야 하기 때문에 한글은 打字하고 한자는 略字를 쓰고 인쇄과정에서 正字로 옮기는 것이 좋다.

한글은 배우기 쉽다는 장점도 있지만 符號로서는 劃數가 적어서 교란되기 쉽다는 점과 방향만 바꿔도 다른 것을 나타낸다는(자연스럽지 못한) 規約性이 있어서 추상력이 아직 확정되지 않은 아동들에게는 오히려 힘이 든다. 그리고 Homonym이 많아서 뜻의 區別을 文脈에 의지하여야 하는 경우가 많다. 즉 뒤로 되돌아 전후를 살펴서 짐작을 하여야 할 때가 많다. 판단을 보류(文脈으로 짐작될 수 있을 때까지)하면서 정신부담을 갖는 경우보다 One stroke realing이 가능한 것이 바람직하다. 전문화될수록(統計에서는 별 영향을 못주는) 술어가 필요하고 큰 語彙가 필요하다. 漢字術語를 풀이로 대치함으로써 정보밀도를 감소시키는 일이 지양되어야 한다. 전문가들이나 일반인이나 제대로의 단어를, 사전을 찾아서라도 활용하고 평균어휘의 축소를 防止하여야 한다. 新分野에서는 필요한 名詞들을 즉시 制定供給제정공급 하여야 한다.

(本稿는 1981. 5. 14 本會 第30回 語文大講演會<世宗大王 584回 誕辰紀念>를 위해 준비한 것이다.)

〈서울工大 教授 · 工博/ 어문연구 30호〉

從屬文化를 解剖한다

安 承 烈

1914년 서울 출생. 현재 도덕성의 부재로 인한 혼란상황의 원인이 바로 文化의 低質化에 있다고 진단하고, 그 문화의 저질화는 바로 低質教育에 있으며, 그 저질교육은 바로 漢字의 排擊에 의한 것이라고 주장하고 있다. 즉 지난 수 십 년 동안 '주체', '우리말'을 강조하면서 한자를 배격함으로써 민족 풍속의 뿌리가 되는 고전과 역사를 해독할 능력을 파괴한 결과로 有識한 無識者가 量産되고, 민중의 愚民化, 즉 어려운 것은 외면하고 쉬운 것만 취하는 賤民文化가 되고 있다고 강조하고 있다.

프런티어 精神으로 상징되는 미국의 정신. 세계 최고의 범죄율과 AIDS의 급속한 확산, 마약소비의 급증 등으로 그 정신의 에너지가 추진방향을 잃고 있다. 그래서 십 수년 전 어느 학자가 미국의 쇠퇴를 예측하여 발표한 일이 있었다.

그러나 더욱 심각한 것은 그러한 社會問題가 위기라고 말하면서도 근원에 대해서는 분석적 인식이 전혀 없다는 사실이다.

미국의 저명한 마르크스주의 경제학자 「스위지」조차도 1966년에 쓴 『독점자본』에서 미국은 저질교육 때문에 위기에 직면하게 될 것이라고 지적한 바 있다.

「몽테스큐」가 1933년에 쓴 『로마인의 성쇠원인론』을 읽어 보면 알게 될 것이다. 「몽테스큐」의 말은 우리에게도 잘 작용되고 있기 때문이다.

"로마가 대중사회화 됨으로써 망했다"는 것이다. 대중화가 가져오는 정치의 질적 저하와 문화적 황폐가 서로 상호작용을 함으로써 로마가 망했다고 했다. 이로 인한 민중의 愚民化우민화가 로마를 망쳤다고 서술하고 있는 것을 읽을 때 필자는 그가 우리를 말하고 있지나 않나 하는 착각에 빠진다. 로마는 천민문화가 지배함으로써 대중은 어려운 것보다는 쉬운 것, 즐거운 것을 좋아했다.

전성기 시대의 로마를 지배하던 금욕주의가 향락주의로 바뀌게 되어 급기야 노동력이 낮아지고 근로의욕이 떨어져 일을 기피하고 남의 탓을 가리는데 눈에 불을 켜고 다니는 계층만 늘어갔던 것이다. 인력부족이라는 기이한 현상의 노정!

이에 대한 답은 독일의 역사학 시조 「F. 리스트」(1800)의 역사이론서인 『역사』 1편의 마지막 문장에 이미 나와 있다. "역사상 슬기의 힘과 윤리가 뛰어난 민족이 흥융했다"는 결론이 그것이다. 「리스트」는 이어 이러한 흥망사로부터 다음의 理論을 유도해 냈다. 「정신적 생산력(mental capital)」이 모든 것을 결정한다고 했다.

로마 멸망의 원흉이 저질화 된 大衆文化였듯이 우리도 저질문화를 민중화라고 내세우고 있는 민중문화 때문에 지금 피폐해 가고 있음을 지도자들은 직시해야 한다. 근로자, 농민, 중산층을 위한다는 저질 대중문화의 주범들은 한결같이 주장하고 있다. 그러나 우리는 이를 똑바로 보아야 한다.

요즈음 도덕성이 없다고 떠들어대고 있으나 원인을 밝힌 적은 없다. '도덕(morality) 교육이 소홀한데 원인을 알 까닭이 없지 않은가' 하는 반문이 나온다. 학교의 교육커리큘럼에서도 배제해 버렸는데 어찌 「전통윤리」가 없어지지 않겠는가. 그리하여 우리의 사회는 국민적인 융통성이 없어지게 되었고 천민사회가 되고 말았으며 남보다 더 잘살아 보자는 목표밖에 모르게 되었다.

더구나 「우리말」 「주체」를 내세운 나머지 民族의 풍속(manners)의 뿌리가 되는 고전과 역사를 읽을 수 있는 능력을 원천적으로 파괴해 버린 결과로 유식한 무식자가 늘어가는 등 문맹자의 양산시대가 왔다.

"문화적 발전과 정치적 안정은 경제발전의 결과가 아니라 경제발전의 기초 조건이다"라는 선현의 말씀을 명심해야 한다. '잘살아 보자'에서 '바르게 살자'는 구호로 바뀌어야 한다.

歷史的 심판만이 잘못과 부정을 막을 수 있는 원동력이라는 사실을 가름해야겠다.

〈老人倫理院長/ 어문연구 77·78호〉

文字政策과 民族文化 發展의 責任

安 鍾 沄

1930년 忠北 靑陽 출생. 현 공주대학교 명예교수. 한글專用을 30년이 가깝도록 '정책이라는 이름의 권력'(외솔先生의 말)을 背景으로 强行한 데 대해 강하게 비판하고 있다. 곧 한글專用을 主張하는 側에서 權力에 의탁하여 自派의 생각만이 愛國하는 길이고 여타의 思想은 民族文化를 말살하는 亡國論者들이라며, 한글전용을 강행해 온 것에 대해 비판하고 있는 것이다. 또한 文字論的 검토와 한글전용이 빚어낸 역사적 과오의 실태에 대한 예시를 거쳐, 필자는 서로 다른 機能의 한글과 한자를 調和롭게 서로 섞어 사용할 때 表音·表意文字의 相乘的 效果를 가져올 것이며, 이 自由로운 言文生活, 즉 豊富한 表現·表記로써 幅넓고 多樣한 民族文化를 열어갈 수 있다고 주장한다.

1. 한글 專用法律案의 反省

國家가 바라는 最高최고의 目的은 물론 福祉社會복지사회를 實現하여 國民의 安寧秩序안녕질서를 維持유지함에 있다고도 하겠으나 크게 말하면 '文化國家'에로의 發展에 있다고 集約할 수 있을 것이다. 그러므로 이 方法的 機構로서의 政府는 目的實現을 위한 最短距離최단거리를 摸索모색하기에 最善과 最高의 슬기를 다하여야 할 責任책임이 있다. 아무리 最善을 다하려 하여도 슬기가 따르지 않는다면 徒勞도로에 그칠 뿐 아니라 슬기 없는 最善이라는 이름이 度를 넘으면 愚擧우거·暴擧폭거도 惹起야기될 憂慮우려가 없지 않다. 그러면 슬기는 어떻게 움트는 것일까? '智'(슬기지)라는 文字構成을

參考참고로 보더라도 '知'와 '太陽'(日)의 複合名詞이듯 모르는 者 無識者에게는 슬기가 있을 수 없다. 알고 또 알아서 앎이 쌓임으로써 새 次元의 知的 光明으로 質的 變化하는 形態를 슬기라 일컫는다.

이제 한 나라를 다스리는 데 있어서도 一人이나 少數人의 意思에 의해서 다스려지기보다 國民全體의 意思에 의하여 다스려져야 한다는 時代的 要請요청에서 우리나라도 民主政治體制를 採擇채택한 것이라면 國民 모두의 衆智중지를 總動員총동원할 수 있는 方法으로서의 制度的 民主政策이 採擇됨으로써 民主主義의 優秀性우수성을 살려 나갈 수 있는 것이다. 그러나 衆智가 자칫하면 總意 또는 多數意思로 誤解오해되어 數的으로 優勢우세한 量的 知가 質的 變化가 못 된다면 그때 衆愚중우의 橫暴횡포가 일어날 수 있으니 이것이야말로 民主主義가 誤導오도되기 쉬운 危險위험한 길이며 制度的 民主政治가 犯하기 쉬운 禁斷금단의 領域영역인 것이다.

이 '슬기'에는 '알고 밝히려는' 人間的 誠實과 努力의 連續연속에서 얻어지는 結果이지 결코 一時的 情熱이나 興奮흥분 내지 感激감격에서 左右될 性質의 것이 아니다. 完全無缺완전무결한 神의 斷案단안이라면 그것으로 最高判斷최고판단이 되겠지만 不完全한 人間들의 意思로 決定되는 處事라면 얼마나 眞實을 向해 誠實과 努力을 傾注경주하였는가 함이 判斷値판단치의 基準기준이 될 것이다. 一個人에게 있어서도 人間됨의 무게가, 즉 人間의 價値가치가 이에 있거늘 一國의 政事의 무게 또한 國民衆智의 集結집결이라는 問題에 달려 있는 것이다.

文化國民으로 構成된 文化國家에로의 發展이라는 國家至上目標를 達成해 가는 過程과정에서 政府가 모든 分野에 國力을 注力하여야겠지만 文化를 繼承發展계승발전시키는 데 根本手段이 되는 그 나라의 文字政策이 차지하는 比重이야말로 그 進退진퇴에 決定的 影響力영향력을 가지고 있다 함은 識者라면 누구도 否認부인 못할 것이다.

20세기에 들어서면서 아시아에 西歐서구의 新文化가 밀려들어올 때 이 나라는 不幸히 亡國의 悲運을 맞아야 했고 宗主國化된 日本 文化發展의

手段으로서 道具的 發展을 위해 이 나라의 開化가 許容허용되었으니 恥辱치욕된 文化였다. 六親이 不和한 다음에야 孝·慈가 나오고 國家가 混亂혼란된 다음에야 忠臣이 있게 된다(老子 : 「道德經」)는 格으로 亡國의 悲運에서야 祖國愛·民族愛가 뼈끝이 아프도록 사무쳤던 것이다. 더욱이 우리 血統의 象徵상징인 姓氏마저 倭名왜명으로 改作해야 했고 내 입을 가지고 내 나라 말이 禁止금지되어야 했으며 내 民族의 얼을 길이 傳承전승할 우리 固有文字까지 剝奪박탈당했을 때 그 때의 憂國志士들의 복받치는 鬱憤울분이야 이루 形言할 길 없었을 것이다. 그러나 解放과 함께 이 맺히고 맺혔던 悲憤비분이 怒濤노도처럼 터져 나올 때 잃었던 내 姓 내 말 내 글을 되찾고 다시는 잃지 않고 길이길이 빛내 보자는 民族的 情熱은 亡國民이 아니고는 느껴 볼 수 없는 極限心情극한심정이었으리라.

過渡軍政과도군정이 끝나고 自由民主 建國과 함께 初代國會의 一次課業은 當然히 制憲제헌이었지만 그 다음은 내 글이 아직도 漢字라는 外來文字의 浸透침투 아래 完全自由의 驅使구사가 沮害저해당하고 있다는 데 焦點초점이 쏠렸던 것이다. 더욱이 내 글 찾으려다 投獄투옥되어 갖은 苦楚고초 끝에 풀려 나온 분들의 내 글을 찾겠다는 외침이야말로 國會 내에서 殘滓잔재한 鬱憤과 解放된 情熱을 再鼓吹재고취시켜 一瀉千里일사천리로 남은 外勢要素 漢字를 거침없이 追放추방하자는 데 勇敢하였으니 때는 1948년 10월 1일의 '한글專用에 關한 法律案'의 制憲國會제헌국회 通過가 그것이다.

고요히 생각할 때 물불을 가릴 겨를 없이 벅차던 解放의 歡喜환희는 時間과 함께 식어 가고 그 몇 갑절 큰 損失손실을 가져다주었으니 우리 民族의 얼을 分裂분열하고 國土를 半縮반축하고 20세기라는 開化의 極盛期극성기에 人類史 未曾有미증유의 慘酷참혹한 同族相殘동족상잔의 嚆矢효시가 이 民族에 의해 敢行되었고 悠久유구한 文化民族임을 自負자부하면서 그렇게 만드는 데 唯一유일한 手段이었던 文字가 解放의 感激감격으로 退潮퇴조되어 30년이 가까운 敎育政策이 傳統文化를 익히기에 寞寞막막하고 現實을 直視하는 日刊紙 하나 바로 볼 줄 모르는 文盲문맹 아닌 高等畸形文化人고등기형문화인을

輩出배출하고 있으니 이 人的 文化的 國家的 損失이야말로 莫重하다 아니할 수 없다. 이 모두가 怨恨스런 日帝侵略일제침략의 뿌리 깊은 傷痕상흔에 돌릴 밖에 없다.

筆者는 이 글 序頭서두에서 政治는 誠과 善과 智가 相乘상승할 때 善政, 즉 現代文化國家에로의 發展이 可能하다 前提하고 三者 중에서도 '智'가 要諦요체임을 强調하였다. 결코 一時的 感情이나 興奮흥분이 政策에 加入된다면 그 政治結果는 必然코 修正을 加하지 않으면 안 되며, 뿐인가 感情은 또 다른 感情을 惹起하게 되어 끝없는 感情的 對立 紛糾분규의 惡循環악순환을 避할 수 없기 때문이다. 오늘날 한글專用으로 빚어지는 그칠 줄 모르는 紛爭의 原初點은 곧 1948년 10월 1일의 感激的 '한글專用에 關한 法律案'의 國會通過에 있는 것이다.

적어도 一國의 文字政策에 關한 法律案이라면 한때의 政治人 氣分이나 意思任意로 斷定할 性質의 것이 아니요 위로는 그 나라가 걸어온 歷史를 돌아보아야 할 것이요, 아래로는 먼 未來의 世界內 我國을 豫想하고 叡智를 모아 愼重을 期하여야 할 것이다. 權力으로 貫徹관철시킬 수 있다는 思考方式은 적어도 民族國家의 大歷史的 課題에 限해서는 禁物로 알아야 할 것이다. 아무리 現存在的 主體者는 過去를 背負배부하고 未來를 孕胎잉태하는 契機的계기적 決斷性결단성의 所有者라 하지만 그 決斷까지의 裏面이면에는 無數한 知的 苦惱고뇌에서 오는 智的 英斷영단을 이름이요 결코 獨善的 勇斷용단을 意味하지는 않는다. 通念上 權力이란 民意와 對立되는 槪念인 바 民意 아닌 權力이 文化政策에 決定的 斷案을 내린다면 이는 衆智를 모을 것을 理想的 制度로 하는 民主精神에 違背위배될뿐더러 衆智에 逆行하는 獨善의 所致일 것이니 獨斷은 歷史의 흐름의 前과 後를 遮斷차단하는 歷史에의 罪를 犯함이 될 것이다.

筆者가 왜 이처럼 張皇장황하게 權力問題를 論하는가 하면 한글專用을 위해서 平生을 바쳤다고 自他가 公認하는 한글專用의 巨星거성 외솔先生께서 末年에 다음과 같은 글을 남겼기 때문이다.

> 정책의 수행에는 권력의 작용이 드는 것은 필연의 일이다. 원래 나라는 힘 *macht* 이다. 나라 정책 수행에 힘 없이 함을 바라는 것은 어리석은 일이다. 한글만 쓰기를 개개인의 자유에 맡겨 두지 않고 정책으로 수행함을 탓하는 것은 나라와 정책과의 근본 뜻을 바로 인식하지 못한 짓이라 할 수밖에 없다.[1]

古人이 된 분의 글을 批判비판함은 悚懼송구스러우나 너무도 그분의 生前의 信念이 透徹투철하였기에 그 遺志 또한 길이 至大한 影響力을 끼칠 것이니 그 精神은 살아 있는 것으로 생각하고 몇 가지 異議를 提起제기한다.

引用文 중 끝 部分 "한글만 쓰기를 개개인의 자유에 맡겨 두지 않고 정책으로 수행함을 탓하는 것은 나라와 정책과의 근본 뜻을 바로 인식하지 못한 것"이라고 規定규정하였는데 이야말로 외솔先生께서 나라(國家)와 政府 概念을 同一視한 큰 錯覺的착각적 發言이라 아니 할 수 없다. 이러한 基礎的 概念을 分析하지 못하였을 때 큰 時代的 過誤를 誘發유발하게 된다. 물론 "朕짐은 國家다"라고 외칠 수 있었던 루이 14세 當時, 그리고 그 以前의 世襲的세습적 專制君主時代전제군주시대에는 政府와 國家가 同一概念이었을는지 모르나 現代와 같은 民主政治體制下에서는 政府는 民意에 의해서 一任된 政黨정당의 意思로 政治體制가 組織조직되었을 때 政府가 形成되는 것이며 또한 民意의 審判심판에 의해서 平和的 交替교체가 前提될 수 있는 것인 만큼 政府는 民意와 時間的 支配下에 可變性을 그 生理로 하고 있으나 國家는 그 反對라 할 수 있다. 理由는 簡單간단하다. 그 國土가 地球上에서 消滅소멸되지 않는 限, 그리고 그 民族이 滅亡멸망하지 않는 限 한때 한 政黨의 存亡은 不問코 不變不動의 永遠한 實體라야 하기 때문이다. 國家는 國民 個個人의 自由와 平等평등과 幸福을 實現할 수 있는 福祉社會복지사회를 目的하는 理念的 實體인 바 그것이 權力機構권력기구로 同意化된다면 그 理念, 곧 權力으로 結付되는 論理下에 權力國家라는 非民主的인 前近代國家 概念을 免할 길 없을 것이다. 이러한 權力國家觀에서 政

---

1) 최현배 : 「한글만 쓰기의 주장」, pp.274-5 참조.

治가 遂行수행된다면 그 實踐方法실천방법으로서의 政策이 權力强行권력강행이라는 思考方式으로 一貫될 때 어찌 民意에 順應순응하는 政體라 할 수 있겠는가? 참으로 危險한 思考方式이다.

한글專用을 主張하는 側에서 이러한 國家와 政策觀으로 一貫하였기 때문에 自派자파의 생각만이 愛國하는 길이요 餘他여타의 思想은 民族文化를 抹殺말살하는 亡國論者들이라고 權力에 依託의탁하여 그 뜻을 强行하여 왔음을 알 수 있게 되었다.

다음 '나라는 힘' *macht*이라는 '힘'의 概念도 그 範疇범주에 의하였기 때문에 곧 權力으로 認識되었으니 現代國家의 '힘'의 概念과는 너무나 距離가 멀다. 現代는 그 나라의 政治·經濟·國防·科學 등 總括的총괄적인 '文化' 水準이 國力을 表示하는 數値라 보아야 할 것이다. 文化的으로 退步한 나라가 國際經濟舞臺국제경제무대에서 利權을 爭取쟁취할 수 있을 리 없고 軍備現代化군비현대화가 可能할 리 없겠거늘 유독 政治的 權力만이 恣行자행된다면 未開한 暴力國家폭력국가라는 汚名오명을 씻을 수 없을 것이다.

한글專用을 30년이 가깝도록 '정책이라는 이름의 권력'(외솔先生의 말)을 背景으로 强行하였기 때문에 그와 뜻을 달리하는 수많은 이 나라 識者들로부터 歷代政府가 無限한 怨望원망을 받아야 했으니 政府에 대한 陋名누명의 責任은 마땅히 獨善的 愛國獨占者 그들이 져야 할 것이다.

政府는 그 理念으로서의 文化國家實現을 위해서 '權力' 槪念에 앞서 幅넓고 끝없는 '슬기의 힘'을 發揮발휘하여 가는 것이 賢明현명한 政治哲學정치철학 *Political philosophy* = *politics*(政治) + *philos*(사랑) + *sophia*(슬기)의 大道가 아닌가 생각한다.

2. 文 字 論

文字를 歷史的으로 본다면 結繩文字결승문자·繪畵文字회화문자, 象形·會

意·指事·形聲·轉注·假借(象形 이하는 漢字構成上의 六書體)라는 表意文字와 表音文字의 順序를 거쳐 왔다고 한다. 그러나 現代人이 使用하는 文字는 크게 表意文字와 表音文字로 大別하고 있으며, 위 六書體의 漢字로 代表되는 表意文字에는 다음과 같은 缺點결점이 있다고 한다. ① 자수가 많다, ② 획수가 많다, ③ 소리와 뜻이 여러 가지여서 분간하기 어렵다, ④ 글씨체가 여러 가지여서 달통하기 어렵다, ⑤ 배우기·쓰기·보기가 어려워 정력·경제력 소모가 많다, ⑥ 기계화가 어렵다, ⑦ 과학 교육, 사람 교육을 감소한다, ⑧ 기억력 강요로 주입식 교육이 되어 사고의 교육, 창의·생산교육이 못 된다, ⑨ 한자 숭상은 제 나라 천시가 되어 국민 자존심을 손상한다.[2)]

表音文字에는 日本의 '가나'와 같은 低級저급한 音節文字가 있고 世界文字化한 로마字, 그리고 이보다 越等월등히 科學的 合理性을 지닌 우리의 한글이 있으니 이것이야말로 全人類 앞에 자랑할 수 있는 最優秀文字최우수문자라 한다. 表意文字는 原始社會에서부터 變遷변천하여 오지만 아직도 위와 같은 不合理性이 많은 文字이며 그 文字를 使用하는 나라들은 文化的으로 뒤떨어지고 있고 現代文明國에서는 거의 表音文字를 使用하고 있음을 보아도 그것이 文明된 進步的인 文字라 한다.

이 중에서도 가장 科學的이요 斬新참신한 最優秀최우수 내 나라 文字를 왜 賤待천대하고 未開文字에의 未練미련을 버리지 못하는가? 왜 새 時代의 文化的 趨勢추세를 忘却망각하고 保守的보수적 我執아집으로 祖國의 文化進路를 沮止저지하려는가? 라는 論理로써 漢字를 追放추방하려는 것이 한글 專用의 最新口號인 것 같다.

여기에 두 가지 側面에서 考察고찰할 必要가 있으니, 첫째 歷史的으로 悠久유구한 變遷을 가졌다는 것이 반드시 效果面에서 未開性으로, 非能率的비능률적이라 할 수 있는가 함이요, 둘째 文字 자체의 目的觀에서 表意·

---

2) 최현배 : 「한글만 쓰기의 주장-그 반대론자의 의혹을 풀어 밝힘」, pp.86-7 참조.

表音文字가 再評價되어야 하겠다는 것이다. 첫째 問題로 볼 때 原始形態의 殘滓文字잔재문자가 表意文字로서 그 本據國본거국인 中共에서까지 漢字를 廢止폐지하고 表音化하려는 運動이 일어남을 보아도 그 文字的 落照性낙조성을 豫告예고함이라고 한다. 그러나 中共은 漢字뿐 아니라 東洋의 精神的 支柱인 儒教유교마저 封建的봉건적 非生產的 思想이라고 批孔運動비공운동을 벌이고 있으니 그 까닭은 共產主義理念에서 풀이되어야 한다. 그들은 文化의 自由競爭原則을 排除배제하고 生產大衆을 機械的 人間視하여 物質生產萬能을 目的의 全部로 생각하기 때문에 文字에 있어서도 '優秀性우수성'이 問題가 아니라 '平易性'을 擇하려 하고 '最大性'보다 '最小性'을 取하여 平易한 日常知識으로 人民을 自足시키자니 歷史와 함께 수많은 文化內容이 收錄수록된 漢字는 批判받지 않을 수 없었다. 文字 자체의 優劣우열 때문이 아니라 生產機械人間에의 適否度의 打算타산에서 排除되었음을 看過간과하여서는 안 된다. 한글專用論者側의 한결같은 主張이 中共의 漢字廢止運動을 앞세우는 데 이 點 再反省을 促求촉구한다. 漢字는 中國文字로서가 아니라 東方文字로 長久한 文字價值를 發揮발휘하여 왔음은 그만큼 優秀性을 지녔기 때문이라고 보아야 할 것이요 '오랜'(長久한)이 '낡은'으로 混沌혼돈되어서는 안 될 것이다.

둘째, 表意文字와 表音文字에 대한 文字의 目的論的 考察이다. 앞서 말한 바와 같이 文字란 뜻이 言語만으로 表現되었을 때 그것은 그 時間 그 空間에 그치는 表現이기 때문에 時間的으로 長久하고 空間的으로 廣大광대하게 傳播전파하자는 目的에서 考案고안된 道具가 文字인 것이다. 여기 表意·表音文字를 發生論的으로 볼 때 新舊신구라는 先後로 優劣을 가름할 것이 아니라 보다 깊은 要因을 달리한다는 데 觀點관점을 돌려야 할 것이다. 表音文字는 '뜻'은 '말'로 '말'은 '글'로 表記되어 '뜻'과 '글'이 一致한다는 觀點에서 中間者 '말'만 完全하게 表記하려고 考案된 文字이다. 그러나 表意文字는 三者 중 中間者를 介意개의치 않고 兩者를 結付시키려는 目的下에 考案된 文字이다.

이제 兩者의 優劣을 가름하기 위해서는 어느 쪽이 文字의 目的論에 符合되는가에 反問할밖에 없다.

먼저, '말'과 '글'의 一致를 目的한 表音文字는 말을 같이하는 人種 간에는 그 文字가 通할 수 있으나 人種이나 風習·言語를 달리하는 異域, 즉 空間的 支配지배는 超越초월할 수 없다. 또 '말'이 '뜻'의 全部라는 前提下에 合目的的이지만 그렇지 못한 境遇경우가 許多하다. 즉 말은 旣成品과 같이 固定化된 表現이지만, 뜻의 世界는 未發된 無窮무궁한 境地이니 말만의 表記는 그 때 그곳의 斷面的 表現으로 意味世界를 限定시켜 그 以上의 意味世界는 杜絶두절하고 不問에 붙인다. 그리고 表音文字는 '뜻'을 構成하는 符號부호로서의 낱말의 音을 表記하는 道具인만큼 道具 裏面의 目的內容인 '뜻'까지는 '낱말'이라는 符號와 表記道具라는 '글'(文字)의 二重障壁이중장벽에 가리워졌다는 事實이다. 우리가 이 表音文字를 통해서 뜻을 통하려면 不知不識間에 이 二重障壁을 突破돌파해 감으로써 讀解할 수 있는 것이다. 우리의 讀書能力이란 바로 이 壁들을 얼마나 빠른 速度속도로 突破해 가느냐의 能力이라고 바꾸어 말할 수 있다.

그러나 表意文字는 이와 다르다. 象形이었든 會意的 方法이었든 文字라는 記號는 '뜻'을 目的한 뜻의 約束符號약속부호이다. 따라서 이 뜻글자를 익힌 者는 '말'이라는 中間者를 媒介매개치 않더라도, 즉 말을 모르더라도 뜻을 가진 人間에게는 時間的 空間的 制約받음이 없이 통할 수 있다는 事實이다. 뜻글자는 그 數가 한없이 많아서 그 익히기가 힘든다는 非難비난은 곧 뜻의 世界가 無限한 때문에 그 表記가 無限한 것은 當然하다. 그 익히기가 어렵다 함은 우리 大辭典의 수많은 語彙를 다 익히기 어려운 것과 같은 것이니 아무리 大學者라 하더라도 그가 必要한 分野의 語彙만을 使用하는 것이요 辭典 全部를 驅使구사하지 않는 것과 같다. 모든 人間들은 各自 自己生活圈에 屬한 생각 속에 잠겨 있고 그 限界 내의 言語로 通用하는 것이니 어찌 關與外 表記文字가 많음을 탓하랴! 이것은 漢字에의 恐怖症공포증을 誘發유발하려는 奸巧간교한 策動이다. 그것으로 탓하자면 모든 나라 國民들이 自己 나라 辭典에 語彙가 많음을 탓해야 마땅하다.

表意文字는 앞서 말한 表音文字의 二重障壁이 除去제거되고 '뜻'이 곧 '글'인 直結記號라는 事實이다. 그러므로 한 字 한 字 글을 익힌다는 것은 곧 뜻을 익힘이라 비록 數十字로 된 音의 符號를 익히기보다는 힘겹다 하되 뜻을 이어받으려는 目的遂行過程목적수행과정인 것이다. 지금까지 한글은 익히기 쉽고 漢字는 어렵다는 主張은 文字의 目的論을 忘却망각한 表音文字의 音의 符號暗記부호암기와 意味世界 解得을 比較해서 하는 말이었다. 도대체 한글만 익힌 어린이가 한글로만 된 聖經성경이나 其他 뜻 깊은 한글版 思想書籍사상서적을 읽었다고 解得한 것과 같다고 看做간주할 수 있단 말인가? 무릇 比較 批判할 때는 比較對象을 同位概念으로 選定하여야 正當한 批判이 될 터인데 對象의 選定도 올바로 못 하고 相對方을 辱함은 그 自身을 스스로 얼마나 賤待천대함이 되는 것일까.

뜻글자가 視覺的이요 讀書의 能率을 올린다는 經驗的 事實은 바로 이러한 構造的 特色 때문이다.

여기까지 말하면 외솔先生의 뜻을 이어받은 분들은 그 遺稿유고에 몇 차례 例證한 필리핀의 16세 '마리아 테레사 칼드린' 아씨의 超人的초인적인 讀書能力으로 反駁반박하리라. 즉 普通보통 사람이 1분에 250개 낱말을 읽을 수 있는데 그 40倍인 1만개 以上의 낱말을 100% 理解하여가며 讀破독파한다[3] 하니 이것은 表意文字 아닌 表音文字로서의 英語라는 事實로 볼 때 漢字라면 이 程度정도의 能率능률을 올릴 수 있을까 함이다. 이 答은 簡單하다. 과연 마리아 아씨의 超人的 讀書能力에는 驚歎경탄을 不禁불금하나 그것이 表音文字였기 때문이라는 論證은 어디다 根據근거를 두었는가라는 反問이다. 만일 필리핀이 過去 英國 아닌 中國의 統治下에 있어서 漢字를 國字로 했을 때 마리아 아씨는 그 낱말의 뜻의 內容을 50초나 40초에 읽을 수 있을지도 모른다는 想像을 해서 잘못이 어디 있겠는가?

---

3) 上同, p.68 참조.

또한 오늘날과 같은 科學文明을 發展시키는 데 主導的 役割역할을 하고 있을 뿐 아니라 위로는 古代 그리이스 社會에서 深奧심오한 形而上學과 崇高숭고한 理想主義思想이 움트게 하였으니 이것은 어려운 漢字社會가 아니라 表音文字社會가 아니었던가?[4]라고 表音文字의 哲學·科學 등 諸般文化發展의 主導的 關聯性을 力說하는데 이것은 事大主義라는 尺度에서 생각해 볼 일이다. 國漢倂用論者를 保守的보수적 事大主義라 하는데 오늘날 西歐의 物質文明이 世界를 制覇제패하니까 古代思想까지 追敍추서하고 우리 東方社會는 現在 그들로부터 受惠的수혜적 立場에 있다고 古代思想까지 追虐추학(?)(追敍의 對句로 만들어 보았다)하는 態度, 그 低姿勢저자세, 참으로 서글퍼하지 않을 수 없다.

筆者의 猥濫외람된 斷定일는지 모르나 現代 西歐文明은 極限點극한점에 到達도달하였다 보는 것이며 「25時」의 作家 게오르규의 말처럼 이 絶望절망을 救濟구제할 길은 東洋의 神秘主義신비주의에 期待되는 바 크고, 그 因子는 古代 漢字文化에 含蓄함축된 人道主義의 새로운 體制로의 復活에 있다고 본다. 古代 그리이스 形而上學과 理想主義를 東方 孔·孟·老·莊·佛教 등의 哲學思想과 比較할 때 어떤 根據근거에서 어느 點이 前者가 崇高하다는 것인가? 참으로 어이없는 獨斷이다.

菲才淺學비재천학한 筆者의 獨斷을 試論시론할까 한다.

未來의 文化文字는 表音文字에서 表意文字로 轉換전환할 것이라고. 그 理由는 古代로 遡及소급할수록 文化性이 稀薄희박해지면서 그 尺度가 語彙數의 減少감소로 나타났고 그 反對로 文化가 進展하면서 그 文化內容은 語彙로 收錄하여야 하니 이것은 곧 文化史의 進展은 語彙의 增加와 比例한다는 原理로 集約할 수 있다. 그러면 時間과 함께 增加해 가는 語彙의 構造問題와 表記方法이 難事일 것이니 人類는 지금까지의 뜻에 대한 間接的 傳達符號전달부호로서의 表音的 方法에 懷疑회의와 反省을 갖지 않을 수

---

4) 上同, pp.127-8 참조.

없을 것이다. 이 때 聯想연상되는 것이 表意的 符號로서 '뜻'의 直輸入직수입이 摸索모색될 것이다. 그 결과 表記分量이 엄청나게 縮小될 것이며 그 傳達이 매우 明確해질 것이다.

文字의 價値는 '簡明' 二字로 壓縮압축될 것이며 그 構造問題는 目的論的인 道具的 效用價値와는 別個問題이다. 가장 經濟的으로 目的內容을 明確히 傳達할 수 있다면 그것으로 文字的 使命은 그치는 것이다. 쓰기(書·打字)의 問題는 傳達하는 者의 勞苦노고나 植字工식자공의 手苦보다 被傳達者, 즉 讀者本位가 되어야 할 것이니 쓰기(書·打字, 其他)가 쉽다고 쓰기(使用, 즉 解得)가 쉬운 것이 아니며 쓰기(書·其他) 쉬운 것만 생각하고 쓰기(使用·讀解)를 소홀히 하면 아니 쓰니(書, 其他)만 못하리라.

3. 우리의 語文政策

民主建國과 함께 '한글 專用에 關한 法律'이 國會를 通過한 以來 한글專用을 主導하는 몇몇 人士가 文敎部의 要職요직을 占據점거하고 何等의 科學的 硏究나 實驗을 거친 일이 없이 强行一路였다. 그 方法은 初等敎育에서부터 한글을 專用할 때 아무리 旣成世代기성세대가 反對한들 未久에 世代가 交替교체되는 날 漢字의 效用價値 자체를 전혀 沒却몰각하게 될 때 無難히 漢字는 自然淘汰자연도태시킬 수 있다는 心算심산에서였다. 그 후 이 나라 文化 將來를 크게 憂慮우려하는 識者들의 强力한 反論이 到處에서 奮發분발되었지만 그것이 個別的이요 散發的산발적인 것으로 國民의 總意총의를 集約한 것이 못 되었기 때문에 權力과 結託한 한글 專用勢力 앞에 無力할 수밖에 없었다. 그러자 5·16 革命政府에 의해서 더욱 强化策을 쓰게 되었고 1968년 10월 政府의 이른바 '한글專用 5個年計劃'이 樹立되었으며, 드디어 1970년 3월에 이르러 國民學校부터 高等學校에 이르는 全敎科書에서 漢字를 完全히 除去한 일종 敎育革命이 斷行되었다. 이에 대한

國民의 驚愕경악과 衝激충격은 이루 헤아릴 수 없었던 것이다.

이에 1969년 1월 著名人士저명인사 140명의 '語文教育是正促求聲明書'가 나오게 되고 다시 學界·法曹界법조계·言論界 등 人士 100여명의 新加入으로 그해 7월 '韓國語文教育研究會'를 創立하여 研究會·講演會강연회 등 啓蒙運動계몽운동을 시작함으로써 한글 專用 教育政策 是正運動을 本格化하였다. 이 問題에 대한 國務總理국무총리의 諮問자문에 學術院이 漢字教育의 復活의 合理性을 全的으로 贊成찬성한다는 回信회신을 받게 된 것은 큰 成果라 할 것이다.

事態가 이에 이르자 한글專用側에서는 强烈한 反對運動이 展開된 것은 두말 할 나위 없었다. 그러나 그 不合理性을 糾彈규탄하는 輿論여론이 社會各層에서 沸騰비등하고 끈질긴 語文學會의 是正을 위한 誠心성심과 努力으로 드디어 1974년 7월 11일 文教部의 '中·高等教科書 漢字並記方針' 發表가 正午의 톱 뉴우스로 世上에 울려 퍼지게 되었으며, 國內 모든 新聞들이 紙面을 아낄 줄 모르고 特筆특필을 휘둘렀으니 以下 그 일부 骨子만 例證예증하자.

1. 「東亞日報」 74년 7월 11일 第1面
   中高教科書에 漢字併用, 文教部 來年부터 實施
   國民學校 漢字교육 復活도 檢討
   同紙 : 社會面
   教育上의 難題 풀려
   한글 專用教育 白紙化된 셈
2. 「朝鮮日報」 74년 7월 12일
   한글 專用 5년 만의 白紙化
   同 7월 13일 社說에
   正道 찾은 語文政策
3. 「中央日報」 74년 7월 11일
   中·高等教科書에 漢字併記

70년 以來의 '한글 專用' 抛棄포기
同 7월 16일 社說에서
<漢字의 敎育> 主題下에
"漢字·漢文敎育의 필요성은 健全한 常識을 가진 者에게는 누구에게나 異論의 여지없는 自明한 理致……"

4. 「韓國日報」 74년 7월 12일
文敎部 발표 한글 專用 5년 만에 白紙化
同 7월 13일 文化面에
贊·反 두 學者의 見解 對照대조
同 社說에 '國·漢字倂記體制의 決斷'
5. 「京鄕新聞」74년 7월 11일 一面
文敎部 한글 전용 5년 만에 原點으로
同 7월 12일字 社說에
<漢字敎育 還元환원의 意味> 主題下에
"……國民學校段階에까지 擴大를……"
6. 「서울신문」 74년 7월 12일
語文政策 5년 만에 大轉換
同 7월 13일 社說에
<正常復歸정상복귀한 語文政策> 主題下에
"……現實社會生活의 要請요청을 肯定的으로 받아들인 決斷……
한글 專用의 잘못을 바로잡은……"
7. 「新亞日報」 74. 7. 12. 社說에 "敎育에, 獨善은 禁物"

制約된 紙面에 倍나 超過하다 보니 더 例證할 餘地여지가 없어 社會의 絶對的 贊辭찬사는 推測추측에 맡긴다.

그러면 이러한 國民衆智의 大勢 앞에 한글專用側에서는 어떠한 反對口實을 내세우는지 알아볼 必要가 있다.

먼저 1969년 1월 첫 번째 <語文敎育是正促求聲明書>—漢字·漢文敎育을 强化하라—와, 두 번째 1970년 2월의 <漢字敎育復活促求聲明書> 등이 發表되어 世人의 耳目을 集中시키자 '한글학회'와 그 傘下學會산하학회

名義로

"① 세종대왕 혁신으로 시작하여 ② 1948년 우리나라 국회에서 한글 전용 정책을 채택한 일 ③ 배우기 어렵고 쓰기 힘들며 아이들의 힘을 낭비하고 독서 능력을 해침"

등의 理由로 併用의 不當性을 내세웠다. 그럼에도 不拘하고 國務總理 諮問으로 이 나라 最高學術의 權威機構인 學術院에서 漢字活用의 至當性이 判定되자 要旨 다음과 같은 <한글전용에 대한 건의서>가 發表되었으니

……혁신에는 보수 세력이 따르기 마련이지만……1970년부터 실시해 오는 한글 전용 정책에 후퇴함이 없기를 관계 당국에 간절히 바라오며 앞으로 더욱 이 정책을 강력히 추진해 나가기 바랍니다……

라 하고 크게 注目을 끄는 發言은

……학술원 의사는 그 구성원 나이 평균이 가장 높은 단체여서 한자에 관한 의견을 물어 본다는 것은 결과를 미리 예측한 일……

이라 하고 言論에 한글專用이 크게 與論化되지 못하는 까닭은

나이 많은 일부 보수적인 언론인이 많기 때문……

이라는 것이다. 또

한자를 없앨 날이 오고야 말 것이니 이런 전진 후퇴를 언제까지 되풀이해야 하는 것입니까?

라고 오로지 政府에만 哀訴애소하고 있다. 이러한 한글主義者의 哀訴에 아랑곳없이 30년 가까운 衆智의 鬪志투지에 呼應호응한 文教部의 74년 7월 11일의 國漢字倂用教育의 勇斷용단에 대해서 한글학회는 성명서를 發表하기를

> 교과서 한자 병기는 한글 전용 정책을 후퇴시키는 조치로 언어와 글자에 대한 문교 정책이 너무나 궤도 없이 달리고 있다.

반박하고 이 조치가 철회될 때까지 싸우겠다고 밝혔다. 이어서

> 정부가 계속 한글전용 추진을 공언해 놓고 이를 전적으로 부인하는 처사를 취하는 것은 자기모순이며 국민에 대한 기만……

이라고 주장했다. 이것이 과연 진정한 民族文化發展을 위한 進步的 眼目에서 우러나온 主義·主唱주창이라 보아야 옳은가?

이 審判심판은 解放 이후 30년이 가깝도록 한글 專用政策을 强行한 결과 오늘의 現實－半文盲的 畸形文化人기형문화인, 제 이름字도 똑바로 못 쓰는 中學生, 兒童思考能力低下, 性能力 없는 新郎신랑처럼 讀書能力을 去勢거세하는 大學生의 輩出,[5)] 이에 대한 衆智의 憤怒분노, 政府의 賢明한 改悟로 自明한 解決이 될 것이다.

오늘날 한글專用이 빚어낸 歷史的 過誤는 將次 文化創造의 主役이 될 新世代의 國語實力低下, 知能減退지능감퇴, 半文盲的 畸形文化人의 量産이라는 實態를 다시 알아보자.

72년 4월 韓國語文教育研究會가 서울大·高大·延世大·慶北大 등 全國 12개 大學生 872명을 對象으로 調査한 '大學生의 國語實力調査' 報告에 의하면 어이없게도 解釋해석이 24점, 表記가 27점(모두 100점 滿點

---

5) 吳之湖 : 「國語에 對한 重大한 誤解」, p.72 참조. 이 책은 國民必讀의 快著라 勸함.

에)이었다 하니 寒心한 일이 아닐 수 없다. 그 出題도 日常生活에 자주 쓰이는 漢字熟語한자숙어를 비롯하여 敎育憲章, 倫理·哲學·經濟用語, 古典小說에 나타난 말 25개, 日刊新聞記事, 거리의 看板·揭示物게시물·新聞廣告 등에서 25개로서 國民大衆의 常識的 語彙들이었다. 그 奇答의 例로는 '馬耳東風'을 '말의 코에서 부는 바람', '古稀紀念'을 '古代 그리이스의 축제일', '健脚건각'을 '건강한 미혼 남자', '獨寡占독과점'을 '과자를 독자적으로 파는 것', '혼자된 과부의 친정', '과부가 점치는 곳', '외로운 과부점', '과부 혼자 점침' 등 웃을 수만 없는 嚴肅엄숙한 事態이다.

이 報告가 世上에 알려지자 國內 모든 新聞들은 또 紙面을 아끼지 않고 <한심한 대학생 國語實力> <大學生 國語實力 이상 있다>(「서울신문」)라는 主題로 國家的 驚覺경각을 促求하기 앞을 다투었다.[6] 그러면 中·高等學校 實態는 어떠한가?

73년 忠南敎育硏究院에서 施行한 <中學校 漢文敎育調査硏究>에 나타난 報告에 따르면[7] 中學生 중 자기 姓名을 漢字로 바르게 쓰지 못하는 사람이 調査人員 751명의 半數 가까운 46.8%로 나타났으며 이렇게 漢字와 因緣인연을 멀리한 中學生들이지만 漢字敎育의 必要性與否에 대하여서는 86.3%가 배워야 하겠다는 意志를 表示하였다.

다음 城南高等學校 宋鍾萬敎師의 調査論文에 의하면[8] 國民學校 敎科書에 나오는 語彙를 중심으로 同一問題를 가지고 理解·推理추리·應用度응용도를 測定측정한 結果 漢字敎育 5개월 받은 國民學生(6年女)이 同音異義語 區分에서 안 받은 中學 1·2年生보다 平均평균 10점 가까이 높으며 뜻풀이와 낱말 짓기에서도 國民學生이 中學生보다 13점이나 뛰어났다는 것이다. 高等學生의 경우 高 2 A班(漢文非學習)과 高 2 B班(漢文學習)이

6) 73년 4월 20일~24일 간의 國內 日刊·週刊紙 모두 참조.
7) 「語文硏究」 1973년 겨울號(卷2), pp. 187-212 참조.
8) 宋鍾萬(城南高 敎師) 論文 : <計數上에 나타난 한글專用敎育의 非理·病弊와 그 處方－初·中·高等學生 基礎學力調査에 나타난 問題>.

뜻의 區分과 풀이에 있어서 20% 內外의 偏差편차로서 學習한 B班이 國語實力에 있어서 뛰어났다고 한다. 그리고 놀라운 事實로는 우리 다음 世代인 純한글 青少年들이 漢文學習의 必要性調査에서 97.2%나 贊成하였다는 事實은 앞서 忠南教研調査의 國民學生의 86.3%의 贊成率과 함께 한글 專用主義者의 良心의 奧底오저에 冷嚴냉엄한 警鐘경종을 울림이 아닌가 한다. 또 實用度에 있어서도 90.7%가 그 實用價値를 確認하였고 學習難易度도 英・獨・佛語보다 쉽다는 것이 60.8%의 反應을 보였으니 西歐語는 어려우니 배우지 말라 하지 않고 유독 漢字教育은 어려워 배우지 말라 하니 國語教育 위한 道具的 漢字건만 어찌해서 敵慨心적개심이 이토록 크단 말인가?

다음 初等教育에 있어서의 漢字教育 效果는 어떻게 나타나고 있는가를 알아보자. 新聞에 <漢字教育은 이를수록 좋다>라는 主題로 서울 玉水國民學校 崔濬文教師의 實驗教育調査報告書가 紹介소개되었는데 副題부제로는 <國校부터 가르쳐야><국민교 3년생 성적 3배 向上><우리 말 理解에 큰 도움>이라 하여 크게 注目을 끌었다.

崔教師는 "法令으로 묶어 놓은 한글 專用教育方針에 違背위배가 되는 行爲가 되므로"주로 國語・社會에 나오는 漢字語에 대하여 漢字로 뜻을 풀이해 가면서 漢字를 習得케 하는 方法을 썼다고 하며 正規教科時間에는 漢字를 가르치지 말라는 文教當局의 指示 때문에 주로 과외 학습 시간을 이용하였다고 한다.

漢字 말 뜻 쓰기 시험에서 漢字를 배운 實驗集團인 6學年 女1班의 平均成績평균성적은 62.63점을 얻은 데 비하여 比較集團(안 배운 班)인 6學年 女2班은 16.28점밖에 따지 못하였다는 것이다. 比較集團의 例, '자습'을 '아침에 공부하는 것', '음식'을 '날마다 먹는 것', '반공'을 '나라 사랑함', '방공'을 '피하는 것' 등으로 알고 있다는 것이다.

崔教師 實驗教育으로 6백字쯤 배운 6學年 女子 1班 學生은 平均 250여 漢字를 익히고 있다 하며 이 중 徐明愛양(12) 같은 어린이는 거의 一千

字를 알고 있으며 많은 學生들이 新聞에 나오는 30-40%의 漢字를 읽을 수 있다고 말하였다. 學生들은 "처음 한자를 배울 때는 어렵다는 생각이 들었으나 막상 배우고 보니 응용하기 쉽고 아는 것이 많아졌다"면서 "실험 교육만 말고 모든 학생들이 같이 배우고 교과서에도 국한문을 혼용해 주었으면……"하고 要望요망하는 意見까지 提示하고 있었다고 한다.[9)]

한글專用을 極烈극렬하게 외치는 분들이여! 이 天眞스런 國民學校 少女의 國漢文混用提議마저 保守的 事大主義 賣國妄言매국망언이라 一蹴일축할 勇氣가 있는가?

4. 結　論

1962년 3월 初旬초순의 일이다. 革命政府가 앞으로 國內 모든 刊行物을 一切 한글專用토록 强力히 推進추진할 方針이라는 報道가 나돌았을 때 山村에서나마 그 恨歎한탄스러움을 참을 길 없어 筆者는 要旨 다음과 같은 글을 써 가지고 直接직접 上京상경하여 國家再建最高會議議長을 장충동 官邸관저로 찾아갔다.

물론 村夫의 身分이니(當時 忠南 靑陽에서 農業에 從事함) 門前에서 憲兵헌병의 沮止저지로 議長面會가 拒絶거절되었지만 "꼭 이 글만은 議長님(現 朴大統領)께 傳하여 달라"는 呼訴호소를 남기고 돌아왔다. 지금 생각해도 30이 갓 넘은 情熱정열의 所致소치였음을 苦笑고소케 한다.

> ……議長님 여기 '滅共統一'이라 表記한 것과 '멸공통일'이라 쓴 것을 比較할 때 그 읽는 速度나 意味傳達의미전달에는 큰 差異가 없겠지만 그것이 주는 感度감도는 어떻다 보십니까?

---

9) 「東亞日報」, 73년 10월 16일 4面 톱 記事(鄭然春記者 記). 더 仔細한 것은 「語文硏究」 創刊號 pp.65-75 참조.

> 구태여 쓰기(書) 까다로운 劃數 많은 漢字로 記錄하는 것은 그 文字에의 愛着이나 習慣습관에서가 아니라 쓰는 者의 意中世界를 讀者로 하여금 切實하게 共鳴공명을 要請하는 때문에 뜻을 그린 뜻글자를 쓰는 것입니다.
>
> 뜻을 强力히 呼訴하려 할 때 소리만을 目的한 소리글자와 뜻을 含蓄함축한 뜻글자의 表現은 위 한 예로도 足히 首肯수긍이 가시리라 믿습니다. '멸공통일'은 旣存·旣成觀念 그 以上의 反應을 주지 못하지만 '滅共統一'은 그것을 쏘아보면 볼수록 차츰차츰 깊어가는 決意로 어금니라도 우직끈 갈아마실 새 覺悟 같은 느낌이 움터오르지 않습니까?……
>
> 社會가 極度의 混亂에 빠졌을 때 더 以上 觀望하다가는 國家運命이 危急하다고 判斷되었을 때 國民이 더 以上 못 견딜 때 그 要因들-不正腐敗·社會惡 등을 決然히 一掃일소하고 새 氣風를 振作진작하는 것이 革命이겠습니다. 우리 政局도 世界의 말 '데모로 일어선 나라 데모로 亡한다'처럼 甚至於 乞人 데모까지 일어난다는 판국에 革命의 功은 컸다 하겠습니다. 그러나 그 餘勢로 한글 專用의 强行을 서두른다시면 그것도 一種 文字革命의 斷行인데 漢字 때문에 우리 文化社會가 窒息실식될 만큼 混亂에 빠졌다고 判斷하신다면 百番 革命도 至當하다 하겠습니다. 反對로 그것이 斷行된 結果 우리 文字生活과 社會文化發展에 一大混亂이 惹起야기된다면 이것은 反革命的 處事가 될 것입니다.
>
> 半萬年 歷史 속에서 文化民族으로 길러 준 文字에 對한 報答보답이 一朝一夕에 追放추방으로 突變돌변한다면 마치 暴君폭군을 몰아낼 때는 忠臣이 되지만 聖君을 몰아냈을 때는 그 反對가 될 것이니 漢字追放이 과연 革命의 對象이 될 것인지 깊은 配慮배려를 仰望앙망합니다……

이 글을 當時 朴議長이 一讀이라도 하였는지 모르지만 두어 달이 지난 어느 날 다음과 같은 回信이 왔다.

> 귀하의 고견을 전하여 주신 데 대하여 깊이 감사를 드리며 앞으로 국정에 많은 참작을 할 것이니 변함없는 성원을 바랍니다…….
>
> 국가재건최고회의의장 비서실장
>
> ○○○

筆者의 所信은 지금도 위와 다를 바 없다. 國內 어디를 가나 朱書版주서판 '승공' '방첩'이 붙어 있다. 이것을 '勝共' '防諜'으로 바꾸어서 생각해 본다. 그러면 읽을 人員의 數가 줄어들 것이지만 漢字를 못 읽을 사람이라면 '승공' '방첩'을 읽었다고 그에게 바라는 覺醒度각성도는 그리 深刻심각하지 못할 것이다. 너무나 많이 보아 와서 不感症化불감증화된 語句, 感應감응없이 皮相的으로 눈에 보였을 뿐이다. 그러나 '勝共' 이 두 글자는 歲月이 가면 갈수록 보면 볼수록 새로운 意味와 覺悟를 喚起환기시킬 수 있는 效果的 文字라 생각한다.

한글專用側에서는 이러한 筆者를 救濟구제할 길 없는 漢字中毒症한자중독증에 걸려 있는 反民族的 事大主義者라 할 것이다. 그러나 첫節에서 言及한 바 있듯이 참으로 내 나라 내 民族을 사랑하는 길은 文明時代에 태어나 國家·民族을 先進隊列선진대열에 끌어올려 앞지르게 하는 最善의 方法을 摸索모색하는 데 있다.

自古로 文化發展은 어떠한 道具를 開發하여 使用하느냐에 至大한 影響力영향력이 左右되듯 文字라는 道具가 차지하는 比重은 그 進退의 決定的 役割을 맡고 있다. 表音·表意文字들이 各自 長短點이 있지만 이들의 長點만 選擇해서 思想·感情·科學 諸般分野제반분야의 開拓개척과 發展에 自由自在로 活用하자는 것이 國漢併用論의 主張이다.

漢字를 禮讚예찬한다고 中國을 思慕사모함이 아니라 그 道具的 價値를 살피는 것으로 漢字에 우리가 隷屬예속되는 것이 아니라 우리가 漢字를 任意로 利用하는 것이다. 마치 作業能率을 올리기 위해서 先進國으로부터 新裝備신장비를 導入하여 任意로 驅使구사하는 것과 같다.

그러나 이러한 創造的 自由를 法으로 制止한다는 것은 國家目的에 違背됨은 물론 思想·感情·良心의 表現의 自由를 沮止저지함이니 憲法精神에도 逆行하는 이 固陋고루한 過去法의 拘束구속에서 解放되어야 한다는 것이다. 그리고 文敎政策도 이 積極的적극적 進步的 自由의 趨勢추세에 適應적응할 수 있는 人材를 기르기 위하여 半文盲的 畸形文化人을 더 以上 輩出

배출치 말아야 한다. 現實에 適應 못하는 敎育은 그 實用價値가 없기 때문이다. 漢字를 써야 할 語句가 있어도 法의 沮止 때문에 한글化하여야 하는 수많은 隘路애로들이 얼마나 敎育效果를 萎縮위축시켜 왔는가? 이것이 國家文化發展, 國力伸張에 그 얼마나 큰 障碍장애가 되어 왔는가를 大悟警覺대오경각하여야 할 것이다.

이러한 大勢에 覺醒각성한 좋은 例의 하나로 「서울신문」이 5·6년 전만하여도 한글專用을 先導하려고 純 한글版을 試圖시도하였음은 世人이 周知하는 바인데 國民大衆의 公器공기로서 呼應되지 못함을 스스로 깨달았음인지 最近에는 어느 新聞 못지않게 國漢混用體로 變하였다. 初志초지를 不變하려는 것이 누구나의 心情이지만 그것이 衆智와 符合되지 못함을 깨달으면 敏感민감하게 是正할 줄 아는 雅量아량이 賢明하고 進步的 姿勢자세이다.

너무나 漢字만 禮讚한 느낌인데 왜 한글의 고마움을 모르겠는가! 우리 한민족의 優雅우아하고 高尙하며 淸純청순한 마음씨를 부드럽고 아름답고 아기자기하게 그려 줄 文字는 오직 한글밖에 없는 것이다. "불그레하게 피어오른 두 볼에 엷은 보조개가 바람처럼 스치고 갔다"든가 "야들야들한 그 입술" "포동포동한 젖가슴" "토실토실한 종아리" 아마도 이러한 表現과 表記는 韓國的 情趣정취요 한글만의 能力이 아닐까 한다.

아무리 數千年의 歷史를 두고 發達하여 온 漢字라 하더라도 한글만의 機能은 따를 수 없고 한글로만 못다 할 뜻의 奧妙오묘한 表現을 漢字가 할 수 있는 것이다. 全漢字體文章이 주는 重壓感중압감, 純한글文章이 주는 皮相性과 倦怠感권태감, 이것들이 混成되어 調和를 이룰 때 表音·表意文字의 相乘的상승적 效果를 가져올 것이니 이 自由로운 言文生活, 즉 豊富풍부한 表現·表記로써 幅넓고 多樣다양한 民族文化를 開拓하여 가자는 것이다.

〈本會 理事·公州師大敎授/ 어문연구 7·8호〉

「알파벳트」文明의 終焉

吳 之 湖

1905~1982년. 全南 和順 출생. 畵家. 조선대학교 교수, 예술원 회원 역임. 視覺言語로서 다른 문자와 비교하여 優越性을 갖는 漢文字의 특성을 여섯 가지로 요약하는 한편, 聽覺言語로서 사람의 사고를 단순화시키는 알파벳의 단점을 지적하는 가운데 알파벳 문명은 그 기능을 이미 다하였음을 주장하고 있다. 그러나 최근 물질문명과 기계문명의 폭력 하에서 가치판단 능력을 상실한 人類가 漢文字가 사라지기를 희망하므로 언젠가 없어질 수 있을 것이라며 아쉬워하고 있다.

漢文字의 特性

美의 原理와 漢文學 나는 美의 要素를 세 가지로 區分한다. 그 첫째는 生命性的 要素, 그 둘째는 精神性的 要素, 그 셋째는 形式性的 要素가 그것이다.

色彩색채와 音響음향은 그것이 갖는 物理性물리성으로써 人體에 生理的으로 作用한다. 이때의 色彩와 音響이 첫째에 屬하고, 色彩와 音響이 갖는 形象은 하나의 '意味'를 갖는다. 이때의 '意味'가 둘째에 屬하고, 色彩와 音響의 量的 大小와 質的 輕重경중의 形象 相互間의 調和的조화적 比例가 셋째에 屬한다.

自然의 美는 이 세 가지 要素요소가 合하여 하나의 美로 認識인식된다. 그러나 人間이 創造한 美, 卽 藝術예술의 美는 이 세 가지 要素가 比較的 分化된 狀態상태에서 存在한다. 人類의 모든 種族종족 中 黃人만이 갖는 書道藝術의 美는 셋째의 形式性美에 屬한다.

漢文字는 첫째, 各個 文字가 서로 다른 形象을 가졌다. 둘째 낱個 文字는 字劃자획의 數와 그 構成구성이 變化와 統一을 가졌다. '變化와 統一'은 美의 形式原理다. 漢文字는 이 條件조건을 갖춤으로써 그것은 一種의 抽象美術추상미술이 되었다.

그런 까닭으로 漢文字의 認識은 繪畵회화의 경우와 같이, 感性감성을 通하여 認識된다. 또 그런 까닭으로 그것의 認識은 精緻정치하고 그 記憶기억은 永久的이다. 이것이 知性을 通하여 認識되는 表音文字와 本質을 달리하는 漢文字의 第一特性이다.

日本의 한 精神科醫師정신과의사의 報告보고에 의하면, 交通事故교통사고로 記憶喪失기억상실이 된 한 患者환자는 다른 모든 것은 完全히 잊어버렸는데, 漢字만은 잊어버리지 않고 自身의 住所와 姓名을 漢字로 똑똑히 記錄하더라는 것이다.

漢字의 第二特性 漢字는 그 形象을 보는 것만으로써 그것이 갖는 「意味」를 直覺직각한다. 卽, 漢字는 그것이 갖는 「音」과는 전혀 관계없이 그 「形象」이 바로 「意味」인 것이다. 그래서 나는 漢字를 視覺言語라고 부른다. 이것이 漢字의 第二特性이다.

漢字는 이와 같이 發音과 관계가 없는 것이기 때문에 漢字語에는 言語의 墻壁장벽이라는 것이 存在할 수 없다. 그래서 그것은 그대로 世界語가 될 수 있는 것이다.

漢文字의 第三特性 漢文字에 賦與부여된 '意味'는 一方的으로 約束약속된 '意味'가 아니요, 文字 스스로가 제가 갖는 意味를 表現하고 있다.

例하면, '天'字는 '一'字와 '大'字가 合친 글字로서 '하나가 크다'라는 뜻이요, '地'字는 '土'字와 '也'字가 合친 글字로서 '흙이다'라는 뜻이요, '男'字는 '田'字와 '力'字가 合친 글字로서 '밭에서 일한다'라는 뜻이요,

'女'字는 女體의 神秘신비를 文字의 形象自體로써 象徵상징하는 글字다. 그런 까닭으로 漢文字는 그림을 볼 때와 같이 보는 瞬間순간으로 그것이 갖는 意味를 感得감득한다.

漢文字의 第四特性 漢文字의 造字는 위와 같이 會意의 原理에서 이루어지는 까닭으로, 文字가 갖는 意味가 精細정세하게 分化한다.

例하면, '말'에 관한 言語는 固有語에는 '말'과 '이야기'의 두 個가 있을 뿐인데, 漢文字에는 우리가 日常 쓰고 있는 것만도 言・語・話・說・談・論・辭・詞 等 7~8個가 있다. '言'은 一般言語라는 뜻과 말한다는 動詞로 쓰여지고, '語'는 一定한 意味를 가진 말, 卽 單語를 뜻하고, 語彙・語族 等, '話'는 이야기를 한다는 뜻이니, 會話・談話 等, '談'은 '說'보다는 좀 더 부드러운 이야기를 뜻하는 것이니, 談論・談說 등, '論'은 事物의 理致를 말한다는 뜻이니, 論說・論述 等, '辭'는 儀式的인 말을 뜻하는 것이니, 祝辭・開會辭 等 '詞'는 詩歌의 말을 뜻하고 文體名을 이르기도 하니, 歌詞・品詞 等과 같다.

漢文字의 第五特性 漢文字의 偉大위대한 또 하나의 特性특성은 造語의 萬能性이다. 卽 그것은 낱個의 文字가 갖는 意味가 精細하게 分化되어 있는데, 여기에 더하여, 그것들이 2個씩 結合함으로써 보다 高等한 槪念개념을 無制限으로 創造창조하는 것이다.

이럼으로써 漢文字는 黃人의 言語世界를 無限大로 擴大확대하였고, 無窮무궁한 深度심도로 深化하였다. 感覺世界를 超越초월한 黃人의 玄奧현오한 精神世界는 漢文字의 이 生命的인 슬기로운 性能에서 誕生탄생한 것이다.

漢文字의 第六特性 漢文字는 時間과 空間을 超越하여 存在하고 그것이 갖는 意味는 그 形態와 同時에 永遠영원히 不變한다.

'姑蘇城外寒山寺고소성외한산사의 夜半鐘聲야반종성이 到客船도객선'은 지금으로부터 千數百年前, 唐나라 때의 聯珠詩연주시의 한 句節이다. 萬相이 靜寂정적과 별빛 아래 잠들고 있는 한밤中 悠悠유유히 흐르는 江물 위를 노 저어가는 한 客船객선에 먼 곳에 있는 절로부터 은은히 들려오는 종소리에 귀를 기울이고 있는 한 나그네의 情景정경을, 千數百年前 이 詩의 作者가 느낀 것과 똑같은 感情을 우리는 지금도 느끼는 것이다. 同時에 이 感情은 漢字를 解하는 亞細亞아세아의 黃人 모두가 다 같이 느끼는 것이다.

「알파벳트」文明의 終焉

聽覺言語의 특성 漢文字言語를 視覺言語라고 한다면, 그 밖의 모든 言語는 聽覺言語청각언어라 할 것이다.

表音文字로 記錄되는 聽覺言語는 千個면 千個, 萬個면 萬個의 뜻을 全部 따로따로 배워야 하고, 그 뜻을 全部 따로따로 「暗記암기」하여야 한다. 이것이 聽覺言語의 特性이다.

聽覺言語를 記錄하는 表音文字는 「意味」와는 전혀 관계가 없고, 소리만을 내는 것이요 同時에 單語와 單語 사이에는 音韻論的으로나, 意味論的으로나 何等의 聯關이 없이 單語마다 孤立고립되어 있기 때문이다. 그런 까닭으로 聽覺言語는 한個를 알면 한個를 아는 것만으로 끝나는 것이요, 그 밖으로는 一步도 나갈 수 없다.

여기 대하여, 漢文字言語는 基本漢字 2,000字를 알면, 이것들이 서로 結合하여 되는 單語 10萬餘個를 배우지 않고 通解하게 된다. 漢文字言語는 제가 갖는 「意味」를 제 스스로가 表現하고 있고, 同時에 그것들은 저희들 끼리끼리 서로 聯關되어 있기 때문이다. 白人이 만든 言語學에서는 漢文字言語를 孤立語라고 말하는데, 이것은 그 外觀만을 보고 말하는 틀린 생각이요, 實은 그들 自身의 言語가 孤立語요, 漢文字言語는 넓은 外延을 갖는 有機語다.

日本의 著名한 한 電子科學者의 硏究에 의하면, 美國兒童과 日本兒童의 頭腦能力두뇌능력의 差異를 測定측정하였는데, 日本兒童이 美國兒童보다 倍以上의 높은 水準을 보였다 한다. 그 原因은 日本兒童은 漢文字言語로

思考하고 美國兒童은 「알파벳트」言語로 思考한다는데 있는 것으로서, 漢文字言語로 思考하면 20億 腦細胞뇌세포 全部가 移動하고 「알파벳트」言語로 思考하면, 그것의 一部만 稼動가동하는 까닭이라 한다.

「알파벳트」文明의 使命은 끝났다 사람은 言語에 의해서만 思考하는 것이기 때문에, 使用하는 言語의 質的 差異에 따라서, 思考의 所産인 文明에 質的 差異가 생긴다. 白人文明과 黃人文明의 差異는 兩者가 使用하는 文字의 差異에 原因하는 것이다. 그래서 나는 白人文明을 「알파벳트」文明이라 하고 黃人文明을 漢文字文明이라 부른다.

하나를 배우면 하나밖에 모르는 것이 「알파벳트」文字의 世界다. 하나를 배우면 하나밖에 모르는 世界, 叡智예지의 閃光섬광이 없는 世界, 想像상상의 飛翔비상이 허락되지 않는 世界, 눈으로 보고, 귀로 듣고, 손으로 만져보아야만 아는 世界, 感覺의 世界, 物質의 世界, 科學의 世界가 「알파벳트」文明의 世界다.

「알파벳트」文明은 지난 2千年 동안에, 人類에게 生活의 便利와 核武器핵무기와 그리고 人間精神의 終末的 墮落타락이라는 세 가지 선물을 안겨다 준 것으로써 그것의 使命을 다하였다.

人類歷史는 어디로 갈 것인가 白人의 物質文明이 끝났다면, 그러면 人類歷史는 앞으로 어디로 갈 것인가. 萬一, 歷史의 수레바퀴는 늘, 보다 無理에 가까운 方向으로 굴러가는 것이라면, 앞으로의 歷史는 白人의 物質文明의 터전 위에 黃人의 精神文明의 꽃을 피우는 世界가 되어야 할 것이다.

그러나, 歷史의 흐름은 반드시 進化의 方向으로만 가는 것은 아니다. 그 反對의 方向으로 가기도 한다. 人類文明의 오늘은 後者의 경우에 서 있는 것이 아닌가 나는 보는 것이다. 왜 그런가.

漢文字를 使用하는 10億 黃人은 한결같이 漢文字가 없어지는 것을 希望희망하고 있다. 그들은 現在 大多數가 漢文字를 使用하고는 있으면서도 죽지 못해 使用하고 있는 꼴이다. 앞으로 나오는 世代는 더욱 그럴 것이다.

그렇다면 漢文字는 언제인가는 없어지지 않을 수 없을 것이다.

그렇다면, 黃人은 自己네 눈을 뜨게 해주고 自己네 文明을 열어준 自己네들이 創造한 漢文字를 왜 없어져야 한다고 생각하게 되었는가. 그 原因은 두 가지가 있다. 그 하나는 白人의 物質文明의 物量에 壓倒압도된 黃人이 百年以來로 가져오는 白人崇拜백인숭배의 奴隷思想노예사상이 그것이다. 그들은 文字도 「알파벳트」文字가 優한 것이고, 漢文字가 劣한 것이라고 事實과는 正反對로 생각하고 있다. 그 둘째는 黃人을 포함한 人類의 頭腦는 機械의 壓倒的 暴力下폭력하에서 그것이 갖는 天賦천부의 機能이 점차 磨滅마멸됨으로써, 事物의 價値를 올바르게 判斷판단할 수 있는 能力과 意慾의욕이 喪失상실되어 가고 있다. 그래서 漢文字의 眞價도 理解할 수 없게 된 것이다.

漢文字 消滅後에 오는 것 漢文字가 地球表面지구표면으로부터 消滅소멸한 다음, 人類文明은 어떤 變化를 가져올 것인가.

人類文明은 精神的 面과 物質的 面의 두 가지 側面을 가졌다. 精神文明은 黃人에 의해 이미 紀元前年에 높은 段階단계에 이르렀고 物質文明은 白人에 의해, 20世紀에 그 限界에 도달하였다.

漢文字가 消滅하면, 黃人의 精神文明도 同時에 消滅할 것이다. 白人文明은 일찍이 이르러보지 못한 叡智로써만 感得할 수 있는 超感覺초감각의 世界, 心靈심령의 世界, 虛의 世界는 地球로부터 永遠히 사라질 것이다.

自然淘汰자연도태는 반드시 優한 者가 勝하고 劣한 者가 敗하는 것만은 아니다. 그것이 너무 優해도 劣한 者처럼 敗한다. 너무 優해도 劣한 環境환경에는 適應적응할 수 없기 때문이다.

漢文字도 그것이 너무도 優한 것이고, 人類의 腦細胞의 機能은 너무도 低劣化저열화했기 때문에 漢文字는 거기에 適應하기 어려운 것이다.

너무 優하기 때문에 敗하는 또 한 가지 文明을 우리는 가지고 있다. 南道의 「판소리」가 그것이다. 판소리는 人類가 創造한 音樂形式中 두 가지 最高形式中의 하나다. 다른 하나는 白人이 만든 洋樂形式이다. 판소리는 적어도 20年 以上을 文字 그대로의 피나는 刻苦각고를 쌓음으로써 비로소 얻어지는 音響의 世界다. 그 소리의 音質과 音律음률은 白人의 노래에서는 想像조차도 할 수 없는 天象萬化를 가졌다. 그것이 너무도 玄妙현묘한 것이기 때문에 그것이 너무도 어려운 것이기 때문에, 오늘의 淺薄천박한 精神風土에는 適應하기 어려운 것이다.

우리나라 學校教育에서는 「平準化」라는 말이 자주 쓰이고 있다. 이른바, 一流校와 그렇지 않은 學校와의 사이에 있는 學力의 격차를 없애기 위해 一流校라는 것을 뭉개버리는 作業이다. 그런 까닭으로, 이 平準化의 特徵은 低學力을 高學力의 水準으로 끌어올려 가지고 하는 平準化가 아니고 高學力을 低學力의 水準으로 끌어내려 가지고 하는 平準化라는 데에 있다. 學校와 學校 사이에 있는 이와 같은 學力의 격차는 漢字抹殺教育한자말살교육이 가져온 또 하나의 副產物부산물이기도 하다.

漢文字 消滅後에 오는 世界文明은 우리나라 學校教育의 平準化와 같은 平準化가 이루어질 것이다. 卽, 高次元의 黃人의 精神世界가 低次元의 白人의 感覺世界로 끌어내려 가지고 平準化가 이루어질 것이다. 뿐만 아니라, 이와 같은 事態는 이미 進行中에 있다.

結論컨대, 人類叡智가 產出한 이와 같은 高貴한 文化들이 하나씩 둘씩 사라져가고 있다는 것은 아는 이의 痛恨事통한사가 아닐 수 없다. 그러나 이것이 自由生滅의 法則이고 보면, 가는 者는 가도록 淡淡담담히 보내는 것이 또한 順理가 아닌가도 한다.

〈藝術院 會員/ 어문연구 25·26호〉

自然科學 用語의 語學的 問題點
-土木工學을 中心으로

元 明 洙

1946년 京畿 廣州 출생. 현 계명대학교 교수. 근래에 와서 사회각층에 걸쳐 국어순화운동이 일어나고 있기는 하지만 아직 많이 미흡하며 특히 자연과학의 시대가 된 만큼 自然科學分野의 用語들을 원래 의미에 맞게 순화할 것을 촉구하고 있는 글이다. 대표적인 예로 土木工學의 용어들을 들어, 학술용어 및 현장용어에 이르기까지 그 원뜻에 부적합한 용어들이 사용되는 현실과 일제의 잔재가 고스란히 남아있는 語學的 문제점들을 지적하며 국어순화를 생활철학의 일부로 만들어야 한다고 역설하고 있다.

I

現代는 自然科學의 시대다. 과거의 歷史는 政治家들이 이루어 놓은 역사였는지 모르나 現代歷史의 양상은 다르다. 自然科學이 차지하는 위치가 너무 커진 것이다. 칼과 창으로 싸움하던 시대는 원자탄, 수소탄으로 전쟁하는 시대로 바뀌었다. 그러한 변화가 발전인지 퇴보인지는 모르나 달라진 것은 분명한 현실이다. 그리고 그러한 변화의 주역이 自然科學이었던 것도 事實이다.

자연과학이 변화를 준 분야는 무기뿐일 수는 없다. 인간생활 영역 전체에 영향을 주었다. 인간 주위의 모든 상황이 변했다.

그러한 변화는 機械工學기계공학, 電子工學, 土木工學, 建築工學건축공학 등이 임무를 담당했다. 순수 자연 과학과 工學의 분야들이 여러 가지 작업을 했다. 도로가 넓어졌고, 새로운 항만이 생겼으며, 비행기들의 속도가 빨라졌다. 電子計算器의 작업분야는 다양화의 양상을 띠게 되었고, 생활도구들은 自動化되었으며, 우주는 좁아졌다. 그러나 자연과학의 활동에 비한다면 語文學은 현대사회의 변화 속에서 단지 구경하는 위치를 취했을 뿐이라고 말해도 과언이 아닐 것이다.

오늘날에는 漢文을 읽으며 한국의 古典이 어떠하다고 떠드는 사람을 시대에 뒤떨어진 인간으로 보는 것은 어쩔 수 없는 현상인지도 모른다. 그렇게 떠들어야 고무신 한 켤레도 생산되는 것이 아니라고 말한다. 國語學者가 아무리 열을 올려 音韻論이 어떻고 通辭論통사론이 가지는 의미가 무엇이라고 논문을 발표해도 세상 사람들은 관심을 쏟지 않았다. 그것은 100억불 수출과는 무관한 것으로 생각했다. 賞與金상여금 400%가 나오는 데도 語文學은 어떤 역할도 못했다는 것이다.

분명히 語文學은 現代社會에서 무능자일는지 모른다. 或者가 생각하듯 변화하는 사회의 뒤만 쫓아간 것 같기도 하지만, 語文學者들은 늘 열심히 연구했고 무엇인가 추구했다. 自然科學이라는 學問의 定立을 위해 8·15 해방 이후 朝鮮語學會에서도 2~3회 自然科學 학술용어를 결정하는 회의에 참석했으나, 전문적인 學術內容을 알지 못함으로 참고가 되지 못하였다고 한다. 그러면 언제까지 國語學은 自然科學을 멀리서 바라보고만 있을 것인가? 물론 전문적 지식 없이는 쉬운 작업이 아니지만 조금씩 접근해서 문제점을 해결해야 된다고 생각한다.

이제 自然科學에 종사하는 사람과 기술 분야의 인구가 부쩍 늘어났다. 해방 당시까지 한국에는 理工系統을 위한 정규대학이라곤 京城帝國大學에 理工學部가 단 하나 있었을 뿐이고, 이 이외에 京城工業專門學校, 京城鑛山專門學校, 平壤大同工業專門學校 등 理工系 高等教育機關이라곤 專門學校가 셋이 더 있었을 뿐이다. 45년 9월 해방직후까지 京城帝大 理工學部는 총 36명의 한국인 졸업생을 京城工專은 452명, 京城鑛專은

152명(專修科 49명 포함), 大同工專은 약 100명(추측) 등 모두 약 740名의 理工系 졸업생을 배출시키고 있다. 이외에 日本에서 교육받은 理工系 大學-專門校 출신이 300명가량 있었다고 본다면 약 1천명-1천 1백 명이 1916년 京城工專이 설립된 이래 45년 9월까지 우리나라에서 배출되었거나 또는 日本 등지에서 교육을 받은 高級理工系人力의 전부였다.

그러던 것이 74년에는 40여 개 大學에 97개의 理科系學科와 260개의 工科學科가 있고 재적학생 수는 76년 통계로 理科系가 17,297명, 工科系가 55,934명 등 모두 73,231명이고, 매년 졸업생은 76년 통계로 理科系가 3,111명, 工科系가 7,155명 합계 10,266명이어서 1년간 졸업생만도 해방 전 수십 년 사이에 배출된 理工系大學 및 工專 졸업생의 10배를 넘고 있다. 이외에도 우리나라에는 工業高等學校와 工業專門學校가 결합된 학교가 많으며 工業高等學校는 매년 59,000名의 技能工기능공을 배출시키고 있다.

이토록 많은 사람들이 한 국가의 언어생활에 미치는 영향은 多大하다. 만일 이들이 무책임한 언어생활을 한다면 올바른 언어생활을 위한 많은 사람들의 노력은 수포로 돌아갈 것이다. 그러나 공학도나 자연과학도의 대부분은 올바른 言語生活이냐 아니냐에 대해 비교적 무관심하다. 심지어는 專門學校나 大學과정에서 國語科目을 빼자고 주장하기도 한다. 공부하는 과정에서 용어가 적합하지 못하다는 생각이 들어도 그대로 지나치는 때가 많다. 용어뿐이 아니다. 한 현직 교수는 記號기호 심지어 單位까지 불편함을 느끼는 때가 빈번하다고 말한다.

言語의 무질서함은 學術用語에서 그치지 않는다. 大學이나 專門學校를 졸업하고 사회에 나가면 日帝時代의 잔재가 그대로 보이는 言語들이 그대로 보이고 있다. 엉터리 발음의 일본말을 모르면 경력이 부족하고 무식한 사람으로 통하기 때문에 하루빨리 그 말을 배우지 않으면 안 되는 것이 현실정이다. 일본식 특수용어를 모르면 젊은이들은 따돌림을 당한다. 현상이라 아니 볼 수 없다.

우선 필자는 부족한 능력을 가지고 土木工學의 학술용어에 대해 살펴보기로 한다.

Ⅱ

먼저 土木工學의 分野別 명칭에 대하여 생각해 보자.

우선 土木工學이라는 用語는 적합한가? 土木工學 分野에서 무엇보다도 부적합한 용어로 여겨진다. 土木工學은 英語의 Civil Engineering에서 온 말이다. Civil이란 英語로 '市民의'란 뜻이다. 즉 Civil Engineering은 '市民의 工學'이다. 그러나 우리나라에서는 日本으로부터 土木工學을 들여왔기 때문에 그대로 土木工學이란 用語를 쓰고 있다.

그럼 市民工學이라는 말과 土木工學은 어느 쪽이 적합한가 비교해 보자. 土木工學이라는 말이 책에 나오면 어린 학생들은 질문한다. "선생님! 土木工學이라는 것은 흙과 나무로 일하는 工學입니까? 예를 들면, 土工所나 미장이(土工) 아저씨가 하시는 일을 土木工學이라 합니까?"

우리는 어린아이들을 나무랄 수 없다. 土木工學이라는 用語가 학생들에게 그런 인상을 주는 것은 당연하기 때문이다.

土木工學 즉 市民工學은 어린아이의 질문과는 전혀 다른 것이다. 土木工學에서 다루는 분야는 市民의 共益을 위한 上下水道, 高速道路, 高架道路, 鐵道철도, 港灣항만, 道路, 飛行機, 建築物건축물의 基礎工事, 橋梁교량, P.S.콩크리트, 댐工事, 河川改修工事 등을 말한다. 위에 열거한 것이 흙과 나무를 사용하는 工學인지 市民을 위한 工學인지는 自明한 일이다.

이렇게 土木工學은 학문의 이름부터 제자리를 잘못 잡고 있는 형편이다.

견해의 차이는 있겠지만 土木工學에서 가장 중요한 分野는 아무래도 應用力學응용역학과 構造力學구조역학이라 생각한다.

應用力學과 構造力學을 구별하는 기준은 일반적으로 應用力學은 靜靜構造物을, 構造力學은 不靜靜構造物을 다루는 것으로 되어 있다. 그리고

靜靜構造物은 部材의 應力을 구할 때 未知數의 數가 聯立方程式의 數와 一致하는 構造物이고 不靜靜構造物은 未知數의 數가 聯立方程式의 수보다 많이 나오는 構造物을 일컫는다.

다시 말해서 未知數의 數가 聯立方程式의 수보다 적거나 같은 경우의 力學은 무슨 이유로 應用力學이며, 未知數의 數가 더 많은 경우는 어째서 構造力學인가?

두 분야 모두가 物理學의 古典力學에 근원을 두고 있다. 단지 앞에서 설명한 이유를 가지고 應用力學이니 構造力學이니 한다. 어느 분야는 應用된 力學이 아닐 수 있으며, 또 다른 분야는 構造物에 관한 力學이 아닐 수 있단 말인가? 아무래도 적당한 용어로 여겨지지 않는다.

또 工業力學이라는 것이 있다. 일반적으로 工科大學 1學年에서 공부하고 있다. 책에 따라 좀 다를 수 있겠지만, 내용은 일반적으로 靜力學과 動力學이 모두 物理學에 근거를 두고 있음은 물론이다. 그렇다면 應用力學이 아니겠는가? 어떤 구조물에 대한 연구라는 점에서는 모두 構造力學일 수도 있다. 거기에 工業力學이란 말까지 들어가고 보니 혼돈이 아니올 리 없다. 물론 工業力學이란 말을 긍정적으로 받아들일 근거가 없는 것은 아니다. 工業分野의 구조물은 固定된 구조물과 자동차같이 움직이는 構造物이 있기 때문이다. 구조물의 구별 방법은 여러 가지가 있을 수 있으나 固定된 構造物과 動的인 構造物로 나누는 것도 한 가지 방법일 수는 있다. 그래도 應用力學, 構造力學, 工業力學이라는 말에 혼돈이 옴은 마찬가지다.

土木工學의 分野 가운데 上下水道라는 것이 있다. 이 用語에도 미흡한 점이 있다. 대부분의 한국 사람에게 "上下水道란 무엇입니까?"라고 묻는다면 "上水道는 마시는 물이고 下水道는 부엌이나 세면장에서 나가는 물입니다."라고 말한다. 그런데 韓國人의 사고방식 속에는 하수도의 개념에 대소변의 처리가 빠져 있는 경우가 흔하다. 그러나 실제로는 하수도에서 대소변의 처리가 차지하는 위치가 너무 크다. 그리고 심각한 문제이기도 하다. 더욱이 한국에서는 몇 개의 도시 외에는 되어 있지 않아 커다란 공해 문제로 대두될 날이 머지않을 것이다. 이토록 광범위한 내용을 가지는 用語를 下水道라는 말로 간단히 처리해도 타당한 것인가?

요사이는 광범위한 말로 衛生工學위생공학 *Sanitary Engineering*이라는 用語를 사용하기도 한다. 그러나 그 用語는 上下水道를 넘어서는 광범위하고 포괄적인 학술어로 사용되고 있다.

土木工學內에서만도 위에 언급한 내용 말고도 많다. 위에서는 단지 土木工學의 큰 分野에 대해서 간단히 보았을 뿐이다. 구체적인 用語에 들어가면 그 수는 크게 늘어날 것이다. 학문이라는 측면에서뿐이 아니다. 現場에서도 이러한 양상은 비정상적인 모습을 띠고 나타난다.

現場에서는 日本語의 찌꺼기가 판을 치고 있다. 특수한 현상이나 대상은 모두 일본어로 일컬어야 한다. 예를 들면 "시야기 좀 잘 하시오(끝맺음을 잘 하시오)", "노면의 데꾸보꾸가 심해서 안 되겠어(노면이 울퉁불퉁해서 안 되겠어)", "기리빠시를 모아 두시오(쓰고 남은 나무 조각(그 외의 물건 조각)을 남겨 두시오)", "도끼다시를 잘하라(표면고르기를 잘하라)" 등의 말이 쓰인다. 괄호 안의 해석은 현장 사람들이 생각하고 있는 의미다.

현장에서는 위에 보인 日本語의 찌꺼기를 사용하지 않으면 무식하고 경험이 없는 젊은이가 된다. 제대로 대화에 끼어들 수도 없다. 나이 많은 십장이나 現場技術者에게 망신당하기 십상이다.

그럼 왜 그러한 현상이 일어나고 있는 것일까? 구체적으로 研究하면 좋은 결론이 나오리라 믿으나 심리적으로 볼 때 旣成世代의 사람들이 새로 사회에 진출하는 젊은이들을 누르기 위한 한 방법이라고 생각한다. 일본어를 모르는 세대를 技術로서가 아니고 日本植民地의 잔재로 누르려는 좋지 못한 사고방식의 결과라고 생각한다.

Ⅲ

근래에 와서 社會各層에 걸쳐 國語醇化運動이 일어나고 있음은 좋은 현상이다. 이러한 사회적 움직임은 결코 한때의 운동으로 그칠 것이 아니라 항상 우리 마음속에 머물러 있는 生活哲學의 일부가 되어야 할 것이다.

一般大衆들의 國語淨化運動에 발맞추어 여러 분야의 學界에서도 學術用語의 정화운동에 박차를 가하고 있다. 日本式 漢字로 된 말에서 韓國式 漢字나 순수한 우리말로 바꾸고 있다. 法學界, 經濟學界, 自然科學界 등 —이러한 운동에 어느 제한된 분야가 있을 수 없다.

더욱이 自然科學界는 범위가 넓고 세월이 흐를수록 우리 생활 속에 파고들 가능성이 큰 것이어서, 自然科學用語는 言語生活에 많은 영향을 미치게 되리라 생각한다. 西洋의 科學文明은 계속 밀려들어올 것이다. 言語라는 側面에서도 여기에 대응할 정책과 자세가 세워져야 한다.

「큰사전」 권6의 끝에 실린 어휘수의 집계를 검토해 보면 漢字語가 58%나 된다. 여기에 固有名詞를 넣으면 퍼센트는 더 높아진다. 여기서 상당수는 中國語에서 온 순수한 外來語라고 볼 수 있을 것이다. 그 퍼센트가 얼마가 되는지 알 수 없으나 中國語의 영향이 너무 큰 것은 누구도 부정할 수 없다.

지금 우리는 西歐의 言語들을 받아들이고 있다. 이것을 그대로 무질서하게 받아들여 제대로 소화하지 못한다면, 우리나라 말에서 西歐諸國에서 온 외래어가 차지하는 범위가 얼마로 늘어날지 모른다. 특히 韓國語로 된 컴퓨터에 관한 책들을 보면 한국 책을 읽는 것인지 외국어 책을 읽는 것인지 구별하기가 어렵다. 한국어로 된 용어도 어색한 것이 한두 가지가 아니다.

筆者는 本稿에서 自然科學의 일부인 土木工學의 用語에 대해 몇 마디 썼다. 그것도 크게 문제되는 土木工學의 몇 가지 分野에 대한 것뿐이었다. 그 외에도 自然科學의 分野에는 語學的인 많은 문제점을 안고 있다. 自然科學이 우리 언어생활에 미치는 영향이 크고 점점 커져 간다는 것을 생각할 때, 우리 國語國文學者들과 문교정책수립자들은 이러한 문제에도 결코 소홀히 해서는 안 된다고 생각한다.

〈中央大學校大學院博士課程, 國文學/ 어문연구 21호〉

올바른 外來語 受容방식
-KBS 드라마 「찬란한 여명」, 言語考證 미흡을 보고

俞 萬 根

1939년 京畿 廣州 출생. 대한음성학회 회장 역임. 현 성균관대 교수. 1996년 5월 4일 東亞日報 〈발언대〉에 실린 「외래어의 올바른 표기법」을 참조하여 재록한 이 글은, 당시 방영되던 KBS 드라마 〈찬란한 여명〉을 사례로 들며 '現地原音主義'를 채택하고 있는 우리의 외래어 표기법을 비판하고 있다. 어느 나라건 異物感이 큰 외국어 발음을 자국어에 어울리게 다듬는 노력을 하고 이는 言語借用의 정상적 현상인데, 일제하 조선총독부 지배하에서 특이하게 길들여진 우리나라만은 언어학적 기현상을 보이면서까지 현지원음주의를 채택하고 있으니 이것이야말로 씻어내야 할 倭政의 잔재라고 역설하고 있다.

史劇사극은 한 시대를 실감나게 再現하기 위해 생활도구, 복식, 언어 등 여러 면에서 고증을 거친다. 요즈음 大院君-高宗 시대를 다루고 있는 KBS 1TV 드라마 「찬란한 여명」에서 言語面으로 고증이 미흡한 점이 있어 지적하고저 한다. 그것은 日本 사람 이름 발음문제다.

一例로 1996년 4월 21일에 방송된 것을 보면, 舊韓末구한말에 갓 쓰고 두루마기 입은 우리나라 사람들끼리 말하면서 이를테면 「화방의질」(花房義質) 日本公使 이름을 日本漢字音 「하나부사 요시타다」라 발음하는 것으로 나오는데, 그것은 不自然스럽고 당치 않다. 그 시대 우리나라 사람들은 결코 아무도 그런 식으로 말하지 않았다. 제2차 세계대전이 시작될 무렵 1939년, 朝鮮總督府조선총독부가 조선문화, 조선인 탄압정책의 일환으로 어느 날, 京城방송국 제2(朝鮮語)방송에 日本 이름은 日本漢字音으로 읽으라고 느닷없이 강요하였는데, 그 때까지는 우리말에서 언제나 「풍신수길, 이등박문, 화방의질…」 식으로 말했던 것이다.

말이 난 김에 이 문제를 한 번 言語學的으로 考察해 보자. 東洋에서나 西洋에서나 言語借用 현상을 관찰하면 공통되는 점이 있다. 즉 같은 文化圈 안에서 借用한 外來語는 손쉽게 自國語化하지만 딴 文化圈에서 들어오는 외래어는 얼른 다듬기가 어려워, 할 수 없이 그 외국어 소리를 표기하게 되는데 그것은 대개 발음하기 불편하고 기억하기 쉽지 않다. 그래서 國語政策이 있는 나라는 어느 나라나 이 異物感이 큰 外國語발음을 자국어에 어울리게 다듬는 노력을 하는데 언어학에서는 이것을 言語借用의 바른 길, 正常的 현상으로 본다. 서양 문화권 안에서 英-佛간 서로 차용하는 외래어 예로 남자이름 Charles를 보면, 그것이 어느 나라 사람 이름이건 英語로는 다 [찰스]요, 佛語로는 모두 [샤를르]다. Paris가 불란서에도 있고 미국에는 이곳 저곳에 여섯 이상이나 있지만 어느 Paris도 佛語로는 다 [빠리], 英語로는 모두 [패리스]가 된다. 동양에서도 마찬가지로, 東京은 일본에도 있고 역사상 우리나라에도 있었고, 中國에는 여러 군데에 있었지만, 일본말로는 다 [도꾜]요, 中國말로는 모두 [뚱찡]이다. 어느 Paris인지, 어느 동경인지는 상황과 문맥에 따라 저절로 드러나므로 각국이 사용하는데 가장 異物感이 적은 自國語發音만 쓰는 것이다.

그런데 朝鮮總督府 지배하에서 특이하게 길들여진 우리나라에서만은 (남북한 공통으로) 이 언어학적 一般現象이 180도 반대로 방향을 잡고 있다. 즉 신문, 방송이 主導하여 西洋 외래어는 물론 漢字使用圈에서 차용한 외래어까지 「外國語化」하는 완전 남본위 避易取難피역취난의 언어학적 기현상을 보이고 있는 것이다. 조선총독부 강압으로 시작된 이 언어학적 몰상식의 유래는 이미 노정팔(전 KBS 이사장), 유병은(원로 방송인 · 청운 방송박물관 설립자) 양씨가 방송관계 전문잡지에 각각 기고한 글에서 자세히 밝힌 바와 같은데 그것은 한마디로 일본 식민지 백성의 굴욕이요 망신인 것이다. 당시 경성방송국 제2(조선어) 방송과장 沈友燮(號: 天風)은 총독부 고위 당국자를 찾아가 朝鮮語에 日本漢字音을 섞는 것이 당치 않다고 거세게 항의하였지만 여의치 않자 사표를 던졌는데 그 사표는 1939년 9월 10일에 受理되었다. 바로(바루) 말하면, 세상에 유례없는 「현지원음주의」라는 것도 마치 「小學校, 中梁橋중량교, 仁王山…」 대신 (조선총독부 장난으로) 「國民學校, 中浪橋중랑교, 仁旺山…」을 쓰는 것과 똑같은 倭政殘滓왜정잔재일 뿐이다. 우리가 왜정잔재를 하나하나 씻어가는 중이지만 그 속도가 너무 느리다.

요컨대 KBS 드라마 「찬란한 여명」에서는 우선 言語考證을 제대로 하여, 현실감 나게 시대에 맞는 언어를 쓸 것이요, 學界, 言論界에서는 손잡고 근본대책을 세워, 外來語와 外國語를 혼동하는 데서 오는 自繩自縛的자승자박적 불편을 마치 무슨 지식자랑 기회나 「묘기대행진」 쯤으로 아는 半識者들의 언어학적 몰상식을 씻어 줄 일이다.

(1996. 5. 4 東亞日報 〈발언대〉 「외래어의 올바른 표기법」 참조)

〈成均館大 英文科 敎授/ 어문연구 90호〉

우리말 로마자 正書法 制定論

俞 萬 根

1939년 京畿 廣州 출생. 대한음성학회 회장 역임. 현 성균관대 교수. 국제화·세계화 시대가 되면서 로마자를 채택하여 사용하는 나라가 증가함에 따라 문화교류의 편리를 위해 우리나라도 言語學的 水準級의 〈우리말 로마자 正書法〉을 제정해야 한다고 촉구하고 있다. 체계적 正書法수준에 도달하기 전 단계의 표기법으로 ① 민간 개개인 私的 表記法 ② 상륙군대/선교사 印象 表記法 ③ 한글맞춤법 再生 위주 表記法의 임시적 방식이 있으나 言語學的 正書法은 제 나라 사람들을 위해 정하고 외국인들이 배워야 하는 것이므로, 확립된 自國語 正書法이 있으면 이것을 배우지 않은 외국인이 잘못 읽는다 해도 개의치 않아도 될 것이라는 주장이다.

로마자는 원래 라틴어를 적는 글자였지만 지금 이 세상에 로마자를 채택하여 사용하는 나라가 60개국 이상이나 있다하니 로마자는 이제 人類 普遍文字보편문자라 할 만하다. 우리나라에는 훌륭한 한글이 있지만 바야흐로 國際化/世界化 시대에 여러 로마자 사용국과 文化交流를 위해서 본격적인 우리말 로마자 「正書法」을 마련해 놓으면 여러 모로 편리할 것이다.

우리말 로마자 表記方式은 19세기부터 160년간에 걸쳐 60여종이 나왔는데 표기 目的과 次元에 따라 그것을 서너 가지로 分類해 볼 수 있을 것이다. 체계적 正書法 수준에 도달하기 以前 段階단계 표기법으로 우선 흔히 보는 세 가지를 꼽으면, ① 민간 개개인 私的 表記法, ② 상륙군대/선교사 印象表記法, ③ 한글맞춤법 再生위주 表記法이 있다. 이런 표기방식은 각각 다른 용도에 따라 당장은 존재이유가 있고 특색이 있다. 이제 그것을 한 가지씩 차례차례 살펴보기로 하자.

1. 민간 개개인 私的 表記法

이것은 外國語에 우리말, 주로 固有名詞를 섞어 쓰기 위한 것으로, 대개 발음 전달을 위주로 하지만 더러 외국어 속에서 調和조화를 이루도록 語形을 정리하는 수도 있다. 표기가 發音上 무난하다 해도 공교롭게 영어로 불만스러운 뜻이 된다든지 하면 적당히 손질해 고친다. 예를 들면 「도」(都)씨가 Do나 To로 적히면 우연히 영어단어가 되는데, 그 허전한 뜻이 姓氏 노릇을 하기에 마땅치 않다고 여겨 DQh/Toh나 Dho로 바꾸는 식이다. 친구네 사람 柳, 劉, 兪, 庾씨가 서로 구별되는 철자를 갖자고 합의하여 柳씨한테는 우선 나무이름(朱木)인 Yew를 배당하고 나머지 세 「유」씨가 제비를 뽑아 Yu, You, Yoo를 각각 차지했는데 You를 배당받은 兪씨가 英語 代名詞가 姓氏로 마땅치 않다고 여겨 音價 없는 e字를 추가하여 Youe로 하는 것도 私的 취향에 따른 것이다. 故 朴術音 교수가 자기 이름으로 국어발음에 가까운 Sue-room Bark을 쓰지 않고 Solemn Park을 사용한 것도 영어단어로서 좋은 뜻을 가지도록 하기 위해서 아닌가?

이런 私的 표기로는 同一한 姓氏가 개개인에 따라 달라지는 사례(서정수 교수 조사로는 徐씨 6가지, 崔씨 8가지, 鄭씨와 丁씨는 혼동된 채 11가지)는 아주 흔하고 심지어 同一人, 이를테면 朴씨 한 사람이 자기 姓氏 「박」의 모음을 살리기 위해 美國에서는 Bock으로, 英國南部에 가서는 Buck/Bhug으로, 英國北部에 가서는 Back/Bhag으로 할 수도 있는 것이다. 이상의 例는 모두 正書法的 規制규제를 받는 것이 아니라 처음부터 외국어(또는 특정 방언)에 섞어 넣는데 목적이 있으므로 전달대상 외국인에 따라 얼마든지 달라질 수 있다. 그러니 이런 表記方式에서는 全的으로 개개인

취향에 맡길 일이요, 누구도 간섭/규제할 일이 아닌 것이다.

2. 上陸軍隊/宣教師 印象表記法

이것은 대개 정확한 發音을 추구하며 꽤 一貫性있는 表記方式이지만, 우리나라에서 보면 여러 체계가 서울말/표준말 발음에서 뜻 구별에 아주 중요한 기능을 가진 母音길이 차이를 대개 놓치고 있다. 그리고 音韻學 전문가가 아닌 외국 사람들이 한국어도 깊이 모르면서 소리만 듣고 印象으로 표기하는 것이기 때문에 같은 音素에 같은 글자를 배당해야 하는 言語學的/音韻學的 原則을(어쩌다 예외적으로 어기는 것이 아니라 송두리째) 어기는 수가 많다. M-R(머큔-라이샤우어)체계도 고작 거기에 속한다. 게다가 다어가 놓이는 자리에 따라 語形이 달라지는 경우에 그 代表語形을 잘못 잡는 수가 많다. 가령 우리말 「밥」을 표기할 때 다음과 같은 여러 變異形態를 생각할 수 있다.

pap : 밥, 밥도…
pab : 밥을, 밥에, 밥이다…
bap : 조밥, 콩밥도…
pam : 밥 먹어…
bam : 네 밥 먹어…
bab : 이 밥은, 콩밥에, 보리밥을, 찬 밥 위에, 쌀밥 아니라, 더운 밥 없는…

이상은 귀 밝은 사람이 여러 가지 쓰임새까지 고려해서 적는 방식이지만 서투른 외국인은 대개 사용빈도가 가장 낮은 單獨形 pap만 듣고 그것을 얼른 代表形으로 삼아 한국인한테는 낯설게 「팝」으로 보이는 것이다. 이런 경우에 같은 形態素형태소에서 p↔b, t↔d, k↔g(무성↔유성)음이 서로 왔다

갔다 하는 예가 많은 독일어, 화란어, 러시아어 綴字方式철자방식을 아는 사람이나, 國際音聲學會(IPA)에서 권장하는 언어학적 처리방식을 따르는 사람은 代表語形을 실제 사용빈도수가 가장 높은 bab으로 잡고 제한된 환경에서 無聲音化하는 變異形態 발음은 철자 아닌 發音規則으로 처리할 만한 것이다.

3. 한글 맞춤법 再生위주 表記法

우리가 論語 첫머리를 「학이시습지 불역열호」(學而時習之 不亦說乎)라고 소리 내어 읽으면 中國 사람은 그 소리를 못 알아듣지만 한문 배운 우리나라 사람들끼리는 다 알아듣는다. 日本에서 19세기 후반 明治維新명치유신 무렵에 영어 "One day the girl was walking."을 「오네다이 도헤기르르 와즈와르낑그」라고 읽으면서 자기들끼리 받아쓰기도 하고 뜻도 이해하였다고 한다. 이와 마찬가지로 외국인들이 우리말 발음은 무시하고 다만 한글로 환원하여 뜻만 이해하게끔 고안된 로마자 表記法이 있으니 그 대표적인 例가 미국 예일대학에서 1967년경에 낸 한영사전(民衆 「韓美大辭典」)이다. 그 사전 표기방식으로 적힌 epsta는 「엡스터」로 읽힐지라도 한국어 「없다」를 轉字전자한 것이며, cocongca는 「커캉커」로 읽힐지언정 한국어 「조종자」(操縱者)를 뜻한다. (거기서 e字는 「어」를, c字는 「ㅈ」소리를 나타내기 때문이다.) 이런 표기의 성격을 잘 모르는 사람들이 발음을 문제 삼아 왈가왈부한다는 것은 별로 의미가 없다. 國際標準機構국제표준기구(ISO) 주선으로 서둘러 합의를 본 우리말 로마자표기 南北韓 統一案이라는 것도 같은 범주에 드는 것이니 音韻學的으로 문제 삼을 가치도 없는 것이다. 그런 표기는 어디까지나 外國人用으로, 「한글로 환원하기」 목적만 달성하면 그만이다. 장차 체계적인 우리말 로마자 正書法이 나오면 아마 그런 표기들은 無用之物로 自動廢棄자동폐기될 것이다.

4. 言語學的 正書法

正書法的 로마자 표기법은 목적과 차원이 위에서 말한 세 가지 임시적 방식과 많이 다르다. 正書法은 우선 제 나라 사람을 위한 것이다. 딴 나라 사람들은 다만 외국어로서 그것을 배우는 것이다. 배우지 않은 外國人은 그것을 잘못 읽을 때 오직 스스로 부끄러워할 뿐, 아무도 감히 이러쿵저러쿵 탓을 못한다. 이를테면 英語 a字 音價가 10가지, o字 音價가 10가지, ou 合字 音價도 10가지나 되건만(兪萬根 1980 : 535面 참조), 英美人들이 그냥 쓰는데야 외국어로서 영어를 배우는 딴 나라 사람들이 감히 무슨 소리를 하겠으며, 또 무슨 용한 소리를 한들 그것이 조금이나마 먹혀들어야 말이지 그렇지 않은데야 차라리 스펠링/발음공부나 하고 가만히 있는 것이 나은 것과 같다. 言語가 다른 각국 로마자 正書法간에는 글자 音價上 共通性과 個別性이 반드시 아울러 있게 마련인데 일단 正書法이 制定되면, 이것을 공부하지 않은 외국인이 잘못 읽는다 해도 우리는 전혀 개의치 말 일이다. 「빠리」(paris)를 영어식으로 읽으면 「패리스」가 되고, 「베리만」(Bergman)을 스웨덴어 모르는 미국 사람이 읽으면 「버그먼」이 되지만, 불란서인이 영국인을 위해 Paris를 Pahree로 바꾸고, 스웨덴 여배우가 미국인을 위해 제 이름 Bergman을 Berrymahn으로 바꾼다는 것은 상상도 할 수 없다. 왜냐하면 그들에게는 저마다 존중할 만한 自國語 正書法이 확립되어 있는데다가 英美人이 잘못 발음하는 것을 용서하거나 置之度外치지도외하는 대범성이 있기 때문이다. 이런 의젓한 태도는 확립된 自國語 正書法이 있고 난 후에 따라오는 것이다.

우리말 로마자 正書法을 고안하느라고 필자는 現代英語 뿐만 아니라 中世英語와 佛·獨·伊·西·羅, 심지어 希·俄… 등 여러 나라 철자-발음 관계를 참고하면서 오랜 세월을 고심하며 보냈다. 그 결과로 내놓은 것이

① 우리말 로마자 맞춤법案 '89(「人文科學」 19, 성균관대 인문과학연구소, 1989),

② 우리 옛글·요샛말 로마자 表記案(「姜信沆教授 回甲記念, 國語學論文集」, 1990),

③ 「한글-로마자 대조표기 한국어 독본」(성균관대 출판부, 1992) 등이다.

여기서 그 正書法案을 길게 소개하지 못하지만, 한 마디로 말하면 그것은 補助記號보조기호 없이 로마자로만 서울말/표준말 音素(모음, 자음)·韻素(모음길이)를 완전히 表記하는 體系다. 예컨대 다음과 같은 한글 同綴異音語가 발음에 따라 로마자로 구별표기되는 것이다.

반(班)	ban	반(半)	bahn
새(新)	sai	새(鳥)	saih
정(丁)	Jaung	정(鄭)	Jeuhng
네(汝)	ne	네(四)	neh
공(功)	gong	공(球)	gohng
눈(目)	noun	눈(雪)	nouhn
들(入/擧)	dul	들(野)	duhl
일(一)	il	일(事)	ihl

제한된 지면 관계로 더 자세한 소개는 위에서 말한 拙稿·拙著에 미루고, 言語學的 水準級 「우리말 로마자 正書法」 制定 필요성을 거듭 강조하면서 이 글을 끝맺는다. ('96. 4. 3)

참 고 문 헌

문교부, (1978). 「국어의 로마자 표기법 개정 시안」, 서울.
송기중, (1988). 「북한의 로마자 표기법」, 『국어생활』15, 국어연구소.
유경희, (1987). 「컴퓨터와 국어생활」, 『국어생활』 11, 국어연구소.

兪萬根, (1980). 「새로운 '標準韓國語 基準音節表'案」, 『語文研究』 28, 一潮閣, 서울.

______, (1985). 「標準 韓國語 精密表音 로마字 맞춤法 研究」, 『언어』 10.1, 한국언어학회

______, (1986). 「한국어의 음소/운소 로마자표기(Phonemic/Prosodic Transcription of Korean in the Roman Alphabet). Proceedings of the 10th Annual Conference, AKSE, Bochum, West Germany.

______, (1989). 「우리말 로마자 맞춤법 案 '89」, 『人文科學』 19, 성균관대 인문과학연구소.

______, (1990a). 「우리말 로마자 맞춤법 運用例示」, 『人文科學』 20, 성균관대 인문과학연구소.

______, (1990b). 「우리옛글 · 샛말 로마자 표기案」, 『姜信沆教授 回甲記念 國語學論文集』, 太學社.

______, (1991), 「杜詩諺解 로마자 表記」, 『美原 禹寅燮先生 停年退任 記念論文集』, 韓一文化社.

______, (1992). 『한글-로마자 대조표기 한국어 독본』, 성균관대학교 출판부, 국판 265面.

李相億, (1979). 「국어의 로마자 표기법 문제 종합 검토」, 『言語와 言語學』7, 한국外大언어연구소.

______, (1982). 「한국어의 로마자 표기 '82」, 『언어』 7.1, 한국언어학회.

李炫馥, (1971). 「서울말의 모음체계」, 『語學研究』 7.2, 서울大 어학연구소.

______, (1981). 「한국어의 로마자 표기법」, 『말소리』 3, 대한음성학회.

______, (1983). 「로마자 표기법의 음성학적 실상과 허상」, 『말소리』 6, 대한음성학회.

鄭寅燮, (1983). 「가장 실용적인 로마자안」, 『말소리』 6, 대한음성학회.

崔鉉培, (1961). 『고친 한글갈』, 正音社.

Eckardt, A, (1923). *Koreanische Konversations-Grammatik*, Julius Groos, Heidelberg.

Fabre, André, (1988). Transliteration of Korean. *AKSE Newsletter* 11. The Association for Korean Studies in Europe.

Gale. J. S. (1931). *Korean-English Dictionary*, 3rd. ed. The Christian Literature Society of Korea.

Han, M. S. (1964). *Duration of Korean Vowels*. University of Southern California.

IPA, (1982). *The Principles of the International Phonetic Association*, IPA, University College

London.

Korean National Commission for UNESCO (1982). *Korea Journal* 22 : 8. Seoul.

McCune, G. M. & Reischauer, E. O. (1939). The Romanization of the Korean Language. *Transactions of the Korea Branch of the Royal Asiatic Society XXIX*(Kraus Reprint Ltd. Vaduz 1965).

Royal Asiatic Society, (1961). *Transactions of the Korea Branch of the Royal Asiatic Society* 38, Seoul.

Youe, MG Hansa, (1986). On the Transcribing of the Chroneme in Korean. *Linguistic Journal of Korea* 11.2 (or *Actes de la 9e Conférence Annuelle*, AKSE, 1985, Chantilly, France.).

〈成均館大 英文科 敎授/ 어문연구 90호〉

이름 석 자만은 漢字로 쓰자

兪 楓 川

이 글은 1993년 4월 10일 東亞日報 19面 〈나의 의견〉란에서 「이름 석 자만은 한글로 쓰자」고 하는 公炳禹의 글에 대한 반박으로, 한글로만 이름을 짓는다면 그 뜻이 사라져 운치가 없고, 한자로 써야 발음뿐 아니라 뜻 구별도 가능해 수많은 조합의 이름이 나올 수 있다며 이름 석 자만은 한자로 쓰자고 주장하고 있다. 『語文研究』의 〈語文提言〉에 실린 일반인의 글이라는 점을 고려하여 여기에 재록한다.

1993년 4월 10일 東亞日報 19面 「나의 의견」란에서 「이름 석 자만은 한글로 쓰자」 하는 公炳禹선생의 글을 보고 다소 현실을 외면한 주장이 아닌가 하여 한마디 반대 의견을 말할까 한다.

우리나라 사람들은 소리보다 뜻을 重視하여 이름을 짓는 경향이 있다. 이를테면 趙芝○, 方貴○, 朱吉○ 같은 이름은 소리만 생각하면 짓지 않았을 이름인데 실제로 있는 것을 보아도 그렇다. 이름 석 자를 한글로만 쓴다면 그 뜻이 사라져 운치가 없고 삭막하며 기억도 잘 안되고 무엇보다도 구별이 안 되어 답답하고 불편하다. 가령 「신정영」이라는 이름은 그 세 글자 소리길이에 따라 발음이 여러 가지로 달라지는데 한글 표기로는 구별이 안 된다. 그러나 그 이름을 漢字로 쓰면 발음뿐 아니라 그 이상의 뜻 구별이 된다. 즉 姓氏의 申・辛 : 愼 3자에다가 貞・政・晶・廷・靜・禎 : 正 7자, 英・榮・瑛 : 永・泳 5자만 생각해도 3×7×5=105, 무려 105가지 다른 이름이 된다. 이런 것을 전혀 구별 없이 한글로만 적자고 하니 정신없는 앵무새가 아닌 바에야 어찌 만족하겠는가? 漢字로 적으려 해야 적을 수 없는 이름 외에는 우리가 이름 석 자만은 반드시 漢字로 적어야 할 것이다.

〈서울 도봉구 우이동 23-91/ 어문연구 79호〉

漢文字倂用論

李 家 源

1917~2000년. 慶北 安東 출생. 연세대학교 교수 및 단국대학교 석좌교수 역임. 한글을 사랑해야 하는 것은 당연한 일이지만, 이 한글을 出身과 求食과 阿世와, 심지어 어용적인 도구로 惡利用하는 한편, 한글의 창제자인 世宗大王을 숭배하는 척하면서도 세종의 「訓民正音」과 같은 때 창제된 文物과 制度를 허물어 버리려고 하는, 이른바 狹義의 한글전용론에 대해서는 단호한 어조로 비판하는 한편, 한글과 한자를 倂用하는 廣義의 한글전용론만이 올바른 길이라 주장하고 있다. 이 글에서 특기할 만한 것은 한글전용론을 광의와 협의로 나누고 있다는 점이다.

이른바 한글 전용론이 머리를 쳐든 지가 반세기 동안의 세월이 흘렀다.

그러나, 한글의 전용은 거의 절망적인 한편, 漢文字는 오히려 이 나라 이 땅덩이 위에 생생하게 살아 있어 그 싸늘한 시체는커녕 望夫石과 비슷한 化石도 되지 않고 있는 것을 나는 보았다.

한창 漢字廢止論이 극성스럽게 날뛸 때, 어떤 漢學者는 긴 한숨을 뿜으면서 눈물을 글썽끌썽하는 이도 없지 않았다.

이 광경을 목격한 나는 逌然유연히 그를 향하여 한 번 웃음을 지으면서 너무 지나친 근심 걱정을 할 필요가 없음을 설명하여 그의 깊이 간직된 울분을 풀어 주기도 하였다.

그러는 한편 저 일부 한글 전용론자의 雀躍작약하는 그 정상을 一瞥일별하면 그야말로 「한글 맞춤법 통일안」 중에서 규정된 원칙조차도 잘 모르는 형편이고 보면 世宗大王의 「訓民正音序」와 같은 古典의 참된 뜻을 알고 있는 자는 극히 소수였음도 사실이다.

나도 애당초에 있어서나, 이제에 이르러서나 한글의 專用을 반대하는 것은 결코 아니다. 이는 한글의 專用에는 狹義的협의적인 것과 廣義的광의적인 것의 두 갈래가 있기 때문이다.

이 狹義的인 한글의 專用이란 절대로 不可能한 일이다. 저 일부 한글 전용론자를 보라. 그들의 좁은 見解에는 漢字를 쓰는 이는 모두 事大主義者요, 崔萬理인 줄만 아는 것이다. 그렇다면 현재 英語를 많이 쓰는 이는 新事大主義者란 말이 아니겠는가. 이것을 그들도 물론 모르는 것은 아니리라. 만약에 그것을 모른다면 그들은 어디인가 理性的인 면이 缺如결여된 것이나 아닐까 의심스러울 뿐이다.

그들은 日常生活에 있어서 여느 외국의 문자를 애써 배우고, 또 모든 舶來品박래품을 珍貴진귀하게 愛用하면서도 유독 漢字에 대하여서만 排擊배격하는 그 心理는 아무리 생각해 보아도 알 수 없는 일이다.

나는 이렇게 생각해 보았다. 우리 겨레로서 한글을 愛用함은 아무런 奇特할 것도 없는 尋常심상한 일이 아니겠는가. 저 고급적인 지식을 지니지 못한 樵童초동과 牧叟목수 내지 마소 거간꾼에 이르기까지도 우리의 글을 사랑하지 않는 자는 없는 것이다.

다만 참된 마음과 순수한 學理的으로 한글의 발전을 위하여 커다란 業績업적을 남긴 學者라면 그도 하나의 갸륵한 愛國者임에는 틀림이 없을 것이다.

그렇지 못할 뿐 아니라, 이 한글을 하나의 出身과 求食과 阿世와, 심지어 한걸음 前進하여 御用的어용적인 道具로 惡利用하는 徒輩도배의 그 어깨에는 무거운 鐵椎철추가 내려졌어야 할 것이다. 적어도 血誠으로 한글을 사랑하고 존경하는 자는 民族의 正義를 지닌 자일 것이다.

거죽에는 한글의 創制者창제자인 世宗大王을 숭배하는 깃발을 높이 들고 저 光化門 네거리를 橫行횡행하면서도 그 하는 行爲는 그와 반대로서 世宗

의 「訓民正音」과 같은 때 創制된 文物과 制度의 일체를 허물어 버리려고 하는 그 意圖는 과연 어디 매어 있는 것인지를 모르겠다. 설사 그들로 하여금 이 땅 이 나라에 남아 있는 漢字로 된 著籍저적과 碑版비판 내지 遺物의 일체를 三月不滅삼월불멸의 酷烈혹열한 불꽃 위에 燒却소각해 버린다 하더라도 「訓民正音」을 위시한 「龍飛御天歌」·「三綱五倫行實」·「月印千江之曲」 등에서 倂用된 漢字마저도 하나하나를 뽑아 불태우기는 어려울 것이다.

그러고 보면 위에서 이른바 狹義的인 한글의 專用은 절대로 이룩되지 않을 것을 斷言할 수 있을 것이다.

이것이 곧 廣義的인 한글의 專用, 곧 正音·漢字의 倂用만이 唯一의 올바른 길이어서, 古道와 今諦금체에 아무런 違背위배됨이 없을 것을 스스로 믿어마지 않는다.

또 文字政策이란 時代의 推移추이에 따라 變遷변천되는 것이 원칙인 만큼 결코 變치 않는 것이나, 變해서는 아니되는 것도 아니다. 다만 順風을 좇아 前進할 뿐이다.

그 하나의 實例로서 松江 鄭澈의 歌辭가사를 들 수 있을 것이다. 그의 名作 「關東別曲」에서는 漢字로 된 美辭·麗句여구가 많이들 사용되었던 것이 「思美人曲」에서는 많이 淸算청산되었고, 또 「續美人曲」에 이르러서는 漢字가 거의 보이지 않을 만큼 줄어들었다. 이것이 곧 한 사람인 松江이요, 멀지 않은 時間이었지마는, 그 順變의 자취란 거의 東坡동파 蘇軾소식이 「後赤壁賦후적벽부」 중에 이른 바와 같이 "이 江山을 다시금 알아보지 못하여라"는 경지에 이르렀음은 비록 慧眼혜안이 아닌 여느 讀者로서도 잘 알 수 있을 것이다.

또 설사 松江으로 하여금 漢字 한 글자도 쓰지 않은 歌辭를 써놓았다 하더라도 그 作品 속에서 흐르는 思想이나 情緖정서나 表現의 方法에 이르기까지 일체를 모두 한글로 變하게 하지는 못할 것이다. 이것은 곧 松江의 文學이 지니고 있는 本體的인 思想이나 情緖나 심지어 표현의 방법까지도 모두 漢文學에서 흘러나온 것 아님이 없었기 때문이다. 이러한 경지는 물론 한글의 專用을 하나의 出身과 求食과 阿世의 御用的인 道具로 삼는 일부 俗流들과 서로 云謂운위할 수는 없는 것이다.

이에 結論的으로 말하면, 한글과 漢字를 不悖불패하게 併用하여야 함을 거듭 强調하는 것이다. 물론 韓·漢의 混用을 원칙으로 하되 한글 純綴순철이면 더욱 아름다울 것이요, 어떤 경우에 있어서는 漢字純綴의 글도 쓸 수 있어야 할 것이다.

이것은 한글과 漢字는 결코 對跖的대척적인 것이 아닌 相成的인 文字이기 때문이다.

〈文博·本會常任理事/ 어문연구 1호〉

다시 불붙은 한글專用 논쟁

李 根 成

1981년 10월 9일 535돌 한글날 「中央日報」에 실린 글을 재록한 것으로서, 당시 논쟁이 가열되고 있던 한글학회(회장 허웅)와 韓國語文敎育硏究會(회장 李熙昇)의 논쟁 요점을 간추린 글이다. 한글전용을 주장하는 측은 중국·월남·일본 등의 한자사용국 중 한자를 없애려 하지 않는 나라가 없는 실정이고 문화발전과 문자생활 기계화를 위해 한자를 버려야 한다고 주장하는 데 반해, 國漢混用 측은 한글전용이 애국인 양 오도하여 한자를 교육하지 않은 한글전용론 때문에 우리말의 발음과 표기가 엉망이 되었으며 외래어는 방치한 채 한자만을 줄이려다 억지스러운 新造語들만 만들어냈다면서 전통문화의 계승과 한자교육으로 얻어지는 이해력·추리력 및 실생활에서의 필요성 등을 내세워 한자교육을 실시해야 한다고 주장하고 있다고 정리하고 있다.

語文硏究/ 바른 語文 위해 漢字병용 필요
한글학회/ 漢字 굴레 못 벗으면 發展 못해

한글專用論者와 國漢混用論者 사이의 끈질긴 논쟁이 다시 불붙을 기미를 보이고 있다. 최근 韓國語文敎育硏究會(회장 李熙昇)가 『大統領閣下께 드리는 建議書건의서－국민학교 漢字敎育復活과 漢字混用 교과서 편찬을 바라는』을 발표하자 한글학회(이사장 許雄)는 『언어정책을 담당하는 관계당국, 그리고 친애하는 국민 여러분께－국어교육정책에 관한 우리의 주장』을 발표, 맞서기에 이르렀다. 양측의 주장을 간추려보면－.

韓國語文敎育硏究會는 이 건의서를 통해 "'한글전용이 愛國'이라는 그릇된 생각에 사로잡힌 일부 論者의 주장에 이끌려 세종대왕의 한글 창제를 한글전용을 위한 것이기나 한 것처럼 과대선전, 국민을 誤導오도하고 제나라 신문도 제대로 못 읽는 半文盲을 量産해 왔다"고 주장하고, ① 국민학교부터 漢字敎育을 할 것과 모든 교과서를 國漢混用으로 할 것, ② 한글전용에 관한 法律을 폐기할 것을 건의했다. 尹潽善·李丙燾·兪鎭午·金斗鐘·盧基南·金童里씨 등 각계 인사 2천 72명의 지지서명까지 받은 건의서에서 연구회는 漢字를 모르기 때문에 오히려 우리말 발음과 표기가 엉망이 되었으며, 외래어는 방치한 채 엉뚱하게 漢字만을 줄이려다 억지스러운 新造語(넘보라살·쪼개국물·숨관가지염…)를 만들어냈다면서, "우리말의 70%가 漢字語이므로 한글表記만으로는 바른 語文생활이 불가능하다"고 지적했다.

"사회에서 漢字가 엄연히 쓰이는데 이런 현실을 무시한 학교 교육"의 문제점이 심각하다고 주장한 연구회는 "물론 우리말의 개발도 필요하지만 앞으로도 漢字의 造語力은 우리말의 주요한 造語源이기 때문"에 國漢混用을 해야 한다고 주장했다. 그리고 모든 선진국에서도 學術用語 등은 라틴語나 희랍어를 사용하고 있는데, 동양의 라틴語에 해당하는 漢字를 사용하지 않으면 韓·日·中의 漢字文化圈에서 고립된다고 연구회는 덧붙였다.

이에 대해 한글학회는 "역사의 수레바퀴를 뒤로 끌어당기려는 일부 보수세력은 또 다시 한자를 가르치고 써야 한다는 움직임을 보이기 시작했다"고 반박했다.

한글학회는 "최근에 와서 모처럼 바른 궤도에 올라선 한글전용의 교과서 편찬방침을 다시 바꾼다면 백년 앞을 내다봐야 할 문교정책이 너무나도 허술하다는 비판을 받지 않을 수 없을 것"이라며, "우리나라 젊은 세대는 한글만으로 적은 글에 조금도 불편을 느끼지 않게 되었음"을 강조했다.

한글학회는 또 "한자 쓰는 나라치고 한자의 굴레에서 벗어나려고 애쓰지 않는 데가 없다"며, 월남은 한자를 버린 지 오래고, 일본도 한자를 없애려고 애쓰고 있지만 그들의 표기방법의 후진성 때문에 무척 난관에 빠져 있고, 중국도 백 년 전부터 한자를 버리려 하지만 갈음될 만한 글자가 없어 곤란을 겪고 있다고 지적했다.

한글학회는 따라서 "이러한 시대착오적인 일부 보수 세력의 움직임을 막기 위해서라도 한글전용정책의 구체적인 실천방법을 강구하고, 국어과목에서 한자를 가르치는 시간에 우리말을 정화하고 어휘를 풍부하게 하는 교육을 강화해 줄 것"을 촉구했다.

때마침 제5공화국의 출범과 함께 문교정책의 전환기를 맞아 이 나라 국민교육의 근간이 되는 語文교육정책에 대한 양측의 재연된 논쟁은 그 중요성으로 보아 크게 주목을 끌고 있다.

(「中央日報」'學術', 1981. 10. 9, 「中央日報」文化部記者)
〈어문연구 31·32호〉

國語醇化와 國語의 效用

李 基 白

1926년 慶北 靑松 출생. 경북대, 한국방송대 교수 역임. 언어를 발전시키면서 사람의 본질을 형성해 갈 수 있고 언어는 인류문화 발달의 원동력이 되어 왔음을 언급하며 國語醇化의 중요성을 강조하고 있는 글이다. 특히 물질문명의 발달에 맞추어 풍요한 정신생활을 누리기 위해서는 세련된 言語 驅使가 필요하며 언어의 형식면에서 아름답고 고운 音色과 적절한 音量으로 대화할 수 있어야 한다고 지적하고, 최근 국어의 誤用 실례들을 구체적으로 들어가며 國語淨化에 힘쓸 것을 제언하고 있다.

Ⅰ 言語와 사람됨

18세기 獨逸독일의 思想家 헤르데르(Herder)는 "人間은 言語를 통해서 理性을 갖게 되었다."고 말했는데, 이것은 理性이 先驗的선험적으로 完全한 形態로서 주어져 있는 것이 아니고, 人間의 言語生活을 통해서 비로소 우리들의 理性뿐만 아니라 우리들의 情緖와 다른 精神的인 機能기능들이 發展한다는 뜻일 것이다. 다시 말하면, 人間이 言語를 통하여 現實을 創造하는 그 過程을 통해서 그의 삶을 形成하고, 이러한 삶의 形成을 통해서 그의 사람됨을 이룩하며, 그리고, 言語는 특수한 歷史的인 傳統전통을 가진 일정한 具體的인 言語라는 것을 생각하면, 言語 속에 살아 있는 얼이 그 言語共同體에 속하는 人間들의 사람됨을 이룩한다는 것을 理解할 수 있게 된다는 것이다.

이와 같은 事實은 人間學的으로나 教育學的으로 매우 중요한 意味를 갖는 것이기에, 言語의 習得은 單純한 意思表現이나 意思傳達의 手段으로만 생각해서는 안 될 것이며, 言語를 통해서 사람됨을 形成한다는 事實을 認識해야 할 것이다. 그러므로, 그 사람이 사용하는 言語에서 우리들이 高尙한 品位나 教養이 있음을 認知했다면, 역시 그 사람의 사람됨도 品位와 教養을 갖춘 知性人일 것이고, 低劣저열하고 卑屈비굴함을 認知했다면, 그 사람됨도 卑俗함에 속할 것이다. 곧, 人間은 그의 사람됨을 그대로 그의 言語를 통해서 表現하게 된다는 것이며, 言語를 통해서 그야말로 사람됨을 이룩한다고 말할 수 있을 것이다.

人間은 先天的으로 미리 完成된 固定的인 本質을 갖고 있기도 하겠지만, 그의 言語를 발전시키면서 그의 本質을 形成해 가는 것이다. 우리들의 어린이들이 집안에서나 거리에 나가서 卑俗한 말을 듣고 배워서 아무렇게나 말하여도 그리 神經을 쓰지 않는 수가 있다. "더 자라면 좋아지겠지. 그리고, 학교에 가서 글을 배우게 되면 좋은 말을 條理조리있게 쓸 수 있게 되겠지." 하고 막연하게 버려두는 수가 있는데, 아이들은 그러면서 자라고 자라면서 習慣化습관화되어 그리 拒否反應거부반응을 일으키지 않게 되면 자연 그런 쪽으로 사람됨도 기울어지게 되어 버린다는 것을 생각해야 되겠다.

그 나라의 品位있고 條理있는 正確정확한 國語使用에 특별히 關心을 쏟고 있는 英國이나 佛蘭西불란서와 같은 나라에서는 어린이들이 세 살만 되면 國語生活의 바른 指導를 하기 위한 家庭教師가정교사를 採用채용하는 집들이 많다고 한다. 우리나라의 實情과는 너무나 差異가 난다. 우리나라에서야 어느 누가 자라나는 어린이에게 고운 말을 가르치겠다는 目的으로 家庭教師를 採用하고 있는가? 그저 父母들의 虛榮허영이나 만족시킬 目的으로 고사리손으로 無理하게 건반을 두들기도록 피아노의 個人指導를 받게 하거나, 舞踊무용·그림 등 心身發達에 비하여 過分한 教習을 받게 하며, 심지어 母語도 제대로 익히지 못하였는 데다가 英語會話指導 따위도 극성을 부리는 父母들이 있다고 하는데, 아기들의 재롱을 보기 위한 일 치고는 虛榮과 奢侈사치의 度를 넘어 心身의 障碍장애마저 일으킬 危險을 저지르고 있다 하겠다.

어릴 때부터 속이 상해도 野卑야비한 言辭나 辱을 하지 않겠다는 忍耐心인내심을 길러 주어야 하겠고, 자라면서 條理있고 分明한 말로 자기 內心을 표현할 수 있도록 指導해야 되겠으며, 자신이 말한 言語內容을 책임질 수 있는 人間性을 確立할 수 있도록 가르쳐야 하겠다. 그렇다고, 말을 위한 말을 意識的으로 아름답게 꾸미고 修飾수식할 수 있도록 하자는 것은 아니다. 꾸민 말은 알맹이가 없는 빈 말이며, 빈 말은 알맹이가 없는 빈 사람을 만든다. 그러므로, 아름다운 말이 중요한 것이 아니라, 正確하고 잘 들어맞는 말이 중요한 것이다. 곧, 言語를 위한 言語에 대한 關心이 중요한 것이 아니라, 事實을 指向한 言語에 대한 關心이 중요한 것이다.

우리들은 祖國再建조국재건과 經濟開發경제개발에만 쫓긴 나머지 學校의 담벼락마다 '국어 사랑 나라 사랑'이란 標語표어를 걸어 놓고 있기는 해도, 우리들 內面生活의 表象표상인 言語行爲에 대해서는 너무나 疏忽소홀히 다루어 온 것을 슬퍼하면서, 우리들은 言語의 媒介매개를 통해서 自我를 認識하고, 人間은 그의 性格과 道德的인 人格과 倫理的인 行爲들이 言語의 解釋해석을 통해서 비로소 分明하게 認識되어진다는 事實을 再認識하여야겠다. 그리하여 우리들은 우리에게 주어져 있는 國語, 그리고 우리가 個人에 따라 特色특색있게 習得하고 所有하여 使用할 수 있는 言語와 우리의 사람됨과의 關係를 다시 살펴보면서, 이제 世界 先進隊列선진대열에 끼여도 내심 부끄러움을 느끼지 않을 만한 國民이 될 수 있도록 마음의 발돋움을 해야 할 時期가 到來했다고 생각한다.

Ⅱ 音色 · 音量의 調節

우리 人類의 文化가 오늘날처럼 高度로 發達하게 된 要因요인은 여러 가지가 있겠으나, 그 중에서도 意思傳達의 手段인 言語야말로 가장 要緊요긴한 要素라 아니할 수 없다. 日常的인 對話는 물론 創意的인 意見의 交換교환이라든가 敎育을 통한 文化傳達 · 繼承 등은 오로지 言語를 媒介體로 삼고 있는 것이다. 그러므로 言語는 人類文化 發達의 原動力이라 일컬어 오고 있는 터이다.

그리고, 文化의 發達이란 人間生活에 있어서 努力을 節約절약해서 더욱 便利하고 아름다운 生活을 營爲하게 됨을 意味하는 것으로, 오늘날 우리 人類는 한없는 祝福축복에 의해 기름진 生活을 즐기게 되었고, 우리나라도 前代의 難苦난고를 뿌리치고 이제는 繁榮번영의 80年代를 바라보며 先進隊列에 끼고자 발돋움을 하고 있는 것이다.

物質文明의 發達에 발맞추어 豊饒풍요한 精神生活도 누릴 수 있어야겠는데, 그러기 위해서는 우리들의 國語生活도 生活의 즐거움의 要因이 되게끔 洗鍊세련된 對話를 交換할 수 있도록 해야 하겠다. 圓滿원만한 國語生活을 할 수 있도록 하기 위해서 하는 各級學校의 國語敎育에 있어서 아직도 舊態구태를 벗어나지 못한 '읽기'나 '짓기(作文)' 등에만 注力하는 경우가 많음을 念慮염려하고 있는 터인데, 우리들의 國語生活에 있어서 역시 '말하기'와 '듣기'의 機會가 가장 많은 것이니까 會話敎育에 가장 큰 關心을 기울여야 할 것이다.

우리들 生活의 至上目標가 아름다운 삶을 營爲하는 데 있을진대, 洗練된 言語의 交換으로 즐거운 하루하루가 되도록 해야 하겠다. 그러기 위해서는 學校에서나 家庭生活에서 아름다운 對話가 이루어질 수 있도록 誠意를 다하여야 하겠는데, 먼저 言語의 形式面에서부터 다듬어 나가야 할 것이다. 言語의 形式이란 音聲이므로 첫째로 아름답고 고운 音聲으로 이야기를 할 수 있도록 努力해야겠다. 先天的으로 곱고 부드러운 音色을 타고

난 사람이야 福되기 그지 없는 사람이지만, 비록 메마르고 탁한 音聲을 타고났다 하더라도 不斷한 努力만 하면 맑고 기름진 音聲의 所有者가 될 수 있을 것이다.

듣는 이를 疲勞피로하게 만드는 音聲, 얼마 듣다 보면 졸음이 오게 하는 音聲 심지어는 頭痛까지 일으키게 하는 音聲의 所持者소지자는, 自身에게도 그만큼 不幸이 닥친다는 事實을 생각해야 할 것이다. 그런 音聲의 所有者는 남의 앞에서 말을 해야 하는 職種직종을 피해야 하겠는데, 言語의 交換 없이 從事할 수 있는 일이란 그리 흔하지가 않다. 요즈음은 대개의 家庭에서 錄音器녹음기를 갖고 있으니, 自身의 이야기를 收錄수록하여 스스로의 校正에도 애써야 하겠고, 거칠고 탁하게 調音되는 要因의 除去제거에도 努力해야 하겠다. 佛蘭西나 英國 사람들의 對話에서 흔히 볼 수 있는 音聲의 부드러움과 기름짐과 맑음을 배워야 하겠다.

둘째로는, 音聲의 볼륨, 즉 音量을 잘 調節할 줄 알아야 하겠다. 高級電蓄고급전축이나 라디오에서 흘러나오는 소리는 맑고 고울 뿐만 아니라 그의 音量의 調節도 自由自在하다. 그러나, 싸구려 電蓄이나 라디오에서 흘러나오는 소리는 맑지 못할 뿐만 아니라 볼륨을 낮추어 버리면 아예 들리지도 않고, 볼륨을 높였을 경우에는 그 騷音소음은 內容을 完全히 흐리게 하여 듣는 이를 倦怠권태롭게 한다. 그와 같이 敎養人은 그의 音量을 잘 調節할 줄 아는가 하면, 敎養이 부족한 사람은 自身의 音量을 調節할 줄 모른다. 소곤소곤 정답게 對話하는 두 사람의 이야기가 버스 안 옆자리에 앉아 있는 사람에게 不便을 주지 아니하는가 하면, 백 사람의 聽衆청중 앞에서의 이야기가 뒷자리 구석구석에까지 正確하게 聽取청취될 수 있도록 마음쓸 줄 알아야지, 시골 장날 버스 내에서의 騷音이나 質낮은 젊은이들이 모여 떠드는 시끄러움은 역시 그들의 敎養水準의 낮음을 나타내고 있는 것이라 하겠다.

機械文明기계문명의 高度한 成長으로, 그렇잖아도 騷音과 公害공해에 시달리고 있는 우리 現實을 생각해 볼 때, 우선 우리들의 言語生活부터 淨化해서 차분히 기분을 가라앉혀 아름답고 정다운 人情을 나눌 수 있도록 配慮배려해야 하겠다.

점잖은 말씨, 아름답고 맑고 고운 音色, 適切적절히 調節된 알맞은 音量에 의하여 우리들의 家庭과 社會가 차분하고 아름답게 가꾸어질 때, 새마을運動이나 自然保護運動자연보호운동으로 繁榮번영된 祖國이 한결 더 살기 좋은 樂園이 될 것으로 믿는다.

Ⅲ 國語의 誤用

國語敎育을 제대로 받은 사람들까지 國語에 관한 語法意識이 不足한 탓으로 國語를 그릇 使用한다든가 낱말에 대한 意味의 標準化가 이루어지지 않고 있기 때문에 어색한 말을 流行에 따라 誤用하고 있는 例가 허다하다.

언제부터였는지는 몰라도, 요즈음은 예사로 自己男便을 가리켜 '아빠'라 하고 있다. 아빠란 말은 分明히 아버지에 대한 幼兒語이다. 그러므로, 原來 幼兒들에게 말을 익혀주기 위하여, 엄마들이 아이들을 보고 아이 아버지를 가리켜 '아빠'라고 했던 것을, 요사이는 百萬 視聽者들 앞에 나타난 텔레비전 出演者가 갓 結婚결혼한 新婦의 몸임을 돌보지 않고, 부끄럼 없이 같이 出演한 새파란 男便을 가리켜 '아빠'라 하고 있는 것을 볼라치면 苦笑고소를 금할 길 없다. 애기가 있을 경우에 '애기 아빠'라 했다면 몰라도, 男便을 아버지로 錯覺착각한 듯한 말씨는 고쳐야 하겠다. 만약 아내가 男便을 '아빠'라 불러도 좋다면, 男便도 自己 아내에게 대하여 '엄마'라 불러야 할 것이 아니겠는가?

'師母님'이란 말의 濫用남용에 대한 是非는 이미 낡은 이야기겠지만, 그의 相對語로 요사이 女學生들 중에서 女子先生님의 男便을 높혀서 '師夫님'이라 부르기도 한다니, 辭典에도 없는 말씨를 마구 만들어 써도 좋을 것인지 의심스럽다. 學校 同僚敎師동료교사들끼리도 서로 相對方 夫人을 가리켜 '師母님' 稱을 하지 않으면 不快하게 생각할 程度가 되었으니, 一般人이나 學生들까지도 어리둥절할 수밖에 없을 것이니, 하기야 '師夫님'이란 말까지 動員동원될 법도 한 일이다.

日帝로부터 國權을 回復한 지 30年이 넘었는데도, 아직 우리 學園內에서는 男女學生들이 서로를 呼稱하는 正當한 用語가 없기에 男學生들은 女學生들을 부를 때 '李孃이양, 金孃' 또는 '미쓰金, 미쓰朴'이라 하여 어색하나마 그런대로 使用을 하고 있으나, 女學生들이 男學生을 부를 때는 '李君, 金君'이라 할 수도 없고 하여, 上級生들은 어색한 대로 '미스터金, 미스터朴'으로 통하고 있기도 한 것 같으나, 新入生들은 男女가 共學하는 것조차 生疎한 느낌이 드는 데다가, 어렸을 때처럼 함부로 이름을 부를 수도 없을 뿐 아니라 그렇다고 너무 어른스럽게 '氏'字를 놓기도 곤란하여, 아예 'you' 또는 'he' 정도로 얼버무리고 있는 듯하다. 말이란 繼續계속해서 使用하다 보면 처음에는 다소 어색할지라도 차차 자연스러워지는 것을 볼 수 있으니, 진작부터 男學生을 부를 때는 총각을 높여 부를 때 흔히 썼던, 古文獻에 나오는 말인 '道令'을 接尾辭접미사로 붙여 '李道令, 金道令' 또는 '李令, 金令' 등으로 呼稱하도록 指導했더라면 이미 옛스럽고 고운 稱語가 되기도 했을 터이고, 女學生을 부를 때도 역시 '娘子낭자'란 接尾辭를 使用해서 '李娘子, 金娘子' 또는 '李娘, 金娘' 등으로 呼稱하도록 했더라면 좋았을 것이라 생각한다.

筆者는 이미 오래 전부터 婚姻主禮혼인주례를 할 때에 新婦를 가리켜 '李○○娘子'라 부르고 있는데 그 反應반응은 좋은 듯하다. 上級者라 할지라도 손아랫사람을 부를 때 '李道令, 金娘子' 등과 같이 부르게 되면 韓國的인 냄새도 풍기고 人權을 尊重하는 점잖음도 나타내게 되어 좋지 않을까 한다.

그리고, 外國語를 공부할 때는 神經質的으로 語法을 따지면서, 어릴 때부터 익힌 國語를 使用할 때는 그의 正確한 語法에 그리 關心을 기울이지 않는 것은 再考해 볼 문제인 것 같다. 國語文法 時間에는, 形容詞의 終結

語尾종결어미 중에는 請誘形청유형이나 命令形이 없다고 가르치면서 敎室 正面에 揭示게시해 둔 校訓에 '正直하라, 깨끗하자'란 文句가 의젓하게 자리 잡고 있는 일이라든지, '長髮者장발자의 出入을 사양합시다.'라 해야 助詞조사의 쓰임이 바로 되어 文脈문맥의 呼應이 正當하게 이루어지는 것임에도 大學의 校門 앞에 '長髮者는 出入을 사양합니다.'라 써 놓고 '長髮者는 出入을 사양합시다.'의 뜻으로 學生들이 받아들이도록 要望하고 있는데, 생각해 볼 問題일 것이다. 또한 '안녕하십니까?'란 人事말의 應答응답으로 그냥 "예"하고 마는 것 따위는 어느 나라의 人事禮法에서 배워온 것인지 모르겠다. 'good morning!'의 應答이 역시 'good morning!'인 것처럼, 마땅히 '안녕!'의 應答도 안녕이어야 할 것이다. 言衆에게 至大한 影響영향을 끼치는 아나운서의 말씨에도 誤用된 것이 더러 있으니 한심한 노릇이다. 이를테면, 日氣豫報일기예보를 할 때에 '서울의 날씨가 지금은 맑고 있지만……, 全國의 날씨가 지금은 흐리고 있지만……' 따위로 말하고 있는데, 國語의 形容詞 語幹어간에는 副詞形부사형 語尾 '-고'가 連結될 수 없음을 알고 是正해 주어야겠으며, 宣傳廣告선전광고에서라 할지라도 '하늘을 나는 기분'을 '나르는 기분'으로 그릇 쓰지 말아야 할 것이다.

國語誤用의 病弊병폐는 날로 더해 가고 있으니, 이를 바로 하여 올바른 國語를 使用할 수 있도록 國語周邊을 잘 살펴 國語淨化에 애써야 하겠다.

Ⅳ 言語의 技巧

人間의 生活은 아침에 일어나 밤이 되어 잠들 때까지 무엇을 하든 말하지 않고서는 할 일을 다하기 어렵다. 言語가 있기에 사람들은 살고 있다고 할 수 있을 程度로, 우리들의 모든 行爲는 言語와 더불어 營爲되고 있다. 혼자서 무엇을 생각할 때라 할지라도 그 생각은 內心의 言語와 더불어 進行되는 것이다. 즉, 생각한다는 것은 自己自身과 더불어 이야기하는 것이기 때문에, 言語가 끊어지면 생각하는 일도 막히어 생각이 進行될 수 없는 것이다. 賢明한 생각이나 또는 깊은 생각에 잠기기 위해서는 知識만이 아니라 그를 나타낼 수 있는 많은 語彙도 알고 있어야 한다. 그러나, 自己自身에게 말하는 言語란 생각을 進行할 수 있을 정도의 것이면 그를 어떻게 使用하든 상관없겠지만, 남을 相對로 하여 하는 말이라면 그 말하는 技巧面기교면도 考慮하지 않아서는 안 될 것이다. 특히 社交에 있어서나 圓滿한 處世를 하기 위한 言語에 있어서는 意思가 통하는 것으로 만족하다는 생각을 해서는 안 된다. 相對方이 自身이 한 말을 어떻게 받아들일 것인가, 또는 그 말에 대하여 어떤 感情을 갖게 될 것인가에 이르기까지 생각하면서 말의 表現法이나 技巧面을 考慮하지 않아서는 안 된다.

言語의 表現方法 如何로 사람들에게 好感을 갖게 할 수도 있으며, 言語使用面의 技巧가 拙劣하기 때문에 남에게 無視를 당한다든가, 信賴感신뢰감을 떨어뜨리는 경우가 있는 것이다. 圓滿한 處世나 社交를 함에 있어서의 言語란 매우 중요한 것이다. 말이야 어떻게 하든 생각만 옳으면 된다는 思考方式은 버려야 하겠다. 圓滿한 處世나 社交를 하기 위해서 言語가 중요한 구실을 한다고 말하기보다, 오히려 圓滿한 處世나 社交는 실로 圓滿한 言語使用에 바탕을 두고 있다고 말할 수 있을 것이다. 言語使用이나 活用法에 대한 硏究는 우리가 留念유념해야 할 가장 중요한 問題의 하나로, 아무리 이 方面에 精神을 쏟는다 할지라도 滿足함을 얻기란 어려울 것이다.

간혹 百貨店백화점 같은 곳에 들어가 원하는 物件을 어디에서 팔고 있는지 두리번거리다 보면, 店員 아가씨가 느닷없이 "무엇을 찾습니까?"라고 메마른 語調로 다그치는 경우가 있는데, 그런 경우에 우리들은 매우 唐慌당황하게 된다. 百貨店에 들어간 손님이 무엇을 찾으러 갔겠는가? 사고 싶은 物品이 있어 찾아 갔을진대, 좀더 상냥한 말씨로, "손님! 무엇을 사시려고 합니까?" 또는 "손님! 무엇을 사러 오셨습니까?"라고 말하면서 顧客고객의 눈치를 살펴 기분 좋게 도와드릴 마음가짐을 다져야 할 것이다.

언젠가는 親友가 經營하는 X-ray 病院에 用務가 있어 찾아 갔더니, 마침 시골 사람인 듯한 患者를 보고 있었는데, 그 院長 친구가 患者를 대하여 하는 말씨가 어찌나 거칠고 命令調인지, 내가 患者였더라도 불안하여 어쩔줄을 몰랐을 것 같았다. "똑바로 서서 숨을 쉬지 말라카니 뭐 하능교?" "사진 값이 그것밖에 안 될 줄 알았능교? 그라문 아프지나 말지!" 등등으로, 그것은 醫師의사가 患者에게 하는 말씨가 아니라, 차라리 罪人을 다스리듯 하는 말투였다. 그렇잖아도 病弱병약하고 心弱한 환자인데, 慰勞위로의 말은 하지 않을지언정, 醫師나 醫療技士의료기사의 눈치를 살피면서 쩔쩔매게 하다니, 정말 한심한 생각이 들었다. 좀 더 부드럽고 친절하게, "病을 正確히 아시려면 좀 고생을 하셔야지요. 바로 서서 숨을 들이켰다가 푹 내쉰 뒤에, 잠깐 숨을 멈추세요. 예, 잘 됐습니다. 수고하셨어요." "곧 좋아지실 것입니다. 지시대로 하시고, 조금만 고생하셔야 병이 곧 완쾌합니다." 등으로 말하며, 患者를 아끼고 慰勞하는 仁者다운 마음씨를 보여주어야 할 것이다.

公園의 새장 그물 위에, "돌을 던지지 말 것"이란 팻말을 달아놓았을 때는, 그것을 본 어린이들은 새장 안에 돌을 던져 보고 싶은 衝動충동을 느끼겠지만, "돌을 맞으면 아파요."라 써 놓으면, 아이들은 새들의 친구가 되어, 새장 안에 돌 따위를 던지지는 않을 것이다. 잔디밭 가에 鐵柵철책을 둘러두고, "잔디밭에 들어가지 말 것"이란 팻말을 세워 두면, 짓궂은 學生들은, "잔디는 왜 심어 두었는가? 깔고 앉아 놀도록 심은 잔딘데 무슨 소릴 하느냐?"고 反撥반발하여, 일부러라도 잔디를 짓밟아 버리겠지만, "잔디를 밟으면 아파요." "곱게 자랄게요." 등으로 써서 잔디밭이나 花壇화단 가에 팻말을 세워 두면, 풀이나 꽃들이 아름다운 모습을 자랑할 수 있게시리 가꾸고자 하는 마음들을 갖게 되는 것이다.

言語의 技巧는 生活을 활기차게 하고 生活을 윤택하게 할 뿐 아니라, 信賴感을 갖게 하여, 社會活動面에 크게 유익함을 끼치게 될 것이다. (1981.3.31)

〈慶北大 文科大學長 · 國語學 · 文博/ 어문연구 29호〉

漢字는 東北亞 경제圈 촉매

李 大 根

李大根 교수의 〈漢字는 동북아 경제권 촉매〉라는 시론(1993년 10월 25일자 中央日報)과 이에 대해 27일자 김정현·방은규 시민이 贊反論을 전개한 것을 함께 재록한 것이다. 이교수는 세계 경제의 글로벌화 물결 속에서 아시아 역시 ECC나 NAFTA와 같은 域內 經濟圈 형성 가능성이 있는데, 동북아의 경우 경제권 형성 촉매역할을 할 수 있는 공통요소가 바로 한자이므로 적극적인 한자교육을 실시할 것을 제안하였다. 이에 대해 김정현씨는 향후 일본과 중국을 공략하기 위해서라도 반드시 한자교육을 제대로 시켜야 한다고 적극 同調하는 데 반해, 방은규씨는 이 교수의 글이 적극적 한자사용에 대한 주장 일색으로 그 저의가 의심스럽다며, 한자문화권 내에서 국가간의 이질성을 지적하고 오히려 자부심을 갖고 한글을 사용할 것을 주장하고 있다.

21세기를 코앞에 둔 世紀末의 전환기에서 경제의 국제화, 이른바 글로벌化는 누구도 거역할 수 없다.

지금 GATT의 多角主義에 의한 우루과이라운드 협상은 제쳐 두고라도 EC의 市場統合이나 北美에서의 NAFTA 결성 등이 모두 이 물결을 타기 위한 몸부림이라 할 수 있다.

지난날 舊소련·東歐 사회주의 경제가 저렇게 몰락하고 만 것도 따지고 보면 國際分業(국제무역)의 이익을 도외시한 채 國內分業에만 매달려 왔기 때문이 아닌가 하는, 고쳐 말하자면 세계경제 글로벌化 물결을 제대로 타지 못했기 때문이라고 할 수 있다. 그런가 하면 韓國을 포함하는 아시아

NIES가 수많은 後進후진경제 가운데서 유독 성공할 수 있었던 것은 國際分業이 이익을 살리는 세계경제 글로벌化에 누구보다 앞장서 왔기 때문이었다고 말할 수 있다.

세계경제의 글로벌化 물결 속에서 유럽은 EC 중심으로 뭉치고, 南·北아메리카는 NAFTA의 확대·강화로 나아가는데 아시아는 어떻게 되고 있는가. 이 지역에서도 EC나 NAFTA와 같은 또 하나의 地域經濟圈 형성을 가져올 것인가. 더욱이 韓-中-日을 중심으로 하는 東北아시아의 경우 어떻게 될 것인가. 누구나 한번쯤 생각에 잠겨 볼 문제임에 틀림없다.

앞으로 이 지역에서도 社會主義 나라들의 개혁·개방이 가일층 행해지고, 역사적으로 얽힌 民族的 앙금이 풀리며, 경제적으로 美國에 대한 높은 의존 관계가 어느 정도 완화된다면 域內 經濟圈 형성 가능성이 결코 없는 것이 아니다. 특히 東北亞의 경우 北韓의 개방 전망과 함께 그것은 예상밖으로 빨리 다가올지도 모른다.

이 경우 어떤 형태로든 아시아(東北亞) 經濟圈 형성과 관련하여 그것의 촉매역할을 할 수 있는 하나의 중요한 공통요소는 무엇일까.

우리는 일차적으로 이 지역의 공통적 文化遺産으로서의 漢字 사용에서 찾을 수 있을 것이다. 오늘날 지구상에서 漢字가 통용되는 인구는 줄잡아 14억을 넘고 있다. 이는 세계 인구 약 54억의 26%에 해당할 뿐더러 英國圈 인구 15억과 거의 맞먹는 숫자다. 물론 나라 간에 漢字발음이 서로 다름으로 해서, 또 中國내에서의 일부 簡體字간체자 사용으로 해서 다소간의 사용상 制約제약이 따르긴 한다. 하지만 우리로서는 14억 漢字文化圈 속에 우리가 포함되어 있다는 사실이 얼마나 다행스러운 일인지 한번쯤 생각해 볼 일이다.

그렇다면 우리는 세계경제의 글로벌化 내지 아시아 經濟圈 형성에 즈음하여 무엇을 어떻게 대비해야 할 것인가. 다시 말하면 격변하는 국제화시대에 우리는 무엇을 갖추어야 할 것인가.

여러 가지 必要條件 가운데 특히 중요하게 들어야 할 것은 文字生活에서의 풍부한 외국어 실력을 갖추는 일이다. 마치 EC 사람들이 이웃 나라말 배우는데 많은 노력을 기울이듯 우리도 영어는 물론이고 日語나 중국어 공부에 倍前배전에 노력을 기울여야 할 것이다. 中國語나 日語를 배우기 위해서는 또한 前提的으로 漢字解得이 필수적이다.

그럼에도 불구하고 언제부터인가 우리 주변에서는 漢字 사용이 급속히 사라져 가고 있음을 본다. 신문·잡지·TV 등에서는 물론, 大學에서 사용하는 전문서적이나 大學院 석·박사 學位論文까지 한글로만 씌어지고 있는 실정이다.

한글만으로 과연 우리의 文字生活이 충분한가, 한글만으로 우리의 傳統文化의 계승이 가능한가, 또는 한글만으로 전문적인 학문연구가 가능한 것인가 하는 것 등에 대해서는 여기서 따질 겨를이 없다. 오로지 여기서는 필자의 專攻(經濟學)과 관련하여 오늘과 같은 국제화·정보화 시대에 우리네 文字生活이 과연 한글專用으로 흘러서 되겠는가 하는 것을 강조하고자 할 따름이다.

얼마 전 필자를 포함해 몇몇 教授들은 오늘의 한글專用 추세가 자칫 일반국민은 물론 대학생까지도 漢字文盲으로 만들어 대학에서의 전문적 연구나 수준 높은 교육을 어렵게 만든다고 판단한 나머지 「漢字使用勸奬한자사용권장을 위한 교수모임」이란 자발적인 專攻 서클을 만든 바 있다. 교수들은 우선 專攻관련 漢字사용을 솔선수범하고 학생들에게도 한자를 적극적으로 가르치며, 또 워드 프로세서 사용에서 오는 便宜主義편의주의나 지나친 商業主義에 젖은 천박한 출판풍토와 영합하지 않을 것 등을 다짐한 바 있다. 「모임」의 이러한 소박한 뜻이 다른 大學으로까지 파급되어 우선 大學社會에서부터 漢字使用의 新風이 불어주기를 기대하는 마음 간절하다.

(1993年 10月 25日字 中央日報)

〈成均館大學教授, 經濟學/ 어문연구 80호〉

■ 拾穗錄

「漢字는 동북아경제권 촉매제」 贊反論

日·中國공략의 "무기"될 수도

찬 성

中央日報 25일자(일부지방 26일) 5면에 실린 李大根교수의 時論을 읽고 공감했다. 동북아 경제권 촉매제 역할은 漢字가 한다는 얘기는 타당한 말이다. 문화와 경제는 언제나 밀접한 관계가 있다. 우리가 역사 공부를 제대로 해보면 경제형성이 언어·문자·풍습 같은 것에 상당한 영향을 받고 있음을 간파할 수 있다. 앞으로 경제대국이 세계를 지배함과 동시에 어느 文字圈이 세계를 지배하는 양상이 나타날 수도 있으리라.

지금 세계에서 日本이라는 거대한 경제대국을 모르는 사람은 없다. 그들의 경제발전을 배우자면 필히 그 말과 글을 배우지 않으면 안 된다는 것도 안다.

앞으로 경제대국 일본은 물론 동북아권의 잠재대국 중국을 공략하자면 반드시 한자교육을 제대로 시켜야 할 것이다. 한글 전용만 부르짖는 것은 우리의 上古文化는 물론 조상들이 남긴 모든 문화유산에 대한 지식마저 잃어버리게 할 우려가 있다.

김정현 〈경기도 성남시 분당구 야탑동〉

「漢字문화권」의 동질성 옛말

반 대

이대근교수의 「시급한 아시아경제 협력」이라는 글은 경제의 국제화시대→확대·강화되고 있는 지역경제권 형성→한·중·일을 중심으로 하는 동북아경제권 형성 가능성 제시→그것의 대비는 한자 사용이라고 전개하고 있다.

그런데 그 글은 전체 7단 중 앞 3단, 제목에 관련되고 나머지 4단은 모두 적극적인 한자 사용에 대한 내용으로 흐르고 있어 집필의도가 무엇일까 하는 의구심을 감출 수 없다. 더구나 「한자는 동북아경제권 촉매」 또는 「한글만으론 국제화 대처에 역부족」이라는 대목은 그러한 인상을 감추지 못하게 한다.

이교수의 그러한 논리, 즉 「시급한 아시아 경제협력을 위한 시급한 한자 사용」은 언어(글자)에 대한 본질을 잘못 이해한 탓으로 설득력이 없다. 언어는 비록 한나라에서 만들어져 사용된다고 해도 시간의 흐름에 따라 그 소리와 뜻이 변한다. 마찬가지로 한자도 오랜 시간에 걸쳐 그러한 과정을 밟아왔다. 더구나 한자는 서로 다른 공간에서 서로 다른 민족들이 사용해왔기 때문에 아무리 한자문화권을 강조한다고 해도 동질성보다는 이질성이 앞선다. 그것은 우리가 「한자」에 대해 가지고 있는 관념으로, 하루가 다르게 변해가는 현대 중국어를 접해 보면 쉽게 느낄 수 있을 것이다. 일본 한자어에 있어서도 마찬가지다.

한마디로 「한자문화권」을 주장하기 위해서는 그러한 이질화를 극복할 수 있는 「표준한자어」를 만들어야 하는데, 이는 현실을 고려해 볼 때 불가능한 일이다. 그것은 또한 국제 공용어로 영어를 사용하고 있는 이 시점에서 볼 때 매우 비경제적인 일이다.

겨레의 얼이 배어 있는 든든한 한글이 있는 이상, 우리는 자기 연구의 부진함을 반성해야지 글자 탓만을 거듭하는 것은 자신뿐만 아니라 모든 사람에게 불행한 일이 된다.

방은규 〈경기도 하남시 춘궁동〉
(1993年 10月 27日字 中央日報)
〈어문연구 80호〉

한글專用敎育의 七大弊害와 그 是正策

-모든 敎科書는 國漢混用으로

李 相 殷

1905~1976년. 咸南 定平 출생. 철학자·교육학자. 고려대 교수, 중국학회 회장 역임. 韓國語文敎育硏究會 주최 第6回 語文講演會의 講演原稿로서, 한글전용의 폐단과 부당성을 지적하고 있으며, 한글전용 語文敎育의 폐해를 1. 國民의 知性을 低下시킨다, 2. 敎育의 效果를 減退시킨다, 3. 國語의 混亂을 招來한다, 4. 現實適應力을 못 갖추게 한다, 5. 學術의 發展을 沮害한다, 6. 民族文化의 傳統을 抹殺한다, 7. 國際間의 孤立을 自招한다 등의 7개 항목으로 요약하여 그 중 4번째를 제외한 나머지 여섯 가지 항목에 대하여 구체적으로 설명하고 있다. 특히 이 여섯 가지를 한글전용교육의 六大罪過라고까지 표현하며, 국민학교부터 대학에 이르는 모든 교과서에 國漢混用體를 사용할 것을 강력히 주장하고 있다.

한글專用 語文敎育이 實施실시된 이래로 오늘날까지 學界, 文化界, 法曹界법조계, 言論界의 수많은 人士들이 그 弊端폐단과 不當性을 지적해왔고, 더욱이 本 語文敎育硏究會가 發足한 이후로는 그 폐단에 대한 專門的인 調査조사·硏究도 실시해 보았고, 그 조사·연구의 一部 報道도 이미 新聞紙上에 발표된 바 있으므로, 아마 한글전용이 어떠한 폐단을 끼치고 있는가는 다소 이 방면에 關心을 가지고 新聞·雜誌의 보도를 유의해 보신 분들은 대개 이미 다 잘 알고 있을 줄 믿습니다.

그러나 日常生活에 奔走분주하고 있는 一般 사람들로서 이런 자신에게 직접 利害關係도 없는 일에 반드시 關心을 가지리라고 볼 수 없으며, 또 설령 관심을 가진다 하더라도 특별히 유의하지 않고서는 여러 사람들이 그 동안 발표한 言論과 主張을 다 찾아 읽어본다는 것도 어려운 일입니다. 그리하여 한글 전용을 반대해온 저희들의 이론이나 주장에 대해서도 斷片的인 散漫산만한 知識밖에 못가지게 될 것이며, 따라서 한글 전용의 폐단이 어느 정도의 深刻性심각성을 띠고 있는 것인가도 정확히 理解하지 못한 것으로 推測추측됩니다.

이런 점을 考慮고려해서 저는 오늘 이 講演에서 나 個人의 무슨 새로운 意見을 말하려는 것이 아니라, 이미 여러 사람들이 말한 것을 綜合종합해서 여러분께 하나의 總括的총괄적인 報告를 드리어, 여러분의 注意를 喚起환기시키고 이 문제의 眞相이 어떻다는 것을 알려드리고자 하는 것뿐입니다.

우선 그 동안 여러 사람들이 누누이 지적해온 한글專用 語文教育의 弊害를 列擧열거해 보면, 대체로 다음 일곱 가지로 要約요약할 수 있습니다. 즉

1. 國民의 知性을 低下시킨다.
2. 教育의 效果를 減退감퇴시킨다.
3. 國語의 混亂을 招來한다.
4. 現實適應力을 못 갖추게 한다.
5. 學術의 發展을 沮害저해한다.
6. 民族文化의 傳統을 抹殺말살한다.
7. 國際間의 孤立을 自招한다.

이 일곱 가지 폐단은 모두 國家·民族의 盛衰運命성쇠운명과 직접 관계되는 重大한 問題들인 만큼, 우리는 그것이 어떻게 해서 발생되는 것인가를 정확히 認識하고, 이의 救濟구제·解決策을 급속히 講究강구하지 않으면 안 됩니다. 이제 저는 이 일곱 가지 폐단에 대하여 여러 사람들이 말한 것을 綜合해서 하나하나 說明해보겠습니다.

첫째, 한글專用 語文教育은 왜 國民의 知性을 低下시키는가?

知性이란 思考能力을 前提로 하는 것이요, 사고란 것은 概念개념과 개념을 連結시키면서 어떠한 判斷판단에 도달하는 것이므로, 思考力의 발달은 우선 개념—즉 낱말—들을 많이 알고 정확히 把握파악하여 올바로 使用할 줄을 아는 데서부터 시작하는 것입니다. 國民學校나 中·高等學校의 語文教育의 根本目的은 사실 兒童들에게 國民生活과 學問生活의 基礎기초되는 낱말을 가르쳐 주는 것이라고 말할 수 있는 것입니다.

그런데 우리나라는 歷史·地理的 條件 때문에 다른 나라와 달라서 말이 二元的 要素로 構成됩니다. 즉 우리의 固有한 말과 漢字語 두 가지 要素가 그것입니다.

<아빠·엄마·아버지·어머니·언니·아우>는 固有語이지만, <父·母·父親·母親·兄·弟·姉·妹>는 漢字語입니다.

이 두 가지가 다 우리 國語의 要素로 되어 있습니다. 그런데 漢字語가 우리 국어에서 얼마나 큰 比重을 차지하는지 사람들은 잘 모르고 있습니다. 이것을 量과 質로 갈라 말하면, 양에 있어서 한자어는 우리 국어의 5割 내지 7, 8割까지 차지한다고 하는데, 한글辭典의 統計통계에는 54%로 되어 있습니다. 나로서 計算계산해본 일이 없으므로, 나는 우선 한글學會의 大辭典에 公式으로 발표한 數字에 의하여 最小限度 半數 이상이 한자어로 되어 있다는 사실을 지적합니다. 그러나 이것은 한글 학회가 「큰사전」을 編纂편찬할 때까지의 통계이지, 그 이후의 새로 생긴 한자어의 수를 加算한다면 훨씬 더 增加될 것은 뻔한 일입니다. 그런데 이 말의 증가란 점에 있어서 우리는 특히 주의해야 할 것이 있습니다. 그것은 즉 우리 固有語에 있어서의 새말의 증가와 한자어에 있어서의 새말의 증가를 比較비교한다면, 그 增加率증가율의 速度가 漢字語側이 몇 곱절 더 크다는 사실입니다. <얌체·사바사바·깡패·공갈친다……> 따위의 庶民生活層의 俗語속어·俚語이어의 새말도 많이 불어가고 있지만, 그것보다도 新聞·雜誌에 날마다 달마다 생겨나

는 政治·經濟·社會·學術 각 方面의 用語들, 예컨대 洗腦工作세뇌공작·原爆·高性能爆彈고성능폭탄·集團安保·農民收奪농민수탈·源泉所得·構造主義·潛在意識잠재의식·油脂化工유지화공…… 등은 그야말로 急速度로 增量大加를 보이고 있는데, 이런 것은 모두 漢字를 바탕으로 생겨난 말이요, 漢字를 모르고서는 理解할 수 없는 말들입니다. 신문을 보려면 이런 말을 理解할 수 있어야 보게 됩니다.

다음 質에 있어서 보면 우리의 固有語는 모두 生活語에 그치는 것이요, 學術語는 되지 못합니다. 우리말에 있어서 학술어는 모두 漢字語로 된 것입니다. 즉 高等槪念을 표시하는 말이나 精神生活面의 理論的인 表現은 모두 漢字 아니면 할 수 없이 되었습니다. 이만큼 漢字語는 우리의 文化生活의 主軸을 이루고 있는 것입니다.

學校의 語文敎育에 있어서 우리의 固有한 말은 正音－한글－으로 써서 가르치는 것이 原則이요, 漢字語는 漢字로 써서 가르치는 것이 原則입니다. 그런데 한글專用論者들은 맨 처음에는 한자어를 外國語라고 하여 그것을 모두 固有語로 고쳐 쓰려고 했다가, 「밥통(胃)」·「날틀(飛行機)」·「말광(辭典)」·「배꽃 계집 배움집(梨花女學校)」…… 따위가 無謀한 짓인 줄을 깨닫게 되자, 그제는 한걸음 後退후퇴하여 한자어의 使用을 容認용인－사실은 그 勢力에 屈服한 것이지만－하는 方向으로 나가지 않을 수 없게 되었습니다. 이러한 潮流조류 속에서 敎科書의 括弧괄호 속에 갇혀 있던 한자가 露出되면서 한때 國漢混用의 趨勢추세로 나가는 듯하더니, 그 후 얼마 안 되어 한글專用主義者들의 허울 좋은 名分論에 誤導오도되어 文敎當局은 다시 교과서를 改編하여 純한글로만 하고, 한자는 괄호 속에서조차 빼어버리고, 그래서 英語字로 바꿔치는 데까지 이르고 있으니, 이것이 오늘날 語文敎育의 實態입니다.

漢字語를 漢字로 가르치지 않고 한글로만 가르치는 데에서 모든 폐단이 발생하게 되는 것입니다. 그 폐단이 생기는 理由를 여러분께서는 분명히 알아두어야 합니다. 여러분은 다 귀여운 子女를 學校에 보내고 있습니다. 여러분의 자녀들이 학교에 가서 받는 教育이 어떻게 不合理한 것인가를 알고 있어야 하겠기 때문에, 나는 이제 좀 時間이 걸리더라도 이 폐단이 생기는 이유를 좀 자세히 말씀드리지 않을 수 없습니다.

우선 表意文字와 表音文字의 性格上의 差異부터 알아야 합니다. 漢字는 표의 문자요 한글은 표음 문자입니다. 표의 문자인 漢字는 한 글자가 한 모양을 가지는 동시에 한 뜻을 가지고, 표음 문자인 한글은 한 글자가 한 모양은 가지지만 뜻은 가지지 않고 音만 發합니다. 「山」字는 山자로서 일정한 形狀을 가짐과 아울러 「뫼」란 뜻이 그 形狀과 함께 固定되어 있고, 「海」字는 海자의 형상을 가짐과 동시에 「바다」라는 뜻이 그 형상과 함께 고정되어 있습니다. 그러므로 「山」자는 字形만 보면 그 音은 읽지 않아도 벌써 視覺을 통해서 그 뜻이 뚜렷하게 머릿속에 들어옵니다. 그러나 山자를 한글로 「산」이라고 音만 적어놓는다든가 「海」자를 한글로 「해」라고 音만 적어놓으면 그 「산」과 「해」만으로써는 「뫼」란 뜻이나 「바다」란 뜻이 곧 머리에 들어오지 않습니다. 「산」은 다만 「사」에 「ㄴ」 받침을 한 소리일 뿐이요, 「해」는 다만 「하」에 「이」를 붙인 소리일 뿐입니다. 그것의 뜻을 알려면 반드시 그 앞의 글과 함께 소리를 내어 읽어보아야 알게 됩니다. 가령 「북악산」이라든가 「산 좋고 물 좋으니」·「산언덕」이라든가 「동해」·「남해」라고 하든가 「해발 三千尺」이라든가 이렇게 앞뒤 말을 들어보거나, 찾아보기 전에는 「산」이 무어고 「해」가 무엇인지 알 수 없습니다. 그러나 漢字로서 「山」자나 「海」자를 써놓으면 그 한 字만 보아도 곧 그 「뫼」와 「바다」란 뜻이 얼른 알아지는 그런 神妙신묘한 性能을 가집니다. 이것이 표의 문자와 표음 문자로서는 도저히 따를 수 없는 優秀우수한 長點장점입니다. 語文教育에 있어서 한자어를 가르칠 때는 당연히 이러한 표의 문자의 장점을 살려서 그것을 最大限으로 이용해야 할 터인데, 한글專用教育을 하느라고 한자어를 漢字는 빼놓고 音만 가르치니 이것은 그 말이 가지는 뜻을 정확히 이해시킬 수 있는 길을 끊어버리는 것입니다. 그리하여 兒童들로 하여금 낱말의 뜻을 부정확하고 模糊모호하게 알게 만들어 놓습니다. 우리 語文研究會의 崔濬文先生과 吳之

湖先生 두 분이 施行한 調査에 의하면 國民學校 6學年 學生이 '國語'란 말의 뜻을 제대로 모르고 <낱말 공부하는 책>이니 <글이나 시를 적은 것>이니 <한글 책>이니 하고 答을 쓰는 사람이 대부분이라 하며, '飮食음식'이란 말의 뜻을 물어보았더니 거의 전부가 <먹는 것> 혹은 <양식·반찬>이라고 답하더라고 그 實驗報告書실험보고서에서 보고하고 있습니다.

이것은 다른 까닭이 아니라 國語의 경우 「나라 국」·「말씀 어」라고 漢字를 하나하나씩 뜻을 가르쳤더라면 <나라 말>이란 正答이 절로 나왔을 것이요, 「마실 음」·「먹을 식」하고 한 자씩 뜻을 가르쳐주었더라면 <마시고 먹는 것>이란 正答이 절로 나올 것인데, 그렇게 가르치지 않고 「국어」를 한 單語로, 「음식」을 한 단어로 하여 英語 가르치듯이 통째로 生活化教育으로 가르쳤으니 이러한 폐단이 생기는 根本原因입니다. 이것은 中·高等學校에 올라가도 마찬가집니다. 춘풍(春風)을 「봄 춘, 바람 풍」하고 가르치지 않고 그저 「춘풍」은 <봄바람>이라고만 가르치고 추우(秋雨)를 「가을 추, 비 우」로 가르치지 않고 <가을비>라고 통째로 삼키는 教育을 하였으니, 「秋風春雨」로 變할 때는 또 따로 <가을바람 봄비>라고 說明해주어야 알게 됩니다. 또, 이것은 내가 大學生들과의 談話담화 속에서 직접 經驗한 일인데, 「사람은 나이 먹으면 소극적으로 되기 쉽다」고 하였더니, 그 反對되는 말을 한다는 것이 이렇게 反問해오는 것입니다. 즉 「그러면 나이 젊으면 젊을수록 비극적이 되어간다는 말입니까?」하고 質問하는 것이었습니다. 이 學生의 머릿속에는 적극·소극하는 極字와 희극·비극하는 劇字를 混同하고 있는 것입니다. 그래서 사라질소(消)字, 다할극(極)자의 「소극」과 웃음소(笑)자, 연극극(劇)자의 「소극」과를 혼동한 것입니다.

이런 例를 들려면 한이 없습니다. 한마디로 말하면 漢字는 視覺的인 文字로서 눈으로 보고 뜻을 아는 것이요 귀로 들어서 아는 것은 아닌데, 한글專用을 하느라고 눈으로 보지는 못하게 하고, 귀로 듣고만 알라고 하니, 그 教育이 제대로 될 리가 없는 것입니다. 그리하여 배우는 사람으로 하여금 概念의 模糊, 語意의 不正確이란 精神的 損失손실을 입게 만드는 것입니다.

國語學者 故 朴定緖氏는 「國語의 將來와 漢字의 再認識」이란 冊에서 다음과 같이 말한 것이 있습니다.

> "專用論者들은 言語는 자연스럽고 재치있게 表現하자고 한다. 이 말은 筆者도 反對할 아무런 理由도 없다. 다만 그것은 文學의 領域영역에 속하는 問題이지 억지로 해서 되는 것은 아니다. 國民學校冊에서 「모듬살이」(集團生活)란 말을 하나의 標本으로 삼고 말해보자. 이 말은 「集團生活」이란 말의 자연스러운 말이라고 해서 그들이 만들어낸 것일 것이다. 그런데 그 말의 뜻은 집단생활 뿐 아니라 團體生活, 社會生活도 다 모듬살이로 統合통합해버렸다. 이상 3個의 漢字語가 다 人間이 集合되었다는 意味는 共通이다. 그러나 「集團」은 分散분산의 反對語로서 「모였다」는 의미로 그치는 것이요, 「團體」는 指導者가 있는 同一한 目的의 行動을 하는 모임의 뜻이 있는 것이요, 「社會」는 어떠한 秩序를 維持하는 各樣各色의 人間의 모임을 뜻하는 것인데, 이러한 言語의 뚜렷한 區別을 모두 없애버리고 다 「모듬살이」 하나로 통합시킨다면 이것이 言語의 發達인가? 衰退쇠퇴인가?
>
> 「大人」, 「巨人」, 「偉人위인」을 모두 「큰 사람」이라는 우리말로 統合하면 이것이 잘된 것인가?
>
> 「言論」과 「談話」가 다른데 그것을 漢字를 빼고 純固有語로 뜻풀이하면 다같이 「말」이나 「이야기」가 되어버리는 것이며, 「論法」과 「說法」이 다른데 그 다른 점을 밝히려면 論字와 說字의 語源풀이부터 해야 하는데, 漢字를 없애버리고 그저 「논법」 「설법」을 각각 한 單語로 취급하니 그런 語源的 說明이 나올 리가 만무하다. 祝辭축사와 祈禱詞기도사가 다른데 순 우리말로 하면 「비는 말」로밖에 區別되는 뜻은 없지 않은가? 이것이 語文의 發達인가? 後退인가?"

朴定緖氏의 말은 더 길게 引用하지 않습니다. 한마디로 이러한 式으로 漢字語의 教育을 하고서 國民知性의 向上・發展을 期한다는 것은 생각할 수 없는 일입니다.

둘째, 한글專用의 語文敎育은 왜 敎育의 效果를 減退시키는가?

敎育이란 것은 하나를 가르쳐 하나를 알고 둘을 가르쳐 둘을 알게 되어서는 효과를 거둘 수 없습니다. 하나를 가르쳐 열을 알고, 열을 가르쳐 百千을 알 수 있어야 효과가 나는 것입니다. 한글 전용의 音記式 敎育은 하나를 가르쳐 하나를 아는 교육이요, 漢字의 視覺的 表意的 敎育은 하나를 가르쳐 열, 百, 千을 알게 하는 교육입니다. 왜 그런가? 예를 들어 보이겠습니다.

가령 「學」字를 예로 든다면, 學字가 앞에 놓여서 다른 한자와 結合되는 말이 <學界, 學官, 學校, 學風, 學力, 學費……> 등 80個에 달하고, 「學」자가 뒤에 붙어서 다른 한자와 결합되는 말이 <講學, 苦學, 國學, 同學, 入學, 獨學……> 등 또 78個나 됩니다. 두 가지를 합치면 學자 한 字가 158個 單語에 다 공통으로 사용되어 있는데, 그 158個의 단어가 다 배운다, 學問한다 · 工夫한다는 類의 뜻을 包含포함하지 않는 말이 없습니다. 그러면 學자 한 자만 뜻을 바로 알아두면 이 158個 단어의 뜻을 半은 다 짐작할 수 있는 것이요, 그 結合하는 漢字까지 알면 그 단어의 뜻을 先生이 가르쳐주지 않아도 자기로서 정확히 알 수 있는 것입니다.

그런데 그것을 「학」이라고만 가르치면 「강학」한 때의 「학」과 「학관」할 때의 학이 같은 것인지 다른 것인지 알 수 없으니, 결국 <학계 · 학관 · 학교 · 학풍……>을 일일이 다 說明해주어야 하고, <강학 · 고학 · 동학 · 입학……>을 하나하나 그 말이 나올 때마다 풀이를 해주어야 하니, 이런 번잡스런 徒勞無功도로무공의 敎育이 대체 어디 있겠습니까?

故 朴定緖氏의 「國語의 將來와 漢字의 再認識」이란 冊의 말을 또 한 번 引用하겠습니다.

> "한글文字를 다 通達통달했다 해도 國語의 實力은 조금도 成長할 것이 없는 것이요, 자기가 알고 있는 말을 읽고 쓰고 하는 能力이 생겼을 뿐이다.

「밥먹고 잠잔다」 등의 基礎的 言語는 어린애가 發音能力이 생길 때부터 차차로 귀로 들어서 다 알게 된다. 정말 國語의 學習은 그 다음에 있다. 知識言語의 語彙를 학습해야 한다. 國民校兒童들에게 제일 큰 課業이 낱말의 뜻 工夫인 것이다. 각 科目에 있는 낱말의 뜻 공부가 國民學校 6년 동안의 공부의 거의 전부인 것이다. 즉 單語(낱말) 알기가 어려운 것이지, 단어만 확실히 알면 그 과목의 內容 알기는 그다지 어려운 것이 아니다.

國語에서 漢字를 처음부터 가르치고 각 科目에서도 다 漢字를 程度에 따라서 活用한다면 大量의 單語가 쉽게 通達되는 것이다. 이런 것을 생각할 때 漢字敎育이 훨씬 더 敎育의 效率을 올리는 것이다.

千個의 漢字를 어렵다고 避하려다가 萬個의 單語難關단어난관에 부딪쳐서는 안 되는 것이다. 千個의 한자를 두 個씩 連結시키면 약 50萬個의 結合이 생기고, 二千個의 한자인 경우에는 약 200萬個의 결합이 생긴다. 물론 이 결합이 다 말이 되는 것은 아니지만, 그 중의 일부분이라도 그 數量은 엄청나게 많은 것이니, 이 막대한 수의 言語를 자기로서 自通하는 能力과 새 말을 만들어내는 造語力을 가지게 하는 것이 漢字敎育의 效果이다.

漢字를 가르치는 것이 모든 學科工夫의 負擔을 加重시키는 것이 아니고, 실로 막대한 부담을 輕減경감시키는 것이다."

朴定緖氏의 이 말을 뒤집어 말하면, 「漢字를 안 가르치고 한글로 表記만 해서 가르치는 것은, 모든 學科工夫에 莫大한 負擔을 加重시키는 것이다」고 結論을 지을 수 있는 것입니다.

한글專用論者들은 漢字가 쓰기 어렵고 배우기 어렵고, 한글은 쓰기 쉽고 배우기 쉽다는 理由를 내세워서 지금까지 漢字廢止한자폐지·한글專用의 理論을 展開전개하여 一般大衆과 婦女子부녀자와 學生들을 眩惑현혹시켜 왔습니다. 그러나 이제 한글專用敎育實施가 20餘年이 지난 오늘에 이르러 그 結果를 보면, 그들의 理論과는 정반대로 漢字를 배운 것이 안 배운 것보다 單語理解, 學習能力向上에 있어서 몇 십 배 더 효과적이란 것이 드러나고 있습니다. 比喩비유해서 말하면 한글로만 공부하는 것은 맨발로 뛰는 것과 같고 漢字로 漢字語를 배워 아는 공부는 自動車로 달리는 것과 같습니다. 맨발로 뛰는 것은 뛰기만 하면 되니까 매우 쉬운 것이요, 자동차는 運轉術을 배워야 달릴 수 있으니 배우기 어렵습니다. 그러나 그 어려운 技術은 일단 배워만 놓으면 그 달리는 速度속도는 徒步競走와는 처음부터 競爭경쟁이 안 되는 것입니다. 한글專用論은 맨발로 뛰기 쉬운 目前의 조그만 利益이익을 가지고 몇 십 배·百倍 되는 멀고 큰 利得을 抛棄포기하는 遇를 犯하고 있는 것입니다.

셋째, 한글專用教育은 왜 國語의 混亂을 일으키는가?

우리 國語의 主軸주축을 이루고 있는 것이 漢字語라 함은 이미 위에서 말한 바와 같습니다. 이 漢字를 지금까지는 漢字를 배워왔기 때문에 글자를 보고 發音을 하니까 발음의 混亂이 생기지 않았습니다만, 만약 한자를 버리고 音記만으로 한자어를 사용한다면 뒤에 가서 한자를 전혀 모르는 世代가 나올 때 막대한 發音의 混亂이 올 것은 明若觀火명약관화한 일입니다. 가령 「국어」란 말은 우리가 나라국자, 말씀어자를 알고 있기 때문에 「국」하고 「어」하고 綴字철자를 하지만, 나라국자 말씀어자의 觀念이 전혀 없는 世代에 이르면 「국어」 대신 「구거」라고 써도 그것을 잘못으로 알 사람이 없을 것이며, 「問安」은 물을문, 편안안자를 알고 있기 때문에 「문」하고 「안」하고 綴字하지만, 그런 漢字觀念이 없으면 「문안」 대신 「무난」으로 쓰는 것이 도리어 實地發音에 符合부합하다 할 것이니, 이렇게 되면 無難하다는 「무난」과 區別이 안 되며, 또 설령 「문안」이라 해도 門內란 말로서의 「문안」이란 말과도 구별이 안 되는 것입니다.

그러나 국어의 混亂은 여기서만 그치지 않습니다. 漢字語는 한 가지 特異특이한 점이 있으니, 그것이 同音異義가 많다는 사실입니다. 가령 「사기」란 말은 국어사전에 10個 이상의 同音異義語가 있는데, 그런 것을 만약 漢字를 사용하지 않고 한글만으로 記音을 해서 어떻게 區別할 수 있겠습니까? 물론 그 구별은 앞뒤 文脈문맥을 찾아서 알아낼 수는 있습니다. 그러나 그것이 가다가 우연히 한 번씩 나온다면 그렇게 앞뒤 말을 찾아서 뜻을 알아내도 되겠지만[마치 국어의 배(梨, 腹), 눈(雪, 目)과 같이] 漢字語는 그런 것이 아니라 그 밖의 모든 單語가 다 「同音異義」의 것이 아닌 것이 없을 정도이니, 그 많은 것을 번번이 다 앞뒤 문맥을 찾아서 읽는다는 것은 너무도 煩雜번잡과 疲勞피로와 時間浪費시간낭비를 招來하는 것이니 귀찮아서 讀書의 興味흥미를 잃어버리게 되는 것입니다. 그러면 그 同音異義에서 오는 말의 혼란이란 상상하기조차 어려운 것입니다.

아주 卑近비근한 例로서 戶籍係호적계에서 純한글로는 同名異人이 너무도 많아서 호적을 整理정리할 수 없으니 할 수 없이 記載欄기재란에 성명은 漢字로 쓰라고 但書단서를 붙일 정도입니다. 우리는 과연 한글을 專用한다는 名分 때문에 이런 혼란과 時間浪費와 精神消耗정신소모를 당해야 합니까.

넷째, 한글專用教育은 왜 學術의 發展을 沮害합니까?

學術의 發展은 첫째로 學術用語의 語彙가 豊富풍부하고 使用을 정확히 해야 하고, 둘째로 讀書層이 廣大하여 讀書熱이 旺盛왕성해야 하고, 셋째로 자기 나라 古典을 讀破독파할 수 있는 힘이 갖추어져야 하고, 넷째로 專門學者가 계속 출현할 수 있는 基盤기반이 넓어야 하는 것입니다. 물론 이 밖에 經濟的 與件, 社會的 安定, 學校圖書館학교도서관의 施設시설 같은 2次・3次的 條件조건도 갖추어져야 하겠지만, 가장 直接的인 本質的인 條件으로서는 이상 네 가지 조건이 우선 먼저 갖추어져야 합니다. 이러한 조건이 갖추어지지 않고서는 아무리 經濟條件이 좋아지고 圖書施設이 좋아진다 하더라도 學術發展에 아무런 도움이 못되는 것입니다. 오늘날 우리의 國民所得이 높아져서 경제적 여건은 전에 비해 일반적으로 훨씬 나아졌다고들 하는데, 거리의 書店서점들은 冊이 안 팔려서—더욱이 大學街대학가의 서점에서

책이 안 팔려, 冊房책방이 茶房다방으로 改業을 할 지경이요, 圖書館의 圖書施設은 大學에 따라서는 상당히 풍부하게 갖추어 있는 곳이 적지 않은데 圖書閱覽도서열람의 統計들을 보면 극히 低劣저열한 상태이어서 讀書熱의 不振부진을 모두 말하고 있지 않습니까? 왜 이렇게 되느냐 하면 위에 말한 네 가지 要件이 갖추어지지 않았기 때문이요, 이 네 가지 요건이 갖추어지지 못한 原因은 어디 있느냐 하면 國民學校로부터 大學校까지 이르는 16年의 歲月을 한글專用教育 때문에 껍데기 공부만 하고 알맹이 공부를 못했기 때문이라고 나는 判斷합니다.

그리고 東洋古典이나 우리나라 고전의 硏究 같은 것은 漢字漢文教育을 올바로 받은 大學院 出身에서라야 구하게 되는 터인데, 이러한 專門學者가 되려면 최소한도 三千字의 漢字知識을 가져야 하고 어느 정도의 漢字素養도 가져야 하는데, 지금 같은 한글專用·漢字疎外한자소외의 教育風潮 속에서 이러한 條件들이 어떻게 갖추어집니까? 결국 個人의 特殊有志者특수유지자의 個別的인 努力에 期待를 거는 수밖에 없으니, 이러고서 어떻게 學者養成의 基盤이 마련되겠습니까? 우리나라에서 오늘날까지 아직도 다소 學術的인 著述저술이 나오는 것은 그래도 過去의 漢字教育을 받은 世代가 아직도 남아 있기 때문입니다. 앞으로 이 세대가 지나가고 한글專用教育이 지금과 같이 계속된다면, 우리나라의 學術文化의 命脈명맥은 아주 끊어지고 말아버릴 것이라고 내다보지 않을 수 없는 것입니다. 생각이 여기에 이르면 실로 痛嘆통탄을 금할 수 없습니다.

다섯째, 한글專用教育은 왜 우리의 文化傳統을 抹殺하는가?

무엇을 文化傳統이라 하는가? 요새 가만히 보면 문화 전통이라 하면 무슨 農樂농악이나 民俗舞踊민속무용이나 판소리·雅樂아악이나 땅 속에서 파내는 무슨 金冠금관이나 귀걸이나 무슨 사리塔이니, 그렇지 않으면 무슨 高麗

青瓷고려청자니 李朝白瓷이조백자니 하는 이런 것이 즉 문화 전통인 양 생각하는 것 같이 보이고, 그런 것을 發展시키는 것이 즉 傳統文化를 繼承계승 發展시키는 것이라고 생각하는 모양 같은데, 이런 것은 나로서 보건대 옛 사람들이 살고 남겨놓은 外形的 表面的 껍데기 殘滓잔재에 불과한 것이니, 그런 것을 다시 파내고 살리고 했대야 우리의 구경거리를 장만하는 것, 外國 사람의 好奇心호기심을 滿足시켜주고 외국 사람에게 文化財 자랑이나 할 건더기를 장만하는 데 불과한 것이요, 우리의 生活과 직접 통하는 옛 사람들의 思想·感情을 여기서 찾아볼 수 있는 것은 아닙니다. 물론 그런 文物의 遺跡유적을 통해서 간접의 방법으로 그것을 남긴 사람들의 사상·감정을 想像상상·推測추측해 볼 수 없는 것도 아니지만, 또 그런 것을 갖추어놓은 博物館박물관의 意義와 價値가 크지 않은 것도 아니지만, 그러나 그런 것은 우리의 生活에 좀더 餘裕여유가 있는 때에 가서 천천히 해도 좋은 것이요, 당장 급한 일은 아니라고 나는 봅니다. 우리가 지금 급한 것은 옛 사람들의 생활을 記錄해 놓은 우리의 歷史記錄과 그들 個個人이 남겨놓은 글·文集 같은 文化遺産을 계승·발전시키는 일이라고 나는 생각합니다. 우리의 자라는 뒷世代에게 하루 빨리 이러한 文化遺産의 內容을 알려, 그들로 하여금 祖上·先人들이 어떻게 살았고, 어떻게 생각하며, 어떻게 行動하였는가를 알게 하고, 그렇게 함으로써 우리 歷史 속에 살아 있는 우리 自我를 찾아내는 일이 무엇보다 時急하다고 봅니다. 이것을 빨리 찾아내어야 우리는 소위 「民族的 主體性」이란 말도 할 수 있고, 우리의 政治的 獨立, 經濟的 自主의 精神的 바탕도 確保확보될 수 있는 것입니다.

그러면 이러한 文化遺産의 계승·발전을 漢字排除한자배제, 한글專用의 教育方針으로 그런 目的을 達成할 수 있겠습니까? 모든 이런 유산은 모두 漢字로 적혀 있는 文獻문헌들인데, 이런 문헌을 자기의 문화유산으로 가지고 있는 나라에서 漢字를 教科書에서 逐出축출해버린다는 것은 世界 어느 나라에서도 이런 例를 볼 수 없을 것입니다. 이 얼마나 矛盾모순 撞著당착된 일입니까? 이런 모순을 저지르면서 이것이 자기의 문화 전통을 抹殺말살하는 것이 아니라고 할 수 있겠습니까?

한글專用論者들은 여기에서도 이렇게 逃避도피하는 口實을 찾고 있습니다. 즉 그런 特殊한 硏究는 國語專門家나 東洋學專門家들이 할 일이지 어디 一般大衆의 할 일은 아니다, 일반 대중은 한글로 飜譯번역해 놓은 우리의 古典을 읽으면 되지 않느냐 하는 것입니다. 얼른 듣기에는 近似근사한 말입니다. 그러나 첫째로 그 많은 고전을 번역해 내려면 그것이 한두 사람이 한 해 두 해로 되는 일이 아니라 수백·수천의 사람이 10년·20년·30년이 걸려도 다 할까 말까 한 일인데, 그런 能力을 가진 人材가 어디서 나오는가 말입니다. 一般 教科書에서는 漢字를 구경도 못하고 한 週日주일에 한 시간 두 시간 정도의 不充實하게 가르치는 漢文科目의 中·高等學校 教育으로서 그런 能力의 인재를 길러낼 수 있을 것인가? 또 그 번역이란 것도 外形上으로는 한글로 되었지만, 內容은 漢字語를 그냥 그대로 사용하면서 한글로 音記만 한 것인데, 이런 音記된 한자어 번역을 漢字教育도 받지 않은 일반 대중이 읽을 수 있겠는가? 나로서는 도무지 이해할 수 없는 일입니다. 그러므로 나는 漢字排除, 한글專用은 우리의 文化傳統을 抹殺하는 教育政策이라고 斷罪하고자 합니다.

끝으로 여섯째, 國際間의 孤立을 自招한다는 것도 역시 考慮해야 할 重大한 問題입니다.

이 孤立고립이란 물론 政治·經濟·外交面에서 말하는 것이 아니라 文化面에서 말하는 것입니다. 文化面에서 보면 이 世界의 文化는 그리이스·라틴의 語源을 가지는 英·獨·佛·伊 등 西歐文化圈이 있고, 아랍의 語源을 가지는 中東·아라비아圈의 文化가 있고, 산스크리트語源을 가지는 印度文化圈이 있고, 漢字의 語源을 가지는 中國·韓國·日本의 漢字文化圈이 있습니다. 우리는 東北아시아의 한자 문화권에 속하는 나라로서,

우리와 中國·日本과는 國情이 비록 서로 다르지만, 3國 國民間에는 한자란 共同文化를 통해서 感情을 통할 수 있고 피차간 外交關係나 文化交流에도 막대한 便利편리를 보아왔던 것입니다. 그런데 中國·日本은 한자를 그대로 사용하고 그대로 가르치고 있는데, 우리만 이것을 排除해버리어 國民을 漢字文盲으로 만들어놓으니 이것이 우리에게 무슨 利得을 가져오는지 나는 알 수 없습니다. 오늘날은 매스 미디어에 의한 情報交換의 時代인 만큼 各國의 新聞·雜誌를 一般國民들도 볼 수 있게 되면, 그럴수록 더 有利한 立場을 취할 수 있게 되어가는 時代인데, 이런 시대일수록 우리는 國際間의 通用文字는 될수록 많이 아는 것이 좋을 텐데, 이미 자기의 文字인 동시에 國際間 通用文字로 되었던 漢字를 버리어 外國과의 感情疎通감정소통·文化交通의 길을 막아 버리고 어렵게 만드니 이것이 시대의 逆行이 아니고 무엇입니까? 그것은 우리에게 損害손해만 주는 것이요 利益될 것은 없습니다.

나는 일부 한글專用論者들 중에는 우리가 漢字文化圈으로부터 離脫이탈해야 한다고 생각하는 사람이 있는 줄을 알고 있습니다. 그 분들은 한자 문화권으로부터의 이탈을 마치 自主精神·民族精神의 昻揚앙양같이 생각하는 모양입니다. 거리의 看板간판을 모조리 한글로 고치는 것은 漢字 모르는 庶民서민을 위해서란 생각도 있지만, 그것보다도 外國사람들에게 「봐라! 우리도 우리의 文字를 가지고 있다!」 하는 자랑으로서 國家意識·民族意識을 그것으로 發露하자는 것이 아닌가 나는 생각합니다. 停車場정거장의 驛名역명이라든가 觀光客이 볼 수 있는 모든 名勝古蹟명승고적들의 古有名稱을 모조리 한글로 갈아버리는 것이 다 이런 意圖가 숨어 있는 것이 아닌가 합니다. 과연 그렇다면 나는 이러한 式의 民族意識鼓吹민족의식고취는 도리어 자랑이라기보다 부끄러운 일이라고 생각합니다. 왜냐하면 外國사람들이 거리의 看板, 停車場의 驛名이 모두 漢字로 되어 있는 日本과 그것을 모조리 한글로 갈아치운 우리나라를 비교할 때 그들이 우리를 日本보다 더 愛國的이요, 더 民族精神이 강한 나라라고 볼 것인가, 그렇지 않고 우리를 島民

根性도민근성을 가지는 日本 사람보다도 狹量협량하고 더 偏狹편협한 國民이라고 보지 않을까 염려되기 때문입니다. 만약 外國人들이 이런 것을 보고 참말로 그렇게 생각한다면 이것은 우리의 羞恥수치입니다. 나는 한글 간판이 우리의 자랑이 되지 못하고, 우리의 羞恥가 될까 염려합니다. 여러분은 어떻게 생각하십니까?

이상에서 나는 한글전용 語文教育이 우리에게 주는 여섯 가지 弊害를 대강 말씀드렸습니다. 이 폐해는 語文教育行政을 잘 못한 데서 온 것이기 때문에, 나는 이것을 한글전용 어문 교육의 六大罪過라고 말하는 것입니다. 이 죄과란 말은 내가 사용한 말이지만, 그 폐해는 내가 처음 말하는 것이 아니라, 이미 여러 사람이 누누이 이야기해 온 것이요, 本研究會에서 聲明書로 陳情書진정서로 建議書건의서로 여러 번 되풀이해 말했던 것입니다.

그러면 이러한 폐해를 防止방지하고 우리의 民族文化를 向上·發展시킬 수 있는 語文教育政策은 무엇인가? 그것은 오직 漢字語를 漢字로 가르치는 우리의 固有한 學習方法을 되살리는 길밖에 없다고 생각합니다. 그렇게 하려면 모든 教科書를 國民學校에서부터 中·高等, 大學에 이르기까지 모두 漢字를 섞어서 쓰는 國漢混用體로 改編개편해야 하는 것입니다. 이것은 漢字語가 우리 國語의 主軸을 이루고 모든 文化遺産이 漢字로 된 우리나라에 있어서 國家의 基本教育政策으로 삼아야 할 根本命題라고 생각합니다. 우리 語文教育研究會는 이러한 主張을 根據근거로 하여 政府當局에 그 是正策을 구체적으로 누차 建議한 바 있습니다. 그러므로 나는 이 講演에서 이것을 되풀이하지 않고 여러분에게 本會의 機關紙 創刊號를 읽어주시기 바랍니다.

(이 글은 本研究會 第6回 語文講演會의 講演原稿다. 7大弊害 중 '4. 現實適應能力을 못 갖추게 한다.'의 項目에 대한 설명이 빠졌음을 밝혀 둔다.—編輯者)

〈哲博·本會副會長/ 어문연구 2호〉

나의 語文觀

李崇寧

1908~1994년. 서울 출생. 서울大學校 敎授, 韓國精神文化研究院 副院長, 韓國語文敎育研究會 副會長 역임. 이 글은 오늘날 '語文'의 문제는 결국 言語政策 문제로 귀착되며 특히 表記文字로 무엇을 사용하느냐가 논란의 초점임을 주목하고, 국어의 힘은 한자나 외래어의 제거에서 오는 것이 아니라 나라가 부강하고 정치·문화의 힘이 강해져야 하는 것이라고 지적한다. 또한 최근 외국의 地名, 人名같은 고유명사는 그 나라 발음대로 써야 한다는 어문정책에 대해 국어의 主體性이 일본 식민지 때보다 더 굴욕적인 정책에 희생되었다며 한탄하고 있다. 요컨대 우리말 표기문제에 대하여, 한자어가 많은 국어의 현실과 速讀이 가능한 한자의 實用性을 외면해서는 안 되므로 한자를 混用하여야 한다고 결론짓고 있다.

I

表題의 나의 '語文觀'에서 그 '語文'이란 槪念의 規定이 우선 궁금해진다. '그것이 그것이지'로 넘겨 버리면 그만이지만, 따지고 넘어감이 筆者의 性格이라서 여기 그 規定부터 試圖해 보려 한다. '語文'의 '語'는 言語를 뜻한 것이고 '文'은 文法學者들이 말하는 '主語+述語'의 構造의 '文'은 아니다. 그 '文'은 文法에서 記錄하고 아니하고가 焦點초점이 아닌바, 構造問題이지만 '語文'의 '文'은 文字로 表記되는 書記體를 말한다. 즉 常識的으로 말하면 言語와 言語를 文字로 표기함을 뜻하는 것이니, 쉽게 말하면 一見 spoken language와 written language의 차이다. 그러나, 韓國에서는 그것도 아니다. 어느 文字로 어떻게 표기하느냐가 더욱 시끄러운 問題가 된 것이다. 그리하여 '語文'의 문제는

> 오늘의 '語文' 問題는 國語와 그 國語를 어떠한 文字로 어찌 表記하느냐의 問題다.

로 범위가 좁혀질 수 있다. 그러므로 '語文'의 문제는 結局 言語政策問題로 歸着되며, 같은 言語政策이라고 해도 表出能力 *Sprchfähigkeit*을 云謂함도 아니고 表記文字로 좁혀짐이 最近의 狀態라고 본다. 解放後 이런 문제가 가장 시끄럽게 擧論거론되었고 일부에서 國民 사이에 分裂분열까지 助長시킨 듯 걱정이 이만저만이 아니다.

II

우리나라 國民은 言語問題에 관해서 一種의 被害意識을 가지고 있는 것 같다. 獨立과 아울러 國語의 理想世界를 夢想몽상하고 지나치게 興奮하고 있는데, 이것도 過去의 일부 學者의 宣傳선전에서라고 하겠다. 그러면 어떠한 被害意識인가를 다음에 列擧해 보려 한다.

(1) 中國文化와 漢字에 대해서

辭典사전을 보면 漢字語가 過半이나 되니 이것은 日本語의 경우도 같지만 오랜 時間을 두고 中國文化의 영향으로 이룩된 現實이다. 여기서 國民의 일부는 漢字語를 外國語視하고 漢字의 一掃를 주장하고 있다. 즉 中國文化에의 지나친 拒否가 成功할 것인지는 몰라도 冷靜히 對處대처해 나가야 한다.

(2) 日帝時代의 日本語의 勢力을 回想하고서

日本이 우리나라를 植民地로 삼고 35년을 統治했다. 우리보다 재빨리 近代化를 한 日本이 그 生活文化를 들고 우리 言語生活에 덮쳤으니 日本語의 침입이 염려되었지만 이것이 시작될 무렵에 다행히도 日本은 물러간 만큼 日本語에 대한 反感이 거세게 되어 日語一掃가 주장되고 실행되고 있다.

(3) 外來語의 勢力擴張에 대하여

解放後 西歐文化의 急激한 浸透로 지금 큰 문제가 되어가고 있으며, 때때로 그 制約을 위해 거론도 되풀이되고 있다. 그러나 오늘의 形便에서 보아 外來語의 일소는 어려운 문제이며 어느 정도의 抑制억제는 가능하나 적어도 일부에서는 이 外來語의 勢力이 날로 커짐을 걱정하고 있다.

(4) 純韓國語의 理想型의 構想

國民間에는 漢字語도 一掃되고 外來語도 除去된 國語의 理想的 狀態를 바라고 있는 경향도 있다. 그러고 '한글文化'를 부르짖고 있는데 '한글文化'의 具體的인 內用은 言及이 없어 답답하지만 '한글文化'가 더 구체적으로 國民 앞에 說明되어야 한다고 믿는다. 이런 가상한 國語의 理想的 世界가 '배달民族의 얼'과 연결되고 世界의 第一의 文化云云의 주장에는 현기증이 날 지경이다. 이런 主張은 자칫하면 國粹主義나 極端主義的 傾向을 띠기 쉬운 것이니 조심해야 할 문제다. 言語間에는 鬪爭이 있고 一種의 生存競爭이 熾烈하다. 國語가 異國語와의 투쟁에서 이기려면 背後의 政治와 文化의 힘을 지녀야 한다. 그러므로 韓國이 富强해지고 文化的으로 外國의 注視를 받는다면 韓國語의 運命은 영원할 것이다. 이런 見解없이 우리 國語와 배달民族과를 連結시켜 보아도 그것은 國語의 힘이 되지 못하는 것이다. 國語의 힘은 다음과 같은 要件이 발달되어야 한다.

① 나라가 富强해야 한다. 産業이 發達되고, 經濟가 넉넉하고, 軍이 强하면 國語의 힘이 세어지는 遠因이 된다.

② 文化가 發達되어야 한다. 그래야 外國의 각 大學에서 韓國語를 다투어 배워야 한다는 空氣가 이룩될 것이다.

③ 世界에서 國際學會는 一般集會에서 現在는 英·佛·獨語면 通하고, 조금 制約이 있는 會合이면 英·佛語가 世界 共通語가 되며, 學報나 論文集에서는 英·佛·獨語이면 다 揭載된다. 적어도 國語가 國際語로 會議共通語로 地位가 向上될 때 國語의 지위가 오르는 것이다.

지금 英語이면 世界 어디에서도 사용되고 거기에 佛語를 안다면 세계 어디를 가도 不便은 없을 지경이다. 여기서 글은 한글로 써야 文化가 發達되느니 하지만 國語의 힘은 漢字一掃나 外來語一掃에서 이룩되는 것이 아니라 이 나라가 富强해서 政治·文化의 힘이 굳세어져야 한다는 것을 잊어서는 아니 된다.

Ⅲ

語文問題에서 또 하나의 重大問題가 훨씬 앞서 文敎部에서 施策으로 내려진 것이다.

外國의 地名·人名같은 固有名詞는 그 나라 發音대로 써야한다.

고 이것은 정말 一大失手를 犯한 것이다. 어떻게 이것이 實施되었는지 모르겠고 筆者는 여러 차례 그 失手를 指摘했지만 是正되지 않는다. 그것은 日本의 人名·地名을 우리式으로 부르게 되면 漢字가 사용되지 않을 것이라고 보고 日本式 發音으로 부르게 한 것이 出發點인 듯하다. 筆者가 어느 때인가 라디오를 들으니 정일권 국무총리가 대만에 내려 장개석 총통을 만나고 다시 하네다 공항에 내려 사또오 수상을 만났다.

여기서 中國語의 固有名詞는 우리式으로 읽고 日本것만 日本發音으로 읽는다는 것은 이상한 일이다. 이 理由는 빤한 것이다. 즉 旣成世代가 日本統治下에서 日本語의 教育을 받아서 日本式 發音은 쉽지만 中國語는 모르고 있으니 文教部政策은 日本의 植民地 노릇을 國民에게 强要하고 있는 셈이다. 日本의 放送은 '大邱'를 '다이꾸유' '濟州道'를 '사이슈우또오'로 발음하고 있는 것은 日本國民이 韓國語를 모르기 때문이다. 西歐를 보자.

이탈리아의 首都는 로마 *Roma* 이고, 觀光地는 베네치아 *Venezia* , 나폴리 *napoli*로 부른다.

그러나 英語에서 한번 받아들인 外來語는 뒤에 잘못 變하더라도 절대로 外國의 發音대로 바꾸지 않는다.

이탈리아의 首都는 로움 *Rome*이고 그 觀光地 베네치아는 버니스 *Venice*로 나폴리는 '내이플스 *naples*'로 부른다.

이것이 言語政策의 主體性을 살리는 것이다. 筆者가 1962년 美國에 있을 때에 教皇 요한 23世가 逝去한 것인데 그날 라디오 放送이 일제히

教皇죤(Pope John)이 逝去했다.

로 傳하는데 나는 놀랐다. 그런데 日帝時代도 '이등박문(伊藤博文)'으로 부르던 것이 解放이 되자 '이또 히로부미'로 부르다니 우리 國語의 主體性은 日本의 植民地 때보다 더 屈辱的인 政策에 희생되고 만 꼴이다. 中國

語를 배운 일이 없는 新聞을 보면

모택동 · 유소기 · 화국봉 · 등소평……

우리 式대로 부르고 있다. 이것이 正常的 態度이다. 우리는 크게 反省해야 된다. 文敎部는 장차 中國의 固有名詞도 어느 時期에 가서 中國發音으로 바꾼다니 오래 내려온 中國文化의 智識은 쓰레기통에 넣거나 한다. 지금 '위안스카이'를 들으니 누군가 했는데 뒤에 알고 보니 袁世凱가 고쳐 불러진다고. 우리는 자칫하면 東洋의 文化圈에서 孤兒고아가 될 듯하다.

Ⅳ

'語文'의 '文'은 表記된 또는 表記하는 문제로 보았는데, 漢字一掃가 어떠냐 하는 點은 여기 再論치 않는다. 그러나 한글專用은 漢字를 아는 者나 모르는 者에서 큰 負擔부담의 차이가 있다.

압력, 숙련, 심려

에서 發音대로 쓰지 않음은 漢字를 기준으로 反省함에서다. '국어(國語)'를 '구거'라고 쓰지 않음은 漢字構造에서인데, 이 漢字를 가르치지 않고 發音만 가지고 한글로 表記한다는 것은 無理가 있다. 前日 英國外相 이든은 매일 아침 30분간에 신문 3, 40種을 읽고 표를 질러 秘書비서에게 주고 자세히 읽고 內容을 검토해 바치라고 했다고. 그런데 英國의 新聞은 대개 40面이 된다. 그러나 신문을 들고 대충 훑어보고 政治 · 經濟 · 外交의 이야기를 금방 알아차린다. 한글신문이면 대충 읽는다는 것이 不可能하다. 거기에 漢字가 끼여 있는 때에만 가능하다. 그래서 政府는 브리핑이나 書類

에 漢字를 섞는다는 것은 事務處理의 速度를 위해서 당연한 것이다.

우리는 冷徹하게 생각하고 무엇이 實利主義에 빠른 것인지를 着實히 檢討하고 나가야 한다. 여기에 一毫의 感情을 개입시켜 생각하지 말아야 할 것이다.

〈副會長·百濟文化開發硏究院長·文博 / 어문연구 41호〉

漢字 문맹국 되려나

李 在 田

1927~2006년. 忠南 天安 출생. 1993년 10월 31일자 朝鮮日報에 실린 글을 재록한 것으로, 우리나라 대학생의 낮은 한자실력을 개탄하면서 해방 후 자주 번복된 語文政策과 한글전용론을 비판하고 國漢混用의 실시를 주장하고 있다. 아울러 세계화 시대의 言語競爭力을 위해서라도 한자문화권 내 국가인 우리가 한자를 포기할 수는 없으며 이를 위해 한글전용이라는 文字鎖國主義를 버리고 국민학교 교과서부터 國漢混用을 해야 한다고 역설하고 있다.

文字 쇄국주의

「醫藝科, 抗空學科, 校內學科, 火學科, 行正學科…」 우리나라 대학생의 54%가 이 기상천외한 학과들에 적(籍)을 두고 있다. 지난해 한국 어문교육연구회가 전국의 17개 대학 1~3학년을 대상으로 실시한 「대학생 한자실력 평가」 결과다.

이건 약과다. 대학교 신입생의 23%가 부모의 이름을 한자로 못쓴다는 신문기사는 「어쩌다 이 지경이 되었나」하는 한탄밖에 나오게 하지 않는다. (國語)辭典과 (百科)事典의 차이를 모르는 젊은이들이 과연 이 나라를 제대로 이끌 수 있을까.

얼마 전 우리는 「한글날」 기념행사를 가졌다. 한자 또는 한문으로만 기록을 하던 때에 世宗大王과 같은 賢君이 나타나 세계 제일의 고유 문자를 창제, 반포한 사실은 후손을 뿌듯하게 만든다. 우리가 내어 놓고 자랑할 것이 있다면 국보 1호 남대문보다는 한글이 몇 갑절 뛰어날 것이다.

그러나 한글專用은 생각해 볼 문제다. 바야흐로 세계는 1일 생활권이 되어 날로 국제화-세계화가 촉진되고 있다. 한글이 우수하고 자랑스러운 문자이긴 하지만 國際국제문자가 되지 못하여 한글을 아는 인구는 韓民族 7천만 명 뿐이다. 그런데도 한글전용만을 고집하여 국민학교 교과서는 1백% 한글로 되어 있고 거리의 간판, 도로 표지도 한글 일색이니 이것은 국제화시대의 또 다른 文字鎖國主義문자쇄국주의가 아닐 수 없다. 어느 일본학자는 우리의 한글전용을 평가하기를 「엄청난 시행착오요, 방대한 정보자료를 처리하는 데 큰 지장을 가져올 것」이라고 까지 했다.

우리는 일찍이 미개했던 이웃 일본에 문자를 가르쳐 준 선진문명국이었다. 그러나 오늘날에는 위치가 뒤바뀌었다. 그 까닭은 여러가지겠지만 일본이 세계 제일의 讀書國-出版國인 사실을 무시할 수 없다. 일본은 상용한자를 2천~3천자로 줄이면서 略字와 「가나」를 고안, 의무교육을 통하여 철저히 가르침으로써 전국민이 쉽게 읽고 쓰게 만든 것이다.

일본은 表意文字인 한자와 表音문자인 「가나」를 혼용하는 독특한 語文構造를 가지고 있다는 점에서 우리나라와 더불어 세계에서 유래가 없는 경우를 보여주고 있다. 어떤 일본학자는 이런 어문구조가 없었더라면 근대화가 힘들었을 것이라고 한다. 서양문물이 들어올 때 한자라는 媒介體매개체가 없었다면 단 하나의 단어도 번역이 불가능해 방대한 지식정보를 흡수하지 못했을 것이라는 얘기다.

이와는 대조적으로 우리는 교육의 뿌리가 되는 語文政策을 광복 후 무려 10여회나 바꾸고, 우리말의 약 7할이나 되는 한자어를 표음문자인 한글로만 쓰게 함으로써 한자가 섞인 글은 읽지를 못하거나 同音異意語동음이의어는 분간을 못하는 半文盲반문맹을 量産양산하는 시행착오를 겪어왔다.

서양서도 漢字 붐

세계는 변하고 있다. 동양이 서양문물을 일방적으로 받아들인 西勢東漸서세동점의 시대는 가고, 동양이 서양을 리드하는 東勢西漸의 21세기가 다가오고 있다. 지금 서양에서는 「漢字威力時代한자위력시대」가 올 것이라며 이에 대한 연구에 열을 올리고 있다. 시대상황이 이럴진대 우리도 하루 빨리 한글전용이라는 문자쇄국주의를 버리고 시대변화에 능동적으로 대응해야 할 것이다. 이를 위해서는 우선 국민학교 과정에서 一千字 정도의 한자를 가르치고 모든 교과서는 國漢混用으로 바꾸어 독서력을 길러 주어야 하겠다. 그래야 치열한 국제경쟁시대에 이웃 나라의 젊은이들에게 뒤떨어지는 일이 없을 것이다.

2000년에 가면 언어경쟁력 순위는 英語가 단연 1위이고, 日本語가 3위, 中國語가 5위, 韓國語가 11위 정도라는 예측이 나오고 있다. 이것만 보아도 한자문화권에 있는 韓-中-日 동양 3국은 실용적인 측면에서라도 한자를 알아야 한다는 것이 분명하다.

우리는 국민학교에서 단 한자의 한자도 안 가르치는데 반해 일본에서는 1천 6자를 가르치고 있다. 뿐만 아니라 모든 교과서는 國漢 혼용이어서 5, 6학년만 되면 한자투성이의 신문, 잡지 등을 자유자재로 읽는다. 이웃 나라, 더구나 우리에게는 영원한 경쟁상대일 수밖에 없는 일본이 이럴진대 우리만 한글전용을 고집하여 孤立을 自招할 필요는 없지 않은가. 일본에서는 초-중-고교에서 가장 비중을 두고 있는 교육이 국어, 즉 漢文이다. 책방의 辭典類 칸에 보면 이 방면의 책이 제일 많다.

고립 자초할 우려

한글만 쓸 것으로 여기는 북한에서도 한자교육을 하고 있다. 88년 북한을 탈출한 金萬鐵씨 막내아들(당시 우리의 국교 5학년에 해당)은 기자회견 때『학교에서 혁명 Ⅰ Ⅱ, 음악과 한문을 배웠다』고 말했다. 북한은 68년부터 金日成의 교시에 따라 고급중학 6년(우리의 국교 5년~고교 1년) 동안 3천자를 가르치고 있다.

인류가 사용하는 문자 가운데 완전무결한 것은 없다. 한글이건 한자건 장단점을 함께 갖고 있다. 이런 관점에서 볼 때 서로의 단점을 보완(採長補短 채장보단)할 수 있는 國漢混用을 해온 조상들의 슬기에 감사해야 할 것이다.

(1993年 10月 31日字 朝鮮日報)

〈漢字 교육진흥회 회장/ 어문연구 80호〉

國籍 없는 國語

李 台 珪

> 이 글은 한글전용론자들이 한자어를 순우리말로 바꾼 데 대해 그 문제점들을 실례를 들어 하나씩 反駁하며, 국적없는 국어가 나도는 현실에 대해 개탄하고 있다. 이러한 원인은 한자를 기피하고 남의 말을 한글로 표기하는 데에도 있다는 점을 지적하고, 이를 고치려면 漢字忌避病부터 치료해야 한다고 주장하고 있다.

무릇 한 民族의 국어는 時代 변천에 따라 新造語신조어가 생기기도 하고, 외국어가 들어와서 自國語로 同化되는 경우도 없지는 않다. 그런데 近來 우리 국어에는 우리말도 아니고 외국어도 아닌 奇想天外기상천외의 국적 불명의 국어가 나돌고 있는 것 같다.

「우리말 큰사전」에 의하면 우리말 164,125語 중에는 漢字語가 85,507語를 차지하고 있어서 우리 국어의 太半 以上이 漢字語로 되어 있는데도 不拘하고 分別 없는 한글전용론자들이 이것을 한글語로 바꾸어 보려고 하니 자연 귀에 설고 괴상한 말이 나올 수밖에 없는 것이다.

한때 한글전용론자 중에서는 어느 女子를 指稱할 때 '그미'란 말을 창작(?)해 보았지만 '그미'란 말의 語素어소는 잘 모르기는 하지만 아마 '할미, 어미, 아주미'의 '미'에 바탕을 둔 것이 아닌가 한다.

지난 4月 22日에는 '국어순화운동協議會'가 '국어순화세칙'과 함께 총무처와 放送倫理委員會방송윤리위원회가 마련한 순화案을 확정지었다고 하는데 그 案 中에는 다음과 같은 漢字語로 바꾼 말이 있다고 한다(1997年 4月 22日字 東亞日報紙上에 서울大 朴甲洙 교수가 발표한 論說中에서).

1. 移越이월을 '넘긴것'으로
2. 目錄목록을 '명단'으로
3. 善處선처를 '잘처리'로
4. 見本을 '견양'으로
5. 見出을 '찾음표'로

위의 訂正語句에 대하여 몇 가지 생각나는 私見을 적어 보고자 한다.

① 移越이란 말은 과거 日帝治下에서 사용하던 '繰越조월'이란 말을 해방 후 우리말로 고친 것이라고 생각되는데 이것을 또다시 '넘긴' 것으로 고친다면 부질없이 語文生活에 혼란만 가져올 뿐 아니라 '넘긴 것'과 '移越'은 그 語感어감이 다르다고 본다. 즉 '넘긴 것'이라고 하면 단순히 '넘겼다'는 뜻에 그치지만 '移越'이라고 하면 '넘긴 것' '넘겨간 것', 또는 '넘겨온 것' 등 多樣다양하게 해석되기 때문이다.

② 目錄을 명단으로 고친다는 것은 語不成說어불성설인 것 같다. 魚魯不辨어로불변이란 말은 이런 걸 두고 말한 것이 아닐까. 왜냐하면 目錄과 名單은 그 語意가 전혀 다르기 때문이다. 이에 대하여는 筆者의 私見을 장황하게 늘어놓을 것도 없이 「표준국어사전」의 해석을 引用해 둔다.

目錄
- 소장 出品한 물건의 이름을 정리하여 적은 것
- 冊머리에 그 內容의 要旨를 종목별로 적은 차례

名單 – 관계자의 이름을 쭉 적은 것

③ 善處를 '잘처리'라고만 한다면 이것 또한 그 語感이 너무 단순한 것 아닐까? '善處'라고 할 때에는 잘 처리라는 뜻은 勿論이고 配慮·주선·自

重・아량을 베풀어 줄 것 등의 뜻이 內包되어 있다고 본다.

④ 見本을 '견양'으로 고친다는 것은 元來원래 見本이란 말이 日本式 漢字語이기 때문에 우리 비위에 거슬린다고도 하겠지만, 우리나라와 日本은 같은 漢字文化圈에 處해 있기 때문에 漢字語 中에서 特殊특수한 것(例컨대 有難유난 折角절각 兎角토각 見出 銃手入총수입 持込지입 등등)을 除外제외하고서는 서로 發音만 다를 뿐이지 意味는 共通되는 것이 얼마든지 있다. '見本'의 경우 字句대로 해석한다면 근본 또는 본체를 본다는 뜻이 되기 때문에 '모양을 본다'라는 '견양'의 뜻과 별로 다를 것이 없어서 그 말이 그 말인 것 같다. 但 다같이 '見本'이라고 적어도 우리말로는 '견본'이 되고 日本語로는 '미홍'이 된다. 그것은 우리나 日本이 다같이 '天地'라고 적어도 우리말로는 '천지'가 되지만 日本語로는 '덴찌'가 되는 것과 同一한 것이 아닐까?

⑤ 見出이란 말을 우리가 이제까지 써 왔다면 부끄럽고 창피막심한 일이 아닐 수 없다. 그것은 日本人들이 見出이라는 文字를 적어놓고 '미다시'라고 읽을 때에는 日本語로서의 意味는 있겠지만 우리가 見出이라고 적어놓고 '견출'이라고 읽을 때에는 그것은 전혀 意味不通의미불통인 것이어서 韓國語도 아니고 日本語도 아닌 국적 없는 언어가 아닐 수 없다.

이런 것 以外에도 우리는 국적 없는 국어를 사용하고 있는 것 같다. 例를 들면 '銃手入'이란 말도 쓰고 있는 것 같은데 그 漢字語는 日本人들이 '쥬우 데이레'라고 읽음으로써 日本말은 形成되지만 우리가 '총수입'이라고 읽을 때에는 우리말도 아니고 日本말도 아닌 국적 없는 국어라고 할 수밖에 없다.

한편 우리나라 신문들이 外國人의 이름을 表記할 때 美國대통령의 경우 '카터'라고 表記하는 신문이 있고 '카아터'라고 적는 신문도 있다. 그런가하면 日本人들의 姓名을 表記할때에는 木村 '기무라'를 '키무라'로, 鳩山 '하도야마'를 '하토야마'로, 田中 '다나까'를 '타나카'로, 佐藤 '사도'를 '사또'로, 伊藤 '이도'를 '이또'로 적고 있지만 日本文字의 假名 '가나'인 50

音表에는 또, 카, 키, 타 등의 發音이 없는데 어째서 이와 같은 변질된 用語를 쓰고 있는지 理解가 가지 않는다.

이런 것들은 필경 日本語에는 이른바 濁音탁음이라는 符號가 붙는 것도 있고 안 붙는 것도 있는데 前記한 바와 같은 人名에는 濁音이 없다는 것을 表示하기 위해서가 아닌가 여겨지지만, 果然 그렇다면 우리가 그들의 人名을 表示하는데 있어서 그런 데까지 細心세심한 신경을 써야 할 必要가 어디 있을까?

어느 나라를 막론하고 固有한 地名과 人名은 語原대로 表記하는 것이 國際的 慣例라고는 하지만 日本에서는 우리나라 地名이나 人名을 表示할 때 首都수도인 서울을 除外하고는 餘他는 모두 漢字로만 表記하고 있는데 우리는 어째서 그들의 人名을 漢字로만 表記하지 않고 우리말도 아니고 日本말도 아닌 괴상한 말을 쓰고 있는지 궁금하다.

朴大統領께서는 일찍이 국어순화운동을 展開하라고 指示한 바 있거니와 우리 국어를 순화하기 위해서는 아무래도 '漢字忌避病한자기피병(?)'부터 治療하는 것이 急先務가 아닌가 생각한다.

〈本會理事 · 前中央大事務處長/ 어문연구 17호〉

卷頭言

李 熙 昇

1896~1989년. 京畿 開豊 출생. 서울대 교수, 동아일보사 사장, 한국어문교육연구회 회장 역임. 이 글은 원로 국어학자가 『어문연구』 제4호에 실은 卷頭言으로서, 개인이나 민족, 국가의 목적은 새로운 문화를 이룩하는 데 있으며 이를 위해서는 교육을 잘해야 하는데, 교육은 全的으로 언어와 문자, 곧 語文을 통하여 수행되므로 어문정책을 올바르게 수립해야 할 필요성을 강조하고 있다. 아울러 적당한 수의 漢字를 한글과 混用하여 二世를 教育하고 또 온 國民이 日常生活에 利用하는 것이 여러 利點이 있으므로 가장 현명한 어문정책이라고 주장하고 있다.

個人개인으로서의 人生의 目的은 새 文化를 創造하는 데 있다고 한다. 그런데, 民族이나 國家全體전체로서도 그 目的은 역시 새로운 文化를 이룩하는 데 있다할 것이다.

여기에 文化라 함은 科學·藝術·政治·經濟 등 무릇 人間生活에 관한 모든 일을 總括·包含시켜서 하는 말이니 요사이 흔히 流行語 모양으로, 많이 쓰이는 <歷史를 創造하자>라는 말도 結局 <새 文化를 이룩하자>라는 것과 同意語가 되고 마는 것이다.

그런데, 이 地球上에 存在하고 있는 모든 國家와 民族은 너·나 할 것 없이 모두 새로운 文化를 創造하려고 발버둥질치고 있는 것이 오늘날의 實情이다.

그러면, 이러한 環境 속에 處하여 있는 우리 民族은 文化的으로 과연 어떠한 段階에 서 있는 것일까, 아무리 두남을 두어 생각하더라도, 最高水準에 올랐다고 배짱을 부릴 수 있는 境地에 놓여 있다고는 생각되지 않는다. 우리보다도 뒤처져 있는 國家 · 民族들도 여간 많은 것이 아니지만, 그 反面에 우리보다 앞서 있는 國家 · 民族이 적지 않다는 것도 엉탈할 수 없는 眞實인 것이다.

그러면, 어떻게 하여야 우리보다 文化的으로 앞선 民族과 어깨를 나란히 겨눌 수 있으며, 또 어떻게 하여야 다시 그들보다 한 걸음 앞설 수 있을 것인가.

이에 대한 가장 적절한 대답은, 아무리 생각하여 보아도, 敎育을 잘하는 데 달렸다고 할 수밖에 없다. 成人들도 最善을 다하여 배우기에 努力을 傾注하여야 하겠지만, 우리가 앞으로 가장 큰 囑望촉망과 期待를 걸어 놓을 수 있는 데는 아직 被敎育者로서의 身分을 지니고 있는 靑 · 少年層이 아닐 수 없다. 우리 將來의 國家 · 民族의 棟樑동량이 될 만한 人材를 養成하기 위하여는 敎育에 依存하지 않을 수가 없고, 敎育은-特히 學校敎育은 全的으로 語文(言語와 文字)을 通하여 遂行되는 것임은 모를 사람이 없을 만큼 常識化되어 있다.

그리고, 여기에서 愼重히 생각하여야 할 問題는, 敎育의 手段으로 不可缺의 要素가 되는 言語와 文字에 대하여 어떠한 政策을 세워야, 남을 따라갈 수 있고, 또 한 걸음 앞설 수 있게 될 것인가. 이에 대하여는 實로 愼重히, 眞摯하게, 科學的으로, 또 冷徹냉철히 研究 · 檢討할 必要가 있다고 생각된다.

氣分上으로는 우리 二世 敎育에 우리 國字인 한글만을 專用하는 것이 좋을 듯이 생각할는지 모르지만, 이는 어디까지나 民族的 感情에서 流露되는 執念에 지나지 않는 것이요, 우리 民族의 文化創造 乃至 文化生活의 歷史的 過程과 現實的 狀況을 洞察하고, 또 國內的으로 對外的으로 文化活動과 文化交流를 가장 活潑히 展開하기 爲하여는, 무엇보다도 言語學的 文字學的 原理와 法則이 提示하는 方法에 따라, 이에 順應하는 것이 새 文化創造를 促進촉진하는 가장 效果的효과적인 最善의 方策이라는 것을 銘心명심하여야 할 것이다.

이러한 方途방도란 다름 아닌 敵黨적당한 數의 漢字를 한글과 混用하여 二世를 教育하고 또 온 國民이 日常生活에 利用하는 것이 가장 賢明현명한 길이라는 것을 强調강조하여 마지않는다.

普通教育보통교육에서 1,800字가량의 漢字를 배운다는 것은 그다지 어려운 일이 아니다. 勿論, 全然 안 배우는 것보다는 그만한 努力을 必要로 하는 것만은 事實이다. 그런, 過半數과반수의 語彙어휘가 漢字語로 된 國語에 있어서는, 同音異義語동음이의어가 너무 많으므로, 이것을 순 한글로만 記錄한 文章을 읽을 적에, 그 難澁난삽의 程度정도는 國民 누구나가 다 날마다 經驗경험하는 바이므로, 이것을 누누이 說明할 必要가 없을 것이다. 한글 專用者는 文脈문맥을 通하여 理解이해할 수 있다는 答辯답변이나, 이런 難澁한 경우는 하루도 수없이 겪는 일이요, 一生 동안을 合計한다면, 또 全國民 各個人의 경우를 總集計총집계한다면, 참으로 天文學的 數字에 이를 能率低下능률저하라 하겠다.

이러한 不便에 浪費되는 時間과 努力에 比하여, 어려서 基礎漢字 1,800字를 學習하는 努力이란 말할 수 없이 수월한 代價를 치르기만 하면 될 것이요, 따라서 文章 讀解독해의 能力은 엄청난 高性能고성능을 發揮발휘하게 된다. 이것이 國民活動과 새 文化創造에 있어서 얼마나 效率的이겠는가는 自明한 事實이라 斷言단언할 수 있다.

이와 같이 되고 보면, 한글專用만이 愛國的이겠는가, 國漢字併用이 愛國的이겠는가. 그 解答도 저절로 내려질 것이다. 왜냐하면, 文化創造에 있어서 能率의 高揚고양이 愛國的이겠는가, 그 遲鈍지둔이 愛國的이겠는가. 再考·三思의 餘地여지도 없는 일이다.

그리고, 漢字는 表意文字이기 때문에 눈으로 보는 瞬間순간에 그 意味의미를 直覺的직각적으로 把握파악할 수 있는 長點장점을 가지고 있으며, 따라서 同音異義語의 區別구별이 一目瞭然일목요연할 뿐 아니라, 오늘날에 앉아서는 이것이 반드시 外國文字라고 排擊배격할 것이 아니라, 西歐서구 여러 民族에 있어서 羅馬字라마자가 共用文字로 되어 있는 것처럼, 漢字는 東洋 여러 나라의 共用文字로 되어 있다는 것을 再認識재인식할 必要가 있다.

이번에 우리 文敎當局이 晩時만시의 歎은 있으나마, 普通敎育에 있어서 國漢字를 倂用하는 勇斷용단을 내린 것은, 앞으로 우리 民族文化의 創造와 發展을 위하여, 또는 다른 文化民族과 어깨를 나란히 하고, 나아가서는 先導的선도적 役割역할을 할 수 있는 기틀을 마련한 點에, 雙手쌍수를 들어 贊成찬성하는 바이며, 國民學校敎育에까지 그 範圍범위를 擴充확충·强化할 것을 懇望간망하여 마지않는다.

〈어문연구 4호〉

한글專用은 從屬賤民經濟를 가져왔다

–金東吉씨의 所論을 反駁한다

林 元 澤

1922~2006년. 慶北 漆谷 출생. 서울대 명예교수, 학술원회원 역임. 김동길 敎授의 한글전용 주장 記事에 대한 반박의 글로서, 정신적 生産에 있어서도 물질적 생산에 있어서와 같이 2개의 생산요소, 곧 노동과 자본을 필요로 하는데, 정신적 생산에 있어서의 노동의 역할을 하는 것은 表音文字인 한글이고 資本의 역할을 하는 것은 表意文字인 漢字라 보고, 한자의 폐기는 물질적 생산의 저하로 인해 종속천민경제를 가져왔다고 주장하고 있다. 곧 정신적 生産力이 물질적 生産力 발전의 원동력이 된다는 것이고, 정신적 생산력의 저하는 물질만능주의·권력만능주의를 가져온다는 것이다.

1. 한글專用이 韓國經濟를 '構造的으로 後進國化'시켜 놓았으며 從屬經濟로 만들어 놓았다.

精神的정신적 生産생산에 있어서도 物質的물질적 生産에 있어서와 같이 2개의 生産要素생산요소 즉 勞動노동과 資本자본(機械기계)을 必要필요로 한다. 그런데 精神的 生産에 있어서의 勞動의 役割역할을 하는 것은 表音文字인 한글이고, 資本(機械)의 役割을 하는 것은 表意文字인 漢字이다. 그리고, 物質的 生産에 있어 生産性 向上향상을 期하기 위해서는 '資本集約的자본집약적'이 되어야 하는 것 같이, 精神的 生産에 있어서도 生産性 向上을 期하기 위해서는 '漢字集約的'이 되어야 한다. 이것은 鐵철의 法則법칙이므로 이에 順從순종하면 精神的 生産이 잘 이루어질 수 있지만, 이에 拒逆거역하면

精神的 生産이 잘 이루어지지 않게 된다. 日本은 이 鐵의 法則에 잘 順應함으로써 精神的 生産이 잘 이루어지고 있는데 대해서, 우리나라는 漢字廢棄政策한자폐기정책 즉 精神的 生産에 있어서의 機械의 役割을 하는 漢字를 廢棄하는 政策이 解放해방 後 계속 敢行감행되어 옴으로써 우리나라의 精神的 生産은 回復회복이 不可能불가능할 程度정도로 엉망이 되고 있다.

그런데, 漢字廢棄는 文化의 破壞파괴에만 그치지 않고, 우리나라의 經濟를 從屬賤民經濟종속천민경제로 만들어 놓는 破局파국을 가져오게 했다. 나는 한글專用이 敢行되는 지나간 40년간 우리나라의 經濟와 政治가 어떻게 '構造的구조적으로 後進國化'되어 가는 過程을 밟아왔는가 하는 하나의 좋은 事例사례를 볼 수 있었다고 생각한다. 그것을 理論化이론화할 수 있는 理論을 提供제공해 준 것이 다름아닌 바로 F. 리스트(F. List)의 '生産力理論'이었다. 리스트는 機械等 '物質的 資本'과 並行병행해서 '精神的 資本' *mental capital*이라는 槪念개념을 제시해 주고 있다. '精神的 資本'이란 리스트에 의하면, 다음과 같은 것이라는 것이다.

> 過去의 모든 時代의 사람들의 一切의 發見, 發明, 改良, 完成 및 努力의 蓄積축적 의 結果(the result of the accumulation of all discoveries, inventions, improvements, perfections, and exertions of all generations which have lived before us)

라고.

나는 '先進國'과 '後進國'이 構造的으로 어떻게 다른가 하는 것을 한글專用이 우리나라를 '構造的으로 後進國化'하는 過程에서 體驗체험에 의해서 確認할 수가 있었다고 생각한다. 先進國은 精神的 資本이 巨大거대하여 '存在존재(經濟·政治)의 意識(精神的 資本)에 대한 必然的필연적 作用작용' (마르크스가 主張주장하는 史的사적 唯物論유물론)을 '意識의식(精神的 資本)의 存在(經濟·政治)에 대한 當爲的당위적 反作用반작용'이 抑制억제하고 操縱조종

할 수 있는 能力능력을 維持유지하고 있는 國家인데 대해서, 後進國은 精神的 資本이 矮小왜소하여 '意識(精神的 資本)의 存在(經濟 · 政治)에 대한 當爲的 反作用'이 '存在(經濟 · 政治)의 意識(精神的 資本)에 必然的 作用'을 抑制 못하고, 따라서 마르크스의 史的 唯物論이 成立됨으로써 物質萬能主義물질만능주의 · 權力萬能主義권력만능주의가 作用하는 國家라는 것이다.

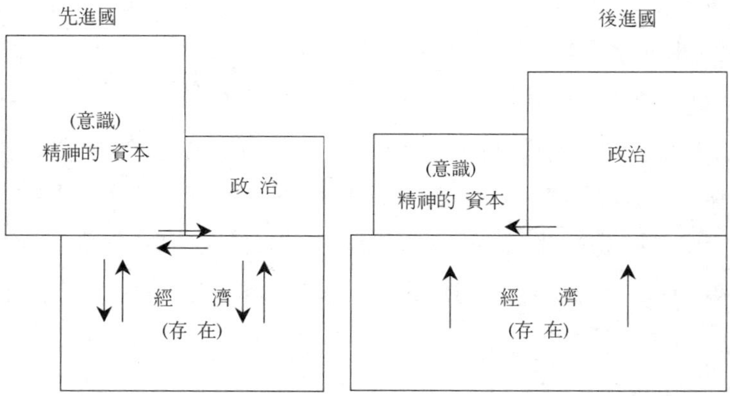

2. 한글專用은 概念을 表象(感性語)으로 바꾸어 놓음으로써 '精神的 生産性 低下→勞動生産性 低下→低賃金'을 가져오게 했다.

데카르트는 表象은 '明晳判明명석판명'(claire et distincte, klar und deutlich) 해야 된다고 했다. 한글專用論者들은 意味의미를 알 수 있게 '明晳判明'하게 '大'라고 쓰면 '事大'가 되지만 뜻을 알 수 없게 즉 '明晳判明'하지 않게 '대'라고 쓰면 '아름다운' 主體주체가 된다고 한다. 그리하여 한글專用論者들은 權力의 힘을 빌어 上位概念상위개념(高生産性 概念)을 下位概念하위개념(低生産性 概念)으로, 그리고 下位概念은 또 表象(感性語감성어)으로 代替

대체하는 教育교육을 一方的으로 施行시행케 만들어 놓았다. 그리하여 우리나라의 精神的 資本은 完全無缺완전무결하게 破壞파괴되어 버렸고, 리스트가 말하는 '精神的 生産力'도 矮小하게 되었다. 그리고, 또 그것은 우리나라의 物質的 生産力에 致命的치명적인 打擊타격을 주어 우리나라 經濟를 從屬經濟로 만들었고, 또 低賃金저임금을 가져오게 했다(漢字廢棄→精神的 生産性低下→勞動生産性低下→低賃金).

리스트는 精神的 生産에 있어서도 精神的 生産力이 向上되기 위해서는 分業분업(專門化전문화)이 필요하다고 하고 있다. 그런데 한글專用은 高度의 專門的인 學術的학술적 上位概念(高生産性 概念)을 '明晳判明'하게 表明할 수 없게 함으로써 精神的 生産力의 質的 向上을 根源的근원적으로 沮止저지하는 作用을 해왔다. 우리나라의 外債累積외채누적은 美國式미국식 經濟學이 주장하고 있는 것 같이 國內貯蓄率국내저축률이 얕은데서 起因기인하는 것이 아니고, 리스트經濟學이 주장하고 있는 것 같이, '漢字廢止→精神的 生産力 低下→物質的 生産力 低下' 좀더 具體的구체적으로 말하면 리스트의 소위 '智力지력' *intelligence*의 競爭경쟁에서 지고 있기 때문이라는 것을 똑똑히 알아야 한다고 생각한다. 이것은 다시 말하면, 우리 民族민족이 所有소유하고 있는 '文字의 質과 量'이 日本이 所有하고 있는 '文字의 質과 量'에 지고 있는 만큼 物質的 生産力도 지고 있으며 따라서 또 우리 民族은 日本에게 지고 搾取착취당하고 있다는 것을 똑똑히 알아야 한다는 것이다.

韓國經濟와 日本經濟와의 隔差격차는 韓國책 속에 있는 '文字의 質과 量'과 日本 책 속에 있는 '文字의 質과 量'의 隔差의 反映반영에 다름이 없다. 우리나라의 外債외채가 500億弗억불이 되면(84년末 현재 432億弗) 1년 1人當 被搾取피착취가 20萬원이 된다는 것이다.

3. '日本的 儒教'는 '日本資本主義의 精神'이 되어 階級對立을 緩和할 수 있었지만, 漢字廢棄는 '韓國的 儒教'를 없애버림으로써 '韓國資本主義의 精神'을 成立하지 못하게 하고 物質萬能·富益富貧益貧을 가져오게 했다.

戰後 日本經濟의 赫赫혁혁한 發展은 世界를 驚倒경도시켜 놓았으며, 새삼스러이 '資本主義의 精神'을 論議논의의 對象대상으로 만들게 해 놓았다. 왜냐하면 日本經濟의 發展을 推進추진시켜 놓은 것은 '日本資本主義의 精神'이라고 日本人들이 말하고 있기 때문이다. 여기서 리스트의 소위 '倫理力' *morality*이 精神的 生產力의 1要素로서 登場등장되고 있는 것을 볼 수 있다. 結局 '精神的 資本'이란 그 民族이 지니고 있는 '智力과 倫理力의 蓄積'이라고 할 수 있다. 이 '精神的 資本'을 基礎기초로 해서 精神的 生產力이 發動되는 것이다.

日本人들은 '日本資本主義의 精神'은 '日本的 儒教유교' 또는 '日本的 佛教불교'라고 하고 있다. 基督教信者기독교신자 山本七平씨도, 그의 著書저서 『論語를 읽는 法』 가운데서, 日本資本主義는 마르크스가 主張하는 階級鬪爭계급투쟁을 解決해결해 낼 수 있었는데, 그것을 解決해 낼 수 있었던 것은 日本國民이 『論語』의 '不患寡患不均불환과환불균'의 말을 즉 '意識의식'을 '存在' 즉 '經濟'에 '反作用'시켜서 平等社會평등사회를 形成형성했기 때문이라고 하고 있다. 그리고 並木信義씨는 第1次 오일쇼크를 世界에서 日本만이 멋지게 克服극복해 낼 수 있었던 것은 日本企業者들이, 事態사태의 重大한 것을 깨닫고, 스스로 利潤이윤을 切下절하하는 措置조치를 취했기 때문인데, 이것은 日本企業者들이 『論語』의 "先憂後樂선우후락"의 말을 즉 '意識'을 '存在' 즉 '經濟'에 '反作用'시켰기 때문이라고 말하고 있다. 그리고 이것은 "利潤은 건드리지 마라"라고 하고 있는 M. 프리드먼의 『選擇선택의 自由자유』가 支配지배하고 있는 美國에서는 절대로 成就성취될 수 없는 일이라고 자랑까지 하고 있다.

4. 高精神的 生產性의 3大條件

延世大연세대 김동길 '歷史學역사학' 敎授교수는, 한국일보에서, 「한글문화는 못 이룰 꿈인가」, 「언제까지 아 언제까지」, 「세월 앞에 겸손하자」 등의 글을 실어 한글專用이 精神的 資本과 精神的 生產力을 完全無缺완전무결하게 破壞시켜 우리나라 經濟를 從屬賤民經濟로 만들어 놓았으며 우리나라의 모든 事情사정이 第 3期를 넘어서 '第 4期'로 들어선 것도 認識 못하고 도리어 우리나라를 決定的결정적으로 破局으로 몰아넣게 할 셈인지 犯罪범죄 以上의 (民族反逆的민족반역적인) 主張을 하고 있는 것을 보고 坐視좌시할 수 없어 펜을 들었다.

리스트는 "產業산업은 學問학문과 藝術예술의 아들이다" *manufactures are the offspring of science and the arts.* 라는 말을 하고 있다. 東京동경 神田신전에 가보면 뉴욕·워싱턴에서도 볼 수 없는 굉장히 많은 冊房책방이 있고 그 책방에는 東西洋 5천년의 文化蓄積인 精神的 資本이 가득 차 있는 것을 볼 수 있다. 그리하여 日本이 後發國으로 先進을 追跡추적하는데, 成功성공할 수 있었던 것은 이 巨大한 精神的 資本을 풀로 稼動가동시켜 巨大한 精神的 生產力을 遺憾유감없이 發動시켰기 때문이라는 것을 皮膚피부로 느끼게 한다. "精神的 生產力이 物質的 生產力發展의 起動力기동력이 된다"는 리스트의 理論의 正當性을 다시 한 번 눈으로 確認하게 만든다. 日本人들은 自己자기들이 만들어 낸 表音文字인 '가나'의 限界한계를 깨닫고 재빨리 外國文字인 表意文字인 漢字를 輸入수입해서 자기 것으로 만들어 文化的 資本財자본재(機械)로 使用해서 '精神的 生產性' *mental productivity*을 向上시켜 왔다.

阿部吉雄 東大敎授는, 그의 著書 『李退溪이퇴계』에서, 다음과 같이 말하고 있다.

> 日本人은 漢字를 外來文字로 생각하지 않고 이것을 國字로서 意識하고

> 있다. 그리고 儒敎思想유교사상도 完全완전히 日本化되었으며, 日本이 明治時代명치시대 飛躍的비약적인 發展을 할 수 있었던 것도 이 儒敎가 根底근저가 되고 있었기 때문이다(p. 122).

우리가 여기서 '精神的 生産性'이 높다고 말하고 있는 것은 (1) 뜻을 분명히 알 수 있게(klar und deutlich), (2) 抽象的추상적 上位槪念상위개념(高生産性 槪念)을 縱橫無盡종횡무진하게 使用할 수 있게, (3) 極大數극대수의 語彙 *vocabulary*를 사용할 수 있게 하는 것을 말한다. 그런데 우리나라의 한글專用論者는 檀君단군을 위시하여 人名, 地名, 國名, 歷史, 古典이 모두 漢字로 되어 있는데도 불구하고 漢字는 外來文字로 취급하고 뜻을 알 수 있게(klar and dentlich) '學校'라고 쓰면 '事大'가 되지만 klar and dentlich 의 데카르트의 法則에 違反위반해서 뜻을 모르게 '학교'라고 쓰면 '아름다운, 쉬운 우리말'이 된다고 '愚民政策우민정책'을 强要강요해 왔다. 그런데, 김씨는 한수 더 떠서 한글專用論者도 回避회피하고 있는 '날틀' 理論을 다시 들고 나오고 있다.

'아름답고 간결하고 쉬운 우리말을 버리고 어려운 한자로 되돌아가고 있는데 그 책임을 누가 져야 하는가. <등골>이라면 누구나 알아들을 수 있는 것을 <脊椎척추>라고 해야 할 까닭은 무엇이며, <피> <핏줄> 따위를 <血液혈액> <血管혈관>이라고 쓸 이유가 무엇인가.' 低質저질의 코메디언도 이따위 말을 하면 容納용납이 되지 않을 터인데, '美國製博士미국제박사'이면서 '歷史學'을 한다는 김씨가 이런 말을 하는 것을 볼 때, durchgehen(뚫고 가는 것을) 할 줄 모르고 entgehen(避해 가는 것) 할 줄 만을 아는 김씨를 볼 때, 그 '美國製博士'라는 것과, 그가 美國에서 배워 온 '歷史學'이라는 것이 도대체 어떠한 것인지 '根本的인 懷疑회의'를 나로 하여금 갖게 만든다는 것을 말하지 않을 수 없다(그러면 '毛細血管모세혈관' '靜脈정맥' '動脈동맥'은 '아름다운 쉬운 우리말'로 어떻게 表現할 것인가). 김씨는 한자를 모르는 것은 '無識무식'이 아니며, '한자를 일상생활에서 몰아내야 된다'고 하고 있다. 그리하여 '修身齊家治國平天下수신제가치국평천하'의 말도 없애버려야 된다고 하고 있다.

5. 우리 國民을 他國民에게 搾取케 만드는 어떤 買辦이데올로기도 그냥 둬서는 안 된다.

나는 김씨에게 다음과 같은 말을 하고자 한다.

(1) 김씨의 '歷史學'이 어떻게 된 것인지는 모르지만 '쉬운 것'을 좋아하는 民族은 人類史를 縱으로 貫通관통하고 있는 苛烈가열한 民族鬪爭史민족투쟁사에서 즉 智力지력의 鬪爭史에서 支配搾取지배착취당하고 滅亡멸망되고 말았다는 歷史의 基礎的인 知識조차도 그는 갖고 있지 않다는 것이다.

(2) 한글專用으로 인한 學問破壞학문파괴가 韓國經濟를 從屬經濟로 만들어 놓았으며 그 때문에 우리 民族이 他民族에게 搾取당하고 있다는 事實도 모르고 있을 뿐 아니라, 오히려 從屬促進종속촉진, 被搾取促進피착취촉진의 '買辦매판' 活動을 하고 있다는 것이다.

(3) 漢字廢棄가 數千年 동안 維持유지되어 온 韓國的 儒敎와 韓國的 佛敎를 抹殺말살시킴으로써 倫理不在를 만들어 놓았으며, 物質至上, 權力至上의 風潮풍조를 만들어 놓음으로써 '賤民資本主義천민자본주의'를 形成케 해 놓았고 階層對立계층대립을 激化격화시켜 놓았으며 結果的으로 마르크스理論을 우리나라에서 成立시키는 結果를 가져오게 했다는 것도 이 '歷史學 敎授'는 모르고 있다는 것이다.

(4) 김씨의 말이 옳다면 敎育全體교육전체가 成立될 수 없게 된다는 것이다. 나는 講義室강의실에서 學生들에게 늘 다음과 같은 말을 하고 있다. 내가 日帝時 學兵학병에 갔을 때, 候補生時代후보생시대 더운 여름에 完全軍裝완전군장으로 몇 번이고, 몇 번이고 匍匐前進포복전진을 强要당한 일이 있다. 너무도 苦痛고통스럽기 때문에 "저 敎官교관놈 죽어 없어졌으면"하는 소리가 候補生

들 입에서 나왔다. 더구나 고약한 것은 땀을 뻘뻘 흘리면서 匍匐前進하고 있는 데도 敎官이 달려와서 軍刀로 鐵帽철모를 갈기곤 했다.

演習연습이 끝나고 候補生들이 憎惡증오에 찬 눈으로 그 敎官을 보고 있을 때, 그 敎官은 웃으면서 다음과 같은 말을 하는 것이었다. "너희들에게 苦痛을 주는 것은 너희들이 一線에 가서 敵에게 맞아 죽지 않게 하기 위해서다"라고. "나는 '講義室은 兵營군영'이라고 생각하고 있으며, 너희들에게 最大限최대한의 苦痛을 주려고 애쓰고 있다. 그것은 너희들이 將來장래 他民族에게 搾取당하지 않게 하기 위해서다. 너희들에게 '어려운 漢字'를 '最大限'으로 배우라고 '强要'하는 것도 같은 趣旨취지에서다"라고.

김씨에 의하면 이러한 말을 한 나는 '責任책임'을 져야 된다는 것이다. 과연 내가 '責任'을 져야만 하는가. 웃기지 말라고 김씨에게 말하고자 한다.

김씨한테 한마디 더 해 두고자 한다. 나는 學生들에게 講義室에서 다음과 같은 말도 하고 있다고. "너희들에게 쉬운 것을 가르치려는 모든 敎授들을 너희들의 敵으로 不信任불신임하라. 그들은 자네들을 戰死전사시키려는 자들이다"라고.

(5) 김씨의 '歷史學'이 어떻게 되어 먹은 것인지 모르지만, 漢字廢棄는 우리나라의 過去歷史와 '斷切'시키는 事態를 가져오게 함으로써 사실상 共産革命과 꼭같은 事態를 가져온다는 것을 모르고 있다. '아름다운 쉬운 우리말'을 쓰도록 배운 한글世代들이 實際로 하는 말이 진정 '아름다운 우리말'이라고 김씨는 생각하는가. '우리말 우리글 쓰기', '국어순화운동'이 나온 이래 한글世代의 말이 根源的 組織的으로 파괴되고 있는 것을 정말로 김씨는 모르고 있다는 말인가. '春府丈춘부장', '慈堂자당' 등의 좋은 우리말이 없어지고 말았다(나는 여기서 共産革命으로 없어지고 만 러시아의 固有의 말을 회복하기 위해서 안간힘을 쓰고 있는 솔제니친을 생각하고 있다).

김씨는 다음과 같은 말을 하는 學生에게 부딪혀 본 일이 없는가. '敎授님 자식들이 몇이나 됩니까.' 靑少年들은 엘리자베스 테일러의 일곱번째

남편이 누구인가를 알고 있으면서도 우리 祖上들이 남겨놓은 文獻문헌과 行蹟행적을 전혀 모르고 있다는 이 悲痛비통한 事實을 나는 '文化的 植民主義'라고 부르고 있으며 이 '文化的 植民主義'를 가져오게 한 김씨를 포함한 한글專用論者야말로 責任을 져야 된다는 것을 强力히 主張하고자 한다. 우리가 學校에 다닐 때에는 비록 日帝時代지만 中學校 2學年쯤 되면 『孟子』의 「大丈夫」에 관한 文章을 읽고 곧잘 志士지사 行世를 했었다. 그리고 中日戰爭이 날 때까지 中學校에서도 '朝鮮語漢文'이라고 해서, 우리 祖上이 직접 쓴 文章과 行蹟을 1週日에 몇 시간씩 가르쳐 주었다. 漢字·漢文의 廢棄는 우리나라의 '過去와의 斷切', '蓄積축적의 破壞'를 意味하는 것을 '歷史學'의 '教授' 김씨는 모르는가?

北韓에서는 '愚民'을 强行하기 위해서는 글의 뜻을 알 수 없게 '수령', '북경' 등과 같이 쓰게 했으며 過去의 歷史를 埋葬매장하기 위해서는 漢字·漢文을 抹殺할 필요가 있었다. 사실 北韓에서는 모든 인텔리들이 彈壓탄압받고 있지만 한글學者만은 待遇대우를 받고 있는 것을 볼 수 있다. 김씨가 主張하는 '한글革命'이 바로 '知的 프롤레타리아의 革命'('無識革命' '愚民革命' '倫理破壞革命')이었다는 事實이 北韓의 '한글革命'의 實際經驗에 의해서 實證실증되었다는 事實을 김씨는 모르고 있는가. '언제까지 아 언제까지'라고 김씨는 慨歎개탄하고 있지만 北韓에서는 完全無缺완전무결하게 '아름다운 우리말'만이 使用되고 있으며 김씨가 渴求갈구하는 '한글문화권'이 완전무결하게 이루어지고 있다고 할 수 있는데, 김씨는 그것을 진정 원하고 있다는 말인가. 但 요즈음 그 무지막지하게 '愚民'과 '無識'을 强要하는 北韓에서조차도 國民學校教科書에서 漢字가 나타나고 있다는 것을 텔레비전에서 내 눈으로 똑똑히 본 일이 있다.

(6) 日本은 中國에는 없는 儒教, 道教 등이 日本에서는 保存보존되고 있고 印度인도에는 없는 佛教가 日本에서는 保存되고 있다고 蓄積된 精神的 資本의 巨大함을 자랑하고 있는데(極大主義), '歷史學' 教授 김씨는 우리 祖上들이 數千年 동안 애써 吸收흡수해서 우리의 살과 피로 만들어 버린 東

洋文明과 祖上들의 思想과 倫理로부터의 '斷切' 즉 極小主義를 主張하고 있는데, 極大 對 極小의 싸움에서 極小가 진다는 것을 모르고 있는 모양이다. 日本은 '日本資本主義의 精神'도, '日本民主主義의 精神'도, '日本精神' 즉 '日本的 儒教', '日本的 佛教'에서 찾는 데 完全히 國民的 合意가 이루어지고 있다. 물론 基督教信者기독교신자도 거기에는 全的으로 呼應호응하고 있다.

한편 우리나라의 一部 基督教信者는 漢字抹殺을 통해서 우리 祖上들이 數千年 걸려서 만들어 놓은 '韓國的 儒教', '韓國的 佛教'를 抹殺하려고 꾀하고 있는데, 이러한 基督教는 植民主義的 基督教라고 規定짓고 50年前 金教臣先生이 내세웠던 '韓國的 基督教' 즉 '韓國的 儒教'와 '韓國的 佛教'에 立脚입각한 基督教의 旗幟기치를 내걸고 앞으로 이러한 植民主義的 基督教와 싸울 것을 김씨에게 엄숙히 宣言선언한다. 내가 보기에는 日本은 그들의 祖上이 물려준 것을 잘 간직하고 있다고 생각하는데, 日本에서 8年間 살다가 美國으로 돌아간 猶太系유태계 美國人 토케이어는 『新·日本人은 죽었다』라는 책을 내서, 그 속에서 日本은 어서 빨리 '美國의 文化的 植民主義'를 脫却탈각하고 祖上이 지키던 倫理와 文字를 回復하지 않으면 日本은 滅亡하고 만다고 말하고 있는데, 토케이어의 말은 日本에서보다 韓國에서 보다 잘 適用된다고 생각한다.

한글專用論, 植民主義的 基督教, 一部 미션系學校는 文化的 植民主義의 앞잡이 노릇을 하는 三賊삼적이라고 規定해 둔다. 만약 김씨가 '韓國民主主義의 精神', '韓國資本主義의 精神'을 基督教倫理에 의해서 確立하겠다고 한다면, 나는 基督教信者이면서도 그에 대해서는 強力히 反對하고자 한다. '韓國民主主義의 精神'과 '韓國資本主義의 精神'만은 數千年間 우리 祖上들이 간직해 오던 '韓國的 儒教', '韓國的 佛教'의 倫理에 의해서 確立해야 된다는 것을 強力히 主張하고자 한다. 祖上이 지니고 있던 倫理, 思想을 抛棄포기하고만 民族은 하나 빠짐없이 滅亡하고 말았으며, 北韓도 '아름다운 쉬운 우리말'만을 쓰고 있지만 한 20年이 지나면 '民族'이 아니고, 共産圈內공산권내의 金某를 酋長추장으로 하는 '部族부족'으로 변하고 만다는 것을 '歷史的 敎授' 김동길씨는 모르고 있다는 말인가. 그리고 巷間항간의 市井雜輩시정잡배까지도 한글世代가 民族意識과 '斷切'되어 버린 '新人種'이 되어 가고 있다는 것을 잘 알고 있는데, 김씨가 이것을 모르고 있는 것을 볼 때 김씨의 '歷史學'이 콤마 이하라는 것을 알 수 있다고 생각한다.

(7) 김씨는 "한자를 몰아내야 된다"고 하고 있다(이것을 『論語』에서는 '暴虎憑河폭호빙하'의 勇氣용기라고 하고 있다). 基督敎信者이며, 링컨을 崇拜숭배하고 있는 사람으로부터 이 말을 들으니, 心情이 錯雜착잡하다는 것을 말하지 않을 수 없다. '漢字撲滅한자박멸'—이것은 내가 알기에는 '倫理'의 問題가 아니라, '心理'의 問題라고 생각한다. 나는 벌써부터 한글專用問題는 '論理'의 問題가 아니라, '心理'의 問題라는 것을 把握파악하고 있었다. '죽여 없애버린다'는 것은 心理學上 어떠한 콤플렉스를 지니고 있기 때문이라고 되고 있다.

20世紀는 '죽여 없애버리는 것'을 프롤레타리아트의 이름으로 또는 民族의 이름으로 내건 레닌과 히틀러 때문에 엉망이 되었다고 할 수 있는데, 어떤 心理學者는 레닌과 히틀러가 性交不能성교불능이라는 肉體的육체적 콤플렉스를 갖고 있었기 때문이라고 하는데, 一理가 아니라, 異里도 있는 말이라고 생각한다. 나는 한글專用論者는 '나라 사랑' 때문에 數千年 우리 民族의 文化의 根幹근간을 이루어 온 漢字를 없애려든다고 생각하지 않고 單純단순히 그들이 能力不足 또는 게으름으로 漢字使用을 잘 할 줄 모르기 때문에, '保身上보신상의 必要에 따라' 漢字를 없애려고 든다고 생각하고 있다.

사실 요란스럽게, 김씨와 같이, '한글革命'을 내세우고 한글哲學철학을 建設건설하겠다고 40年前 떠들어 대던 某敎授, 某敎授, 某敎授 등은 40年이 經過되었는데도 不拘하고, 단 한편의 水準級수준급의 學術論文학술논문도 써내지 못하고 있으며, 요즈음은 '學者'로서가 아니라, '愛國者'로서 행세하고 있는 것을 보면 알 수 있다고 생각한다(김씨도 그런 케이스라고 생각한다). 그리고 '죽여 없애버리는 것'을 學生들에게 가르치는 것은 '罪惡以上죄악이상'이라고 생각한다.

(8) 요즈음 社會科學사회과학에서 다시금 이데올로기論이 登場등장하고 있는 것을 볼 수 있다. 나는 '搾取의 政治經濟學'을 專攻하는 사람으로서 즉 個人과 個人, 國家와 國家를 搾取와 被搾取의 關係에서 보는 사람으로서 10달러 아니 1달러의 被搾取도 促進하는 어떤 이데올로기도 '買辦的이데올로기'라고 規定짓고 그냥 놔두지 않겠다는 것부터 闡明천명해 두어야 하겠다.

지나간 20年 동안 그렇게 하면 우리 民族이 他民族에게 搾取당하는데 생각하면서도 優柔不斷우유부단 傍觀방관만 해 왔기 때문에 韓國經濟는 第 3 期를 넘어서 回復不可能의 第 4 期로 접어들어 가고 있다. 分明히 김씨를 包含한 한글專用論者들에게 다음과 같이 말하고자 한다. 責任을 져야 할 것은 어려운 漢字를 가르친 내가 아니라, 어려운 漢字를 가르치지 못한(잘 쓸 줄 모르기 때문에) 당신네들이라는 것을 그리고, 金氏를 包含한 한글專用主義를 '買辦이데올로기'로서 規定짓는다. 特히 우리 祖上들이 數千年間 간직해 오던 '修身齊家治國平天下'의 基本的인 民族倫理를 排擊배격하고, 罵倒매도하려는 處事는 도저히 容納될 수 없는 것이라고 規定한다. 日帝時에도 그러한 極端극단한 政策까지는 쓰기 않았다는 것을 想起상기하라.

張玲子는 하루에 내가 平生 벌 수 있는 돈보다 더 많은 돈을 雜費잡비로 썼다고 한다. 그런, 張玲子 때문에 우리 國民이 他民族에게 더 많이 搾取당하는 일은 없기 때문에 참아줄 수 있다고 생각한다. 그러나, '아름다운 쉬운 우리말'을 내세워 '無識'과 '愚民'을 正當化하면서(日帝도 敢히 하지 못했던) '無識', '愚民' 教育을 實施하고 있으며 우리 2世들을 他民族에게 搾取당하게 하고, '過去로부터의 斷切' 教育을 實施함으로써 한글世代라는 '新人種'을 만들어 놓은 '教授' 김씨에 대해서는 도저히 참을 수 없다는 것을 分明히 말해두고자 한다. 但 '民主鬪士'로서 政治界에 데뷰하는 것은 贊成찬성해 두기로 한다.

(9) 요즈음 出版출판되는 書籍서적, 雜誌잡지 기타 印刷物인쇄물들은 大學生들이 漢字를 읽을 수 없다는 大前提대전제 위에 立脚해서, (1) 한글로 되도록 쉽게, (2) 漢字概念은 전혀 쓰지 않고, (3) 극히 制限된 語彙로 된 것으로서 低質의 讀者들에게 迎合영합하는 것들 뿐이라고 해도 過言이 아니다. 이리하여 '低質의 供給공급은 低質의 需要수요를 만들어내고, 또 低質의 需要는 低質의 供給을 만들어낸다'는 韓國特有한국특유의 文化現象이 成立되고 있는 것을 볼 수 있다. 거기에 따라서 精神的 資本·精神的 生産力은 더욱 더 破壞되어 가고 從屬經濟는 더욱 深化되어 가고 또 被搾取度도 높아지고 있다는 것도 말할 것 없다. 個中에서도 新聞이 '쉬운 것'을 내세워 低質化되어 가는 것은 용서될 수 없는 일이라고 생각한다. 6·70년대의 韓國文化는 한마디로 '低質文化'라고 할 수 있다. 그것은 '民族' 또는 '民衆'을 愚昧化우매화시키고 搾取당하게 만든 罪惡은 어느 極惡의 政治人보다 더 하다는 것을 歷史의 證言臺증언대에서 證言하고자 한다.

또 하나 용서될 수 없는 것은 '文化價値의 顚倒전도'다. '無識'은 '無識', '愚民'은 '愚民'이다. 여기서 조금의 錯誤착오라도 發生되면, 그 社會體制는 崩壞붕괴되고 만다. 解放해방 後 '美國式'이 들어와서 우리의 '文化價値'는 重大威脅중대위협을 받고 있다(특히 家庭倫理에서). 善은 善, 惡은 惡이다. 그것은 時空시공을 超越초월해서 妥當타당한 絶對者절대자다. '學校'를 모르고 '학교'의 意味內容을 알 수 없다. '學校'를 가르치지 않고 '학교'를 가르친다는 것은 '無識化', '愚民化' 敎育이다. 김씨는 '배움집'이라고 해야 '아름다운 쉬운 우리말'이 된다는 것인데, 그것이 용납되면 이 땅에서 '文化價値의 顚倒'가 발생되고(벌써 '발생되고 있다') 우리나라는 엉망진창이 되고 말 것이다(벌써 '第4期' 段階단계에 突入돌입하고 있다).

〈서울大 社會大 經濟學科敎授/ 어문연구 45호〉

‘漢字어렵다’는 「元均콤플렉스」 清算해야

林 元 澤

> 1922~2006년. 慶北 漆谷 출생. 서울대 명예교수, 학술원회원 역임. 國漢混用 표기를 ‘完全表現’ 내지는 ‘最高品質表現’이라고 하는 언급에서 경제학자로서의 독특한 시각을 확인할 수 있다. 또한 오늘의 對日 적자, 종속 그리고 천민 경제의 원인을, 漢字를 쓸 줄 모르는 低知能 교수가 低質 정치인과 결탁해서 漢字 사용을 ‘친일’, ‘事大主義’로 몰아 한글전용을 강행하여 우리나라 5千年史에 처음 있는 文化 解體, 精神的 生産의 축소 재생산을 가져온 데서 찾고 있는 분석도 독특하다. 제목에서의 ‘원균 콤플렉스’란 忠武公이 사령관이 되면 日本의 침공을 쳐부술 수 있다는 것을 어느 누구보다도 잘 알고 있던 元均이 충무공을 ‘친일’로 몰아서 물리쳤기 때문에 일본에 패배한 것을 비유한 것으로서, 원로 경제학자인 필자는 저질 교수들과 그 앞잡이가 된 교육부가 ‘원균 콤플렉스’를 가지고서 “한자는 몰라도 괜찮다”고 온갖 궤변을 농함으로써 대외학문 품질 경쟁에서 完敗하게 하고 또 기술 경쟁에서도 완패하게 한 것이라 보고 일침을 놓고 있다.

내가 지난해 『續第二資本論』을 냈을 때 序文에 꼭 쓰고 싶으면서도 일부러 빼버린 말을 이제 해야만 될 때가 왔다고 생각한다. 그것은 내 책이 「完全表現」의 마지막 책이 되지 않기를 바란다는 것이다. 「完全表現」이란 무엇인가. 「最高品質表現」이라는 것이다.

드러커는 「學問의 生産性이 國際競爭力국제경쟁력의 核心要素(key factor)」라고 하고 있다(續第二資本論 p.809). 그래서 世界 學問品質 경쟁에서 단연 首位를 차지하는 책을 만들기 위해서 나는 과거 200년간 經濟理論을 전부 흡수하고 또 用語도 전부 흡수하고, 뿐만 아니라 「學問의 생산성 향상」은 「文字의 생산성 향상」을 의미하므로 「效用勞動量효용노동량」 「效用勞動二元基準交換」 「前資本主義的 絶對價格決定」 「資本主義的 不等價交換」의 新概念을 도입함으로써 漢字개념에 의한 學問생산성 향상의 妙味를 십이분으로 이용함으로써 古典經濟學 마르크스經濟學 近代經濟學을 統合했다고 생각하고 있다. 그런데 原稿를 써 놓고 출판사에 넘길 때 문제가 생겼다. 독자들이 漢字를 모르니까 한자를 줄이자는 것이었다. 즉 「不完全表現」 「低品質表現」을 하자는 것이다. 그렇게 하지 않으면 안 팔린다는 것이다. 나는 여기서 元均콤플렉스 때문에 나라가 망해 가고 있는 것을 目睹목도하고 작년 초 柳正基翁 安秉煜교수 洪般杓변호사와 함께 일본에서는 유치원에서도 漢字를 가르치고 있는데 國校교과서에 日本책 이상으로 漢字를 넣지 않으면 나라가 망한다는 이유를 들어 憲法裁判所헌법재판소에 제소했다. 나의 책은 결국 나의 요구를 완전 수용해 준 韓國經濟新聞社에서 「完全表現」 형태로 나오게 되었다. 해방 후 50年史는 한마디로 元均콤플렉스를 가진 惡貨악화가 지배하는 假壓眞가압진·劣勝優열승우의 역사였다고 할 수 있다. 忠武公이 司令官이 되면 日本의 侵攻침공을 쳐부술 수 있다는 것을 어느 누구보다도 잘 알고 있던 元均이 忠武公을 「親日」로 몰아서 물리쳤기 때문에 日本에 패배한 것 같이 漢字를 쓸 줄 모르는 低知能 교수가 低質 정치인과 결탁해서 漢字 사용을 「親日」 「事大主義」로 몰아 한글전용을 강행하여 우리나라 5千年史에 처음 있는 文化解體, 精神的 生産의 縮小再生産축소재생산을 가져옴으로써 오늘의 對日 「赤字적자」 「從屬종속」 그리고 「賤民經濟천민경제」를 가져오지 않았던가. 요즘 우리나라 매스컴은 「技術立國기술입국」만이 우리가 살길이라고 요란스럽게 떠들고 있다. 그런데 토플러는 소련이 붕괴된 것도, 美國이 쇠퇴한 것도 「學問競爭」에서 졌기 때문이라고 하고, 後進國의 가장 심각한 문제는 「學問不足」이라고 하고 있다(續第二資本論 p.873). 그는 그냥 기술이라고 하지 않고 반드시 「學問依存技術학문의존기술」(knowledge-based technology)이라고 하고 있다. 韓日간의 어마어마한 技術格差가 學問의, 즉 文字의, 즉 「熱硬化性樹脂溶液열경화성

수지용액」 對「전의차법」의 格差에 기인한다는 核心 가운데의 最核心 사실을 아무도 지적하지 않고 있는 것이다.

해방 후 50年史는 元均콤플렉스를 가진 3惡貨(低質 정치인, 低質 교수, 低質 매스컴)의 연합 支配史에 다름 없었다. 분명히 말해 두지만 韓國病이란 바로 이것에 다름없다. 그래서 나는 지난 선거에서 이 韓國病을 뿌리 뽑기 위해서 특히 40餘回의 碩學석학들의 건의가 통하지 않는 교육부를 개편하기 위해서는 體制를 교체해야 된다고 생각하고 나는 나대로의 일을 했다.

1930년대 W 좀발트는『國民에게 가장 잘 봉사하는 지도자는 國民에 의해서 最大憎惡를 받는다. 비스마르크를 보라. 빌헬름 1世가 죽었을 때에는 독일 국민이 하도 기뻐서 껴안고 울지 않았던가』라고 말했다.

우리나라에도 꼭 같은 例가 있다. 溫祚온조가 百濟를 건국하던 당시 乙音總理는 즉각 軍隊군대를 만들고 食糧식량을 저장해 두어야 한다고 閣議각의에서 주장했다는 것이다. 그러자 다른 長官들은 국민이 아직 衣食住도 확보 안 되어 있는 판에 무슨 군대냐고 했고, 또 그것을 들은 국민들은 決死 반대했다는 것이다. 그러나 溫祚는「民意」를 저버리고 乙音의 주장을 택했다는 것이다. 그리하여 1년 후에 있은 北으로부터의 말갈의 침공을 막을 수 있었다는 것이다. 그러자 국민들은 고맙다는 말 대신 乙音 때문에 전쟁을 했다고 하면서 乙音을 더욱 미워했다고 한다. 在職 40년간 乙音은 全國民 즉「民意」와 싸우면서 百濟 678年史의 기초를 확립해 놓았던 것이다. 그가 죽자 국민들은 기뻐 날뛰었지만 溫祚는 그를「惡名높은 忠臣」이라고 말하면서 울었다는 것이다.

金泳三 대통령에게 말하고자 한다. 秘書비서들에 의지하면서 親政하려는 歷代 大統領型이 되지 말고 溫祚型이 되어서 最高品質總理에게 全權을 맡겨 그로 하여금 假壓眞 · 劣勝優 그리고 3惡貨연합의 오래 묵은 死病을 고치게 하라고. 우선 低質 TV · 라디오 · 매스컴부터 바로 잡아야 할 것이다. 다음에 低質 교수들이 그리고 그 앞잡이가 된 敎育部가「漢字는 몰라도 괜찮다」고 온갖 궤변을 농하면서 對外學問品質경쟁에서 完敗하게 하고

또 技術경쟁에서도 完敗하게 한 족속들을 뿌리 뽑아야 할 것이다. 日本에 갔다 온 사람은 다음과 같은 말을 하고 있다. 「日本의 모든 組織조직은 合理主義에 따라서, 그 位階위계가 能力에 따라서 世界에서 가장 잘 짜여져 있는데 그것이 그들이 國際競爭에서 이기는 이유」라고. 우리나라도 原點에 되돌아가서 모든 조직을 能力順位로 合理主義에 따라서 재편성하지 않고서는 살아남지 못한다. 乙音型 宰相재상이 전면적 對低質鬪爭을 할 때에는 「安定」을 잃게 된 低質들은 最後의 발악을 다할 것이다. 그러나 乙音型 宰相은 무자비한 對外競爭에서 살아남기 위해서는 할 수 없다고 하고 끄덕도 하지 않을 것이다. 물론 그는 항상 四面楚歌사면초가 속에 있게 될 것이다. 이것이 성공되면 日本雜誌에 「韓國大特集」이 나오게 될 것이다. 거기서는 新政府가 선 뒤에는 韓國民特有의 「괜찮다」 의식이 사라지고 있다. 日本企業이여, 마음 놓고 韓國에 진출하라고 하는 기사가 나오게 될 것이다.

결국 다음과 같이 될 것이다. 新政府의 成敗 여부는 첫째 金泳三 대통령이 溫祚型이 되느냐 못 되느냐, 둘째 委任위임받은 總理가 最高品質 總理로서 乙音型 宰相이 되느냐 못 되느냐에 달려 있다. 그밖의 改革은 이것이 잘 되면 스스로 이루어지게 될 것이다. 마지막으로 지금 진행 중인 國際技術戰爭은 「品質 대 品質」 「知力 대 知力」의 競爭이라는 것을 알아야 한다.

〈서울大 名譽敎授/ 어문연구 77·78호〉

한글과 言語藝術

張 龍 鶴

> 1921~1999년. 咸北 富寧 출생. 소설가·언론인. 덕성여대 교수, 동아일보 논설위원 역임. 小說에서는 한글만이 專用되고, 知識의 글에서는 國漢이 併用되고 있는 것이 당연시되고 있는 것에 대해 의문을 던지고, 본질적 면에서 볼 때는 오히려 그 반대가 되어야 한다고 주장하는 점이 특기할 만하다. 곧 소설의 본질이 예술에 있고 예술은 정서를 불러일으키는 이미지가 필요한데, 이 이미지를 가장 잘 담고 있는 것이 漢字이므로 소설에서의 국한병용이 금지된 것은 잘못된 전통이라는 것이다.

1

言語生活에 있어서 두 가지의 文章을 갖고 있는 民族은 우리뿐일 것이다. 우리의 雜誌잡지를 펴 보면 확연히 두 개의 地帶지대로 나뉘어져 있다. 한글專用의 그것과 國漢併用국한병용의 그것이다. 小說은 한글專用으로 되어 있고, 그 밖의 知識의 글은 國漢併用으로 되어 있다.

우리에게 漢字와 한글의 두 種類의 文字가 주어져 있다는 特殊事情특수사정에서 그렇게 된 것이라고 하겠으나, 그러면 어째서 小說에서는 한글만이 專用되고 知識의 글에서는 國漢이 併用하게 되었는가. 그것은 主로 그 글의 內容의 難易난이에서 그렇게 된 것 같다. 知識의 글은 어려운 것이니 漢字를 섞어 쓸 필요가 있고, 小說은 漢字를 쓰지 않아도 알 수 있는 것이기 때문이다라는 것이 일반적인 通念통념이라고 해도 틀리는 말이 아닐 것이다. 한글은 우리글이다라는 名分論도 있지만, 知識의 글에서는 쉽게 그것이 讓步양보되고 있는 것을 보면 그것이 그렇게 權威권위가 있는 것 같지 않다. 그런데 小說에 있어서는 그 압도적인 威力을 발휘하고 있다. 밖에서 그렇게 강요해서가 아니고, 소설가 자신이 한글專用을 當然당연한 것으로 보고 있고 거기에 矜持긍지를 느끼고 있는 것 같다.

그러나 名分論이나 難易를 일단 떠나서 本質的인 면에서 볼 땐 도리어 그 反對반대가 되어야 할 것이다. 즉 知識의 글은 한글專用을 해도 무방하나 小說의 글에서 한글專用을 한다는 것은 小說의 本質과 摩擦마찰을 일으킨다. 소설은 무엇보다 우선 藝術예술이어야 하기 때문이다. 예술의 目的은 知識을 전달하는 데 있지 않고 感動감동을 불러일으키는 데에 있는 것이고 그 感動은 情緒活動정서활동이고 情緒는 感覺的감각적인 이미지에서 생긴다.

言語에는 뜻과 이미지의 두 가지 側面이 있다. 그럴 때 知識을 다루는 科學은 槪念개념에 의해 眞理를 알아내는 것이므로 뜻만으로 足하고, 情緒를 불러일으키는 이미지는 知的 活動을 誤導오도한다 하여 排斥배척된다. 이미지가 전연 없는 數字숫자와 記號기호만으로 이루어진 數學을 가장 純粹순수한 科學이라고 하는 까닭이다. 그러한 科學에 대하여 藝術의 表現은 뜻을 넘어선, 感覺的인 現像化현상화에 의하여 情緒에 호소하는 이미지 活動이다. 다시 말하면 科學은 槪念에서 끝나지만, 藝術의 本質은 개념을 넘어선 이미지에 있고, 이미지를 떠나 藝術은 成立될 수 없다. 따라서 知識의 글은 한글專用을 해도 무방하지만 小說의 글은 한글專用을 하면 마찰을 일으키게 되는 것이다. 漢字에는 이미지가 있지만 한글에는 그것이 없거나 극히 稀薄희박하기 때문이다.

文學은 言語藝術이라고 한다. 그 言語는 音聲음성과 文字의 두 가지 形式을 빌어서 나타낸다. 言語藝術인 文學은 그 本質에 있어서 聽覺藝術청각예술이지만, 오늘날에는 視覺시각을 통한 文字藝術로서 比重이 壓倒的압도적이다. 小說은 音聲을 통해 대할 때에는 한글專用의 것이건 國漢併用의 것이건 마찬가지이지만, 文字를 통해서 대할 때에는 이미지에 있어서 큰 差異차이가 있게 된다. 言語에서 이미지가 생기는 때는 두 가지 經路경로가 있다. 뜻과 音聲의 結合과 뜻과 字形의 結合의 두 가지이다. 그럴 때 한글專用의 글에서 빚어지는 이미지는 主로 前者의 경우의 것 뿐이고, 國漢併用의 글에서 빚어지는 이미지는 兩者의 것이 合쳐진 것이다.

한글은 表意文字이기 때문에 文字 하나하나에는 뜻이 없어서 이미지가 깃들 수 없고, 獨立독립된 그런 글자(音節)가 몇 개 합쳐져서 이루어진 낱말에도 소리에서 오는 것 以外는 이미지가 깃들 수 없다. 같은 表音文字라도 英語의 알파벳은 몇 개의 音節이 한 낱덩어리로 結合되어 낱말을 이루기 때문에 그 낱말은 漢字 하나와 같은 生理를 지닌다. 漢字가 立體的으로 綴字철자되는 데에 대하여 알파벳의 낱말은 옆으로 한 줄로 綴字되는 것이 다를 뿐이다.

한글專用의 小說에 있는 이미지가 주로 音聲에서 빚어지는 것뿐이라는 것을 否定할 수 없다면, 그리고 오늘날 小說이 文字藝術로서의 比重이 압도적이라면 文字에서 오는 이미지의 도움을 받으려고 하는 것이 小說을 藝術로 대하는 態度태도가 아닐까 한다. 藝術인 小說 쪽이 科學인 知識의 글보다 漢字使用에 더 積極的적극적이어야 할 것이다. 그런데 實情은 小說을 스스로 한글專用의 展示場전시장으로 제공하고 있다. 한글 問題와 결부될 땐 小說家 스스로가 한글의 權威권위 앞에 무릎을 꿇고 小說을 準藝術준예술 쯤으로 취급하기를 사양하지 않는 空氣공기가 우리 小說界를 덮고 있는 것이다.

2

위에서 살펴본 一般論을 떠나, 通念통념과는 달리 오히려 小說에 있어서 國漢併用을 해야 하는 根據근거로 藝術鑑賞예술감상의 一回性일회성과 言語藝

術의 기본적인 鐵則철칙인 一語設을 들 수 있을 것이다.

藝術作品예술작품의 鑑賞에 있어서는 먼저 健全건전한 視聽覺시청각과 知能지능을 가진 사람이 한 번으로 보고 듣고 해서 그것이 무엇인지 그 뜻(文學)이나 모양(美術)이나 소리(音樂)를 把握파악할 수 있어야 하고, 그 다음(論理的으로는 그 다음이지만 時間的으로는 同時)에라야 鑑賞活動이 가능하다. 그 鑑賞活動은 하나의 흐름이다. 그 흐름이 끊어지지 않을 데에서 끊어지면 감상은 깨어진다. 이것은 너무나 당연한 이야기로 音樂鑑賞의 경우를 보면 잘 알 수 있다. 레코드로 감상할 경우 우리는 잘 알아듣지 못했다고 해서 돌아가고 있는 레코드를 세우는 일을 하지 않는다. 뿐만 아니라 그런 일은 생각할 수 없는 일이다. 鑑賞者의 事情에 의해 中斷중단되는 것은 여기서 말하는 一回性과 別個별개의 문제이다.

한글專用의 小說의 경우는 이러한 흐름의 中斷이 종종 있게 된다. 한글로만 쓴 漢字語는 한 번만 읽어서는 그 뜻을 알 수 없는 경우가 있기 때문이다. 그 경우 鑑賞이라는 情緖活動의 흐름은 中斷되고, 鑑賞의 水位는 낮아진다. 그런 것은 些少사소한 問題라고 할 사람이 있을지도 모르나, 藝術의 鑑賞은 그런 些少한 뜻의 蓄積축적이고 그 蓄積 이외 달리 큰 것은 없는 것이다. 이러한 中斷을 막기 위해 한글專用의 小說에서는 括弧괄호를 하고 漢字를 써 넣는다. 小說에서 括弧를 하고 漢字를 써 넣는 것은 뜻을 强調하기 위해서거나 이미지를 고려해서가 아니고, 뜻을 알게 해서 鑑賞의 一回性을 維持유지하기 위해서이다. 낱말 하나하나의 뜻은 다 알 수 있는데 그 文章 전체의 뜻을 몰라 中斷되는 경우는 作者의 表現力이 부족했거나 讀者의 理解力이 부족한 데서 온 것으로 여기서 말하는 一回性과는 관계가 없는 일이다.

여기서 다음으로 問題가 되는 것이 括弧의 使用이다. 괄호를 사용하는 것이 宿命숙명처럼 되어 있는 그런 문장을 온전한 文章이라고 하기 어렵다. 기워 놓은 것 같은 것이 方便的이고 臨時的임시적이라는 印象인상을 면할 수 없다. 그것이 臨時的인 것이 아니고 原則처럼 되어 있는 것이 아니라면 그런 文章을 남에게 내세우기에는 주저를 느끼지 않을 수 없다. 그럴 때 國漢併用의 文章과 括弧使用의 文章, 이 둘 중 어느 것이 더 부끄러운 文章일 것인가. 우리와 사정이 같은 日本의 경우, 그들은 括弧를 하지 않고 그 옆에 그 음을 단다. 括弧를 하는 것보다는 덜 어색하지만 떳떳하지 못하기는 마찬가지이다. 그러나 日本도 우리와 마찬가지라고 해서 우리의 括弧 사용이 떳떳해지는 것은 아니다.

이 括弧 사용의 부끄러움을 면하기 위해 괄호를 일체 쓰지 않고 글자 그대로 한글專用을 한다면 그것은 本來의 顚倒전도요 矯角殺牛교각살우의 愚를 범하는 것이라고 할 것이다. 그것은 一回性의 희생을 自請하는 것이고, 一回性을 살리려면 一語說과 衝突충돌을 일으키고 나아가서는 우리 小說의 作品世界를 좁히고 水準수준을 떨어뜨리게 될 것이다.

어떤 경우 거기에 適合적합한 形容詞나 副詞나 動詞나 名詞는 하나밖에 없는 것이다. 거기에 適合한 낱말이 括弧를 하고 漢字를 써 넣을 必要가 있는 漢字語일 때 括弧를 피하기 위해서 다른 낱말로 바꾸어 쓴다면 그것은 創作창작이 아니라 作者 자신의 손으로 한 것이라 해도 模作모작이고 飜譯번역이 된다. 幾何기하에서의 相似形상사형처럼 뜻이 똑같은 낱말은 두 개 없으며, 이미지가 같은 낱말은 더더구나 없다. 文學에서는 '인간'과 '사람'은 쓰는 경우가 다르며 '밀물'과 '만조'(滿潮)는 이미지가 判異판이하다. '홍소(哄笑)를 터뜨렸다'가 適語일 경우 그것을 '너털웃음을 터뜨렸다'나 '입을 크게 벌리고 떠들썩하게 웃었다' 쯤으로 그쳤다면 그는 스스로 藝術家이기를 포기함을 意味한다. 그런 일을 壯한 일로 생각한다면 그는 藝術을 위해서 文學을 하는 것이 아니고, 한글을 위해서 小說을 쓰는 것이 된다. 文學에 있어서의 愛國은 한글專用을 하는 데에 있지 않고 훌륭한 作品을 쓰는 데에 있다.

그리고 括弧를 안 쓰는 한글專用에 專念하다 보면 낱말만 쉬운 것을 찾게 될 뿐 아니라, 題材제재도 內容이 쉬운 것을 찾게 된다. 물론 文學의 價値가치는 內容의 上下에 있지 않고 表現의 그것에 있지만, 한글專用으로 表

現할 수 있는 것만 찾게 되면 作品世界가 좁아지고 水準도 낮아지기 쉬운 것이다.

3

같은 文學이면서 詩에서는 漢字가 倂用되고 있는데 小說에서는 왜 그것이 禁忌금기로 되어 있는가. 小說 자체에서는 題名이나 作者名은 漢字로 쓰는 것은 무슨 理由에서인가. 이런 물음에 合理的인 答을 제공할 수 없다면 小說에 있어서의 한글專用에는 정당한 市民權시민권이 없었던 것이 된다.

그런데도 한글專用이 우리 小說의 傳統전통처럼 굳어지게 된 것은 다음 세 가지 理由에서가 아니었던가 한다. 하나는 舊朝鮮時代구조선시대의 이야기책이 한글로 씌어졌기 때문에 現代의 小說도 이야기니까 이야기책의 한글專用을 그대로 이어받게 되었다. 그리고 日帝下의 特殊事情특수사정이다. 日帝時代에는 대부분의 知識層지식층은 日語小說을 읽었고, 우리 小說을 읽은 것은 民族意識이 뚜렷한 知識層도 읽었지만 그 數는 극히 小數이고, 主로 漢字의 素養소양이 부족한 庶民層서민층이었다. 셋째로, 우리의 경우는 日本과 달라 漢字는 音讀만 하고 訓讀을 하지 않기 때문에 國漢倂用으로 하면 小說의 경우 어떤 場面에는 漢字가 많이 쓰이게 되고, 어떤 場面은 한글로만 이어지게 되어 視覺的시각적으로 紙面이 고르지 못하게 된다. 國漢倂用을 한 部分은 한글專用을 한 部分이 훤한 데에 비해 칙칙하다. 個個의 小說作品은 藝術品이니 그 表現手段표현수단이 文字일 경우 文字로 이루어지는 文章, 그 文章들로 이루어지는 紙面이 주는 視覺性도 考慮고려되어야 한다. 그럴 때 國漢倂用의 경우는 漢字專用이나 한글專用의 경우에 비해 눈에 거슬려서 藝術品으로 흠이 된다. 몇몇 先生이 初期에 國漢倂用을 試圖시도해 보았다가 포기한 것은 이 때문이 아니었던가 한다.

위에 든 세 가지 理由 중 처음 두 가지는, 오늘날의 小說은 이야기에 그치는 것이 아니고 나아가서 이야기를 넘어선 데에 近代小說의 特性이 있는 것이고, 또 오늘의 讀者는 庶民層에 한하는 것이 아니기 때문에 취할 것이 못 된다. 오늘에 있어서도 小說에 있어서의 國漢倂用을 구속하는 것이 紙面이 주는 視覺的인 缺陷결함이다. 그러나 이 拘束구속은 한글專用이 주는 拘束에 비하면 훨씬 작은 것이라고 할 것이다.

모든 小說이 國漢倂用을 해야 한다는 것이 아니다. 漢字를 필요로 하지 않는 小說도 얼마든지 있을 수 있고 거기에서도 얼마든지 藝術的 價值가 높은 作品이 나올 수 있다. 그러나 한글專用은 藝術的인 必然性필연성에서 행해져야 하는 것이고 한글은 우리글이다 하는 따위의 他律的타율적인 名分論에 이끌려 排他的배타적으로 주장되어서는 안 되겠다는 것이다. 漢字도 엄연한 우리 國字이다.

우리의 얼이 깃들여 있는 것은 言語이고 文字가 아니다. 한글이 생기기 전에도 우리 民族은 우리 民族이었다. 民族文化를 위해서 한글이 있는 것이고 한글을 위해 民族文化가 있는 것이 아니다. 小說家는 藝術로서 文學을 하는 것이고 한글을 위해서 하는 것이 아니다. 文學家가 아끼고 다듬어야 할 것은 言語이고 한글이 아니다. 우리가 한글을 아끼는 것은 그것이 우리 言語를 적는 手段이기 때문이다.

國漢倂用이 文學藝術의 必然性이 가리키는 方向이라면, 한글專用이라는 傳統은 飛翔비상하려는 우리 소설의 날개를 묶어 두려는 桎梏질곡의 役割을 하고 있는 것이라고 할 것이다.

〈小說家/ 어문연구 15·16호〉

文理에 벗어난 요즈음의 言語와 名稱

張漢洙

우리 言語의 대부분은 한자 고유의 일정한 문법에 의거한 漢字로 구성되어 있고 우리의 言語 文化는 漢字語에 관한 限 주제에 부합하는 합리적인 문구를 선택해서 사용해 왔는데 요즘 점점 文理에 배치되는 문구 사용이 늘어나고 있는 것에 대해 이의를 제기하고, 한자의 올바른 사용을 주장하고 있다. 문리에 배치된 잘못된 예로 '國會', '發想', '山岳會', '問題', '全力投球', '電線' 등을 제시하고 있다. 필자는 이 단어들이 비록 同時代人들끼리는 意思소통에 지장을 받지 않는다 할지라도, 言語文字의 역사성을 고려할 때 오늘의 이 같은 不合理한 言語文字들은 後世들에게 이해의 혼란을 가져다 줄 것이라고 우려하고 있다.

한글의 專用으로 인한 言語의 混亂혼란과 폐단에 관하여는 많은 學者들이 누누이 言及하고 있으나 요즘 濫用남용되고 있는 文理에 벗어난 言語와 名稱명칭에 관하여는 별로 지적함이 없는 것 같아 筆者는 이에 관한 몇 가지 例를 들어 意見을 論하고자 한다.

우리가 使用하고 있는 言語의 대부분은 모두가 漢字로 구성되었고 그 구성은 모두가 漢字固有의 一定한 文法에 의하고 있다. 朝鮮時代조선시대의 **官府名稱**관부명칭을 例로 들자면 政事를 論議하는 집이라는 議政府의정부, 法을 관장하는 집이라는 司憲府사헌부, 諫言간언을 맡는 집이라는 司諫院사간원, 도적을 잡는 官府라는 捕盜廳포도청 등 누구나 漢字에 약간의 知識만 있으면 처음으로 듣고 보아도 금방 그 뜻을 알 수 있는 文句로 名稱을 하였다.

그리고 成均館성균관처럼 成人材之未就하고 均風俗之不齊라는 깊은 뜻을 함축하여 成均으로 名稱하는 경우에도 上下兩句의 머릿글자만을 합하여 구성하는 등 一定한 格式격식을 갖추었지 윗 文句에서는 머릿글자를 따고 아랫 文句에서는 가운데 글자를 따는 등의 文理와 格式에 벗어난 名稱은 짓지를 아니하였다. 아와 같은 우리의 言語文化는 漢字語에 관한 限 지금도 변함이 없어 行政府행정부, 立法府입법부, 司法府사법부등 合理的인 名稱들이 使用되고 있다.

그런데 다만 國會라는 名稱은 國會라는 두 글자만을 가지고는 뜻이 通하지 않으며 國會가 立法府의 名稱이라는 表現은 더욱 찾아볼 수가 없다. 所謂소위 開化以後로부터 使用하기 시작한 西歐의 文物制度문물제도에 관한 漢字의 名稱은 주로 日本學者들에 依한 英語의 번역이라는 것은 알고 있으나 立法府의 名稱을 어떠한 의미로 國會라 하였는지는 알 수가 없다. 다만 筆者의 知識지식으로는 1789年 프랑스革命프랑스혁명 직전에 宣布선포된 國民議會와 1792年에 召集소집된 國民協議會라는 名稱에서 그 語源어원이 由來유래하지 않았는가 추측할 뿐인데 만일에 그 語源이 사실이라면 國會議事堂국회의사당이라는 우리나라 立法附의 名稱은 國民議會議事堂이라는 말이 되어 語意가 중복되는 不合理한 名稱이 되는 것이다. 如何間여하간에 漢字의 宗主國인 中國에서 使用하고 있는 人民大會堂이라는 立法府의 名稱과는 文理에 비추어 優劣우열이 있다고 아니할 수 없는 것이다.

다음으로 요즘 政見을 發表하는 政治人이나 論文을 發表하는 學者 등 많은 지식인들이 하나의 새로운 高級語같이 즐겨 使用하는 **發想의 전환**이라는 말이 있는데 發想이라는 말이 언제부터 누구에 의하여 만들어진 말인지는 알 수 없으나 옛날의 文獻문헌에도 없는 말이고 張三植編 大漢韓辭典에도 없는 것을 보면 아마도 근년에 나온 新造語임은 틀림없는 것 같다. 그런데 이 發想의 전환이라는 말도 곰곰이 생각하면 말이 되지 않은 것 같다. 發想이라는 말은 發令발령, 發信발신, 發福, 發疹발진, 發情, 發言, 發火, 發音 등과 같은 文理로 해석해야 하는 것으로서 생각을 發하다 생각이 發하다는 뜻이 됨으로 發想의 전환이라는 말은 생각 發함을 전환하라는 말이 되는 것이다. 그런데 생각이라 하면 發字는 이미 그 가운데 포함되어 있기 때문에 想字 위에 發한다는 動詞를 더한다는 것은 必要필요없는 蛇足사족이라 할 수 있는 것이다. 따라서 생각 자체를 전환하라는 말로서 차라리 思考, 思想, 認識의 전환이라는 말이 더 合理的이지 생각 發함을 전환하라는 말은 語意와 文理가 모두 정당하지 못한 것이다. 그리고 自古以來자고이래로 先代의 學者들도 思之, 竊想절상, 深思심사, 遠慮원려, 無想無念 등의 말은 使用하였어도 發想이라는 말은 使用한 例가 없다.

다음으로 요즘 **山岳聯盟**산악연맹이니 무슨 **山岳會**니 하는 등의 名稱이 있는데 이도 또한 語意가 成立되지 않는 말이다. 도대체 山岳의 聯盟이다 山岳의 모임이라는 말이 무슨 뜻인가 登山人을 山岳人이라 하는 것도 엄밀히 論하면 틀린 말이지만 이 정도는 理解하기로 하고 당연히 山岳人聯盟, 山岳人會라 해야 비로소 文理가 通하여 語意가 成立되는 것이다.

그리고 公私席공사석을 막론하고 무슨 賞을 받았다고 할 때 **무슨 賞을 受賞하였다**고 하는데 受賞이라는 말은 賞을 받았다는 뜻이지 단순히 받았다는 뜻의 單語가 아니다. 따라서 무슨 賞을 받았다 하면 되는 것을 무슨 賞을 賞을 받았다 하니 어찌 合理的인 말이라 할 수 있을 것인가.

또한 **問題**라는 말의 濫用남용도 지적치 않을 수 없다. 問題라는 말은 글자 그대로 묻는 제목으로서 하나의 課題과제라는 뜻이다. 그런데 오늘날 무슨 일이 이러저러하니 큰 걱정이다. 이것은 괜찮은데 저것이 큰 病弊병폐라고 해야 마땅한 경우에도 이를 모두 큰 問題라고 慣用관용하여 한글사전에서도 問題의 뜻을 걱정거리라는 말로 풀이하고 있다. 그러나 問題라는 漢字의 뜻은 분명 질문하는 題目이라는 뜻이며 지난날의 어떠한 文獻에도 병폐 또는 걱정거리라는 말로 問題의 뜻을 해석한 例는 없다.

다음으로 **全力投球**전력투구라는 말과 **戰線**전선이라는 말의 誤用오용이다. 例를 들어 우리 모두 某人모인의 당선을 위하여 全力投球하자는 말을 사용하는데 全力投球라는 말은 野球競技야구경기에서 投手가 全力을 다하여 공을 던진다는 뜻으로서 힘을 다한다는 의미로 사용하는 것인 줄은 누구나 다 理解하는 말이지만 마땅히 全力投球하듯 하자 해야 비로소 文理가 통하여 語意가 成立되는 것인지 어찌 某人의 당선을 위하여 우리 모두 힘을 다해 공을 던지자 해서야 말이 된다 할 것인가. 우리 先人들은 아무리 趣旨취지를 강조하기 위하여 다른 格言격언이나 名句명구를 引用하는 경우에도 반드시 主題에 符合부합하는 合理的인 文句 즉 例文의 경우 粉骨碎身분골쇄신, 盡心竭力진심갈력, 犬馬之勞견마지로 등의 말을 선택하여 使用하였지 文理에 背馳배치되는 엉뚱한 文句는 결코 허용하지 않았다. 그리고 이와 같은 例는 戰線이라는 말의 濫用도 마찬가지인데 요즘 産業戰線산업전선이라는 말을 많이 사용하고 있으나 戰線이 무슨 뜻인데 産業戰線인가. 아무리 요즘 産業의 競爭이 치열한 세상이지만 그것이 어디까지나 競爭이지 戰爭은 아니다.

또한 老人大學, 主婦大學 등 **大學**이라는 名稱의 濫用도 지적치 않을 수 없다. 大學이 도대체 무슨 말인데 國卒국졸의 主婦를 모아 놓고도 老人大學인가, 老人學校 主婦學校라 하면 文理에 符合하고 趣旨에 遜色손색이 없는 바른 名稱이 될 것인데 구태여 과장하고 格上하여 大學의 概念개념을 혼란케 하고 있으니 요즘의 言語文化가 참으로 개탄스럽다.

다음으로 **化粧室**화장실이란 말도 筆者는 理解할 수 없는 말이다. 어찌하여 用便所용변소가 化粧室이란 말인지 차라리 漢字語가 아닌 새로 만든 순수 우리말이라면 그렇게 사용할 수밖에 없는 것이지만 전혀 뜻이 다른 化粧이란 말로 便所를 名稱하는 것은 理解할 수가 없다. 그러나 筆者는 얼마 전까지 혼자만의 時代에 뒤떨어진 고루한 식견의 탓인가 하고 감히 이를 지적할 勇氣용기를 갖지 못하다가 몇 해 전 日本成田典際空港일본성전전제공항에 내려 化粧室이 아닌 水洗所수세소란 글자를 보고 東京市內에서 公衆便所공중변소란 글자를 본 뒤로부터 나의 생각이 고루한 것이 아니라는 것을 확인하였다.

이 밖에도 性慾성욕 性暴行성폭행 등 漢字 본래의 뜻으로는 理解할 수 없는 **新造語의 濫用**이라던가 民主化가 되었다 등의 漢字의 뜻을 제대로 파악하지 못한데서 오는 漢字語의 誤用 등이 적지 아니하며 오늘날 우리 言語文化의 심각한 폐단이 되고 있는데 이는 오직 漢字教育을 통한 정확한 漢文知識으로서만이 是正될 수 있을 것이다.

혹은 이에 관하여 言語나 文字란 본시 서로의 意思를 전달하는 媒介매개에 불과한 것이므로 어떻게 사용하든 그 時代를 살아가는 사람들이 共感하여 意思를 전달하는 言語와 文字로서의 역할만 다할 수 있다면 무슨 文法과 格式이 必要한가라고 異論을 제기할런지 모르나 만일 이와 같이 극단적으로 論한다면 아예 語文政策이니 文化의 발달이니 하는 말 자체가 必要없을 것이다. 옛날 中國 上古時代에는 文字없는 結繩결승의 政治로도 太平聖代태평성대를 이루었으니 말이다. 勿論 時代의 發展과 더불어 言語와 文字도 당연히 發達발달하는 것이므로 옛날의 言語文字를 오늘날에도 반드시 그대로 使用해야 한다는 것은 있을 수 없으나 時代의 發展에 따라 言語文字가 발달하고 語彙어휘가 늘어났다는 것은 어디까지나 옛날에 없었던 새로운 文物制度와 社會變化에 따른 새로운 言語의 出現을 말하는 것이지 옛날의 男便남편이 오늘날에는 아빠로 호칭되고 媤叔시숙이 三寸으로 호칭된다던가 옛날의 受字 뜻이 오늘날에는 受賞으로 써야 뜻이 通하며 옛날의 害字 뜻이 오늘날에는 被害피해로 써야 뜻이 通한다는 것은 아닐 것이다.

더욱이 地球上 十億以上의 人口가 使用하는 漢字文化圈에 살고 있는 우리로서 유독 우리만이 수 천 년 傳承전승해 온 漢字固有의 文理를 무시하고 자의로 漢字語를 만들어 사용한다는 것은 있을 수가 없는 것이다. 그리고 한 時代를 살아가는 사람들끼리는 설사 그와 같은 言語文字로써 意思의 소통에 지장이 없다할지라도 言語文字의 歷史性을 고려할 때 오늘의 이와 같은 不合理한 言語文字들은 우리의 後世들에게 극심한 理解의 混亂혼란을 끼치게 될 것이다.

(光州 · 全南支會報『語文研究』 제 7호에서)

〈光州 · 全南支會 副會長 · 光州市史編纂常任委員/ 어문연구 77 · 78호〉

韓國語 傳統性 恢復의 몇 문제

鄭 琦 鎬

1931년 京畿 楊州 출생. 현 인하대 명예교수, 사단법인 한국어문회 이사장. 이 글은 韓國語文敎育硏究會 平議員會 創立紀念 講演會要旨로서, 현재 한국어가 역사적 배경이나 규범적 의의를 지니지 못하는 언어로 되었다고 비판하며 현대 한국어 속의 非傳統的인 것을 제거하고 한국어를 전통적인 언어로 회복시켜야 한다고 주장하고 있다. 한국어가 비전통적 언어가 된 외적 요인으로는 일본어와 영어 등의 간섭을 들 수 있고, 內的 요인으로는 외래문화에 대한 과도한 선망과 모방을 들 수 있지만, 더욱 문제가 되는 內的 요인은 광복 이후의 한글전용임을 강조하고 있다. 곧 한글전용표기는 의미 혼란뿐만 아니라 長短音 구별의 혼란, 영어 어휘의 남발, 욕과 비속어의 사용 등을 초래했다는 것이다.

공동생활 속에서 인간은 言語라고 하는 記號기호의 體系체계를 형성 정착시키고 그것을 媒介매개로 복잡한 社會를 영위하며 그 사회를 발전시켜 왔다. 이렇게 처음부터 言語와 社會는 同時 存在의 관계로 있어 왔다.

韓國語와 동시에 존재해온 사회는 말할 것도 없이 韓民族의 사회(-국가)다. 민족사회에는 시간의 흐름에 따른 발전 속에서도 변하지 않는 恒常的항상적인 性格이 있다. 社會風土·國民性·民族性… 등등의 명칭이나 개념이 그런 性格을 함축한다. 韓國語는 이러한 불변의 성격을 共有하는 韓民族 社會의 言語다.

민족사회에는 그 민족 固有의 意識·行動의 型이 있으며 그러한 의식 행동을 바탕으로 하는 生活樣式생활양식이 있다. 이 생활양식의 總體총체를 文

化라 한다. 韓國文化는 韓民族 固有의 의식 행동을 바탕으로 하는 韓民族의 생활양식이다. 이렇게 볼 때 韓國社會와 더불어 있는 韓國語는 韓國文化를 비추는 거울인 동시에 일정한 韓國文化의 型을 민족구성원의 腦裏뇌리에 정착시켜 그것을 다음 세대 또 그 다음 세대로 繼承계승시키는 기능을 하고 있는 것이라 할 수 있다.

文化는 민족의 오랜 세월의 축적이며 그만큼 歷史的인 것이다. 역사를 가진 민족은 모두 그들 固有의 文化가 있다. 그 역사성·고유성을 傳統전통이라 한다. 傳統을 이희승 : <국어대사전>에서는 다음과 같이 풀이하고 있다.

> 관습 가운데서 역사적 배경을 가지고 특히 높은 규범적 의의를 지닌 것. 넓은 뜻으로는 일정한 집단 공동체인 가족·국가·민족 및 지역 사회의 단위로서 전해 내려오는 사상·관습·행동·기술 등의 양식(樣式)인데 때로는 그 문화적 유산(遺産) 속에서 현재의 생활에 의미·효용이 있는 인습이나 습관을 일컬음. 좁은 뜻으로는 그 양식이나 인습·관습의 핵심이 되는 정신만을 지칭함.

韓國語의 傳統性 恢復회복의 문제는 현대 한국어 속의 비전통적인 것을 제거하여 한국어를 전통적인 言語로 회복시켜야 한다는 것이다. 그 非傳統的인 것은 ≪사전≫ 풀이에서는 역사적 배경을 가지지 않은 것, 높은 規範的규범적 意義를 지니지 못하는 것이라 할 수 있다. 그리고 전통성 회복이 문제가 되는 것은 한국어가 역사적 배경을 가지지 않는, 규범적 의의를 지니지 못하는 言語로 되었다는 것에서다.

韓國語의 전통성 회복이 문제가 된 시점에서 먼저 생각해 볼 것은 한국어가 그렇게 비전통적 언어가 된 要因요인들이다. 그 요인들을 파악하여 그것에 대처하는 것이 곧 전통성 회복에 통하는 것일 듯하다. 그 요인에는 外的인 것이 있고 內的인 것이 있다.

外的 要因으로 가장 두드러지는 것이 이 땅에 밀려온 外勢외세다. 우리는 19세기 말에서부터 20세기 중엽까지 일제의 支配지배를 받았다. 開化도 제대로 거치지 못하고 일제의 지배를 받으면서 韓國語에 대한 日本語의 간섭은 엄청난 것이었다. 日本語가 國語였던 시대를 살았다.

사시미, 아지, 노깡, 와이로… 등 日本 固有語에서 受取, 賣上, 言渡… 등 漢字語, 우리가 쓰고 있는 學術, 社會, 敎育, 革命… 등 헤아릴 수 없는 近代 文明語들이 모두 日本에서 왔다. 그 많은 漢字語들은 이미 韓國語에 入籍입적된듯 하니 더 말할 것이 없다.

1945년 日帝일제가 패망하고 그 자리에 美軍미군이 들어와 軍政군정이 실시되었다. 곧 우리 政府정부가 서기는 했으나 美軍은 아직도 이 나라에 주둔하고 있다. 日本語에 대신하는 英語의 간섭이 우리 韓國語의 傳統을 위협하고 있다.

이 外的 要因보다 더 심각한 것이 內的 要因이라 생각된다.

外來 文化에 대한 예찬 선망과 그 모방이 한국어를 國籍 없는 言語로 타락시키고 있다. 일제의 지배를 받으면서 그 日帝文化를 선망하여 그 말을 모방하는 것을 자랑으로 알기도 했다. 1945년 光復 以後는 그것이 西歐로 옮겨갔다. 우리를 지배했던 日帝를 패배시킨 서구는 절대적인 것이었다. 쌀보다 밀가루를 먹자하고 글자는 表音文字라야 하고 말은 英語 흉내를 내는 것을 부러워했다.

이러한 外來文化에 대한 예찬 선망 모방에 다시 스스로도 감당하기 어려운 사회 변화가 왔다. 老若男女노약남녀는 물론 모든 직업 계급을 포함하는 일체의 무명 집단이 판을 치는 사회가 됐다. 이른바 大衆社會다. 그 社會는 成員間성원간의 상호 관계나 경험의 교환이 없이 오직 신문·라디오·TV와 연결되어 있다. 그들은 오직 매스 미디어의 상대자들일 뿐이다. 그들의 문화를 大衆文化라 한다. 그것은 商品文化라고도 이를만한 것이다. 그것은 비전통적인 社會며 비전통적인 文化다. 그 언어들이 비전통적 언어임은 더 말할 것이 없다.

이 대중사회에서 다시 國際化국제화, 情報化정보화 時代를 외친다. 모두가 地球村지구촌의 한 사람으로 생각한다. 10년 전까지 내려온 수 천 년의 정보의 양을 연필 한 자루라 할 때 그 뒤 10년의 정보는 빌딩에 해당된다는 비유도 있다. 이러한 사회에서는 제나라 말만으로 감당할 수가 없다. TV니 컴퓨터니 하는 말을 쓰지 않고는 살 수 없는 시대며 그 엄청난 정보의 언어들을 모두 한국어로 바꿀 수도 없는 시대다. 그리하여 지금 韓國語는 外國語 투성이다.

이 때 言語에서의 역사적 배경, 규범적 의의가 그렇게 단순한 것은 아니라 생각된다. 不變불변의 恒常的 性格이 民族社會의 固有性이기는 하지만 그 性格을 지니면서도 社會는 부단히 변화하고 발전한다. 역사성이란 過去과거와 現在현재가 다만 시간상으로 이어져 있다는 것이 아니다. 傳統은 과거로부터 현재 그리고 未來미래로 쌓여가는 과정이다. 그 과정이 변화며 발전이다. 그 사회 속의 언어 또한 변한다. 그렇게 변하는 언어에서 전통성과 비전통성의 限界한계는 매우 미묘한 것일 수밖에 없는 것이다. 우리의 것이 아닌 새로운 말이라고 모두 배척할 수 없는 것이기는 하다.

그러나 일제시대의 그 일본어 잔재도 청산하지 못한 터에 필요 없는 西歐語를 분별 없이 知覺지각 없이 公席공석에서 私席사석에서 쓰고 있어야 할 것인가. 어제(10月20日) 신문에 실린 TV "프로"에서 쓰고 있는 외국어를 모아보면 다음과 같다.

> 단독콘서트 · 화실디자인 · 특별앙코르 · 일요스페셜 · 레포츠로 여는 세상 · 슈퍼선데이 · 레포츠는 즐겁다 · 드라마 게임 · 장학퀴즈 · 퀴즈 미팅 · 사랑의 스튜디오 · 비디오 여행 · 프로야구 · 폭소 앨범 · 뉴스 데스크 · 시사 포커스 · 모닝 와이드 · 그린 비전 콘서트 · 아이 러브 코미디 · 뉴스 큐 · 투나잇쇼 · 지구촌 에티켓….

하루의 TV 프로 소개가 이 정도다.

이 밖에 이날 신문에는 사람 이름인 듯한 YS니 DJ니 하는 알파벳이 눈에 뜨인다. 한국어 전통성 회복을 문제로 하지 않을 수 없는 상황임을 쉽게 知覺할 수 있다.

內的 要因으로 더욱 문제가 되는 것이 光復以後의 한글專用이라 할 수 있다. 한글만 쓰기로 하고 한글만 敎育하는 것에서 文盲문맹을 일소한 긍정적 일면이 보임은 사실이나 한글로만 表記할 수 없는 한국어를 한글로만 표기하는 데에서 오는 혼란은 말할 수 없이 큰 것이다. 初等學校 졸업의 문맹은 없으나 지식인들의 문맹이 생겨난다. 날마다 신문에 表題표제만으로는 무슨 말인지 분간할 수 없는 어휘가 여럿이 있다.

"×× 3연패"라는 스포츠 기사에서부터 "국산시제품 『비조』 개발", 국산시제품? 국산시 제품? 시제품이란 무슨 뜻? 「비조」란 위 말의 풀이인가? 독립된 명칭인가 등등, "「틈새 기술」 개미군단 成長주도" 이 표제만으로 그것이 무슨 뜻인지 몇 사람이나 알까.…등등.

한국 시리즈 野球中繼야구중계를 보는데 어느 選手선수 등에 "안병원"이라고 있었다. 이름이 우리 고장 安病院 같다. 오늘 TV 프로에 大學歌謠祭대학가요제 출연자가 소개되었는데 그 가운데 "전람회"가 있고 "동물원"이 있다. 정말 이름일까. 한글로는 그렇게 이상한 이름이 한없이 많다. 거의 대부분의 한글 이름은 본뜻보다 다른 사항을 연상시킨다. 무엇 때문에 이름이 그렇게 천해져야 하는가.

長短音 구별은 이제 한국어 밖으로 떠나간 듯하다. 그 長短音이 意義辨別素의의변별소인데 한글만 쓰니까 그것을 區別구별할 방법이 없게 되었다. 그것은 韓國語의 파괴다. 그 長短과는 좀 다르지만 聖人 - 成人, 電氣 - 傳記… 등도 구별하지 못하게 되었다. 나는 性이 鄭인데 丁과 宗氏종씨가 되어 버렸다. 한글에 "ㅓ"밖에 없으니 "어른" "없다"의 "ㅓ"가 "어머니" "어깨"의 "ㅓ"와 똑같은 것으로만 안다. 이 發音들을 어떻게 가르쳐야 할 것인가.

이 한글專用으로(漢字排除한자배제로) 영어 어휘의 사용이 훨씬 많아진 것도 큰 문제다. 漢字로 쓸 것을 대신 英語로 쓰려고 한다. 衣服의복(특히 여성) 이름, 화장품 이름, 藥약의 이름 등은 거의 전부가 英語(西歐語)다.

물론 비전통적 한국어의 문제는 어휘에 한정되는 것은 아니다. 音韻음운에서 통사에까지 미친다. 다만 어휘가 가장 많아 여기서는 주로 어휘 중심의 예를 들었을 뿐이다. 敬語法경어법이나 親族친족 家族의 호칭 같은 것도 그 원형이 무너지고 있는 것같이 생각된다. 마지막으로 오늘 신문의 記事(10月21日 동아일보) 일부를 첨부한다.

> 「△나게」「□탱구리」「×할」은 약과…
> 여학생들 「욕」이 입에 붙었다.
> "다들 하는 말… 그냥 웃으면서 듣는다"
> 일부방송 비속어 무분별사용도 한몫

會社員회사원 김병국씨(45)는 며칠 전 교복을 단정히 입은 여학생들이 『에이 □할』이라고 말하는 것을 듣고 깜짝 놀라 중3짜리 딸에게 『여자애들도 그런 욕을 하느냐』고 물어봤다. 「년」「놈」「새끼」는 물론이고 「□할」「지랄한다」「△같다」쯤은 아이들 대부분이 늘 사용하는 말이라 욕하는 생각도 안든다는 것이 딸의 대답. <中略>

방송에서의 무분별한 욕과 비속어 사용도 이와 무관하지 않다는 지적이다. 지난달 서울 YMCA(좋은 방송을 위한 시청자 모임)에서는 『일부 TV 청소년 드라마에서 현실반영을 이유로 비속어를 남발하고 있다』며 여학생이 남학생에게 「거길 확 까버릴 거야」라고 말하는 대사 등을 예로 들었다.

참으로 걱정은 크다. 그러면서도 韓國語의 文法의 中樞중추가 흔들리지 않는 것만 마음 든든하다.

〈仁荷大 教授/ 어문연구 92호〉

情報化 社會의 常用漢字

鄭 龍 起

1934년 釜山 출생. 言論人. 한글-漢字의 혼용文章을 편리하게 쓸 수 있게 하는 컴퓨터용 常用漢字가 4,888자로 제정된 과정을 소개하고, 이제 한국어의 한글-漢字의 혼용문은 국제화 시대 정보화 시대에 있어서 가장 바람직한 文章이 되고 있음을 강조하고 있다. 그리고 이미 ISO(국제 표준화기구)가 한자의 통합코드를 표준화하고 있으며, 세계적으로 한자를 사용하고 있는 상황에서 우리도 국한문 혼용문을 효율적으로 사용함으로써 치열한 정보화 사회를 이겨나가야 할 것이라고 주장하고 있다.

현재 우리가 일상 쓰고 있는 컴퓨터에는 4천 8백 88자의 漢字가 內藏내장돼 있다. 일반적으로 이 4천 8백 88자의 漢字를 컴퓨터用 常用漢字라고 말한다. 이렇게 부르게 된 것은 이 4천 8백 88자의 漢字가 컴퓨터를 통해서 日常의 語文生活을 圓滑원활하게 遂行토록 해 주고 있기 때문이다.

컴퓨터용 常用漢字는 왜 4,888자일까

그럼 왜 컴퓨터의 常用漢字는 4천 8백 88자인가. 우선 국민의 語文生活이 한글전용으로 법률화돼 있고, 日常의 文字생활에서 漢字의 字數가 制限제한되고 있는 國語表記文字 정책으로 볼 때 당연한 疑問의문을 갖게 한다. 말하자면 우리에게 허락돼 있는 漢字는 현재도 教育用 基礎漢字 1천 8백자 뿐이기 때문이다.

이 교육용 기초한자 1천 8백자는 이미 지난 1972년에 선정하여 확정된 것이다. 당시에는 오늘날처럼 컴퓨터로 文字생활을 영위하리라고는 미처 확신을 못 가졌던 때이다. 더욱이 漢字廢止한자폐지 또는 漢字制限의 政府政策정부정책 앞에서 옹색하게 選定선정된 字數라고 생각한다. 그럼에도 이 1천 8백자의 교육용 기초한자가 20년을 버텨온 것도 사실이다.

그러나 우리의 文字생활은 컴퓨터의 등장으로 전혀 새로운 局面국면을 맞고 있다. 컴퓨터 技術기술의 비약적인 발전은 한글 뿐 아니라 漢字정보의 처리도 가능하게 되었다. 이에 따라 컴퓨터 漢字의 標準化표준화의 필요성이 요청되었다. 이 요구에 따라 공산품 규격인 KS C(韓國工業規格한국공업규격 電氣전기) 漢字 코드가 제정된 것이다.

이 때 만들어진 것이 KS C 5619-1982의 1천 6백 92자였다. 이 漢字는 '정보교환용 한자 부호계'라는 명칭이 붙었으나 문교부 제정의 교육용 기초한자 1천 8백자에도 미치지 않은 것이었다. 이 가운데는 두 번 배열되는 漢字도 있고 音이 틀린 것, 자형이 틀린 것도 있어 그야말로 엉성한 선정이었다. 자연 이 KS C 5619-1982는 외면당할 수밖에 없어 끝내 없어지고 말았다.

정보화 시대의 급속한 발전으로 漢字의 정보교환 정보처리의 需要수요는 날로 높아갔다. 이에 한국표준연구소가 주관하여 한자코드의 표준화 작업이 이루어졌다. KS C 5601-1987 '정보교환용 부호' 4천 8백 88자가 만들어진 것이다. 이 4천 8백 88자는 컴퓨터 관계 전문가뿐 아니라 國語學者(南廣祐남광우 박사, 李應百이응백 박사, 徐康和서강화 조선일보 편집위원)도 참여하는 아주 정밀한 작업에 의한 것이라고 말할 수 있다.

그 작업의 일부를 간략히 소개하면 다음과 같다.

1. 사용빈도 조사에서, 국어연구소의 漢字, 외래어 사용실태 조사(2천 7백 58자) KAIST 漢字빈도 조사자료 일람표(2천 1백 78자) IBM 漢字빈도

조사자료(4천 5백자)

2. 정부기관 권장 漢字 및 언론기관 漢字에서, 문교부 한문교육용 기초漢字(1천 8백자), 신문협회 제정 공통문자코드표 1-3수준(5천 1백 70자), 서울신문사 자음별 빈도순 사전(5천 6백 6자)

3. 컴퓨터 업계에서, 금성사(4천 5백 11자), 삼보(3천 6백 40자), 대우(3천 2백 90자), 삼성(5천 1백 70자), 큐닉스(5천 1백 70자)

4. 서적 및 사전에서, 과학기술 용어집, 국어대사전, 한국인명대사전, 내무부 지방행정요람 등등에서 사용빈도 사용례 필요성 등을 면밀하게 검토해서 추출된 것이다.

컴퓨터 등장으로 한글-漢字도 가능

이처럼 KS C 5601 4천 8백 88자는 선회할 수 있는 자료와 전문가들에 의해 정밀한 정보를 거쳐 확정된 것이다. 이 4천 8백 88자가 컴퓨터用 常用漢字로 일컬어지는 것이다.

여기에는 문교부 선정 교육용 기초漢字 전부가 포함됐으며, 韓國語文敎育硏究會(會長 南廣祐)가 선정한 常用漢字 2천자가 이 범위에 들어 있고, 역시 동 연구회가 선정한 인명 지명을 포함한 準常用漢字준상용한자 1천 5백자도 이 4천 8백 88자의 범위에 모두 들어간다. 名實相符명실상부한 컴퓨터用 常用漢字라 할 만하다.

컴퓨터 워드프로세서에 들어 있는 이 4천 8백 88자는 국어표기 文字로서 실질 어문생활에 아주 효과적으로 쓰이고 있다.

한글로 입력해서 漢字로 표현하고 싶으면 漢字辭典을 불러 그 가운데서 골라내어 變換변환키를 누르면 漢字文을 얻을 수 있다. 자주 쓰이는 漢字單語辭典도 있고, 자신만의 熟語숙어도 자기영역에 입력해 두었다가 필요할 때 불러 쓸 수가 있다. 漢字를 알고 있는 限 컴퓨터의 漢字를 활용 못할 까닭이 없는 것이다.

일찍이 우리는 문자의 기계화만이 우리 민족 국가발전의 捷徑첩경이라고 주장해 왔다. 문자의 기계화란 타자기를 의미했다. 漢字는 字數가 너무 많아 타자기에 수용될 수 없고, 한글 타자기가 아니고서는 문자의 기계화를 달성할 수가 없었다. 개화기 이후 끈질기게 추진돼 온 한글전용 운동은 달리 말하면 문자 기계화의 일환이라고 말할 수 있다.

컴퓨터가 보급됨으로써 이제 국어를 표기하기 위한 文字의 기계화는 타자기가 아니라 컴퓨터가 맡고 있다. 그리고 이 컴퓨터에는 4천 8백 88자의 漢字가 내장돼 있어서 일상의 語文생활에 아주 편리하게 작동하고 있다. 한글-漢字의 혼용文章을 쓸 수 있게 된 것이다. 그리하여 한국어의 한글-漢字의 혼용문은 국제화 시대 정보화 시대에 있어서 가장 바람직한 文章이 되고 있다.

세계의 문자를 보면 알파벳國과 漢字國으로 대별할 수 있다. 알파벳國은 알파벳 단일 문자국이 전부이고 漢字國에서는 中國이 漢字 단일 문자국이다. 漢字國에서 한국과 일본이 複數복수 문자국으로서 세계에서 이 두 나라만이 표음문자와 표의문자를 갖고 있다. 그리하여 언어 표기에 있어서 표음성과 표의성을 복수문자로 적절하게 안배해서 쓸 수 있는 長點을 갖고 있다. 이러한 나라는 세계에서는 한국과 일본밖에 없다. 그리고 일본어보다 한국어가 더 뛰어나다는 사실을 알 필요가 있다.

일본어는 漢字의 훈독표기가 있어서 實辭실사와 虛辭허사의 경계가 매우 복잡하여 일본어 표기를 아주 까다롭게 한다. 한국어는 漢字를 그 音으로만 읽기 때문에 그런 혼란이 있을 수 없다. 한국어는 정보화 시대에 가장 알맞은 국어 표기 문자 체계를 갖고 있다 할 것이다.

한 가지 여기서 유의할 것은 한글-漢字 혼용문의 可讀性가독성 이해력 提高제고문제이다. 얼마만큼의 漢字가 섞여야만 가독성과 이해력이 높은 문장이 될 수 있는가는 한글-漢字 혼용문을 理想이상의 문체로 삼는 이상 문제가 될 수 있다. 한 문장에 漢字가 지나치게 많다거나, 반대로 너무 적어도 결코 이상적인 한글-漢字 혼용문장이 될 수 없을 것이기 때문이다.

한국어에 있어서 '가독성 높은 이상적인 문장의 길이는 50자 이내(現代國語文章의 實態分析실태분석 : 韓國精神文化硏究院한국정신문화연구원 1985)'라 한다. 여기에 한글-漢字의 혼용 比率비율을 산출해 낸다면 가독성과 이해력이 높은 한글-漢字 혼용문장을 얻을 수 있으리라 생각된다. 이 또한 컴퓨터가 해결해 주리라 기대해 본다. 이에는 컴퓨터用 KS C 5601의 4천 8백 88자가 쓰이게 될 것이다. KS C 5601은 바로 정보화 시대의 漢字라 할 수 있을 것 같다.

國漢混用으로 情報전쟁에서 이기자

정보화 시대의 漢字는 漢字圈 나라만의 전유물이 아니다. 미국을 비롯한 각국 대학의 도서관에서 시작된 漢字의 통합코드 추진은 ISO(국제 표준화기구)가 표준화하여 漢字圈 나라의 컴퓨터 漢字에 통합코드를 부여하고 있다. 이 통합코드로 漢字가 국제간의 정보교환 정보처리에 쓰이게 되는 것이다.

우리가 日常 쓰고 있는 컴퓨터用 漢字 KS C 5601 4천 8백 88자도 국제 통합코드를 갖고 있다. 여기에 補助漢字보조한자로 KS C 5657의 2천 8백 56자가 있다. 이 漢字는 컴퓨터用 漢字로 일컬어지는 KS C 5601의 補助성격을 갖는다. 그리하여 한국의 漢字는 현재 7천 7백 44자가 통합코드를 받았다.

이밖에 古典文獻고전문헌 情報處理用정보처리용 漢字로 6천 7백 24자가 통합코드를 추진 중에 있다. 이 漢字까지 통합코드를 받으면 우리나라의 컴퓨터用 漢字는 총 1만 4천 4백 68자가 된다. 이 정도가 우리의 古典 또는 東洋學을 연구하고 정보 처리하는 데 필요한 漢字의 수효라는 예측이다. 단 한 가지 여기서 분명해야 하는 것은 컴퓨터用 常用漢字는 KS C 5601의 4천

8백 88자라는 점이다.

日本은 총 1만 2천 1백 52자를, 中國이 2만 3천 6백 73자에 더하여 약 8천 3백자를 추가해 통합코드를 추진하고 있다. 여기에 越南월남도 越南古典研究를 위한 漢字를 추출하여 통합코드를 추진하고 있다. 말레이시아, 泰國태국도 관심을 나타내고 있다.

정보화시대는 정보가 생존의 절대조건이다. 그 정보의 처리교환에 漢字가 보이고 있다. 漢字文化國에서 어찌 漢字를 외면할 수 있을 것인가. 하물며 한국어에서 漢字를 驅逐구축한단 말인가. 이는 고기에게서 물을 뺏는 것이나 다름이 아니다. 그 물이 이웃[漢字國] 나라나 西洋에서는 정보교환 정보처리에 쓰이고 있다면 물을 뺏긴 우리는 어떻게 될 것인가. 우리만 물(情報)이 없어 말라 죽어갈 것이다. 컴퓨터의 漢字는 이처럼 아주 중요한 의미를 갖는다.

우리가 이 치열한 정보화시대를 이겨나가기 위해서라도 하루 속히 KS C 5601 4천 8백 88자 컴퓨터用 常用漢字가 만들어 주는 한글-漢字 혼용문으로써 신속 정확한 정보교환 정보처리를 해야 할 것이다.

〈月刊「神市」編輯主幹 · 前 서울신문 編輯委員/ 어문연구 77 · 78호〉

한글전용법은 유지할 것인가 개정 혹은 폐기할 것인가

鄭 在 晧

1934년 慶北 尙州 출생. 전 고려대 교수. 이 글은 1948년 9월 30일 한글 전용법이 통과된 이후, 우리의 문자생활에 큰 영향을 주었고, 그 결과로 공문서의 한글 표기뿐 아니라 교과서까지 공문서로 생각하여 한자 교육을 等閑視하게 되면서 점점 국민의 漢字文盲化를 초래함으로써 생활속에서 여러 가지 불편함을 가져오고 우리 문화의 이해부족으로 전통과의 단절이라는 부작용을 낳았다는 점을 지적하고, 한글전용법이 폐기되어야 한다고 주장한다. 이제 한자와 한글의 병용은 마땅히 재고되어야 한다는 것이다.

한글專用법은 1948년 9월 30일 權泰義 의원이 139명의 동의를 얻어 제출한 동의안이 통과된 것으로 그 내용은 다음과 같다.

"大韓民國의 公用文書는 한글로 쓴다. 다만 얼마 동안 必要필요한 때에는 漢字를 倂用병용할 수 있다. 附則부칙 本法은 公布공포한 날부터 施行시행한다."

이렇게 통과되어 그 해 10월 1일에 공포된 이 法案법안은 해방 이후 우리의 문자 생활에 커다란 영향을 미치고 있다. 여기에는 이 法案에 충실하려 하여 한글專用을 공용문서뿐만이 아니라 교과서도 그러한 공용문서로 생각하여 우선 교과서에 그 위력이 구체적으로 나타나게 되었다. 곧 교과서에서 漢字를 넣지 않거나 괄호 안에 한자를 넣어 漢字教育을 하지 않으려 한 것이 그것이다. 그리하여 그러한 교과서에 의하여 공부한 학생들은 漢字를 전혀 읽지 못하는 한자문맹이 되고 만 것이다. 이러한 결과는 한글專用主義者의 소원은 달성되었으나 漢字를 알지 못하는 한자문맹에게는 사실 새로운 문제가 생기게 되었다. 그것은 곧 漢字를 모른다는 단순한 문자 이해의 차이에 끝나는 것이 아니라 우리 일상생활에 상당한 불편을 초래하였을 뿐 아니라 우리 文化에 대한 이해 부족으로 傳統과의 단절이라는 심각한 사정에 직면하게 되었다는 것이다. 그것은 우리말의 70%가 한자말로 되어 있기 때문이다. 그리고 이러한 한자말은 하루 이틀에 이루어진 것이 아니고 유구한 歷史와 더불어 이루어진 것이기 때문에 그 심각성은 더욱 크게 되었다.

그러면 이러한 형편에 이르게 되었음에도 불구하고 한글專用法案은 어찌하여 그렇게 여러 국회의원들의 동의와 찬성을 얻어 통과된 것일까. 여기에는 해방이 주는 당시의 심리적 정서를 우선 생각할 수 있다. 日帝에 의하여 나라를 빼앗겼다는 지난날의 억울함과 분함은 光復을 맞아 이제 우리의 주권을 찾았으니 모든 것은 우리의 것으로 찾아야겠다는 생각이 주류를 이루었다. 그리하여 모든 것은 우리의 것으로 되찾아야겠다고 생각하여 文字에 있어서도 우리의 글자를 찾아야겠다는 것이 이러한 결과를 낳게 한 첫 번째 이유라 할 수 있다. 그리고 나라를 일제에게 빼앗긴 것이 漢字를 공부하고 孔孟공맹의 글을 읽은 탓이라는 생각을 하게 되고 이러한 잘못에서 벗어나는 길은 漢文이나 漢字를 버리고 우리의 고유한 문자인 한글을 써야겠다는 생각으로 돌아갔으며 그러한 생각이 漢字를 버리고 한글을 전용하자는 법안을 만들고 그것을 급히 통과시킨 것이라 할 수 있다.

그러나 이제 우리는 세계 11위의 交易교역국가가 되었으며 우리에 대한 위치도 다시 생각해 보고 과거도 되돌아 볼만하다. 한글전용이 가져다 주는 이익보다는 失이 많다는 것이 많은 사람들의 생각으로 이에 대한 再考는 당연한 것이라 생각하는 사람들이 많아지게 되었다.

그 첫째가 한글전용법에 대한 改正案개정안이다. 이는 이미 1991년 9월 9일에 崔在旭, 趙洪奎 등 국회의원 93명의 발의로 한글전용법에 대한 수정안이 제기되었다. 이 수정안은 제안 설명에서 1. 大韓民國憲法대한민국헌법 국회의원명패 國會速記錄국회속기록이 한글전용이 아니어서 이미 한글전용은 死文化사문화 되었으며 2. 컴퓨터에 漢字 入力이 자유로워져서 國漢混用의 공문서가 해독에 더 능률적이며 3. 한글과 漢字에는 각 장단점이 있는 바 漢字의 시각성, 조어력, 응축력 등의 장점을 살려 한글과 섞어 쓰는 것이 더 이상적이며 4. 韓·中·日 한자문화권내의 문화교류, 교역, 교신 등에 한자 사용이 국익에 직결되며 5. 한글전용의 정신은 좋으나 한글전용을 고집하는 것은 得보다 失이 많다고 하였다. 그리하여 다음과 같이 개정안을 내 놓았다.

"대한민국의 공문서는 한글로 쓴다. 다만 얼마 동안 필요한 때에는 漢字를 병용할 수 있다"를 "대한민국의 공문서는 한글을 주로 쓰되 필요에 따라 한자, 로마자 및 아라비아숫자도 병용하여 쓴다."

이러한 개정안은 한글전용법의 개정을 위하여 매우 조심스럽게 표현되어 있다. 과연 로마자와 아라비아 숫자를 倂用한다고 하여 이들 문자를 한자와 동등의 위치에 두어야 하는지는 의문이다. 이제 漢字와 한글의 倂用은 여러 측면에서 再考되어야 마땅하지 않을까.

(記錄者: 許俊九)

〈高麗大 國語敎育科 교수/ 어문연구 88호〉

한글專用은 우리나라를 二流國家로 만든다
-한글專用의 확산으로 名文이 없는 사회가 되고 文化가 저질화되고 있다

趙 甲 濟

1945년 慶北 青松 출생. 언론인. 현 月刊朝鮮 편집위원. 이 글은 세계화를 표방하는 우리나라가 남들은 알아보지도 못하는 용어를 사용하면서 그것이 사대주의를 몰아내고 독립운동을 하는 것인 양 의미를 부여하고 있는데, 이것은 언어의 혼용을 사대주의로 보기 때문인 바, 오히려 한자(물론 영어도 포함)를 우리글과 섞어 사용하는 것이 더 발전적임을 주장하고 있다. 곧 國際化와 世界化는 漢字混用으로부터 이루어진다는 것이 필자의 주장이다.

요사이 유행하는 말로서 世界化세계화와 國際化국제화가 있습니다. 국제화란 말은 外國人이 우리나라에 와서 활동하는 데 불편이 없고 또한 우리나라 사람들이 외국에 나가서 활동하는 데 불편이 없는 그런 나라와 그런 國民들을 양성하자는 취지일 것입니다. 그런데 하나 재미있는 것은 우리 政府에서 세계화란 말을 글로발리제이션이라고 표현하지 않고 英語로 SEGWEHWA라고 쓰고 있는 점입니다. 이런 식으로 써 놓으면 아마도 우리만 알지 외국인은 무슨 말인지 모르게 될 것입니다. 英語를 쓰는 사람들도 모르는 SEGWEHWA란 말을 써 놓고 세계화를 하겠다는 것은 이 世界化의 목표가 우리의 촌스러움을 과시하겠다는 것이 아닌지 모르겠습니다.

세계화나 국제화는 복잡한 것이 아니고 國籍국적과 피부색깔과 言語가 다른 보통 사람들이 일상생활을 하는 데 불편을 덜어주는 사회제도와 생활습관을 정착시키자는 것입니다. 예컨대 한글을 모르는 미국사람이 서울에서 렌트 카를 운전하며 地圖지도만 들고 원하는 곳을 찾아갈 수 있을 만큼 道路標識도로표지와 신호체계가 잘 되어 있고 住所주소만 가지고 누구든지 낯선 洞에 가서도 집을 찾을 수 있느냐 하는 문제인 것입니다. 저는 한글을 모르는 외국인이 서울에서 렌트 카를 운전하고 다니는 일은 거의 불가능하다고 생각합니다. 도로 표지판의 英字表記영자표기는 멀리서는 보이지 않고 주소를 가지고는 차라리 暗號풀이를 해도 어디가 어디인지 모를 정도입니다. 한 地番지번 안에 수 백 家口가 살고 있는 데도 있습니다.

저는 미국에서 한 일 년 살 때 주소지가 매사추세츠州 캠브리지市 엘러리 스트리트 74번지였습니다. 아무 택시를 타도 이 주소만 대면 아주 쉽게 찾을 수 있었습니다. 미국에서 길을 물어보면 가르쳐 주는 사람의 表現표현이 아주 정확합니다. 『세 번째 信號신호를 받아서 우회전하고 두 블록을 더 가면 브로드웨이가 나올테니 거기서 왼쪽으로 가면 짝수 지번이 나타난다』는 식입니다. 길을 묻는 사람들에게는 언제나 一目瞭然일목요연한 설명을 하도록 훈련을 받은 것 같습니다.

이런 案內안내가 가능한 것은 都市構造도시구조가 바둑판처럼 되어 있어 질서 있게 地番이 배열되어 있는데다가 미국사람들이 평소에 정확하게 말을 하도록 교육을 받았기 때문입니다. 우리는 單一民族, 單一言語에 기초한 국가를 세웠기 때문에 의사소통에 큰 지장이 없습니다. 길을 가르쳐줄 때 저기 저쯤이라고 손가락질을 해도 대충 어디를 가라고 하는지 알 수 있게 되어 있어 미국인처럼 자세한 설명이 필요없다는 면이 있습니다. 따라서 말을 적게 하고 알아서 한다는 것이 美德이 되기도 합니다. 말을 길게 하지 않아도 意思傳達의사전달에 별 어려움이 없는 나라에서는 말을 정확하게 할 필요가 없습니다. 말 文化가 발달하지 않게 됩니다.

漢字를 아는 中國, 日本, 臺灣대만 사람들이 한국에 올 때는 한국도 漢字文化圈이니 간판 정도는 漢字로 쓰여져 있을 것이고 도로 표지판이나 중요한 案內文도 漢字로 되어 있을 것이라고 생각하고 온다고 합니다. 막상 한국에 와서 한글로만 된 간판과 도로 표지 안내문을 보고는 충격을 받는다고 합니다. 최근 한 20년 진행된 한글專用의 영향은 우리 사회를 漢字문화권에서 떨어진 迷兒미아로 만들고 있습니다. 北韓도 한글專用으로 가다가 자신의 이름을 漢字로 쓸 줄 모르는 사람들을 양산했습니다. 姓을 한자로 쓸 줄 아는 사람 중에도 本貫본관을 모르는 사람들이 대부분입니다. 요사이 북한은 다시 漢字를 가르치기 시작했습니다.

어제 어느 신문의 칼럼 記事를 읽어보니 요사이 학생들의 漢字實力이 형편없이 떨어진다고 개탄하는 내용이었습니다. 그런데 막상 이 칼럼 記事에는 漢字가 단 두 자밖에 사용되어 있지 않았습니다. 젊은이들의 漢字實力을 엉망으로 만들고 있는 가장 큰 원인은 新聞에서 거의 한글專用을 하고 있기 때문입니다. 이런 原因원인 제공자가 나서서 漢字를 배우자고 하면서 자신은 쓰지 않고 있으니 特斷특단의 조치가 없는 한 우리 사회도 北韓이나 越南월남처럼 漢字를 잊어먹고 말게 되지 않을까 걱정이 됩니다.

어제 한 朝刊新聞조간신문의 1面 머리기사 제목에 신한국당의 非主流비주류가 『전대 다시 열어야』라고 주장했다는 한글專用의 표기가 되어 있었습니다. 이 『전대』란 말이 全黨大會전당대회인지, 全國大會전국대회인지, 아니면 돈을 차는 허리띠를 가리키는 것인지 알 수가 없습니다. 같은 신문에 대형 사고란 한글表記도 있었습니다. 이런 것은 순수한 한글로 큰 사고라고 하면 될 터인데 대형이란 말을 꼭 써야 하는지. 대형 물고기란 표현도 기사에 나타납니다. 큰 물고기라고 하면 될 것을 굳이 대형이란 漢字語를 쓰면서 표기는 한글專用을 하고 있으니 아무런 원칙도 철학도 없는 한글專用이 우리의 言語生活, 그 수준과 품격을 떨어뜨리고 있습니다.

수협, 임협, 삼협도 한글로 쓰지 않고 漢字로 써야 수산업협동조합, 임업협동조합, 인삼협동조합의 줄임말인 줄 알게 될 것입니다. 『급간제』라고 한글로 써 놓은 기사제목을 보았는데 저는 지금도 급간제가 무슨 뜻인지 모르고 있습니다. 『원우』란 제목의 잡지가 있는데 원우가 무슨 말인지도 모르겠고 아마도 原子力과 유관한 단체에서 나오는 모양이라고 짐작만 하고 있을 뿐입니다. 한글專用을 하는 신문의 경제면 기사 제목이 「부도유예협약 약효한계여실」이었습니다. 이 열두 字의 單語는 전부가 漢字에 語源을 두고 있습니다. 그 音을 붙여놓으면 읽을 수야 있지만 의미는 정확하게 전달되지 않습니다. 여기서 藥效약효와 如實여실만이라도 漢字로 표기해도 훨씬 머리에 빨리 그 의미가 정확하게 들어옵니다.

그러면 이렇게 반박하고 나서는 사람들이 있을 것입니다. 藥效와 如實을 읽을 수 없는 사람들은 어떻게 하나요. 그에 대한 답은 간단합니다. 漢字를 배워야 합니다. 漢字를 가르쳐야 합니다. 우리 문화의 수준을 常用漢字도 쓸 줄도 모르는 젊은이들의 수준에 맞추어 놓겠다면 社會全體의 水準수준을 내릴 수밖에 없을 것입니다. 기성세대가 젊은이들에 대한 교육과 薰陶훈도의 의무를 포기하고 젊은이들에 대한 영합 경쟁을 벌이는 나라는 아마도 우리나라밖에 없을 것입니다. 그것도 건실한 젊은이가 아닌 不實한 젊은이를 위한 아부경쟁이라면 『이 나라의 분위기가 왜 이토록 秩序질서가 없고 禮節예절이 사라지며 날라리가 판치느냐』고 개탄해보았자 자신의 얼굴에 침 뱉는 꼴입니다.

한글專用을 주장하는 사람들 중에는 漢字와 한글을 混用하자는 주장을 하는 사람을 事大主義者처럼 몰고 자신들을 독립운동 하는 사람처럼 의미부여를 하는 이들이 있습니다. 이런 사람들은 漢字가 中國文字이니 외국것이라고 생각하는 것 같습니다. 漢字는 서기 4세기경에 한반도에 들어온 이후에 1천6백년 동안 우리나라의 歷代王朝역대왕조에 公用文字로 쓰였습니다. 우리 역사의 90% 이상이 漢字로 기록되어 있습니다. 漢字를 모르면 우리 역사의 약 90%를 모르게 되는 것입니다. 세종대왕이 한글을 만든 뜻은 漢字를 없애고 한글로써 代替대체하자는 것이 아니었습니다. 漢字와 한글을 混用하자는 뜻으로 만든 것입니다. 漢字와 한글을 혼용할 수밖에 없는 것은 우리나라 國語辭典국어사전의 單語 가운데 약 70%가 漢字로 구성된 漢字語源의 단어이기 때문입니다. 우리나라 사람들의 姓은 전부가 漢字입니다. 한글 이름은 있지만 한글 姓은 없습니다.

이런 형편에서 한글을 전용하면 정확한 意味傳達의미전달이 되지 않습니다. 심하게 말하면 암호를 읽듯이 대충대충 이해하게 됩니다. 이렇게 되면 우리 사회의 情報傳達정보전달이 부정확해지게 되고 그런 습관이 固着고착되면 정보의 蓄積量축적량도 줄어들게 되며 이것은 국가 경쟁력에도 심대한 타격을 주게 됩니다. 情報化社會에서 한글專用은 장애물이 됩니다. 한자는 그 많은 장점에도 불구하고 쓰는 데 시간이 많이 걸린다는 약점이 있습니다. 이 문제는 이제 컴퓨터의 발달로 거의 해결이 되었습니다.

한글과 漢字를 混用하자는 말은 한자어를 전부 漢字로 表記하자는 뜻이 아닙니다. 한글로 썼을 때 混同의 우려가 있는 單語, 그리고 줄임말 정도만 漢字로 써도 이해가 아주 쉽고 정확하게 됩니다. 전체 단어 중에서 한 10%만 한자를 써도 우리의 文字生活은 훨씬 정확하고 格調격조가 높아질 것입니다.

예컨대 『대북정책』을 한글로 써 놓으면 50년 뒤에 읽는 사람은 이것이 臺灣의 政策정책을 가리킨다고 생각할지 모릅니다. 이럴 때는 『對北』만 한자로 쓰고 정책은 한글로 써도 훨씬 머리에 빨리 들어오고 혼돈이 생기지 않습니다.

『대소전략』이라고 한글로 써 놓으면 크고 작은 전략인지, 소련에 대한 전략인지 알 수가 없습니다. 이때도 『對蘇』만이라도 漢字로 써 놓으면 理解가 쉬울 것입니다. 저는 줄임말과 學術用語 그리고 사람이름과 혼동의 가능성이 있는 단어 정도라도 한자로 表記해야 한다고 생각하고 있습니다. 어떤 철학 서적이 한글專用으로 되어 있었는데 『즉자』, 『대자』라는 單語를 한글로 써 놓은 것을 발견했습니다. 그 책은 정말로 암호책 같았습니다. 卽自란 헤겔의 辨證法변증법에서 나오는 用語로서 자신이 독립적으로 존재하는 상태를 말합니다. 正反合 운동의 출발점인 正에 해당합니다. 卽自 상태에서 조금 발전하여 자기 자신에 대하여 관계하고 있는 상태를 對自라고 하는데 이 단어도 한글로 되어 있었습니다. 『卽自』, 『對自』를 한글로 쓰는 것과 漢字로 쓰는 것 사이에는 정확한 의미의 전달에서 큰 차이가 있습니다. 卽自를 꼭 한글專用으로 하겠다면 이를 순 한글낱말로 바꾸어야 합니다. 漢字單語를 한글낱말로 바꾸는 노력은 하지 않고 그냥 쉬운 대로 『즉자』, 『대자』라고 한글표기를 한다는 것은 학자로서, 또 한 인간으로서도 성실성이 부족하다는 뜻이 됩니다. 한글專用을 제대로 하려면 漢字 한글 混用보다도 더 힘이 듭니다. 그런 노력을 기울이지 않고 『한글專用은 民族主義이고 한자혼용론은 외세의존적』이라는 식으로 이념적인 색깔을 칠하는 것은 게으른 자들의 僞善위선에 지나지 않습니다. 한글專用이냐 한자혼용이냐 하는 문제는 어떻게 하는 것이 우리의 문화발전과 국가 경쟁력 향상에 도움이 되는가, 어떻게 하는 것이 한국인의 教養涵養교양함양에 得이 되는가 하는 관점에서 논의가 되어야지 명분론이 들어가면 문제의 本質을 놓치게 됩니다.

한글專用으로 갈 경우에 해결할 수 없는 문제가 있습니다. 한글은 表音文字이기 때문에 概念語개념어를 만들어내는데 약점이 있습니다. 예컨대 共同體란 개념어를 순 한글로 어떻게 代替할 수가 있겠습니까. 同化作用의 반대말은 異化作用이라고 합니다. 이화작용이란 말을 한글로 쓰면 누가 알겠으며 이 한자 개념어를 어떻게 한글말로 간단히 대체하겠습니까. 중국의 지도자 鄧小平등소평이 지난 年初에 죽었을 때 일본 신문들은 『鄧後』란 말을 썼습니다. 鄧小平死後의 줄임말이었지만 漢字로 쓰면 누구나 이 뜻을 알 수가 있습니다. 이 『鄧後』란 말을 『등후』라고 한글로 쓰면 알아먹을 수가 있겠습니까. 『鄧小平의 사망 이후』라고 풀어쓰면 되겠지만 그만큼 글자수가 4배나 더 들고 紙面지면을 많이 잡아먹게 됩니다.

情報化정보화의 요체는 최소한의 시간에 최대한의 정보를 최고로 정확하게 전달하는 것인데 漢字를 안 쓰면 意味傳達의 시간이 길어지고 정보량은 적어지며 정확도는 떨어지게 되는 것입니다. 漢字는 뜻을 전달하는 글자이기 때문에 인간으로 하여금 생각을 하도록 유도하는 힘이 있습니다. 『국가』라고 한글로 音만 붙여놓으면 아무런 연상작용이 떠오르지 않지만 이 국가를 漢字로 써 놓고 보면 동양에서 생각한 『國家』의 개념이 家族의 집합이자 가족의 확대판이었음을 알게 됩니다.

『實事求是실사구시』란 말을 한글로 써 놓으면 아무런 생각도 떠오르지 않을 것입니다. 그러나 이것을 漢字로 써 놓으면 現實과 事實에서 진리를 뽑아내려는 아주 객관적이고 科學的이면서도 실용적인 자세라는 것을 알게 됩니다. 한 걸음 더 나아가서 이 말은 淸나라의 考証學派고증학파가 空理空論공리공론을 일삼는 유학자들을 비판하면서 만든 일종의 口號구호로서 우리나라의 실학파도 이 정신을 이어받아 朱子學주자학의 명분론을 극복하려 했다는 사실에까지도 자연스럽게 생각의 연상작용이 발전하는 것입니다.

漢字는 이처럼 人間의 생각을 유도하고 이어주며 깊게 해주는 話頭화두 같은 신비한 작용을 합니다. 이런 점에서는 한글이 절대로 따를 수가 없습니다. 일본에는 漢字를 어릴 때부터 교육하기 때문에 어린이들의 知能指數지능지수, 즉 아이큐가 다른 나라 어린아이보다도 높아진다는 이야기가 있다고 합니다. 인간의 두뇌는 여분이 많아서 그것이 活用하기만 하면 엄청난 능력을 발휘한다고 합니다. 미국에서 보니 머리 좋은 사람들로 꼽히고 있는 나라 사람들은 中國, 臺灣, 日本, 韓國, 싱가포르로서 다 漢字文化圈의 사람들입니다. 저는 漢字와 머리 좋은 것은 분명히 函數함수관계가 있다고 생각하고 있습니다. 漢字가 어려운 만큼 이 문자에는 天才들을 만들어내는 비결이 숨어 있을 것입니다.

李承晩이승만 초대 대통령은 漢文의 大家였습니다. 그분이 남긴 漢詩는 멋진 감수성을 보여주어 李承晩을 詩人으로 보아야 한다는 말도 있습니다. 李承晩은 또 영어도 매우 빨리 배웠다고 합니다. 李承晩이 미국에 유학 간 지 몇 년 되지 않아 쓴 박사 논문은 고급영어를 구사한 것으로 유명합니다. 李承晩은 한자문화권의 최고 교양과 미국문화권의 최고 수준을 다 거친 드문 사람이면서 또한 朝鮮人조선인의 혼을 잃지 않은 위대한 韓國人이었습니다.

저는 李承晩이 이처럼 영어를 쉽게 익힌 것이 漢字에 道通도통했기 때문에 언어에 대한 어떤 原理를 터득한 때문이 아닌가 합니다. 중국 사람들이 영어를 쉽게 배우는 것은 漢字의 구조가 영어와 비슷하기 때문이기도 하지만 漢字가 사람들의 言語感覺언어감각 전반을 높여주는 것이 아닌가 생각합니다. 光陽광양의 포항종합제철소에 있는 초등학교에서는 학생들에게 漢字를 필수과목으로 가르치고 있습니다. 이 학생들은 글짓기 대회에 나가면 賞을 휩쓴다고 합니다. 漢字를 가르치니까 글짓기하는 실력도 향상되더라는 것입니다. 사실 이것은 당연한 일이지요. 우리가 쓰는 어휘의 약 70%가 漢字語이니 그 漢字를 정확하게 알게 되면 아름다운 말과 글을 쓰게 되어 있지 않습니까.

한글專用의 한 폐단은 우리 사회에서 名文을 없애고 있다는 점입니다. 漢字語가 가진 함축성, 생략의 묘미, 그리고 높은 品格품격 같은 것이 사라지니 문장이 거칠고 격이 떨어지며 풀어지고 투박하게 되어가고 있습니다. 요사이 小說을 아무리 읽어보아도 전체 구성은 어떨지 모르지만 가슴을 치는 한 마디의 名文이 잘 발견되지 않습니다. 미국에서 영어를 가르칠 때 가장 중요한 敎材로 쓰이는 것은 세익스피어의 희곡들과 聖經성경입니다. 이 두 책은 미국인들에 의하여 가장 많이 引用되는 책이기도 합니다. 名言과 名文이 있기 때문입니다. 名文은 아름답기 때문에 중요한 것이 아니라 아름다운 글은 說得力설득력이 있기 때문입니다. 가장 좋은 說得力은 글의 格이라고 합니다. 이 격과 아름다움은 漢字를 무시하고는 절대로 도달할 수 없는 목표인 것입니다.

저는 따라서 한글專用을 계속하면 우리의 글과 말은 저급한 2, 3류 수준으로 떨어질 것이라고 확신합니다. 한 사회의 文化的 水準을 단적으로 나타내는 것이 말과 글의 수준이라면 이런 低質化現狀저질화현상은 우리의 시대적 사명인 일류국가 건설에도 장애가 될 것이라고 생각합니다. 저는 일류국가 한국의 조건을 사회의 先進化선진화, 문화의 高級化고급화, 그리고 국토의 統一이라고 생각합니다. 문화의 고급화는 고급언어의 도움을 필요로 합니다. 우리는 세계에서 가장 과학적인 表音文字와 세계에서 가장 고도로 발달한 表意文字를 다 같이 쓸 수 있는 기가 막힌 戰略的전략적 位置위치를 점하고 있습니다. 이런 하늘이 내려주신 福을 걷어차고 한글專用이란 원칙적으로 실현 불가능한 文字活動을 확산시키고 있는 사람들이 과연 일류국민의 자격이 있는지 의심스럽기도 합니다.

國際化 世界化의 철학은 함께 더불어 살아가는 자세입니다. 獨占독점, 專用 같은 말부터가 국제화와 세계화에 맞지 않는 뜻을 갖고 있습니다. 混用, 즉 두루두루 섞어 쓴다고 하는 것이 국제화의 철학과 더 맞아떨어지고 있습니다. 지하철 驛역이름을 表記한 것을 보면 한글과 英語를 倂記병기하고 있습니다. 여기에다가 漢字表記까지 하면 얼마나 편리하겠습니까. 아무리 英語가 힘이 세다고 해도 우리의 文字인 漢字를 영어보다도 홀대한다는 것은 西歐서구에 대한 사대주의가 아니겠습니까. 漢字를 배우면 세계 15억 인구와는 기본적인 의사소통이 가능하고 일본어를 배우는 데는 힘이 훨씬 적게 듭니다. 漢字를 알면 우리가 접촉할 수 있는 세계가 넓어진다는 의미입니다. 이게 바로 世界化의 眞面目이 아니겠습니까. 國際化와 世界化는 漢字混用으로부터, 이게 저의 所信소신입니다.

〈朝鮮日報출판국부국장/ 어문연구 95호/ 特別寄稿〉

民族傳來의 文化風俗 傳承과 한글專用에 대한 小考

趙 乙 濟

1930년 慶南 陜川 출생. 현재 미풍양속이 무너지고 각종 人面獸心의 범죄와 부패, 탐욕이 들끓는 상황의 이유는 민족 전래의 人倫道德的 토착문화와 美風佳俗이 崩潰消滅된 데 있으며, 이 붕궤소멸은 한자사용을 인위적이고 제도적으로 차단한 데 있다고 진단하고 있는 이 글은 한자를 사용해야만 이러한 도덕의 와해현상을 극복할 수 있다고 주장하고 있다.

며칠 前에 忠淸道충청도 어느 고을에서 불쌍한 어린 少女 家長을 한 동리 사는 사내 10餘名이 돌려가며, 그 소녀의 貞操정조를 劫奪겁탈했다는 報道보도가 있자, 연달아 江原道 어디에서도 그와 같이 어린 少女를 세들어 사는 집主人 父子를 包含한 동리 것들이 女兒의 살을 貪탐하여 貞操를 마구 蹂躪유린하였다는 것이다.

실로 氣막히고 슬픈 소식이 아닐 수 없다. 견주어(比較) 말하건대 禽獸금수보다도 못한 天下에 고약한 人面動物인면동물들이다.

오늘날 우리 社會에서 이와 類似유사한 人面禽獸의 짓이 어찌 忠淸道 그곳과 江原道 그 곳 뿐이랴.

孟子 말씀에 『사람이 배불리 먹을 것이 있고, 등 따스하게 옷 입고, 살기 편한 居處거처가 있으되, 사람 사는 도리를 가르치고 배우지 않으면, 금수와 가까워진다.』 하셨다. (飽食暖衣면逸居以不敎則近於禽獸矣)

年前에는 美國留學生미국유학생이 兩親양친을 悽慘처참하게 殺害살해하는 끔찍한 일과, 大學敎授대학교수 아들이 老境노경에 育英事業육영사업하는 그의 아비를 匕首비수를 써서 殘酷잔혹하게 刺殺자살하는 事件을 包含하여 社長 아들이 홀로 계시는 老母를 夫婦부부연놈이 合勢합세여 精神病院정신병원에 監禁감금하고, 또 다른 여러 類型유형은 父母를 때리고 내다 버리고 죽이고 하는 天人共怒천인공노하고 背恩忘德배은망덕한 悖倫行爲패륜행위가 꼬리를 물고 일어나고 있다.

巨萬거만의 財産家재산가가 더 많은 貪財탐재에 눈이 멀어 와르르 꽝하는 一瞬間일순간에 數百名의 生命을 沒殺몰살하고 沒落몰락하게 하는가 하면 財閥재벌 企業기업이 맡아 建設건설한 다리(橋)가 얼마 못 가서 무너지고 가스가 爆發폭발하여 無辜무고한 生命을 떼죽음 시키고, 高位官職고위관직에 앉은 자들이 뒤지기만 하면 賂物事件뇌물사건으로 줄줄이 監獄行감옥행을 하고, 이웃끼리 不和로 서로 怨讐之間원수지간이 되다 못해 칼부림, 쇠망치부림 하여 죽이고 죽고 다치고, 얼마간의 돈을 뜯어내기 위하여 남의 집 귀한 어린이를 꾀어 가두어두고 脅迫협박하고 죽여 暗葬암장하고, 學校 校長 선생님이 自己學校 學童 給食所급식소 設置工事설치공사에 티를 잡아 돈을 울궈먹다 들켜 개망신당하고 멀쩡한 남의 有夫女유부녀가 외간 男子와 野合야합하여 密通밀통하다 붙들려 鐵窓철창에 갇히는 例는 아주 흔한 일이 되었고, 妙齡묘령의 女性 치고 머리(頭髮두발)에 노랑물(黃褐色황갈색) 들이지 않은 사람 보기 어려울 뿐 아니라, 그들의 옷차림 또한 可觀가관이어서 厚顔無恥후안무치하게도 거의 벌거벗다시피 해 가지고 길거리에 나다님으로써 가뜩이나 淫亂風潮음란풍조로 말미암아 살(肉) 비린내가 세상을 風靡풍미하고 있는 이 마당에, 젊은 男性들로 하여금 衝動충동을 일으키게 부채질하여 性犯罪성범죄를 增發증발케 하느냐 말이다.

우리 社會 어떤 部門을 勿論하고 指導層지도층 人士들이 걸핏하면 거짓말하고, 또 表裏不同표리부동한 僞善위선을 늘어놓는 바람에 누가 어디서 무슨 約束약속을 하고 盟誓맹서를 하였다고 하여도 大衆은 그것을 쉬 믿으려 하지 않는다.

돈이나 物資물자에 대한 씀씀이 또한 法度법도나 秩序질서를 缺如결여해서 貧富빈부를 不問하고 勤儉節用근검절용의 美德과 즐거움을 모르는 체, 꼭 써야 할 곳에는 吝嗇인색하고 써서는 안 되는 곳이나 쓰지 않아도 좋을 곳엔 豪氣호기를 뽐내가며 물쓰듯 한다. 그것이 禍根화근이 되어 세상에 종종 물의를 빚고, 쓰레기가 쌓여 環境환경을 病들게 하고, 나라 財貨재화를 蕩盡탕진하고 있질 아니한가.

이와 같이 良識양식과 禮儀·廉恥염치·人倫道德 따위 발붙일 곳이 없으니 나라꼴이 뭐가 되겠는가. 일그러지고 찌그러지고 날이 갈수록 兇暴흉폭하고 殘虐잔학하여 每日每日 살기가 怯이 나고 무서운데 이래가지고서야 어찌 先進國 隊列로 合流하고 南北統一을 이룩할 수 있겠는가 말이다.

그 나라 社會에 人性이 破壞파괴되고 道德性이 무너지면 다 망하고 남아나는 것이 없는 法인데 다급 크게 憂慮우려되는 바는 지금 온 세상을 덮어 滔滔도도히 흐르고 있는 淫風洪水음풍홍수가 尋常심상치 않다는 것이다. 이대로 불어난다면 머지않아 瘡病창병(AIDS와 같은)이 蔓延猖獗만연창궐하여 玉石俱焚옥석구분 몰죽음하는 날이 오지 않을까 하는 것이다. 그 다음으로 걱정되는 큰 災難재난은 不信風潮불신풍조인 것이다. 사람과 사람 사이, 속이고 속다가 마침내는 아비가 자식을 믿지 못하고 지아비가 아낙을, 아낙이 지아비를 믿을 수 없는 非情하고 冷酷냉혹하며 殺伐살벌한 세상이 되면, 우리 모두는 各自 서로 믿지 못하여 人間疎外인간소외라는 奇現象기현상이 일어나, 分業 分擔的분담적 紐帶關係유대관계마저 끊어지면 終局종국에 가서 社會共同體가 瓦解와해되어 살 수 없는 세상이 오지 않을까 하는 것이다.

政府에서는 이 모든 非를 法律的법률적인 處罰처벌만으로 解決해결하려 든다. 어림없는 생각이다. 그러면 우리가 어쩌다가 이 지경까지 이르고 말았더란 말인가. 그리고 이 슬프고 將來장래가 매우 暗澹암담한 局面을 어떻게 벗어날 수는 없는 것일까.

本是 우리 民族은 우리 모두가 익히 알고 있는 바와 같이 東方禮義之國

동방예의지국의 百姓이었다. 따라서 우리의 文化風俗 또한 禮儀之國 民族답게 禮儀·廉恥 등 人倫道德을 基本으로 하여 形成된 것이어서 사람들은 예의바르고 淳厚순후하였다. 그러던 것이 이 近年에 들어 禮俗은 粗惡野蠻化조악야만화하고 風俗은 剛猂輕妄강한경망해져서 어질고 착하며, 敏捷민첩하고 淳朴순박하던 우리 民族 본래 모습은 점차로 사라져서 눈에는 貪慾탐욕으로 핏발이 서고 얼굴에는 怨色으로 殺氣를 느끼게 하는 사람이 부쩍 많아졌다. 어찌하여 이다지도 變했단 말인가. 그 까닭은 斷言코 多分 民族傳來의 人倫道德的 土着文化와 美風佳俗미풍가속이 傳承전승되지 못하고 우리 代에 와서 崩潰消滅붕괴소멸된 데서 비롯하는 것이다.

崩潰消滅의 길을 걷게 된 過程과정 亦是 國際 文化風俗 競爭경쟁 마당에서 自然的 天然的으로 밀려나서 그런 것이 아니라 일부 極少數극소수의 어리석은 사람들의 힘에 依해 人爲的 制度的으로 法律上 强制的강제적으로 遮斷封鎖차단봉쇄되었기 때문이다. 强制的 차단봉쇄란 다름 아닌 「한글專用制」가 바로 그것이다. 悠久유구한 民族史와 더불어 蓄積축적되어 있는 文化遺産문화유산과 美風佳俗에 대한 記錄기록이 약간의 內簡文내간문이나 歌詞가사 등 極少量극소량의 諺解體언해체를 除外제외하고는 그 많은 種類종류와 數量이 모두 漢文字로 되어 있다. 이것을 좀 더 敷衍부연한다면 우리 民族의 文化的 뿌리와 줄기 모두가 漢文字로 記錄되어 있고 심지어는 口傳風俗까지도 漢字語인 것은 말할 것도 없다. 그런데도 不拘하고 漢文字는 우리글이 아니니 어쩌니 해 가지고 後進들에게 하루아침에 文化的 젖줄(乳線유선)을 걷어서 떼어 버렸기 때문이며 그 숫한 재주 있는 靑少年 모두를 一時에 까막눈을 만들어 버릇없고 智慧지혜롭지 못한 愚衆우중을 量産양산해 놓고 말았지 않은가. 그러지 아니했더라면 본래 슬기로운 民族이라 文化的으로 世界에 雄飛웅비하여 꽃을 크게 피울 수 있었을 터이건만 참으로 哀惜애석하고 痛惜통석한 일이 아닐 수 없다.

이제 와서 祖上의 文化遺産을 밑거름으로 삼아 現時代에 맞게 改良개량하여 發展발전하고 싶어도 할 수가 없게 되었지를 않은가. 글자를 모르는데 어떻게 先代의 記錄을 讀習독습하고 體得체득할 수 있을 것이며 先代의 記錄을 읽지 아니하고 어떻게 先代의 文化遺産을 享受향수하여 繼承發展계승발전시켜서 後代에 傳授할 수 있단 말인가. 아! 어찌하여 사람들이 이다지도 어리석을 수 있는가.

아이들에게 어릴적부터 글字만 가르쳐 놓으면 스스로 깨쳐서 自己 趣向취향과 局量국량대로 얼마든지 뻗어나서 나라와 民族에게 크게 이로운 사람이 續續속속 輩出배출될 수 있을 터인데, 어찌 그것을 그 쉬운 것을 못하는가 말이다. 글字만 알면 그 속에 뜻이 담겨져 있어 한마디만 하면 될 것을 글자를 모르고서는 千語·萬語·重言·復言 죽을 힘을 다해서 뇌까려도 東問西答동문서답하기가 일쑤이고 잘 納得납득하지 못하는 것이다. 그것이 곧 漢文字 混用혼용과 한글專用과의 差異차이인 것이다.

그리고, 지금 이 時代의 우리나라 사람들은 絶對多數절대다수가 詩文을 모르고 詩文을 하지 않아 感情감정은 매우 메마르고 멋이 없다. 그러나 옛날 우리 先人들은 멋을 잘 알뿐 아니라 아주 멋들어졌었다. 그것은 그 때의 詩文을 鑑賞감상해 보면 훤하게 알게 된다. 마을마다 門中마다 詩 잘하는 이가 많았었고 寺刹사찰 안의 僧侶승려나 酒樓주루의 妓女기녀들은 勿論이요 邊方변방을 지키는 將卒장졸들까지도 詩를 해서 고달픈 現實生活에 潤色윤색을 더했다. 孔子 말씀에 『詩三百一言以蔽之曰思無邪』라 하신 것은 『시를 잘하면 한마디로 잘라 말하여 마음 속 생각 가운데 사악한 것이 싹트고 자라지 않는다』는 것이다.

지금부터라도 모름지기 우리 後代들에게 글字(漢文字)를 가르쳐 놓으면 스스로 찾아서 옛 祖上들의 詩文이나 文章을 習得하여 더 좋은 文章과 詩를 지어 國民情緖국민정서를 涵養함양하고 風俗을 醇化순화하여 破廉恥파렴치하고 悖倫無道패륜무도한 犯罪를 줄여 나가야 하지 않겠는가.

우리 先代의 文化風俗 모두는 人倫道德을 基本으로 하여 사람 사는 法度를 매우 合理的으로 환하게 밝혀 놓았다. 그것만 잘 習得하면 무엇이든지 成就성취할 수 있을 것이다. 그렇지 아니하고 지금처럼 人性과 感情이 메마르고 貪慾에 차있어서는 文學문학도 藝術예술도 科學과학도 技術기술도 經濟경제도 잘 되지 않을 것이다. 설사 된다고 하더라도 오래 가지 못하여 限界한계에 부딪쳐 挫折좌절하게 될 것이다.

〈本會 會員/ 어문연구 91호〉

무너져 가는 言語秩序

趙 豊 衍

1914~1991년. 서울 출생. 언론인·수필가. 韓國日報 편집국장 역임. 우리 언어질서가 무너져 가고 있는 것은 電波媒體 탓이라고 질타하는 데서 원로 언론인의 우려의 목소리를 들을 수 있다. 언어혼란의 양상으로 高低長短의 원리를 벗어난 점 등을 포함하여 5가지 항목을 지적하고, 그 구체적인 사례로, 해라體의 남용, '아빠'라는 호칭어의 남용 등을 드는 한편, 너무 時代와 동떨어진 낡은 語法은 정리하는 작업이 斯界의 권위자에 의해 이루어져야 한다고 주장하고 있다.

第三의 言語教師

내 60평생에 변한 것도 많지만 우리의 言語가 변해 가는 것은 놀랄 만하다. 내가 아는 言語秩序언어질서는 야금야금, 어떤 경우에는 急히 무너져 가고 있다.

맨 먼저 흔들리고 있는 것은, 우리말의 特色특색인 '高低長短고저장단'이다. 순우리말이든 漢字語이든 그 많은 同音異義동음이의의 말이 區別구별되는 것은 이 '高低長短'의 덕이 컸다. 뿐만 아니라 우리말의 音樂性음악성도 바로 그것에 있었다. 지금도 표준어를 정확히 발음해 말하는 것을 들으면 '구수하다' '또렷하다'는 느낌을 주는데, 이는 우리말의 '高低長短'을 제대로 驅使구사함으로써 우리말의 音樂性의 效果효과를 충분히 發揮발휘한다는 그 以

外의 것이 아니다.

시방 서울의 한구석에서는, 國語調査硏究委員會국어조사연구위원회가 長短音에 관해 討論토론하고 있다. 末席말석에 參與참여하고 있는 筆者는 가끔 懷疑회의를 느끼곤 한다. 몇몇 사람이 그런 것을 따져 놓는다 해도 일반이 그것에 좇을 것인가 하는 회의이다. 한갓 辭典사전에 長短音의 표를 기록함에 지나지 않을까?

今世紀初금세기초에 新文化의 潮水조수가 밀려들었다. 우리의 말은, 입으로 하는 말로부터 글을 통해 읽는 말로 바뀌어져 갔다. 그 德에 우리는 漢字語도 外來語도 消化했고 知識도 늘었다. 그 뒤, 日帝가 우리말 함을 封鎖봉쇄하려고 갖은 手段을 다했지만 우리는 '글로 쓰는 말'이 남아 있었기 때문에 그나마 命脈명맥이 유지됐다.

그러나 지금은 '글로 쓰는 말'은 '입으로 하는 말'에 밀리고 있는 형편이다. 印刷媒體인쇄매체보다도 電波媒體전파매체가 優勢우세한 傾向경향에 있다. 現實이 이런 바에는 '입으로 하는 말'은 더욱 重要性을 띠게 되지 않을 수 없다.

그 電波媒體를 통해 傳達전달되는 言語가 混亂혼란을 빚고 있다.

첫째는, 이왕에 있던 말의 發音이 앞에 말한 것처럼 高低長短의 原理를 벗어나고 있다.

둘째는, 이왕에 있던 말의 뜻이 달리 바뀌어져 전달되고 있다.

셋째는, 일본말 찌꺼기가 쓰이고 , 새로 일본말이 들어와 쓰이고 있다.

넷째는, 그 밖의 外國語가 마구 뒤섞여 쓰이고 있다.

다섯째는, 뒤틀린 外國語가 外來語로 定着돼 가고 있다.

이런 통에 우리말은 시나브로 몰려나고, 우리 言語生活은 이상하게 變貌변모해 가고 있는 것이다. 外信외신에 의하면, 外國人들이 韓國語를 硏究하는 기운이 일고 있다고 한다. 그 韓國語란 어떤 것인가? 定義를 우리가 묻고 싶은 實情이다.

電波媒體를 통해 傳播전파되는 말들이란 모두가 混雜혼잡한 것은 물론 아니다. 사람에 따라 바른 사람이 있고, 바르게 말하다가도 틀리게 말하기도 하고 한다. 混亂이란 바로 이러한 狀態를 말하는 것이다.

或者는, '사투리'를 是非하는 것이 아니냐고 말할지 모른다. 그렇지 않다. 사투리는 父母에게 배운 말이므로 오히려 自然스럽다. 그것은 標準語표준어와는 色彩색채가 다른 것이므로 오히려 뚜렷하다.

問題는 標準語 속에 混亂이 있는 것이다. 그것도 아주 顯著현저히 기울어져 굳어졌다면 차라리 現實을 尊重존중할 수도 있다.

이를테면 '映畫영화'의 '영'은 긴 것이 원칙이었다. 하지만 대체로 짧게 발음하고 있다. 이것은 映畫에 限해서 '영'이 짧다는 것으로 現實化하고 있다.

그런데 '없다'라는 말은 '업'發音이 긴 것이 原則이건만, 이것을 길게 소리내는 사람과 짧게 소리내는 사람이 거의 半半인 것 같다. 대체로 壯年 이상이 길게 하고 있고 青少年이 짧게 하고 있다.

이를 '言語現實'이라거나 '言語傾向'이라고 處理처리함이 輕率경솔하다는 것은, 그들은 대개 教育을 받고 있기 때문이다. 教育하는 側에는 壯年層이 比較的 많은 것이 事實이라면, 그 教育者가 그렇게 傳授전수할 이치가 없다. 나는 아직 그렇다고 믿고 있다.

그러면 이 '言語現象'은 어디에 起因기인하는 것인가? 家庭이나 學校 밖에서 이들의 言語生活에 큰 影響영향을 주고 있는 '第三의 教師'가 있음이 틀림없는 것이다. 그것이 누구인가? 電波媒體를 통해 번지는 말들이 바로 그것이다.

프랑스에서는, 가장 바르고 아름다운 프랑스말을 이어받은 集團집단은 Comé-die-Française의 배우들이라고 한다. 그래서 지체 높고 돈 많은 집의 結婚直前결혼직전에 있는 處女처녀들이 한동안 이 集團의 배우한테 다니면서 말을 다듬는다고 한다. 우리나라에서는 일부 배우가 하는 말은 빈축을 받을 지경이다. 劇本극본이 그렇게 돼 있고, 演出연출이 그렇게 導演도연하는 탓도 있으리라.

물론 드라마 프로그램만은 아니다. 報道보도에 있어서, 스포오츠解說해설에서, 座談會좌담회에 있어서, 또 歌手 등도, 어쨌든 電波를 통해 말을 傳達하는 여러 방면의 사람들이 어느 때는 바르게 어느 때는 바르지 않게 말을 傳達하고 있다. 즉 電波를 타서 나오는 말들이 整理정리돼 있지 않다.

라디오는 全國 各家口에 퍼져 있다고 보아야 옳고 텔레비전은 3백만 대 도달을 目睫間목첩간에 두고 있다. 國民의 日常生活에 있어서, 그것들에 接하는 時間이 꽤 되고 青少年들이 視聽시청에 더 많이 참여하고 있다. 이 青少年의 關心을 刺戟자극하기 위해 製作제작되는 商品宣傳상품선전이 例外가 될 수 없음은 말할 것도 없다.

오늘날 國語醇化국어순화는 第一次的 段階단계를 外來語(外國語 包含)整理로 잡고 있는 듯이 보인다. 하지만 外來語整理는 하려만 들면 어느 程度정도 實效실효를 거둘 수 있다. 그러나 순우리말이 이지러져 감을 바로잡기란 그리 쉽사리는 안 되리라.

二重의 言語生活

요즈음 젊은층, 특히 男女大學 사이에 '해라'(卑待語비대어)가 예사로 쓰이고 있다고 한다. 믿어지지 않지만 거의 例外없이 '해라'로 통하고 있다는 것이다.

나도 이를 직접 본 사람의 하나인데, 나는 이런 경우를 생각해 보았다. 그들이 만약에 結婚한 뒤에도 '해라'로 버틸 것인가? 그보다도 그들의 教授교수가 있는 앞에서도 '해라'로 서로 말할 수 있는가? 다른 어른 앞에서도 저희끼리는 '해라'를 할 것인가?

그런데 이에 대해 어떤 教授가 說明해 준다. 他校生타교생끼리는 '해라'를 안 쓰고 尊待語존대어를 쓴다는 것이다.

그러나 나는 지난 섣달 그믐날 밤 버스 안에서, 男女大學生들이 高聲고성으로 '해라'로 수작하는 것을 目擊목격했다. 그날이 通行禁止통행금지가 없고, 소위 除夜제야이므로 무슨 모임이 있었던 모양이다. 若干 醉氣취기가 있었다. 20명이 가까이 떼지어 타고 있었으니까 한 끝에서 한 끝에 대고 말을 걸자면 자연 목소리가 커질 수밖에 없었으리라. 그들은 딴 乘客승객이 듣거나 말거나 傍若無人방약무인으로 男女間에 終是종시 '해라'로 一貫하고 있었다. 二重言語生活은 이럴 때만은 '本性'으로 돌아가는 것임을 알 수 있었다.

日本에 旅行여행했더니, 거기서는 職場직장에서 모두 尊待語를 서로 쓰고 있었다. 百貨店백화점만 그런 줄 알았더니 銀行은행에서도 官廳관청에서도 같은 職員직원끼리는 반드시 尊待語로 주고받는 것이었다. 이는 尊待말을 씀이 教養교양 있어 보인다기보다는 손님에 대한 禮節예절이라고 느껴졌다. 손님 앞에 禮節을 지키는 것은 하나의 秩序를 지키는 일이요, 公私공사를 區別구별하는 態度태도이다.

그들을 各自가 지닌 個性개성은 거기서 드러내지 않고, 職場이라는 制約제약받은 자리에서 執務時間집무시간에는 서로 '公'이라는 것에 매여 있다. 그러므로 말 때문에 머리 쓸 負擔부담도 없고 能率능률도 나며 客에게 威嚴위엄을 보이는 것이다.

그 뒤 우리나라의 職場에서 귀여겨 들어 보았더니, 서로 尊待語를 지키는 곳은 學校의 教職員들이고, 다음은 位階위계에 따라 다르기는 하지만 官廳이다. 그 밖에는 社員管理사원관리가 잘 돼 있는 企業體기업체가 더러 있다. 百貨店이나 銀行처럼 늘 接客접객을 하고 있는 職場에서 職員끼리 尊待語는 별로 철저하지 않은 듯하다. '반말'이 壓倒的압도적으로 쓰이고 있다. 그러고 나서 教育水準교육수준이 낮은 職員을 거느리고 있는 職場에 가 본즉 여기서는 외상없이 '해라'를 쓰고 있는 것이다.

그러면 이제 '해라'를 왕성히 쓰고 있는 大學生들이 장차 職場으로 일꾼이 되어 흩어졌을 때, 우리나라 職場에서의 용어는 과연 어떻게 될 것인가? 그 '二重言語'의 妙技묘기를 발휘할 것인가?

'아 빠'

'아빠'라는 말은 우리말의 幼兒語유아어 *baby talk*이다. 아이가 千字文을 배우게 되어 '父'와 '母'라는 자를 배운 다음부터는 '아빠·엄마'는 절대로 쓰지 못하게 한 것이 우리의 조상이다. 우리가 학교에 들어가서부터는 우선 幼兒語로부터의 脫皮탈피부터 집에서나 學校에서나 訓練훈련을 시켰던 것이다. 幼兒語圈을 벗어나는 것이 成長이요, 人格의 形成이요, 그리고 어른들로서는 社會人으로서 그들에게 參與意識참여의식을 불어 넣는 것이 된다. 그럼에도 不拘불구하고 요즈음은 다 큰 子女들이 그 父母에 대해 '아빠·엄마'를 쓰고 있다.

그런가 하면, 남의 아내 된 사람이 그 男便남편을 '아빠'라고 예사로 호칭한다. 예까지도 좋은데, 第三者에게 남편을 指稱지칭할 때도 '아빠'이다. 이것이 더 심해져서, 이를테면 公開放送공개방송에서 司會者사회자가 出演者출연자인 婦女子부녀자에게 '아빠께서는 무엇을 하시지요?'라고 泰然태연히 묻는 것이다. 그 男便의 職業이 무어냐고 묻는 말이다.

이는 日本에서 '도오짱·가아짱'이라고 부르는 습관을 그대로 따들인 것이다. 영어에서 자식한테 이와 비슷한 言辭언사를 쓴다. 하지만 그들은 반드시 'your daddy', 'your mammy'라고 앞에 所有代名詞소유대명사를 붙이게 돼 있다. 우리나라에서도 아비가 어린 자식에게 아내를 말할 때 '엄마'를 쓰는 수가 있지만, 반드시 '너의 엄마'라고, 西歐人과 마찬가지로 앞에 반드시 所有代名詞를 붙여 말했다.

최근 日本에서는 아내가 있는 남자가 상관하는 여자, 즉 소위 '第二號'라는 情婦정부 또는 '愛人애인'이 男子에 대해 '아빠'라는 말을 쓰는 경향이 있는데, 벌서 이 습관이 한국에도 들어와 있다.

그 日本의 語學者의 한 사람 柃木孝夫는, 어느 外國人教授로부터 "日本人은 마치 親族相姦친족상간을 하는 것같이 들린다. 아빠를 남편으로 삼고 있지 않느냐?"는 빈정거림을 받았다고 하는 말을 冊에 쓰고 있다. 그 教授

가 한국에 와서 볼 기회가 있다면 같은 말을 할 것인가? 조금 다를 것이라고 추측된다.

"韓國人은 그 이상한 버릇을 日本人한테서 배운 것 같다"고.

지나치게 嚴한 尊待語

왜 덮어놓고 男便의 代名詞를 '아빠'라고 하며 呼稱하는 경향이 있는가? 이를 나무라거나, 某外國人敎授처럼 빈정대기에 앞서서 考察고찰할 필요가 있다.

첫째, 우리는 夫婦부부 사이에 있어서 子息자식의 존재는 夫婦 그것보다도 絶對的절대적이라는 觀念관념이 있다. 子息이 생김으로써 夫婦 사이는 끊으려야 끊을 수 없는 紐帶關係유대관계에 處해진다. 그러므로 男便이기보다는 '子息의 아비', 아내이기보다는 '子息의 어미'로 대하게 된다.

둘째, 예전에는 父母가 子息에게는 物質물질이나 精神정신이나 무엇을 남겨 주리라는 생각을 반드시 가지고 있었다. 그러므로 子息의 將來장래를 생각한 나머지 言動언동에 간섭을 했었다. 요즈음은 그 생각에서 멀어져 가는 傾向이 있어서, 子息의 '어리광'에 대해 매우 寬大관대해질 수밖에 없다. 다 자란 子息이 '아빠·엄마'의 幼兒語를 쓰게 버려두는 까닭이 여기에 있다. 이것이 成長하는 子女들의 自立精神을 흐리게 한다는 것은 別個問題다.

셋째, 平等思想평등사상이 퍼져서 '大監대감·令監영감·나리·마님·아씨'의 語彙가 사라지고, 그 대신 '아저씨·아주머니·할아버지' 등으로 바뀌어진 餘勢여세를 타서 남의 남편을 '아빠'로 남의 아내를 '엄마'로 부르게 되었다.

넷째, 우리말에 位階性위계성이 너무 많아서, 男便의 呼稱이 또한 유난히 많다. 누가 조사 했더니, 한 지어미가 그 지아비를 부르는 말은 모두 57種이나 된다고 한다. 그것 중에 아무거나 쓰면 되는 것이 아니라 相對者의 지체에 따라, 自身과의 相關性에 따라 가려 내어 適切적절한 것을 使用해야 한다. 이는 教育의 水準이 아주 높지 않으면 不可能한 일이다. '아빠'는 複雜多岐복잡다기한 問題를 간단히 解決해결해 준 듯이 쓰는 사람에게는 여겨지는 것이다.

다섯째, 남에게 男便 이야기를 할 機會기회가 부쩍 늘었다. 公開場所공개장소에서 많은 未知의 사람을 앞에 놓고 男便 이야기를, 더구나 '재미다랗게' 이야기할 수 있는 機會란 10수년 전만 해도 想像상상도 하지 못한 일이다. 그런 機會가 자기 차례에 왔을 때, 한 지어미는 그 지아비를 드높이어, 그리고 그 男便과의 사이에 所生이 있다는 것을 자랑스럽게 말하고 싶어서, 이 자기네 집 속에서나 할 '아빠'를 서슴지 않고 말하는 것이다. 이는 비교적 教育程度가 낮고, 處地도 貧弱빈약한 층에 많다는 事實은, 그들이 남 앞에 男便의 人稱代名詞를 處理함에 얼마나 苦悶고민했었던가를 말해 준다.

한 가지 덧붙여 말하고 싶은 것은, 남 앞에 '自己 아빠' 이야기를 하는데 반드시 尊待해 말하는 일이다. "우리 아빠께서는 고기는 좋아하셔도 약주는 안 드시는 분이지요" 따위이다.

男女大學生의 '해라' 通用에도 尊待語의 複雜性이 作用한 것으로 본다. 도대체 우리말의 尊待語는 너무 多樣하다. 마찬가지로 卑待語도 많다. 尊待語를 適切히 쓰지 않으면 '過恭과공이 非禮'에 몰려서 '無識者'가 된다. 참으로 말하기 어려운 터이다. 숫제 입을 다물고 있거나, 對話대화에 앞서 狀況判斷상황판단을 잘 하지 않으면 섣불리 말할 수 없게 된다. 이 때문에 反應이 더디고, 意思表示의 自由는 鈍化둔화된다. 서로 갑갑하다. 이런 까다로움에 대면 '해라'라는 卑待語는 참으로 便利한 것같이 여겨진다.

왜 이렇게 尊待語는 嚴格하고 不便한 것인가? 그것은 有識한 者가 無識한 者를 누르고 올라서기 위해 存在한다고, 有識者들이 定해 놓은 面이 엿보인다. 즉 小數者가 多數者를 支配지배함에, 또는 中央에 사는 者가 地方에 사는 者를 壓倒하기에 가장 便利한 武器무기였다. 그런 까닭에 예전의 有識한 者의 집 안에서는 자라나는 子女에게 무엇보다도 尊待・卑待의 말솜씨를 徹底철저히 教育해 왔던 것이다.

이러한 本質에 대해 反撥現象이 男女大學生間의 '해라'로, 庶民서민의 아내의 '아빠'로 나타난 것이 아닌가, 나는 생각한다.

그러나 나는 尊待語 그것을 否定하는 者는 아니다. 尊待語는 좀더 時代에 맞게 훨씬 整理되어야 한다는 것뿐이다.

이미 한편 구석에서 尊待語는 무너지고 있다. 어린 生徒생도가 先生더러, "선생님, 안녕!"이라는 것을 흔히 보는데, 이것은 嚴格히 따지면 不遜불손하기 짝이 없는 表現이다. '半말투'이기 때문이다.

어느 텔레비전 廣告광고에서 보면, 孫子가 할아버지한테 별로 恭待공대를 않는데, 그 할아버지는 깍듯이 손자에게 尊待語를 쓰고 있었다.

尊待語란, 長幼의 秩序 維持와 尊敬존경함과 사랑함이 交流교류함에는 반드시 지켜져야 할 아름다운 우리말이다. 하지만, 사람을 貴賤귀천으로 갈라서 存在할 意味는 이미 사라졌다.

우리말이 混亂에 빠져 가고 있음은 事實이다. 이것을 말하는 쪽에만 허물을 돌릴 것이 아니라, 왜 그렇게 가나를 깊이 생각해 보고 너무 時代와 동떨어진 낡은 語法은 整理하는 作業이 斯界사계의 權威者권위자에 의해 이루어져야 한다. 그런 作業이 없으면 大衆은 저 하고 싶은 대로 말하는 세상이 될 것이다.

〈言論人/ 어문연구 12호〉

내가 겪은 말과 글

-漢字에 씌워진 糖衣를 벗기자

陳 斗 鉉

1917~2006년. 慶南 固城 출생. 酪農業. 이 글은 우리말이 일제시대에 어떻게 지켜졌는지, 또 해방 후 語文政策이 어떻게 변화했는지에 대해 필자의 經驗談을 서술하고 한글 전용정책의 부당성을 지적하고 있다. 특히 세계화가 至上命題가 되어버린 오늘날, 한글전용은 우리 전통을 살리고 한국인으로서의 보편적인 인간 가치를 높일 수 있는 것을 뒤흔들어버렸고 일반 국민이 널리 사용하는 常用漢字마저 매몰시켜 한글 糖衣를 입힘으로써 우리 語文을 왜곡시켰다고 신랄히 비판하고 있다. 따라서 모든 문화와 생산건설의 主體인 사람들의 말과 글에 가해진 '한글전용'의 멍에를 벗기지 않는다면 세계화는 요원할 것이라며 漢字 使用을 촉구하고 있다.

내 나이 78세, 그러니까 75년 동안 지껄이고 70년 동안 글을 媒體매체로 쓰기도 하고 읽기도 하여온 그저 평범한 民草민초일 뿐이다.

글은 말을 종이나 物體에 固定化한 것일 뿐 동일한 것의 兩面이라고 본다. 말과 글은 個個 人格의 表象이 되고 民族全體로서는 오랜 傳統을 이어받아 大河처럼 滔滔도도히 흘러가는 것이라고 본다. 말하자면 개개인으로서는 生活 그 自體이고 民族으로서는 精神的 文化는 勿論 모든 인프라(사회간접자본)이며 生産消費에서 떼놓을 수 없는 要素라고 본다. 따라서 섣불리 制約을 가해도 안 되고 함부로 歪曲시켜서도 안 될 일이다. 한글은 우리가 세계적으로 자랑할 수 있는 優秀性을 지니고 있다. 말할 것도 없이 우리의 글은 오랜 傳統을 이어받은 漢字와 한글로서 되어있다. 이것을 한글만으로 해보자는 데서 우리의 語文은 절름발이가 되어 거춤거춤 拙速으로 해치우는 大量生産的인 것으로 만들어지고 後世들의 心性마저도 거춤거춤한 것이 되고 말았다. 日帝의 暗鬱암울함에서 벗어나 解放과 建國, 數十年을 이은 獨裁政權독재정권을 通하여 살아온 筆者의 生涯를 通하여 본 우리 語文의 崎嶇기구한 歷程을 바라보기로 하자.

내가 태어난 곳은 固城邑에서도 30里 떨어진 두메산골, 세 살 때 동네 사람들이 만세로 한바탕 기세를 올린 것을 아련히 기억할 수 있다.

내가 普通學校에 입학한 1924年에도 고을마다 마을마다 漢文書堂이 있어 朗朗히 글 읽는 소리를 들을 수 있었다. 漢文에 造詣가 깊은 접장이 글을 가르치고 글씨도 쓰게 했다. 千字文에서 시작하여 童蒙先習, 明心寶鑑, 小學, 東國通鑑을 거쳐 四書三經으로 마치는 것이고 漢詩라도 짓게 되면 선비로서 일반의 존경을 받아왔던 것이다. 三綱五倫을 뿌리로 한 철저한 道德敎育이었다고 본다. 書堂에서는 漢文뿐, 한글은 疎外된 말하자면 漢文專用이었다. 이의 弊端에 대하여는 다 아는 일이니 부연할 필요가 없는 일이다. 나는 從祖父 아래서 서너달 동안 千字文을 홍얼거리다가 학교에 갔다. 己未抵抗 뒤의 宥和政策탓인지 교실 앞 兩面쪽에는 退溪퇴계, 栗谷의 肖像畫초상화가 걸려있었고 朝鮮語時間이 있어 저학년에서는 한글(그 當時엔 諺文이라고 하였다), 차츰 漢字語句가 많이 섞인 책이 朝鮮語敎科書 책이었다. 이때 가장 힘드는 것이 붓글씨 쓰기였다. 習字가 드는 날에는 벼루, 먹, 붓, 종이, 習字책을 챙겨야하고 이것을 책보에 싸다니기가 여간 불편한 것이 아니었기 때문이다. 그래도 붓글씨를 쓸 때에는 雜念없이 정신이 맑아지는 것 같았다. 이때는 글씨를 잘 쓰고 못 쓰고에 따라 人品이 평가되기도 하였다. 나는 九代宗孫으로 祭祀가 많았는데 4학년 때부터 紙榜지방과 祝文축문은 내가 맡아 썼었다. 지금은 자식과 손자를 합쳐 열 아이가 대학을 마쳤다고는 하나 紙榜과 祝文만은 나 아니면 나의 동생 몫이다. 1930年, 내가 6學年 때이다. 擔任 鄭斗明(思想結社로 33年에 投獄되었다가 곧 別世) 先生이 朝鮮語 綴字法 統一案을 프린트하여 익히라는 것이었다. ㅆ,

ㅽ, ㅆ대신 ㄸ, ㅃ, ㅉ으로 되어있고 쌍받침을 많이 活用하고 우리 한글을 體系化한 것이었으나 舌側音이니 口蓋音化니 하는 말이 있어 좀 어려웠었다. 그러나 선생님의 애절한 熱誠열성을 보아서도 열심히 익히지 않을 수 없었다.

師範學校 入學試驗科目에 朝鮮語가 있어서 나는 딴 아이들보다 열심히 공부한 것으로 記憶한다. 師範學校에 입학, 朝鮮語와 漢文은 玄俊赫 先生(滿洲事變때 反帝事件에 連累되어 投獄, 이후 地下運動을 계속하다가 해방후 平壤서 테러로 死亡)의 擔當인데 教科書는 제껴놓고 朝鮮 東亞 두 신문에서 따온 社說과 論說, 朝鮮文人의 詩 혹은 三國史記 中에서 拔萃발췌한 朴堤上의 義에 關한 原文익히기, 海牙密使, 安昌浩의 少年時節 같은 民族精神鼓吹와 倂行하는 朝鮮語였다. 日帝의 苛斂誅求가렴주구는 날로 심해지는데다가 大恐慌대공황 뒤의 디프레 經濟로 農村은 逼迫의 극에 달했었고 따라서 매일같이 反日反帝의 사건이 터지는 판이었는데 玄先生도 結局 氣槪에 찬 弟子와 함께 投獄되었고 많은 學生들은 退校당하고 말았다. 後任으로 金永驥 先生이 오셨는데 朝鮮語學會에서 成案된 "한글 맞춤법"을 徹底히 가르치시고 時調 百首를 외우도록 하셨다. 우리의 傳統文化를 通하여 우리의 얼을 바로 갖도록 하자는 것이었나 보다. 우리 語文研會長인 南博士도 金永驥 先生의 影響을 많이 받았을 줄 안다. 金先生은 우리글이 말과는 동떨어져 있음을 늘 한탄하시고 語文一體를 역설하시는 분이었다. 한번은 학생 전체가 大邱 앞산에 逍風(當時遠足)갔다 온 것을 主題로 作文토록 하였는데 나의 級友 하나가 "朝飯을 食하고 辨當(도시락의 日本말)을 旬하여 前山에 登하니 경치가 佳하더라"고 지었다가 선생님으로부터 공개적으로 야단맞은 일이 기억난다. 어떻든 이 때 이미 大邱師範의 朝鮮學生들은 學校의 엄한 規制와는 反比例로 朝鮮사람으로서 뭉쳐졌으며 그 求心을 항한 媒介는 우리말 우리글이었고 玄, 金 두 先生님의 드높은 民族愛였다고 본다. 學生들은 崔南善의 "朝鮮歷史"며 李光洙의 "李舜臣", 朝鮮日報의 連載小說 "旋風時代"와 "故鄕" 따위를 耽讀하

였었으며 나 자신도 결국 同級 五名과 함께 讀書그룹을 이루었다는 것이 죄가 되어 한달 가까이 警察에 갇혔다가 退學을 당하고 말았다. 그러나 反日抵抗은 全學生의 傳統으로 이어졌으니 金永驥 先生도 결국은 많은 제자와 함께 모진 獄살이를 하셨다. 朝鮮語學會를 組織하여 우리말을 바로잡으시려는 분들 李允宰, 李熙昇, 崔鉉培, 李克魯, 文世榮, 李秉岐 같은 분들은 語學者이면서 동시에 透徹한 愛國志士였다고 본다. 독일 베를린 대학교 總長이었던 피히테가 나폴레옹에게 짓밟힌 독일 國民에게 "나라는 빼앗겼지마는 게르만민족은 독일말만은 빼앗기지 말아야 한다"고 呼訴했던 것같이 우리 先生님들 우리 學者들은 生命으로서 우리 語文을 지키려고 하셨던 것이다. 그러나 日本帝國主義와 日本國粹主義는 中·日戰爭과 太平洋戰爭으로 敗亡의 길로 가면서도 우리의 新聞을 廢刊(1940年)시켰고 日本말 常用을 强制함으로써 우리의 語文은 窒息狀態에 빠지고 混亂은 極에 달했던 것이다. 日帝의 野獸的 强壓강압에서 解放된 이듬해였다. 내가 故鄕인 固城郡廳에 勤務할 때, 어느 漁業組合의 會議에서 地方有力者란 분이 憤然히 일어서서 議長을 보고 "그 내탁을 양세히 說明하시오" 하는 것이었다. 內譯을 내탁으로 詳細를 양세로 發音한 것으로 噴飯분반의 웃음거리였지마는 一般大衆은 이것도 저것도 모르고 지낼 때였다. 오랜 日本留學에서 돌아온 나의 知己 한 분(後日 法曹界 最高位까지 오른 분)도 과주원(果樹園의 日本發音)이니 人口過징(剩을 잘못 發音)이라고 하기에 바로잡아준 記憶이 있다. 나는 日本式으로 發音하기 쉬운 語彙 수십 개를 뽑아 나 自身도 익히고 親舊들께도 알려주었으니 遮斷(차단), 洗滌(세척), 醵出(각출), 龜裂(균열), 一切(일체), 減殺(감쇄), 兢兢(긍긍), 攪亂(교란)따위였다. 一般公務員들도 文書를 쓰는데 있어 "……함이 어떻겠습니까" 하면 될 것을 "取計乎"라고 쓴 일이 있으니 混亂相은 可히 짐작할 수 있다.

한글專用에 관한 법률은 建國과 함께 制定되었다.(48년 10월) 語文의 重要性에 비추어 日帝의 殘滓를 하루빨리 씻어야겠다는 當爲性에서 이루어졌다고 보면 老大統領으로서는 英語처럼 풀어서 타이핑하는 것도 考慮한 것으로 생각된다. 朴政權때에도 祖國近代化를 爲한 大量生産을 한글專用으로 뒷받침할 必要가 있었던 것 같다. 여기에 한글專用學者들의 쇼비니즘이 加勢하였던 것도 사실이다. 한글이 세계에서 우수하다는 주장까지는 좋으나 數千年을 두고 써 내려와서 이미 우리글로 된 漢字를 排斥한 것은 쇼비니즘 以外의 아무것도 아니다. 한글專用을 李, 朴 兩 政權의 獨裁的 시스템에 入力시킴으로써 거춤거춤 빠르게 量産 指向의 文化가 이루어지게 되었다. 60年代 中盤에 中3짜리 막내를 데리고 시골을 旅行하는데 到處에 "소주밀식"의 榜이 붙어있어 그 뜻을 넌지시 물어보았더니 對答이 "이 고장에서는 소주를 밀조하는 모양이지요"로 抱腹絶倒포복절도할 일이었다. 한글專用이라면 "포기는 작게 하여 배게" 하면 될 일인데 "小株密植"을 그 音만 따서 "소주밀식"으로 한다는 것은 漢字를 潛伏잠복시킨 것일 뿐이다. 한때 신문에 "수학능력"을 들먹이기에 나는 처음에 數學能力으로만 생각했더니 修學能力을 말한다는 것이었다. 흔히 T.V에서 아나운서가 낮고 느린 소리로 "정상회담" 하기에 非公開 아닌 正常會談으로만 알았더니 頂上會談을 뜻한 것이었는데 頂上이라면 짧게 發音해야 되지 않을까. 이 밖에도 자주 當하는 困惑곤감이 있었는데 예컨대 초대(招待인지 初代인지) 연패(連覇인지 連敗인지) 시가(媤家, 詩歌, 時價, 市街, 市價의 어느 것인지) 성인(成人, 聖人의 어느 것인지) 等 枚擧할 수 없을 程度다. 더욱 困惑을 느끼는 것은 姓名의 한글 表記다. 祖上으로부터 이어받은 家系가 混同에 빠져 유씨(兪, 柳, 劉), 장씨(張, 章, 蔣), 강씨(姜, 康), 석씨(石, 昔), 신씨(申, 辛), 양씨(梁, 楊, 良), 전씨(全, 田, 錢), 정씨(鄭, 丁, 程), 진씨(陳, 秦, 晋) 등은 宗氏 아닌 한글 宗氏로 되어버렸다. 世界的 音樂家인 "조수미"가 趙, 曺의 어느 姓인지 알 수 없다. 전화부를 보면 같은 姓名이 수두룩하다. 서울에 사는 "김종남"은 326名이나 된다. "종"은 漢字로 鍾, 宗, 從, 縱, 終일 터이고 "남"은 南, 男일터이니 적어도 열가지 以上의 이름으로 나눌 수 있는 것을 326名이 한가지로만 表示되고 있다. 이름은 곧 그 사람을 印象짓게 하고 항렬(行列)로서 家門內의 位階도 표시할 수 있는 것인데 한글로서는 외우기 힘들고 個體로서의 印象을 지워버리게 된다. 漢字로서의 仁, 義, 禮, 智, 信과 한글로 된 인, 의, 예, 지, 신은 이미지도 다르고 뉘앙스도 다르다. 글자 하나하나에 뜻이 스며있고 오랜 傳統으로서 다듬어진 것이 漢字다. 漢字에는 그 나름대로의 體系가 서 있다. 조개(貝)는 옛날의 貨幣다. 그러기에 돈과 財物에 關한 글자에는 貝가 붙어 있다. 康熙字典에 貝字部는 97字로서 이것을 다 익히자면 어려운 것은 事實이다. 그러나 常用漢字는 3・4字에 不過하다. 貨, 財, 贈, 價, 賞, 賠, 寶, 責, 貧, 貴, 貰, 賣, 買, 貿, 賃, 貸, 賊, 質, 賦, 贊, 賂, 負, 費, 損, 負, 貪, 賜, 償, 資, 貯, 積, 貞字는 일상생활에서 늘 쓰는 글자다. 오랜 歷史를 거치고 생활로 다듬어진 글자는 곧 生活의 反映이라고도 할 수 있으니 銀行같은 것은 金本位制 前에 銀本位制가 施行되었음을 알 수 있는 歷史的 名詞이다. 알고 보면 그다지 어려운 것이 아니고 人, 言, 艹, 木, 金部 등 體系에 따라 우리 생활에 필요한 것부터 익혀가면 興味로운 點도 없지 않다. 이웃 日本을 보아도 알 수 있는 것은 表意文字와 表音文字를 混用하는 것의 優宜性이다. 日本은 그들의 가나(カナ)를 專用치 않고도 오늘의 經濟大國을 이룩했으며 文化의 先進國이다. 小學校서부터 서서히 漢字를 익히고 붓글씨도 쓴다. 外國과의 條約에 長官이 署名할 때도 謹嚴하게 그들은 붓으로 하고 있다.

한글專用으로 가장 어려웠던 곳이 法曹界법조계였나보다. 解放後 尨大한 法曹界를 세우자면 시간이 많이 필요하기 때문에 從前의 日本法을 15年間 依用할 수밖에 없었다.

다행히도 法律用語 中 大部分의 漢字가 우리와 뜻을 같이 하였기 때문에 依用하는데는 別般 어려움이 없었으나 우리의 새 主法에서 한글로 부작위(不作爲)니 기속(羈束) 하자(瑕疵) 따위로 漢字를 潛伏시키고 소리로서만 되는 한글을 쓰게 되니 法文의 嚴格한 해석에 混亂이 일게 되어 결국은 漢字混用으로 돌아가게 되었다. 한글專用은 死文化된 셈이다. 그러나 語文에도 그렛샴法則이 作用하였던 것이다. 半世紀 가까이 지나오는 동안에 教育界, 公務員, 一般會社 할 것 없이 쉬운 한글로서만 생활하게 되니 이 階層이 漸漸 늘어나 所謂 한글 世代를 簇生케 한 일이다. 日本判事들은 漢字를 驅使하여 適確히 表現하고 있는데 우리 젊은 判事들은 전적으로 한글을 즐겨 쓰고 姓名까지도 한글로서 쓴다. 그저 쉽고 빠르니까.

이제 世界化는 우리의 至上命題로 설정되었다. W.T.O란 關稅障壁을 헐어내기로 한 貿易의 씨름판이다. 작게는 볼펜, 아로나민, 김치, 인삼, 안동소주부터 크게는 선박, 자동차, 반도체에 이르기까지 세계시장에서 이길 수 있어야 하는 것을 生産하지 않고서는 살아남을 수 없다는 것이다. 우리의 독특한 風土産物이거나 우리만이 할 수 있는 技術이나 才能의 産物이어야 한다는 것이다. 風土도 재능도 없고 자본마저 영세하다면 우리의 성실한 勤務로서라도 世界性을 발휘해야 한다는 것이니 例컨대 자동차는 잘 달리고 값이 비교적 싸고 디자인도 좋으며 故障率이 낮고 環境公害도 적어야 할 것, 그러자면 수만가지 部品工程에서부터 마무리 工程에 이르기까지 全體 勤勞者들이 성의있는 勤務態度로서 각자가 지닌 創意를 精巧하게 발휘해야만 될 줄 안다. 먼저 우리의 傳統과 地域性을 基盤으로 한 內包에 충실한 연후에 遠心的 外延으로서 世界化를 기대할 수 있는 것이지 飛躍으로 이루어지는 것은 아니다. 世界頂上에 오른 音樂家에 의하면 처음엔 民謠와 歌曲을 즐겨 불렀고 우리 것에서 우러나오는 靈感영감을 소중히 간직했다고 한다. 尹伊桑氏 또한 東洋情緖를 잘 다듬었기에 頂上에 올랐다고 한다.

漢字와 한글의 混用으로서 우리의 傳統을 잘 살리고 韓國人으로서의 普遍的인 人間의 價値(Universal Human Value)를 높일 수 있는 것을 뒤흔들어 버린 것이 한글專用이다. 우리의 자랑인 한글을 오랜 傳統으로 이어져온 漢文과 잘 混用함으로써 世界에서 가장 좋은 글을 이룩하여 傳統文化며 經濟開發을 잘 뒷받침하는 것이 곧 語文의 世界性 발휘라고 본다. 韓・中・日圈은 W.T.O로 펼쳐진 世界化 構圖에서 宜當 있을 수 있는 發想이다. 東洋情神의 14억 人口, 資源, 資本으로 보아 圈域을 이룰 수 있을지 모른다. 韓・中・日圈이 이룩된다면 共通文字인 漢字를 많이 사용함으로써 東洋的 主體性을 지니고 全體文化나 經濟開發에서 E.U나 NAFTA에 맞설 수 있을 것이다. 특히 우리와 日本과는 한글과 가나(カナ)가 다를 뿐, 漢字用語의 뜻이 거의 같아서 言語를 통한 交流는 活潑해질 수 있다. 물론 이것은 侵略이나 制覇제패의 毒牙독아가 없는 眞正한 平和에서의 이야기다.

韓·中·日圈의 構想에서 漢字의 國際的 標準化 作業이 있을 것이라고 한다. 그러나 우리의 現實은 寒心스럽기만 하다. 例컨대 官公署의 名稱, 一般 商號에서부터 交通案內板에 이르기까지 모두 한글로 되어 있어 觀光客들의 不便한 點은 日本의 그런 것에 비하여 좋지 않은 對照가 된다. 今年 5月 4日에 龍仁의 民俗村에서 立春의 榜으로서 버젓이 "舞之乾坤"이라고 써 붙인 것을 본 일이 있다. "堯之日月"의 對句로서 자주 쓰는 榜字 "舜之乾坤"의 舜字를 잘못 쓴 것이다. 外國人 특히 日本人, 中國人도 많이 와 있었는데 이 무슨 꼴일까? 東洋歷史를 공부하였다면 堯, 舜, 夏, 殷, 周 쯤은 漢字로서 알았어야 할 일인데 한글로서만 배운 탓이 아닌가 싶다. 이런 狀態를 눈감은 채 世界化니 漢字의 標準化니 말한다는 것은 넌센스다.

世界化의 目標를 爲하여서는 英語를 익혀야 하고 韓·中·日圈을 爲하여서는 漢字를 익혀야겠다고 한다. 장사를 하자면 外國語를 익혀야 하는 것을 어쩔 수 없는 일이다. 英語도 좋고 露語나 西班牙語도 좋지마는 장사를 하기 전에 올바른 사람이 되어야 함과 같이 語文도 普遍的 人間價値의 向上을 爲하여 있어야 할 것이다. 普遍的 人間價値는 韓國人이라는 主體性에 立脚하여 歷史的 傳統을 이어받아 知的이며 德性을 갖춘 人間價値를 말한다. 꼼꼼히 삶의 質을 다져가는 것을 뜻한다 할 수 있다. 이러한 求心的 內包 없이는 遠心的 外延으로서의 世界化를 바라볼 수 없는 일이다. 한글專用은 一般 國民이 쓰는 常用漢字마저 埋沒시키고 한글로 糖衣를 입힘으로써 강물처럼 順坦하게 흘러가야 할 語文을 歪曲시켰다. 常用漢字에 입혀진 糖衣를 벗기자는 것은 學者들만의 高踏的고답적 衒學현학이나 閑

暇한 老人들의 復古的 保守心理에서 緣由된 것이 아니다. 모든 文化와 生産建設의 主體인 사람들의 삶으로서의 말과 글에 加하여진 멍에를 벗겨 주지 않는다면 世界化로의 至標는 헛 口頭禪에 돌아갈 것이고 거춤거춤과 拙速으로 해치우는 心性—이것이 全民族的으로 토탈로 나타날 때의 엄청난 危險性을 憂慮해서 하는 것이다.

經濟의 量的 팽창이 急한 나머지 한글專用을 밑받침하였다 하더라도 이제는 質的 精緻로 轉換되어야 할 때다. 여기에 발맞추어서라도 語文에 가해진 멍에는 하루 빨리 벗겨져야 한다.

〈本會 理事/ 어문연구 87호〉

韓國은 文字活用與件의 世界 最理想國

陳 泰 夏

1939년 忠北 忠州 출생. 현 명지대 명예교수, 인제대 석좌교수. 이 글은 表音文字나 表意文字는 각각 一長一短이 있어서 학습이 쉬운 면만 보고 표음문자가 우수하다고 주장하거나 時空의 제약이 적은 문자의 活用面만 보고 표의문자가 우수하다고 주장하는 것은 모두 편견이며, 우리나라의 경우 표음문자인 한글과 표의문자인 한자를 모두 활용할 수 있는 여건에 있기 때문에 文字 活用에 매우 이상적인 입지를 가지고 있다고 주장하고 있다.

세계 각종 文字의 발달을 고찰하면, 일반적으로 繪畵文字회화문자와 象形文字상형문자에서 출발하여 表意文字의 과정을 거쳐서 表音文字로 발달하였다고 보지만, 우리의 한글처럼 처음부터 表音文字 중에서도 音韻文字음운문자로 창제된 경우도 있다. 表意文字와 表音文字의 차이점은 字形의 簡繁간번, 字數의 多少, 學習의 難易난이 등 여러 가지가 있겠으나, 본질적인 차이점으로는 表意文字는 每字마다 形·音·義의 3要素요소를 갖추고 있는데 대하여, 表音文字는 形·音의 2要素만을 가지고 있을 뿐, 義의 要素를 갖추지 않고 있다는 점이다.

그러므로 兩種양종 文字의 長短點을 學習面만으로 비교한다면, 形·音·義의 3要素를 구비하고 있는 表意文字는 學習하기 어렵고, 形·音의 2要素만을 구비하고 있는 表音文字는 學習하기 쉬운 것은 확연한 사실이다. 더구나 字形의 多少를 비교한다면 漢字의 字數는 死字사자까지 합쳐서

약 6萬字로 추산하고 있고, 常用漢字상용한자도 약 4千字나 되지만, 한글은 40字(한글을 24字라고 계산하는 것은 잘못된 것임)이니, 字形의 學習만을 비교한다면 難易度난이도의 차이는 비교가 안 될 만큼 크다.

中國의 張世祿이 『漢字的改革和簡化한자적개혁화간화』(1995)에서 漢字의 4難(難認난인, 難記난기, 難寫난사, 難用난용)을 들어 改革과 簡化를 주장한데서도 學習面에 있어서 表音文字보다 어렵다는 것은 中國人들 스스로 인정하고 있는 사실이다.

그러나 文字는 學習面만으로 그치는 것이 아니라, 더욱 중요한 것은 活用面활용면이다. 文字의 活用에는 時間性시간성과 空間性공간성을 중요시해야 하는데, 表音文字는 時間과 空間의 制約제약을 적게 받는데 대하여, 表音文字는 制約을 많이 받는다. 例를 들면 漢字는 약 3,400年 이전 殷代의 甲骨文갑골문도 오늘날 解讀해독할 수 있는데, 表音文字의 경우는 英文字로 된 불과 400年 미만의 셰익스피어의 原作이나, 한글로 된 世宗 당시의 문헌들을 해독하기 어렵다. 그 중요한 이유는 불과 몇 백년의 時間의 흐름에도 音韻이 크게 변천했기 때문에 오늘날에 와서는 表音記錄표음기록대로 읽을 수는 있어도 그 뜻은 알 수 없는 것이다. 그러므로 表音文字로 된 서적이 몇 천년 지난다고 할 때, 얼마나 해독이 가능할 것인지 의문이다.

또한 空間性에 있어서도 中國의 예를 들면, 方言방언의 차이가 심해서 音聲言語음성언어로는 심지어 「밥 먹다」라는 말도 통하지 않는 方言이 많지만, 表意文字인 漢字로는 中國人이면 어디에서도 능히 통할 수 있다. 우리 한국의 실례를 들면, 濟州道제주도 본래 方言대로 表音文字인 한글로 表記하여 놓으면(濟州方言의 例: 멘도통혼 때 호륵드리 싸붑서) 濟州道 이외의 사람들은 表音記錄대로 읽을 수는 있어도 그 뜻은 알 수 없다. 이처럼 文字의 活用面에서 비교하여 보면, 表意文字와 表音文字의 長短點장단점은 뒤바뀌게 된다. 그러므로 文字 자체로 볼 때는 長點만을 갖춘 文字는 없다. 學習面만 보고, 表音文字가 우수하다고 주장한다든지, 活用面만 보고 表意文字가 우수하다고 주장하는 것은 모두 편견이다. 결론적으로 말해서 어떤 文字도 理想的인 文字는 없으며 1長1短이 있을 뿐이다.

이와 같이 文字 자체로는 理想的인 文字가 없으나, 그 活用與件활용여건에 있어서 文字의 理想國은 있을 수 있으니, 곧 그러한 文字與件의 나라가 바로 韓國이라는 사실을 認識인식해야 한다. 부연하면 필요에 따라 한글만으로 써야 할 때는 한글로 쓰고, 한글과 漢字를 善用선용(國·漢文 混用이라는 말은 잘못된 것임)해야 할 때는 善用해서 쓴다면, 兩種 文字의 長點만을 취해서 쓰는 결과가 되어, 文字活用의 理想國이 될 수 있는 것이다.

表音文字인 漢字만을 사용하는 中國에서 漢字의 短點을 보완하기 위하여 表音文字인 로마字나 한글을 전 국민이 배워 쓴다는 것은 불가능한 일이며, 英國이나 美國에서 表音文字인 로마字의 短點을 보완하기 위하여 이제 새삼 漢字를 배워 쓴다는 것도 불가능한 일이다.

그러므로 漢字만을 쓰는 中國이나, 로마字를 쓰는 歐美諸國구미제국에 있어서는 각기 쓰는 문자의 短點을 보완할 수 없는 문제점이 있다. 世界上 文字活用의 여건이 우리나라와 비슷한 나라로 日本이 있지만, 日本의 「假名」文字는 音節文字일 뿐 아니라, 「假名」만으로는 文字의 완전한 구실을 할 수 없고, 반드시 현실적으로 漢字와 混用해야 하는 문자이기 때문에, 이미 일찍부터 表意文字로서 가장 발달한 漢字와 表音文字로서 가장 발달한 音素文字인 한글을 兼備겸비하고 있는 우리 韓國은 文字의 理想國 중에서도 最理想國최이상국이라고 自負자부할 수 있는 것이다.

구체적인 實證실증을 들면, 오늘날 우리나라 文壇문단에서 수없는 詩, 小說, 戱曲희곡 作品 등이 쏟아져 나오지만 한글만으로 써서 조금도 불편함이 없고, 또한 一般公文이나 급한 통신문은 한글만으로 기계화 작업을 통해서 돌리면 로마字의 구실과 다름없는 신속성을 가지고 있다. 반면 永久性영구성을 요하는 金石文금석문이나 視覺性시각성의 신속을 요하는 學術論文학술논문 등은 한글과 漢字를 善用하면, 空間도 절약할 수 있고, 同音異語로 인한 意味혼란도 막을 수 있는 長點들이 있다.

이상의 敍述을 圖示하면 다음과 같다.

<學習面> <活用面>
(時·空의 制約)

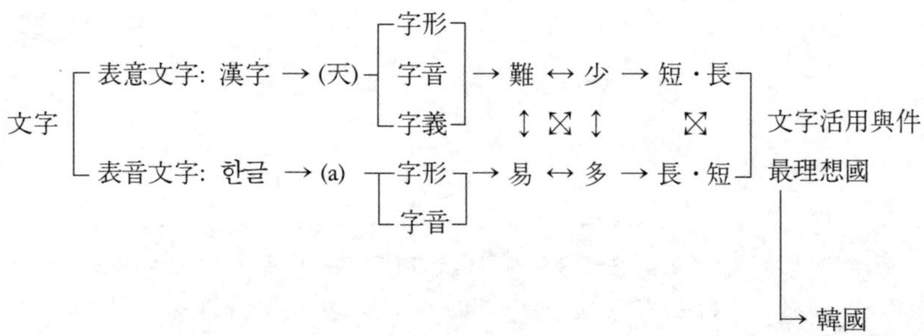

(記錄者: 金東鉉)

〈明知大 교수, 한국국어교육학회 회장/ 어문연구 88호〉

우리 語文에서의 漢字와 漢文

車柱環

> 1920년 江原 寧越 출생. 현 학술원 회원, 서울대 명예교수. 우리나라 語文이 漢字와 漢字語와 漢文을 통해 비약적 풍부해진 것이므로 이를 슬기롭게 살려 나가는 것이 바로 우리의 책무라고 강조하고 있는 필자는 그동안의 각 방면에 걸친 語文活動을 뒤돌아 볼 때, 語文一致를 지향하여 우리 語文의 自然性을 살려 내는 데 업적을 크게 쌓아 올린 일에 대해서는 긍지를 느끼지만, 우리 語文에 表音文字와 表意文字를 조정·융합시키지 못하고 표음문자 일변도로 끌고 가고 있는 것에 대해서는 아쉬움을 느낀다며, 이제는 國家的 次元에서 이러한 잘못된 일을 과감하게 바로잡아 나가야 할 때가 되었음을 밝히고 있다.

어릴 때 書堂서당에서 漢字와 漢文을 배우기 시작해서 지금에 이르는 70餘年 동안 나는 漢字와 漢文과의 인연을 남달리 깊이 유지하고 살아 왔다. 普通學校보통학교를 다닐 때에도 한자와 漢字語는 계속 배웠고 高普고보 시절에도 상당 수준까지 漢文을 배웠다. 이렇게 制度敎育을 받으면서 漢字와 漢文을 배웠을 뿐 아니라, 漢學者의 집안에 태어난 탓으로 나는 집에서도 漢文을 꽤 폭넓게 배울 수 있었다. 그 후 나는 常綠會상록회 事件사건으로 峴底洞현저동에 있던 西大門監獄서대문감옥에 상당 기간 未決囚로 監禁감금되어 있었는데 그 때에도 어른께서 넣어 주신 漢籍한적들을 골똘하게 공부할 수 있었다. 이렇게 漢文의 基礎기초가 비교적 튼튼하게 잡혀진 상황에서 나는 中國語를 獨學으로 익히기 시작하였는데, 漢文의 基礎가 있는 것이 적이 힘이 되어 그리 많은 시간을 소비하지 않고 白話文으로 된 책을 獨力으로 읽을 수 있게까지 되었다. 그러는 동안 여러 가지 迂餘曲折우여곡절을 겪으면서도 결국 中國文學을 專攻전공하는 學者의 길로 들어서기에 이른 것이다. 中國文學을 專攻하였으나 韓國漢文을 꽤 읽은 바가 있어서 韓中比較文學과도 관련을 맺고 지냈던 것이다. 이렇고 보니 나는 평생을 漢字와 漢文 속에 파묻혀 살아온 셈이다.

이러한 처지에서 우리 語文에서의 漢字 및 漢文 問題를 말하게 되면 자칫 偏見편견에 사로잡힐 우려가 없지 않다. 그러나 또 그렇지 않은 면도 전연 없는 것은 아니다. 그 동안 漢字와 漢文을 익혀 오는 동안에 나는 우리 民族의, 文化를 吸收흡수 消化소화하는 底力저력의 대단함에 대해 깊은 感懷감회에 젖어들게 되었다. 물론 장구한 세월이 필요하기는 하였지만 그 엄청난 漢文文化를 철저하게 吸收흡수 消化하고 漢字와 漢文을 순전히 韓國化하여 우리 文化活動에 自在하게 活用하기에까지 이른 것이다. 그리고 우리 先人들은 그러한 文化活動을 통해 실로 우리가 어디에 내놓아도 자랑스러운 방대한 분량의 내용이, 실로 多樣다양한 漢文으로 된 文化遺産문화유산을 남겼고 거기에 따른 굳건한 文化傳統도 樹立수립하였다. 이것은 우리가 다 아는 일이기는 하지만 아무리 되풀이 되새겨 보아도 전연 어색하지가 않다. 漢字의 讀音은 완전히 韓國化하여 말하자면 우리 글자로 만들어 버렸고, 漢字語는 우리 趣向취향에 맞게 無窮無盡무궁무진하게 만들어 썼고, 漢文은 一字一音式으로 口訣구결을 달아 읽어 내려가 우리말의 特性특성을 調和조화롭게 살려냈다. 漢詩文의 朗通 내지 朗詠낭영 역시 우리의 獨特한 節奏절주와 風趣풍취를 妙致묘치 있게 살려 詩文을 欣賞흔상하는 固有의 境地경지를 개척해 냈다. 이렇듯 漢字와 漢字語와 漢文을 통해 文字와 語彙와 表現과 言語로서의 갖가지 可能性이 飛躍的비약적으로 豊富풍부해져 우리 語文의 內蘊내온과 幅員폭원이 크게 擴充확충되었다. 이렇게 擴充된 우리 語文을 適宜적의한 調節을 가해 가며 모든 부문의 語文 要求를 만족 이상으로 充足시켜 내도록 슬기롭게 살려 나가는 것이 바로 우리의 責務책무이기도 하다.

解放 수 50년 동안 우리는 語文 問題를 많이 討究토구하였고 또 각 방면에 걸친 語文活動도 극히 활발하게 展開해 왔다. 오늘에 와서 이 점을 虛心坦懷허심탄회하게 반성해보면 우리가 극히 잘한 일도 있고 또 잘못한 일도 없지 않다. 語文一致를 志向여 漢文에 토단 식의 語文을 배제하고 우리 語文의 自然性을 살려 내는 데 힘쓰고 실제로 그런 방향으로의 業績업적을 크게 쌓아 올린 일은 우리가 긍지를 가져도 좋을 것이다. 물론 이 밖에도 그 동안의 우리 語文 變遷過程변천과정을 살펴볼 때 우리가 調節조절을 가한 것이 우리 語文向上에 적절하여 좋은 成果를 거둔 사례가 적지 않을 것임은 말할 나위도 없다. 이에 곁들여 한 가지 아쉬운 사례를 든다면, 우리 語文에 表音文字와 表意文字를 調整조정 融合융합시켜 그 長點들을 고루 다 살려 쓰는, 정녕 우리의 자랑거리로 내세울 語文方法을 경솔하게 揚棄양기하고, 表音文字 一邊倒일변도로 끌고 가려는 주장이 대두하여 우리 語文의 훌륭한 傳統을 짓밟고 뭉개버리려 드는 기세를 보여 온 일이다. 세계 表音文字 중 가장 優秀우수한 한글과 오랜 전통을 가진, 세계에 유일하게 남은 表意文字인 漢字를 우리 國字로 조화롭게 融合해 쓰는 우리 語文方法은 우리가 自矜心자긍심을 가져야 마땅한 일이다. 그런데 우리 것이 되어 버린 漢字를, 새삼스럽게 病的인 潔癖症결벽증을 드러내어, 우리 語文에 사용하기를 배척하고 나서기까지 하였으니 이것은 분명히 잘못한 일임을 지적하지 않을 수 없다. 그동안 이 점에 대해서는 많은 논란이 있어 왔으므로 여기서는 더 이상 批判비판하는 말을 늘어놓지 않기로 한다. 그러나 이제는 國家的 次元에서 이러한 잘못하는 일을 躊躇주저하지 말고 과감하게 바로잡아 나가야 할 때가 되었음을 밝혀두고 싶기는 하다.

우리 語文漢字와 漢文에 관련하여, 그 동안 내가 직접 관여해온 일이 몇 가지 있다. 나는 서울大를 停年退任정년퇴임한 후 곧 檀大 東洋學硏究所에서 漢韓大辭典 編纂作業편찬작업에 참여하여 어언 10년의 세월이 흘러갔다. 硏究所에서는 漢韓大辭典을 發刊하기 전에 韓國漢字語辭典을 먼저 내기로 하여 그 編纂作業을 끝내고 이미 出刊하기 시작하여 年內에 完刊완간을 보게 되었다. 韓國漢字語는 韓國에서 만들어져 韓國에서만 사용되던 漢字語로 그 분량이 무려 四六倍版 橫書횡서 2段단 1千2百面 전후의 洋裝本양장본으로 4冊이나 된다. 이 韓國漢字語辭典에는 우리가 일상 사용하는 일반 漢字語는 語彙 編入편입에서 제외한 것이다. 우리가 이 많은 韓國漢字語를 拋棄포기하고 돌아보지 않는다면 과연 어떠한 상황에 빠져 버리게 될 것인가를 한 번 생각해볼 필요가 있다. 研究所에서 이 정도의 韓國漢字語를 정리 간행한 것은 그 노고야 이루 말할 수 없기는 하지만, 솔직하게 말한다면, 아직 韓國漢字語 정리의 시작에 불과하다고 해도 과언은 아니다. 辭典 編纂을 위한 韓國漢字語의 추가 조사 및 정리 작업은 상상을 초월하는 難關난관이 가로놓여 있기는 하나, 여하튼 우리는 아직도 힘을 기울여서 조사 정리해야 할 韓國漢字語를 더 많이 남겨 놓고 있는 것이다.

韓國漢字語는 그렇다 하고, 우리가 물려받은, 우리 先賢선현들이 著述저술한 韓國漢籍의 분량 또한 극히 尨大방대함은 다소간의 관심을 가진 人士라면 다 잘 알고 있는 일이다. 여기서는 이 점에 관해서는 언급을 피하기로 하겠다. 다만 최근에 내가 직접 겪은 우리말과 漢字 및 漢字語에 관한 일이 있어 그것을 이야기해 보기로 하겠다. 나는 中國文學을 專攻하여 전문적인 論文과 著書를 적지 않게 써 내기는 하였으나, 그 밖에 기회 있을 때마다 中國文學을 전공하지 않는 讀者를 위해 비교적 平易평이하게 中國文學을 소개하는 글을 써 왔다. 그러한 글이 제법 많이 모여서 꽤 부피가 있는 책 한 권이 되기에 이르러 文類別로 정리하여 『中國文學의 饗宴향연』이라는 書題를 붙여 出版社에 넘겼다. 出版社에서 編輯편집해서 찍어 낸 校正紙를 받아 보았는데 모든 漢字를 깡그리 다 한글로 바꿔 버린 게 아닌가. 著者저자인 나 자신이 이 校正紙를 읽어 보아도 전연 알아볼 수 없는 사례가 너무나 많은 데는 미상불 놀라지 않을 수 없었다. 나는 漢字를 復原하기는 했으나 그 일은 공연히 사서하는 고생이었다. 出版社는 讀者에 迎合영합해야 하므로, 지금의 讀者들은 쉬운 것만 찾고 漢字가 들어 있는 책은 읽어 주지 않으니 불가불 과감하게 漢字를 없애 버려야 한다는 것이다. 쉬운 것만을 찾고 漢字라면 덮어놓고 겁을 내는 사람들이 생긴 것은 우리가 그 동안 잘못 가르친 책임이 아닐 수 없다. 쉬운 것만 찾는 사회가 무엇을 成就성취해 낼 것이며 漢字라면 겁부터 집어먹는 계층에서 우리 文化를 어떻게 올바로 이끌어 갈 것인가. 정신을 가다듬어 잘못 들어선 方向을 바로 잡아 나가야 할 때가 온 것이다.

이보다는 분량에 있어 훨씬 적은 경우였지만, 『中國文學의 饗宴』 이상으로 그야말로 神經質的신경질적으로 原稿원고에서 漢字를 깡그리 빼어 버린 것을 바로잡은 일이 또 한 가지가 있다. 한 宗教關係의 學術紙학술지인데, 道教와의 비교를 다룬 내 論文을 編輯 組版조판하여 校正紙를 보내 왔다. 道教에는 불가피하게 漢字로 記述해야 할 말이 적지 않다. 이를테면 三十八天 十洲三島십주삼도 十大洞天 三十六小洞 七十二福地 등을 비롯하여 齊醮제초 등 科儀과의의 名稱명칭과 諸神제신과 仙眞人선진인에 이르는 名號명호 등등은 漢字로 적지 않으면 무슨 소리를 했는지 알아볼 도리가 없다. 漢字를 깡그리 한글로 고쳐 놓고 보니 그것은 마치 무슨 暗號文암호문을 대하는 것 같을 뿐이다. 무슨 말인지 모를 글을 실은 갖가지 책들이 마구잡이로 나오니 讀書人口도 激減격감하고 讀書文化도 衰退쇠퇴할 우려가 없지 않은 것이다.

〈大韓民國 學術院 부회장/ 어문연구 88호〉

亂世文字隨想

崔 瓚 植

1927년 大邱 출생. 사회학 전공의 필자는 이 시대를 亂世로 진단하고, 이 난세를 극복하기 위해서는 공동체 존립의 기본요건이자 의사소통과 정보전달의 도구인 言語와 文字를 온전히 치료해야 하며, 그 치료방법은 한글전용이 아니라 한문과 한글의 混用, 즉 漢字併用이라고 주장하고 있다.

1. 共同體 基本 約束의 喪失

옛날부터 「亂世난세」란 말이 있는데 지금이야말로 이 말로 밖에 世上을 表現할 수 없을 것 같다. 눈에 보이고, 몸으로 겪는 일로 우리는 國土分斷국토분단과 骨肉相爭골육상쟁과 避難피난과 恐怖政治공포정치와 거기에 抗拒항거하는 街頭肉迫戰가두육박전 등 亂世의 敷衍說明부연설명으로 한 마디도 더 붙일 必要를 안 느낀다.

그러나 亂世의 눈에 안 보이는 그러나 못지않게 悽然처참한 事緣사연은 사람들의 內面生活내면생활에 일어난다. 서로 合議합의하는 幅폭이 줄어들어 마침내는 거의 없게 되고 제 各其 생각을 달리하여 判斷판단도 달라진다. 그래서 이 생각의 差異차이로 因하여 서로의 멱살을 잡게 된다. 한 나라에 있어서는 國民들 사이에 그러하고, 家族에 있어서는 骨肉사이에도 이런 現象현상을 보게 된다. 찬 바람에 맨 살이 떨리면서도 同類동류의 따뜻한 情으로 마음은 훈훈한데 比하여, 사람과 사람들 사이에 冷氣냉기가 돌고, 마침내는 殺氣살기마저 도는 경우를 생각해보면 사람들의 內面生活의 支離滅裂지리멸렬은 物理的물리적 離散이산보다도 더욱 감당하기 어려운 狀況상황이 아닐까 한다.

亂世가 이런 것이다. 共同體공동체의 求心點구심점이 없고, 지켜왔던 倫理윤리의 約束약속이 무너지고 제各其 머릿속에 그리는 나라의 理想的이상적 模型모형이 다르다. 그래서 서로가 서로를 잡아먹을 듯이 어르렁댄다. 그런데 亂世는 지금에 와서 우리만 겪는 일이 아니라, 古今東西고금동서에 그 類例유례는 있었다. 傳統전통이 中斷중단되고 社會사회가 急한 變遷변천의 震盪진탕을 겪을 때 人類歷史인류역사는 이런 現象현상을 많이 目擊목격했다.

그런데 共同體 內面生活의 混沌혼돈에 더하여, 우리는 지금 語文生活에 있어서 마저 共同의 合議를 못 보고 있다. 사람과 사람들 사이의 意思疏通의사소통과 情報傳達정보전달의 道具도구가 되는 言語와 文字는 共同體 存立의 基本條件기본조건이오, 마지막 共有物인데 이것마저 지금 온전하지 못한 狀態상태이다. 無條件 그리고 의례히 받아들여야 할 共有物인데 지금 그렇지 못하고 熾烈치열한 意見對立의견대립의 對象이 되어 있다. 共同體의 運勢운세를 爲하여 이렇게 不幸불행한 일이 또 어디에 있을까. 어느 民族의 傳說에는 그 守護神수호신이 그들에게 罰벌을 내리기를, 사람들 사이에 言語가 안 通하도록 해놨다던가.

책방에 들어가 보면 나날이 쏟아져 나오는 冊들은 한글一色이다. 어떤 사람들(筆者가 속하는)은 壓倒感압도감을 느끼고 고개를 돌리고 도로 나와버린다. 『이래서 안 되는데……』 싶으면서도 그 滔滔도도한 時流의 勢力을 보고 壓倒感을 느끼는 것이다. 그러나 孔子님도 결국은 사람들과 더불어 살 수밖에 없지 않느냐고 恨歎한탄하셨다. 나 自身을 說得설득하여 책 한 권을 손에 들고 펴 본다. 漢字가 섞였으면 한 눈에 몇 줄씩 훑어 볼 것을, 한 字 한 字 붙여 읽는다. 어떤 낱말은 읽고 나서 西洋말이었구나 하고 깨닫기도 한다. 그러다가는 이 不透明불투명하고 미련스러운 媒體매체에 짜증이 나서 책을 덮어버린다. 남들이 읽는 글, 난들 못 읽겠느냐마는 『이래서 안 되는데……』 하는 비판이 되살아나 이것이 拒否感거부감이 되고, 이것이 읽어 나가는데 걸림돌이 되는 모양이다. 그러나 漢字를 잘 모르고 처음부터 이렇게 쓰인 책만 보고 커 온 저 젊은 學生들은 잘도 읽어 나가는데, 만약 저들에게는 또 漢字섞인 글이 돌 섞인 밥처럼 매끄럽지가 못 하다면 여기서 나는 잠시 내 主觀주관을 떠나서 彼我피아를 客觀的객관적으로 한 番 봐 보고 싶고, 또 봐 주고 싶다.

2. 너의 立場을 理解한다

첫째, 그동안 긴 우리 歷史의 얼마 전까지 漢字만이 『眞書진서』로서 우리 文字生活에서 專橫전횡을 부려온 데 대한 反撥반발이라. 이 點 이웃 日本의 境遇경우와 比較비교해 보면 理解이해하기 쉽다. 그리고 그 漢字文明이 西洋文明 侵害침해에 敗北패배를 告했으니 漢字가 얻어맞는 것이다. 이 點은 中國本土에서도 있는 現象이니 거기에 比較해 봐도 首肯수긍이 간다.

다음에는 더욱 積極的적극적으로 지금 판을 치고 있는 西洋文物을 直輸入직수입하고 模倣모방하려니 西洋말을 그대로 옮겨 적는 수가 많고, 그러자면 表音文字인 한글이 판을 치게 되는 것도 當然당연하다. 또 낱말의 옮겨 적기 뿐 아니라 도대체 文字는 오로지 西洋 알파벳처럼 表音文字 一色이어야 한다는 생각이 支配的지배적이 된다. 이것으로 이제는 한글專用의 心理바탕은 마련된 것이다.

여기에다 엄청난 點으로 作用하는 要素요소가 있다. 結果결과가 原因이 되어 힘을 加重하는 現象이다. 卽 그동안 國家政策국가정책으로 學生들에게 漢字를 안 가르쳐 이미 漢字를 모르는 讀者層독자층을 量産양산해 냈으니, 지금 이 層이 얼마나 두터워져 있는가. 이제는 이들이 漢字를 모르니 그들을 爲해서는 글에 漢字를 섞을 수가 없다고 自信있게 말할 수 있게끔 되었다. 다시 말하여 原因은 人爲的으로 提供제공했는데 그 結果는 自然의 旣定事

實기정사실처럼 看做간주되고 이것이 다시 理由로 動員동원되어 『이런 故로』 앞으로는 한글專用으로 안 나갈 수 없다 하는 論理다.

다음은 文化的 平準化평준화의 趨勢추세다. 다시 말하면 文化的 『브나로드』 運動운동이다. 글이 짧은 一般大衆일반대중을 爲하여 『民衆속으로』 高踏的고답적인 言語는 公衆用途공중용도에서 禁止금지 當하는 事緣인데 以北公權이북공권이 『로동자, 농민』을 爲한다는 名分으로 펴고 있는 政策이 그 두드러진 例다. 南韓에서는 적어도 政府次元정부차원에서는 여기에 贊成찬성하지 않는 文化政策을 쓰고 있으면서도 唯獨 語文政策에서만 以北에 질세라고 힘을 주다가 또 한 便 거기에 矛盾모순되는 實行을 하다가 한마디로 一貫性일관성없고 自信없는 길을 걸어 왔다.

3. 그러나 또 하나의 現象, 내 얘기도 좀 들어 보아라!

以上, 주어진 狀況상황을 있는 그대로 살펴보고 理解해 보려는 態度태도로 觀察관찰해봤다. 그런데 주어진 現實은 또 다른 한 面도 있으니, 이 事實도 들어내야만 公平한 狀況報告상황보고가 될 것이다.

教育部교육부가 制定제정한 正式教育制度정시교육제도에서 校門교문밖으로 몰아낸 早期漢字教育조기한자교육을 私設講習所사설강습소에서 擔當담당을 하니, 一般 學童家庭학동가정들의 反應반응이 그렇게도 좋다 한다. 그리고 書藝講習所서예강습소가 到處도처에 盛況성황을 이루는 것을 보면 出版界출판계의 壓倒적인 한글得勢에 비추어 奇異기이한 느낌마저 든다. 거기에 드나드는 男女, 社會의 層이 以前에 보지 못했을 만큼 多樣하게 늘어나고 있는 것도 特記특기할 事實이다.

青鶴洞私塾청학동사숙 같은 現象이 여기저기 일어나고, 어느 大學에서는 明心寶鑑명심보감을 教材교재로 삼는 등, 一見 一大 『反動』이 일어나고 있다. 이런 現象이 拍手喝采박수갈채만을 받고는 있지 않다고 하자. 그러나 漠然막연

하나마 그동안 切實히 缺乏결핍을 느꼈던 그 무엇을 이것이 메우려고 하고 있다는 首肯을 社會全般의 反應에서 읽을 수 있을 것 같다. 한글專用主義도 中國의 拼音運動병음운동도 日本의 純『가나(表音文字)』運動이다.『로마字化』運動도 한 時代의 産物이었다. 西洋勢力에 物理的으로 얻어맞으니 祖上조상이 물려준 것을 죄다 끌어내어 팽개치는 現象이다. 그리고 勝者승자의 가진 物件이 모두 貪이 난 것이다. 歷史는 當然히 그 때 그 때의『挑戰도전』과 거기에 對한『反應』으로 이어진다. 그리고 이 反應이 흔히 過剩反應과잉반응으로 치닫는 事實로 理解할 만하다. 그러나 理性을 잃고, 激憤격분한 狀態에서 보인 反應은 冷靜냉정을 되찾음에 따라 修正수정되기 마련이다. 그리고 이 冷靜은 自主性을 回復회복할수록 빨리 돌아온다는 것도 理解하기 어렵지 않다. 日本의 境遇 漢字廢止運動한자폐지운동이 뿌리를 내리지 못한데 比하여 中國은 六, 七十年代 文化革命문화혁명의 極에까지 이르렀고, 韓國은 지금도 一貫性이 없고 自主性이 없는 政策으로 右往左往우왕좌왕하는 것도 다 나라의 政治的, 精神的정신적 自律性자율성 回復과 有關유관한 것이다.

韓國의 境遇 오랫동안의 中國에 對한 事大主義와 가까운 過去과거에 있어서 亡國의 恥辱치욕의 記憶기억이 加重으로 作用하여 不自然스러운 獨自性의 誇示과시를 한글專用을 통하여 하고 있는 面도 있다. 지금 그동안 漢字로 덮여졌던 土俗의 地名을 찾아 살아나게 하고, 固有의 낱말과 表現을 發掘발굴하여 語彙어휘를 豊富풍부하게 하는 것은 마땅히 하고도 또 해야 할 일이다. 그러나 지금 이 時點에서 恰似흡사 漢字와 漢文에 물들기 以前의 言語狀態로 돌아가는 것을 꿈꾼다면 設令설령 이것이 可能하다 해도 그야말로 말이 안되는 소리다. 日本 어느 作家가『그러면 나는 石器時代석기시대로 돌아가란 말인가』고 하는 것을 보았는데, 韓國말의 境遇 이와 다를 事情이 어디 하나라도 있을까? 日本은 그래도 漢字의 蓄積축적이 우리보다 얕은 만큼 그 동안 土俗語는 부러울 程度정도로 發達발달되어 있는 나라다. 우리 한글專用論者들은 文化란 그 以上도 그 以下도 아닌 歷史의 蓄積이오,

言語는 바로 이 文化財문화재의 第一項目제일항목이란 것을 너무나 모르고 있다.

被害피해를 입은 사람이 賠償배상을 要求 안 한다는 것도 卑屈비굴하고, 亡國의 恥辱치욕은 다시 맛보지 않도록 子孫萬代자손만대로 警戒경계하는 것도 必要한 일이다. 그러나 때와 場所장소를 가리지 않고 獨立독립과 獨自性을 誇示하려다가는 오히려 웃음을 자아낼 수가 있다. 우리의 떳떳한 氣概기개와 主張이 이렇게 흘러버린다면 오히려 損害손해다. 어느 한글專用論者는 漢字를 倂用병용하자는 主張의 뒤에는 日本勢力이 도사리고 있는 樣 말하고 있으니 이쯤이면 웃을 程度를 넘어서 狂氣광기에 가깝다. 우리는 이 病的인 精神狀態로부터 하루 빨리 脫皮탈피해야 한다.

한글專用 이후 두드러진 現象은 아마도 漢字語에서 온 表現의 不正確부정확한 使用이다. 어느 스승의 가르침을 받았다는 뜻으로 『사사(師事) 받았다』고 쓰는 버릇은 요새는 좀 덜 하다. 그러나 『약관(若冠)三十』이라 하고 研究所연구소를 運營운영하는 것이 아니라 『운용』한다고 쓰고 『口號구호가 적힌 만장(輓章)을 불태운다』 하는 등 漢字語源과는 無關하게 音으로만 말을 익힌 結果를 歷歷히 볼 수 있다.

이런 狀態에서 혹시 漢字를 쓰게 되면 어떤 畸形기형이 나올지도 豫測예측하기 어렵다. 殞命운명했다고 할 때 『運命』했다고 쓰고 佩物패물이라는 뜻으로 『貝物』이라 적고 私淑사숙했다는 뜻으로 『私熟』이라 쓰고 不快指數불쾌지수를 『支數』라 쓰고 立春大吉을 『入春大吉』이라 쓰는 等等. 漢字를 或 잘못 쓰는 例는 옛날에도 있었다. 누구라도 알송달송 할 때가 있고, 깜빡 실수를 할 수도 있다. 그러나 學生들의 言語鍛鍊언어단련은 正確한 措辭조사와 正確한 用字로부터 始作하고, 社會的으로도 이것은 筆者의 知識程度지식정도와 精神狀態를 가늠하는 尺度척도가 된 적이 있었다. 너와 나 모두 漢字를 常用하고 漢字가 손에도 익혀있고, 눈에도 익숙한 때도 失手가 있는 法인데 況且황차 그것이 日常生活에서 撤去철거된 後에야 웃음거리 漢字用法을 나무라지도 못할 형편이다. 漢字의 專用은 어느 個人이나 少數소수의 사람으로 지탱할 수 있는 것이 아니다. 너와 나 모두가 항상 使用하고 있어야만 維持유지될 수 있는 것이다.

지금 눈에 뜨이는 또 하나 奇異한 現象은 한 便으로 漢字를 排斥하면서도 한 便으로는 漢字의 故事成語고사성어는 곧잘 新聞文章신문문장에 登場등장하는 事實이다. 漁父之利어부지리, 泥田鬪狗이전투구, 兎死狗烹토사구팽 등, 토씨와 매김씨의 變化로 엮어나가는 우리말은 결국 緊縮긴축되고 含蓄함축있는 漢字文套한자문투를 必要로 하는 것이 不得已부득이하여 드러나고 있는 것이다. 그런데 한글專用의 前提下전제하에 이들이 그 語源을 가리고 音으로만 表記되니, 알던 사람도 모르게 만드는 수가 많이 있다. 『오얏나무 아래서는 신발끈도 매지 말라 했는데……』하는 글을 본 일이 있는데 이것을 처음부터 『李下不整冠이하불정관 瓜田不納履과전불납리』로 배웠다면 이런 語不成說을 자아냈을까 싶다.

日刊紙일간지에 실리는 글이 우리 文章의 水準을 말해주는 것이라면, 지금 우리의 글은 荒凉황량한 地境에 處해 있지 않을까 한다. 글은 우선 措辭가 正確하고 譬喩비유가 適切해야 하는데 이 初步的초보적인 尺度에서 合格도 못하는 글을 흔히 보게 된다. 不正確한 낱말의 知識을 가지고 꼭 맞지 않는 엉성한 修辭를 늘어놓고 있다.

例를 들어 요새 누가 選擧戰선거전에 出馬하면 곧 『出師表출사표를 던진다』는 表現을 하고 있다. 出馬라 譬喩했으니 出師로 이어진다고는 할 수 있으나, 『出師表』라 한다면 諸葛亮제갈량의 『出師表』의 典故전고와 聯想연상을 免면할 수 없다. 그런데 이 『出師表』가 풍기는 뜻은 君主에게 드러내는 切切한 忠誠의 마음이지 그저 出征출정의 뜻이 아니다. 그리고 『던지다』니 『臨表涕泣임표체읍, 不知所云부지소운』으로 끝맺는 글을 어떻게 내던질 수가 있을까? 그렇다면 이 民主制度의 一環일환으로서의 出馬乃至출마내지 立候補입후보와는 영 內容이 다른 狀況이다. 이런 맞지 않는 譬喩가 理解를 돕기는 커녕 讀者의 눈에 거슬리는 것이다. 여기에다 『出仕表』라는 글씨마저 분간 못했을 때는 더욱 꼴不見이다. 아니면 뜻이 영 달라진 것을 알고 있는

지? 또 요즘 安易안이한 修辭는 무슨 快擧쾌거를 올리는 일을 무턱대고 『神話신화를 創造창조한다』고 表現하는 것이다. 먼저 設令 適切한 表現이라 해도 판박이로 자꾸 使用한다면 每 番 되풀이되는 밥床의 접시처럼 싫증이 나는 法인데, 이 修辭는 처음부터 약간 問題가 있었다. 『神話』라는 말도 西洋文典이 輸入된 後에 생긴 말이라면 그 西洋말 原語를 생각하지 않을 수 없는데 이것은 "myth"다. 그런데 이 말이 담고 있는 現 時點의 뜻은 實이 없는 『虛構허구』라는 것이다. 눈 부시는 成功을 한번 演出연출한다는 뜻으로 『거짓을 만들어내다』는 말을 해서야 되겠는가? 西洋말로 『그것은 神話다』하면 곧 바로 『그것은 虛像이다. 거짓이다』하는 意味밖에 안된다. 肯定的긍정적인 意味로는 英語에서 "legendary"라는 말이 있는데 『傳說的』이라는 뜻이다. 길이길이 사람들 입에 오르내리는 훌륭한 業績업적을 뜻하여 아무도 믿지 못할 荒唐無稽황당무계한 『神話』에다 갖다 부치지는 않는 것이다.

또 요새 어떤 事態의 發端발단이 되는 사람을 좋은 일 나쁜 일을 가리지 않고 『張本人장본인』이라 말하고 있는데 이것도 正確하지 않는 修辭이다. 原來 中國古典에 『張本』이라는 말은 있는데(『爲來世張本』 등), 『張本人』이란 造語조어는 없고, 이 말은 日本에서 생긴 語套어투이다. 그리고 이것은 나쁜 일에 關聯해서만 쓰여지는 말이다. 글쎄 이 말은 訛傳와전으로 생기는 法이니, 조금만 참으면 이 말은 이 땅에서 영영 좋고 나쁜 일의 분간 없이 『張本人』으로 定着하려는가? 그러나 그때까지는 아는 사람은 귀에 거슬리고, 명색이 操觚者(조고자 : 文筆을 일 삼는 자)들의 無識이 미운 것도 할 수 없다.

『櫛比즐비』란 文字 그대로 빗살같이 整然정연히 그리고 빼곡히 늘어 서 있는 模樣을 가리키는 말로 建物이 나란히 서 있는 것을 말할 때 잘 쓰이는 形容詞였다. 그런데 요새같이 語源은 잃어버리고, 音으로만 通하는 世上에서는 무엇이든지 많이 있는 것이면 다 이 말이 動員되어 있음을 본다. 戰場터에 사람 屍體시체가 여기저기 나뒹굴고 있는 光景을 『櫛比』하다고 形

容하고 『쓰레기가 櫛比하다』고도 하고 있다.

지금 日刊紙에서 보는 現象은 무슨 原理原則이 있는 文字政策이라기보다 뒤죽박죽 矛盾투성이의 實行이라 함이 더 正確하지 않을까 싶다. 한글專用의 裏面이면으로는 또 讀者에게 굉장한 漢字知識을 要求하고 있는 것 같이 보일 때도 있으니 말이다. 例를 들어 李朝時代 어떤 畵家화가를 紹介소개하면서 『大斧劈皴대부벽준』이란 畵法을 註釋주석은 커녕 토도 달지 않고 漢字로 적고 있다. 勿論 이것을 한글로만 적고 있는 경우를 생각하면 感謝감사해야 할 일이지만 한글專用의 精神이라는 너무나 矛盾된 行爲이다. 人名에 들어 있는 僻字벽자를 토도 안 달아주는 例도 往往히 본다.

위의 例에 있어서 이것을 한글로 音만 적어 놨다면 한글專用의 終始종시一貫性은 자랑할 수 있는데(그리고 勿論 요새 이런 例가 더 많다) 그렇게 되면 漢字와 漢語에 대한 該博해박한 知識뿐 아니라, 그것을 音으로만 적어도 알아내는 非常한 能力을 讀者에게 要求하고 있는 셈이다.

中國의 地名과 人名을 中國音으로만 적어 놓았을 때는 더욱 氣가 막힌다. 漢字로 이때까지 알고 있던 知識은 없는 樣하고 西洋사람이 中國을 對하듯 하라는 論理다. 世上에는 모르는 것을 아는 척 하는 것도 괴로운 일이지마는 아는 것도 모르는 樣하라는 命令도 氣가 찰 노릇이다. 한글專用主義의 論理에 따르면 五千年歷史와 文化는 없었는 樣 아니면 否定해야 할 對象으로 치부해야 하니 이 눈감고 아웅하는 姿勢자세가 오래 지탱할 수 있을까. 物理的으로 人身束縛인신속전을 안한달 뿐이지 이는 知的世界에 있어서의 專制主義的전제주의적 暴力폭력이다. 하기야 政治的專制主義가 知的專制主義를 隋伴수반하는 例도 우리는 많이 보아 온 터이지만.

日本地名과 人名도 日本發音을 알아서 나쁠 것은 없지마는 國內에서는 一旦 우리 發音으로 通해서 無妨무방하지 않을까 생각한다. 占領當時점령당시 우리 윗 世代들이 동경(東京), 복강(福岡), 명고옥(名古屋) 等을 일컫는 것을 듣고 어린 마음에도 한가닥 自主精神을 엿보인 記憶이 난다. 日本에 旅行여행할 때는 그 땅의 發音을 알고 가야 하는 것 쯤은 自明의 理가 아니겠는가. 要는 東三國에서는 漢字가 共通의 글자요 發音은 各其 相異하다는 極히 常識的인 點을 認定인정하고, 그 惠澤혜택과 權利권리를 서슴지 않고 누리는데 우리의 自尊心자존심과 自主性은 조금도 損傷손상을 입지 않는다는 事實이다.

英國이 自尊心이 不足한 나라라서 그 希臘희랍과 로마의 文化를 排斥하지 않고 있을까. 그 自尊心은 오히려 이를 古典文化의 權威學者권위학자를 그 『옥스포드』나 『케임브리지』大學에서 養成양성하고 있다는 事實에 있다. 이 時點에서 漢字의 가장 偉大한 辭典을 日本이 가지고 있고 中國이 오히려 이것을 飜譯번역해서 輸入했다는데 日本의 漢字文化에 對한 自尊心이 있는 것이다. 그런데 우리나라에서는 五千年歷史를 無視하는 恰似흡사 二次大戰後의 新生國家처럼 自處하려는데 그 『自尊心』을 發揮발휘하려고 하고 있다.

우리의 自尊心은 오히려 日本占領이 남기고 간 日本式 漢字語套를 우리말로 代替대체하는데 기울어져야 할 것이다. 勿論 學術用語 等 西洋文物을 飜譯함에 開化期 日本學者들이 學究的 檢討검토 끝에 漢字를 充當충당한 語彙를 송두리째 再檢討하자는 것이 아니다. 이 用語들은 大部分 中國을 包含포함하여 東三國의 共通語가 되어 있는 것이 많다. 지금 말하고 있는 것은 漢字 뜻과는 달리 日本漢字의 音만 借用되어 日本土俗語에 所謂 『充字』되어 있는 漢字語들이다.

例를 들어 『仕樣사양』, 『仕入사입』 等은 各各 『하는 方法, 模樣』 『物件의 搬入반입』을 뜻하는데 『仕』字와는 아무 關係가 없다. 이것이 한글專用의 處理를 거쳐 『사양』, 『사입』으로 遁甲둔갑을 하여 버젓이 우리말처럼 使用되고 있다. 國際經濟戰場국제경제전장의 第一線제일선에서 日本軍隊일본군대의 野蠻的야만적 訓練過程훈련과정에서 쓰이던 『氣合』은 但 한글로 적는다는 理由로 해서 『기합』이란 우리말이 되어 解放해방 後 우리 軍隊에 存續존속하여 그 可憎가증할 行爲와 더불어 그동안 物議를 많이 빚었다.

쓰레기 問題와 더불어 『埋立매립』이란 말도 요새 우리 입에 많이 오르내리는 바인데 이것도 日本 漢語를 그냥 受容한 것이다. 그런데 日本말로 『埋立』은 『매립』이 아닌 것이 訓讀을 하고 있다. 『立』은 日本말의 特異한 語尾어미를 그 音만 따서 『充用』한 것일 뿐이다. 왜 우리는 우리말 속의 이런 日本말의 潛入잠입을 許容해야 하는가? 解放 五十年에 우리 語學會는 무엇에 精神이 팔렸던가? 市場시장에 가면 아직도 『나까마 時勢』이고 建築건축, 木工, 裁縫재봉 等 勞動現場노동현장에도 日本占領이 남기고 간 말투가 수두룩하다. 우리말을 지키는 파수꾼으로 自處하는 사람들은 象牙塔상아탑 안에서만 『우리말 고운말』을 가르칠 것이 아니라, 日常生活 속에 파고들어 實事求是로 倭色왜색 殘滓잔재들을 採取채취하고 그 代替語를 가르쳐야 했을 것이 아닐까. 所謂 學者들이 이 問題에 對해 無關心할 때, 주어진 與件에서 勞動에 沒頭몰두하고 있는 사람들이 自覺자각하여 우리말을 찾아내고 그것을 使用할 것을 期待할 수 있단 말인가.

그동안 暴力的 雰圍氣분위기가 支配하는 가운데 『血眼』이란 말도 곧잘 쓰여 온 말이었다. 이것은 日本의 『血眼』을 그대로 襲用습용한 말인데 日本말과 다른 것은 우리는 不可避 音讀을 하는 反面, 日本에서 이 말은 訓讀으로만 存在한다. 우리의 漢文套에 比하여 日本말은 訓讀의 生生함이 있다. 卽 여기서 말하고자 하는 것은 여기서도 한글專用은 本來의 意圖의도와는 빗나가서 日本漢語를 安易안이하게 襲用하는데 그치고(그것도 格調격조가 낮아진 것도 모르고) 다만 한글로 적는 것만을 能事로 알고 있다는 것이다. 日本語로서는 『눈에 핏발을 세우고』로 飜譯해야 될 만큼 具體的인 生動感이 있는 말이다. 내가 아쉬워하는 것은 造語조어에 있어서 우리 共同體의 創意力창의력과 才致재치다. 漢字와 漢文의 資源자원과는 스스로 因緣을 끊고, 國粹국수를 標榜표방하는 한글 一色主義가 安住하는 言語世界는 기껏이 程度냐 하는 것이다. 사람의 眼睛안청에 그 사람의 靈氣영기가 돌 듯, 言語에 그 民族共同體의 精神과 智慧지혜를 엿볼 수 있는데 말이다.

『입간판』이란 말을 읽고 暫時잠시 눈, 코, 입의 입을 聯想하지 않을 수 없었는데 알고 보니 『立看板』의 音을 적은 것이었다. 이것도 日本 말인데

『立』字를 訓讀해야만 제대로 日本말이 된다. 漢字語를 한글化 했으니 一旦 印刷인쇄될 資格을 얻었으나, 그것을 그렇게 옮긴 사람은 한番쯤은 그 말의 不透明性불투명성이 걱정되지 않았을까 疑訝의아하지 않을 수 없다. 이런 境遇 나는 斷然코 全面漢字에 反對나 『세울 看板』을 取하겠다.

옛날 總督府총독부 建物을 헐어 버리려고 五十年이 지난 지금에 決心을 내렸다면, 우리 머릿속에서 그동안 整理됐어야 할 것은 너무나 많다. 日本套의 말을 代替하는데는 우리 土俗語의 發掘作業과 同時에 開化以前의 우리 『固有』의 漢字, 漢文의 傳達에도 눈을 돌려야 했다. 그랬다면 日本式 漢字成語도 스스로 설 자리를 잃었을 것이다. 그래서 『傳家전가의 寶刀보도』란 말도 살아남지 못했을 것이다. 이것은 칼의 나라, 日本에나 걸맞은 表現이지, 文이 武를 다스린 우리 傳統에는 맞지 않는 譬喩이다.

하기야 아직도 『順子순자』『文子』『淑子숙자』 等 日本式 이름이 抵抗없이 받아지는 精神狀態이니, 이런 分別을 要求하는 것은 너무 까다로운 注文일지도 모른다.

이상 본 것과 같이 漢字를 몰아 낸 자리에는 土俗語의 獨創力독창력이 반드시 빛을 내고 있지도 않고, 民衆을 爲한 알기 쉬운 말이 자리를 차지하고 있지도 않다. 語彙와 修辭의 貧困빈곤 乃至 模糊모호와 흐리멍덩한 民族精神이 엿보일 뿐이다.

4. 「파이팅!」 彼我를 分明히!

한글一色主義와 同時에 일어난 現象으로 또 하나 눈에 뜨이는 것은 西洋말, 그 中에도 特히 英語 낱말과 修辭의 直輸入이다. 外國말의 引用이 풍기는 斬新참신한 맛과 멋을 理解 못하는 바는 아니나, 國語의 自尊心이란 問題도 있다. 佛蘭西學術院불란서학술원에서는 英語 한 마디, 한 마디를 두고 入國檢問所에서 審查심사를 하듯 檢討를 하고 있다던가. 이것을 農產物輸

入농산물수입 같은 눈에 보이는 物件을 두고 온 國民이 떠들썩한데 比하면 抵抗은 너무나 없다. 눈에 안 보이는 것의 領域영역에서 天下를 憂慮우려하는 것이 선비의 傳統이었는데……. 지금은 선비의 傳統도 없고, 西洋的 知識人의 義務意識의무의식도 없는 꼴이다.

西洋 學問과 技術기술에 따라 西洋用語가 들어왔고, 企業經營기업경영과 組織조직, 그리고 政治社會의 組織과 文化의 輸入과 더불어 또 많은 西洋말이 上陸상륙했다. 如何튼 요즘 日刊紙 記事와 論說을 다 읽어내는 데는 讀者로부터 相當한 西洋말들의 豫備知識예비지식을 要求하고 있다. 한글一色을 實行하고 있는 『進步的』 日刊紙도 다를 바 없으니, 한글專用과 『브나로드』精神과는 이제 전혀 別個의 것이라고 斷念단념해야겠다.

그런데 西洋말이 들어올 데가 있고 안 들어올 데가 있는데…… 하고 생각게 하는 말들이 있다. 『파이팅』 鬪志투지란 個人에 있어서나 共同體에 있어서나 自我의 矜持긍지를 지키는 마지막 꼬챙이다. 그 領域에까지 西洋말에 자리를 내 주어야 하느냐 하는 것이다. 그 우스꽝스러운 似而非사이비 發音이 그 用語가 適切하느냐의 問題는 고사하고, 만약 運動競技운동경기의 相對가 英語를 國語로 하는 나라일 때, 이런 激勵격려의 口號가 우리 쪽에서 나간다면 그 얼빠진 光景을 어떻게 보아낼까? 어느 나라에는 씨름을 하는데 어떻게 남의 샅바를 빌려 하느냐는 말도 있더라만.

『마인드』도 그렇고, 『아이디어』도 그렇고, 『비전』도 그렇다. 이런 말들이 들어올 때까지 우리 마음도, 精神도, 생각도 妙案묘안도 앞을 내다보는 遠大원대한 計劃계획 따위는 없었는가? 流行 外來語는 나름대로 맛도 멋도 있는 것을 안다. 그러나 時代를 超越초월하는 어떤 領域에는 不可侵을 지키고 싶은 마음은 筆者 한 사람의 別난 趣向취향일까?

우리 海軍을 불러 『大韓의 마린보이』라 한 사람이 있다 하니, 우리는 이렇게도 주책없고 쓸개 없는 사람들이었던가?

이런 問題를 떠나서 純全히 情報傳達정보전달의 媒體매체란 次元에서 볼 때는 西洋말을 적은 한글은 모름지기 活字體를 달리해서 印刷해 줄 것을

注文하고 싶다. (이 點 日本의 두 가지 文字는 確實히 便利편리하다.) 그렇게 함으로 해서 優先 그 말이 우리말이 아닌 것은 알 수 있으니 말이다.

映畵영화의 『戰鬪신』이라 썼을 때, 『신』의 字體만이라도 달리 해 주었다면 設令 그 字가 英語의 scene인 것을 모르는 사람도 一旦 그것이 우리말이 아닌 것을 알 것이 아닌가.

『우리가 서로 커넥션을 하면 지금보다 더 큰 시너지를 낼 수 있다.』 이것을 읽고 『커넥션』은 알아도 『시너지』는 모르는 사람이 꽤 있을 것이다. 글이라는 것이 恒常 읽는 이의 便利를 考慮하는 行爲라면 위의 引用文은 完全히 失敗실패다. 『시너지』의 原語 synergy를 밝혀 주고 그 說明도 한마디 해 주어야 一旦 意思傳達의 試圖시도를 했다고 볼 수 있으니 말이다.

意思는 分明하고 明白하게 傳達될 것을 要求한다. 거기에는 讀者를 爲하여 恒常, 或 잘못 傳達될세라 配慮배려한 親切친절이 깃들어 있다. 남을 위한 이 配慮와 親切의 智慧가 傳達의 媒體를 더욱더 精巧정교한 道具로 가다듬는다면, 지금 우리의 文字媒體에는 너무나 親切의 智慧가 缺如결여되어 있는 것이다. 그래서 지금 이 不透明한 文字媒體에 對한 넋두리인 것이다. 漢字語는 그 語源을 밝혀줌으로써 意味를 透明하게 하고, 西洋말은 우선 그것이 西洋말인 것을 미리 알려줌으로써 暫時잠시라도 우리말 本文과 混沌되지 않게 되기를 바라는 것이다. 위의 글에 있어서 『커넥션』과 『시너지』를 優先 다른 글씨體로 써 주는 것부터 親切은 始作한다.

5. 한글을 더욱 갈고 다듬자!

지금 『世界化』가 時代의 口號로 되어 있고, 『世界化』는 곧 『英語化』인 樣 英語를 受容하고 있는 이 마당에 純粹순수 우리말主義를 主張하는 것도 나의 趣意취의가 아니다. 오히려 多樣한 表音機能표음기능을 자랑하는 우리 한글에 한 몇 字를 添加첨가하여 더욱 完璧완벽한 것으로 만들었으면 한다. 勿

論 外來語가 우리 한글의 틀에 굽히는 것이 한글의 自主를 지키는 것이라고 하면, 거기에도 首肯이 가지만 한 몇 字만 더 있으면 越等월등하게 그 效能효능을 볼 수 있다면 이 쪽 說에도 一顧일고의 價値가치가 있지 않을까 싶다.

우리는 지금 France를 『프랑스』로 fashion을 『패션』으로 file을 『파일』로 읽고 있는데, 西洋말에 f와 p는 뚜렷이 두 個의 다른 音일 뿐더러 prance, passion, pile이란 말이 儼然엄연히 따로 있다. F字音을 가진 字면 safari가 『사파리』가 안되고 buffet가 『腐敗부패』食堂식당으로 들리는 딱한 事情을 免할 것이다. 『패스트푸드(fast food)』라 하여 飮食음식에다 그 끔찍한 黑死病흑사병(past)이란 冠詞를 붙이지 않아도 좋을 것이다.

이 밖에 v.z.ts音을 追加추가한다면 『오스트리아』의 首都수도 Wien이 『빈』市가 되고 lens가 『렌즈』가 되고 sports가 『스포오츠』가 되지 않아도 될 것이다.

한글 古字를 活用하면 글字 制定을 하는데도 무리가 없었을 것이다. l音은 ᄙ로 表記하면 合理的이다.

6. 文法的 綴字法과 實用的 綴字法

한글 創製창제가 우리의 자랑이라는 데는 아무도 異議가 없다. 다만 한글 專用을 해야만 한글 사랑을 하는 것인 樣 떠드는 것이 부질없는 소리라는 것이다. 아무리 漢字併用을 하더라도 그것은 어디까지나 한글로 적은 우리말의 바탕 위에 漢字語 語源을 밝혀 漢字를 混用하는 것일 뿐인데!

그동안 우리는 우리말의 文法을 究明하고, 整理하고, 同時에 한글의 맞춤法도 語源을 밝힌다는 原則下에 考案되었다. 이것은 우리말과 한글이 만나서 거쳐야 한 發展過程발전과정이었다. 그러나 이제는 表音文字인 한글을 다른 角度각도로 한 번 檢討를 해보면 어떨까하고 敢히 생각해 본다.

漢字에서 온 낱말이나 成語는 音만을 적으니 뜻이 가려지는 수가 많았다. 그래서 意味의 迅速신속하고 正確한 傳達을 위하여 漢字使用을 主張해 온 터인데, 反面 音만을 나타내는 文字는 語源을 恒常 徹底철저히 지키지 않고 音의 變化에 따라 소리나는 대로 적어도 無妨하지 않을까 하는 것이다. 그렇게 하면 읽어나가는데 順하고 글의 劃數획수를 줄이는데 도움이 된다. 文法的으로 綴字철자를 하다 보니 劃數가 늘어난 것이 事實이다. 表音文字는 될수록 劃數를 적게 하고도 機能만 잘 遂行수행해 준다면 이것이 理想이 아닐까.

『합니다』를 소리나는 대로 『함니다』로 적어 읽는 것이 어떨까. 語源과는 한걸음 멀어졌으나, 그것으로 意味混沌을 일으키는 素地소지는 全혀 없을 것 같다.

『있으나』를 連音연음 그래도 『잇스나』로 적으면 『ㅅ』 하나는 省略생략된 셈이다. 大體로 體言, 卽 名詞의 終聲종성은 그대로 固守고수하되 用言, 卽 形容詞, 動詞, 매김씨에는 連音을 그대로 表記해서 無妨할 것이 더러 있을 것 같다.

『그렇게』를 『그러케』로 적어 크게 잃는 것이 있을까. 『있다』, 『없다』는 아래 母音이 올 때 連音이 될 『ㅅ』을 恒常 지니고 다닌다. 그리고 果然, 『잇다(連)』, 『업다(負부)』와 區別되기 위해서 쌍받침이다. 그러나 『무엇이 잇다, 업다』고 써서 그것이 『有無』를 말하고 있는 것 쯤 文脈문맥으로 곧 알아차릴 수 있는 것이 아닐까. 語源을 밝히는 그 동안 國語學者들의 業績업적을 싣고, 우리의 맞춤法은 原始的 單純表音法으로부터 많이 걸어 나왔다. 進步했다고 할 수 있다. 그러나 덕분에 視覺的으로 또 글을 쓰는데는 相當한 複雜性복잡성을 짊어지는 代價를 치르고 있다. 통틀어 考慮할 때 그 代價만큼 利得이 있느냐는 問題다. 조금이라도 混沌혼돈의 餘地여지가 있는 境遇경우에는 語源을 밝혀 적되, 그렇지 않을 때에는 音을 따르자는 것이다. 劃數가 적어서 눈에 시원스럽고, 쓰기에 便한 利得은 또 어데냐, 그러나 이것은 綴字法에 對한 果敢과감한 新思考이기는 하다.

우리말은 말끝마다 『하고』, 『하니』, 『합니다』로 이어진다. 이 頻出빈출하는 『하(爲)』만을 『ᄒᆞ』로 적으면 意味의미도 賦與부여되고, 劃數도 줄이는 것이 된다. 이것은 우리 先代들이 實行하고 있던 것을 도로 찾는 것이기도 하다. 지금 말하는 것은 勿論 『하(爲)』에 限해서이지마는.

한글의 위 印刷體의 多樣한 開發도 呼訴호소하고 싶다. 위에서 말한 外來語를 表示하기 爲한, 區別되는 字體도 그것이거니와 美學的으로 보기 좋은 여러 가지 字體도 보고 싶다. 이때 우리가 안해야 될 것으로는 字體를 옆으로 퍼지게 하지 않도록 할 것과 받침을 꽉 차게 하지 않도록 할 것을 指摘지적하고 싶다. 글씨가 작을 때는 알아보기가 困難곤란하고, 特히 印刷할 때 잉크가 번지기라도 하면 判讀판독하기가 더욱 어렵게 된다. 오히려 字體가 아래 위로 뻗게 하고, 받침은 오른 便에 붙이는 것이 알아보기에 쉽다. 요즘 商品에 附着부착된 說明書 중에는 알아보라고 쓴 것인지, 못 알아보라고 쓴 것인지 意圖의도를 모를 印刷들이 많다.

『를』字를 左右로 퍼지고 空間을 꽉 차게 써 놓으면 잉크가 진할 때 더욱이 그 가로 그은 줄들이 눈을 壓倒압도한다. 先人들이 이것을 『ᄅᆞᆯ』 模樣으로 處理한 데에 오히려 어떤 智慧를 보는 것 같기도 하다.

西洋 『알파벳』은 原則的으로 두 個 以上을 모아서 한 單語를 形成한다. 그러나 때로는 但 한 個의 letter로 한 單語를 이룰 수도 있다. 우리도 劃數 많은 『을』과 『를』만은 이런 式으로 處理했으면? 卽 『ㄹ』 하나로 『을』로 읽고 『ㄹ〃』로 『를』을 代身하도록 하는 等. 이것도 쓰이는 頻度가 많은 글자이니, 一見 字面을 가볍게 보이게 하는 데는 效果가 相當할 것이다. 그러나 이것이야말로 前에 없던 果敢한 試圖가 될 것이다.

눈에 쉽도록 한다는 原則下에 漢字의 劃數도 줄여서 合理的인 略字를 日常用으로 流通시키는 것도 바람직하다. 繁體正字번체정자는 嚴肅엄숙하고 儀禮的의례적인 文書에는 그래도 쓰여질 것이다. 日用에 있어서도 어느 정도 略字를 쓰고 어느 程度도 正字를 쓰느냐의 問題는 純全히 個人의 趣向에 속한다.

하기야 漢字混用을 어느 程度 하느냐도 個個 境遇와 個人의 趣向에 關

한 問題다. 그러나 남에게 보이려고 쓰는 글에 있어서는 읽는 사람의 便宜편의를 爲해서라도 漢字語는 漢字로 적는 不文律이 定着되기를 바란다. (勿論 原來 漢字語인데, 語源을 밝힐 必要가 없을 만큼 口語化한 낱말들도 있다.)

將次 漢字가 日用으로 돌아오는 날이 있더라도, 그동안 휩쓸은 한글專用의 洪水는 그 자취를 남기지 않을까 싶다. 商號상호, 商品의 이름 等이 이제는 다시 漢字一色이 되지않을 可能性이 많다. 그러나 지금과 같은 政策적인 漢字追放한자추방이 아니라면, 土俗語 卽 한글로만 表記되는 말과 漢字語와의 共存共榮공존공영은 오히려 歡迎환영할 일이라 생각한다. 사실 한글로만 적은 글의 語彙가 貧弱빈약을 드러내기 쉬운 反面, 漢語에 偏重편중한 글은 오히려 生動力을 잃기도 쉽다.

우리나라 小說은 現在 한글一色의 틀 속에만 存在하는데, 或 한글만 쓰면 抒情서정이 저절로 흐른다는 錯覺착각에서 그러하지 않을까 疑心스럽다. 같은 系列과 같은 狀況에 있는 日本말 小說에 比해서 漢字를 쓰지 않으므로 因하여 語彙의 相對的 貧困에 處해 있지 않을까도 疑心하게 된다. 우리에 比하여 日本土俗말 文字는 긴 歷史가 있는 것을 생각하면 이 相對的 貧困은 더욱 더 憂慮된다.

우리는 閨房文學규방문학의 傳統과 開化期의 反撥的 한글專用의 뒤를 이어 小說이라면 아예 純한글로 定着된 것이 아닐까 하는데 첫째, 閨房文學이 한글로만 쓰여진 理由는 眞書, 卽 漢字를 舍廊房사랑방에게 讓步양보한 아낙네들의 自肅자숙, 自卑자비의 行爲가 아니었을까. 그렇다면 開化와 더불어 漢字에의 權利를 堂堂히 要求했어야만 했다.

開化期의 反撥로서의 한글專用은 勿論 그 동안 純漢文의 專橫전횡과 中原을 向한 事大主義에 對한 反撥을 意味한다. (日本에는 없었던 일) 만약 그 다음의 歷史가 남의 植民地식민지로 轉落전락하지 아니했던들, 우리의 文字는 저울의 錘추처럼 國漢混用의 中庸중용으로 落着낙착되지 안했을까 싶다. 위에서 말한 것처럼 自主를 잃음과 동시에 일시적 반발이 畸型으로 굳어진 것이 아닐까? 지금은 中國도 疆土강토가 列强열강에 의하여 『瓜分과분』 當하여 스스로 『東亞病夫동아병부』라 自悲자비하고 그 탓을 漢字와 漢文化에 돌리는 그 때가 아니라 現代西洋科學 밑에는 中世期 때 건너가 東洋技術이 깔려 있다는 것이 認識되고 尖端物理思想첨단물리사상이 中國古來의 思考方式을 連結짓는 試圖가 西洋學者에 依하여 行해지고 무엇보다 人生哲學에 있어서 西洋의 新思考는 東洋思想에 符合부합되는 點이 非一非再비일비재하다는 것은 自他가 公認하는 바다. 漢字는 이 東洋思想의 寶庫보고인 것이다. 漢字를 日常生活에 復元복원함으로서 技術的으로 情報傳達의 正確性과 迅速性을 누리는 그 惠澤 못지않게 五千年寶庫에 들어갈 수 있는 열쇠를 恒常 지니고 있게 된다. 이 열쇠를 活用하느냐의 與否와 어느 程度活用하느냐는 個人에 달렸다. 그러나 一旦 그 共同의 機會를 提供하는 것은 社會共同體의 叡智예지에 屬한다. 이 叡智를 代表하는 것이 그 나라의 讀書人層, 知識人層, 卽 精神的指導層인 것이다. 社會共有의 日常道具로서의 漢字의 數는 많지 않아도 좋다.

다시 찾은 漢字는 반드시 우리 것이라는 意味뿐 아니라 一旦 客觀的 品評을 거친 結果이기도 하다. 古今東西에 글도 많고 文字도 多樣하지만도 優先 그 形態부터 六書漢字는 唯一無二한 存在이다. 文字를 그 質을 比較하여 愚劣우열을 매긴다는 것은 不可能한 일이다. 그러나 世界 어느 나라 어느 時代의 글이 四千年동안 끊임없이 使用되어 지금도 살아있는 것이 어디 또 있는가? 그것도 그 使用人口를 볼 때 中國과 朝鮮, 日本, 其他 周邊國家주변국가의 人口를 合치면 壓倒的으로 比較될 對象이 없다.(積極的으로 傳統에 參與하고 創作에 寄與하는 層은 全社會의 一部分밖에 안된다는 事實은 어느 나라이고 文字社會의 共通現象이다.) 質的인 比較는 姑捨고사하고 優先 量的側面양적측면에서 漢文傳統이 차지하는 位置는 斷然 他의 接近접근을 不許불허한다. 宇宙上空우주상공에서 마지막으로 보이는 人工 建造物건조물은 萬里長城이라 한다. 人間이 構築구축한 文章의 傳統으로서 漢文의 줄기도 여기에 比할 만하다 할 것이다.

7. 傳達媒體가 곧 傳達內容이다

社會에 違和위화를 가져오는 要素는 非但 貧富의 隔差격차만이 아니다. 地域感情지역감정이 原因이 될 수도 있고 政治理念도 잘 알려진 要因이다. 그러나 무엇보다도 言語에 關한 問題가 原因이 될 때에 이 問題는 社會의 더욱 深層에 屬한다.

文字는 勿論 말 自體는 아니다. 그러나 여기에 近來 어느 情報媒體學者가 喝破갈파한 '媒體가 곧 『멧세지』다'라는 主張이 文字 그대로 들어맞는다. 한글專用이냐 漢字倂用이냐에 따라서 文化의 樣相이 左右되는 것이다. 問題는 그저 記述하는 方法이 아니라 그 結果가 重大하고 深刻심각한 까닭으로 지금 이렇게 말이 많아진 것이다.

出版物출판물에서 漢字를 몰아냄으로써 많은 讀者層이 疏外소외 當하고 있다. 같은 理由로 해서 出版될 良書는 얼마나 햇빛을 못보고 있을까. 뜻 있는 사람들은 民族과 共同體의 生活을 爲해서 이 事實을 重視중시할 問題로 삼아야 할 것이다.

나는 위에서 지금 한글 一邊倒일변도로 기울이게 된 歷史的 原因도 理解하고 또 認定해 주었다. 그동안 漢字의 專橫과 土俗語의 抑壓억압, 民族自主의 喪失상실, 西洋文物의 環地球환지구 席捲석권 等이 그러한 主張의 原因이 되었다.

그러나 그 主張과 實施실시에 무리도 많이 따르고 있다는 것도 指摘했다. 視覺的 不便, 意味가 模糊한 語彙와 修辭의 貧弱, 그리고 歷史와 文化와의 斷絶단절- 이것은 社會存立의 紀綱기강이 되는 論理의 解弛해이에도 確實히 寄與하고 있다. -等等. 한글一色主義가 原來 標榜표방했을 民族土俗語의 發掘과 民衆을 爲한 쉬운 글도 지금 樣態양태와는 距離거리가 많이 멀어진 事實도 指摘했다. (한글로만 덮어버리면 보기 드문 漢字語도 어떠한 西洋말도 다 通過되어 버리는 盲點이 이러한 樣相을 자아낸 것이다.) 그런데 이런 指摘에 對한 滿足스러운 答辯답변은 아직 들어본 적이 없다.

要는 偏頗性편파성을 脫皮탈피해 줄 것을 바랄뿐이다. 中國이 지금『十年造劫십년조겁』을 悔恨회한하고 있는 그『文化革命』의 그런 偏頗性을 말이다. 漢字語의 쓸모없는 羅列나열이 오히려 眞意를 가리고 때로는 眞實을 隱蔽은폐하려고 漢字語가 動員되는 것도 나는 알며 土俗語의 適切한 驅使구사가 文章에 生動感을 가져온다는 事實도 나는 잘 안다.

漢字語와 土俗語의 妙한 按配안배와 交織교직에서 豊富풍부한 表現과 多樣한 文體가 생긴다. 이 點 우리말과 日本말이 지니는 共同의 運命이 아닐까 생각한다. 技術的인 次元에서 우리말과 日本말은 비교가 안 될 수가 없다.

文章은 傾國之大事경국지대사라 할 만큼 한 時代의 國運의 隆替융체와 關係가 있다. 物質의 發展도 畢竟필경 精神의 營爲에 屬한다면 知性의 尺度인 文章이 有關 안 할 수가 없다. 意思傳達의 道具가 精巧하고 緻密치밀하느냐 或은 複雜하고 單純하느냐의 差異는 物質的 生産品의 最後品質의 條件이 안 될 수가 없다.『適當히, 適當히』만들어 낸 物件 뒤에는 生産過程에서『適當히, 適當히』傳達된 意思와 情報와, 그러한 精神狀態가 있었다.

日本의 政府代表가 過去事에 對하여『陳謝진사』한다고 하니 이 나라의 텔레비전에는『日本이 이제 眞實로 謝過사과한다 하니』하는 사람도 나왔다. 漢字에 對한 一般의 理解水準에 벌써 이만한 隔差가 생겼다. 王仁博士와 더불어 漢字의 社會的 知識은 벌써 그 나라에 더 많이 가 있는 셈이다. 텔레비전의 珍事진사는 別 일 없이 지나갔다. 그러나 다음에 或 이런 無識이 一大椿事일대춘사로 發展하지 않는다고 누가 壯談장담할 수 있을까. 無識은 그 結果가 드러날 때까지 泰然태연스럽게 無識이니 말이다. 意思傳達上의 無識에서 온 자그마한 誤解오해가 聖水大橋성수대교의 脆弱취약한 자그마한 한 部品처럼 作用할 수도 있으니 말이다.

우리는 하루 빨리 우리 社會共同體가 共感하고 共有하는 文字媒體를 確立해야 한다. 冊의 題目과 內容은 多樣하더라도 적어도 文字自體는 十

八靑年에서 八十老人에 이르기까지 共通해야 한다.

〈本會 理事, 社會學博士/ 어문연구 86號〉

編輯後記

韓國語文敎育硏究會가 기획한 <語文叢書> 發刊 事業은 語文運動 및 語文政策에 관련된 글들을 수집하여 이 가운데 일부를 嚴選하여 發刊하는 사업이다. 이 사업의 첫 번째 結實로서 이번에 발간되는 <어문총서>는 다음과 같은 과정을 거쳤음을 밝혀둔다.

2005년 가을, 한국어문교육연구회의 總務理事인 본인을 위원장으로, 編纂理事인 朴德裕(仁荷大學校 敎授), 方仁泰(서울敎育大學校 敎授), 崔尙鎭(慶熙大學校 敎授), 韓東完(前西江大學校 敎授) 등을 위원으로 한 <語文叢書 刊行委員會>를 구성하였으며, 이 위원회에서 논의된 결과 本事業을 3개년에 걸쳐 進行하기로 하였다.

1차년도 작업은 『語文硏究』 1호에서 127호까지를 대상으로 하여 어문운동과 관련된 글을 가려뽑아 발간하기로 하고, 위원장이 중심이 되어 2006년 초, 『語文硏究』(1973년~2005년) 게재 글 가운데서 어문운동과 관련된 759편의 글을 일차적으로 가려내었으며, 이 작성된 目錄을 바탕으로 본위원회에서 1차 選定 作業을 하고 이를 다시 會長團에 回附하여 2차 선정 작업을 한 결과, 126편의 글을 간행하기로 결정하였다.

126편의 글은 내용상 크게 國漢混用論과 漢字敎育論의 두 주제로 나뉘므로 이에 따라 각 63편씩 두 책으로 分冊하기로 하였으며, 『語文硏究』에 게재된 原文을 그대로 옮겨서 入力하여 펴내는 것을 원칙으로 하되 일부 變改가 있었는데, 첫째 1989년 개정된 <한글맞춤법> 규정에 의거하여 바꾸는 변개, 둘째 원문에서 분명한 誤打로 보이는 것을 바로잡는 변개, 그리고 마지막으로 漢字로 쓰여진 한자어들 가운데 일부 한자어에 한글 표기를 아래첨자로 倂記하는 변개가 그것들이다. 또한 각 글마다 내용에 대한 간략한 解說을 달았는데, 해설의 앞머리에는 필자에 대한 略歷을 調査하여 덧붙였다.

<어문총서>의 계속되는 사업은 1) 解放 이후 1970년대 初까지의 어문운동 관련 글들과, 2) 開化期 이후 해방 이전까지의 어문운동 관련 글들을 新聞이나 雜誌 등에서 수집하여 발간하는 것인데, 현재 1)의 작업을 진행하고 있다.

아무쪼록 <어문총서>의 發刊을 통해, 韓國語文敎育研究會가 주장하고 있는 國漢混用論과 漢字敎育論의 根本 趣旨가 널리 알려지고 실천되기를 기대한다. 아울러 계속되는 사업에 대한 讀者 諸位의 관심이 增幅되기를, 특히 기왕에 발표된 글 가운데 다시 揭載되어 널리 알려졌으면 하는 글이 있으면 本會에 推薦해 주십사는 當付의 말씀을 간곡히 드리는 바이다.

2006년 11월 31일

語文叢書 編纂委員會 委員長

江原大學校 敎授 南 基 卓

e-mail : nkt@kangwon.ac.kr

語文叢書 1-1
國漢混用論

초판 1쇄 인쇄 2006년 12월 11일 **초판 1쇄 발행** 2006년 12월 15일
편저자 韓國語文敎育硏究會 **해설** 南基卓
펴낸이 박성복 **펴낸곳** 도서출판 월인
등록번호 제6-0364호 등록일 1998. 5. 4.
주소 142-879 서울특별시 강북구 수유2동 252-9
대표전화 (02) 912-5000 팩스 (02) 900-5036
e-mail worinnet@hanmail.net homepage http://www.worin.net

ISBN 89-8477-338-7 94710
ISBN 89-8477-337-9 (세트)

값 22,000원